代表作

崔建远代表作

静动辉映的物权与债权

崔建远 著

法律出版社

崔建远 河北省滦南县人。现任清华大学文科资深教授，清华大学法学院教授，教育部“长江学者”特聘教授，“凯原学者”，清华大学法学院民事法研究中心主任；享受国务院政府特殊津贴；兼任中国法学会民法学研究会副会长、第十二届全国人大常委会法制工作委员会立法专家、第十三届全国人大常委会法制工作委员会立法咨询专家、最高人民检察院专家咨询委员、最高人民法院执行特邀咨询专家、中共北京市委法律专家库成员、北京市法学会物权法研究会会长。被评为第二届杰出中青年法学家，荣获教育部高等学校优秀青年教师奖、霍英东教育基金会青年教师奖、宝钢教育基金会优秀教师奖、2012年北京市师德先进个人、清华大学教书育人奖、清华大学教学质量优秀奖、清华大学良师益友（六次）。

代表性著作有：《合同责任研究》（吉林大学出版社1992年版）、《准物权研究》（法律出版社2003年第一版、2012年第二版）、《土地上的权利群研究》（法律出版社2004年版）、《论争中的渔业权》（北京大学出版社2006年版）、《合同法总论（上卷）》（中国人民大学出版社2011年第二版）、《物权法》（第一至四版）（中国人民大学出版社）、《物权：规范与学说——以中国物权法的解释论为中心》（上下册）（清华大学出版社2011年版）、《合同法》（第一至三版）（北京大学出版社）、《债法总论》（法律出版社2013年版）、《债权：借鉴与发展》（中国人民大学出版社2012年第一版、2014年第二版）、《民法总则：具体与抽象》（中国人民大学出版社2018年版）、《合同解释论——规范、学说与案例的交互思考》（中国人民大学出版社2020年版）、《中国民事典型案例评释》（中国人民大学出版社2020年版）、《中国民法典释评·物权编》（上下卷）（中国人民大学出版社2020年版）；主编《合同法》（第一至六版）（法律出版社）、《我国物权立法难点问题研究》（清华大学出版社2005年版）、《自然资源物权法律制度研究》（法律出版社2012年版）；在《法学研究》《中国法学》等刊物上公开发表学术论文269篇。其中，《物权：规范与学说——以中国物权法的解释论为中心》入选“三个一百创新图书出版工程”、荣获第三届中国出版政府奖；《准物权研究》荣获司法部第二届法学教材与法学科研成果奖一等奖、首届中国优秀法学科研成果二等奖；《论争中的渔业权》荣获司法部第三届法学教材与科研成果奖一等奖、第六届吴玉章人文社会科学奖优秀奖；《土地上的权利群论纲》《论归责原则与侵权责任方式的关系》荣获教育部人文社会科学研究优秀成果奖三等奖；《侵权责任法应当与物权法相衔接》荣获北京市第十一届哲学社会科学优秀成果奖二等奖；《水权与民法理论及物权法典的制定》荣获第四届钱端升法学研究成果奖二等奖；《物权法》（第二版）荣获清华大学优秀教材奖一等奖、第三届中国大学出版社图书奖一等奖；《合同法》（第二版）荣获清华大学优秀教材特等奖。主编的《合同法》荣获司法部第一届法学教材与法学科研成果奖一等奖、教育部全国普通高等学校优秀教材奖二等奖。

目录

缩略语表

《最高人民法院关于适用〈中华人民共和国合同法〉若干问题的解释(一)》
法释[1999]19 号

《最高人民法院关于适用〈中华人民共和国合同法〉若干问题的解释(二)》
法释[2009]5 号

《最高人民法院关于审理买卖合同纠纷案件适用法律问题的解释》
法释[2012]8 号

《最高人民法院关于审理建设工程施工合同纠纷案件适用法律问题的解释》
法释[2004]14 号

《最高人民法院关于审理民间借贷案件适用法律若干问题的规定》
法释[2015]18 号

《最高人民法院关于适用〈中华人民共和国担保法〉若干问题的解释》
法释[2000]44 号

《最高人民法院关于审理外商投资企业纠纷案件若干问题的规定(一)》
法释[2010]9 号

《最高人民法院关于审理商品房买卖合同纠纷案件适用法律若干问题的解释》
法释[2003]7 号

自　序

一

中国民法作为后发之法，有必要学习和借鉴其他国家和地区的已被证明是成功的制度、规则及学说，为我所用，事半功倍。此乃客观存在，若不予正视，则有失偏颇，不符合实事求是的态度。在这方面，中国法及理论存在继续努力的较大空间。例如，确立大侵权法的理念及制度，于物权、知识产权、人格权遭受侵害的场合均由侵权救济机制解决，排斥物的返还请求权、排除妨害请求权、妨害预防请求权，其弊端种种，已为理论和实践所证实；不学习并采取符合交易实际、可以妥当处理问题的行为基础说，形成法律漏洞，不利于案件的妥当解决；未见德国法的实体法和程序法的整体设计，仅见执行查封的一隅，便确定"先下手为强"的执行规则，令民法上的债权平等原则变成一句空话；在一物多买的场合确立先签合同的买受人优先取得给付的规则，同样如此，且易形成错误判决；等等。

另外，因为丰富多彩的社会生活以及足智多谋的商家创造，中国涌现出新型的交易形式及相应的法律关系，既有的法律制度、规则及学说已经不敷使用，亟待发展和创新法律理论、法律制度及规则。农地"三权分置"、宅基地"三权分置"为其表现。新型担保形式呼唤着法律的确认和规制，也是不争的事实。交易的整体解释亦为其中一例。假如无视这些，满足于传统民法的制度、规则及理论，裹足不前，就会坐失形成中国标准、中国话语权的良机。如果中国民法典创设知识产权请求权、人格权请求权的制度，与物权请求权制度辉映相照；如果中国民法典设置违约方于合同不能履行甚至履行显失公平的场合也享有解除权，作为守约方享有解除权这个制度主干的补充，凡此种种，则现实价值和历史意义都不言自明。中国民法及其学人不应仅有学习和赞美既有制度、规则及理论的虚怀若谷的气度，更应有发展和创新的志气和勇气。[1]既然如此，富有责任感的民法学者就不得两耳不闻窗外事，躲进小楼成一统，自我封闭地从事形式逻辑的演绎,而必须充满中国问题意识,设计出上乘的解决方案,胸怀使中国民法立于世界民法之林的豪气,建设真正的中国民法学。

二

我在法学本科和民法学研究生的学习阶段,《民法通则》《物权法》等民事法律尚未问世,中国民法学在物权领域只有所有权、抵押权、典权等概念,尚未使用“物权”的用语,更遑论完整的物权体系了。我的导师陈国柱教授在讲授《资产阶级民法》课程时,介绍物权及其对世性、排他性、优先性和追及效力,物权行为,地上权,先取特权、抵押权的物上代位,转质,我对此感到新奇、有趣。我自1985年起在吉林大学法律系任教,从事民法学的教学和研究,在较长的时期也是把主要精力放在合同领域,而对物权制度及其理论,主要讲授国家所有权、集体所有权、共有、土地承包经营权、宅基地使用权等内容,在深度上基本上是介绍,谈不上研究。

但是,自1993年3月开始,我逐渐感悟到物权法不仅仅是规范静态的财产关系之法,它还要调整人利用物的运作,规定其法律效果。物权法调整的不仅包括静态的关系(如所有权人的权利、用益权人的权限),还包括其变化的动态关系(如物上所有权的让与、抵押权的让与)。[2]物权的行使及其效果,包括各种物权行使过程中相互制约甚至掣肘及其解决,是物权法中非常重要的内容。正所谓物权法整体上呈现动态,是交易法的一部分,在主体与客体的关系中,物权法不能够也不愿意纳入静止和稳定。[3]而既有的法律基本上是分门别类地规定每种物权,物权之间的效力冲突方面的规范并不多;以往的著述大多是孤立地阐述每种物权,而忽视这些权利群共同作用用时的体系效应。各国物权法或民法典物权编关于物权之间的效力冲突及其协调的规则,是存有遗漏的,而非全面的;是零碎的,远非系统的。作为民法工作者,确实负有探讨物权之间的效力冲突及其协调的责任。

自1993年始,孙佑海师弟、王宛生校友和我共同承担了国家社会科学基金项目“中国房地产立法研究”。孙佑海师弟和王宛生校友当时均任职于国务院法制局,正参与《城市房地产管理法(草案)》的研讨和草拟工作。他们不但始终牢记中国制定房地产管理法的目的以及应予坚持的法律原则,而且谙熟民法学、行政法学和经济法学的原理,还了解中国房地产业运作的实际。这不仅为课题组顺利工作打下坚实基础,而且令我获益匪浅,踏上了研究物权法的更高台阶。最终,课题组团结合作的结晶是递交了《中国房地产法研究》[4]这一成果作为答卷。在此过程中,我不仅夯实了解决物权之间的效力冲突及其协调问题所需要的知识基础,而且形成了《房地产法与权益冲突及协调》[5]一文。此后,我跟进中国房地产业的实际发展,及时学习和吸纳民法学研究的新成果,继续思考物权之间的效力冲突及其协调问题,在时任《中国法学》杂志社副社长张学春老师的约稿并拔高要求下,有了《土地上的权利群论纲》[6]的写就。至此,笔者对于不动产物权之间的效力冲突与协调规则及其理论的认识更加深化和清晰,在《土地上的权利群论纲》一文中形成了这样的观点:物权及其法律的重心为不动产物权,不动产物权主要是土地上的物权。因土地在法律上被区分为若干个部分,只要可以并且现实地予以公示,每个部分就都可以成为权利的客体,故土地上的物权并非单一的物权类型,而是一组物权,是存在于土地上的物权群,连同租赁权等形成权利群。它们是物权法规制的重心。配置妥当这组权利群,处理适当上述关系,尤其是协调好权利之间的效力冲突,既是物权法内部和谐性的需要,也是一定社会理念的体现和对立法技巧的检验。因而,制定中国物权法乃至民法典必须重视这个问题。我还体悟到:权利群的内部存在结构问题,其结果必然发生效力冲突。有冲突就得协调,由此产生了各种物权相互衔接配合的需要。协调必须遵循一定原则,原则之下集聚着一批规则。以整体把握、静动结合地看待物权法的理念及理论,应该说是科学的,应予坚持并运用。

其后,张学春老师向我转述有关专家和学者阅读拙作《土地上的权利群论纲》一文的感触:该文所提权利群概念有新意、有价值。其引证率为179,下载次数为1859。这是对我最大的鼓励,也是鞭策我继续前行的动力之一,也直接促成我撰写专著《土地上的权利群研究》[7]。

三

《土地上权利群中的"四荒"土地使用权》一文发表于《法学研究》1995年第6期,发表时的题目为《"四荒"拍卖与土地使用权》。其引证率为105,下载次数为1007。

我生长于农村,不但力所能及地协助家长劳作于"自留地",而且自小学五年级起,在周末和假期到生产队劳动,挣些工分,以减少家里"找给"生产队的粮油款。高中毕业后,先在村小学任民办教师两年,后在公社中学担任高中的语文教员，也不时地带领学生帮助生产队除草、收割。由此养成对土地的特殊情感，且至今未减，出差、旅游时都经常隔窗欣赏路旁的田野。特别是历经三年自然灾害以及其后的粮油不足，生活艰辛，更是渴望衣食无忧的美好生活。即使自1977年恢复高考而金榜题名，也时刻关注家乡乃至整个中国农村、农业的发展变化。农村实行家庭联产承包责任制乃至"四荒"拍卖，都引起我的极大兴趣，促使我积极思考和研讨，于是有了《"四荒"拍卖与土地使用权》一文的奉献。

该文的最大价值有二：其一，强烈的中国问题意识。追随中国农村改革的大潮，观察、分析、总结改革经验，力求忠实地将其翻译成法律，提炼出法学理论。其二，升华主题及境界。该文的初稿限于拍卖"四荒"形成的债的关系和物权关系，这固然必要且有新意，但似乎"就事论事"，价值有限。将初稿搁置一段时间后，我突然有一天意识到"四荒"拍卖及其结果代表着农地权利制度改革的发展方向，"四荒"土地使用权就是农地物权的目标模式，也就是说，中国农地物权制度应该向着这个模式前进。如此，《"四荒"拍卖与土地使用权》及其思想的理论价值和社会价值明显提高。或许是不谦虚地说，该文及其思想与当下正在进行的农地"三权分置"改革是殊途同归、两相契合的。正因如此，该文虽然在"法技术"含量方面远不如《解除效果折衷说之评论》《履行抗辩权探微》等文错综复杂，但我自己却一直对其高看一眼。

遥想1996年，时任香港大学法律学院副教授的冯象博士注意到《"四荒"拍卖与土地使用权》一文，向时任香港大学法律学院院长的陈弘毅教授推荐，随后陈院长邀请我赴香港大学访问研究并报告中国的土地使用权问题，且慨然承担相应费用。1997年，我第一次到访香港特区及香港大学法律学院，不但得到法律学院及院长陈弘毅教授的妥当安排，而且受到冯象博士等法律学者的热情欢迎和多方帮助。在法律学院期间的学术讨论中，冯象博士指出，大陆法系奉行的物权法定主义及有关制度在19世纪辉煌灿烂，作用巨大，但时至今日，则显得僵硬而贫困，不尽适合现代社会发展的需要，不如普通法灵活、实用，应当及时变革。交谈间，冯象博士将其对《"四荒"拍卖与土地使用权》的随笔批注交给我。批注有四点：(1)传统的物权法定主义的"危机"，不能描述现象中的权利关系。(2)法的生命力来自实践。(3)法学本身的危机。(4)实践包括立法，但主要不是立法。

冯象博士睿智、博学、深邃、平和、谦逊、乐于助人，令人钦佩，当为楷模。自 1997 年相识,我得以便捷地请教于他,他均诲人不倦。例如,2002 年,就“extrinsic evidence”“four corners”等概念的意义及其翻译,冯象博士耐心地为我做了解答。此外,就“restitution”是否为独立的法律重述以及与合同法重述、侵权行为法重述并列的问题,他专门予以确认并说明了原因。

四

对于海域,我们以往多从国家主权的层面及角度思考、设计和运用海域的权力。一国对某特定海域享有主权,依国际惯例,需要该国对该特定海域实际控制。此种控制,若借助于民法制度实现,既可以表现为占有,也可以表现为用益物权,还可以表现为债权。

鉴于债权孕有死亡的基因,难以长期存续;鉴于债权受制于相对性,缺乏对世性;鉴于占有、使用标的物的债权类型极为有限,国家对某特定海域享有、宣示主权采取债权的法律形式,难谓理想之策。

占有,对稳固社会秩序的意义更多地体现于无权源占有的领域,若为有权源占有,则占有人对标的物或者享有债权,或者享有物权。也就是说,国家对某特定海域享有、宣示主权若运用有权源占有制度,实质上反而不是采取占有的方式,而是使用了物权或债权的制度。如果承认无权源占有的方式,则因其为无权源,该种占有的正当性只有在短时期尚可具备,时间一长,有无正当性就值得怀疑了。

看来,国家对某特定海域享有、宣示主权,在民法的理念和视野下,物权制度应为首选。国家自己对某特定海域亲自享有物权,表现为海域所有权;认可、赋权公司等主体对某特定海域享有物权,应为用益物权。《海域使用管理法》创设了海域使用权这种用益物权的形式。

作为物权的一类,海域使用权为中国法的首创,据说也引起了某些国家的“羡慕嫉妒恨”。海域使用权制度孕育、出台的过程,我正处于专注物权法领域的阶段。学习、理解带有独创性的海域使用权制度及理论自为当然。逐渐地,我认识到海域使用权制度及理论有其优点,也有值得反思之处,作为法律人,有必要总结其经验、弥补其不足。在这种背景下,我撰写了《海域使用权制度及其反思》一文,发表在《政法论坛》2004 年第 6 期,收入于本书时以“土地上权利群中的海域使用权”命名。该文的引证率为 66,下载次数为 1615。

对于海域使用权,在解释论方面的棘手作业是,海域使用权与海域中的探矿权、采矿权、滩涂养殖权、捕捞权之间的矛盾如何消除,冲突如何化解,客观地说,这十分困难;在立法论层面,虽然有三种方案可供选择,但我更赞同取消海域使用权制度,设立普遍适用于中国全境的探矿权、采矿权、捕捞权、养殖权的统一制度及规则。

五

自1996年8月开始,我到清华大学法律学系任教,大学同窗晓坤先生于1997年代表原中国石油天然气总公司政策法规司负责的油气矿权课题邀请我参与“油气矿权的法理分析”子课题。晓坤同窗向我提供了许多关于油气矿权的文献,介绍了不少油气勘探、开采方面的实际情况和有关知识。校友周永胜博士辛劳而无私地帮助翻译了日本学者我妻荣和丰岛升二位教授合著的《矿业法》[8]一书的有关章节。通过对矿业权的探讨,我了解到矿业权的特殊性,发现了以往在物权法教学中关于矿业权客体及其特定性、矿业权追及效力诸问题的错误,初步品尝到从具体物权类型入手探讨物权法及其理论的甜头,隐约感觉到一味地从抽象到抽象进行演绎推理的危险性。其阶段性成果之一是我和晓坤合著的《矿业权基本问题探讨》[9]一文。所有这些,为今天比较全面地关注并研讨有关矿业权、水权、渔业权和狩猎权等准物权问题,进而建成准物权理论的大厦,奠定了地基的一角。

随后,制定《物权法》的工作展开,这涉及探矿权、采矿权、水权、养殖权、捕捞权、狩猎权是否入典的问题。在《合同法立法方案》和《合同法(试拟稿)》的研讨和草拟工作完成之后,我再次被全国人大常委会法制工作委员会邀请参与《物权法(草案)》的研讨工作。我当时的想法和态度是,《物权法》是否规定探矿权、采矿权、水权、养殖权、捕捞权、狩猎权,不得“拍脑袋”式地敲定,而应通过认真研究,搞清其内容、性质和效力,看其是否适合入典。据此,我开始了对水权、养殖权、捕捞权、狩猎权的研究工作,陆续发表了一系列论文。归纳、总结这些科研成果,抽象、升华出准物权的一般理论,具有原创性,形成了《准物权的理论问题》一文,发表在《中国法学》2003年第3期上,收入本书时命名为“土地上权利群中的准物权”。该文的引证率为115,下载次数为4303。

《准物权的理论问题》一文,连同发表于《法学研究》2011年第5期的

《再论界定准物权客体的思维模式及方法》一文以及著作《准物权研究》(第二版)原创性地揭示了准物权的独特性质,显现出准物权有别于所有权及建设用地使用权等典型物权;同时又描述了二者之间的联系,主要是聚焦于使用、收益的内容时,准物权属于用益物权。在其他国家和地区一些立法例及其理论上,所有权、地上权、地役权、抵押权、质权等典型物权由民法规定,而准物权被放置于矿业法、渔业法、水法等单行法之中,被视为物权,从而形成准物权作为民法物权体系之外的财产权的理念、思路和格局。在这样的法制上,准物权与典型物权分属于两个阵营。与此有别,在我国《物权法》上,准物权就是物权,而非异于物权的他种权利,不是外在于民法物权的一类权利,准物权与典型物权成为物权体系内部的一对类型。

上述成果还直接或间接地表明:把所谓公路/桥涵收费权、后让与担保(相同的两方当事人同时或先后签订借款合同、商品房买卖合同/股权转让合同,当事人意在用后者担保前者的履行)、特定账户、进口汽车的合格证被贷款人银行占有,即将准物权泛化,是不可取的,因为将其纳入准物权范畴就意味着对其可以准用典型物权的规则(在域外法制上),甚至径直适用典型物权的规则(在我国法制上),而如此适用法律会造成极为负面的后果,如背离物权法定主义,误用流押/流质规则,本应贯彻平等性却运用优先性等。

此外,值得一提的还有发表于《法学研究》2002 年第 3 期的《水权与民法理论及物权法典的制定》一文,在本书中命名为“土地上权利群中的水权”。引证率为 342,下载次数为 3833。

该文采取比较法的方法,梳理中国的水权现状,借鉴美国等国家法制上的水权制度及理论,构建中国水权制度及学说,为物权立法提供参考意见。总的建议是:在立法技术上,物权法承认水权为物权的一种类型,并将其定位为准物权。这样,一是满足物权法定主义的要求,二是作为水权制度展开和生长的基点。物权法总则在理念上、在规范设计上,给水权乃至整个准物权留足成长空间。至于水权制度的躯干及枝叶,均应由作为单行法的水法来设计。

该文的另一个亮点是,明确指出以往的民法理论存在不足,在思维方法、物权客体的特定性理论、相邻用水排水关系理论诸方面均须反思,民事权利的分类应增加新的类别。在这些方面,都给出了我的正面意见。

以上所述系列论文为基础、骨干，再填补若干空缺，依逻辑编排，形成了《准物权研究》[10]专著。

六

与德国的不动产物权法将地上房屋作为土地的成分这种模式不同，中国物权法把土地与房屋作为两个独立的物对待，不但有土地所有权，而且有房屋所有权。并且，房屋所有权并非单一类型，而是形态各异，其中包括住房有限产权一类。

在公有住房制度改革的过程中，单位员工按标准价（优惠价）购买公房，取得权利。如何界定、设计该权，事关购房员工、售房单位及国家各方的利益，以及房地产市场的发展，实乃大事，作为置身其中且同为民法学者的我，有责任关注此事并予以思考、探讨，形成了《住房有限产权论纲》一文，在本书中命名为“土地上权利群中的住房有限产权”。该文的引证率为59，下载次数为762。

面对当时社会上对公有住房改制后的房屋所有权的种种议论，《住房有限产权论纲》一文反驳了住房有限产权为租赁权、共有权、他物权、完全产权等观点，也讨论了住房有限产权与住房原产权之间的关系，最后证立了住房有限产权为有限产权之说。

我至今仍觉得该说最符合各方权益的衡平，进而主张如今盛行的住房共有产权也应采取住房有限产权的模式。

按照《北京市共有产权住房管理暂行办法》第2条、第20条第1款和第2款的规定，住房共有产权并非住房有限产权，实行的是政府与购房人按份共有住房产权的制度。在我看来，住房共有产权的方案更便于政府对住房乃至房地产市场的管控，而住房有限产权的模式则优惠于购房者，两种模式各有所长，也有其短。现行法确立何种制度，取决于立法政策。

毋庸讳言，《住房有限产权论纲》为了说明住房有限产权合法有效，不违反物权法定主义，而认为地方规章和部门规章都属于物权法定主义所言之“法”，这既不符合通说，也违反《立法法》的规定，早在《我国物权法应选取的结构原则》[11]一文中就被修正了，我至今仍坚持修正的观点。

七

在A宗地上已有建筑物、构筑物甚至有住家生活于此、企业经营于斯，但国土资源管理部门决定将 A 地用于公共设施的建设或商业开发。为达此目的，需要将既有建筑物、构筑物拆除，变“生地”为“熟地”。对此现象，中国法及其理论在很长时期内以“房屋拆迁”命名和对待。如此，无形中带来不少纠纷，负面结果不小。例如，拆迁他人房屋，是否侵害了他人的房屋所有权？当年，北京为迎接奥运会，建设“鸟巢”“水立方”等奥运场馆，就面临着“拆迁房屋”的难题，解决不好，就难以如期建成奥运场馆。为解决这个“火烧眉毛”的课题，北京市人民代表大会常务委员会召开立法专家研讨会，讨论如何有效地、顺利地、及时地“拆迁房屋”和建设奥运场馆的问题，并拟通过地方立法的措施来保障房屋拆迁。在会上，我首次提出所谓“房屋拆迁”实质是不动产征收，“房屋拆迁”只是不动产征收制度的一个环节，而非一项独立的法律制度。其后，在由时任全国人民代表大会常务委员会委员长的吴邦国先生主持的《物权法（草案）》征求意见座谈会上，我再次重申这个观点，得到了与会专家王家福老师的赞同。

这些观点系统化、详细化地体现在《房屋拆迁的法律分析》[12]一文和《房屋拆迁法律问题研究》[13]《物权法》[14]《物权：规范与学说——以中国物权法的解释论为中心》[15]的相应章节中，最后由《征收制度的调整及体系效应》[16]作了更为系统、深入的阐释。

中国共产党第十八届中央委员会第三次全体会议于 2013 年 11 月 12 日通过《中共中央关于全面深化改革若干重大问题的决定》，明确：“国家保护各种所有制经济产权和合法利益，保证各种所有制经济依法平等使用生产要素、公开公平公正参与市场竞争、同等受到法律保护，依法监管各种所有制经济”（第 5 条第 2 款）。“在符合规划和用途管制前提下，允许农村集体经营性建设用地出让、租赁、入股，实行与国有土地同等入市、同权同价。缩小征地范围，规范征地程序，完善对被征地农民合理、规范、多元保障机制”（第 11 条前段）。“建立农村产权流转交易市场，推动农村产权流转交易公开、公正、规范运行”（第 21 条后段）。“维护农民生产要素权益……保障农民公平分享土地增值收益”（第 22 条前段）。习近平总书记在《关于〈中共中央关于全面深化改革若干重大问题的决定〉的说明》中强调：“推进城乡要素平等交换和公共资源均衡配置。主要是……保障农民公平分享土地增值收益。”贯彻落实这些决定和要求，必然会使农村土地制度发生不小的变革，相应地，征收制度也须作出调整。这种调整及体系效应如何？是我们亟待研究的问题。《征收制度的调整及体系效应》一文应运而生，其引证率为15，下载次数为1671。该文收入本书时更名为“土地上的权利因被征收而消灭”。

我在该文中强调并论证：按照我国现行法，若于集体所有的土地上进行商业开发建设，不得由集体土地所有权人径行与用地者签订合同，设立集体建设用地使用权，而必须是先将集体所有的土地征收为国有，而后由国土资源主管机关将国有建设用地使用权出让给用地者。对此制度实施改革之后，征收制度至少在其适用范围方面应当调整，对集体建设土地用于商业目的不再适用征收制度，这会使存在于集体土地上的他物权在消灭途径及方式方面发生变化。对集体土地所有权人应予足额补偿，对因集体建设用地使用权出让而终止的土地承包经营权、有偿取得的宅基地使用权、原集体建设用地使用权，也要足额补偿。

八

2008年3月8日，时任全国人大常委会委员长的吴邦国先生在向十一届全国人大一次会议第二次全体会议所作工作报告中宣布：中国特色社会主义法律体系已经基本形成。但是，这并不意味着不再适应社会、经济发展的步伐，总结经验，适时地修法、立法。事实的确如此，2014年10月23日，中国共产党第十八届中央委员会第四次全体会议通过了《中共中央关于全面推进依法治国若干重大问题的决定》，明确提出“加强市场法律制度建设，编纂民法典”。2016年6月，十二届全国人大常委会决定，编纂民法典采取“两步走”的工作思路进行：第一步先出台民法总则；第二步编纂民法典各分编，适时出台民法典。由全国人大常委会法制工作委员会、最高人民法院、最高人民检察院、国务院法制办公室、中国社会科学院和中国法学会六家组成民法典编纂工作协调小组，全国人大常委会法制工作委员会牵头，展开中国民法典编纂工作。各单位分工协作，各负其责。例如，最高人民法院主要负责调研、汇集和整理民风民俗、交易习惯以及梳理已经出台的司法解释、批复及指导性案例，为民法典编纂提供支撑和素材。再如，中国法学会重点负责民法典建议草案，供法制工作委员会起草民法典参考。

2017年3月，十二届全国人大五次会议审议通过了《民法总则》，完成了民法典编纂工作的第一步。紧锣密鼓，按照全国人大常委会法制工作委员会民法典分则编纂工作协调工作会议的要求，中国法学会应向全国人大常委会法制工作委员会提供民法典各分编建议草案。为适应工作需要,中国法学会民法典编纂项目领导小组于2016年3月成立,我不但被确定为小组成员,而且被委托授权担任"中国法学会民法典物权法编课题组"全面负责人。2017年,我与其他十余名专家学者一起被第十二届全国人大常委会法制工作委员会聘任为立法专家,同时也是第十二届全国人大法律委员会承认的立法专家。

"中国法学会民法典物权法编课题组"的全体成员热情高涨,工作认真,向中国法学会民法典编纂项目领导小组先后提交了2万字的《民法典·物权编立法问题清单》、47万余字的《中华人民共和国民法典·物权编修订条文及立法理由》,修改建议及试拟法条覆盖整个物权制度,对物权变动模式等制度及规则建议作根本性修正。

本来课题组与出版社协商一致出版《中华人民共和国民法典·物权编修订条文及立法理由》,但中国法学会考虑周全,决定待民法典颁行之后再予出版。此时,《中国法学》总编辑张新宝教授约稿各分编课题组的全面负责人,将每个分编的研究成果浓缩,在《中国法学》上刊发,但仅仅署名全面负责人一人。因此,才有发表于《中国法学》2017年第2期的《民法分则物权编立法研究》一文,其引证率为53,下载次数为3988。

《民法分则物权编立法研究》的投递稿名为《物权编立法的主要问题与对策研究》,凡是采纳课题组科研成果之处均予注明,特别是文章第一页附有如下注释说明:

中国法学会委托崔建远、尹田、陈小君和王轶四位教授作为牵头人,崔建远教授担任本课题组的全面负责人,王轶教授担任本课题组联络人,连同钱明星、房绍坤、刘保玉、申卫星、高圣平、王洪亮、孙鹏、常鹏翱、戴孟勇、汤文平、王雷共15位教授一起,组成"中华人民共和国民法典·物权编修订条文及立法理由"课题组,研究和草拟专家建议草案。截至2016年9月26日,本课题组已经形成并提交给中国法学会《民法典·物权编立法问题清单》,随后,本课题组将围绕问题清单中列举的问题开展专项研讨,研究"中华人民共和国民法典·物权编修订条文及立法理由"的重点难点问题,组织撰写具体立法条文及立法理由,以贡献一部高质量的专家建议稿,现已形成47万余字的《中华人民共和国民法典·物权编修订条文及立法理由》,于2017年1月19日提交中国法学会。

《中国法学》策划编发一组民法典分则立法研究的聚焦文章,张新宝总编辑代表杂志社约稿民法典各分则编的全面负责人撰写其所负责的分则编的主要问题与对策研究，指定崔建远教授撰写《物权编立法的主要问题与对策研究》，并要求作者署名仅限一人。在这样的背景下，笔者撰写完成该文。一方面，本文系本课题组完成的《民法典·物权编立法问题清单》和《中华人民共和国民法典·物权编修订条文及立法理由》的承继和扩展，而非背离，更非否定；另一方面，本文也呈现出自己的特色，与《民法典·物权编立法问题清单》和《中华人民共和国民法典·物权编修订条文及立法理由》之间的关系如下：其一，《民法典·物权编立法问题清单》和《中华人民共和国民法典·物权编修订条文及立法理由》中的不少意见本身就含有笔者的看法，本文再次呈现；其二，就《民法典·物权编立法问题清单》和《中华人民共和国民法典·物权编修订条文及立法理由》所列问题展开对策研究，本文提出并阐释解决问题的方案，较《民法典·物权编立法问题清单》更为丰富和深化；其三，对《民法典·物权编立法问题清单》和《中华人民共和国民法典·物权编修订条文及立法理由》未列但确有必要由民法典设置制度及规则之点，笔者在本文中也提出并论证自己的观点；其四，在个别问题上，笔者与《民法典·物权编立法问题清单》和《中华人民共和国民法典·物权编修订条文及立法理由》所持立场及观点不尽一致，正好借助《中国法学》专题平台表达观点。当然，凡是本文使用《民法典·物权编立法问题清单》和《中华人民共和国民法典·物权编修订条文及立法理由》中有关专家、学者个人的观点之处，笔者都尽可能地注明出处。

本文受到中国法学会“中华人民共和国民法典·物权编修订条文及立法理由”项目、国家哲学社会科学基金重点项目“法学方法论与中国民商法研究”（批准号：13AZD065）以及清华大学自主科研计划课题“中国民法典编纂重大理论问题研究”（2015THZWJC01）的资助，谨表谢意！

可能是《中国法学》杂志社规定有自己的处事和编排稿件的规矩，前述“注释说明”以及采用课题组研究成果的注释在论文发表时均被删除，理由之一是该研究成果尚未公开发表，即使注明，读者也无法查阅。

由于法律出版社要求本书的编排体例尽可能地体现出逻辑性、有机体性，《民法分则物权编立法研究》一文收入本书时更名为“土地上的权利群在民法典编纂中的应然安排”。

九

自1978年3月进入吉林大学法律系求学开始，我攻读法律及民法专业，所学合同法及其解说均论单个的典型合同，即使毕业任教后所见著作述及非典型合同的，最为复杂的也只是类型融合合同，相对简单。近些年来，我开始仲裁案件，应邀出具法律意见，屡见复杂的交易安排，发现天才的商人们务实又机智地创造了令人眼花缭乱的法律关系及形式，包括签署号称“完整协议”的合同之后，又陆续签订一个或系列合同，以求利益最大化，有时还伴随着规避法律的动机和运作。如何认识和处理此类法律关系，法律人的看法和裁判均不统一，委实值得研讨，于是便有拙作《先签合同与后续合同的关系及其解释》一文，收入本书时更名为“合同间的牵连”。

我不赞同将牵连的合同之间的关系简单化地定格于特定一类，而是提出并论证了如下观点：法律人不应完全囿于先见，更不应凭主观好恶来认识并处理它们，避免削足适履，而应基于当事人的意思表示及法律规定将之恰如其分地定性和定位。具体到先签合同和后续合同之间的关系，必须依当事人的意思表示及法律规定进行解释和认定：其中有的确实呈现主从关系、后续合同变更或更改了先签合同，但有的是各自独立、互不取代，也是事实。认定后续合同变更、补充了先签合同，不得遗忘《合同法》第78条关于“当事人对合同变更的内容约定不明确的，推定为未变更”的规定，而须严格把握。一旦构成变更，合同无效、被撤销时，所谓“后续合同”不会有效。认定先签合同与后续合同之间形成主从关系，必须是基于当事人之间的明确约定或法律的明文规定，不得凭裁判者、解释者的感觉和任性擅作主张。认定先签合同和后续合同之间互为因果，应取决于当事人的明确表示，这是不可动摇的原则，但寻觅并借助于缔约背景、合同的周围情事，作出判断，也是必要的和有效的。于此场合，先签合同无效、被撤销时，后续合同的效力可能会受影响，或是变更，或是归于消灭，以达公平结果。对于后续合同约定违约金责任、违约损害赔偿等救济方式，务必首先分辨此类约定是对未来结果的预测并分配，还是对业已产生的违约结果的梳理、确认、了结，分清之后，可有这样的结论：属于对未来结果的预测并分配的，构成合同变更，合同无效、被撤销时，所谓“后续合同”要归于消灭；属于对业已产生的违约结果的梳理、确认、了结的，不是合同变更，亦非合同更改,更不是先签合同的从合同,而是先签合同与后续合同之间呈各自独立的关系,先签合同无效、被撤销不影响后续合同的法律效力。

认识并处理呈现主从关系、独立担保、互为因果、安排违约后果等先签合同与后续合同之间的关系,以及“闭环交易”、合同的周围情事,传统解释论中的体系解释方法或是无能为力或是顾此失彼,交易的整体解释路径及方法则游刃有余,且所得结论更加可靠。

交易的整体解释超越但不否定传统解释论中的体系解释方法,不破坏、否定合同的相对性,不损害交易安全,有利于合同漏洞的填补,可补我国现行法无动机错误规则以及似未吸纳行为基础理论之缺,更能全面、妥当地解决纠纷,衡平当事人各方的利益关系。既然复杂甚至连续的交易需要与之相适应的法律规则及方法,交易的整体解释为其中一例,则只有承认它最好是法律明确设置它,才符合马克思主义关于经济基础与上层建筑之间关系以及事物之间相互联系的原理。

十

合同的效力是否受出卖人/转让人对标的物处分权有无的影响?《合同法》第51条采纳了效力待定说,但受到德国民法学派的强烈批评。该派基于债权行为和物权行为二分的架构及理论,指责《合同法》第51条误将本不以出卖人/转让人有处分权为要件的债权行为当作物权行为来对待。

如何解释和评价《合同法》第51条,绝非单纯的一个法律条文究竟为何意的微弱萤火,而是事关坚持何种比较法学、中国民法学是否跟随德国民法学说的重大问题,解释法律究竟是采取主观解释论还是客观解释论抑或折中说的立场及态度,若想合适地解释该条势必创新式地树立意思表示理论,无法绕开认识和解决无权处分与自始不能、无权处分与法律行为的标的、无权处分与合同无效、无权处分与合同可撤销、无权处分与权利瑕疵担保、无权处分与善意取得、无权处分与不当得利诸项关系。拙作《无权处分辨》全面而详细地讨论了这些关系,被《法学研究》2003年第1期作为刊首文章发表,引证率为261,下载次数为11031。

分歧依然如故,争论还在继续。最高人民法院的某些法官痴迷于德国民法的物权行为学说,并将之照抄照搬到中国法律的解释上,于是有法释[2009]5号第15条、法释[2012]8号第3条。这两条颠覆了《合同法》第51条的文义和规范意旨,体现的是出卖人/转让人无处分权不影响买卖合同/转让合同效力的理念。

我认为,司法解释颠覆《合同法》的规定及规范意旨,这在立法法的层面背离了司法解释不得"反叛"法律的根本宗旨,在合同理论和利益衡量方面也不妥当,于是有《无权处分合同的效力、不安抗辩权、解除及债务承担》,[17]剖析法释[2012]8号第3条的缺陷,要点如下:

对于最高人民法院(2010)民提字第153号民事判决书在系争案件中关于无权处分合同效力的意见,以及法释[2012]8号第3条的规定,笔者持有异议,兹分析如下:

第一,它们显然已经修正了《合同法》第51条的规定。[18]对此,笔者引用梁慧星教授的下述意见予以回应:"就算退一万步,承认《合同法》第51条无权处分合同规则错误,也不能由最高人民法院通过制定司法解释予以修改!理由很简单:最高人民法院无权修改法律。""谁有权修改法律?唯有立法者(在中国是全国人民代表大会及其常务委员会)有权修改法律。最高法院无权修改法律。""尊重法律、维护法律,是法官和法院的神圣职责,绝对不能借口行使裁判权、解释权修改法律!法律有威信,法院、法官才有威信;法律有尊严,法院、法官才有尊严!法院、法官自己不尊重法律,不维护法律,把法律当成可以执行、可以不执行、可以随意修改的东西,也就从根本上否定了法院和法官自己!"[19]

第二,法释[2012]8号第3条的规定不合逻辑。其道理在于,在区分负担行为和处分行为的德国民法上,两种行为各负其责,负担行为无须处分权。在不区分这两种行为的中国现行法上,买卖等合同同时肩负着发生债权债务和引起物权变动的双重任务,自然也需要处分权。可是,该司法解释却将处分权置之度外,即便欠缺处分权,买卖等合同也有效,没有承认任何例外。这在逻辑上不尽完美。[20]

第三,应当承认,在实务上,众多法院都依据法释[2012]8号第3条的规定裁判案件,使买受人、受让人可追究出卖人、让与人的违约责任。其利表现在,它较为周到地保护了善意的买受人、受让人。其弊显现出,一是它对恶意的买受人、受让人同样优惠,这有失权衡,没那么正当;二是在出卖人、转让人没有过错的情况下,仍然允许买受人、受让人追究其违约责任,也难谓体现了正义。

第四,在实务中,存在若干根本不存在标的物、虚拟标的物的情形。例如,某股权转让合同约定转让的股权,不但于合同签订时不存在目标公司,而且在二审判决作出时仍无目标公司。再如,某清除暗礁合同约定由某水下爆破队清除某码头附近的暗礁,但事实上该暗礁根本就不存在。对于这些情形,法释[2012]8号第3条第1款依其文义依然适用,一律奉行出卖人或转让人对标的物无处分权仍不影响买卖合同或转让合同的效力的解读。这就意味着承认了虚假的交易。这会误导交易的下手,使其受让了难以实现的债权,或接受了债权人以此债权所设立的债权质。所有这些都会害及债权人、质权人的合法权益,有违交易安全。

第五,出卖人或转让人对标的物无处分权,形成虚假交易时,会造成虚假繁荣,容易使国民经济的管理者作出不当的判断和决策,积累到一定程度,会酿成恶果,重蹈类似美国的次贷危机的覆辙。

第六,在根本不存在标的物、虚拟标的物的情况下,相当一些合同并无实质的意思表示一致。未成合意,何谈不支持关于合同无效的请求?在罗马法上,对于不能给付的物品不产生任何债。[21]尽管已就买卖标的达成了协议,但是如果在出售前标的灭失了,则买卖不成立。[22]在英国,如果当事人双方均误认为合同标的存在,但事实上在合同订立时该标的并不存在,就视为合同不存在。根据1979年《货物买卖法》第6条的规定,在以特定物为标的买卖合同中,如果货物在缔约前已经毁损,而卖方在不知情时缔约,则不产生有效的合同。[23]已有若干判例认定此类合同因共同错误而无效。[24]即使在中国,最高人民法院自己也承认合同不可缺乏标的。例如,法释[2009]5号第1条第1款前段规定:"当事人对合同是否成立存在争议,人民法院能够确定当事人名称或者姓名、标的和数量的,一般应当认定合同成立。"此处所谓的标的,按照我国既有的学说,在买卖合同等场合就是标的物,在服务合同场合是指给付;依据目前我国民法多数说,虽然一概指给付,但在买卖合同、转让权利合同中,只有存在标的物才有本来意义上的给付(没有标的物时,只有民事责任关系中的另外形态的给付,如支付违约金或承担损害赔偿责任等)。由此可知,在根本不存在标的物、虚拟标的物的情况下,依据法释[2009]5号第1条第1款前段的规定,合同不会成立,更谈不上有效以及违约责任。法释[2012]8号第3条的规定及其(最高人民法院某些法官的)解读,显然与法释[2009]5号第1条第1款前段的规定相冲突,且很不应该。

鉴于在编纂民法典的过程中又有学者重提中国民法应该确立物权行为制度,我应约撰写《处分行为理论真的那么美妙吗?》,[25]承继既有作品关于物权行为的观点，添加新的想法及阐释，全面审视物权行为理论的优缺点，最终结论是中国民法典不宜确立物权行为制度。

《无权处分辨》发表时尚无法释[2009]5号第15条、法释[2012]8号第3条，有些倡导物权行为理论的观点亦未出现，都有必要予以评论。我有尽可能地完善作品、随时修正既有作品的习惯，《无权处分辨》同样被增补数次，所以，收入本书的《无权处分辨》已较发表时更丰满一些。

十一

欠缺处分权的交易，依据《合同法》第51条的本意，应为效力待定，无产权证的交易是否也如此呢？意见不一，某民事判决所持立场是，未依法登记领取权属证书的房地产，不得转让；否则，合同无效。此种立场在当时呈现一定的普遍性。对此，我不赞同，而是主张出卖人/转让人欠缺产权证，不影响买卖合同/转让合同的效力，拙作《无产权证房屋买卖合同的法律后果》就此问题进行了较为详尽的分析，这符合中国法律思潮的演变发展的方向。

针对不明、混淆约定解除与附解除条件的状况，我在《无产权证房屋买卖合同的法律后果》中详细地辨析了约定解除和附解除条件，令人信服地证成了附解除条件不同于约定解除。

该文的引证率为40，下载次数为2856，收入本书时更名为“无产权证交易的法律后果”。

十二

在市场经济中，合同无疑是最常用、最活跃的交易形式。可是运用合同之人却大多不是法律人，所拟合同条款不尽周详在所难免。有漏洞即应填补，但合同漏洞的判断标准、合同漏洞补充的归属、补充规则以及补充方法之间的顺序如何，则意见不一。拙作《论合同漏洞及其补充》一文力图解决这些问题，其价值最大之处在于提出并证成了几种补充合同漏洞方法之间的顺序：(1)在交易习惯与法律规定之间的关系方面，在交易习惯违反强制性规定或违背公序良俗时，不得用于填补合同漏洞，不得优先于任意性规定、倡导性规定而运用。(2)即使交易习惯不违反强制性规定，也不一定优先于任意性规定、倡导性规定而运用。如果交易习惯不公正，则不得把此类交易习惯优先于任意性规定、倡导性规定来填补合同漏洞，而应依诚信原则、公平原则衡量是否对其调整(矫正)。(3)观察《合同法》第61条和第62条的字面意思,似乎交易习惯优先于任意性规定,但因这两条规定均非强制性规定,故这种优先顺序的结论无法律依据的支撑。(4)审视交易习惯补充合同漏洞是独立于、并列于补充的合同解释的方法,还是运用补充的合同解释时应予考虑的因素?考察其"合同漏洞补充所依据之间的关系"的总结,交代得不甚明确,但自其"依法官推定的当事人意图补充"部分的体系排列观察,属于补充的合同解释的一种表现形式。(5)因为法律规定包括强制性规定,所以不得笼统地说补充的合同解释优先于依赖法律规定而运用,而应是依赖强制性规定补充合同漏洞肯定优先于运用补充的合同解释方法填补合同漏洞。依赖任意性规定填补合同漏洞原则上优先于运用补充的合同漏洞填补合同漏洞,但承认两种例外情形。(6)在我国现行法上,不宜如欧美法那样界定诚实信用原则,而应将诚信和公平两项原则共同发挥作用,在运用有关补充漏洞的方法填补系争合同的漏洞之后,修正甚至补足已补合同条款/文字。(7)所谓"以当事人所欲予达到的目的为第一顺序",若指以当事人协议补充合同漏洞,则无疑问;但若指依补充的合同解释方法填补合同漏洞,则有问题,即补充的合同解释方法必定位于强制性规定之后,在许多情况下也后于任意性规定的,而非处于第一顺序。

十三

合同有效,核心在于履行。同时,也不得允许债权人在任何情况下都可请求债务人履行,债务人无须总是满足债权人的给付请求。履行抗辩权就是债务人可(暂时)拒绝债权人关于清偿请求的事由。《合同法》第66条以下即为关于履行抗辩权的规定。但是,在履行抗辩权的构成要件、类型和相互关系等方面,不无疑问,且看法不一,尤其是韩世远教授较为系统地批评《合同法》第67条等规定。我从实务中也发现可完善履行抗辩权之若干点。在这样的背景下,完成了《履行抗辩权探微》一文,也回应韩世远教授的批评。我自以为至少在若干方面韩世远教授会反思其观点,如其第一版《合同法总论》插图5.6.3所标示的履行期无法证成所谓《合同法》第67条设置先履行抗辩权酿成法律漏洞之说。出乎意料,韩世远教授固守其既有观点,且调换了其议论的案型以达自圆其说之效。

我不赞同这样的态度,撰写了《同时履行抗辩权:重构抑或自毁》一文,[26]

一一辨析双方的争论之点,全面回应韩世远教授的意见,兹节录如下:

韩世远教授发表于2005年第3期《中国社会科学》的《构造与出路:中国法上的同时履行抗辩权》一文,认为《合同法》第66条规定的同时履行抗辩权和第67条规定的先履行抗辩权,存在法律漏洞,提出其填补漏洞的方案;同时怀疑先履行抗辩权存在的价值。其专著《合同法总论》(法律出版社2004年版)全面肯定。在笔者看来,先履行抗辩权与同时履行抗辩权并存,具有积极价值;所谓法律漏洞说不成立,韩世远教授提出的解决方案存在若干问题。于是,撰文《履行抗辩权探微》,与韩世远教授商榷,发表于2007年第3期的《法学研究》上。

韩世远教授在形式上非但一点也不接受笔者的批评意见,而且于其第二版和第三版的《合同法总论》专著中,对笔者的某些批评意见予以反驳。在笔者看来,这些反驳全都站不住脚,特别是不少方法和观点事关民法理论的完善以及司法实务的发展,有必要表达出来,就教于大家。

一、法律漏洞说的提出

对中国《合同法》将同时履行抗辩权和先履行抗辩权分立的模式,韩世远教授持有不同的看法:"若依据《合同法》第67条(先履行抗辩权),所给出的答案是'先履行一方未履行的,后履行一方有权拒绝其履行要求'。从中看不出后履行一方请求先履行一方履行时,先履行一方能否以后履行一方未履行其到期债务为由拒绝履行。而依据《合同法》第68条(不安抗辩权),只是在出现所列信用不安事由时,先履行一方可以中止履行。"[27]有鉴于此,"《合同法》第66条字面上虽然规定了'没有先后履行顺序'这一限定,尚不应就此作反面解释而排斥其他情形下亦可得发生同时履行抗辩问题,就前述设问,可以认定《合同法》存有法律漏洞。换言之,《合同法》只规定了履行期自始相同(没有履行先后顺序)的情形,而忽略了还可能存在债务履行期自始不同的情形。其实,作为同时履行抗辩权的要件之一,正如我妻荣先生所言,只是要求该权利行使之际对方的债务已在履行期而已,非谓须履行期自始相同。"[28]

韩世远教授的思绪并未到此为止,他实质是对《合同法》设置的先履行抗辩权制度抱有疑问,正所谓"这种理论构成是否有其正当性,固然还有待进一步观察,这涉及是否能够和是否有必要创立一套独立于同时履行抗辩权的理论"。[29]有的学者干脆否定《合同法》第67条的规定:"从法规则自身的逻辑性、简练性要求考虑,先履行抗辩规则无单独规定的必要性。”[30]

二、已届履行期的内涵和外延

因为同时履行抗辩权、先履行抗辩权的成立需要已届履行期的要件，而已届履行期的含义如何，却分歧严重，故有必要首先辨析已届履行期的含义。确定已届履行期的含义，又与如何理解履行期密不可分，故有必要先澄清履行期的含义。

（一）履行期的含义

履行期，或清偿期，《合同法》将其称为履行期限（第12条第1款第6项等），其含义如何，各个国家及地区民法及其理论在界定上不尽一致。

在德国，像给付地点一样，给付时间属于给付的方式。与给付时间相关，有两个问题需要澄清，即从什么时点债权人可以要求履行给付以及债务人可以履行给付。第一个问题涉及债务的请求期（点）（Fäelligkeit）（请求权届至点），第二个问题涉及（债务的）履行期（点）（Erfüellbarkeit）。如果债务履行期届至（fäellig ist），债务人可以履行，债权人若拒绝受领，就陷入受领迟延（《德国民法典》第239条以下）。只有当债务不仅履行期届至（erfüellbar ist），同时请求期也届至，债权人才可以强制履行；此时，债务人不仅可以给付，也必须给付。给付的这两个方面，请求期和履行期，被规定在《德国民法典》第271条。如果履行时间没有规定，也不能通过情形得出，其第271条第1款规定，债权人可以立即要求履行，债务人也可以立即作出履行。根据其第271条第2款的规定，债务立即届至请求期和履行期，也就是说，原则上从债务一产生就届至。但是，立即届至的请求期所涉及的是，对债务人来说，有一个实施给付行为的适当时间。因此，立即给付的义务意味着，债务人必须尽快给付。不同于《德国民法典》第121条第1款第1项规定的“毫不迟延”，这里应当以一个客观的标准为基础。[31]

由此可知，在德国民法上，履行期和请求期重合之处，是一个时间点，而非一段期间。当事人若约定，出卖人于2011年1月1日至2011年3月3日交货，也不意味着2011年1月1日至2011年3月3日均为履行期和请求期，履行期和请求期仅指2011年3月3日这个时间点。债务人于2011年3月3日未予履行，即构成迟延。至于2011年1月1日至2011年3月2日，其法律意义在于，债务人可以放弃期限利益，在2011年1月1日至2011年3月2日的任何一天为履行，债权人不得拒绝，否则，债权人陷于迟延。当然，履行期纯为债权人利益的，则另当别论。[32]

在日本,按照《法律学小辞典》的解释,履行期限,又称清偿期,指的是债务人不得不履行(清偿)的时期。债务人在履行期限不履行时,就构成履行迟延。例如,买卖双方约定1个月之后支付价金,但是买方过了1个月仍然没有支付价金的场合,构成履行迟延。[33]与此同义或近义,於保不二雄教授阐释道:"清偿的时间指应进行清偿的时间,即履行期或清偿期……在履行期或清偿期内,债权人可以请求履行,债务人必须进行履行。履行期内如债务人不进行履行、或债权人不受领履行,就要承担迟延责任……随着履行期限届至,消灭时效开始进行。"[34]这与《日本民法典》的有关规定形成了相互印证,具有可信性。例如,《日本民法典》第412条规定:"①就债务的履行有确定期限时,债务人自其期限届至时起,负迟延责任。②就债务的履行有不确定期限时,债务人自其知道期限届至时起,负迟延责任。③就债务的履行未定期限时,债务人自接到履行的请求时起,负迟延责任。"《日本民法典》第166条第1项规定:"消灭时效,自权利可以行使时起进行。"[35]显而易见,履行期·履行期届至·迟延三者间的关系,是自圆其说的,没有矛盾。

在中国台湾地区,学说将清偿期(履行期)界定为,债务人应为清偿的期日,[36]债务人应为履行的时期。[37]也有学者同时着眼于债权人、债务人两个角度,谓清偿期系债务人应依债之本旨而为清偿,债权人得请求清偿的期日。[38]这大体上与日本民法学说的界定相同,尤其是强调清偿期为"期日"(时间点)的界定,与日本的一致。

在中国台湾地区,有专家进一步辨析道:履行期(清偿期或给付期),谓债务人应为债务履行的时期。(1)此时期与债务发生的时期在观念上不同,在事实上也有先后之别。(2)履行期与债务人得为履行的时期不同。(3)履行期与债权人得请求债务人为履行的时期有别。(4)履行期与事实上为履行的时期不同。[39]这与德国的民法及其学说对请求期、履行期的理解大体一致,尽管文字表述上略有差异。

与此有别,中国现行法及其理论在用语上没有刻意区分债权人得请求债务人为履行的期限与债务人必须为履行的期限(履行期或曰履行期限),或者说,中国现行法及其理论所谓履行期,在外延上较日本、中国台湾地区的为广,既包括它们所说的债务人可以为履行的时间,债务人必须为履行的时间,也含有它们所说的债权人得请求债务人为履行的期日。并且,在理解履行期时,则区分一个时间点的履行期与一段期间的履行期两种。履行期为一个时间点的,既是债权人得请求债务人为履行的时间,也是债务人必须为履行的时间,在称谓和效果上与日本、中国台湾地区的相同。履行期为一段期间的,如约定出卖人于2011年1月1日至2011年3月3日交货,2011年1月1日至2011年3月2日为买受人(债权人)得请求出卖人(债务人)为履行的期限,2011年3月3日为债务人必须履行的时间。这无论在称谓上,还是含义上,都不同于日本和中国台湾地区。

这种不同,在法律结果上显现出差异。以约定出卖人于2011年1月1日至2011年3月3日期间交货为例,按照日本、中国台湾地区的相关规定、判例及学说,买受人于2011年1月1日至2011年3月2日期间无权请求出卖人交货,若请求,出卖人有权抗辩。该种抗辩无须主张,即可发生阻却给付请求的效果。与此不同,按照中国既有的通说,买受人于2011年1月1日至2011年3月2日期间有权请求出卖人交货,但是,出卖人享有履行期尚未届满的抗辩权。该种抗辩权至少在绝大多数情况下需要主张,通说认为必须主张,才发生阻却给付请求的法律效果。

比较而言,德国民法关于请求期的观点,日本和中国台湾地区关于履行期的界定,结合抗辩、抗辩权等制度考量,更有利于债务人。有鉴于此,笔者放弃原来赞同的通说,借鉴德国民法关于请求期·履行期·抗辩·抗辩权的学说,以及日本和中国台湾地区关于履行期·抗辩·抗辩权的理论,采取如下观点:履行期,是指债务人必须依约或依法必须履行其债务的时间。在非继续性合同场合,履行期仅为一个时间点,而非一段期间;在继续性合同场合,某些债务(如承租人交付租金的义务)的履行期仅为一个时间点,而另一些债务(如房屋出租人移转租赁物使用权的义务)的履行期则为一段期间。

(二)已届履行期的含义

1. 互负债务均已届履行期的意义

《合同法》第66条前段关于"当事人互负债务,没有先后履行顺序"的规定,就其字面意思观察,似乎没有涉及债务已届履行期,如何解释,不无疑问,需要斟酌。假如因此而认为同时履行抗辩权的成立不以两项债务已届履行期为必要,则同适当履行与违约区别的理念及判断标准不尽一致,与履行期尚未届至的抗辩、履行期尚未届满的抗辩、不当履行的抗辩权等制度的立法目的及功能不相协调。就此看来,在解释论上,还得采取同时履行抗辩权以"须当事人双方互负的债务均已届履行期"为成立要件之一的学说。只不过《合同法》第66条前段关于“当事人互负债务,没有先后履行顺序”的规定,在履行期届至抑或届满方面“含糊”“宽松”,为法律人探求能满足实际需求、符合法理、达到公平正义的意思,预留了空间。

2. 关于已届履行期的辨析

已届履行期,也称已届清偿期,简称为届期。对它的界定,至少有四种方案。第一种方案是承认履行期包括一个时间点和一段期间两类,将已届履行期一律界定为履行期届至。韩世远教授坚持该种方案。其缺点至为明显:一是在若干情况下不符合客观实际,二是在若干场合牺牲掉了后履行一方的期限利益,三是赋权违约方对抗守约方的履行请求,且不承担违约责任,是非颠倒。其中缘由将在下文详述。第二种方案是承认履行期包括一个时间点和一段期间两类,区分情况而确定已届履行期的含义。笔者以往采取该种方案。其优点是能够克服第一种方案的不足,其缺点有二,一是将非继续性债务的履行期区分为一个时间点和一段期间两类,远不如将非继续性债务的履行期一律界定为一个时间点合理;二是同时履行抗辩权的运用,必须视履行期届至和届满而定,导致规则复杂。第三种方案是坚持履行期仅为一个时间点,将已届履行期一律界定为履行期届满。其优点明显:一是整齐划一,二是同时履行抗辩权与先履行抗辩权间的界限明确,三是解决问题的方案简明,而非复杂;其“问题”在于,一是需要经常地、大量地动用履行期尚未届满的抗辩,以免补救手段缺位;二是不好解释某些继续性债务的抗辩问题。例如,在租赁合同的场合,承租人按月支付租金,出租人依约将租赁物使用权移转给承租人的债务。只要履行期届至,出租人就得交付租赁物,没有履行期尚未届满的抗辩。再如,在雇用合同的场合,雇主按月支付报酬,雇员依约每天从事劳务。只要履行期届至,雇员就有义务从事劳务,也不享有履行期尚未届满的抗辩。第四种方案是对于非继续性债务的履行期坚持履行期仅为一个时间点,对于继续性债务则采履行期可能是一段期间,区分情况而确定已届履行期的含义,即在非继续性债务中,已届履行期一律为履行期届满/届至;在继续性债务中,有些已届履行期系指履行期届至,另一些履行期则为履行期届满。第四种方案的缺点是运作相对复杂,其优点是可避免其他方案的不足。

第三种方案和第四种方案之间的差异,从表面上看,至少有两点:一是第三种方案忽视了某些继续性债务的履行期届至即成立履行抗辩权的情况;二是已届履行期的含义有别,即在第三种方案中,已届履行期一律为履行期届满，而在第四种方案中，已届履行期的含义视情况而定。

饶有趣味的是，在非继续性合同的场合，坚持债务的履行期仅为一个时间点的界定，履行期届至作为同时履行抗辩权的成立要件，与履行期届满作为同时履行抗辩权的成立要件存在些许差别。例如，当事人双方约定，出卖人于2011年1月1日交货。在将履行期届至作为同时履行抗辩权的成立要件的理论下，买受人于2011年1月1日请求出卖人交货，出卖人可以主张同时履行抗辩权，或履行期尚未届满的抗辩，暂不交货。而依履行期届满为同时履行抗辩权成立要件之说，则出卖人于2011年1月1日不享有同时履行抗辩权。也就是说，履行期届至作为同时履行抗辩权的成立要件，同时履行抗辩权运用的空间多些。不过，由于履行期尚未届满的抗辩制度的存在，违约责任构成的要求，以履行期届满作为同时履行抗辩权的成立要件，也不会发生不适当的结果。其原因在于，于此场合，出卖人拥有履行期尚未届满的抗辩，据此可以对抗买受人的交货请求，并且，无须主张即可发生该种法律效果，其强度优于同时履行抗辩权的效力。此其一。尽管债务人在履行期届至时可以援用履行期尚未届满的抗辩，拒绝债权人的履行请求，不履行其债务，但此种不履行的状况会一直持续到履行期届满，一俟履行期届满，违约行为即告成立，债务人得承担违约责任。既然如此，赋权债务人于履行期届至时享有同时履行抗辩权，在利益的层面没有积极意义。此其二。这表明，在非继续性合同的场合，确定同时履行抗辩权的成立要件时，我们可以忽略履行期届至与履行期届满的些许差别，将已届履行期一律界定为履行期届满。

比较起来，第一种方案绝不可取，第二种方案的运作较为复杂，第三种方案忽视了继续性债务的特殊性，第四种方案具有优势。笔者以往采取的是第二种方案，今后改采第四种方案。

这样，(1)继续性债务的履行期一般为一段期间，该债务的对待给付债务基本上为一个时间点，两项债务的履行期之间的关系并不整齐划一，有些同时届至，有些同时届满。同时届至的例子，如某房屋租赁合同约定，2011年1月1日承租人支付租金，同日出租人移转租赁物的使用权。同时届满的例子，如某雇用合同约定，家政服务员甲于2011年1月1日至2011年1月15日开始工作，雇主乙于2011年1月15日付清酬金。(2)非继续性债务的履行期一律为一个时间点，两项债务的履行期在届至、届满的方面，会出现以下情形：其一，两项债务的履行期相同的场合，同时届至，同时届满；其二，两项债务的履行期有先有后的场合，应先履行的债务于履行期届满后，后履行债务的履行期才届至。鉴于《合同法》分设同时履行抗辩权和先履行抗辩权（第67条、第68条），第二种情形由先履行抗辩权管辖。同时履行抗辩权制度仅仅适用于第一种情形的场合。仅就此点看来，韩世远教授将已届履行期一律界定为履行期届至，并不妥当。

3. 双方论争的综述

为了便于读者了解韩世远教授与笔者论争的真实情况，明了论争的焦点，有必要简要地回顾双方在已届履行期界定方面的观点及其演变。

第一阶段：

韩世远教授和笔者都按照通说理解履行期，赞同履行期包括一个时间点和一段期间两种情形的观点，不但继续性合同场合是这样，非继续性合同场合也是如此。履行期为一个时间点的，如出卖人于2000年1月1日交货。履行期为一段期间的，如出卖人于2000年1月1日至2000年3月3日交货。

韩世远教授于其第一版《合同法总论》中在文字表述方面没有明确界定已届履行期的含义，但其插图5.6.3标示的是出卖人A应当于1月30日交付标的物，B应当于2月28日支付价款。他认为A应享有同时履行抗辩权的初始时间为2月28日。[40]

笔者撰写《履行抗辩权探微》一文时，考察上述图示及相应的文字叙述，认为无论是2月28日（韩世远教授认为A应享有同时履行抗辩权的初始时间点）还是1月30日，特别是1月31日，均为A履行债务的期限届满。也就是说，韩世远教授讨论的同时履行抗辩权，实际上全是成立于履行期届满场合的。据此，笔者通过分析，指出将已届履行期界定为履行期届满，并赋予先履行一方A享有同时履行抗辩权，会带来极不适当的后果。[41]

第二阶段：

论争双方依然采取通说对履行期的理解。

韩世远教授于其第二版《合同法总论》中称笔者误解了其意，申明已届履行期系指履行期届至，而非届满。但同时，相应地，他将A、B的履行期由原来的一个时间点修改为一段时间。其图5－6－3标示出A交付标的物的期限为1月30日至4月30日，B支付价款的期限为2月28日至4月30日。[42]其第三版《合同法总论》承继这些观点，但增加了“在履行期为一时点场合，所谓‘已届履行期’指的便是到了约定的时间点，既可以说‘届至’，也可以说‘届满’”，只是“此时区分究为‘届至’抑或‘届满’已无实质意义”[43]的说明。

笔者认为，在履行期为一个时间点的场合，将已届履行期称为届至或届满，有无其他意义暂且不论，但对于论争双方来说至少有一个意义，那就是韩世远教授于其第一版《合同法总论》中的图5.6.3所示及相应的叙述，客观显现的是：他在履行期届满的意义上使用着“已届履行期”一词。笔者在《履行抗辩权探微》一文据此展开分析，没有冤枉他。他称笔者在这个方面误解了其意，不符合事实。至于他自第二版《合同法总论》开始将已届履行期一律界定为履行期届至，则属另一问题，且笔者仍不赞同。

第三阶段：

韩世远教授依然采取通说对履行期的理解，笔者则通过比较法的考察，对非继续性债务的履行期采取为一个时间点的界定，对某些继续性债务的履行期承认为一段期间，而对另一些继续性债务的履行期则坚持为一个时间点。相应地，变履行期尚未届至的抗辩权为履行期尚未届至的抗辩，改履行期尚未届满的抗辩权为履行期尚未届满的抗辩。

4.将已届履行期一律界定为履行期届至的思路及观点

韩世远教授将“已届履行期”界定为仅仅指“履行期已‘届至’”，而不是“届满”。日语文献用语为“相手方の债务が弁济期にあること”，直译即“对方的债务已在清偿期”，没有清偿期“届满”的含义。道理在于，履行期到来（届至），债权人才可以行使，债权人才可以请求债务人履行债务，债务人才有可能抗辩，这才是成立同时履行抗辩权的初始时点。[44]

5.将已届履行期一律界定为履行期届至的缺陷

韩世远教授关于已届履行期的界定，存在以下几个方面的缺陷：

（1）从方法论的层面看，以日本民法及其学说关于“已届履行期”的界定，直接作为解释中国《合同法》第66条、第67条涉及的“已届履行期”含义的依据，正当性和合理性均值怀疑，不符合法解释学的规则，在中国合同法并非依据日本民法及其学说制定的背景下，更是这样。其实，即使以若干国家或地区的立法例及其学说直接作为解释中国现行法规定的依据，也依然如此。此其一。境外的立法例及其学说若为合适，可以作为解释中国现行法规定的参考（而非依据），在结合其他因素并论证清楚、有力的情况下，可主张对中国现行法的规定依境外立法例及判例、学说所赋予的意思予以解释。在境外的立法例及其学说不甚妥当，或在其自己的法律体系中自洽，但照搬于中国现行法上却难以兼容的情况下，参考其也不妥当。机械地将日本民法及其学说对已届履行期的界定照搬到中国现行法上，即属此类。因为日本民法、判例及学说所称履行期仅为一个时间点，而韩世远教授所说履行期包括一段期间的类型，同为“届至”一词，所指对象却不相同。此其二。韩世远教授对日本民法学说并非都一律赞同，如日本民法的通说认为日本民法未采用物权行为制度，韩世远教授就不以此为据主张中国民法未采用物权行为制度，而是反其道而行之，坚持认为中国民法区分负担行为和处分行为，主张《合同法》上有物权合同。[45]既然并不事事遵从日本民法及其学说，为什么在已届履行期的界定上偏偏忽视《合同法》第66条前段的明文、不经论证就直接依日本民法学说来认定中国《合同法》第66条、第67条涉及的已届履行期呢？此其三。

(2)从论证方法上看，笔者已经并且正在指出，韩世远教授将“已届履行期”界定为仅仅指“履行期已‘届至’”，且坚持法律漏洞说，忽视或否认履行期尚未届满的抗辩(权)、不当履行的抗辩权发挥作用，会导致诸如偏袒违约方、不利于守约方的是非颠倒，时常牺牲后履行一方本应享有的期限利益等极不妥当的后果，并且列举、分析了若干例子。[46]韩世远教授对此视而不见，未逐一驳倒这些批评意见，不消除其法律漏洞说带来的严重缺陷，却依然固守己见，诚非科学的态度。退一步说，韩世远教授即便驳倒了笔者关于履行期尚未届满的抗辩(权)、不当履行的抗辩权等抗辩权的存在及行使，便不存在法律漏洞的观点，但不修补其法律漏洞说带来的严重缺陷，其观点仍然立不起来，更不要说笔者对他的批评意见根本就未被驳倒。

(3)从比较法的角度看，日本民法及其学说将履行期界定为债务人不得不履行的时间。并且，债务人在履行期而不履行时，就构成履行迟延。[47]如此，其所谓履行期只能是一个时间点，如2011年1月1日，不可能包括一段期间，如2011年1月1日至2011年3月3日。至于2011年1月1日至2011年3月3日的案型，只有2011年3月3日才是履行期，2011年1月1日至2011年3月2日不是履行期。履行期既为一个时间点，着眼于2011年1月1日的到来，就是届至；聚焦于2011年1月1日的完结，即为届满。对此，连韩世远教授自己都正面肯定，[48]怎么能说已届履行期不可能是届满呢?

这也给我们以警示:相同的术语,在不同的立法例上、不一样的语境下,可能含义不同。诸如债务人将于2011年1月1日至2011年3月3日履行之类,其中的2011年1月1日至2011年3月3日,在中国现行法及其理论上叫作履行期,但在日本、中国台湾地区的相关规定及其学说上则否,属于履行期的仅仅是2011年3月3日。在这样的背景下,“履行期届至”一词,在各国家及地区的民法及其理论上,称谓相同,但所指向的对象(情形)有别。就2011年1月1日至2011年3月3日这段期间而言,中国民法通说所谓的履行期届至,指向的日期是2011年1月1日;日本、中国台湾地区的相关规定及其学说所说的履行期届至,指向的则是2011年3月3日。将之应用到同时履行抗辩权领域,在日本、中国台湾地区的相关规定及其学说上,成立同时履行抗辩权的起始点是2011年3月3日;在中国,按照韩世远教授关于已届履行期一律为履行期届至的思路及观点,成立同时履行抗辩权的起始点一律为2011年1月1日。差之千里。

结论是:忽视各国家及地区民法及其理论的差别,照搬其他国家及地区立法例及其学说的界定,可能会犯错误。

(4)从语义分析的角度入手,以上文“(3)”的分析为基础,在中国民法通说上,已届履行期,简称为届期,其含义就不是固定的一种,届满为其中之一。[49]韩世远教授只固守一种界定,限于届至,只看到了开始,未顾及结尾,即届满,难免自我封闭。实际上,届至和届满在某些情况下的确不是泾渭分明的。例如,履行期为某个一秒的场合,该一秒到来,可以说是届至,也可以称为届满。再如,履行期为某一天,在该日的00:00到来,既是届至,也是届满。更为明显的是,瑕疵履行场合成立同时履行抗辩权,必然是履行期届满方可,仅仅是履行期届至,不构成瑕疵履行。可见,已届履行期,实际上排除不了届满。

其实,韩世远教授的阐释已经承认了履行期届满在某些场合为同时履行抗辩权的初始成立的要件。其第一版《合同法总论》第328页图5.6.3及文字叙述所显示的,均为履行期届满成立同时履行抗辩权的情形。[50]其第二版《合同法总论》在总的观点上强调已届履行期一律为履行期届至,修正此前的观点,其实不当。须注意,他修正得并不彻底,仍有文字承认履行期届满可成立同时履行抗辩权。他在讨论初始成立同时履行抗辩权时,把对方履行债务不符合约定作为同时履行抗辩权成立的要件之一,[51]就是在承认履行期届满为同时履行抗辩权初始成立的要件。其第三版《合同法总论》继续该项意见。[52]其所谓"履行期届满后,债务人虽非必然、却有可能构成履行迟延(违约),虽不排除仍有同时履行抗辩权发挥作用的余地,这里显非同时履行抗辩权的初始成立问题,而是它是否延续存在的问题",[53]已经清楚地承认了这一点。且不说"延续存在"也是同时履行抗辩权在发挥作用,依《合同法》第 66 条后段的规定就是成立同时履行抗辩权;就连履行期届满是同时履行抗辩权的初始成立要件,也存在例证。其例证之一是债务的履行期为一个时间点的两项债务立于对价关系,于履行期届满时成立同时履行抗辩权,于履行期尚未届满时成立履行期尚未届满的抗辩(权);例证之二是,瑕疵履行场合,于履行期届满时成立同时履行抗辩权(《合同法》第 66 条后段)或先履行抗辩权,于履行期尚未届满时成立履行期尚未届满的抗辩(权)。

(5)从中国现行法的规定看,《合同法》第 66 条后段规定:"一方在对方履行债务不符合约定时,有权拒绝其相应的履行要求。"由于该规定就是在列举同时履行抗辩权的情形,也就是在规定同时履行抗辩权,而非"视为""扩张"同时履行抗辩权;由于"对方履行债务不符合约定"的成立,必以该对方的履行期届满为条件,该条后段的规定就明确表明同时履行抗辩权有时要以履行期届满为要件之一。由此可知,韩世远教授所谓"履行期届满后,债务人虽非必然、却有可能构成履行迟延(违约),虽不排除仍有同时履行抗辩权发挥作用的余地,这里显非同时履行抗辩权的初始成立问题,而是它是否延续存在的问题"[54]的边界划分,显然不符合《合同法》第 66 条后段关于同时履行抗辩权的规定,是依其认为的关于同时履行抗辩权的边界,而非依中国现行法上的同时履行抗辩权的边界,来解释《合同法》第 66 条规定的。

其实,韩世远教授自己在列举和阐释同时履行抗辩权第三个构成要件时,已将"履行债务不符合约定"作为同时履行抗辩权的成立要件之一,[55]应当是符合《合同法》第 66 条规定本意的,而发生"履行债务不符合约定"时,必然是履行期已经届满。由此可见,韩世远教授在解说同时履行抗辩权第一个构成要件时,将履行期届满排除在已届履行期的内涵和外延之外,前后不一致。

(6)从履行抗辩及抗辩权体系方面看,韩世远教授为其观点辩护的理由,在其第一版和第二版的《合同法总论》中,明显地局限于履行抗辩权仅为同时履行抗辩权、不安抗辩权的框里了,[56]忽视了履行抗辩及抗辩权包括多种类型这个事实。其第三版的《合同法总论》开始注意到抗辩权的多样化,看到了履行期尚未届满的抗辩(权)与债务履行之间存在关系,只不过没有用来深化研究,完善理论,而是用于全力否定笔者关于履行期尚未届满的抗辩(权)能够解决有关问题的看法上罢了。[57]在笔者看来,韩世远教授所谓“法律漏洞”的情况(第二版《合同法总论》第250页、第三版《合同法总论》第287页中的图5-6-3标示的情形:A履行债务的期限为1月30日至4月30日,B履行债务的期限为2月28日至4月30日的场合,2月28日至4月30日期间若排斥同时履行抗辩权的运用,不允许A拒绝B的履行请求,就构成法律漏洞),完全可依履行期尚未届满的抗辩处理。需要提醒的是,韩世远教授与笔者之间的论争,是以他认为《合同法》关于同时履行抗辩权、先履行抗辩权和不安抗辩权的制度设计存在法律漏洞为背景和前提的。笔者不同意他的法律漏洞说,认为法律漏洞的存在是以整个法律全无这方面的规定为条件的,只要法律规定有制度及规则调整这个问题,就不可说存在法律漏洞;对于韩世远教授所举“法律漏洞”之例,笔者认为用履行期尚未届满的抗辩(权)完全可以解决,何谈法律漏洞?最后,笔者此处所论,旨在表明《合同法》第66条、第67条的规定没有法律漏洞可言,并非一味地排斥同时履行抗辩权,并非总是不允许债务人在履行期尚未届满但具备同时履行抗辩权成立要件的情况下援用同时履行抗辩权。例如,上文谈及的承租人月初支付租金的案型中,支付租金的债务与移转租赁物使用权的债务,支付租金的履行期届至即可成立同时履行抗辩权。

(7)从届期与两项债务间的关系看,须知在同时履行抗辩权、先履行抗辩权和不安抗辩权的场合,届期关乎两项债务的履行期,不可仅仅着眼于一项债务的履行期来思考问题,来界定届期。韩世远教授以其第二版《合同法总论》第250页、第三版《合同法总论》第287页中的图5-6-3所标示的两项债务的履行期的情形,来界定届期,犯了以偏概全的错误;表面上是照顾了两项债务,在某些场合实质上却有所忘记,下文的列举和分析会清晰地显现出这一点。在笔者看来,在坚持履行期包括一段期间的情形的背景下,将已届履行期一律界定为清偿期届至,显现出如下缺点:

其一,其第二版《合同法总论》第250页、第三版《合同法总论》第287页中的图5-6-3所示,并未涵盖依逻辑和实务中所出现的全部案型,其第一版《合同法总论》第328页中的图5.6.3所标示的倒是囊括了所有的情形。实际上,韩世远教授承认履行期含有一段期间的类型,并将已届履行期一律界定为履行期届至,其图5-6-3所示仅为情形之一,依其逻辑,还会出现下述情形:A履行债务的期限为1月30日至4月30日,B履行债务的期限为2月28日至5月30日。依韩世远教授的逻辑,在5月5日,B请求A履行其债务时,A有权援用同时履行抗辩权,拒绝B的请求。于是出现了违约方有权拒绝守约方的给付请求且不承担违约责任的不当后果。这正是韩世远教授将履行期一律界定为履行期届至并坚持法律漏洞说的致命缺点。

本来,依据《合同法》第66条、第67条的设计,B于5月5日请求A履行其债务,A无权援用同时履行抗辩权,必须满足B的给付请求。反过来,A于5月5日请求B履行其债务,B享有先履行抗辩权,也有权援用履行期尚未届满的抗辩,并有权请求A承担违约责任。这完全符合公平正义的要求,从一个方面证明了《合同法》第66条、第67条设计的合理性。

其二,若将已届履行期一律界定为履行期届至,并将履行期届满排除于已届履行期之外,则会发生难以解释的情形。在实践中,有些场合的已届履行期只能解释为履行期届满,而不可能是履行期届至。瑕疵履行场合成立同时履行抗辩权,为其著例;部分履行与同时履行抗辩权之间的关系场合也有履行期届满时适用同时履行抗辩权制度的类型。

其三,在下述案件类型中会判断失误:甲交付标的物的期间为2008年1月1日至2008年3月1日,乙付清货款的期间为2008年1月1日至2008年4月1日。按照韩世远教授在其第二版《合同法总论》第249页以下、第三版《合同法总论》第286页以下所述的判断标准,只能得出它适用同时履行抗辩权制度的结论,但实际上事情比这复杂得多。首先,按照中国民法的通说,在2008年1月1日至2008年3月1日期间,甲和乙都享有同时履行抗辩权,乙还享有履行期尚未届满的抗辩权、先履行抗辩权。依据笔者如今采取的观点,甲的履行期仅为2008年3月1日,乙的履行期仅为2008年4月1日。在2008年1月1日至2008年3月1日期间,甲和乙都不享有同时履行抗辩权。乙享有先履行抗辩权,拥有履行期尚未届满的抗辩。其次,在2008年3月2日至2008年4月1日期间,甲于其未交付标的物的情况下请求乙支付货款,乙享有先履行抗辩权、履行期尚未届满的抗辩;甲自己不享有履行抗辩权。最后,在2008年4月2日之后,甲和乙均未履行的场合，关于同时抗辩权、先履行抗辩权的效力，若采存在效果说，乙不是违约方，对甲享有同时履行抗辩权，甲对乙不享有此权，以免出现偏袒甲这个违约方的不当后果；[58]依据行使效果说，乙主张先履行抗辩权了，抗辩权的情形如同存在效果说的场合，若未主张，则构成双方违约，甲和乙在违约救济的阶段都享有（继续履行、损害赔偿或支付违约金诸债务方面的）同时履行抗辩权。

同时，也应看到，将已届履行期一律界定为履行期届满，会增加履行期尚未届满的抗辩、不当履行的抗辩权发挥作用的空间，有时也会发生同时履行抗辩权、先履行抗辩权的运用，不会出现韩世远教授所认为的法律漏洞，不会剥夺当事人一方的救济权利。单就这方面来说，将已届履行期一概界定为履行期届满，不算错误。不过，这样界定毕竟缩小了同时履行抗辩权制度、先履行抗辩权制度适用的范围，不尽符合其规范意旨；主要是不适用于某些继续性合同的履行抗辩的情形。

尽管如此，我们也必须看到，在绝大多数情况下，只有将“已届履行期”解释为“履行期届满”，才最能发挥同时履行抗辩权制度的功能，实现其价值。这是因为，两项债务的履行期届至而未届满场合，一方当事人请求相对人清偿，相对人有权以履行期尚未届满为由拒绝履行债务，且不构成违约，完全可以不求助于同时履行抗辩权，尽管他可以求助。但在履行期届满的情况下，债务人已无履行期尚未届满的抗辩，只有依赖于同时履行抗辩权或不当履行的抗辩权或其他抗辩权，否则，只好应债权人的请求而履行债务。

行文至此，可知已届履行期，在非继续性合同场合，应是履行期届满/届至，在继续性合同场合，对某些债务而言，依然指履行期届满，对另一些债务来说，则指履行期届至。

三、对法律漏洞说的反驳

对于韩世远教授的上述看法，笔者持有不同意见，分九点阐释如下。

（一）涉及履行的抗辩及抗辩权的体系及作用

涉及履行的抗辩及抗辩权，是在符合法定条件时，当事人一方对抗相对人的履行请求，暂时拒绝履行其债务的抗辩或抗辩权。它包括附停止条件的抗辩、附始期的抗辩、履行期尚未届至的抗辩、履行期尚未届满的抗辩、不当履行的抗辩权[59]、时效完成的抗辩权，同时履行抗辩权、先履行抗辩权、不安抗辩权、留置权的行使[60]等。其中的附停止条件的抗辩、附始期的抗辩、时效完成的抗辩权等,在专家学者间已经形成共识,无须多言;履行期尚未届至的抗辩、履行期尚未届满的抗辩,韩世远教授等学者表示怀疑,需要辨明。

之所以说存在履行期尚未届至的抗辩,是因为债务人在给付期之前并不负给付义务,债权人如在给付期之前请求给付,债务人即得以给付期尚未届至为由,拒绝给付。[61]因为债务具有中性,不含有道德和法律的否定性评价,不得被强制执行,所以产生中国《合同法》第110条、第111条限定的情况——法律上或事实上不能履行、债务的标的不适于强制履行或履行费用过高、债权人在合理期限内未要求履行;只有在行为债务以外的债务被迟延履行、不完全履行、拒绝履行且债务人能够履行的情况下,才可强制执行(中国《合同法》第110条、第111条)。[62]这从一个侧面表明,在债务履行期届至前,债务人有权拒绝债权人的给付请求,即存在履行期尚未届至的抗辩。[63]

之所以说存在履行期尚未届满的抗辩,是因为迟延履行系指债务人于履行期届满仍未履行债务的现象。这表明,履行期届满前,债务人不履行债务,不构成迟延履行。既然不构成迟延履行,就不承担违约责任,说明债务人享有履行期尚未届满的抗辩。[64]对此,举例说明如下:某买卖合同约定,出卖人于2011年1月1日至2011年3月3日交货。买受人于2011年3月2日及其此前请求债务人履行其债务,债务人享有履行期尚未届满的抗辩,故有权拒不履行其债务,不构成迟延,不承担违约责任。即便到了2011年3月3日,纯从理论上讲,债务人也可以履行期尚未届满作为抗辩,拒不履行其债务。只不过2011年3月3日不履行,到了2011年3月4日,债务人就要承担迟延履行的违约责任。在这个意义上说,称履行期届至和履行期届满,实际意义不大。就此,将在下文同时履行抗辩权的成立要件中进行较为详细的分析。

明确非继续性债务的履行期为一个时间点,以及履行期尚未届满的抗辩,意义是多方面的:其一,对于判断同时履行抗辩权的构成具有价值。同时履行抗辩权的构成要件之二是,“须双方互负的债务均已届履行期”。此处所谓“已届履行期”,存在“履行期届至”和“履行期届满”两种理解,并且,在坚持同时履行抗辩权和先履行抗辩权并立的模式下,仅就非继续性合同的债务履行期而论,将履行期一律界定为一个时间点,任何一种理解都符合同时履行抗辩权成立的要求。但是,只有将“已届履行期”解释为“履行期届满”,才最能发挥同时履行抗辩权制度的功能,实现其价值;才能彻底避免负面后果。这是因为,在两项债务的履行期届至而未届满的场合,一方当事人请求相对人清偿,相对人有权以履行期尚未届满为由拒绝履行债务,且不构成违约,完全可以不求助于同时履行抗辩权,尽管他可以求助。但在履行期届满的情况下,债务人已不享有履行期尚未届满的抗辩,只有依赖于同时履行抗辩权一条路径,不然,只好应债权人的请求而履行债务。其二,这对于判断债权让与场合为让与通知是否适当较为有益,即在尚未为让与通知时,债务人于履行期间的任何一个时间点清偿,就使其债务归于消灭。自此时起,让与人或受让人为让与通知,债务人有权以其债务已因清偿而消灭为由,拒绝向受让人履行;债务人尚未履行时,让与人或受让人为让与通知,债务人则有义务向受让人清偿,否则,构成违约。其三,对于提存具有意义。众所周知,在履行期内,债务人可以选择任何一个时点履行,债权人无权拒绝,否则,构成提存的条件,也构成受领迟延;反之,债权人于期间内请求债务人清偿,债务人倒可以履行期尚未届满为由予以抗辩。其四,这里存在抵销的问题。债权人于此期间主张抵销,只要抵销适状,可发生抵销的效果。

现在讨论不当履行的抗辩权。所谓不当履行的抗辩权,又称不当给付的抗辩权,是指在债务人的给付存在瑕疵等不良给付的场合,债权人所享有的抗辩权。[65]例如,某有偿委托合同约定,委托人应预付给受托人处理委托事务的必要费用 3 万元,用作交通费、缴纳预购定金等。受托人请求委托人依约预付,委托人却仅付 1 万元,拒付其余款项,且无正当理由。于此情形,受托人可以暂时拒不处理委托事务,而不负违约责任。这里的预付处理委托事务的费用义务与处理委托事务的义务,显然不具有对价关系,因而没有同时履行抗辩权、先履行抗辩权应用的余地。[66]假如不允许受托人行使抗辩权,暂时拒绝履行处理委托事务的义务,无异于放纵违约的委托人,使受托人处于不利的境地,有失权衡。有鉴于此,承认不当履行的抗辩权,以补同时履行抗辩权、先履行抗辩权之缺,免得受托人自己为履行却无法获得委托人的给付,酿成损失,显然具有正当性。

扩言之,之所以存在不当履行的抗辩权,是因为债务人的给付不符合合同意旨,债权人无法就该不当给付实现其合同目的,于此场合,若无拒绝自己相应给付的抗辩权,就会一方面向债务人完全履行了债务,另一方面却得不到债务人的适当清偿,甚至无法获得损害赔偿等救济,有失公正。

特别是，在无偿委托等合同场合根本就不存在同时履行抗辩权、先履行抗辩权的情况下，以及两项债务是否形成同时履行关系观点不一的场合，承认不当履行的抗辩权，就更有意义。此其一。从道德和法律评价的层面讲，债务人有过失的不当履行，应予否定性评价。责令债务人承担违约责任，固然是否定性评价的表现，赋权守约方暂时拒绝履行相应义务，使违约方得不到合同利益，亦为一种否定性评价。此其二。有鉴于此，即便两项债务关系存在同时履行抗辩权、先履行抗辩权的场合，另外再承认不当履行的抗辩权，使权利人多些选择的机会和手段，在个案中权衡利弊，选取最利于实现自己利益的抗辩权，也有积极的意义。此其三。

当然，不当履行的抗辩权在其适用范围方面应有一定的限制，如不当履行较为轻微，对债权人的利益影响不大，则不宜允许债权人以此为由拒绝履行自己的债务。

视野再宽阔些，可以对抗当事人一方的给付请求的，还有留置权等物权。留置权等物权不仅能够暂时地对抗领取/返还保管物、仓储物等标的物的请求，甚至可以彻底地消灭该种请求权。它们在对抗当事人一方请求方面所起的作用，至少不亚于同时履行抗辩权、先履行抗辩权。

有疑问之处在于，既然有同时履行抗辩权、不安抗辩权等抗辩权存在，还强调履行期尚未届至的抗辩、履行期尚未届满的抗辩、不当履行的抗辩权等是否多余。笔者认为，各抗辩及抗辩权存在的机理、重点、成立要件和运用领域不尽相同，各有其长处和作用。同时履行抗辩权存在的基础重在客观，在于给付（履行）的牵连性，该基础先天固有。而履行期尚未届至的抗辩、履行期尚未届满的抗辩的存在基础，重在义务未至必须履行的阶段，重在当事人的约定或法律的规定，在于当事人的意思自治，当事人或法律对于期限利益的分配、安排。不当履行的抗辩权存在的基础，重在善恶的处理，即对不当履行作否定性评价，从功能方面讲，补同时履行抗辩权、先履行抗辩权无法运用之缺。特别是，履行期尚未届至的抗辩、履行期尚未届满的抗辩，无须主张即可发生相应的法律效果，相较于同时履行抗辩权、先履行抗辩权和不安抗辩权，对债务人更为有利。

先天固有的，有些可以通过当事人的意思或法律的规定加以改变、排除。例如，主物和从物之间的主从关系，主权利和从权利之间的主从关系，本为法律顺应二物或二权间的牵连、贯彻效益原则而设，在这个意义上可说主从关系规则是“先天固有的”。不过，该规则可被法律、当事人的意思改变或排除。改变或排除主从关系的例子,如在连带保证场合,主债务的诉讼时效中断,保证债务的诉讼时效不因此而中断(法释[2000]44号第36条第1款后段)。这给我们以启示,在双务合同的场合,在人们的视野中,一直是双务合同中两项债务间的牵连性决定了同时履行抗辩权、先履行抗辩权、不安抗辩权存在的内在依据,两者间呈现先天固有的关系。但是,通过法律的规定或当事人的意思,完全可以让履行期尚未届至的抗辩、履行期尚未届满的抗辩、不当履行的抗辩权等以及留置权等物权,在双务合同中发挥作用,使它们与同时履行抗辩权、先履行抗辩权并存,由抗辩的享有人或抗辩权人或物权人在个案中审时度势地选择主张。

承认并强调履行期尚未届至的抗辩、履行期尚未届满的抗辩、不当履行的抗辩权等抗辩权以及留置权等物权,还有其意义:同时履行抗辩权、先履行抗辩权、不安抗辩权只存在于双务合同关系之中,对于单务合同需要履行抗辩及抗辩权的情形,无能为力。履行期尚未届至的抗辩、履行期尚未届满的抗辩以及留置权等权利,则不受双务合同、单务合同的限制,在双务合同、单务合同两个领域均可发挥积极的作用。不当履行的抗辩权在不真正双务合同中有其运用的空间。

(二)两项牵连债务在履行期方面的若干情形

我们具体考察作为履行抗辩权构成要件的两项牵连债务在履行期方面的若干情形,看看韩世远教授所认定的法律漏洞是否存在。(1)两项牵连债务的履行期相同,既包括法律和当事人均未规定两项债务的履行期,或规定了相同的履行期;也包括依韩世远教授关于履行期包含一段期间的观点,两项债务的履行期限届至的时间不同,但存在重合的期间,先履行义务一方尚未违约的情形;还包括双方均已违约,由债务转化而成的继续履行或替代损害赔偿或填补损害赔偿的履行期限。(2)按照中国民法通说关于履行期的理解,甲方所负债务的履行期届满之后,间隔一段时间,乙方所负债务的履行期才届至。例如,甲方所负债务的履行期为2006年2月2日至2007年2月2日,乙方所负债务的履行期是2007年3月2日至10月2日。(3)甲方所负债务的履行期届满之日,为乙方所负债务的履行期届至之时。例如,甲方所负债务的履行期为2006年2月2日至2007年2月2日,乙方所负债务的履行期是2007年2月2日至2007年10月2日。(4)甲方所负债务的履行期尚未届满时,乙方所负债务的履行期已经届至,两项债务的履行期限有一重合期。例如,甲方所负债务的履行期为

2006年2月2日至2007年2月2日，乙方所负债务的履行期是2006年10月2日至2007年5月2日，甲方直到2006年12月2日仍未履行，乙方也未履行。

上述“（1）”的情形，在采取中国民法通说关于履行期包含一段期间的理解的背景下，应当适用于同时履行抗辩权制度，没有争议。但依笔者目前对履行期的界定、坚持同时履行抗辩权和先履行抗辩权并立的观点，“两项债务的履行期限届至的时间不同，但存在重合的期间，先履行义务一方尚未违约的情形”，就不会存在了，同时履行抗辩权无从产生。

上述“（2）”的情形，按照中国民法通说，甲方于2007年3月1日及其以前，请求乙方履行债务，乙方享有履行期尚未届至的抗辩，无论甲方履行了自己的债务与否，均应如此。甲方于其未履行债务的情况下，自2007年3月2日起请求乙方履行债务，适用先履行抗辩权制度，不应有争论，除非坚决否定中国《合同法》第67条的规定。依据笔者如今关于履行期与履行抗辩及抗辩权的观点，甲方所负债务的履行期为2007年2月2日，乙方所负债务的履行期是2007年10月2日，在2007年10月2日之前，甲对乙不享有同时履行抗辩权，乙对甲拥有履行期尚未届满的抗辩，享有先履行抗辩权。

上述“（3）”的情形适用先履行抗辩权制度，应无疑问，除非坚决否认《合同法》第67条的规定。若主张适用同时履行抗辩权制度，在中国现行法上，对于乙方来说没有必要，对于甲来说自然是件好事，但会有若干弊端，将在下文“（三）”至“（七）”中详述。至于乙于2007年2月2日请求甲履行其债务，可否允许甲援用同时履行抗辩权对抗乙的给付请求，有两种方案，但实质结果并无二致：其一，允许甲行使同时履行抗辩权，使甲享有1天的期限利益，但甲若未履行，则自2007年2月3日起承担违约责任；其二，甲不行使同时履行抗辩权，必须满足乙的给付请求，以便不承担违约责任。也就是说，所谓甲享有同时履行抗辩权，以便享有2007年2月2日的期限利益，只是表面上的，实质上并不享有。如此说来，采取何种观点无所谓，主要取决于论者的体系要求。这是笔者以往的看法，按照如今关于履行期与履行抗辩、抗辩权的理解，则形成如下观点：甲方所负债务的履行期为2007年2月2日，乙方所负债务的履行期是2007年10月2日。在2007年10月2日之前，甲不享有同时履行抗辩权，乙拥有履行期尚未届满的抗辩，享有先履行抗辩权。

上述“(4)”的情形,在甲方和乙方均未构成违约的情况下,甲方所负债务和乙方所负债务相重合的履行期间,即所举例子中的2006年10月2日至2007年2月1日(2日亦可),甲方和乙方均可主张适用《合同法》第66条的规定,即有同时履行抗辩权制度适用的空间。如此解释,不违反《合同法》第66条前段关于“当事人互负债务,没有先后履行顺序”的规定。当然,于此场合,也可以不借助同时履行抗辩权达到目的,而是甲方和乙方均可以履行期尚未届满为由而暂时拒绝履行其债务。还要说明,乙方也可以基于《合同法》第67条的规定,主张先履行抗辩权。但是,如果甲方已经违约了,即直到2007年2月2日,甲方仍未履行债务,那么,自2007年2月3日起,法律不应承认甲方享有同时履行抗辩权,其理由同样在下文“(三)”至“(七)”中阐明。这是笔者以往的观点,按照如今关于履行期与履行抗辩、抗辩权的理解,则形成如下意见:甲方所负债务的履行期为2007年2月2日,乙方所负债务的履行期是2007年5月2日,2007年5月2日之前,甲方不享有同时履行抗辩权,乙方拥有履行期尚未届满的抗辩,享有先履行抗辩权。

(三)如何对待我妻荣教授之语

我妻荣教授关于“在先履行义务人尚未履行时相对人债务已届履行期的场合,先履行义务人对相对人的请求可否提出同时履行的抗辩?作为一般性理论应该肯定。其原因是,作为同时履行抗辩权的要件应该解释为,仅仅要求在行使该权利时相对人的债务已届履行期,并不要求从开始履行期就是相同的”[67]之语,作为对《日本民法典》第53条关于“双务契约的一方当事人,在相对人提供其债务履行以前,可以拒绝履行自己的债务。但相对人的债务未届清偿期时,不在此限”规定的解释,可能是必要性,因为该条前段的文义没有反映出债务履行期方面的要求;针对日本民法、判例和学说上没有先履行抗辩权制度的现状来说,也有其必要性,因为日本民法、判例和学说上的同时履行抗辩权一项制度要担负起中国现行法上同时履行抗辩权和先履行抗辩权两项制度的任务。但须注意,我妻荣教授之语所针对的两项债务的履行期是这样的情形:出卖人交货的日期是1930年1月30日,买受人支付货款的日期为1930年2月28日,到了1930年2月28日,买受人请求出卖人交货,出卖人援用同时履行抗辩权,对抗买受人的交货请求。韩世远教授第一版《合同法总论》第328页的图5.6.3所示及其文字描述的情形,符合我妻荣教授的本意。[68]于是,问题产生了,在没有先履行抗辩权的日本民法，又不采取存在效果说时，我妻荣教授的意见至少在某些情况下有其道理。但是，中国现行法设置了先履行抗辩权制度，韩世远教授又未加限定地主张存在效果说，便与我妻荣教授所要解决的问题非常不同，却仍然沿用我妻荣教授的观点和方法解决中国的问题，难谓妥当。此其一。即使在日本，对我妻荣教授之语若不加限制，也会出现纵容违约方、牺牲非违约方期限利益、是非颠倒的局面。实际上，日本民法的判例、学说确实设置了若干限制，这将在下文加以分析和阐述。此其二。

需要强调的是，在同时履行抗辩权和先履行抗辩权并存、各有其适用范围的中国现行法上，若照搬我妻荣教授的观点，且作为确定《合同法》第66条规定的适用范围的标准，或者说作为同时履行抗辩权运用领域的标准，则不仅仅在宣判《合同法》第67条为具文，直接或间接地在否定《合同法》第66条和第67条设置的模式，而且会带来诸如是非颠倒、无端地牺牲后履行一方的期限利益等更为严重的问题，极不可取。下文的分析会显现这一点。

（四）中国《合同法》第66条和第67条的规定不存在法律漏洞

韩世远教授称《合同法》第66条和第67条的规定存在法律漏洞。该漏洞何在？由于《合同法》第67条赋予了后履行一方以先履行抗辩权，后履行一方无须求助于《合同法》第66条的规定，即享有对先履行一方的抗辩权，《合同法》第66条的规定即使存在法律漏洞，漏洞也不表现在后履行一方的抗辩权方面。由于韩世远教授坚持同时履行抗辩权以两项债务的履行期均已届至为要件之一，在后履行一方的债务未届履行期时，先履行一方不应享有同时履行抗辩权，《合同法》第66条的规定即使存在漏洞，也不表现在这个领域。由于后履行一方的债务尚未届期、但它有难为对待给付之虞时，先履行一方可以基于《合同法》第68条和第69条的规定，主张不安抗辩权，拒绝履行自己的债务，第66条的规定即使存在漏洞，也不应表现在这个场合。按照排除法，并且遵循中国民法关于履行期的通说，只剩下以下两种情形了：其一，韩世远教授于其第二版《合同法总论》第250页、第三版《合同法总论》第287页中的图5－6－3所标示的情形，即A履行债务的期限为1月30日至4月30日，B履行债务的期限为2月28日至4月30日的场合。按照韩世远教授的逻辑，2月28日后，或2月28日至4月30日期间，本应适用《合同法》第66条关于同时履行抗辩权的规定,但由于《合同法》第 67 条规定了先履行抗辩权,则不得适用关于同时履行抗辩权的规定了,于是出现了法律漏洞。其二,韩世远教授在其第二版《合同法总论》第 250 页和第三版《合同法总论》第 287 页中图 5-6-3的逻辑延伸、补齐,亦即第一版《合同法总论》第 328 页中图 5.6.3所示及文字叙述当然涵盖的案型,至少包括这样的情形:A 履行债务的期限为 1 月 30 日至4 月 30 日,B 履行债务的期限为 2 月 28 日至5 月 30 日的场合,5 月 1 日至5 月 30 日期间。依韩世远教授的逻辑,A(先履行一方)应当享有同时履行抗辩权,但因《合同法》第 66 条和第 67 条的文义和其分工,A 倒不会享有同时履行抗辩权,于是,形成了法律漏洞。

有漏洞即应填补。在韩世远教授看来,《合同法》第 66 条适用的范围过于狭窄,应当扩张至两项债务存在先后履行顺序、先履行一方的债务和后履行一方的债务均已届至履行期的领域。于此场合,承认先履行一方享有同时履行抗辩权,即在后履行一方请求先履行一方清偿时,先履行一方可以拒绝履行自己的债务。[69]

对此,笔者分析、论证如下:

按照笔者如今关于履行期与履行抗辩、抗辩权的理解,A 的履行期为 4 月 30 日,B 的履行期为 4 月 30 日。双方的债务履行期相同,而非存在先后履行顺序,与先履行抗辩权无关,谈不上由于《合同法》第 67 条设置了先履行抗辩权导致了法律漏洞。4 月 30 日之前,任何一方均有履行期尚未届满的抗辩,均无同时履行抗辩权。4 月 30 日及其以后,任何一方均有同时履行抗辩权。总之,在这种案型中,韩世远教授所说的法律漏洞、履行期尚未届满的抗辩派不上用场,全都不成立。

考虑到以往双方均赞同履行期包括一段期间的观点,按照对等原则,在承认履行期含有一段期间的前提下,笔者剖析韩世远教授的观点仍不成立。

由于《合同法》第 66 条前段关于"当事人互负债务,有先后履行顺序"的规定涵盖着韩世远教授第二版《合同法总论》第 250 页、第三版《合同法总论》第 287 页中的图 5-6-3 所标示的情形,即前述第一种情形,2 月 28 日后,或 2 月 28 日至 4 月 30 日期间,扩言之,两项债务的履行期部分重叠期间,只要不存在任何一方违约的情形,就符合《合同法》第 66 条前段关于"当事人互负债务,没有先后履行顺序"的规定,即符合《合同法》第 66 条关于同时履行抗辩权的规定,A 可援用该条的规定,行使同时履行抗辩权,B既可行使先履行抗辩权,也可主张同时履行抗辩权,完全没有法律障碍。于此期间,在该领域,《合同法》不存在漏洞。也就是说,韩世远教授截至目前看到的法律漏洞,根本就不存在。[70]

实际上,还有另外的方案。虽然A(先履行一方)和B(后履行一方)都有权请求对方清偿,但被请求清偿的一方于其债务履行期尚未届满时享有一个选择权:可以履行其债务,也可以不理睬给付请求,一直等到债务履行期届满前才予以清偿。换句话说,B请求A清偿时,A得以其债务履行期尚未届满(尚未违约)为由,暂时拒绝履行其债务;A请求B清偿时,B亦得以其债务履行期尚未届满(尚未违约)为由,暂时拒绝履行其债务。具体到韩世远教授在第二版《合同法总论》第250页、第三版《合同法总论》第287页中的图5-6-3所标示的2月28日至4月30日期间内,亦即其设问存在法律漏洞的期间,A、B均享有履行期尚未届满的抗辩权,该权同样能够达到同时履行抗辩权所欲达到的目的。[71]

遗憾的是,韩世远教授不但固执己见,反而称笔者以往对他的批评成了"思维太极拳",称笔者在过去肯定了法律漏洞的存在。[72]其态度和说辞的要害在于,他没有平心静气地认真阅读笔者当时对他的批评意见及其分析,未能客观地看待这些问题及意见。本来,笔者当时对他的法律漏洞说采取了类型化的分析方法,对于他所提漏洞,明确指出了我国现行法及其理论已有解决之道;对于他所使用的填补漏洞的方法,清晰地告诫:它会导致违约方非但可以拒不履行其到期债务,反而有权请求守约方履行、牺牲守约方的期限利益的不当后果。[73]只要不带偏见,细细思考,不难理解,也容易采取救济措施。韩世远教授在其第二版《合同法总论》中却没有这样做。还好他在第三版《合同法总论》中删除了这段议论,是个进步。不过,他依然坚持其固有看法,并以下面这段话回应笔者的批评意见:"……此时对于债务人是否同时存在履行期尚未届满的抗辩权?对此,尚不应一概而论地认为'债务人有权以履行期尚未届满为由予以抗辩',而应进一步区分利益归属于哪一方当事人。如果期限利益归属于债务人,债务人可以有履行期尚未届满的抗辩权。如果期限利益归属于债权人,则不应认为债务人有履行期尚未届满的抗辩权。至此,既然履行期尚未届满的抗辩权并不能够完全解决问题,同时履行抗辩权在履行期限未届满场合便有独立存在的价值,就不应轻易予以否定。"[74]从论证方法方面看,韩世远教授通过指出笔者对他的批评意见不成立而坚持自己以往的观点,较过去前进了一步。但客观事实是,他的该项反驳不成立,其法律漏洞说还是立不起来。对此,下文将详细剖析,暂且不表。

现在,重点讨论上文第二种情形。

第二种情形,依韩世远教授的逻辑同样构成法律漏洞,但笔者同样持否定说。我们知道,法律漏洞,是指实定法上反于法律意图的法律不完全性,[75]或者说,指法律体系上违反计划的不圆满状态。[76]其存在是某个法律问题应有法律规范却欠缺该规范的现象,是针对整个法律制度、整部法律欠缺本应具有的法律规范而言的。此处所谓法律体系,是指一个具有内在一致目的的法律规范之整合体(an integrated body of rules)。[77]只要有法律制度及规范进行调整,无论它被置于法律的何编、何章、何节,就不得说存在法律漏洞。至于是用同时履行抗辩权,还是用履行期尚未届至、履行期尚未届满或不当履行的抗辩权等抗辩权,或曰解决该问题的法律规范是处于甲制度中还是乙制度中,属于立法技术层面的问题。此种现象在很多立法例上都存在,而不应作为法律漏洞看待。

中国现行法到底有无妥善解决第二种情形之道呢?回答是肯定的。按照如今笔者关于履行期与履行抗辩、抗辩权的理解,则形成如下观点:在所讨论的案型中,A 履行债务的期限仅为 4 月 30 日,B 履行债务的期限仅为 5 月 30 日。5 月 30 日之前,A 对 B 不享有同时履行抗辩权,B 对 A 拥有履行期尚未届满的抗辩、先履行抗辩权。其中不存在法律漏洞,履行期尚未届满的抗辩完全派得上用场,也就是说,韩世远教授的观点不成立。

考虑到以往双方均赞同履行期包括一段期间的观点,按照对等原则,在承认履行期含有一段期间的前提下,笔者再剖析韩世远教授的观点不成立。

在承认履行期含有一段期间的背景下,第二种情形是,A 履行债务的期限为 1 月 30 日至 4 月 30 日,B 履行债务的期限为 2 月 28 日至 5 月 30 日,那么,在 2 月 28 日之前,A 对 B 不享有同时履行抗辩权、先履行抗辩权,有可能享有不安抗辩权;B 对 A 拥有履行期尚未届至的抗辩、先履行抗辩权。这些履行抗辩及抗辩权能够妥善解决履行抗辩的全部问题。此其一。在 4 月 30 日之前,上文已经讨论过,履行抗辩权同样能够妥善解决履行抗辩的全部问题。此其二。在 5 月 1 日至 5 月 30 日期间,B 对 A 拥有先履行抗辩权、履行期尚未届满的抗辩;按照《合同法》第 66 条、第 67 条的规定及其规范意旨,A 对 B 不得享有同时履行抗辩权,可以享有不安抗辩权,也能妥善解决履行的全部问题。可是,按照韩世远教授的逻辑,A 对 B 享有同时履行抗辩权,酿成了极为不当的后果。其原因在于,在 5 月 1 日至 5 月 30 日期间,A 已经违约了,按照韩世远教授力倡的存在效果说,[78] B 即使没有明示行使履行抗辩权,也排除了自己债务的届期,排除了履行迟延的构成,能够对抗 A 的给付请求,不存在 A 行使同时履行抗辩权的余地。即使不采取存在效果说,依据行使效果说,B 有权基于《合同法》第 67 条规定的先履行抗辩权对抗 A 的给付请求,也没有 A 行使同时履行抗辩权的机会。特别是,由于《合同法》奉行无过错责任原则,A 违约在先,往往成立违约责任,B 请求 A 承担继续履行或替代赔偿或填补赔偿的违约责任,依法有据,理应得到支持。假如按照韩世远教授的观点,赋予 A 以同时履行抗辩权,就意味着承认了:按照存在效果说,因 A 已经享有了同时履行抗辩权,B 无权请求 A 继续履行或承担损害赔偿责任;按照行使效果说,在 B 请求已经违约的 A 继续履行或承担替代赔偿或填补赔偿责任时,A 有权行使同时履行抗辩权,即拒绝继续履行其债务或负责替代赔偿或填补赔偿,或者说,A 有权拒绝承担违约责任。这显然颠倒了是非,不符合违约责任制度和履行抗辩权制度的本质。再者,就逻辑而言,A 不履行已经构成了违约,却坚称自己的不履行是在行使同时履行抗辩权,显然颠倒了行使履行抗辩权可以阻却违约的理论,于理不合。[79] 不知此时韩世远教授是否想到了他在合同解除的效果部分说过:债权人不应当因债务人的违约而额外丧失利益。法律立足公道,所要追求的是如何公平地保障债权人的应有或既有利益。[80] 此其三。

如果说在两项债务存在先后履行顺序、先履行一方所负债务的履行期已经届满的领域,承认先履行一方享有同时履行抗辩权,且不将若干情形排除于同时履行抗辩权制度的适用范围,这就是日本民法上的同时履行抗辩权制度的应有之义的话,那么,笔者敢说这种同时履行抗辩权制度确实应予修正。

中国现行法通过分设同时履行抗辩权和先履行抗辩权,就不会出现是非颠倒、无端牺牲后履行一方的期限利益的情形。本书断言,允许违约方利用同时履行抗辩权来实现拒绝承担违约责任的企图,肯定不是法律、至少不是中国法律设置同时履行抗辩权制度的目的。

至于在先履行一方所负债务和后履行一方所负债务均已届期的情况下,赋予后履行一方抗辩权,在德国、日本的民法以及中国台湾地区的相关规定上称为同时履行抗辩权,但在中国现行法上,后履行一方的这种抗辩权不叫同时履行抗辩权,而称先履行抗辩权,亦无不可。

由此可见,中国现行法分设同时履行抗辩权和先履行抗辩权,不但能够满足当事人履行抗辩的需要,而且不至于是非颠倒,它恰当地分配了当事人的期限利益,使违约责任制度和履行抗辩权制度都能发挥正面的作用,应予肯定。[81]至于《合同法》第66条关于“没有先后履行顺序”的表述,在解释上可以采取类型化的方法,视具体情况而界定为届至或届满,在某些继续性债务的场合可能还有重叠期间。

(五)类比观察及其结论

从与债权人迟延制度类比的角度观察,认定《合同法》第66条、第67条并立的模式在同时履行抗辩权的构成要件方面存在法律漏洞,也不尽妥当。在日本,受领迟延期间,债权人不能实施质权、抵押权,亦不能请求违约金、迟延利息及其他由不履行产生的损害赔偿。并且不允许因不履行而解除合同。[82]《德国民法典》规定,债权人迟延期间,债务人仅承担故意及重过失的责任(第300条第1项),停止约定利息(第301条),免除收取孳息义务(第302条),并可请求赔偿增加的费用(第304条)。由此可知,在时常表现为不真正义务的受领义务(合作义务)被违反场合,尚且免除或减轻债务人的责任或其他负担,债权人要失掉一些利益,甚至是损害赔偿请求权之类的利益,举轻以明重,先履行一方违反了真正义务时,更应免除后履行一方的一些负担,让先履行一方应当失掉若干利益,以作为对他的惩罚和对后履行一方的保护。于此场合,最轻的利益恐怕就是同时履行抗辩权。所以,先履行一方不履行义务构成违约时,应当令其丧失同时履行抗辩权。

(六)若干场合禁止先履行一方主张同时履行抗辩权及其意义

据笔者掌握的文献,日本的判例、学说已经发现了,将已届履行期界定为履行期届至、允许先履行一方对后履行一方主张同时履行抗辩权,会带来种种不妥当的后果,于是采取种种措施加以补救。在下述情况下,先履行一方必须先行履行自己的义务,不得借助同时履行抗辩权来逃避。如此,同时履行抗辩权制度在这些场合没有适用的余地。(1)在继续性债务关系中,给付交换不能同时进行,否则,不断获得出租人给付的承租人,也必须不断地支付极小部分的对待给付(租金)。同样,在为一项借贷支付利息时,或在一项劳动关系中支付薪资时,亦为如此。在此种情形,并在此种期间内，必须要有一方当事人先为给付。[83]（2）一方不先履行，另一方就不能履行的场合，先履行一方不得主张同时履行抗辩权。[84]例如，来料加工合同的场合，定作人不先提供材料，承揽人就无法加工。该定作人不享有同时履行抗辩权。（3）一方履行后，另一方才应该履行，[85]或者说另一方的履行是有前提条件的，该条件是一方的履行。于此场合，先履行一方不享有同时履行抗辩权。例如，某有偿定期保管合同约定实行报酬后付原则，于是，保管人必须先行保管，寄存人才有义务支付保管费。保管人对于寄存人关于履行保管义务的请求，不得援用同时履行抗辩权而拒绝实施保管行为。[86]（4）依合同意旨，先由一方履行，对其提供的给付，经相对人确认后再为对待给付（如出卖人将标的物送交指定场所，并经买受人检查后，再支付价款的场合），[87]该先履行一方不得就后履行一方未为对待给付而主张同时履行抗辩权。（5）彼方不按债务本旨履行债务者，此方可以拒绝接受，并享有同时履行抗辩权。[88]如果一方当事人不提供履行的意思很明确，那么，即使另一方当事人未提供，他也不享有同时履行抗辩权。[89]换句话说，就是先履行一方违约，他对守约方不得主张同时履行抗辩权。

日本民法的判例、学说的上述限制非常必要，阻止、避免了先履行一方享有同时履行抗辩权可能产生的极不适当的后果。所以，准确地、完整地把握日本民法上的同时履行抗辩权制度，不得忽视、舍去这些限制。与此类似地，至少有留置权制度。积极要件具备，虽然成立留置权，但若无消极要件的限制，则会带来本应履行的义务却借口留置权的享有而不履行、违背公序良俗的负面后果。这从一个侧面证成日本民法、判例和学说上述限制的必要性。

与日本民法的模式不同，中国现行法及通说采取同时履行抗辩权与先履行抗辩权并立的模式，将存在先后履行顺序的合同关系交由先履行抗辩权制度解决，不由同时履行抗辩权制度管辖，无须如同日本民法的判例、学说那样类型化地列举排除先履行一方享有同时履行抗辩权的情形，避免了挂一漏万，再加上履行期尚未届满的抗辩、有关抗辩权的衔接、配合，就能够避免或能够妥当地解决日本民法上的那些问题，应当说是先进的。

如果对比中日民法解决履行抗辩问题的路径及方法，可以发现，日本民法及判例、学说奉行的是“同时履行抗辩权以及不安抗辩权＋排除若干情形适用同时履行抗辩权”模式，中国现行法采取的是“多种履行抗辩及抗辩权并存”模式。从达到处理结果须妥当的要求着眼，日本民法及判例、学说上的“同时履行抗辩权以及不安抗辩权”，非得配有“排除若干情形适用同时履行抗辩权”的消极要件不可；中国现行法上的“多种履行抗辩及抗辩权并存”模式，虽然无须配有“排除若干情形适用同时履行抗辩权”的消极要件，但不得限于同时履行抗辩权和先履行抗辩权两种抗辩权，必须包括履行期尚未届满的抗辩，甚至不当履行的抗辩权等制度。平心而论，两种模式各有千秋，中国现行法上的模式至少不落后，只要我们对法律整体把握，而不是一叶障目、不见泰山，就不会大惊小怪。

韩世远教授忽视了中日民法在制度设计上的这种差别，硬要拆卸中国现行法实行的“多种履行抗辩及抗辩权并存”模式，推崇日本民法的判例、学说奉行的“同时履行抗辩权以及不安抗辩权＋排除若干情形适用同时履行抗辩权的限制措施”模式，漠视甚至抵触履行期尚未届满的抗辩、有关抗辩权发挥作用，于是难免面临如下尴尬的局面：在扩张中国现行法上的同时履行抗辩权制度的适用范围时，若不同时且全部引入日本民法的判例、学说已经实施的“排除若干情形适用同时履行抗辩权”的限制措施，就会出现是非颠倒、无端地牺牲后履行一方的期限利益等严重不当的后果；在扩张中国现行法上的同时履行抗辩权制度的适用范围时，若否定中国现行法上的先履行抗辩权制度，同时且全部引入日本民法的判例、学说已经实施的“排除若干情形适用同时履行抗辩权”的限制措施，就是砸碎青瓷大碗换上玻璃杯，有些妄自菲薄，因为中国现行法上的制度完全能够解决日本民法的判例、学说已经实施的“排除若干情形适用同时履行抗辩权”的限制措施所要解决的问题；在扩张中国现行法上的同时履行抗辩权制度的适用范围时，若不完全否定中国现行法上的先履行抗辩权制度，同时且全部引入日本民法的判例、学说已经实施的“排除若干情形适用同时履行抗辩权”的限制措施，就是“重复建设”，除了增加复杂性、适用法律的难度，没有积极的意义。韩世远教授迄今为止的观点是，扩张中国现行法上的同时履行抗辩权制度的适用范围，也不完全否定中国现行法上的先履行抗辩权制度，同时部分引入日本民法的判例、学说已经实施的“排除若干情形适用同时履行抗辩权”的限制措施，[90]未见其引入履行期尚未届满的抗辩、不当履行的抗辩权等，非但“重复建设”，而且捅漏了天窗，导致了违约方可以对抗守约方的给付请求且不承担违约责任、无端牺牲后履行一方的期限利益的不当后果。

（七）期限利益的保护及其路径

我们知道，当事人之所以约定一方负有先履行的义务，其目的可能有所不同，但有一点肯定是共同的，那就是在民法上至少存在后履行一方享有期限利益。当事人的这种约定不违反强制性规定，不损害社会公共利益，不违背社会公德，因而，后履行一方的这种期限利益具有正当性，法律应当保护；除非另有更为正当的理由，不得剥夺。在构成不安抗辩权的场合，可以说保护先履行一方具有正当理由，故剥夺后履行一方的期限利益，无可非议。除此而外，如果要剥夺负有后履行义务的一方的期限利益，正当理由何在？

赞同已经违约的先履行一方享有同时履行抗辩权的论者可能会说，后履行一方的期限利益，通过责令先履行一方承担损害赔偿（包括支付违约金，下同）责任的途径解决，不可以吗？

笔者认为，这种想法本身就是厚此薄彼，没有把先履行一方和后履行一方放在同等的地位上，偏袒了先履行一方。的确，先履行一方履行完毕之后，追究后履行一方的违约责任，可能因后履行一方的责任财产不足以清偿数个并存的到期债权而实际上得不到损害赔偿。若赋予先履行一方同时履行抗辩权，会使其除去此种风险。基于平等保护各方当事人的原则，在不成立不安抗辩权的情况下，如果先履行一方在自己未履行其债务，就请求后履行一方清偿，后履行一方本来可以行使先履行抗辩权或履行期尚未届至的抗辩或履行期尚未届满的抗辩，对抗先履行一方的给付请求，除去自己清偿完毕却无法得到先履行一方的给付或损害赔偿的风险；但是，按照韩世远教授主张的那样，允许已经违约的先履行一方享有同时履行抗辩权，因该权的享有和行使既可拒绝履行其债务，又可阻却成立违约责任，就使后履行一方承受了无法得到先履行一方的给付或损害赔偿的风险，明显失衡。按照现代伦理，在后履行一方拥有足够的责任财产、先履行一方不履行其债务的情况下，赋予后履行一方先履行抗辩权，而不是赋予先履行一方同时履行抗辩权，是符合公平正义的。也就是说，《合同法》分设同时履行抗辩权和先履行抗辩权是合理的，法律人没有理由改变它。[91]行文至此，笔者再次想起韩世远教授在合同解除的效果部分说过：债权人不应当因债务人的违约而额外丧失利益。法律立足公道，所要追求的是如何公平地保障债权人的应有或既有利益。[92]

需要强调的还有,期限利益,不仅仅表现为该利益自身具有金钱价值,还表现为享有期限利益者避免自己负担更大风险,表现为容许自己有较为充裕的时间筹集资金、租赁仓库、安装设备、购买原材料或寻觅担保人,甚至于表现为稳定或增多客源、保持信誉、顺利经营等。不赋予先履行一方对后履行一方享有同时履行抗辩权,可以使后履行一方免去更大的风险,可以使之有较为充裕的时间筹集资金、租赁仓库、安装设备、购买原材料或寻觅担保人,甚至于表现为稳定或增多客源、保持信誉、顺利经营等。而违约损害赔偿往往局限于期限利益自身的金钱价值额,不足以填补后履行一方的“真实面貌”的损失。例如,在超市行业,超市经营者为了减少资金成本,通常是由供货商先行供货,超市经营若干时间后,再利用卖出货物而收回的资金来向供货商支付价款。但是,若按照韩世远教授的观点,供货商就可以在超市的付款期届至后,以超市没有支付货款为由而行使同时履行抗辩权,拒绝供货。如此,对超市行业会带来致命的损害,在实践中不太可能行得通。即便承认超市经营者有权追究供货物商的违约责任,以填补其经营利润的损失,但因供货商不供货而导致超市经营的货品减少并由此带来客源减少、信誉降低、经营难以继续、员工无事可做或被削减工资等一系列负面后果,却是通过追究供货商的违约责任而无法填补的。[93]此其一。在后履行一方拥有足够的责任财产、债务履行期已经届至的情况下,赋予先履行一方同时履行抗辩权,意味着取消或抑制后履行一方的先履行抗辩权,使后履行一方彻底丧失了期限利益。这是违反公平正义的。此其二。先履行一方不履行其债务构成违约时,若认定该不履行是在行使同时履行抗辩权,那么,就形成了该不履行既是同时履行抗辩权的行使又是违约行为的局面。于此场合,如何计算该不履行给后履行一方造成了多少损失?颇费思量。此其三。[94]

应当看到,当事人双方关于一方先履行的约定,实质上是理性人有目的地分配利益、分担风险的表现。法律直接规定一方先行履行,是立法者权衡利弊后所作出的最佳或较好的选择,至少在理论上是这样假定的。《合同法》第66条和第67条的规定意味着承认了这种约定和法律规定,保障着这种利益和风险的分配。而赋予先履行一方以同时履行抗辩权,则否定了这种约定或法律规定及其分配,使之失去意义。假如按照韩世远教授的观点,在实际操作上,至少在相当多的场合,就会出现如下不合理的局面:后履行一方拟请求先履行一方为给付的场合,反倒是自己要先为给付。

其原因在于，同时履行抗辩权的效力之一是，后履行一方欲获得先履行一方的给付，必须自己先为给付。可见，赋予已经违约的先履行一方同时履行抗辩权，在客观上否定了意思自治原则，或使法律规定两项债务应有先后履行顺序的目的落空，极为有害。这个结论，既适合于先履行一方的不履行产生违约责任的场合，也适合于先履行一方的不履行未导致违约责任的情形。[95]

（八）期限利益不可轻易剥夺

同时履行抗辩权制度建立的基础，如果仅仅在于给付和对待给付间的牵连关系，该制度在价值上是中立的，那么，认定《合同法》第66条、第67条的规定存在韩世远教授所认为的法律漏洞，尚情有可原。但实际上，同时履行抗辩权制度得以建立，诚实信用原则也在起作用。[96]公平对待双务合同的双方当事人，[97]是同时履行抗辩权制度的重要精神。所谓公平对待，就不是置当事人不违反法律及行政法规的强制性规定、不损害社会公共利益、不违背社会公德的真实的意思表示于不顾，就不是无端地剥夺后履行一方当事人的期限利益，就不是迁就已经违约的一方，并且基本上是有过错的一方。而承认先履行一方在自己违约的情况下享有同时履行抗辩权，恰恰是迁就了违约的一方，大多是有过错的一方，恰恰是忽视了意思自治，恰恰是无端地剥夺了后履行一方的期限利益。[98]

面对以上反驳他的意见、树立笔者观点的八点理由，韩世远教授仍不接受，抓住一点——履行期尚未届满的抗辩（权）与期限利益归属于债权人场合的抗辩权可否行使，不及其余——各种抗辩或抗辩权衔接、配合，解决履行抗辩问题，固守自己的观点。他说："……此时对于债务人是否同时存在履行期尚未届满的抗辩权？对此，尚不应一概而论地认为'债务人有权以履行期尚未届满为由予以抗辩'，而应进一步区分利益归属于哪一方当事人。如果期限利益归属于债务人，债务人可以有履行期尚未届满的抗辩权。如果期限利益归属于债权人，则不应认为债务人有履行期尚未届满的抗辩权。至此，既然履行期尚未届满的抗辩权并不能够完全解决问题，同时履行抗辩权在履行期限未届满场合便有独立存在的价值，就不应轻易予以否定。"[99]

在这里，请读者回阅本文第二部分"已届履行期的内涵和外延"之"（二）3. 双方论争的综述"中双方论争的演进及各自逻辑的三个阶段，就相对容易地辨别韩世远教授的上述回应是否正确。

首先,韩世远教授之说存在误导。笔者主张“履行期届至、履行期届满均为构成同时履行抗辩权的要件,均有同时履行抗辩权发挥作用的余地,究为何者,应视具体情况而定”,[100]毫无否认履行期尚未届满场合可行使同时履行抗辩权之意,上文对此已经论及。笔者所不赞同的是,韩世远教授不合理地扩大了同时履行抗辩权制度的适用范围,又不全部引入日本的“排除若干情形适用同时履行抗辩权”的限制措施,包括拒绝承认履行期尚未届满的抗辩、不当履行的抗辩权等抗辩权发挥作用,导致了违约方拒不履行自己的债务却有权请求守约方履行并不承担违约责任、无辜牺牲守约方期限利益的不当后果。笔者指出履行期尚未届满的抗辩、履行期尚未届至的抗辩、不当履行的抗辩权或其他抗辩权可以发挥作用,对抗违约方对守约方的履行请求,意在宣明:这些抗辩及抗辩权的存在并得行使,便可证明《合同法》第 66 条、第 67 条的规定不存在法律漏洞,韩世远教授所谓法律漏洞说是不成立的。笔者的论述中毫无且也看不出来有否认“同时履行抗辩权在履行期限未届满场合便有独立存在的价值”之意。

其次,笔者主张,法律体系上存在各种各样的抗辩及抗辩权,可用来对抗债权人履行请求的,可能是其中之一,也可能是两个以上的抗辩及抗辩权;可能是履行期尚未届满的抗辩能够对抗已经违约的债权人的履行请求,也可能是履行期尚未届至的抗辩,还可能是不当履行的抗辩权,等等。总之,不会存在无抗辩及抗辩权对抗业已违约的债权人请求履行的问题。[101]韩世远教授仅仅以“履行期尚未届满的抗辩权并不能够完全解决问题”为由,反驳笔者对其法律漏洞说的批评,论证他自己的法律漏洞说正确,不能服人。其原因在于,退一步说,即便笔者所举履行期尚未届满的抗辩(权)不足以担当重任,还有其他抗辩权、其他制度可胜任工作,还是不存在法律漏洞。

再次,韩世远教授的该段辩解改变了话题。不要忘记,双方的争论在于,韩世远教授认为中国现行法设计的同时履行抗辩权和先履行抗辩权并立模式存在法律漏洞,而笔者看不出有法律漏洞,重要的理由是履行期尚未届满的抗辩以及有关抗辩权完全能够解决韩世远教授的设问,而非承认还是否认“同时履行抗辩权在履行期限未届满场合独立存在的价值”。这从双方已经发表的全部作品可以看出来。[102]韩世远教授于其第三版《合同法总论》第 286 页所作辩解,将人们的视线引入了同时履行抗辩权在履行期限未届满场合独立有无存在的价值之上,偏离了争论焦点。

最后,退一步说,即便专就履行期尚未届满的抗辩而论,也可解决韩世远教授坚持的同时履行抗辩权和先履行抗辩权分立会出现无法可依的问题。换个角度说,韩世远教授所谓"如果期限利益归属于债权人,则不应认为债务人有履行期尚未届满的抗辩权。至此,既然履行期尚未届满的抗辩权并不能够完全解决问题",因而,还得依赖同时履行抗辩权之说,站不住脚。对此,逐层剖析如下:

从范围上看,"期限利益归属于债权人"大于"履行期为债权人利益",履行期为债权人利益的,期限利益固然归属于债权人;履行期兼为债权人和债务人双方利益的,期限利益也有归属于债权人、债务人的一份。在履行期兼为债权人和债务人双方利益的场合,债权人要受包括履行期尚未届满的抗辩以及有关抗辩权的制约,不得如同无偿定期保管合同场合的寄存人那样,可以置履行期届满与否而不顾,随时取回寄存物。不然,就牺牲了债务人的期限利益。此其一。

履行期纯为债权人利益的,本来就寥寥无几,在两项债务(立于对价关系)在履行上相互牵连的、履行期纯为债权人利益的情形,即符合同时履行抗辩权的成立要求的、履行期纯为债权人利益的例子,究竟有没有,笔者尚未见到韩世远教授所举的例证。实际上,在双方论争的领域,即在两项债务立于对价关系中,或者说在同时涉及同时履行抗辩权、先履行抗辩权与履行期尚未届满的抗辩的问题上,不存在履行期纯为债权人利益的情形。换成另外的表述就是,在履行期纯为债权人利益的关系中,不存在履行期尚未届满的抗辩不成立,而成立同时履行抗辩权的情形。此其二。

不可忘记,履行抗辩权制度的目的及功能,在于避免债务人履行却得不到相对人的给付,以及阻却自己违约的成立。在履行期纯为债权人利益的情况下,不存在债务人履行却得不到债权人给付的问题,无须阻却自己违约的成立。要言之,在同时履行抗辩权、先履行抗辩权运用的领域,不存在履行期纯为债权人利益的情形。例如,无偿保管合同关系中,返还保管物的期限的确是纯为寄存人(债权人)的,但由于仅有返还保管物的债务,欠缺与之立于对立关系的债务,不成立同时履行抗辩权、先履行抗辩权,谈不上同时履行抗辩权与先履行抗辩权分立造成的法律漏洞。这不属于双方论争的范围,不是驳倒笔者关于履行期尚未届满的抗辩(权)存在、无须同时履行抗辩权之说的例子,也不是证明韩世远教授关于无履行期尚未届满的抗辩(权)存在就得同时履行抗辩权上阵之说的例证。此其三。

至于保管物的瑕疵致保管人以损害的，或保管保管物发生了有益费用的，所产生的损害赔偿请求权、有益费用偿付请求权与保管物返还请求权之间的关系，非属立于对价关系之列，至少多数说否认成立同时履行抗辩权。于此场合，有无履行期尚未届满的抗辩成立，同样超出了双方论争的范围。即便不成立履行期尚未届满的抗辩，也证明不了韩世远教授的观点。退一步说，即便采取扩张同时履行抗辩权类型的思想，损害赔偿请求权、有益费用偿付请求权与保管物返还请求权之间的关系，已非保管合同关系本身，而是保管合同关系的变形——法定债的关系。这些请求权之间已经发生了密切的牵连关系，即返还保管物的期限已经关涉保管人的切身利益，寄存人若尚未付清损害赔偿金、有益费用，就可以随时领取保管物，则会损害保管人的合法权益。[103]从这个意义上说，返还保管物的期限，既为寄存人（债权人）的利益，也事关保管人（债务人）的利益，而非纯为寄存人（债权人）的利益。此类情形已不属于履行期纯为债权人利益的情形了，履行期尚未届满的抗辩权大有作为。此其四。

对于韩世远教授关于期限利益归属于债权人、债务人无履行期尚未届满的抗辩权之说，笔者再举例证予以分析反驳。关于履行期纯为债权人利益的情形，史尚宽先生认为，在合同订立时，债权人受领标的物的困难为债务人所知，如买煤而无贮藏处所，或缺乏运输工具，债权人可以履行期前请求履行，但债务人不得强要其期前受领。[104]假定中国现行法承认该项观点，该案与履行抗辩权之间的关系如何？一是如果买受人已经付清煤款，不存在同时履行抗辩权等问题，不属于双方论争的范围。二是在煤款先付的场合，买受人已经付清煤款时，不发生同时履行抗辩权、先履行抗辩权、履行期尚未届满的抗辩问题，不属于论争的范围；买受人尚未付款时，出卖人享有先履行抗辩权。三是在煤款后付的场合，不要说买受人业已付清煤款，就是尚未付款，出卖人也不享有同时履行抗辩权、先履行抗辩权和履行期尚未届满的抗辩。这也不属于双方论争的范围，非但未证明韩世远教授的观点，反倒在显示韩世远教授所谓“如果期限利益归属于债权人，则不应认为债务人有履行期尚未届满的抗辩权”之说，似乎是凭空想象出来的。此其五。

对于韩世远教授关于期限利益归属于债权人、债务人无履行期尚未届满的抗辩权之说，笔者再联系我国台湾地区“民法”第 225 条的规定加以破解。史尚宽先生举例道，履行期纯为债权人利益的，有我国台湾地区

"民法"第225条第2项规定的代偿请求权。[105]经查,我国台湾地区"民法"第225条第1项规定:"因不可归责于债务人的事由,致给付不能者,债务人免给付义务。"该条第2项规定:"债务人因前项给付不能之事由,对第三人有损害赔偿请求权者,债权人得向债务人请求让与其损害赔偿请求权,或交付其所受领之赔偿物。"首先,在我国台湾地区"民法"第225条第1项的法定案型里,债务人的给付义务已被免除,且无违约责任的成立,按照风险负担归债务人主义,债权人的给付义务也随之消灭,不发生同时履行抗辩权、履行期尚未届满的抗辩的问题。我国现行法对此尚无明文,假定承认,韩世远教授的观点仍不成立,因为存在那么多的履行抗辩及抗辩权。其次,在我国台湾地区"民法"第225条第2项的法定案型里,债权人请求债务人让与其损害赔偿请求权,或交付其所受领之赔偿物,债权人的给付义务若业已消灭,不成立同时履行抗辩权、履行期尚未届满的抗辩,不属于双方论争的范围;债权人的给付义务依然存续的场合,债务人向债权人让与对第三人的损害赔偿请求权的义务,又作为债务人给付义务的转化形态时,这两项义务存在牵连关系,其履行期不再是纯为债权人利益,而是兼为债权人和债务人的利益,发生履行抗辩权,也不证明韩世远教授的观点。至于在债权人和该第三人之间,债权人的给付义务与该第三人的损害赔偿义务,非基于同一合同产生,在债权人与该第三人之间的关系方面不成立同时履行抗辩权、先履行抗辩权。此其六。

剖析了三种履行期为债权人利益的场合,没有发现能够成立同时履行抗辩权或先履行抗辩权的情形,如此,在这三种场合能否运用履行期尚未届满的抗辩,都证明不了韩世远教授所谓"如果期限利益归属于债权人,则不应认为债务人有履行期尚未届满的抗辩权。至此,既然履行期尚未届满的抗辩权并不能够完全解决问题"之说正确,实际上,它是个伪命题。

(九)不宜动辄认定法律漏洞

不要说《合同法》第66条至第69条设置的履行抗辩权模式,加上其他抗辩权的衔接、配合,完全能够圆满地解决各种履行抗辩问题;退一步说,即便有所不足,也不宜轻易认定为存在法律漏洞。因为填补法律漏洞,面临着诸多困难,实务中很可能不会按照漏洞填补的方法处理案件,导致不当的结果。

行文至此,已经明了:中国现行法将同时履行抗辩权与先履行抗辩权并存,加上履行期尚未届满的抗辩以及有关履行抗辩权的衔接、配合,不存在法律漏洞;在同时履行抗辩权、先履行抗辩权成立的场合,不存在履行期纯为债权人利益的情形,欲以期限利益归属于债权人场合不得援用履行期尚未届满的抗辩(权)来证明法律漏洞说成立,肯定达不到目的。总之,韩世远教授批评中国现行法采取同时履行抗辩权与先履行抗辩权并存的观点及其论证,均非正确。

四、非对价关系、特殊对价关系与履行抗辩权

(一)概述

当事人双方互负的债务应具有对价关系。所谓对价关系,是指双方当事人所为给付,在主观上互为依存,互为因果而有报偿的关系。[106]该对价关系不强调客观上等值,只要双方当事人主观上认为等值即可。

同时履行关系存在于"对价关系"之中,亦即主给付义务关系之中,已无疑问,是否也存在于从给付义务与主给付义务之间,则有争论。这表明,何种债务之间有"对价关系",非对价关系的两项债务,能否从公平原则出发认定它们之间也有同时履行关系,[107]是个十分重要的问题。近几年来,学说主张,如果从给付义务的履行与合同目的的实现具有密切关系时,从给付义务和主给付义务之间存在同时履行关系,产生同时履行抗辩权。[108]

(二)辨析

主给付义务和附随义务之间可否成立同时履行抗辩权,则争论较大。林诚二教授、王利明教授等持肯定的意见,[109]有的专家、学者则持否定的看法。笔者赞同后者,理由在于:首先,附随义务保护的利益为固有利益,债务人违反附随义务侵害的是债权人的固有利益;而债务人不履行给付义务侵害的是债权人的期待利益或信赖利益,固有利益和期待利益之间不具有牵连关系,固有利益和信赖利益之间亦然,所以在它们之间不成立同时履行抗辩权。其次,附随义务的特性决定了当事人必须遵守,不得违反,即使相对人不履行给付义务给自己造成了损害,也不得以不遵守附随义务为由对抗违约方,否则,就违反了诚实信用原则的本质要求。当然,在当事人违反附随义务的情况下,相对人若能够举证该项附随义务的违反致使自己的合同目的落空,则宜允许该相对人行使抗辩权。[110]最后,林诚二教授所说的附随义务,大部分不属于通说界定的附随义务,如土地买卖的立会测量义务,当事人约定的出卖人交付作为买卖物的林木之前,买受人所负指定检查日期和检查的义务,不动产买卖场合的出卖人所负的登记义务等,[111]按照通说,都不是附随义务,其中多数为从给付义务,有些为不真正义务,如

指定检查日期和检查的义务。这从他将其所称附随义务与王泽鉴教授所称从给付义务予以比照分析中[112]可以得到印证。既然如此,按照关于从给付义务和附随义务的通说,林诚二教授所说的主给付义务和附随义务之间的关系,应当是通说语境中的主给付义务和从给付义务之间的关系;所谓主给付义务和附随义务之间可以成立同时履行抗辩权,应当是通说语境中的主给付义务和从给付义务之间可以成立同时履行抗辩权。王利明教授是将从给付义务和附随义务并列看待的,[113]因而,一方面赞同主给付义务和从给付义务之间可以成立同时履行抗辩权,另一方面又赞同林诚二教授关于主给付义务和附随义务之间可以成立同时履行抗辩权的观点,就不合逻辑。

(三)类型分析

鉴于两项债务之间的关系较为复杂,鉴于同时履行抗辩权可能存在于非对价关系之中,本书借鉴日本和中国台湾地区的判例及学说,结合中国的实际情况,分析给付类型和同时履行抗辩权之间的关系。为了避免前后叙述的重复,涉及先履行抗辩权的,也一并提及。

1. 在日本,有对价关系的债务——中心债务——之间,关于不动产买卖,协助登记义务与货款支付义务有同时履行关系,出卖人如果协助登记了,即使没有交付标的物,买受人也不享有同时履行抗辩权。[114]鉴于中国《合同法》规定出卖人负有转移买卖物所有权的义务(第130条),中国《物权法》采取房屋等不动产的物权变动以登记为生效要件的模式(第9条、第14条等),房屋出卖人不协助办理移转登记手续,房屋所有权就不会移转给买受人,就意味着出卖人没有履行移转房屋所有权的义务。也就是说,出卖人协助办理移转登记的义务,在形式上为附随义务,实质上是移转买卖物所有权的主给付义务。于此场合,我们应当更加看重出卖人协助办理移转登记的实质,认定该项义务与买受人的付款义务形成同时履行关系,在出卖人怠于履行协助办理移转登记义务时,买受人有权行使同时履行抗辩权,拒付房款。在两项债务的履行期存在先后顺序的场合,成立先履行抗辩权。

2. 继续性合同中存在诸多的期次履行,如一期给付、二期给付等,双方当事人是否仅得就每期的对待给付拒绝自己的履行,或可以一期未给付为理由而拒绝二期的对待给付?有学说主张,在继续性合同的场合,宜解释为当事人之间有按期计算对价的合意,就债务人已完成的给付,相对人无拒绝给付对价的抗辩权。至于相对人拒绝给付前期的对价的，债务人是否可拒绝继续提出给付，应先看合同如何约定。例如，电力的断绝、电话的停话、天然气的断气等，合同应当约定有相当的要件。若无特别约定，则如报纸、牛奶的送达，因相对人迟延给付上期的对价，债务人可拒绝为本期的给付，应认为是基于继续性合同而产生的一方当事人的履行拒绝权，与同时履行抗辩权尚有不同。唯若对价先付的继续性合同，相对人未给付对价前，债务人固可行使同时履行抗辩权，相对人已给付对价而债务人竟未依约给付的，构成债务不履行，对于下期的给付，相对人可行使同时履行抗辩权。如果相对人已付清上期给付的价款，仅未清偿其应负担的运费，按照诚实信用原则，尚不得据以拒绝本期的给付。还有，继续性合同履行期间，因情事变更，商品价格高涨，出卖人欲调高售价，买受人相应不理时，应承认出卖人有权拒绝继续为给付。[115]

在中国，由于《合同法》设置了先履行抗辩权，相当于把德国、日本、中国台湾地区等国家和地区规定的同时履行抗辩权中的一部分履行抗辩权分离出来了，于是，在继续性合同的履行中，以一期未给付为理由而拒绝二期的对待给付，恐怕应被归入先履行抗辩权的行使范畴；就每期的对待给付拒绝自己的履行，才属于同时履行抗辩权的范围。

当然，即使在中国现行法上，继续性合同场合仍有同时履行抗辩权运用的情形。例如，某租赁合同约定，租期 2 年，每月租金 3000 元人民币，承租人每月初付清租金。承租人于月初未付租金，出租人有权援用同时履行抗辩权的规定，暂时拒绝移转租赁物的使用权。

3. 在日本，有判决认为，继续性合同的一方当事人所承担的不是中心债务时，如租赁合同，即使特别规定出租人有协助对方进行租赁权登记的义务，但该义务与租金支付义务之间不构成同时履行关系。[116]这值得我们注意。在中国，在房屋租赁合同中，出租人在行政法上有将租赁合同办理登记备案的义务。该项义务与承租人的支付价金义务不构成同时履行关系。

4. 在日本，在租赁合同中，出租人的修缮租赁物的义务与承租人支付租金的义务，似乎不处于对价关系之中，但是，就租赁物使用收益的减少额而言，这种减少的给付与相应租金之间构成同时履行关系。[117]出租人不履行修缮义务，致使承租人不能享受租赁物使用、收益的，承租人可以行使同时履行抗辩权，拒付租金。[118]假如不允许承租人援用抗辩权，则出租人可以拖延数个期次的给付而不修缮租赁物,以谋取完全租金,显然有失公平。不过,在未达到不能使用收益或未产生重大障碍的情况下,不得拒付全部租金,[119]只能拒付与不能使用收益部分比例相当的租金。[120]此言非虚,值得赞同。此类情形,在中国现行法上,有时成立先履行抗辩权,有时构成同时履行抗辩权。

更有甚者,有日本学者主张,承租人就其因要求出租人修缮而受到的心理压力,也可以行使同时履行抗辩权,即可以拒付相当的租金。[121]据笔者观察,中国《合同法》就其立法目的而言,尚未承认违约的精神损害赔偿制度,审判实务虽然就骨灰盒丢失、产院遗失婴儿等案裁判了精神损害赔偿,但至今没有前进到租赁合同场合的心理压力的精神损害赔偿。如此,中国法不宜承认承租人就其因要求出租人修缮而受到的心理压力,而主张与相应租金之间成立同时履行抗辩权。

5. 在建设工程合同中,承包方不提交包括竣工图在内的竣工报告和验收报告,就不能完成竣工验收,发包方就不能申请办理房屋所有权登记。如此,发包方可能因此遭受重大损失。有鉴于此,尽管承包方交付包括竣工图在内的竣工报告和验收报告的义务与发包方支付工程款的义务,并不构成对价关系,但为了保护发包方的正当权益,在发包方因承包方不提交竣工报告和验收报告而遭受重大损失的情况下,允许发包方行使同时履行抗辩权或先履行抗辩权,拒绝支付相应的工程款。

6. 在公司作为长期买卖合同的买受人的情况下,出卖人拒开发票,致使买受人不能下账,造成违反财会制度的后果:因该部分资金支出需要做挂账处理,无法纳税,会受到处罚;难以向出资人支付股息红利,影响出资人实现其合法权益,甚至损害公司的声誉,导致股票下跌。在这些后果严重之时,意味着买受人签订长期买卖合同的目的落空,至少是部分落空,买受人应当有权行使同时履行抗辩权或先履行抗辩权,拒付相应的货款。

在商品房代理销售合同关系中,销售代理商不转交给房地产开发商销售商品房的发票或转交的发票不符合法律要求(如商品房销售地在甲市,却开出乙市的发票),可能导致税务机关不予扣除房地产开发商的成本,至少会使开发商多纳30%的企业所得税,甚至缴纳更多的土地增值税。于此场合,销售代理商向房地产开发商转交销售商品房的合格发票与开发商支付相应的酬金,两项债务虽非给付与对待给付之间的关系,但允许开发商援用同时履行抗辩权或先履行抗辩权,较为公平、合理。

7. 甲公司中标后，与乙机关签订了承揽ITS系统的合同。此后，甲公司作为买受人与丙公司签订了《ITS系统所需设备销售合同》。在履行过程中，丙公司交付了全部货物，甲公司支付了85%的货款。现甲公司以丙公司仅仅提交了所交货物的10%的合格证和产品检验报告为由，拒绝付清尾款。在这里，甲公司拒绝付清尾款属于《合同法》第66条规定的同时履行抗辩权或第67条规定的先履行抗辩权。丙公司对此坚决反对，理由是提交所供货物的合格证和产品检验报告属于从给付义务，而非主给付义务，与甲公司付清货款的主义务不构成对价关系，因此不符合《合同法》第66条规定的同时履行抗辩权或第67条规定的先履行抗辩权所需要的成立要件。笔者认为，在一般情况下，从给付义务与主给付义务的确不构成同时履行关系，但在本案中，丙公司不提交所供货物的合格证和产品检验报告，乙机关和甲公司就不能就ITS系统进行竣工验收，也就不能结算，从而甲公司无法取得约定报酬。此时，甲公司对外欠债巨大，只有从乙机关获得承揽报酬，才能免去被强制清算的危险。可见，丙公司提交所供货物的合格证和产品检验报告固然为从给付义务，但若不履行，则会给甲公司造成严重损害，致使《ITS系统所需设备销售合同》的目的不能实现。于此场合，承认同时履行抗辩权或先履行抗辩权成立，对甲公司十分必要。

需要指出，《ITS系统所需设备销售合同》的交易基础，也是甲公司签订《ITS系统所需设备销售合同》目的，如何确定，需要进一步研究。笔者初步认为，甲公司为了完成与乙机关之间的ITS系统承揽项目，才与丙公司签订《ITS系统所需设备销售合同》，表明“为了完成与乙机关之间的ITS系统承揽项目，才购买丙公司的有关设备”，是甲公司签订《ITS系统所需设备销售合同》的动机，而非目的。一般来说，法律对于动机不予评价。不过，甲公司和丙公司就《ITS系统所需设备销售合同》进行磋商和签订时，已经将自己与乙机关之间的项目以及该项目与《ITS系统所需设备销售合同》之间的关系告知了丙公司，所谓“为了完成与乙机关之间的ITS系统承揽项目，才购买丙公司的有关设备”这个动机就成了《ITS系统所需设备销售合同》的交易基础，也可以说是合同目的。该交易基础或合同目的落空，应当承认甲公司享有合同解除权、履行抗辩权。当然，甲公司对此负有举证责任。

8. 在股权转让关系中，目标公司的营业执照、建设用地使用权证（《物权法》之前的法律上称作国有土地使用权证）、规划许可证、施工许可证、测绘文件、会计资料、文书档案等文件资料，不但是衡量所转让股权价值的重要的、有些甚至是不可或缺的凭证，而且是目标公司未来经营活动展开所必需的。因而，在股权转让合同关系的场合，转让方向受让方移交这些文件资料，虽为从给付义务，与受让方支付股权转让款的主给付义务并不构成对待给付关系，但是，转让方若无理地拒不履行该项从给付义务，则会使受让方通过成为新股东而接管目标公司后，难以正常开展经营活动，诸如无法从事建筑施工、办理抵押贷款、申办预售许可或销售许可，在与交易相对人就买卖物的面积等事项发生纠纷时，没有依据作出解释、判断，等等。也就是说，转让方违反移交这些文件材料的从给付义务，也会导致受让方的合同目的落空。在存在如此后果的情况下，宜视为该从给付义务与受让方支付股权转让款的义务形成同时履行关系，受让方应有权援用《合同法》第 66 条或第 67 条的规定，行使履行抗辩权。

9. 在日本，租赁合同终止时，押金返还与租赁物返还之间是否构成同时履行关系，尚有争论。近来的判决对此持否定态度，[122]源于重视实质妥当性，而非形式逻辑性：在日本的租房实践中，押金返还时需要从中扣除清扫费以及屋内设施毁损费等，若不先将房屋交还给出租人，则是否返还押金以及押金返还的数额无法确定，因此，日本最高裁所认为这二者并不处于同时履行的关系。[123]不过，有学者认为，肯定其同时履行关系更为妥当。[124]

笔者认为，首先需要明确，押金返还与租赁物返还分属两项合同及其终止所产生的义务，即使存在抗辩权，也不属于本来意义上的同时履行抗辩权或先履行抗辩权制度的领域。不过，考虑到实际情况，讨论两者之间的相互关系也有其必要。众所周知，租赁合同场合的押金，其数额相较于租赁物的价值额明显偏低，如果囿于同时履行抗辩权或先履行抗辩权仅仅应用于对待给付关系的观点，押金返还与租赁物返还之间就不能准用同时履行抗辩权或先履行抗辩权的规定。但考虑到承租人抗衡出租人的手段极其有限，出租人返还押金一般来说不是件特别困难的事情，即使存在困难，也不可归责于承租人，于此场合赋予承租人同时履行抗辩权或先履行抗辩权，有助于问题的早日解决，相对合理。

至于押金返还时，解决从押金中扣除清扫费以及屋内设施毁损费等问题，可以采取出租人和承租人双方现场勘查、核实的方法，确定出扣除的数额，当即双方各自履行其义务，彻底结束租赁关系。

据笔者了解，租赁合同终止的场合，处理善后事宜时，相当一些出租人不适当地扩大租赁物的清扫费用（如承租人本已清扫得彻底，符合约定、法定的标准，但出租人硬称不符合，指派他人高价清扫），高估室内设施毁损的价值，侵吞承租人交付的押金。面对此类情况，如果否定承租人的抗辩权，会使承租人处于极为不利的境地。

10. 在日本，解除合同时双方回复原状的义务（《日本民法典》第 546 条）、出卖人在担保责任上的损害赔偿义务与买受人付清货款的义务（《日本民法典》第 571 条）、承揽人的损害赔偿义务与定作人的支付报酬义务（《日本民法典》第 634 条第 2 项）、终身定期金的特别情况（《日本民法典》第 692 条）、租赁关系（《建筑物保护法》第 2 条）、预告登记担保关系（《预告登记担保合同法》第 3 条第 2 项），都准用或类推适用《日本民法典》第 533 条的规定，当事人可主张同时履行抗辩权。[125]

在中国，作为解除合同的效果之一的恢复原状，在给付物为有体物的情况下，从权利的角度观察，表现为给付人的物的返还请求权，它与受领人的（金钱的）不当得利返还请求权或损害赔偿请求权，一个是物权法上的权利，一个是债法上的权利，两者不构成同时履行关系。但给付人放弃物的返还请求权，而主张占有的不当得利返还请求权场合，则与受领人的（金钱的）不当得利返还请求权或损害赔偿请求权之间，形成同时履行关系。在租赁合同期满或解除的情况下，对于租赁物的返还，既有物的返还请求权的法律基础，也有合同义务的法律根据。出租人若选择前者，不存在同时履行抗辩权；若选择后者，则与损害赔偿等构成同时履行关系。

关于出卖人在担保责任上的损害赔偿义务与买受人付清货款的义务之间的关系，出卖人该项损害赔偿义务若为其移转买卖物占有和所有权义务的转化形态，则该项损害赔偿义务与买受人付清价款的义务构成对价关系，在中国法上成立同时履行抗辩权或先履行抗辩权，应无问题。在买受人继续保留买卖物同时主张损害赔偿的场合，该项损害赔偿已不再是移转买卖物占有和所有权义务的转化形态，与买受人的付款义务不是对价关系，不成立严格意义上的同时履行抗辩权或先履行抗辩权。不过，考虑到中国《合同法》第 66 条后段的表述是“一方在对方履行债务不符合约定时，有权拒绝其相应的履行要求”，为了保护守约方的正当利益，承认买受人享有同时履行抗辩权或先履行抗辩权，可以拒付相应的而非全部价款，更为适当。

至于承揽人的损害赔偿义务与定作人的支付报酬义务之间的关系，基于同样的理由，也应这样处理。

11. 在日本，双方当事人因撤销合同而负有的回复原状义务，与合同解除时的情况一样，构成同时履行关系。[126]学者认为，这在一般情况下虽然妥当，但在因诈欺、胁迫而撤销合同的场合，如果联系《日本民法典》第295条第2项规定的“留置权”原则，则疑问会随之产生。因诈欺、胁迫而接受给付的人，可以行使同时履行抗辩权，拒绝返还，这是一个问题。[127]

在合同撤销场合的恢复原状义务，是否存在同时履行抗辩权，涉及法律将欺诈者、胁迫者、乘人之危者置于何种法律地位以及留置权的构成等问题。笔者认为，存在欺诈、胁迫、乘人之危原因的合同，在行使撤销权之前处于有效的状态，欺诈、胁迫、乘人之危的一方占有相对人交付的标的物，为有权占有，而非无权占有，在相对人无理地拒付报酬、价款的情况下，成立留置权，或者同时履行抗辩权或先履行抗辩权，各方当事人的利益也是衡平的，不宜认为因为当事人一方实施了欺诈或胁迫的行为，或者乘人之危了，就任凭相对人不履行义务而自己负担返还给付物的债务，承担未来无法获得对待给付的风险。占有给付物的当事人换成受欺诈、受胁迫、处于危难境地的一方时，成立留置权、同时履行抗辩权具有正当性，就更不言自明了。

在合同因欺诈、胁迫或乘人之危而被撤销的情况下，由于合同溯及既往地消灭(《民法通则》第59条第2款、《合同法》第56条前段)，占有给付物变成无权占有，此时，留置权欠缺成立要件，受领人不得再主张留置权，无论他为欺诈、胁迫或乘人之危的一方还是对方，均应如此。如此，不会出现如同某些日本学者所担心的是非颠倒的情形：若允许欺诈、胁迫或乘人之危的一方主张同时履行抗辩权，则法律后果无异于赋权他主张留置权。也就是说，双方当事人因合同撤销而负有的恢复原状义务，与上文关于合同解除时的恢复原状的说明一样，不再赘言。当然，严格来说，两者还是有点不同，即合同解除发生的恢复原状义务及同时履行抗辩权，时常不需要交换给付的判决；而合同撤销发生的恢复原状义务及同时履行抗辩权，则肯定有交换给付的判决。

12. 在日本，有判决确认，清偿债务和受领证书之间构成同时履行关系。[128]至于债权证书的返还与清偿债务之间，一般认为不构成同时履行关系。[129]的确如此，证书的作用不同，对当事人利益的影响有别，受领证书与清偿债务之间的相互关系，不得一概而论地成立同时履行抗辩权或先履行抗辩权。只有在证书不交付会使受领人的利益受到重大影响时，才应赋予受领人以同时履行抗辩权或先履行抗辩权。

13. 日本《预告登记担保合同法》规定，债权人在实行担保权时，如需要向债务人支付清算余额，则该支付与所有权转移登记（本登记），以及标的物的移交之间，构成同时履行关系。[130]这有其道理，值得中国法借鉴。因为不赋予债务人同时履行抗辩权或先履行抗辩权，很可能导致债务人一方面丧失担保物的所有权，同时意味着多向债权人支付了钱款，使债权人获得了“不当得利”，违反公平正义；若仅靠设置债务人事后向债权人追偿的补救措施，则在债权人的财产不足以清偿数个并存的债务时，债务人就难获全额偿付。

14. 在日本，双务合同的一方当事人即使让与债权，该债权与对方的债权之间，仍存在同时履行关系。[131]但是，一方的债务被更改，另一方的债务就失去同时履行的关系。[132]这是由更改的特质决定的，即更改使旧、新债权（债务）的“同一性”消失。[133]

在中国，对于债权让与场合让与债权与相对人的债权之间存在同时履行抗辩权，应作肯定回答，因为《合同法》第 82 条明文规定：“债务人接到债权转让通知后，债务人对让与人的抗辩，可以向受让人主张。”此处所谓债务人可向受让人主张的抗辩，包括日本判例及学说所说的“该债权与对方的债权之间，仍存在同时履行关系”的抗辩。

关于债务更改场合不成立同时履行关系，中国现行法及其理论是否同样如此？由于中国现行法没有区分合同更改和合同变更，把二者都叫作合同变更，给规则的确定带来了困难。不过，笔者倾向于更改使旧、新债权（债务）的“同一性”消失的观点，因之赞同更改场合旧债务与新债务之间不存在同时履行抗辩权的意见。

至于合同更改产生的两项债务（债权）之间是否成立同时履行抗辩权，则与更改与否无关，仍依通常的同时履行抗辩权规则予以确定，上述 14 种类型的分析有其运用。

十四

《合同法》第 97 条规定的解除效果，过于概括，也有些暧昧，因而引发了种种议论，包括韩世远教授提出了“自己说”。我不赞同韩世远教授力倡的折衷说，有针对性地撰写了《解除效果折衷说之评论》[134]，商榷韩世远教授的观点及其论证。该文的引证率为66，下载次数为4597。

该文的特色在于：其一，它涵盖了民法的几项重要制度，如法律行为及准法律行为、合同制度、物权制度、不当得利制度、诉讼时效制度、抗辩及抗辩权等，整体把握，融会贯通，民法学说的“含金量”充足。其二，学术讨论平等，认真对待韩世远教授的每个观点及其论证。对其适当的意见，予以肯定；对其不合适的观点及其论证（至少我认为是），则详细地分析、反驳。

有些学者对待批评意见，采取“鸵鸟式”的态度，视而不见，哪怕批评意见再合适，也是如此。比这更糟糕的态度是，在总体上取前者模式，但偶尔回应一下批评意见的某一点或某几点，类似于“挠痒痒”，至于其他批评意见甚至颠覆性的批评意见及其论证，仍然视而不见。我不赞同这种论争的态度及方式，而是全面地回应批评意见，对有利于己的观点固不待言，对似乎不利于己的观点及论证我也给出解答，从正反两方面确立自己的观点及其论证。一经发现自己的既有观点不恰当，就承认不足，放弃或修正自己的观点。在学术论争中，我一直坚持此种立场及态度。

《解除效果折衷说之评论》形成的缘由种种，其中有我选定和撰写硕士学位论文一节。我于1982年3月至1984年12月期间在吉林大学法律系/研究生院攻读民法学硕士，原本拟选“论合同成立与合同生效”作为法学硕士学位论文的题目，但被我的导师陈国柱教授否定。在我本科生阶段教授民法的苏惠祥教授基于其长期研究经济合同法的体会，建议我以“论经济合同的变更和解除”作为法学硕士学位论文之题目。经过一段时间的搜集资料和初步思考，我感觉合同变更与合同解除二者差异颇大，难从积极特征立论并形式美地统合于一篇文章之中，于是陈老师同意缩减讨论范围，以“论我国的合同解除”作为法学硕士学位论文的题目。

20世纪80年代的热点是国家所有权及国有企业产权，合同解除确属冷僻一隅。1983年我受公费资助由龙翼飞校友引荐并请教于佟柔教授以及遇到一些研究生时，他们都不解我何以选定“论我国的合同解除”为题，而不研究国有企业使用权。

其实，合同解除牵涉法律行为及合同、物权请求权、不当得利返还请求权、除斥期间、诉讼时效、损害赔偿请求权等较多的民法制度及理论。为完成学位论文，我不得不学习、研究这些方面的著述。物权请求权、不当得利返还请求权和损害赔偿请求权及其相互关系就是那时引起我的注意，并在其后较长时期作为我的研究课题。

此事显示出一个选择研究课题的道理：宜选"连锁反应"、可不断涌起后续研究题目的课题，以达到"效益最大化"。不得已才将研讨完毕便"穷竭"思考题目而只得另觅其他领域课题的问题作为研究课题，其"效益"不佳。

十五

2006年，经《中国法学》杂志社朱广新编辑推荐，总编辑陈桂明教授、副总编辑李仕春教授约稿，我便将在民法沙龙上对韩世远教授报告的评论整理成《物的瑕疵担保责任的定性与定位》[135]一文。

韩世远教授不接受批评意见，撰文《出卖人的物的瑕疵担保责任与我国合同法》[136]反驳我的意见。对此，我回应如下：

（一）如何看待历史考察及其结论

韩世远教授用大量篇幅考察瑕疵担保责任的演变史，目的之一在于，确立判断瑕疵担保责任是否独立于债务不履行责任的标准。其直接或间接表达出来的判断标准是：债务不履行责任作为一般法而瑕疵担保责任作为特别法的，或曰瑕疵担保责任具有自己独特体系的救济，为双轨制；瑕疵担保仅为违约一般规则内进行一些必要变化的救济，则为单轨制。其主要目的在于宣明，我国《合同法》上的物的瑕疵担保，虽有特色，但仍为违约责任规则之内的微调，故属单轨制，结论就是，物的瑕疵担保责任已被统合入违约责任之中。

这对法律人了解法律史，丰富知识，有所帮助。但是，针对双方论争的问题和发展至今的情势而言，笔者觉得有必要指出以下几点：

1. 对中国古代法的简要考察，旨在得出物的瑕疵担保责任非中国固有的法律传统的结论，以间接地论证"统合说"顺应了中国历史的发展，物的瑕疵担保责任相对独立说而言为外来之物，绝不可取。这只能是论者的一厢情愿，这段历史考察难谓有的放矢。其中的道理并不深奥：我国现行民法，绝大多数制度、规则及理论并非中国固有的法律传统的延续，韩世远教授力倡的合同解除折衷说、解除权行使的行为引发物权变动、减价权为形成权等，均为西化的，按照他于此处的逻辑，也应欠缺正当性，为何还长篇大论地阐释呢？如果笔者主张民法应当复古至唐宋元明清时期的法律状态，唯独在物的瑕疵担保上赞美"外国的月亮圆"，他的这段历史考察或许能够助其一臂之力。事实正好相反,笔者一贯倡导立足于中国的现实,吸收域外于我有用的规则及理论;既不提倡复古,又不照搬域外的民法及学说。另外,假如韩世远教授力主的“统合说”源自中国固有的法律传统,这段历史考察有其价值,但“统合说”恰恰是源自德国民法及其学说以及日本民法的某些理论,结论就不言自明了。

2. 罗马法上的“双轨制”,显示出违约责任方式不包括价款减额和解除合同,使得违约责任区别于物的瑕疵担保责任。笔者认为,在双方论争的问题上,于此领域,必须保持违约责任的质的规定性,不得使之变为他种责任。否则,这种统合就是在破坏既有的民事责任体系及其理论,就会给违约责任与债权效力、救济权、诉讼时效等许多制度及理论之间的衔接和配合带来困扰,得不偿失。

3. 韩世远教授通过考察得出结论:“在罗马法中,关于隐蔽瑕疵存在着买主诉权(一般法)与市政官救济(特别法)两套救济,我们可以将这种法律规则的二重结构称为‘双轨制’。罗马法的这种双轨制的发生和发展,实具有相当的偶然性,而非为历史的必然。”[137]

“具有相当的偶然性”,可能符合事实;但断言“非为历史的必然”,则未必允当。一般来说:“被断定为必然的东西,是由纯粹的偶然性构成的,而所谓偶然的东西是一种有必然性隐藏在里面的形式,如此等等。”[138]偶然发生的事件、偶然发现的规律、偶然想起的观点并非鲜见,其中相当多地延续、发展下去,贡献巨大。具体到物的瑕疵担保责任,在奉行过错责任原则的法制下,又坚持特定物买卖场合出卖人所负债务仅为交付该物的义务的理念,出卖人只要交付了该特定物就算适当履行了义务,不发生债务不履行责任。这从买卖合同有偿性的角度来看,显失公平。法律为谋求当事人双方的利益平衡,特设物的瑕疵担保制度,使出卖人承担责任,有其必要。[139]诚然,当事人之间若无此类责任的特别约定,令出卖人承担无过错责任负担稍重,于是附加短期时效、检验通知义务等限制措施,在救济方式方面也予以限定,以达衡平,也是必要的。由此发展出有别于债务不履行责任的物的瑕疵担保责任,应当说是必要的、必然的。只要不更改债务不履行责任的质的规定性,不采取无过错责任原则,不改变判断交付之物合格与否的标准,或者说不修正适当履行的判断标准,物的瑕疵担保责任制度就具有存在的合理性。否则,历史上不乏学识渊博、极具智慧的民法学大师,欧陆民事立法集众人之智慧,怎么都承认物的瑕疵担保责任呢?

至于学术有争论、界限上有迷乱,不得笼而统之地一笔带过,免得使人产生只要有争论就必须放弃的误解。为此,必须澄清争论的对象、迷乱之所在,然后才可下结论。争论的对象和迷乱所在是(不以过错为必要的)物的瑕疵担保责任于过错责任原则下不合理吗?是买卖合同有偿性天然地要求物有所值(按质论价)吗?都不是。争论在应否将物的瑕疵担保扩张于种类物,迷乱于"在种类物应否适用关于该种责任的规定,能否在他种物之给付(对此适用债务不履行的一般规则)与瑕疵物之给付(对此适用特殊的买卖规则)之间划出一条界线上"。[140]既然如此,以有争论、迷乱的表象来断定物的瑕疵担保责任欠缺存在的合理性,路径及方法有误。

4. 笔者并未坚持物的瑕疵担保责任完全独立于一般的违约责任,赞同相对独立说。如此,用所谓"双轨制"的标准来衡量、判断笔者的相对独立性和竞合说,没有找对目标。

5. 英国法上的"单轨制",系单轨在违约救济体系上,而违约救济的方式恰恰包括解除合同等手段。也就是说,不要说"统合""融合",就是没有任何加工,将罗马法"双轨制"下的物的瑕疵担保责任原封不动地装入违约救济体系中,丝毫未改变违约救济的质的规定性,完全未破坏违约救济体系。这告诉我们,罗马法上的"双轨制"和英国法上的"单轨制"可比性很弱;以英国法上的"单轨制"作为衡量中国《合同法》上的一般意义的违约责任(第107条等)和物的瑕疵担保责任(第111条、第153条、第155条、第157条、第158条)分立抑或统合的标准,极不合适。换言之,称《合同法》上的物的瑕疵担保责任被统合入违约责任之中,不能自圆其说;称《合同法》上的物的瑕疵担保责任被统合入违约救济之中,则完全成立。所以,韩世远教授以英国法的"单轨制"作为判断标准,依据下述逻辑,得出下述结论:中国《合同法》上虽有质量异议期、检验通知义务,但因它们在英国法上属于违约救济的内容,是"单轨制"的,而非"双轨制"的,所以,它们在中国现行法上就属于违约责任的组成部分,依然是"单轨制"的,而非"双轨制"的。但在笔者看来,这违反了逻辑:"违约责任"和"违约救济"被无端地置换了。须知,违约救济体系下的"单轨制",在违约责任模式中可能就是"双轨制"。

6. 域外的立法例及其理论的历史演变,中国立法例及其学说不一定如此发展;域外的立法例及其理论的称谓,未被等同于中国立法例及其学说上的概念。英国法主要是从违约救济的角度处理问题,依此模式,解除合同等方式就是被统合入违约救济之中。正因如此,如果韩世远教授不是在说中国《合同法》第111条、第153条、第155条、第157条、第158条规定的救济方式被统合入违约责任之中,而是认为这些规定的内容就是违约救济,笔者毫无反对之意。所以,韩世远教授以所谓"单轨制"作为评判他与笔者争论的标准,并不合适。因此,对质量异议期、买受人的检验通知义务的法律地位、作用、归属于何种体系的判断及结论,以英美法上的命名作为准绳,是违反比较法的方法的,不能被接受。

7. 双方论争的是中国《合同法》第111条、第153条、第155条、第157条、第158条等规定的救济方式是否被统合入违约责任之中,对于问题的解决,历史的方法和比较法的方法固然有其作用,但归根结底不可违反违约责任质的规定性及由此决定的本质特征的要求,也不宜超出违约责任的方式范围。

8. 韩世远教授断言王洪亮博士关于德国民法仍然留有物的瑕疵担保制度的遗迹之说有误,经过核实,王洪亮博士感觉其说符合《德国债法现代化法》的实际,并提供了如下资料:

在德国债法改革之前,瑕疵担保责任是独立于给付障碍法的制度,与给付障碍法完全不同:原则上没有补救履行请求权(在特定物情况下,没有法律规定;在种类物情况下,有再次送交规则),只有特别的无过错的回复(解除)请求权与减价权。由于瑕疵担保责任本质上并非不履行,不存在基于不履行的损害赔偿请求权,而是大损害赔偿请求权,即拒绝受领瑕疵物并返还,之后请求损害赔偿,但须证明瑕疵物对自己没有利益。

在债法改革之后,瑕疵担保责任制度仍然是特殊的给付障碍法规则,只是部分地与债法总则中的一般给付障碍法的规则关联起来。[141] 梅迪库斯教授认为是接近了,回复请求权转化为解除,减价请求权也转化为形成权,损害赔偿请求权也与给付障碍法的损害赔偿请求权统一起来。尤其重要的是,出卖人负有给付无瑕疵标的物之义务,在结果上,买受人可以也必须请求补救履行。

在《德国债法现代化法》上,(1)救济措施比以前多样化了,增加了补救履行措施,损害赔偿适用的情况也增多了;尤其补救履行可以是修理(特定物)、替换(种类物)、提交真正的标的物(给付他物时)、补足(数量不够)。(2)在构成要件上,瑕疵担保给付法中通常是两层分离的义务违反,首先,给付瑕疵物就是义务违反(原始的义务违反),对此,出卖人承担补救履行;补救履行是无过错责任,而在补救履行过程中,有可能存在次位性的义务违反。[142]义务违反的确定对于过错的时点意义重大,因为损害赔偿请求权原则上要以过错为构成要件。减价与解除权不以过错为要件。(3)瑕疵担保责任仍是特别法,在风险转移前,可以适用一般给付障碍法,但在风险移转后,适用瑕疵担保法。(4)在消灭时效方面,根据《德国民法典》第438条的规定,涉及动产的,原则上为2年,但在起算上不同于一般消灭时效,以送交标的物时起算,是特别消灭时效;关于解除权或者减价权,转引到《德国民法典》第218条,在补救履行请求权经过消灭时效且出卖人主张的,二者无效。(5)减价权按照新法是形成权,其构成要件首先是必须构成解除权的要件,为无过错责任。减价权在债法改革之前是请求权,但如果出卖人不同意,买受人首先诉请出卖人同意,然后诉请回复(解除)或减价,如此形成双重诉讼,并无必要。为克服此弊端,学说上的确有将形成权要素加入请求权的主张,如有主张没有出卖人同意,买受人亦可主张减价与解除的(Raape);有主张法官判决具有形成效力,有替代出卖人同意的效力(Bötticher)。而梅迪库斯教授主张,引入形成权因素,会使请求权出现漏洞,尤其在诉讼时效问题上会复杂化。故其主张买受人有选择权,无须出卖人同意,而直接主张减价之结果。[143](6)瑕疵担保责任是特别法,在适用范围、法律效果(补救履行、减价)、构成前提(部分有特别规定)方面都有其特别之处,与不完全履行以风险移转为界限,并行适用。

(二)"统合"的内涵和外延

韩世远教授归纳整理道:"所谓'统合'(Integration),或称'融合''整合''一体化',[144]是使两个或多个事物合在一起成为一个。此处使用'统合'一词,取其兼有'统一整合'之义。所谓瑕疵担保责任统合进违约责任制度,是指将买卖标的物存在瑕疵的问题作为一种'违约'行为,发生违约责任,此外不再有特别的'瑕疵担保责任'。换言之,在违约责任之外,不再另设一套特别的'瑕疵担保责任'规则。或者说,我国法实行的是违约责任'单轨制',而不是违约责任与瑕疵担保责任并存的'双轨制'。"[145]对此,评论如下:

1."统合说"所谓"将买卖标的物存在瑕疵的问题作为一种'违约'行为",与笔者的观点一致。至于"统合说"所谓"发生违约责任",则不敢苟同,除非此处所说的"违约责任"符合下文所界定和把握的违约责任。但从韩世远教授所论看,其"违约责任"明显不同于多数说所界定和把握的违约责任。

2.“统合说”所谓“不再另设一套特别的‘瑕疵担保责任’规则”，关键在于如何看待《合同法》第 111 条、第 153 条、第 155 条、第 157 条和第 158 条规范群的地位、性质和作用。如果采取下文对违约责任的界定和把握，则该规范群就不同于普遍适用于各种违约、各种合同的《合同法》第 107 条等条文所组成的规范群。“统合说”认其为“单轨制”，只是就表面形式的概括，或者说是英国法救济体系的“单轨制”，而非违约责任体系的单轨制。

3. 这种意义上的“统合说”仍有模糊性。其原因在于，违约责任因与物的瑕疵担保责任“统合”而质变为他种性质的责任，符合韩世远教授所赞同的“使两个或多个事物合在一起成为一个”这种“统一整合”，[146] 类似水泥和砂石混合后形成之物；违约责任虽与物的瑕疵担保责任“统合”，但没有质变为他种性质的责任，也符合韩世远教授所赞同的“使两个或多个事物合在一起成为一个”这种“统一整合”，类似于涂料与建筑物附合尚未改变该建筑物的同一性。究竟何者，需要确定。如果韩世远教授是在后者的意义上使用“统合说”，则笔者表示赞同，但与其文中的其他观点及其阐释有所矛盾；如果他是在前者的意义上使用，则笔者坚决反对。据笔者观察，韩世远教授实际上是在前者的意义上使用“统合说”。

（三）中国法关于违约责任规定的演变及其意义

1.《合同法》颁行前主要法律规定的违约责任之义

1981 年通过的《经济合同法》（已废止）第 32 条第 1 款规定违约责任的构成及（抽象的）后果，第 35 条规定违约责任的方式为“违约金”、“赔偿金”和“继续履行”。其第 38 条以下规定的各种经济合同被违反时产生的违约责任方式中，未见有解除合同、减少价款等方式。1993 年修改的《经济合同法》没有改变这种格局。

1985 年通过的《涉外经济合同法》（已废止）第 18 条规定的违约责任方式为“赔偿损失”和“其他补救措施”。

1986 年通过的《民法通则》第 111 条规定的违约责任方式为（继续）“履行”、“补救措施”和“赔偿损失”。

1987 年通过的《技术合同法》（已废止）第 17 条在违约责任的方式上，重复了《民法通则》第 111 条的规定。

此处的“其他补救措施”或“补救措施”，其内涵和外延如何，尽管意见不一，但将其解释为修理、重作、更换，比较符合原意。这有三点理由支持：其一，《民法通则》第134条第1款所列举的10种民事责任方式应当覆盖违约责任和侵权责任的方式，只要《民法通则》第111条及其他条文或其他单行法的特别规定中没有明确列举除此而外的责任方式，违约责任的方式就应限于《民法通则》第134条第1款所列举的10种责任方式之内。这10种责任方式中没有退货、减少价款、解除合同的方式，却有修理、重作、更换三种（第134条第1款第6项）。按照体系解释和目的解释的规则，《民法通则》第111条"当事人一方不履行合同义务或者履行合同义务不符合约定条件的，另一方有权要求履行或者采取补救措施，并有权要求赔偿损失"中的"补救措施"、《技术合同法》（已废止）第17条所规定的"补救措施"以及《涉外经济合同法》（已废止）第18条规定的"其他补救措施"，就是指修理、重作、更换三种责任方式。其二，《民法通则》颁行后、《合同法》公布前这段时期的民法学著作介绍、说明民法责任的方式时，几乎都不谈及退货、减少价款、解除合同。其三，相当一部分民法学著作直接将《民法通则》第111条、《技术合同法》（已废止）第17条规定"补救措施"以及《涉外经济合同法》（已废止）第18条规定的"其他补救措施"解释为"修理""重作""更换"。[147]

2.《合同法》颁行前的法规、规章规定的违约责任之义

1984年颁布的《工矿产品购销合同条例》（已废止）等法规、规章在违约责任的标题下规定了"验收""质量异议""异议期间""按质论价""包修、包换或者包退，并承担修理、调换或退货而支付的实际费用"等，是否就意味着它们均为违约责任？韩世远教授持肯定态度，笔者则依违约责任质的规定性以及由此决定的本质属性、责任方式为衡量标准，认定它们与违约责任有所不同，因而得出应为"相对独立的物的瑕疵担保责任"的结论。其理由于上文有所阐释，下文"责任竞合说"中会予以补充。

简言之，《合同法》颁行之前的主要法律规定的违约责任，特别是《经济合同法》（已废止）的明文仅将违约金、赔偿金和继续履行三种作为违约责任的方式；《民法通则》第111条规定违约责任方式，依许多学者的解释为继续履行、修理、更换、重作、赔偿损失，其含义依然没有改变当事人不履行合同义务（含履行不符合约定）时产生的第二性义务这个质的规定性，没有改变违约责任为债的一般担保这个质的规定性。这是有《经济合同法》（已废止）等实定法上的依据的。因而，合同解除不符合债的一般担保

的属性,不属于违约责任;退货,至少在若干情况下不属于违约责任。减少价款是否为违约责任的方式,受制于看问题的角度,取决于确定减少价款的规则,如是遵循按质论价的规则,还是着眼于填补因物的瑕疵给债权人造成损失的填补。

这说明多数说对违约责任的界定和把握既借鉴了其他国家和地区的观点,也源自中国法的规定及精神;韩世远教授关于"也许我们读了太多的我国台湾地区民法学的著作或者日本民法学的著作,所以容易不自觉地就受到它们的束缚,以为物的瑕疵担保责任在我国法上当然地独立存在"[148]的判断,并不切合实际。

至于法规、规章规定的瑕疵履行的处理规则,相当一部分不符合违约责任质的规定性。如此,称法规、规章使用了"违约责任"的标题,该标题下规定的救济手段就肯定是违约责任的方式,不太妥当。其中的道理上文已述,不再赘言。

（四）学说对违约责任的界定和把握

依逻辑,无论采取何种方法,包括历史的方法和比较法的方法,界定和把握违约责任与物的瑕疵担保责任之间的关系,"统合"还是"独立"抑或"相对独立",都不得有违违约责任的质的规定性和由此决定的本质属性以及责任方式。背离这些,凭借历史上张三说、李四道,来认定物的瑕疵担保责任不同于违约责任,或者相反,断言物的瑕疵担保责任已被统合入违约责任之中,均非科学的态度和方法。再者,质的规定性标准简洁明了,可能更有助于一目了然地解决问题。有鉴于此,笔者坚持历史考察的方法必须服从质的规定性的准则。

在笔者的作品里,对违约责任是这样界定的:合同责任(违约责任)是当事人不履行债务时依法产生的民事责任。[149]鉴于此处所谓民事责任仍需进一步界定,笔者赞同民事责任为第二性义务[150]的观点。如此可知,违约责任是违反合同义务所产生的第二性义务。再者,对于大陆法系关于违约责任是履行合同债务的一般担保的界定,笔者也予接受。

按照对违约责任的上述界定,解除合同不属于违约责任的范畴;[151]退货处于几种可能的状态,需要具体问题具体分析,大多须视其发展、演变才能最后确定其性质和归属,可有合同解除、代物清偿、合同更改等形式;减少价款,若作为损害赔偿的一种变形,可为违约责任的方式,若作为形成权,肯定不属于违约责任的方式。把这些都作为违约责任的方式,不符合违约责任的质的规定性及本质特征的要求。所以,在这里,不存在实质的统一。

韩世远教授对违约责任的界定和把握,以同笔者论争为分水岭,前后有变化。论争之前称:"违约责任,是合同当事人不履行合同义务或者履行合同义务不符合约定时,依法产生的法律责任。在现代合同法上,违约责任仅指违约方向对方承担的财产责任,与行政责任和刑事责任完全分离,属于民事责任的一种。"[152]"违约责任,又称'违反合同的民事责任',(《民法通则》第六章第二节标题),是合同当事人不履行合同义务或者履行合同义务不符合约定时,依法产生的法律责任。在现代合同法上,违约责任仅指违约方向对方承担的财产责任,与行政责任和刑事责任完全分离,属于民事责任的一种。"[153]论争之后称:"责任是公民、法人违反合同或者不履行其他义务时国家强制债务人继续履行或承担其他负担的表现……责任方式是对原债权关系中之债务的'替代',责任是债务的转化形态,这是两者具有同一性的表现。"[154]

辨析、解读这些界定和把握,不难发现:依其论争之前的界定,合同解除、退货、减少价款等物的瑕疵担保的救济方式至少不是总能符合违约责任的规格,因而难谓物的瑕疵担保责任被实质地"统合"在违约责任之中了。可是,依其论争之后的界定,合同解除、退货、减少价款均可作为或视为"其他负担的表现",被实质地"统合"在违约责任之中,则能自圆其说。这些修正,不能不说是韩世远教授为圆其"统合说"而做的必不可少的铺垫,可谓"量身定做"。真是应了笔者所说:"按照瑕疵担保责任已被统合到违约责任制度之中的观点,违约责任内部将极不和谐,各行其是。只有大幅度地修正违约责任的概念,必须将违约责任类型化,才符合逻辑,才会避免错误,才能在适用法律时避免失当。"[155]但是,后续问题非常复杂、麻烦。这从下文"(五)关于减少价款的定性和定位""(六)关于退货的定性和定位"的分析中会看得清清楚楚。此其一。其二,将违约责任界定为"公民、法人违反合同或者不履行其他义务时国家强制债务人……承担其他负担的表现",则无法将解除权及其行使、不当得利返还义务、物权请求权对应的义务、利息的支付义务等负担表现排除于违约责任的范围,使概念没有准确地反映事物的本质属性,难以将违约责任这个概念区别于不当得利返还义务、物权请求权对应的义务等概念。其三,由此决定,这种界定混淆了债务与责任,与韩世远教授区分债务和责任的观点相矛盾。其四,将返还财产纳入民事责任的范畴，会带来返还财产责任是否适用与有过失规则、损益相抵规则、诉讼时效制度、除斥期间制度、权利失效制度等疑问，并且不易解决。

(五)关于减少价款的定性和定位

韩世远教授认为："在《合同法》中是规定在'总则'第 111 条中，'减少价款'是作为一项独立的违约责任，这和《德国民法典》在买卖法中规定减价尚有差异，申言之，减价在我国合同法中是属于一般履行障碍法的规定，是我国法上的'违约责任'的一种方式。减价责任不同于损害赔偿责任。对于减价应当区分减价的过程与减价的结果。就后者而言，通过减价使债权人受到保护，而使债务人负担一些不利益，这个法律后果本身正是《合同法》第 111 条规定的减价的违约责任。对于这种结果或者违约责任，债权人可以说具有一种请求权或者诉求权，就像对于履行或赔偿可相应地有请求权或者诉求权一样。因此，《合同法》第 111 条将减价纳入'违约责任'并不违反'要求承担违约责任的权利都是债权'的界定。但是，减价权作为一项形成权(注意德国旧民法框架下的 Minderung，作为瑕疵担保请求权的内容，性质上是请求权)，本身并非就是这种减价利益的请求权或者诉求权，而是此前一个环节的事物，是作为实现减价利益的手段或工具的权利，是针对减价过程发挥作用的权利。它本身是请求权的前提，而不是请求权本身，切不可将减价权混同于减价责任。"[156]对此，笔者分析、评论如下：

1.《物的瑕疵担保责任的定性与定位》一文有一部分是针对韩世远教授关于减少价款为赔偿损失之说而评论的，也就是说，笔者在撰写该篇评论时了解到了韩世远教授的下述观点："减少价款或者报酬可以变相地归入赔偿损失的范畴。"[157]正因如此，才有本篇评论的下述界定和阐发："减少价款，既是一个事实，也是一项法律制度。这两者既有联系又有区别。作为法律制度意义上的减少价款，不同于损害赔偿。作为事实的减少价款，有时属于赔偿损失的一种表现形式，有时则否。""减少价款，就法律将其作为瑕疵救济方式的初衷观察，乃着眼于物有所值、按质论价、给付与对待给付间的均衡的产物，而非填补违约行为给买受人造成的损害的制度。在这种意义上，减少价款不属于违约损害赔偿的方式。""但从另外的角度讲，即减少价款系填补买受人因买卖物有瑕疵却多支付了价款而遭受的损害，尤其是在买受人有这样的法律意识的情况下，减少价款属于损害赔偿的一种表现形式。持这种观点的,如1980年《联合国国际货物销售合同公约》赋予买受人的减价权,作为了基于部分违约请求赔偿的替代方式。[158]在个案中,有时是损害赔偿的全部,有时是损害赔偿的部分。在这种情况下,减价数额的计算和确定实际上成为损害赔偿额的一种计算方法。"

2. 韩世远教授"区分减价的过程与减价的结果",强调"减价的结果""使债权人受到保护,而使债务人负担一些不利益",其"本身正是《合同法》第111条规定的减价的违约责任"。在这里,需要澄清的第一个问题是,"减价的结果"处于何种阶段?系指什么状态?若指减价业已变成现实,从责任财产的角度看,是债务人的责任财产已经变化结束,回复(暂时)平静;从违约责任的角度看,是违约责任已经承担完毕,物权法发挥作用;从债权的层面看,是请求权或诉求权因实现而归于消灭,转化成物权。无论是违约责任承担完毕,还是责任财产变化结束,抑或债权消灭,都是违约责任消失的表现,而非违约责任成立并存续的征象。所以,韩世远教授称"减价的结果""本身正是《合同法》第111条规定的减价的违约责任",是不成立的。此其一。"减价的结果"若指减价尚未实现,虽然符合请求权或诉求权的规格,却处于"减价的过程"之中。此时,它究竟是"减价的结果"还是"减价的过程"?依韩世远教授的逻辑,恐怕只能说是"减价的过程"。而"减价的过程",在韩世远教授的视野里,正是"减价的结果"的"此前一个环节的事物"。在韩世远教授的理论中,"减价的过程"中的权利,"是作为实现减价利益的手段或工具的权利,是针对减价过程发挥作用的权利",即形成权。笔者在此质疑:形成权与请求权系属实质性不同的权利,怎么能成为从权利角度看是请求债务人承担违约责任的债权?此其二。韩世远教授所说的减价权是"实现减价利益的手段或工具的权利,是针对减价过程发挥作用的权利",意指减价权作用的领域覆盖着减价实现之前的全部过程。总而言之,减价权这个形成权行使的结果,直接导致了货款已经减完,实际上便无请求权行使的余地,亦无违约责任存在的空间。此其三。

3. 减价结果出现之前,均为减价权作用的领域,债权人若声明其主张均属形成权的行使,则债务人无法援用罹于时效的抗辩权、履行抗辩权及其他抗辩权,无形中剥夺了债务人众多的权利,严重失衡。

4. 除斥期间,一般由法律直接规定,个别情况下通过当事人的约定。减价权,未见法律规定除斥期间,也鲜有当事人约定除斥期间的。于此场合，只得类推适用有关除斥期间的规定，比较接近的似乎是《合同法》第55条关于“有下列情形之一的，撤销权消灭：（一）具有撤销权的当事人自知道或者应当知道撤销事由之日起一年内没有行使撤销权；（二）具有撤销权的当事人知道撤销事由后明确表示或者以自己的行为放弃撤销权”的规定。如果这可以接受，则减价权的除斥期间为1年，自债权人知道或应当知道给付物存有瑕疵而应减价之时开始计算。如此，恐怕不符合《合同法》第111条的规范意旨，人为地缩短了债权人向债务人主张减少价款的期间，在利益衡量上值得思量。

5. 减价权是否以债权人在质量异议期通知债务人货物存有瑕疵为成立的前提？答案似应是否定的，道理在于，债务人放弃期限利益，提前履行，债权人发现货物存有瑕疵，向债务人主张减少价款，应获法律的支持。至此，甚至于债务人完全同意减价数额之时，约定的履行期都没有届满。也就是说，减价权及其行使可能处于没有违约的状态中。既然没有违约发生，也就没有适用《合同法》第157条、第158条规定的余地。

在减少价款的违约责任因债权人怠于向债务人提出质量异议而不成立的场合，作为形成权的减价权还存在吗？若不存在，就出现了违反常理的现象：不是形成权的行使导致一定的法律关系成立、变更或消灭，而是一定的法律关系不成立致使形成权不存在。

6. 在减少价款的场合，为了维持存在违约责任的观点，恐怕得拟制债权人自债务人交付的货物存在瑕疵时享有请求权，即请求债务人承担违约责任的债权；即使只有逻辑上的一秒，也得这样解释。否则，如何顾全韩世远教授一并承认形成权和违约责任的观点与法律结构？如此，便形成了形成权和请求权汇合的局面。于是，问题便接踵而至：(1)债权人向债务人主张权利时，所主张的是形成权还是请求权？如何识别？裁判机构有无释明权？若有，如何释明？(2)债权人通过诉讼程序主张权利时，尤其是债权人既主张减少价款又请求支付违约金或损害赔偿时，是定为形成之诉，还是给付之诉，抑或确认之诉？(3)减少价款，作为违约责任的方式，其成立首先需要债权人按照《合同法》第157条、第158条的规定，提出质量异议；否则，减少价款的违约责任不成立。其次，自此时起，诉讼时效制度登场。

这里的难题是：法律人的共识为形成权适用除斥期间制度，债权适用诉讼时效的规定。作为形成权的减少价款适用1年除斥期间的规定，作为违约责任的减少价款适用2年诉讼时效制度。单就期间看，就长短不一，若再确定各自期间的起算点，其复杂难以尽述。在此，以A汽车买卖合同为例尝试分析。出卖人甲和买受人乙约定，甲于2000年1月1日至2000年5月20日交付A车，没有约定质量异议期间。该案至少可有如下情形：其一，甲于2000年5月20日交付A车，当日收到来自乙的质量异议通知。于此场合，作为形成权的减少价款所适用的1年除斥期间，自2000年5月21日开始计算，作为违约责任的减少价款适用2年诉讼时效，自2000年5月21日起算。问题比较简单。其二，甲于2000年5月20日交付A车，2000年5月28日收到来自乙的质量异议通知。于此场合，作为形成权的减少价款所适用的1年除斥，自2000年5月21日开始计算；作为违约责任的减少价款适用2年诉讼时效，自2000年5月29日起算。问题已经有些复杂了。其三，甲于2000年6月2日交付A车，2002年1月1日收到来自乙的质量异议通知。于此场合，作为形成权的减少价款所适用的1年除斥期间，自2000年6月3日开始计算；作为违约责任的减少价款适用2年诉讼时效，自2002年1月2日起算。于此场合，乙若截至2001年6月4日一直没有主张作为形成权的减少价款，减价权消失。作为违约责任的减少价款还依然成立和存续吗？按照韩世远教授关于"减价权作为一项形成权（注意德国旧民法框架下的Minderung，作为瑕疵担保请求权的内容，性质上是请求权），本身并非就是这种减价利益的请求权或者诉求权，而是此前一个环节的事物，是作为实现减价利益的手段或工具的权利，是针对减价过程发挥作用的权利"的观点及逻辑，似乎得说：由于"此前一个环节"的减价权消失，作为后一个环节的责任方式为减少价款的违约责任未成立。但这既不符合《合同法》第111条等条文的规范意旨，也损害了债权人的合法权益。

7. 体系化思考的必要性。韩世远教授将减少价款这同一个事物区分为"减价的过程"和"减价的结果"，分别配置形成权与请求权。至少带来如下问题：所有的违约救济都如此对待吗？一切形成权都照此办理吗？若否，为什么唯独对减少价款特殊处理呢？尤其是如此处理带来较多的消极后果，更加使法律人疑窦丛生：仅仅为了维护自己一时的观点而不惜破坏既有的体系和理论，创造出令人眼花缭乱的学说，值得吗？笔者觉得，体系化思考优点居多，不宜轻易废弃。

综上所述，坚持减价权为形成权，且作用于减价结果出来之前的整个过程,则无违约责任的藏身之地;这带来了一系列极为复杂的认识和操作难题,且相当多的问题无法或难以解答。

(六)关于退货的定性和定位

1. 澄清

韩世远教授称:“我不太赞成将‘退货’等同于解除。”[159]该断语不知是在现在时、将来时的意义上使用的,还是也有过去时的意味。若是后者,则不符合事实。首先,韩世远教授曾经主张并坚持过“退货属于合同解除范畴”。[160]其次,回忆以往的交流,韩世远教授曾经采退货属于合同解除之说。其实,笔者发现韩世远教授关于《合同法》第111条规定的退货属于合同解除的阐释时,脑海里立即浮现笔者撰写法学硕士学位论文《论我国的合同解除》[161]过程中的往事。当时,笔者欲将《工矿产品购销合同条例》第35条第2款规定的“包退”、第36条第1款规定的“退货”解释为合同解除,但导师陈国柱教授表示反对。陈老师剖析道,退货不见得是终局的结果,有的是更换合格的货物,有的是解除合同,不宜一律按合同解除界定。于是,笔者修改论文初稿时放弃了原来的想法,此后也一直遵循陈老师的教诲,未再主张退货必定属于合同解除。在若干场合,笔者向韩世远教授转述了陈老师的看法,也谈了笔者自己的意见。实际上,韩世远教授在一段期间里并不接受这些意见。《物的瑕疵担保责任的定性与定位》一文就是在“民法沙龙”上对韩世远教授主报告的评论,笔者发言时再次介绍了陈老师的上述观点。

2. 新说及其评论

韩世远教授不太赞成将退货等同于合同解除,树立新说,认为退货“只是拒绝接受标的物的结果,是行使拒绝受领权的表现”。[162]对此,笔者评论如下:(1)拒绝受领权,是债权的效力,是债权的组成部分;拒绝受领权的行使,应是债权行使的表现之一。而违约责任是独立于作为原权利的债权的救济手段。就此看来,拒绝受领权不属于违约责任的范畴。(2)“拒绝受领权,本身尚不足以使既有的法律关系变更或者消灭,只不过是使债务人的履行合同债务的事实处于停顿状态。”[163]与此不同,违约责任是原合同债务的(全部的或部分的)变形或补充,不是“使债务人的履行合同债务的事实处于停顿状态”,而是替代合同债务(填补赔偿场合)或填补合同债务迟延履行的损失(迟延赔偿场合),完全不同于拒绝受领权。(3)“拒绝受领权可以被认定为抗辩权,归入抗辩权中的一时的抗辩权。”[164]违约责任不是抗辩权，而是债权债务关系。可见，两者不同。(4)拒绝受领权成立乃至行使的阶段，履行期可能尚未届满，不是违反合同债务所产生的第二性义务。相反地，它是矫正债务人违反债务本旨所为给付的表现，属于权利的范畴，而非责任。(5)按照违约责任为债的一般担保的观点衡量，拒绝受领权的行使，没有减少债务人的责任财产，不符合债的一般担保的质的规定性、规格要求，故它不属于违约责任。

3. 笔者对退货的最新理解

退货，其法律意义复杂多样，难有统一的认定，必须区分情况而作结论。(1)从退货通知的意思看，如果债权人明确地表示退货是终局的，不拟继续合同关系，符合解除通知的规格时，宜视为合同解除。如果不赋予合同解除的法律效果，就得退货完成后再次发出解除通知，累赘且增加成本。对于非法律人的交易人要求过高，不太切合生活的实际。如果从退货通知中看不出有终局地、不拟继续合同关系的意思，则不宜作为合同解除，而进入下一步，由"(2)"分析确定。(2)从退货所处地位和状态看，如果退货是终局的状态，可按合同解除对待，除非如此处理不当。如果退货处于中间的、过渡状态，则一定要看发展、演变的结果。如果是更换了质量合格的同一种货物，就以更换论处。如果是以其他标的物代替，并且已经实际交付了标的物，就按代物清偿处理。虽然约定以其他标的物替代，但尚未交付，就构成常说的以物抵债，属于合同更改的一种。如果是改变了其他要素，亦为合同更改。如果是结束双方的合同关系，就按解除对待。至于是否需要另有解除通知，可以继续研究，采取肯定说的理由似较充分些。

无论是合同解除，还是代物清偿，抑或合同更改，均非违约责任。

4. "实质上的统合"界定对"统合说"的解构

韩世远教授在界定"实质上的统合"时认为："'实质上的统合'是指一方面物的瑕疵就是履行不符合要求，构成违约；另一方面，物的瑕疵作为一种违约，发生违约的法律后果（违约救济），比如违约责任、合同解除。"[165]如果笔者没有理解错，该段话仍有物的瑕疵担保责任包括"违约责任"和"合同解除"两大类型的意思。其中的逻辑是，物的瑕疵担保责任含有合同解除的方式，而违约责任方式不包括合同解除，所以，物的瑕疵担保责任在范围上大于违约责任。笔者不禁要问：范围大于违约责任的物的瑕疵担保责任，能被违约责任统合吗？

其实，按照违约责任为不履行合同义务所生第二性义务的界定和把握,退货发生于履行期尚未届满的阶段时,不构成违约,也就不是违约责任的方式。但因物有瑕疵,债权人有权请求债务人交付合格之物。

(七)关于责任竞合说的论辩

1. 责任竞合论的完整出处

总而言之,笔者对一般意义的违约责任与物的瑕疵担保责任的竞合,主要是提出观点,尚未进行详细的阐释,在撰写专著《合同责任研究》以及《物的瑕疵担保责任的定性与定位》一文时,都着墨不多。笔者修订《合同法》第二版第十四章“买卖合同”第三节“买卖合同的效力”时,增加了这样的阐释:“债务不履行说未把瑕疵担保责任与债务不履行责任并列,而是将瑕疵担保责任视为债务不履行责任的一种,是关于买卖的特则;瑕疵担保责任不以出卖人的过失为要件,而一般债务不履行责任则实行过失责任原则;两者发生抵触的场合,应适用瑕疵担保责任。而我国《合同法》规定的瑕疵担保责任未作为违约责任的特则,二者都实行无过失责任原则。有鉴于此,本书倾向于认可这两种责任存在竞合现象,出卖人究竟承担瑕疵担保责任还是违约责任,由买受人自主选择。”[166]《合同法》第四版完全沿用之。[167]在《合同法》第五版中,文字略有变化:“债务不履行说未把瑕疵担保责任与债务不履行责任并列,而是将瑕疵担保责任视为债务不履行责任的一种;瑕疵担保责任不以出卖人的过失为要件,而一般债务不履行责任则实行过失责任原则;两者发生抵触的场合,应适用瑕疵担保责任。而《合同法》规定的瑕疵担保责任未作为违约责任的特则,二者都实行无过失责任原则。有鉴于此,本书倾向于认可这两种责任存在竞合现象,出卖人究竟承担瑕疵担保责任还是违约责任,由买受人自主选择。”[168]

2. 责任竞合的法律依据

(1)《合同法》第107条等条文构成的规范群及其意义。《合同法》第107条规定:“当事人一方不履行合同义务或者履行合同义务不符合约定的,应当承担继续履行、采取补救措施或者赔偿损失等违约责任。”法律人的共识是,该条以及有关条文适用于各种合同类型、各种违约形态。

(2)《合同法》第111条等条文构成的规范群及其意义。《合同法》第111条规定:“质量不符合约定的,应当按照当事人的约定承担违约责任。对违约责任没有约定或者约定不明确,依照本法第六十一条的规定仍不能确定的,受损害方根据标的的性质以及损失的大小,可以合理选择要求对方承担修理、更换、重作、退货、减少价款或者报酬等违约责任。”法律人的共识是，该条以及第 153 条、第 155 条、第 157 条、第 158 条的规定仅仅适用于质量瑕疵的违约形态，所适用的合同类型限于买卖等极个别的合同。这些规范群共同调整瑕疵给付所生责任的问题。

（3）相当于《合同法》第 111 条等规范群，界定《合同法》第 107 条规定中“补救措施”的意义。在这样的背景下，如何理解《合同法》第 107 条规定中“补救措施”的内涵和外延？意见不一。笔者认为，若将该“补救措施”解释为修理、更换、重作、减少价款、退货（或为解除合同，或为代物清偿，或为合同更改），则因《合同法》第 111 条已经规定了“修理、更换、重作、退货、减少价款或者报酬等违约责任”，非但显得两个条文无谓重复，更为重要的是，《合同法》第 111 条的规定成为“赘肉”，因为只要第 107 条存在，删除第 111 条的规定，丝毫不影响违约的救济。此其一。《合同法》的草拟和研讨的过程中，遵循着不明文的原则：《合同法》的规定要实质性地修正《民法通则》《经济合同法》《技术合同法》的规定，必须存在正当的、充分的理由；否则，《民法通则》等法律的规定应被《合同法》承继下来。《合同法》第 107 条的规定明显地为《民法通则》第 111 条规定的“移接”，只是做了文字的润色。法律条文如此承继，法律解释似应同样对待。如果这是正确的，则有这样的结论：将《民法通则》第 111 条规定的“补救措施”解释为修理、更换、重作，对《合同法》第 107 条规定的“补救措施”也应如此解释。此其二。若将《合同法》第 107 条中的“补救措施”理解为含有减少价款、退货（或为代物清偿，或为解除合同，或为合同更改），则难以符合违约责任质的规定性；从权利的角度观察，请求解除合同的权利、作为形成权的减少价款请求权并非债权，而请求承担违约责任的权利均为债权。只有如同解释《民法通则》第 111 条中“补救措施”一样，把《合同法》第 107 条中的“补救措施”解释为修理、更换、重作，而不包括减少价款、退货（或为解除合同，或为代物清偿，或为合同更改），才符合逻辑。此其三。

（4）由于《合同法》第 107 条等规范群适用于各种合同类型、各种违约形态，而《合同法》第 111 条等规范群仅仅适用于质量瑕疵的违约形态，所适用的合同类型限于买卖等极个别的合同，两个规范群在所交标的物存在瑕疵的领域重合；由于不允许债权人双重请求，以免获得不当利益，只可选择其中之一而主张，构成一般意义的违约责任与物的瑕疵担保责任竞合。债务人究竟承担瑕疵担保责任还是违约责任，由债权人自主选择。

综上所述，债权人若主张一般意义的违约责任，可援用《合同法》第

107 条等规定;若请求债务人承担物的瑕疵担保责任,可援用《合同法》第 111 条等规定。

(5)承认一般意义的违约责任与物的瑕疵担保责任竞合,不仅因为《合同法》上并存上述两个规范群,而且还有如下理由:

其一,从物的瑕疵担保责任制度设立及演变来看,出卖人交付瑕疵之物存在故意、过失之时,在尚无物的瑕疵担保责任制度的背景下,买受人有权请求出卖人承担债务不履行责任(违约责任)。这种救济路径及权利不应因设置物的瑕疵担保责任制度而被废弃。如此,在债务不履行责任(违约责任)制度与物的瑕疵担保责任制度并立的法制下,出卖人交付瑕疵之物,同时符合债务不履行责任(违约责任)与物的瑕疵担保责任的构成要件时,有什么理由禁止买受人自由选择呢?

其二,从利益衡量的层面观察,按照通说,一般意义的违约责任不含有减少价款、退货(或为解除合同,或为代物清偿,或为合同更改)的救济方式,物的瑕疵担保责任不含有支付违约金、违约损害赔偿的救济方式。在这种背景下,出卖人交付瑕疵之物,有时买受人主张减少价款、退货(或为解除合同,或为代物清偿,或为合同更改)于其有利,有时请求出卖人支付违约金或承担违约损害赔偿更佳。特别是物的瑕疵担保责任不含有惩罚性损害赔偿的方式,而守约方选择一般意义的违约责任这条路径,并援用《合同法》第 113 条第 2 款等规定时,可以获得惩罚性损害赔偿,显然于己有利。再者,守约方主张物的瑕疵担保责任,必须适用《合同法》第 158 条等条款关于质量异议期间(笔者认为是权利失效制度)的规定,在该质量异议期间内没有主张,瑕疵给付者就不再承担物的瑕疵担保责任;守约方援用《合同法》第 107 条等条款的规定,请求瑕疵给付者承担一般意义的违约责任,就不受《合同法》第 158 条等条款规定的质量异议期间的限制,即使在该质量异议期间届满的情况下请求瑕疵给付者承担一般意义的违约责任,只要没有超过诉讼时效期间,就可以获得支持。这在当事人双方约定的质量异议期间短于诉讼时效期间的情况下最有价值。实务中确有守约方在《合同法》第 158 条等规定的期间届满时才请求瑕疵给付者承担损害赔偿责任的案例。如果承认竞合说,在虽然质量异议期间届满,但尚未罹于诉讼时效的情况下,允许守约方援用《合同法》第 107 条等条款的规定,请求瑕疵给付者承担一般意义的违约责任,就支持了守约方,令瑕疵给付者承受了瑕疵给付所带来的负面结果,而不是逃之夭夭,显然更具有正当性。可见承认竞合具有优越性。

对于如此清楚明白之事，韩世远教授却以这样的归谬反驳："崔建远教授认为瑕疵担保责任相对独立说的意义在于，瑕疵担保责任是一种特殊的违约责任，其法律规范就是一般违约责任规范的特则，瑕疵担保责任制度优先适用。在此基础上进行修正，进一步承认瑕疵担保责任与一般的违约责任竞合，买受人可以根据个案情况择一而主张。如果以此作为中国合同法的解释论的话，仍不免产生疑问：从体系上看，《合同法》第111条是'总则'第七章'违约责任'中的一个条文，而不是'分则'第九章'买卖合同'中的条文，即使以第111条为第107条的特别法而优先适用，它也依然是作为一般规则的'违约责任'，而不是作为特别规则的买卖合同的特则，它依然是general而不是special，又如何成为与一般的违约责任'相对独立的瑕疵担保责任'了呢？退一步讲，就算是成立了责任竞合，责任基础依然只有一个即第111条，买受人又有什么好'根据个案情况而择一主张'的呢？"[169]这存在如下问题：

其错误之一是，所谓"崔建远教授认为瑕疵担保责任相对独立说的意义在于，瑕疵担保责任是一种特殊的违约责任，其法律规范就是一般违约责任规范的特则，瑕疵担保责任制度优先适用。在此基础上进行修正，进一步承认瑕疵担保责任与一般的违约责任竞合，买受人可以根据个案情况择一而主张"，纯粹是子虚乌有，下文"3."将对此专门辩白。

其错误之二是，前提本不存在，即笔者在物的瑕疵担保领域从未主张过特别法、一般法的观点，于是，"从体系上看，《合同法》第111条是'总则'第七章'违约责任'中的一个条文，而不是'分则'第九章'买卖合同'中的条文，即使以第111条为第107条的特别法而优先适用，它也依然是作为一般规则的'违约责任'，而不是作为特别规则的买卖合同的特则，它依然是general而不是special，又如何成为与一般的违约责任'相对独立的瑕疵担保责任'了呢？"全都无的放矢。

其错误之三是，所谓"就算是成立了责任竞合，责任基础依然只有一个即第111条，买受人又有什么好'根据个案情况而择一主张'的呢？"是其自言自语，与笔者的观点毫不相干。因为笔者既然主张《合同法》上存在一个一般意义上的违约责任，又存在一个特殊意义上的违约责任——物的瑕疵担保责任，前者肯定不会适用《合同法》第111条，而是适用第107条等条文。

3. 物的瑕疵担保责任规范是否为特别法

韩世远教授称："对崔建远教授的论点，我尝试着作如下归纳：……(4)瑕疵担保责任是一种特殊的违约责任，其法律规范是一般违约责任规范的特则，换言之，瑕疵担保责任规范为特别法，一般的违约责任规范属于普通法，瑕疵担保责任制度本应优先适用，经过修正该说，可进一步承认瑕疵担保责任这种特殊的违约责任与一般的违约责任竞合，买受人可以根据个案情况择一而主张。"[170]《合同责任研究》[171]和《合同法》第2、3、4版[172]中均无以上表述和观点。相反地，倒是有"我国《合同法》规定的瑕疵担保责任未作为违约责任的特则，二者都实行无过失责任原则。有鉴于此，本书倾向于认可这两种责任存在竞合现象，出卖人究竟承担瑕疵担保责任还是违约责任，由买受人自主选择"[173]的见解。

行文至此，还需要澄清笔者于《物的瑕疵担保责任的定性与定位》一文中的一段话："这样解释，是不是再纠缠统合抑或相对独立已经没有意义了？笔者认为，仍然有意义。第一种观点及其意义：坚持瑕疵担保责任相对独立，且采取债务不履行说，瑕疵担保责任就是一种特殊的违约责任，其法律规范就是一般违约责任规范的特则，换句话说，瑕疵担保责任规范为特别法，一般的违约责任规范属于普通法，瑕疵担保责任制度优先适用。[174]第二种观点及其意义：对该说予以修正，进一步承认瑕疵担保责任这种特殊的违约责任与一般的违约责任竞合，买受人可以根据个案情况择一而主张。[175]"[176]

韩世远教授的归纳可能来自这段议论？若是，则其理解有误。其一，所谓"第一种观点及其意义"中的"第一种观点"，系五十岚清教授等学者的观点。因其排斥了竞合，笔者没有借鉴。这一点，无论是笔者原文中的注释，还是笔者的完整论述，都是毫无疑义的。笔者于此处所谓"仍然有意义"，是相对于"统合说"而言的：在"统合说"，只有一种违约责任，其法律适用系一种状态；在五十岚清教授等学者的观点里，存在两种责任，其法律适用则为另一种状态。笔者原来的标题是"按照债务不履行说，瑕疵担保责任就是违约责任，只是区别于一般意义的违约责任"，[177]更能清楚地显示出这层意思。其二，所谓"第二种观点及其意义"中的"第二种观点"，则为黄茂荣教授的意见。这一点，笔者原文中的注释也明确标示。但笔者赞同黄茂荣教授关于责任竞合的观点。笔者于此处所谓"仍然有意义"，依然是相对于"统合说"而言的：在"统合说"，只有一种违约责任，其法律适用系一种状态;在黄茂荣教授的观点里,存在两种责任,其法律适用则为另一种状态。当然,客观上,其对于笔者的观点也有意义,因为笔者也赞同责任竞合。在这点上,"第一种观点及其意义"与"第二种观点及其意义"的区别相当大,笔者不可能同时坚持两种差异巨大的观点。

笔者所谓"承认瑕疵担保责任这种特殊的违约责任与一般的违约责任竞合,买受人可以根据个案情况择一而主张",肯定是"瑕疵担保责任这种特殊的违约责任"有个请求权基础——《合同法》第111条,"一般的违约责任"有另外的请求权基础——《合同法》第107条,而不可能只有一个《合同法》第111条作为请求权基础。可见,韩世远教授的归纳不符合笔者的本意,锁定错了靶子,尤其是从笔者作品的整体观察,就更加清楚无疑。

4. 责任竞合说是否突破了特别法优先适用原则

韩世远教授质问笔者:"责任竞合说是如何突破'特别法优先适用'原则的? 此点未见交代,予人以'自由法论'的印象。"[178]上文已核查得清清楚楚,笔者没有主张物的瑕疵担保规范为特别法,违约责任规范为一般法,不赞同物的瑕疵担保规范优先适用,因而韩世远教授的质问令人不解。不是笔者在"自由法论",而是韩世远教授在"自由法论",甚至还不止于此。

5. 责任竞合的理论选择

首先,关于法条竞合说,笔者一直明确反对。[179]

其次,关于请求权相互影响说,笔者亦未表示过赞同。至于笔者所谓"应当指出,从填补买受人的损失角度观察,将减少价款视为损害赔偿,在大多数情况下不会出现问题,但也应当注意到,减少价款毕竟是按照物有所值的规则行事,不受与有过失、损益同销等规则的限制,可以与违约金并罚,即使该违约金系赔偿性违约金,也不存在障碍",[180]根本不是源自请求权相互影响说而得出的结论,而是出于这样的考虑:我国现行法对于物的瑕疵担保责任不是照搬域外的规定及理论,而应有所发展,应有损害赔偿的方式。[181]假如仅有减少价款,没有损害赔偿,会不利于债权人,不尽公正。《合同法》关于物的瑕疵担保责任的规定的确有别于域外立法例及其理论上的,其第111条中有"受损害方根据标的的性质以及损失的大小""等违约责任"的表述,暗含损害赔偿的责任方式,亦无排斥违约金责任的文义。在合同约定有违约金条款,该违约金属于赔偿性违约金时,其与损害赔偿在实质上相同。鉴于举证损失数额不易,受害人选择违约金责任,没有理由不予支持，如同受害人同时主张减少价款和损害赔偿一样，于是承认减少价款与违约金可以并罚。这在减少价款不足以填补受害人的损失的场合，具有积极价值。此其一。对于物的瑕疵担保责任，笔者在原则赞同债务不履行说的基础上，又予修正：承认瑕疵担保责任这种特殊的违约责任与一般的违约责任平列。既然两者均为债务不履行责任，既然债务不履行责任不排斥违约金，那么，减少价款与违约金可以并罚，符合逻辑。此其二。韩世远教授一方面主张物的瑕疵担保责任被统合到了违约责任，而违约责任在我国现行法上恰恰包含违约损害赔偿、违约金责任，另一方面却固守传统民法理论，将违约损害赔偿、违约金责任排除于物的瑕疵担保责任的范围，这样不仅不符合违约责任的内涵与外延，而且在债权人援用《合同法》第 111 条及第 158 条的规定请求违约方承担责任时，会处于不利的境地，因为在有些案型中，仅仅主张修理、重作、更换或减少价款，并不能获得圆满的救济。此其三。所有这些都表明，损害赔偿也好，违约金责任也罢，都不是“借用”《合同法》第 107 条规范群而是《合同法》第 111 条规范群中固有的，这与请求权相互影响说相去甚远。此其四。

因此，韩世远教授以传统民法理论认为“减少价款是典型的物之瑕疵担保责任的内容，违约金则是典型的合同债务不履行责任的内容。前者为法定的无过失责任，后者通常为约定的过失责任”[182]为由，来证伪笔者关于减少价款与违约金并罚之说，路径有误。

韩世远教授的观点中值得商榷之处还有称传统民法理论认为“违约金则是典型的合同债务不履行责任的内容”，至少这是不准确的。因为在传统民法及其理论上，违约金不是债务不履行责任的方式，而是合同确保，系属另外一个合同的内容。既然系属另外一个合同，与物的瑕疵担保责任属于法定责任或其他责任不相抵触，韩世远教授依“前者为法定的无过失责任，后者通常为约定的过失责任”的逻辑来证伪笔者的观点，反倒不合逻辑。

退一步说，假如韩世远教授所谓“减少价款是典型的物之瑕疵担保责任的内容，违约金则是典型的合同债务不履行责任的内容。前者为法定的无过失责任，后者通常为约定的过失责任”之说是对的，正好显示出竞合的必要性和重要性。其原因在于，按照韩世远教授的归类，物的瑕疵担保责任中没有违约金责任的救济方式，只有修理、更换、重作、退货、减少价款等救济方式，于是问题出现了：在出卖人瑕疵给付的场合，恰遇修理、更换、重作、退货、减少价款的救济方式不如支付违约金对买受人更为有利的情形,只允许买受人援用《合同法》第111条及第158条等规定,不是偏袒了违约方吗?如果承认竞合,就非常容易地解决了这个问题,即买受人援用《合同法》第107条以下的规定,而非《合同法》第111条及第158条,请求违约方向自己支付违约金。

今天看来,承认了一般意义的违约责任与物的瑕疵担保责任竞合,可以不再坚持《合同法》第111条规定的救济方式中含有支付违约金、违约损害赔偿。

最后,韩世远教授将笔者主张的责任竞合引至请求权自由竞合说,然后归谬。[183]但该归谬落空,因为笔者既未言明请求权自由竞合说,既有作品所述观点也不符合该说的构成。韩世远教授依据笔者在《合同责任研究》第166页第2自然段的评论,认定笔者采取"修正的请求权自由竞合说",[184]也曲解了笔者的本意。因为该自然段最后所谓"因此,我国也不宜接受请求权自由竞合说,而应加以修正,这就是不允许受害人分别处分二个请求权",处于先后评论请求权规范竞合说、请求权自由竞合说的语境中,既不"沿袭请求权规范竞合说","也不宜接受请求权自由竞合说"。只要通读笔者在《合同责任研究》第159页至第168页的介绍和评论,就不难发现,笔者基本上是在介绍责任竞合理论和立法模式,在此基础上试图汲取有益的成分,构建中国民法上的责任竞合理论。至于该项理论如何,仍在探讨的过程中。当然,笔者关于"因此,我国也不宜接受请求权自由竞合说,而应加以修正,这就是不允许受害人分别处分二个请求权"的表述,可能引起误解,于是,笔者在撰写《合同法》教科书时将其删除了。[185]

(八)关于"统合说"负面后果有无的论辩

1. 关于违约责任类型的论辩

笔者于原文中指出:"按照瑕疵担保责任已被统合到违约责任制度之中的观点,违约责任内部将极不和谐,各行其是。只有大幅度地修正违约责任的概念,必须将违约责任类型化,才符合逻辑,才会避免错误,才能在适用法律时避免失当。例如,第一,必须把违约责任重新分类,即指出存在一种瑕疵担保责任的类型……"[186]这的确是"统合说"存在的问题之一,至今也看不出说破它有何不妥。韩世远教授在实质问题方面无法反驳,便另生枝节。对此,分析如下:

韩世远教授归谬的逻辑是,笔者等人坚持"瑕疵担保责任是债务不履行责任的一种,是关于买卖的特则",而瑕疵担保责任是一种债务不履行责任(违约责任),所以,"统合说""必须把违约责任重新分类,即指出存在一种瑕疵担保责任的类型"的问题,笔者等人的观点也是同样存在的。[187]

首先,需要澄清,笔者从未主张过物的瑕疵担保责任是关于买卖的特则。从逻辑上讲也不难理解,笔者不可能一方面主张责任竞合,另一方面认为是"特则"。

其次,使用"违约责任"概念,还需要读者进一步追问:"是否指物的瑕疵担保责任"或"是否不含减少价款、退货等方式的违约责任"?这相当麻烦。笔者断定这是"统合说"的不足,而非假设。

再次,笔者等人使用"违约责任",只要没有特别说明,就不包括物的瑕疵担保责任在内。之所以如此断定,是因为笔者虽然在《合同法》的设计框架范围内承认物的瑕疵担保责任是违约责任的一种类型,[188]但更强调一般意义上的违约责任的质的规定性,强调"我国《合同法》上的瑕疵担保责任仍然在诸多方面与一般意义的违约责任存在着实质的不同,只不过它以债务不履行说作为法理根据。既然如此,我国《合同法》第 111 条的表述并未否定'瑕疵担保责任仍然相对地独立于一般意义的违约责任'的定性。"[189]该段叙述的意思之一包括,使用"违约责任"的表述时,不包括物的瑕疵担保责任,除非另有说明(如目前韩世远教授与笔者论争两者关系时,特别指出"物的瑕疵担保责任是违约责任的一种")。而"统合说"则不一样,在该说中,物的瑕疵担保责任天然地是违约责任,所用"违约责任"一词,自然包括物的瑕疵担保责任。笔者赞同的违约责任,系债的一般担保。而"统合说"下的违约责任则难谓债的一般担保。所以,两种观点存在实质的差异。如果一定要说"大家是共同的",也至多在与侵权责任作出比较等时,笔者等人才特意提到物的瑕疵担保责任是一种特殊的违约责任。

最后,韩世远教授高调确立一个批评原则:"大家是共同的,如果真的作为一种缺点的话,批评者应该先自我检讨,后批评他人。"要言之,批评他的观点是附有条件的,该条件就是批评者先行自我批评。经查,韩世远教授于其《合同法总论》"前言"最后宣布:"合同法理论博大而精深,作者个人也在不断的学习过程当中,书中的观点或有错误,或可商榷,欢迎学者先进不吝指正。"[190]其第二版《合同法总论》对此未做修改。其第三版《合同法总论》"三版前言"最后重申"书中文字观点难免存在谬误和疏漏,一如既往地欢迎学界前辈及各界贤达批评指正。”[191]态度之恳切，措辞之优雅，意思之明确，堪称模范。其字里行间没有附加批评条件。可是，如今却指责笔者批评其观点时未先做自我批评。是对其“学者”“学界前辈”作了限缩解释，还是存在合同漏洞？若都不是，人们有理由怀疑韩世远教授要约“欢迎学界前辈及各界贤达批评指正”的诚意。韩世远教授是不是应当承担违约责任？此其一。批评者先行自我批评，固现君子之风；批评者直奔主题，径直批评，亦非学术失范；批评者在所批问题上没有错误、不足，在道德层面也毫无瑕疵。在笔者所有的作品里，观点不合适的不少，论证不尽周延的也不鲜见，但在违约责任、物的瑕疵担保责任的内涵和外延的把握和使用上，没有问题，无须先行自我批评，何谈“五十步笑百步”？此其二。韩世远教授批评他人观点之处甚多，未见他先行自我检讨。这是否意味着“批评者应该先自我检讨，后批评他人”的原则仅仅具有对外效力？此其三。应当说，韩世远教授树立“批评者应该先自我检讨，后批评他人”的原则，委实开创了个糟糕的先例。

2. 关于违约责任内涵和外延的论辩

韩世远教授质疑笔者曰：“如果批评者在对我国合同法作解释论展开时不是仅仅局限于其所说的‘一般意义的违约责任’而是分析《合同法》上的‘违约责任’，那么这一问题同样存在。如果批评者只是在‘一般意义的违约责任’范畴内概括违约责任，并以此为一种‘简单的方案’，其实不过是在掩耳盗铃，问题非但没有解决，可能还会有其他的不良后果。”[192]对此，笔者的回应是：

首先，笔者，其实不限于笔者，一直认为使用“违约责任”概念，不含有解除合同、减少价款、代物清偿与合同更改等方式，除非特别说明；《合同法》条文中出现的“违约责任”一词，绝大多数情况下也是这样的意义。如果笔者没理解错的话，韩世远教授在相当长的时期里也是这样把握违约责任概念的，所以，尽管《合同法》在“违约责任”的标题下规定了物的瑕疵担保责任，并不意味着它在一个意义上——涵盖物的瑕疵担保责任的意义——使用“违约责任”的概念。在笔者的理念里和视野下，《合同法》在两种意义上使用“违约责任”概念。此类现象，在我国现行法上并不鲜见。笔者的这个理念、态度及具体运用，完全是公开的、坦然的、毫无掩饰的，怎么成了“掩耳盗铃”？

其次，至于笔者这样界定和把握违约责任，“问题非但没有解决，可能还会有其他的不良后果”。笔者尚未遇到和想象到其他不良后果，遇到的是“统合说”带来的负面后果。

最后，“批评者只是在‘一般意义的违约责任’范畴内概括违约责任，并以此为一种‘简单的方案’”，在不与物的瑕疵担保责任对应着讨论时，的确是这样。这有什么错吗？“掩耳盗铃”从何谈起？显然用词不当。此外，不知“掩耳盗铃”在韩世远教授那里是贬义还是褒义。若是贬义，韩世远教授用来讨论学术问题，十分不当；若是褒义，可否说韩世远教授限缩我国现行法上的概念、规则时，在两种意义上使用某一概念时，都是在“掩耳盗铃”？

以上即是笔者对韩世远教授《出卖人的物的瑕疵担保责任与我国合同法》一文的回应。

十六

对于包括不动产物权在内的物权予以民法救济，是采取“物权请求权 + 侵权损害赔偿”的架构，还是采取“大侵权法”救济的模式，是一直争论不休的大课题。《民法通则》原创性地设计出“大侵权法”救济的模式，把停止侵害、排除妨碍、消除危险、返还财产、恢复原状、赔礼道歉、恢复名誉、消除影响、赔偿损失都作为侵权责任的方式（第 134 条）。在由全国人大常委会法制工作委员会主持的《民法（草案）》研讨会上，相当数量的专家、学者主张沿用《民法通则》的规制，包括我在内的一些专家、学者则力倡建立物权请求权，辅之于侵权损害赔偿方式，来救济遭受或将要遭受侵害的绝对权；我还主张创设知识产权请求权、人格权请求权。会上各执一词，莫衷一是；会后我带着问题继续思考，撰写完成《绝对权请求权抑或侵权责任方式》一文，发表于《法学》2002 年第 11 期，引证率为 222，下载次数为 3593。

我在文中指出，假如《民法通则》和未来的民法典将绝对权与其请求权分割开来，将停止侵害、排除妨碍、消除危险、返还财产作为侵权责任的方式，侵权行为法内部和谐如初，功能正常发挥，也是可以接受的方案，尽管并非最佳。事实恰恰相反，将停止侵害请求权、排除妨碍请求权、妨害预防请求权、物的返还请求权从物权、人格权、知识产权的制度中分割出来，放置于侵权行为法中，作为侵权责任的方式，有六点不妥。

2004 年，应约撰文《物权救济模式的选择及其依据》，发表于《吉林大学社会科学学报》2005 年第 1 期,在《绝对权请求权抑或侵权责任方式》一文所述的基础上,更有针对性、更全面、更深刻地剖析了“大侵权法”模式的缺陷,论证物上请求权模式的优越性,辅之于侵权损害赔偿的周到性。该文的引证率为 63,下载次数为 2335。

这些论文还是起到了作用,《物权法》第 34 条、第 35 条设置了物的返还请求权、排除妨害请求权和妨碍预防请求权,这在中国民事立法上尚属首次。

鉴于《侵权责任法(草案)》仍沿袭《民法通则》第 134 条的模式,我在前述论文的基础上撰文《侵权责任法应与物权法相衔接》,[193] 依然不赞同将停止侵害、排除妨碍、消除危险、返还财产作为侵权责任方式。由于惯性而非科学,《侵权责任法》没有吸纳此类意见(第 15 条)。面对这种固执,我又完成《论归责原则与侵权责任方式的关系》,再次剖析其不足。

注释

1 这是中国政法大学的王卫国教授几年前讲过的话的大体意思,笔者不时忆起,督促前进。

2 [德]鲍尔/施蒂尔纳:《德国物权法》,张双根译,法律出版社 2004 年版,第 11 页。

3 [德]罗尔夫·克尼佩尔:《法律与历史——论〈德国民法典〉的形成与变迁》,朱岩译,法律出版社 2003 年版,第 244 页。

4 参见崔建远、孙佑海、王宛生:《中国房地产法研究》,中国法制出版社 1995 年版。

5 崔建远:《房地产法与权益冲突及协调》,载《中国法学》1994 年第 3 期。

6 崔建远:《土地上的权利群论纲》,载《中国法学》1998 年第 2 期。

7 崔建远:《土地上的权利群研究》,法律出版社 2004 年版。

8 [日]我妻荣、丰岛升:《矿业法》,有斐阁 1958 年版,第 18 页。

9 崔建远、晓坤:《矿业权基本问题探讨》,载《法学研究》1998 年第 4 期。

10 崔建远:《准物权研究》,法律出版社 2003 年版;崔建远:《准物权研究》(第 2 版),法律出版社 2012 年版。

11 崔建远:《我国物权法应选取的结构原则》,载《法制与社会发展》1995 年第 3 期。

12 崔建远:《房屋拆迁的法律分析》,载《人民法院报》2006 年 1 月 18 日,第 B01 版。

13 崔建远主编:《房屋拆迁法律问题研究》,崔建远执笔,北京大学出版社 2009 年版,第 4~8 页、第 14~16 页。

14 崔建远:《物权法》,中国人民大学出版社 2009 年版,第 108 页;崔建远:《物权法》

（第 4 版），中国人民大学出版社 2017 年版，第 120 页。

15 崔建远：《物权：规范与学说——以中国物权法的解释论为中心》，清华大学出版社 2011 年版，第 247 页。

16 崔建远：《征收制度的调整及体系效应》，载《法学研究》2014 年第 4 期。

17 崔建远：《无权处分合同的效力、不安抗辩权、解除及债务承担》，载《法学研究》2013 年第 6 期。

18 最高人民法院民事审判第二庭编著：《最高人民法院关于买卖合同司法解释理解与适用（条文 · 释义 · 理由 · 案例）》，人民法院出版社 2012 年版，第 69 ~ 81 页。

19 梁慧星：《买卖合同特别效力解释规则之创设——买卖合同解释（法释[2012]8 号）第 3 条解读》，载 http://article. chinalawinfo. com/Article_Detail. asp? ArticleID = 71811，最后访问时间：2013 年 4 月 23 日。

20 详细讨论参见崔建远：《合同法总论》（上卷，第 2 版），中国人民大学出版社 2011 年版，第 371 ~ 430 页。

21 [罗马]杰尔苏：《学说汇纂》（第 8 编），转引自桑德罗 · 斯契巴尼选编：《契约之债与准契约之债》，丁玫译，中国政法大学出版社 1998 年版，第 393 页。

22 [罗马]保罗：《论萨宾》（第 5 编），转引自桑德罗 · 斯契巴尼选编：《契约之债与准契约之债》，丁玫译，中国政法大学出版社 1998 年版，第 393 页。

23 董安生等编译：《英国商法》，法律出版社 1991 年版，第 99 ~ 100 页。

24 （1856），5 H. L. C. 673. 转引自杨桢：《英美契约法论》（第 4 版），北京大学出版社 2007 年版，第 204 ~ 205 页。

25 崔建远：《处分行为理论真的那么美妙吗？》，载《中国政法大学学报》2016 年第 5 期。

26 崔建远：《同时履行抗辩权：重构抑或自毁》，载《民事审判指导与参考》2011 年第 4、5 辑。

27 韩世远：《合同法总论》，法律出版社 2004 年版，第 328 页。韩世远教授于其第二版《合同法总论》（第 250 页以下）、第三版《合同法总论》（第 287 页以下）中继续坚持其观点。

28 韩世远：《合同法总论》，法律出版社 2004 年版，第 329 页。韩世远教授于其第二版《合同法总论》（第 249 页以下）、第三版《合同法总论》（第 286 页以下）中继续坚持其观点。

29 韩世远：《合同法总论》，法律出版社 2004 年版，第 351 页。

30 朱广新：《先履行抗辩权之探究》，载《河南省政法管理干部学院学报》2006 年第 4 期。

31 Mathias Schmoekel, Jaochim Rueckert und Reinhard Zimmermann – Petr Groeschler: Historisch – kritischer Kommentar zur BGB, 1. Teilband, Mohr Siebeck 2007, §§ 269 – 272. S. 813, Rn. 8.

32 德国民法及其学说、判例关于履行期限的文献翻译及理解,系清华大学法学院副教授耿林博士以及清华大学法学院教授王洪亮博士所为。特此致谢!

33 金子宏、新堂幸司、平井宜雄编:《法律学小辞典》(第3版),有斐阁1999年版,第1154页。

34 [日]於保不二雄:《日本民法债权总论》,庄胜荣校订,五南图书出版有限公司1998年版,第334页。

35 [日]於保不二雄:《日本民法债权总论》,庄胜荣校订,五南图书出版有限公司1998年版,第345页。

36 孙森焱:《民法债编总论》(下册),法律出版社2006年版,第864页。

37 郑玉波:《民法债编总论》,陈荣隆修订,中国政法大学出版社2004年版,第490页;邱聪智:《民法债编总论》(下),中国人民大学出版社2004年版,第457页。

38 林诚二:《民法债编总论——体系花解说》,中国人民大学出版社2003年版,第547页。

39 史尚宽:《债法总论》,荣泰印书馆股份有限公司1978年版,第747~748页。

40 韩世远:《合同法总论》,法律出版社2004年版,第327~328页。

41 崔建远:《履行抗辩权探微》,载《法学研究》2007年第3期。

42 韩世远:《合同法总论》(第2版),法律出版社2008年版,第249~250页。

43 韩世远:《合同法总论》(第3版),法律出版社2011年版,第286~287页。

44 韩世远:《合同法总论》(第2版),法律出版社2008年版,第249~250页;韩世远:《合同法总论》(第3版),法律出版社2011年版,第286页以下。

45 韩世远:《合同法总论》(第3版),法律出版社2011年版,第2页以下。

46 崔建远:《履行抗辩权探微》,载《法学研究》2007年第3期;崔建远:《履行抗辩权探微》,载中国政法大学罗马法与意大利法研究中心、教育部法制史研究重点基地——中国政法大学法律史研究院、意大利和中国"罗马法体系下的中国法典化与法学人才培养研究中心"、中国政法大学出版社主编:《第四届罗马法·中国法与民法法典化国际研讨会论文集》(上),2009年版,第51页以下。

47 金子宏、新堂幸司、平井宜雄编:《法律学小辞典》(第4版),有斐阁2010年版,第1154页。

48 韩世远:《合同法总论》(第3版),法律出版社2011年版,第286页。

49 参见邱聪智:《民法债编各论》(上),姚志明校订,中国人民大学出版社2006年版,第228页。

50 韩世远:《合同法总论》,法律出版社2004年版,第328页。

51 韩世远:《合同法总论》(第2版),法律出版社2011年版,第251页。

52 韩世远:《合同法总论》(第3版),法律出版社2011年版,第288页。

53 韩世远:《合同法总论》(第3版),法律出版社2011年版,第286页。

54 韩世远:《合同法总论》(第3版),法律出版社2011年版,第286页。

55 韩世远:《合同法总论》(第3版),法律出版社2011年版,第288页。

56 韩世远:《合同法总论》(第2版),法律出版社2008年版,第249~251页。

57 韩世远:《合同法总论》(第3版),法律出版社2011年版,第286页。

58 遵从公平正义原则,甲和乙均未履行(违约)的场合,不宜采取存在效果说。

59 [德]迪特尔·梅迪库斯:《德国债法总论》,杜景林、卢谌译,法律出版社2004年版,第356页。

60 [德]迪特尔·施瓦布:《民法导论》,郑冲译,法律出版社2006年版,第603页以下。

61 孙森焱:《民法债编总论》(下册),法律出版社2006年版,第446页。

62 对于行为债务,若要直接强制执行,涉及是否侵犯人的行为自由的问题。一种观点认为,按照现代伦理,人的行为自由至高无上,不得强制。另一种观点主张,人的行为自由固然位阶甚高,但并非绝对禁止法院裁判债务人继续履行其行为债务,在债权人请求债务人继续履行行为债务的情况下,主审法院仍可裁判债务人继续其行为债务,如裁判债务人与许多人签订本约,或履行装修服务的义务,或履行继续施工的义务等,只不过法院同时或其后要裁判:债务人假如仍然拒绝履行此类行为债务,则须承担一定的损害赔偿金,甚至是惩罚性损害赔偿,以儆效尤。折衷说在赞同第二种观点的基础上,增加主审法院可以裁判代替履行的路径,当然也可直接裁判以损害赔偿甚至惩罚性损害赔偿代替直接强制。笔者赞同折衷说。

63 中国政法大学罗马法与意大利法研究中心、教育部法制史研究重点基地——中国政法大学法律史学研究院、意大利和中国"罗马法背景下的中国法典化与法学人才培养研究中心"、中国政法大学出版社于2009年10月24~25日在北京主办召开了第四届"罗马法·中国法与民法法典化国际研讨会",笔者在2009年10月25日上午应邀作了"履行抗辩权探微"的大会报告,持履行期尚未届至的抗辩权、履行期尚未届满的抗辩权之说。休息时,中国政法大学教授于飞博士向笔者提出,履行期尚未届至的抗辩权,应为履行期尚未届至的抗辩,为诉讼法上的抗辩,而非实体法上的抗辩权,因为债权的请求效力尚未发动;无须当事人主张,即可发生相应的法律效果。该意见警示性和启发性值得重视,因为存在德国民法及其学说关于"无须主张的抗辩"与"需要主张的抗辩"之间相区别的观点。"无须主张的抗辩"是法定的,不需要被告提出特别的申请,就自动产生效力,或是使请求权不发生(权利阻却的抗辩),或是使已经产生的请求权归于消灭(权利消灭的抗辩);"需要主张的抗辩"依据被告的相关意愿才产生效力(参见[德]迪特尔·梅迪库斯:《德国民法总论》,邵建东译,法律出版社2000年版,第82页以下)。在此,谨向于飞博士致以由衷的谢意!

不过,在本书定稿之前,笔者对于履行期·履行迟延·抗辩权问题一直采取通说的意见,特别是赞同以下观点,没有接受履行期尚未届至的抗辩、履行期尚未届满的抗辩的意见:(1)抗辩权的界定仅仅要求是对抗请求权的权利,其目的是永久地或暂时地阻止请求权的实施或使请求权减弱([德]卡尔·拉伦茨:《德国民法通论》

(上册),王晓晔、邵建东、程建英、徐国建、谢怀栻译,谢怀栻校,法律出版社2003年版,第328~329页),并未要求必须是对抗请求效力已经发动的请求权。特别是请求权可以通过当事人自愿履行而实现([德]卡尔·拉伦茨:《德国民法通论》(上册),王晓晔、邵建东、程建英、徐国建、谢怀栻译,谢怀栻校,法律出版社2003年版,第324页),可以作为被动债权而被抵销,就更加不强调请求力必须已经发动。(2)对需要主张的抗辩与无须主张的抗辩进行区分,从法律政策上看是很成问题的。人们经常说到,由于一项违反诚实信用原则的行为永远构成一种无须主张的抗辩,难道情况真的是这样吗?我们是不是应当让债务人自己来作出决定……为什么将债务未届清偿期的事实作为无须主张的抗辩,而却将延期给付的事实作为需要主张的抗辩来对待呢?(参见[德]迪特尔·梅迪库斯:《德国民法总论》,邵建东译,法律出版社2000年版,第82页以下)。其实,按照存在效果说,在迟延履行的场合,同时履行抗辩权、先履行抗辩权无须主张即发生效力,反倒成了无须主张的抗辩。这表明,需要主张的抗辩与无须主张的抗辩的区分具有相对性和不确定性。(3)《德国民法典》第813条第2项规定:"附期限的债务被提前清偿的,债务人不得请求返还,并不得请求提前清偿期间的利息。"中国台湾地区"民法"第316条规定:"定有清偿期者,债权人不得于期前请求清偿,如无反对之意思表示时,债务人得于期前为清偿。"中国《合同法》第71条规定:"债权人可以拒绝债务人提前履行债务,但是提前履行不损害债权人利益的除外。债务人提前履行债务给债权人增加的费用,由债务人负担。"所有这些规定,都表明对于履行期尚未届至的债务,只要债务人清偿了——包括债务人主动提前清偿和债权人于期前请求债务人清偿,债务人未作反对的表示而实施了履行行为,债权人就享有受领权和保有权,不构成不当得利,裁判机关不得依职权责令债权人返还或承担损害赔偿责任。这反映出债务人提出抗辩是必要的。(4)有些民事诉讼法学家称,中国民事诉讼法及其学说并未区分抗辩和抗辩权。(5)相当多的抗辩(权),在实体法和程序法上都有存在的空间。

如今,笔者借鉴德国、日本、中国台湾地区关于请求期·履行期·履行迟延·抗辩·抗辩权的民法学说,修正了以往的观点,将非继续性合同场合的履行期一律界定为一个时间点,而非一段期间,接受了履行期尚未届至的抗辩、履行期尚未届满的抗辩之说。至于有无必要区分履行期尚未届至的抗辩与履行期尚未届满的抗辩,尚需时日思考,因为这涉及债权人迟延构成的要件设计、债务人抛弃期限利益的权限、债权人利益的保护等问题,需要权衡。

64 [德]迪特尔·施瓦布:《民法导论》,郑冲译,法律出版社2006年版,第620页;郑玉波:《民法债编总论》(修订2版),陈荣隆修订,中国政法大学出版社2004年版,第275页;孙森焱:《民法债编总论》(下册),法律出版社2006年版,第446页。

65 [德]迪特尔·梅迪库斯:《德国债法总论》,杜景林、卢谌译,法律出版社2004年版,第356页。

66 参见刘春堂:《民法债编各论》(中),三民书局2008年版,第177页。

67　[日]我妻荣:《债权各论》(上卷),徐慧译,中国法制出版社 2008 年版,第 86 页。

68　需要说明,韩世远教授于其第二版《合同法总论》第 250 页图 5-6-3、第三版《合同法总论》第 287 页图 5-6-3 所示及文字叙述的情形,已经改变了,不再是我妻荣教授之语所针对的情形。

69　韩世远:《合同法总论》(第 2 版),法律出版社 2008 年版,第 250～251 页;韩世远:《合同法总论》(第 3 版),法律出版社 2011 年版,第 286～288 页。

70　在两项债务的履行期重叠期间,并且任何一方均未违约时,可存在同时履行抗辩权,先履行一方也享有此权。这是《合同法》第 66 条规定的题中应有之义。这个见解是中国政法大学教授戴孟勇博士提出来的,特此致谢!

71　参见崔建远:《履行抗辩权探微》,载《法学研究》2007 年第 3 期。

72　韩世远:《合同法总论》(第 2 版),法律出版社 2008 年版,第 251 页。韩世远教授在其《合同法总论》(第 3 版)中删除了这段议论,值得欢迎。

73　崔建远:《履行抗辩权探微》,载《法学研究》2007 年第 3 期;崔建远:《履行抗辩权探微》,载中国政法大学罗马法与意大利法研究中心、教育部法制史研究重点基地——中国政法大学法律史学研究院、意大利和中国"罗马法背景下的中国法典化与法学人才培养研究中心"、中国政法大学出版社:《第四届罗马法·中国法与民法法典化国际研讨会论文集》(上),2009 年 10 月 24～25 日,第 50 页以下;崔建远:《履行的抗辩权小论》,载早稻田大学孔子学院编:《早稻田大学孔子学院丛书2·日中民法论坛》,早稻田大学出版部 2010 年版,第 80 页以下。

74　韩世远:《合同法总论》(第 3 版),法律出版社 2011 年版,第 286 页。

75　[日]矶村哲:《现代法学讲义》,有斐阁 1978 年版,第 99 页。转引自梁慧星:《民法解释学》,中国政法大学出版社 1995 年版,第 251 页。

76　黄茂荣:《法学方法与现代民法》,1993 年版,第 308 页;黄建辉:《法律漏洞·类推适用》,蔚理法律出版社 1988 年版,第 21～22 页。转引自梁慧星:《民法解释学》,中国政法大学出版社 1995 年版,第 251 页。

77　黄建辉:《法律漏洞·类推适用》,蔚理法律出版社 1988 年版,第 21 页注 3。转引自梁慧星:《民法解释学》,中国政法大学出版社 1995 年版,第 251 页。

78　韩世远:《合同法总论》,法律出版社 2004 年版,第 334～339 页。

79　参见崔建远:《履行抗辩权探微》,载《法学研究》2007 年第 3 期。

80　韩世远:《合同法总论》(第 3 版),法律出版社 2011 年版,第 534 页。

81　崔建远:《履行抗辩权探微》,载《法学研究》2007 年第 3 期。

82　1921、4、12 大民判("民录"26 辑 487 页)。转引自[日]於保不二雄:《日本民法债权总论》,庄胜荣校订,五南图书出版有限公司 1998 年版,第 114 页。

83　在这个问题上,《德国民法典》第 551 条、第 608 条和第 614 条的规定值得注意。参见[德]迪特尔·梅迪库斯:《德国债法总论》,杜景林、卢谌译,法律出版社 2004 年版,第 356 页。

84 ［日］星野英一:《日本民法概论Ⅳ·契约》,姚荣涛译,刘玉中校订,五南图书出版有限公司1998年版,第43页。

85 ［日］星野英一:《日本民法概论Ⅳ·契约》,姚荣涛译,刘玉中校订,五南图书出版有限公司1998年版,第43页。

86 刘春堂:《民法债编各论》(中),三民书局2007年版,第338页。

87 ［日］我妻荣:《债权各论》(上卷),岩波书店1954年版,第92页。转引自韩世远:《合同法总论》(第3版),法律出版社2011年版,第288页。

88 ［日］星野英一:《日本民法概论Ⅳ·契约》,姚荣涛译,刘玉中校订,五南图书出版有限公司1998年版,第43页。

89 ［日］星野英一:《日本民法概论Ⅳ·契约》,姚荣涛译,刘玉中校订,五南图书出版有限公司1998年版,44页。

90 韩世远:《合同法总论》,法律出版社2004年版,第329～330页;韩世远:《合同法总论》(第2版),法律出版社2008年版;韩世远:《合同法总论》(第3版),法律出版社2011年版,第287～288页。

91 崔建远:《履行抗辩权探微》,载《法学研究》2007年第3期。

92 韩世远:《合同法总论》(第3版),法律出版社2011年版,第534页。

93 超市行业一般不允许供货商行使同时履行抗辩权的例证及论证,系中国政法大学教授戴孟勇博士的意见,特此致谢!

94 崔建远:《履行抗辩权探微》,载《法学研究》2007年第3期。

95 崔建远:《履行抗辩权探微》,载《法学研究》2007年第3期。

96 苏俊雄:《契约原理及其适用》,中华书局1978年版,第111页;王利明:《合同法研究》(第2卷),中国人民大学出版社2003年版,第75页。

97 ［日］星野英一:《日本民法概论Ⅳ·契约》,姚荣涛译,刘玉中校订,五南图书出版有限公司1998年版,第36页。

98 崔建远:《履行抗辩权探微》,载《法学研究》2007年第3期。

99 韩世远:《合同法总论》(第3版),法律出版社2011年版,第286页。

100 崔建远主编:《合同法》(第5版),崔建远执笔,法律出版社2010年版,第139页;崔建远:《履行抗辩权探微》,载中国政法大学罗马法与意大利法研究中心、教育部法制史研究重点基地——中国政法大学法律史学研究院、意大利和中国“罗马法背景下的中国法典化与法学人才培养研究中心”、中国政法大学出版社:《第四届罗马法·中国法与民法法典化国际研讨会论文集》(上),2009年10月24～25日,第47页;崔建远:《履行的抗辩权小论》,载早稻田大学孔子学院编:《早稻田大学孔子学院丛书2·日中民法论坛》,早稻田大学出版部2010年版,第80页以下。

101 崔建远:《履行抗辩权探微》,载中国政法大学罗马法与意大利法研究中心、教育部法制史研究重点基地——中国政法大学法律史学研究院、意大利和中国“罗马法背景下的中国法典化与法学人才培养研究中心”、中国政法大学出版社:《第四届罗马法·中国法与民法法典化国际研讨会论文集》(上),2009年10月24~25日,第50页以下;崔建远:《履行的抗辩权小论》,载早稻田大学孔子学院编:《早稻田大学孔子学院丛书2·日中民法论坛》,早稻田大学出版部2010年版,第74页以下。

102 韩世远:《合同法总论》,法律出版社2004年版,第325页以下;韩世远:《合同法总论》(第2版),法律出版社2008年版,第248页以下;韩世远:《合同法总论》(第3版),法律出版社2011年版,第285页以下;崔建远主编:《合同法》(第5版),崔建远执笔,法律出版社2010年版,第135页以下;崔建远:《履行抗辩权》,载《法学研究》2007年第3期;崔建远:《履行抗辩权探微》,载中国政法大学罗马法与意大利法研究中心、教育部法制史研究重点基地——中国政法大学法律史学研究院、意大利和中国"罗马法背景下的中国法典化与法学人才培养研究中心"、中国政法大学出版社:《第四届罗马法·中国法与民法法典化国际研讨会论文集》(上),2009年10月24~25日,第45页以下;崔建远:《履行的抗辩权小论》,载早稻田大学孔子学院编:《早稻田大学孔子学院丛书2·日中民法论坛》,早稻田大学出版部2010年版,第80页以下。

103 笔者对履行期为哪个的考量,兼顾积极方面与消极方面。所谓消极方面,是指抛弃期限利益,提前履行,损害了相对人的正当权益。

104 史尚宽:《债法总论》,荣泰印书馆股份有限公司1978年版,第749页。

105 史尚宽:《债法总论》,荣泰印书馆股份有限公司1978年版,第749页。

106 孙森焱:《民法债编总论》(下册),法律出版社2006年版,第663~664页。

107 [日]星野英一:《日本民法概论Ⅳ·契约》,姚荣涛译,刘玉中校订,五南图书出版有限公司1998年版,第39页。

108 崔建远主编:《合同法》(第3版),法律出版社2003年版,第99页;韩世远:《合同法总论》,法律出版社2004年版,第347~348页;魏振瀛主编:《民法》,北京大学出版社、高等教育出版社2006年版,第417页。

109 参见林诚二:《论附随债务之不履行与契约之解除》,载郑玉波主编:《民法债编论文选辑》(中),五南图书出版有限公司1984年版,第872页;王利明:《合同法研究》(第2卷),中国人民大学出版社2003年版,第88页。

110 在2007年4月3日的清华大学法学院法学硕士研究生的"债权法专题研究"课上,高波等同学发表了这些意见,值得肯定,并特此致谢!

111 林诚二:《论附随债务之不履行与契约之解除》,载郑玉波主编:《民法债编论文选辑》(中),五南图书出版有限公司1984年版,第867~868页。

112 林诚二:《民法债编总论——体系化解说》,中国人民大学出版社2003年版,第13页。

113 王利明:《合同法研究》(第2卷),中国人民大学出版社2003年版,第88页。

114 《大判》1917年8月14日"民录"1650页(以不支付剩余货款为理由的解除合同,

被判定有效)。转引自[日]星野英一:《日本民法概论Ⅳ·契约》,姚荣涛译,刘玉中校订,五南图书出版有限公司1998年版,第39页。

115 孙森焱:《民法债编总论》(下册),法律出版社2006年版,第669页。

116 《最判》1968年11月28日"民集"2833页"判民"129中山案件(承认以不付租金为理由的解除合同),《法协》87卷4号(有反对意见)。转引自[日]星野英一:《日本民法概论Ⅳ·契约》,姚荣涛译,刘玉中校订,五南图书出版有限公司1998年版,第39~40页。

117 [日]星野英一:《日本民法概论Ⅳ·契约》,姚荣涛译,刘玉中校订,五南图书出版有限公司1998年版,第40页。

118 《大判》1915年12月11日"民录"2058页(因洪水而水车不能使用,判定其后可以拒付租金),《大判》1921年9月26日"民录"1627页"判民"135我妻案件(租屋因遭水灾重创而不能使用,判定可以拒绝预付租金)。转引自[日]星野英一:《日本民法概论Ⅳ·契约》,姚荣涛译,刘玉中校订,五南图书出版有限公司1998年版,第40页。

119 《最判》1963年11月28日"民集"1477页;《最判》1968年11月21日"民集"2741页"判民"124加藤雅信案件,《法协》87卷4号(认可解除)。转引自[日]星野英一:《日本民法概论Ⅳ·契约》,姚荣涛译,刘玉中校订,五南图书出版有限公司1998年版,第40页。

120 《大判》1916年5月22日"民录"1014页(池沼承租人请求七折支付租金,遭拒绝而并被解除合同的案件)。转引自[日]星野英一:《日本民法概论Ⅳ·契约》,姚荣涛译,刘玉中校订,五南图书出版有限公司1998年版,第40页。

121 [日]星野英一:《日本民法概论Ⅳ·契约》,姚荣涛译,刘玉中校订,五南图书出版有限公司1998年版,第40页。

122 《最判》1974年9月2日"民集"1152页百选Ⅱ3,65水本案件(206页)。转引自[日]星野英一:《日本民法概论Ⅳ·契约》,姚荣涛译,刘玉中校订,五南图书出版有限公司1998年版,第41页。

123 [日]内田贵:《民法2·债权各论》,东京大学出版会2007年版,第179页。

124 [日]星野英一:《日本民法概论Ⅳ·契约》,姚荣涛译,刘玉中校订,五南图书出版有限公司1998年版,第41页。

125 [日]星野英一:《日本民法概论Ⅳ·契约》,姚荣涛译,刘玉中校订,五南图书出版有限公司1998年版,第41页。

126 《最判》1953年6月16日"民集"629页;《最判》1973年9月7日"民集"1327页"判民"52事件星野,《法协》91卷3号。转引自[日]星野英一:《日本民法概论Ⅳ·契约》,姚荣涛译,刘玉中校订,五南图书出版有限公司1998年版,第41页。

127 [日]星野英一:《日本民法概论Ⅳ·契约》,姚荣涛译,刘玉中校订,五南图书出版有限公司1998年版,第41页。

128 《大判》1941 年 3 月 1 日“民集”163 页 11 来栖案件。转引自[日]星野英一:《日本民法概论Ⅳ·契约》,姚荣涛译,刘玉中校订,五南图书出版有限公司 1998 年版,第 42 页。

129 [日]星野英一:《日本民法概论Ⅳ·契约》,姚荣涛译,刘玉中校订,五南图书出版有限公司 1998 年版,第 42 页。

130 [日]星野英一:《日本民法概论Ⅳ·契约》,姚荣涛译,刘玉中校订,五南图书出版有限公司 1998 年版,第 42 页。

131 《大判》1917 年 11 月 10 日“民录”1960 页。转引自[日]星野英一:《日本民法概论Ⅳ·契约》,姚荣涛译,刘玉中校订,五南图书出版有限公司 1998 年版,第 42 页。

132 《大判》1921 年 6 月 2 日“民录”1048 页“判民”90 我妻案件。转引自[日]星野英一:《日本民法概论Ⅳ·契约》,姚荣涛译,刘玉中校订,五南图书出版有限公司 1998 年版,第 42 页。

133 [日]星野英一:《日本民法概论Ⅳ·契约》,姚荣涛译,刘玉中校订,五南图书出版有限公司 1998 年版,第 42 页。

134 崔建远:《解除效果折衷说之评论》,载《法学研究》2012 年第 2 期。

135 崔建远:《物的瑕疵担保责任的定性与定位》,载《中国法学》2006 年第 6 期。

136 韩世远:《出卖人的物的瑕疵担保责任与我国合同法》,载《中国法学》2007 年第 3 期。

137 韩世远:《出卖人的物的瑕疵担保责任与我国合同法》,载《中国法学》2007 年第 3 期。

138 [德]马克思、恩格斯:《马克思恩格斯选集》(第 4 卷),人民出版社 1972 年版,第 240 页。

139 [日]来栖三郎:《契约法》,有斐阁 1985 年版,第 86 ~ 87 页;[日]奥田昌道等编:《民法学·契约的重要问题》,有斐阁 1983 年版,第 92 页。转引自梁慧星:《民法学说判例与立法研究》,中国政法大学出版社 1993 年版,第 161 页。

140 韩世远:《出卖人的物的瑕疵担保责任与我国合同法》,载《中国法学》2007 年第 3 期。

141 Fickentscher/Heinemann, Schuldrecht 2006, S. 405, Rn. 831.

142 Fickentscher/Heinemann, Schuldrecht 2006, S. 429 f., Rn. 879.

143 Medicus, Schuldrecht, BT, 1997, S. 26, Rn. 59.

144 参见《朗氏德汉双解大词典》,外语教学与研究出版社、德国 Langenscheidt 出版公司 2000 年版,第 904 页。

145 韩世远:《出卖人的物的瑕疵担保责任与我国合同法》,载《中国法学》2007 年第 3 期。

146 韩世远:《出卖人的物的瑕疵担保责任与我国合同法》,载《中国法学》2007 年第 3 期。

147 王家福主编:《中国民法学·民法债权》,法律出版社 1991 年版,第 252 ~ 253 页;王利明、郭明瑞、方流芳:《民法新论》(上册),中国政法大学出版社 1988 年版,第 501 页;马新彦主编:《合同法》,吉林大学出版社 1999 年版,第 282 页;王利明:《合同法研究》(第 2 卷),中国人民大学出版社 2011 年版,第 407 页;韩世远:《履行障碍法的体系》,法律出版社 2006 年版,第 239 页。

148 韩世远:《出卖人的物的瑕疵担保责任与我国合同法》,载《中国法学》2007 年第 3 期。

149 崔建远:《合同责任研究》,吉林大学出版社 1992 年版,第 6 ~ 7 页;崔建远:《合同法》,法律出版社 1998 年版,第 185 页。

150 张文显主编:《法的一般理论》,辽宁大学出版社 1988 年版,第 221 页以下。

151 在这个问题上,笔者的认识有个演变过程。起初,笔者接受的观点是:解除合同是一种特殊的违约责任方式(参见崔建远:《合同责任研究》,吉林大学出版社 1992 年版,第 40 ~ 41 页、第 158 页;崔建远:《合同法》,法律出版社 1998 年版,第 238 页)。后来,主要是考虑到解除合同,即使是违约解除,也没有使违约方的责任财产发生变化,不符合违约责任为一般担保的规格、要求;它遵循的规则,是独立于违约责任规则的;加上承认它为违约责任的方式会给责任竞合等制度的操作带来困难,笔者便放弃了合同解除为一种特殊的违约责任的观点[参见崔建远主编:《合同法》(第 4 版),法律出版社 2007 年版,第 300 页;崔建远主编:《合同法》(第 5 版),法律出版社 2011 年版,第 308 页]。

152 崔建远主编:《新合同法原理与案例评释》(上),韩世远执笔,吉林大学出版社 1999 年版,第 482 页;张广兴、韩世远:《合同法总则》(下),韩世远执笔,法律出版社 2000 年版,第 81 页。

153 韩世远:《合同法总论》,法律出版社 2004 年版,第 680 页。

154 韩世远:《合同法总论》(第 3 版),法律出版社 2011 年版,第 582 页。

155 崔建远:《物的瑕疵担保责任的定性和定位》,载《中国法学》2006 年第 6 期。

156 韩世远:《出卖人的物的瑕疵担保责任与我国合同法》,载《中国法学》2007 年第 3 期。

157 崔建远主编:《新合同法原理与案例评释》(上),韩世远执笔,吉林大学出版社 1999 年版,第 606 页;韩世远:《合同法总论》,法律出版社 2004 年版,第 710 页;韩世远:《履行障碍法的体系》,法律出版社 2006 年版,第 239 页。

158 [美]E. 艾伦·范斯沃思:《美国合同法》,葛云松、丁春艳译,中国政法大学出版社 2004 年版,第 786 页。

159 韩世远:《出卖人的物的瑕疵担保责任与我国合同法》,载《中国法学》2007 年第 3 期。

160 崔建远主编:《新合同法原理与案例评释》(上),韩世远执笔,吉林大学出版社 1999 年版,第 606 页;张广兴、韩世远:《合同法总则》(下),韩世远执笔,法律出版社 2000 年版，第 109 页；韩世远：《合同法总论》，法律出版社 2004 年版，第 710 页；韩世远：《履行障碍法的体系》，法律出版社 2006 年版，第 239 页。

161　崔建远：《论我国的合同解除》，吉林大学法律系/研究生院 1984 年硕士学位论文。

162　韩世远：《出卖人的物的瑕疵担保责任与我国合同法》，载《中国法学》2007 年第 3 期。

163　韩世远：《履行障碍法的体系》，法律出版社 2006 年版，第 342 页。

164　韩世远：《履行障碍法的体系》，法律出版社 2006 年版，第 342 页。

165　韩世远：《出卖人的物的瑕疵担保责任与我国合同法》，载《中国法学》2007 年第 3 期。

166　崔建远主编：《合同法》（第 3 版），崔建远修订，法律出版社 2004 年版，第 339 页。

167　崔建远主编：《合同法》（第 4 版），崔建远修订，法律出版社 2007 年版，第 383 页。

168　崔建远主编：《合同法》（第 5 版），崔建远修订，法律出版社 2011 年版，第 388 页。

169　韩世远：《出卖人的物的瑕疵担保责任与我国合同法》，载《中国法学》2007 年第 3 期。

170　韩世远：《出卖人的物的瑕疵担保责任与我国合同法》，载《中国法学》2007 年第 3 期。

171　崔建远：《合同责任研究》，吉林大学出版社 1992 年版，第 272 页以下。

172　崔建远主编：《合同法》（第 3 版），法律出版社 2004 年版，第 336 页以下；崔建远主编：《合同法》（第 4 版），崔建远修订，法律出版社 2007 年版，第 380 页以下；崔建远主编：《合同法》（第 5 版），崔建远修订，法律出版社 2011 年版，第 386 页以下。

173　崔建远主编：《合同法》（第 3 版），法律出版社 2004 年版，第 339 页；崔建远主编：《合同法》（第 4 版），崔建远修订，法律出版社 2007 年版，第 383 页；崔建远主编：《合同法》（第 5 版），崔建远修订，法律出版社 2011 年版，第 388 页。

174　[日]五十岚清：《瑕疵担保与比较法》，载《比较民法学诸问题》，一粒社 1976 年版，第 122～123 页；[日]奥田昌道等：《民法学・契约的重要问题》，有斐阁 1983 年版，第 97 页。转引自梁慧星：《民法学说判例与立法研究》，中国政法大学出版社 1993 年版，第 163 页。

175　黄茂荣：《买卖法》，中国政法大学出版社 2002 年版，第 268 页。

176　崔建远：《物的瑕疵担保责任的定性和定位》，载《中国法学》2006 年第 6 期。

177　可能是原文的小标题太长，不太符合书刊编辑规范，《中国法学》编辑部将笔者原文的几个较长的小标题都改成了短句标题。

178　韩世远：《出卖人的物的瑕疵担保责任与我国合同法》，载《中国法学》2007 年第 3 期。

179　崔建远：《合同责任研究》，吉林大学出版社 1992 年版，第 165 页；崔建远：《合同法》，法律出版社 1998 年版，第 241 页以下。

180　崔建远：《物的瑕疵担保责任的定性和定位》，载《中国法学》2006 年第 6 期。

181 崔建远:《合同责任研究》,吉林大学出版社 1992 年版,第 277 页。
182 韩世远:《出卖人的物的瑕疵担保责任与我国合同法》,载《中国法学》2007 年第 3 期。
183 韩世远:《出卖人的物的瑕疵担保责任与我国合同法》,载《中国法学》2007 年第 3 期。
184 韩世远:《出卖人的物的瑕疵担保责任与我国合同法》,载《中国法学》2007 年第 3 期。
185 崔建远:《合同法》,法律出版社 1998 年版,第 242 ~ 243 页。
186 崔建远:《物的瑕疵担保责任的定性和定位》,载《中国法学》2006 年第 6 期。
187 韩世远:《出卖人的物的瑕疵担保责任与我国合同法》,载《中国法学》2007 年第 3 期。
188 崔建远:《物的瑕疵担保责任的定性和定位》,载《中国法学》2006 年第 6 期。
189 崔建远:《物的瑕疵担保责任的定性和定位》,载《中国法学》2006 年第 6 期。
190 韩世远:《合同法总论》,法律出版社 2004 年版,前言。
191 韩世远:《合同法总论》(第 3 版),法律出版社 2011 年版,第三版前言。
192 韩世远:《出卖人的物的瑕疵担保责任与我国合同法》,载《中国法学》2007 年第 3 期。
193 崔建远:《侵权责任法应与物权法相衔接》,载《中国法学》2009 年第 1 期。

土地上的权利群论纲*

一、土地上的权利类型

在我国,土地上的权利首推土地所有权,包括国家土地所有权和集体土地所有权。土地所有权中又派生出以下权利:

1. 国有土地使用权。其目的是权利人进行房地产开发建设,其客体为国有土地的地表,其存续期限为70年、50年、40年不等,其取得方式在目前多为行政划拨,但政府正倡导和推行有偿出让和转让的方式,并扩大其适用范围。通过出让、转让方式而取得的国有土地使用权可以转让、出租、抵押,不必征得出让人的同意。以行政划拨方式取得的国有土地使用权,原则上不允许转让;若转让,须报有批准权的人民政府批准,并应由受让方办理土地使用权出让手续,依照国家有关规定缴纳土地使用权出让金。

2. 宅基地使用权。其目的为公民建造住房,其客体为集体所有或国有土地的地表,其取得方式为申请—审批—登记发证,该权永久存续。按照我国现行法的规定,宅基地使用权不许转让、抵押,但允许继承。如果因地上房屋的买卖而转让宅基地使用权,那么转让人不得再申请取得宅基地使用权。

3. 土地承包经营权。其目的为用于农林牧渔生产经营,其客体为集体所有或国有土地的地表,其存续期限为45年,其取得方式为农业承包合同。该权在过去不允许转让、抵押等,只允许转包,现在经发包方同意可以转包、转让、入股、互换;以"四荒"为客体的承包经营权经发包方同意可以抵押。

4. "四荒"土地使用权。近年来,在许多省、自治区出现了拍卖荒山、荒坡、荒沟、荒滩等所谓"四荒"的现象,竞买人通过拍卖取得"四荒"土地

---

* 原文标题为《土地上的权利群论纲——我国物权立法应重视土地上权利群的配置与协调》,发表于《中国法学》1998年第2期。

使用权。这种使用权亦以农林牧渔生产经营为目的，以集体所有或国有的“四荒”地表为客体，其存续期限几十年，有的长达近百年，其取得方式为拍卖。该权可以转让、抵押、入股、出租，并且不必征得拍卖人的同意。这种“四荒”土地使用权仅仅被省、自治区的地方法规或地方规章所承认，尚未被全国人大常委会通过的法律认可，按严格的物权法定主义衡量，算不上物权，但可发生债权效力。由于该权富有生命力，效益显著，很受欢迎，亟待物权立法将其确定为物权。[1]

5. 矿产资源所有权。矿产资源附存于土地之中，在物理上成为土地的组成部分，似应得出矿产资源连同其依附的土地作为土地所有权的客体，土地所有权当然包含矿产资源所有权的结论。英美等国家的立法确实采纳了这种观点。但因矿产资源具有不可再生性，大多事关社会公共利益、国计民生、国家战略利益，故为了有效利用矿产资源，包括中国在内的大多数国家和地区在法律上规定矿产资源属于国家所有，不因其所依附的土地所有权不同而改变。这样，矿产资源所有权就成为独立于土地所有权的物权。

6. 矿业权。所谓矿业权，是指探采人依法在已登记的特定矿区内勘探、开采一定的矿产资源，取得矿产品，排除他人干涉的权利。其中，勘探一定的矿产资源之权，叫作探矿权；开采一定的矿产资源，取得矿产品之权，称为采矿权。矿业权系直接支配特定矿区内的矿产资源及相关地下部分，并排除他人干涉之权，具有排他效力、优先效力、追及效力，故为物权。但它的客体是存在于矿区内的具体未特定的矿产资源，具有未特定性，这与一般物权关于特定性的要求不同，于是被称为准物权。[2]所谓矿业权客体的未特定性，其一，在探矿权的场合，矿产资源在登记的矿区内可能并不存在；其二，勘探工作进行到一定阶段时，矿区的面积应随着缩减，把未勘探的矿产资源的权利归还给国家，使有勘探能力者获得归还部分的矿地使用权和勘探权。这一性质与矿业权客体的复合性密切相关。所谓矿业权客体的复合性，是指矿业权的客体为特定的矿区和附存于其中的矿产资源的组合体。在探矿权的场合，客体以特定矿区内的地下部分为主，矿产资源不明，或者存在或者不存在；在采矿权的场合，客体由矿区内的地下部分与矿产资源结合而成，矿产资源居于最有价值的地位。矿业权在构成上也具有复合性，即一方面以占有、使用、收益等权能为要素，另一方面同时并存着在特定矿区内勘探、开采矿产资源的权利与特定矿区内的地下使用权两种因素,或者说两种权利。[3]其中,特定矿区内的地下使用权随着矿业权的取得而当然取得,并为矿业权服务,为矿业权而存在,而有积极的意义。

矿业权的取得方式在我国现行法上为申请—审批—登记发证,但在油气矿业权等情况下,实践中已开始采用招标投标—审批—登记发证的方式,或者洽商—审批—登记发证的方式。矿业权的存续期限视具体情况而定,不整齐划一。矿业权可以转让,实践中正扩大其适用范围,增加转让类型。

7. 矿地使用权。矿业权人实施勘探、开采作业必然要使用土地,但因矿业权中仅含有地下使用权,并不包括地表的使用权,故欲合法地使用土地,就得再取得以地表为客体的土地使用权。该权可被称作矿地使用权。它用于勘探、开采矿产资源作业,其客体为国有土地或集体土地的地表,其存续期限视矿业权的需要而定,其权利取得有如下特点:矿区建于国有土地上时,矿业权人与国有土地管理部门办理土地使用权出让及登记手续,领取土地使用权证,取得土地使用权。如果该土地为荒漠等非耕地,土地使用权通过行政划拨方式产生。如果该国有土地为耕地,土地使用权通过出让方式取得,矿业权人支付土地使用权出让金。矿区建立于集体所有的土地上时,国家首先将该幅土地征为国有,然后由国有土地管理部门将土地使用权出让给矿业权人,矿业权人支付土地使用权出让金。这种矿地使用权伴随矿业权的设立而生,随着矿区面积的减少而部分消灭,最终与矿业权一同终止。它与矿业权虽然分别取得,各自独立,但主体同为一人,行使起来不会产生纠纷。

8. 抵押权。国有土地使用权、"四荒"土地使用权、以"四荒"为客体的土地承包经营权可以成为抵押权的客体,如此,抵押权也加入了土地上的权利群的行列。

9. 租赁权。我国现行法允许国有土地使用权、"四荒"土地使用权、土地承包经营权出租,承认了土地使用权的租赁权。该租赁权名为债权实际上已物权化,比普通的物权效力还强大,可作为土地上的物权看待。

10. 房屋所有权等相关物权。虽然我国法律把土地与地上房屋作为两个物看待,分别承认土地所有权及使用权、房屋所有权,在这个意义上房屋所有权不是土地上的权利,但法律把土地使用权与地上房屋所有权的命运紧密地连在一起,要求二权同其主体,一起处分,故规制土地上的权利群不得不考虑到房屋所有权,不能忽视房屋抵押权、预售商品房债权的质权等。

二、对土地上权利群的整理

应该看到，我国的土地上权利群尚处于发展完善的过程中，物权立法必须对此加以整理。整理须遵循的思路，应是既促进土地等有限资源的有效率使用，减少交易成本，又实现公平正义及权利的社会化。几项价值妥当衡量，不得妄加偏重。

在土地所有权方面，物权立法应明确规定社会化的原则，明确附合为土地所有权取得的方式，以解决因涨滩而产生的土地所有权问题。

在国有土地使用权方面，一是尽量减少行政划拨方式的运用，增大出让、转让的比重。二是将它与宅基地使用权合并，吸收桥涵土地使用权，组成以房地产开发建设为目的的单一使用权制度，可称为地上权。如此整理，需注意前项权利的有期性与后二权的永续性之间的差异，前项权利自国有土地上生成与后二权无此限制之间的不同。三是变现行法关于国有土地使用权终止时国家无偿收回地上房屋的规定为有偿收回规则，因为无偿收回导致国有土地使用权在后期难以转让，权利人在后期不再投资建设，使国有土地使用权制度促进房地产开发建设的目的部分落空。四是明确登记仅是国有土地使用权、宅基地使用权等地上权的成立要件，是物权变动的要件，而不是出让合同、转让合同的成立要件，这样既能区别开物权变动与债权合同，又能在出让人、转让人不履行登记义务时，受让人可基于合同及违约请求法院强制出让人、转让人办理登记手续，从而取得国有土地使用权等地上权。

土地承包经营权自诞生之日起，一方面发挥了巨大的积极作用，另一方面一直在发展变化，将来应走到农用权的目标模式。土地承包经营权是家庭联产承包制的产物，是社区成员作为集体土地所有人中一分子所应获得的一项财产，是他们就业和获得生活来源的法律手段。受此限制，该权的转让、转包、抵押、互换、出租、入股等均须取得发包人的同意，否则，处分行为无效。这越来越不符合农村经济发展的要求，不符合土地使用权合理流动的改革方向，不符合效率优先的原则。这种对效率的牺牲在过去乃至今天或许有其根据，但从发展的观点看却不值得。因为它在过去和今天体现的社会公平经过下述变革仍可得以保留，对效率的牺牲却可经过下述变革得到改变：变按福利分配原则配置土地承包经营权为由市场按效益最大化原则配置农用权，变唯有社区成员方能充任承包经营权人为社区内外成员均可成为农用权人，变唯有发包人同意方能转让承包经营权为只要转让双方协商一致并不改变耕地用途即可转让农用权，变偏低的承包费为数额合理的地租，变社区成员通过承包土地而获取福利和体现所有人一分子的身份为社区成员从农村集体经济组织分得一定地租来获得福利和体现所有人一分子的身份，变责任田经营系社区成员唯一的或主要的就业途径为普通或次要途径。完全实现了上述改革，就兼顾了社会公平与效率几项价值，土地承包经营权发展为农用权。虽然这种改革尚需时日，却是我们应努力奋斗的目标，争取在物权立法时以上述性质的农用权取代目前的土地承包经营权。[4]

"四荒"土地使用权是由市场按效益最大化原则配置给竞买人的，由有经济实力、会开发经营之人取得，并可以依法自由转让，向经营能手集中；农村集体经济组织一般都贯彻规模效益原则，连片拍卖。也就是说，"四荒"土地使用权制度符合效率优先原则。同时，通过市场公开拍卖，平等竞争，价高者得，也符合公平原则。既然该权兼顾了社会公平与效率，符合农用权的目标模式，物权立法时应将它纳入农用权之中。

矿地使用权有偿使用的条件亟待明确，除荒漠作矿区以外，均应有偿取得矿地使用权。矿地使用权在效力上优先于国有土地使用权、[5]土地承包经营权、"四荒"土地使用权、宅基地使用权等，必须是有条件的，受到严格限定。

在矿业权方面，物权立法应明确矿业权当然包含地下土地使用权，具有矿业权人依开采而取得矿产品的所有权的内容；明确矿业权的取得方式还包括招标投标—审批—登记发证、洽商—审批—登记发证；国家矿业公司具有国家性、特许性、垄断性，享有专营权，宜只设一家，以免权限不清，名不符实，不正当竞争，国家受损；明确矿业权的各项法律效力，承认打防护井、设置赔偿权利金的法律救济手段；[6]扩大矿业权转让的范围，承认探矿权的买卖、出租，采矿权的买卖、互换、出资入股、出租、赠与、继承、抵押等转让形式，以使国家对地勘的投资得到回报，勘查的费用得到落实，矿业权与主体得到有效益的结合。

在土地使用权抵押方面，物权立法应变现行法规定的登记系抵押合同的生效要件为抵押权的成立要件；不沿用现行法关于抵押物的价值不低于被担保债权额的规定；明确附合物、从物、从权利为抵押权的效力所及；对抵押权受到侵害的救济措施，物权立法应增加排除妨碍的救济措施；在抵押物面临遭受损害的现实危险的情况下，应增加消除危险的救济措施；允许抵押权抛弃，明确抵押权位序的处分规则；承认抵押证券制度等。

三、土地上权利群的效力冲突及其协调

在土地上权利群中，土地所有权是国有土地使用权等他物权之母，矿产资源所有权派生出矿业权。不过，在法律效力上，他物权的效力却优先于土地所有权，矿业权的效力优先于矿产资源所有权。之所以如此，是因为他物权系因享有土地所有权的部分权能而成立，矿业权系因享有矿产资源所有权的部分权能而产生，故在性质上当然具有优先于土地所有权、矿产资源所有权的效力，否则，他物权及矿业权便不会存在。

国有土地使用权、宅基地使用权、桥涵土地使用权、土地承包经营权、“四荒”土地使用权分别以地表的不同部位为自己的客体，能同时存在。在它们并存期间，仅仅发生相邻关系或一般的物权关系，不产生其他效力冲突。即使在农地变为房地产建设用地，也是先终止土地承包经营权或“四荒”土地使用权，尔后产生国有土地使用权或宅基地使用权，或者反过来，也不发生可相容物权之间的效力冲突。按照本文的思路，将国有土地使用权、宅基地使用权、桥涵土地使用权整理成地上权，把土地承包经营权、“四荒”土地使用权整理成农用权后，其效力关系仍适用上述规则。

矿地使用权与矿业权紧密相连，讨论矿地使用权与地上权、农用权之间的效力冲突，不能忽视矿业权与地上权、农用权之间的关系。

总的来说，矿业权的客体为地下部分与矿产资源的组合体，地上权的客体为地表，二权可以并存。在二权的客体不呈上下排列结构的情况下，二权或者是物权之间的一般关系，或者是相邻关系，没有谁的效力优先问题。在二权的客体呈上下排列结构，矿地使用权不取代地上权的情况下，同样如此。地上权人基于房地产开发建设的需要，可以改变基地的形状，新建或改建建筑物。进言之，即使因施工而挖掘出矿产品，只要不是以勘探、开采矿产资源为目的，就仍系行使地上权，而非侵害矿业权。当然，这种行为的合法性有一定的边界，不得破坏矿产资源，不得严重损害矿业权人的合法权益。另外，矿业权的行使也应该选择不损害或少损害地上权的方式，例如，不得因勘探、开采矿产资源而使地上房屋倒塌。

矿业权先成立并有效期间，地上权不得在矿区或工作区上产生，损害矿地使用权和矿业权。于此场合，贯彻不相容物权之间先成立者效力优先

的规则。

地上权先成立,矿业权后产生,矿区或工作区须占用存在地上权的地表时,应如何协调地上权与矿地使用权之间的效力冲突?物权立法应予规定。笔者认为,在一般情况下,由地上权人与矿业权人协商解决。双方协商一致,终止地上权,改设矿地使用权,矿业权人赔偿地上权人的损失,法律应予承认。在港口、机场、国防工程设施圈定的区域,重要工业区、大型水利工程设施、城镇市政工程设施附近一定距离以内的区域,铁路、重要公路两侧一定距离以内的区域,重要河流、堤坝两侧一定距离以内的区域等,矿业权和矿地使用权不得取代地上权,即矿地使用权无优先效力,但在国务院授权的有关主管部门同意的情况下,矿业权和矿地使用权的效力优先,取代地上权。除上述区域以外,如果国计民生、国家战略利益决定,矿业权必须产生,矿区或工作区必须占用存有地上权的地表,那么地上权必须终止,矿地使用权取而代之,效力优先。

农用权与矿业权的客体在土地的不同部位,二权有并存的可能。在二权的客体不呈上下排列结构的情况下,二权或者为物权之间的一般关系,或者为相邻关系,无谁的效力优先问题。在二权的客体呈上下排列结构,矿地使用权又不取代农用权的场合,同样如此。如果勘探、开采作业须占用农户承包或拍买人经营的土地,那么必须先解除农业承包合同或者"四荒"拍卖合同,终止农用权,国家将该幅土地征为国有,然后由国有土地管理部门将该幅土地的使用权出让给矿业权人,形成矿地使用权,矿业权人向国有土地管理部门缴付土地使用权出让金,向农用权人支付损害赔偿金。倘若农用权人不同意终止农用权,或者发包人不同意终止土地承包经营权,上述结果就不会发生。所以,在上述情况下,不存在法定的矿业权及矿地使用权优先于农用权的规则。但是,如果国计民生、国家战略利益决定,矿区或工作区必须占用农户承包的或拍买人经营的土地,那么,不论农用权人是否同意,发包人是否准许,农用权必须终止,矿地使用权具有优先的效力。当然,矿业权人缴付土地使用权出让金和赔偿金的义务不会被免除。

地上权、农用权成为租赁权的标的时,处于受支配的地位,对抗不了租赁权,也就是说,租赁权的效力优先。应指出,宅基地使用权在我国法上不得单独成为租赁权的标的,只能随着地上房屋的出租而由承租人占有、使用。

按照我国现行法的规定，地上权中的宅基地使用权、农用权中的以耕地为客体的土地承包经营权、矿业权、矿地使用权不得成为抵押权的客体，而国有土地使用权、“四荒”土地使用权，以“四荒”为客体的承包经营权则可成为抵押权的标的。在前一种情况下，抵押权与其他各权不发生效力冲突。在后者场合，各个使用权成为抵押权支配的对象，换言之，抵押权的效力优先。我国物权立法时，在此基础上还应承认采矿权及其相应的矿地使用权成为抵押物，于此场合，抵押权的效力优先。

上述抵押权关注农用权、地上权、采矿权及其相应的矿地使用权的交换价值，租赁权则利用其使用价值，故二权在性质上为相容之权，可以并存于同一标的物之上。租赁权成立在先，抵押权设定在后时，租赁权不受影响，租赁权人仍可继续占有、使用、收益标的物，当农用权、地上权或采矿权及其相应的矿地使用权转让时，租赁权人可以对抗新农用权人、新地上权人或新采矿权人。抵押权设定在先时，虽然允许再成立租赁权，但抵押权不因此而受影响，若有影响，应消除租赁权这个负担。

地上权与房屋所有权之间的关系，一为地上权是房屋所有权存在的根据，在没有土地所有权的情况下，无地上权便不得享有房屋所有权；二为地上权与房屋所有权须同其主体一起转让。我国现行法对此贯彻得过于绝对、僵硬，要求以国有土地使用权设定抵押时，地上房屋随之抵押；反之亦然。这在被担保的债权额较低而作为抵押物的房地产的价值额巨大场合，由于位序原因，可能会使房地产权人设定抵押权的难度增大，机会减少，筹集资金受阻。我国物权立法应放弃房地产连动抵押的规则，只要求在抵押权实行时房地产同一主体，就完全能达到立法目的。

我国现行法不允许在农用地上建造建筑物，据此，房屋所有权与农用权不会并存于同一宗土地之上，不发生效力冲突。以房屋为抵押物的抵押权和以预售商品房债权为质物的质权也不会同农用权发生效力冲突。

四、功效减损、贫困、危机：我国物权立法必须正视的问题

我国民法承认物权的绝对性，奉行物尽其用的效益原则，保护交易安全与便捷原则，加上有整理物权类型的必要，因此我国物权法奉行物权法定主义，不允许当事人任意创设物权类型及赋予物权新的内容。并且，其中所言之“法”仅指全国人民代表大会及其常委会通过的法律，不包括行政法规等。[7]

但若绝对贯彻这种思想,实际普遍存在的却法无明文的"物权"类型就不会具有物权效力,发挥不出应有的功效。土地承包经营权曾较长时期地处于这种功效减损的境地,"四荒"土地使用权正处在如此状态中。尽管这些权利是应社会经济发展的要求而生的,尤其是"四荒"土地使用权兼顾了社会公平与效率,代表着农用权的目标模式,极富生命力;尽管它们体现着权利人对土地地表的支配关系,具有物权之实,但严格的物权法定主义拒绝承认它们为物权,不赋予其物权效力,使权利人对土地地表的支配缺乏足够的法律上之力,难以最圆满有效地抵御第三人的不法侵害。[8]

严格的物权法定主义不能恰如其分地描述现实生活中的权利关系,不能还"四荒"土地使用权等物权之实,确实呈现着危机,[9]继续固守封闭下去,迟早会被不断发展着的社会经济生活摧毁。

为避免这种结局,理论上有以下对策:一是承认习惯创设物权;二是"四荒"土地使用权发生债权效力;三是政策肯定"四荒"土地使用权时,该权发生物权效力。这些设计难以消除从新类型"物权"发生到被物权法承认之间的时间差,这意味着法律因其固有的滞后性而承担着一种"补遗"的作用,解决问题不圆满,反映出理论的贫困。[10]

现在有学者提出新思路,转变物权法的着眼点,将"法定"的内涵由种类固定转换为程序固定,即通过立法对适当的公示方法的规定和强制要求,设计出民事主体通过法律行为创制新的物权类型必须具备的程序要件。[11]借助程序"在控制自由的前提下保障自由",既可容纳千变万化的情形,又可保持不离其宗,使无限的未来可能性尽归一已,从而提供了为形成新的规范所需要的法律体系的开放性结构,适应能力和可塑性的功能,[12]使法律对创新的物权类型由事后的个别承认转变为同步的有前提的一般承认。对于在物权与保护它的诉讼程序犹如被大墙阻隔的我国,仅靠规定程序要件是否足以引起人们的注意,或者能否使人们弄懂权利的类型、内容和法律效力,起到公示效果,尚难预料,但这种从实体法与程序法的紧密结合上解决将事实上的物权转变为法定物权的思路,颇具启发性,我国物权立法应予注意。

与此类似,如何调和一物一权主义与财团抵押、建筑物区分所有权、区分国有土地使用权、区分矿业权之间的矛盾,解决法律的危机,摆脱法律理论的贫困,同样是我国物权立法应予重视的问题。

上述问题若能得到圆满的解决,不仅是我国土地上权利群制度,而且是整个物权法,便会真正成为领导21世纪潮流的物权法。这有赖于具有深刻变革性的工作,采用新的分析框架。

注释

1 详见崔建远:《“四荒”拍卖与土地使用权》,载《法学研究》1995年第6期。

2 [日]我妻荣、丰岛升:《矿业法》,有斐阁1958年版,第18页。

3 [日]我妻荣、丰岛升:《矿业法》,有斐阁1958年版,第9~10页。

4 崔建远:《“四荒”拍卖与土地使用权》,载《法学研究》1995年第6期。

5 江平主编:《中国矿业权法律制度研究》,中国政法大学出版社1991年版,第129页。

6 姜西淋:《美国油气资源管理和环境保护法律制度》,中国、美国、加拿大石油天然气资源管理工作研讨会论文,第5页。

7 崔建远:《我国物权法应选取的结构原则》,载《法制与社会发展》1995年第3期。

8 崔建远:《我国物权法应选取的结构原则》,载《法制与社会发展》1995年第3期。

9 冯象对《“四荒”拍卖与土地使用权》一文的评论。

10 王轶:《所有权保留制度研究》,载梁慧星主编:《民商法论丛》(第6卷),法律出版社1997年版,第609页。

11 王轶:《所有权保留制度研究》,载梁慧星主编:《民商法论丛》(第6卷),法律出版社1997年版,第609页。

12 季卫东:《法律程序的意义》,载《中国社会科学》1993年第1期。

土地上权利群中的“四荒”土地使用权*

受国有土地使用权有偿出让与转让的影响，“四荒”拍卖在我国开始兴起，现已遍及全国15个省、自治区，拍卖“四荒”已达1200万亩之多。[1]“四荒”拍卖对调动人们治山治水的积极性，合理开发土地后备资源，稳定耕地面积，深化土地使用权制度改革，建立和完善我国物权法上的农用权制度，尤其是对我国物权法的起草工作具有重要意义。

一

所谓“四荒”，是荒山、荒坡、荒沟、荒滩的简称，在我国土地管理法中统称为“荒山、荒坡”。“四荒”是指在目前自然和经济技术条件下，可以开发利用却尚未开发利用的土地后备资源。所谓“四荒”拍卖，是指农村集体经济组织代表本社区的全体成员（农民），以拍卖的方式，出让“四荒”土地使用权给社区内外的公民、法人等，用于农林牧渔生产经营，并于拍卖使用期满时将其收归农村集体经济组织的制度。公民、法人等通过“四荒”拍卖程序，支付清地价款，办理完登记手续，便取得“四荒”土地使用权。

“四荒”土地使用权，以竞买人占有、使用、收益农村集体经济组织所有的“四荒”土地为内容，以从事农林牧渔生产经营为目的，从表面上看，此与现行的土地承包经营权（包括口粮田使用权和责任田承包经营权）相同，但由于产生的经济背景和分配基础不同，两者有着本质的差别。土地承包经营权是家庭联产承包制初始阶段的产物，是社区成员作为集体土地所有人中的一分子所应获得的一项财产，是他们就业所必需的，是他们获得生活来源的法律保障。正因如此，土地承包经营权是基于土地按人或按劳动力均有（口粮田使用权是按人均有，责任田承包经营权是按劳动力或

---

* 原文标题为《“四荒”拍卖与土地使用权——兼论我国农用权的目标模式》，发表于《法学研究》1995年第6期。

按人均有）的原则而产生的，每个农村承包经营户均享有与其人口或劳动力相应的土地承包经营权。这种社区成员与社区土地对应配置模式与当时农户的生产能力相吻合。在当时的条件下，农户取得土地承包经营权至关重要，取得该权后也充分发挥出了应有的效能。新一轮土地承包制度下的土地承包经营权，虽然其存续期限延长了30年，因“增人不增地，减人不减地”而修正了土地均有原则（有些地区尚未修正后者），可以经发包人同意而被转包、转让、互换、入股、抵押等，同第一轮土地承包制度下的土地承包经营权相比有所发展变化，但仍无根本性的改变，并未突破社区成员与社区土地之间对应配置的现状（当然，在现有背景下也不应突破），土地承包经营权尚未完全进入市场，随着改革的深化，相关制度的配套，依然有必要发展完善，走到农用权的目标模式。

与此不同，“四荒”拍卖是一种开放的市场行为。“四荒”土地使用权原则上是基于价高者获得的原则而归竞买人享有，它不是土地按人或按劳动力均有原则的产物，不存在社区成员与社区土地之间对应配置的分配问题。正因为竞买人通过公开、平等的竞买，支付出最高价而取得“四荒”土地使用权，其客体少则十几亩，多则几十亩，乃至几万亩，故易产生规模效益，因此可以说，“四荒”土地使用权是由市场按效益最大化原则配置的。同时，“四荒”土地使用权在不改变土地用途的前提下依法自由转让、出租、抵押、入股、互换等，真正进入了土地市场，所以，容易促动“四荒”向经营能手集中，发挥出最佳效益。[2]

尽管在进入土地市场的自由度这点上，“四荒”土地使用权与国有土地使用权非常接近，但两者仍是不同的不动产权利，有本质的区别：前者以农林牧渔生产经营为目的，后者则以房地产开发建设为目的；前者尚未被全国人民代表大会及其常务委员会颁布的法律所确认，按严格的物权法定主义衡量，尚不具有物权效力，后者则已被法律所规范，属于真正的物权。

二

因为土地承包经营权是社区成员与社区土地之间对应配置、土地均有等分配原则的产物，所以，它的主体必然是社区成员。为了防止社区成员取得土地承包经营权后将其转让给社区外部成员，使土地承包制的目的部分落空，我国政策与法律只允许土地承包经营权转包，而禁止转让、出租、抵押。新一轮土地承包制度下的土地承包经营权的流动有所松动，国务院批转的农业部《关于稳定和完善土地承包关系的意见》规定:"在坚持土地集体所有和不改变土地农业用途的前提下,经发包方同意,允许承包方在承包期内,对承包标的依法转包、转让、互换、入股,其合法权益受法律保护,但严禁擅自将耕地转为非耕地。"这表明,只要农村集体经济组织不同意,土地承包经营权人仍不可能变为社区外部成员。与此不同,"四荒"拍卖是一种开放的市场行为,每个人都可以平等、公开地竞买"四荒"土地使用权,谁出价最高谁就会取得该权,所以,社区外部成员取得"四荒"土地使用权者并不在少数。在实践中,"四荒"土地使用权人有社区内部成员,也有社区外部成员,如农民、工人、国家机关干部、企业法人、社会团体、个体工商户,乃至外商。

但应看到,"四荒"土地使用权人的范围扩大也有弊端:其一,由于许多农民的资产积累低于企业法人、个体工商户、私营企业主、国家机关工作人员,个别地区的农民连温饱问题都未解决,因此在实际的竞买活动中处于不利地位,难以取得"四荒"土地使用权,影响了农民就业。其二,国家机关工作人员竞买"四荒"土地使用权,从事第二职业,不利于做好本职工作,也难称职地开发经营"四荒",还容易利用职务上的便利谋取私利。有鉴于此,有人主张有条件地限制"四荒"土地使用权的受让主体范围,奉行"在职工人、国家机关干部承租'四荒'应当禁止;国家机关和团体承租'四荒',不宜提倡;企业和农民承租'四荒',应当鼓励"的原则。[3]这种意见值得重视。

由于"四荒"土地使用权之拍卖以受让人进行农林牧渔生产经营为目的,因而"四荒"土地使用权人应具有开发利用"四荒"资源的能力。例如,权利人应具有必要的资金、技术,使"四荒"被拍卖后确实能按照总体规划和拍卖合同的规定得到开发。其中,构成开发能力所需必要的资金,不是作为取得"四荒"土地使用权对价的地价款本身,而是地价款以外的用于"四荒"开发的资金。构成开发能力所需的技术,必须是使"四荒"开发达到总体规划和拍卖合同规定的程度的技术,而不是水平很低的达不到开发要求的普通技术。只有具备这种标准的开发利用"四荒"资源的能力,才能达到"四荒"拍卖的目的。

三

土地承包经营权作为社区成员就业与生活保障的法律手段,其客体主要是农村集体经济组织所有的耕地和原国营农场地区的国有耕地的“四荒”土地。“四荒”土地使用权的客体只能是荒山、荒坡、荒沟和荒滩，有的地区有荒水。“四荒”是将要开发成的耕地(含林地、鱼塘等)，不是现实的耕地。在具体的“四荒”土地使用权中，其客体通过“四荒”的种类、位置、面积、四至等自然状况加以确定。

在“四荒”拍卖的实践中，拍卖双方均把“四荒”上的竹木作为“四荒”的构成部分，一同拍卖，换言之，“四荒”上的竹木亦为“四荒”土地使用权的客体。这有其根据，应予肯定。其一，从物理方面看，“四荒”与其上之竹木连为一体，尚未割爻的竹木成为地上物或曰定着物，早在罗马法上即有土地吸收地上物之说，把“四荒”上的竹木作为“四荒”的构成部分，进而成为“四荒”土地使用权的客体，顺理成章。其二，从权限方面看，竹木作为“四荒”土地使用权的客体意味着拍卖人仍享有竹木的所有权，竞买人不享有竹木的处分权，这对于防止竞买人滥砍滥伐，破坏生态环境，保护农村集体经济组织的合法权益，都具有重要意义。至于竞买人对不成材的薪炭竹木的享有，可以通过拍卖人的特别授权解决:或者是拍卖合同规定竞买人有权砍伐薪炭竹木并享有收益权，或者是拍卖合同规定竞买人直接享有脱离“四荒”的竹木的所有权，等等。

在“四荒”拍卖的实践中，拍卖双方往往把“四荒”上的建筑物作为“四荒”的组成部分，一同拍卖。对此，可作如下分析:按照我国现行法的规定，土地本身为一项不动产，地上建筑物为另一项不动产，它们可以分归不同的主体享有。但这样处理会产生弊端:“四荒”的开发利用与建筑物的管理使用会因主体不同而发生冲突，因主体的意见相左而不能取得最佳效益。克服这一弊端，不妨参照我国城市房地产管理法关于土地使用权与地上房屋一同移转的规定，将“四荒”连同其上建筑物一并拍卖，竞买人同时享有“四荒”土地使用权与“四荒”上建筑物的使用权。

按照我国民法通则、土地管理法、矿产资源法和文物保护法的有关规定，“四荒”土地使用权的客体仅限于“四荒”地表及其一定高度的上空，地下矿藏、埋藏物、隐藏物、文物不能包括在内。地下矿藏归国家所有，“四荒”土地使用权人若想在其“四荒”下采矿，还须依法取得采矿权。埋藏物、隐藏物归其主人所有，主人不明时归国家所有，无论如何，不会成为“四荒”土地使用权的客体。文物亦然。

在“四荒”土地使用权的客体方面，实践中尚存有如下问题，亟待解决。其一,在许多地方,"四荒"拍卖缺乏科学的规划和计划,与土地科学利用的总体规划脱节,也未纳入年度土地开发计划,盲目性较大,个别地方将其"四荒"全部拍卖了,未预留村镇建设用地和公共用地,这对将来村庄向荒山、荒地发展,置换和保护耕地十分不利。[4]解决这一问题,可采取如下法律对策:具体的"四荒"拍卖行为,在违反土地利用总体规划、违反年度土地开发计划、以预留的村镇建设用地和公共用地为客体时无效,不产生"四荒"土地使用权。其二,在实际中,"四荒"土地所有权大多归集体享有,也有归国家享有的。在地籍调查工作尚未结束的地区,一些农村集体经济组织擅自将国有的或者尚未确权的"四荒"拍卖;在地籍调查工作已经结束的地区,一些农村集体经济组织擅自将国有的"四荒"拍卖。[5]这些均属无权处分,并侵害了国家利益,其拍卖行为应归于无效,登记机关应拒绝"四荒"土地使用权登记。

四

从内容上看,"四荒"土地使用权含有占有、使用、收益集体所有的"四荒"土地三项权能;具有以"四荒"土地使用权出租、抵押、转让、互换、入股等处分效力;在"四荒"土地使用权遭受不法侵害时产生请求停止侵害、排除妨碍、恢复原状等请求权。就此看来,"四荒"土地使用权为一种物权,但它与土地承包经营权、国有土地使用权、采矿权等已被全国人民代表大会及其常务委员会颁布的法律所确认的用益物权均不相同。迄至今日,它只是得到了地方法规或地方规章或部门规章所肯定和规范,受到了一些省部级领导人的称赞和提倡,尚未被全国人民代表大会及其常务委员会颁布的法律所确认。按严格的物权法定主义衡量,它尚算不上物权。因为一般认为,物权法定主义所言之"法",系指全国人民代表大会及其常务委员会颁布的法律,而不包括国务院制定的行政法规、国务院各部委发布的部门规章、地方人民代表大会及其常务委员会制定的地方法规、地方人民政府发布的地方规章。[6]

这种立法的欠缺,属于我国现行法律体系存在的不圆满状态,已经构成法律漏洞。有法律漏洞就应弥补。对这种欠缺物权种类的法律漏洞,可否以类推适用、目的性扩张、目的性限缩诸制定法内的补充方法加以填补?回答是否定的。"物权法定主义不容许依类推适用之方法创设法律所未规定之物权",[7]否则,就是对物权法定主义的规避。同样,也不容许依目的性扩张、目的性限缩诸方法创设法律所未规定的物权。

在上述补充方法不被容许，制定新法律未果的背景下，如何使“四荒”土地使用权具有法律根据呢？债权法可发挥一定作用。债权法以意思自治为原则，当事人可依法创设任何类型的合同，包括无名合同，不存在什么法定主义的羁绊。在实践中，“四荒”拍卖合同成为“四荒”土地使用权产生、存续的法律事实，成为“四荒”土地使用权具有法律效力的依据。竞买人基于“四荒”拍卖合同有权请求拍卖人交付“四荒”，并占有、使用、收益，以满足自己的需要；竞买人取得“四荒”土地使用权后还有权将其出租、抵押、互换、转让、入股。这表明，“四荒”土地使用权具有请求力、保持力、执行力、处分权能等，说明在我国现行法上，“四荒”土地使用权虽不发生物权效力，却具有债权性质，从而受到债权法的完全保护，从而缓和了物权法定主义的硬化，起到了一定的弥补作用。

应该承认，通过债权制度解决“四荒”物权效力问题，是权宜之计。因为：第一，债权毕竟只有相对性，而无对世的效力，在我国现行法尚未承认第三人侵害债权的背景下，仅承认“四荒”土地使用权为债权，难以最圆满地最有效地抵御第三人的不法侵害。加上我国占有制度及其理论的不发达，在司法实践中也难以基于占有之诉抵御第三人的违法加害行为。这充分表明了将“四荒”土地使用赋予物权效力的必要性。第二，债权仅具有请求力、保持力、执行力、处分权能等，而无支配力。将“四荒”土地使用权视为债权，仅仅着眼于拍卖人与竞买人之间的相对关系，却忽视了“四荒”交由竞买人占有、使用、收益的事实，忽视了竞买人可以依法自由转让“四荒”土地使用权这种特殊的处分力，概括地说，忽视了竞买人成为“四荒”土地使用权人以后对“四荒”的直接支配的关系，即实质上的物权关系。对“四荒”土地使用权所具有的物权之实，法律视而不见或视而不管，违反事理，不能谓之善法。只有当法律将具有物权之实，却以债权形式表现出来的“四荒”土地使用权，除去债权形式，还其物权的本来面目，使经济关系的本质要求与法律的最佳保护真正统一起来之时，才算较为圆满地解决了问题。我国《民法通则》将承包经营权赋予物权效力后，情况大为改观，即为明证。这就要求全国人民代表大会及其常务委员会尽快制定法律，确认“四荒”土地使用权的物权地位。

物权立法牵涉许多方面，存在的难题也多，因而确认“四荒”土地使用权的物权法或土地法未必能在短期内出台，但“四荒”土地使用权却在广大农村日益普遍化，截至1995年3月即遍及15个省、自治区，待其形成习惯时，可否具有物权的性质和效力？尽管从物权法定主义的本意看，其中所言之“法”并不包括习惯在内，但“物权法定主义过于硬化，难以适应现时社会经济之发展，倘于习惯上能有适宜的公示方法之新物权之生成，自不妨予以承认”。[8]从实践看，我国各地规章均要求“四荒”土地使用权必须登记，并正在着力贯彻，说明它有适当的公示方法，不会害及已尽适当注意的第三人。于此场合，对物权法定主义从宽解释，把“四荒”土地使用权纳入现行物权体系，并不违反交易安全原则，未与物权法定主义设立的初衷相抵触。

五

“四荒”土地使用权连同土地承包经营权（包括口粮田使用权与责任田承包经营权）一起共同构成了我国现行法上的农用权体系。它们虽有以农林牧渔生产经营为目的，以土地地表为客体的共性，但也有差异，主要表现在以下几点：(1)从各自所占比例看，责任田承包经营权占绝大份额，而口粮田使用权和“四荒”土地使用权所占份额则微乎其微。这说明农村土地市场极不发达，农用权的合理流动只是局部的。(2)从各权产生的背景和进入土地市场的自由度看，“四荒”土地使用权完全是按市场规则产生和运作的，其转让无须取得农村集体经济组织的同意，流通的自由度最高，已完全进入了土地市场。责任田承包经营权系按劳动力甚至按人均分而生，用于农林牧渔商品生产经营，但转让却必以发包人的同意为要件，仅有限度地进入了土地市场。口粮田使用权人人均有，系每个社区成员的口粮来源的法律保障，体现着福利与生存功能，不得进入土地市场。(3)从各权取得的代价看，口粮田使用权取得的代价最低，使用权人只承担农业税；责任田承包经营权取得的代价较高，承包经营权人不但承担承包费、农业税，还负有按照承包合同向定购方交付定购粮棉的义务；“四荒”土地使用权取得的代价最高，使用权人支付的地价款是使用权存续年限的租金总和，是等价交换原则的体现。

一项农用权细化为三种类型的土地使用权，三权之间又呈现着如此大的差异，在历史发展过程中虽各有所据，但从未来的发展趋势看，这种复杂化非但没有必要，而且有的类型继续存在也不合适，应当取消。这就需要在适当的时机对现行农用权体系加以整理。基于什么理念加以整理，如何选择农用权的目标模式，是现在就应思考和回答的问题。

包括土地权利制度在内的物权法的规范目的，既有促进土地等有限资源的有效使用，减少交易成本的一面，又有实现公平正义及权利社会化的一面。几项价值必须妥当衡量，不得畸轻畸重。整理现行农用权类型，选择农用权的目标模式，必须循此思路。

“四荒”土地使用权是由市场按效益最大化原则配置给竞买人的，由有经济实力、会开发经营之人取得，并可以依法自由转让，向经营能手进一步集中；农村集体经济组织一般都贯彻规模效益原则，连片拍卖。也就是说，“四荒”土地使用权制度符合效率优先原则。同时，通过市场公开拍卖，平等竞争，价高者得，也符合公平原则（至少在一定意义上如此）。这说明“四荒”土地使用权可作农用权的目标模式。

口粮田使用权人人均有，因每个社区成员在体能、技能、经验和经济实力等方面可能千差万别，故这种均有权利制度难谓高效率。不过，口粮田使用权是社区成员作为集体土地所有人中的一分子所应获得的一项财产，是其获得口粮的法律手段，并且是最低限度的法律保障，事关社区成员的生存权，是社会公平正义的体现，在未找到适当的替代制度以保障社区成员的口粮来源的背景下，口粮田使用权制度尽管不符合效率优先原则，也不能取消。于此场合，只能是社会公平优先，效率服从公平。

责任田承包经营权作为家庭联产承包制的产物，至今尚未突破社区成员与社区土地之间的对应配置关系，仍然是许多社区成员获得生活来源和就业的法律手段。受此限制，该权的转让、转包、抵押、互换、出租、入股等均须取得发包人的同意，否则，处分行为无效。这些观念越来越不符合农村经济发展的要求，不符合土地使用权合理流动的改革方向：（1）因承包费很低，责任田经营收入中包含着一部分地租，故使有条件受让责任田承包经营权者企图低价或无偿取得，使有条件转让责任田承包经营权者因得不到应得的地租（转让费）而不愿转让；有条件转让责任田承包经营权者因非农业收入高而粗放经营责任田；有条件受让责任田承包经营权者因未受让而使劳动力、生产工具等生产要素不能合理利用。其结果极不利于农业的合理经营，违反效率原则。（2）责任田承包经营权系按劳动力甚至按人均分而生，在许多地区因劳动力甚至人口的变动而需要调整，这导致了经营的短期行为，不利于地力的保持和培肥，同样不利于农业的合理经营，违反效率原则。[9]（3）因责任田承包经营权的转让须以发包人的同意为必要，发包人不同意时转让无效，即使转让是高效益的也枉然，所以在实践中多次发生符合效率原则的转让因发包人的反对而无效的事例，不利于农业的合理经营。

这种对效率的牺牲在过去乃至目前或许有其合理性，但从发展的观点看得不偿失。因为责任田承包经营权在过去和目前体现的社会公平经过下述变革仍可得以保留，它对效率的牺牲却可经过下述变革得到改变：变按福利分配原则配置责任田承包经营权为由市场按效益最大化原则配置农用权，变唯有社区成员方能充任责任田承包经营权人为社区内外成员均可成为农用权人，变唯有发包人同意方能转让责任田承包经营权为只要转让双方协商一致并不改变耕地用途即可转让农用权，变偏低的承包费为数额合理的地租，变社区成员通过分得责任田而获取福利和体现所有人一分子的身份为社区成员从农村集体经济组织分得一定地租来获取福利和体现所有人一分子的身份，变责任田经营系社区成员唯一的或主要的就业途径为普通或次要途径。完全实现了上述改革，就兼顾社会公平与效率几项价值。虽然这种改革尚需时日，却是我们应努力奋斗的目标。

现行的“四荒”土地使用权正是上述样态的农用权，换言之，现行的责任田承包经营权应向“四荒”土地使用权模式转变。口粮田使用权所起的作用若能被其他制度替代的话，也应向“四荒”土地使用权模式转变，“四荒”土地使用权将是我国未来农用权的目标模式。当然，因未来农用权的客体已不限于“四荒”，而是扩张到良田，故“四荒”上地使用权的称谓不再恰当，加上届时农用权的取得方式未必为清一色的拍卖，因而把以农林牧渔生产经营的土地使用权统称为农用权，比较适宜。

注释

1 参见《中国土地报》1995 年 3 月 22 日。

2 在这里有必要指出，此处之“四荒”土地使用权不同于我国担保法规定的经发包方同意可用于抵押的“四荒”土地使用权，因后者属于土地承包经营权范畴，其转让必须征得发包方同意，否则无效。

3 李生：《“四荒”使用权拍卖中的法律问题》，载《农业经济问题》1995 年第 4 期。

4 《中国土地报》1995 年 3 月 22 日。

5 《中国土地报》1995 年 3 月 22 日。

6 理由详见崔建远:《我国物权法应选取的结构原则》,载《法制与社会发展》1995 年第 3 期。

7 王泽鉴:《民法物权》(第 1 册),三民书局 1992 年版,第 61 页。

8 郑玉波:《民法物权》,三民书局 1979 年版,第 16 页。

9 参见董全海:《我国市场经济的耕地经营制度选择与创新》,载《农业经济问题》1995 年第 4 期。

土地上权利群中的海域使用权*

一、海域使用权的界定、性质和内容

2001 年 10 月 27 日，第九届全国人民代表大会常务委员会第二十四次会议通过的《海域使用管理法》，确立了海域使用权制度。2002 年 7 月 6 日，国务院办公厅发出《关于沿海省、自治区、直辖市审批项目用海有关问题的通知》(国办发[2002]36 号)，要求贯彻实施该法。因海域使用权制度新颖独特，影响到渔民的切身利益，涉及相关行政管理部门职责权限如何划分和衔接，已经引起了有关部门、媒体和专家学者的关注。

所谓海域使用权，是指民事主体基于县级以上人民政府海洋行政主管部门的批准和颁发的海域使用权证书，依法在一定期限内使用一定海域的权利。分解开来说，包含以下几点：

1. 从权利的主体看，按照《海域使用管理法》的用语，海域使用权人包括单位和个人(第 3 条第 2 款、第 16 条、第 33 条)。

应当说，在物权法的视野里，单位、个人的用语不规范。此处所谓"个人"，当指自然人无疑，可是，所谓"单位"在海域使用权主体的层面究竟指向谁人，则不清楚。依据现行民法及其民事主体理论，团体可以成为民事主体的只有两类，一是法人，二是合伙企业。具体到海域使用权的主体，属于"单位"类型的，也应当限于法人和合伙企业。

2. 从权利的客体看，海域使用权的客体为海域。依据《海域使用管理法》的规定，所谓海域，是指中华人民共和国内水、领海的水面、水体、海床和底土(第 2 条第 1 款)。所谓内水，是指中华人民共和国领海基线向陆地一侧至海岸线的海域(第 2 条第 2 款)。

3. 从权利的取得方式看，依据《海域使用管理法》的规定，海域使用权的取得方式有以下三种：

---

* 原文标题为《海域使用权制度及其反思》，发表于《政法论坛》2004 年第 6 期。

（1）申请—审批—登记—发证的方式。该方式的程序及内容如下：单位和个人向县级以上人民政府海洋行政主管部门提交海域使用申请书、海域使用论证资料、相关的资信证明材料和法律、法规规定的其他书面材料，申请取得海域使用权（第16条）。县级以上人民政府海洋行政主管部门依据海洋功能区划，对该申请进行审核，并依据《海域使用管理法》和省、自治区、直辖市人民政府的规定，经征求同级有关部门的意见后，报有批准权的人民政府批准（第17条）。填海50公顷以上的项目用海、围海100公顷以上的项目用海、不改变海域自然属性的用海700公顷以上的项目用海、国家重大建设项目用海、国务院规定的其他项目用海，其海域使用权的申请须经国务院审批。其他项目的海域使用权的申请，由国务院授权省、自治区、直辖市人民政府规定（第18条）。

海域使用申请经依法批准后，国务院批准用海的，由国务院海洋行政主管部门登记造册，向海域使用申请人颁发海域使用权证书；地方人民政府批准用海的，由地方人民政府登记造册，向海域使用申请人颁发海域使用权证书。海域使用申请人自领取海域使用权证书之日起，取得海域使用权（第19条）。

（2）招标的方式。由海洋行政主管部门制定招标方案，征求同级有关部门的意见，报经有审批权的人民政府批准后，按照招投标程序进行，向中标人颁发海域使用权证书。中标人自领取海域使用权证书之日起，取得海域使用权（第20条）。

（3）拍卖的方式。由海洋行政主管部门制定拍卖方案，征求同级有关部门的意见，报经有审批权的人民政府批准后，按照拍卖程序进行，向买受人颁发海域使用权证书。买受人自领取海域使用权证书之日起，取得海域使用权（第20条）。

4. 从海域使用权的母权看，由于《海域使用管理法》规定海域属于国家所有，单位和个人使用海域，必须依法取得海域使用权（第3条），因此，海域使用权系分享国家海域所有权中的占有、使用、收益的权能而形成的权利，换言之，国家的海域所有权系海域使用权的母权。

5. 从海域使用权的存续期限看，按照《海域使用管理法》规定，养殖用海15年，拆船用海20年，旅游、娱乐用海25年，盐业、矿业用海30年，公益事业用海40年，港口、修造船厂等建设工程用海50年（第25条）。上述期限届满，海域使用权人需要继续使用海域的，应当至迟于期限届满前2

个月向原批准用海的人民政府申请续期，除根据公共利益或国家安全需要收回海域使用权的外，原批准用海的人民政府应当批准续期（第26条）。

6. 从海域使用权的流转看，按照《海域使用管理法》规定，海域使用权可以依法转让、继承（第27条第2款、第3款），也可被依法收回，但须向海域使用权人支付相应的补偿（第30条第2款）。

7. 从海域使用权人的义务看，主要表现在以下几个方面：其一，由于国家实行海域有偿使用制度，因此，单位和个人取得海域使用权，应当按照国务院的规定缴纳海域使用金（第33条）。不过，在军事用海，公务船舶专用码头用海，非经营性的航道、锚地等交通基础设施用海，教学、科研、防灾减灾、海难搜救打捞等非经营性公益事业用海的情况下，免缴海域使用金（第35条）。其二，未经依法批准，不得从事海洋基础测绘（第24条第1款）。其三，发现所使用的海域的自然资源和自然条件发生重大变化时，应当及时报告海洋主管部门（第24条第2款）。其四，不得擅自改变经批准的海域用途；确需改变的，应当在符合海洋功能区划的前提下，报原批准用海的人民政府批准（第28条）。其五，因公共利益或者国家安全的需要，原批准用海的人民政府可以依法收回海域使用权（第30条第1款），负有容忍义务。

二、海域使用权的定位

1. 海域使用权是物权。虽然《海域使用管理法》及其他法律都未指明海域使用权属于何种权利，不过从以下几个方面分析，可知海域使用权属于物权：

第一，确立海域使用权制度的《海域使用管理法》，是全国人民代表大会常务委员会通过的法律。这符合物权法定主义所要求的“法”的位阶，为把海域使用权定位于物权提供了前提。

第二，按照《海域使用管理法》的规定，海域使用权实行登记制度（第6条第1款），国务院批准用海的，由国务院海洋行政主管部门登记造册；地方人民政府批准用海的，由地方人民政府登记造册（第19条），国家建立海域使用统计制度，定期发布海域使用统计资料，依法登记的海域使用权受法律保护（第6条）。这表明海域使用权有其完善的公示制度，为他人了解海域使用权的存在及其内容提供了制度保障，符合物权对于公示的要求。

第三，《海域使用管理法》规定，海域使用权人依法使用海域并获得收益的权利受法律保护，任何单位和个人不得侵犯（第23条第1款）。这表明海域使用权含有占有、使用、收益各项权能，显现出海域使用权具有支配力，而非请求力。这符合物权的质的规定性，而同债权的特点相异。

第四，《海域使用管理法》规定，海域使用权人对不妨害其使用海域的非排他性用海活动，不得阻挠（第23条第2款）。阻挠、妨害海域使用权人依法使用海域的，使用权人可请求海洋行政主管部门排除妨害，也可以依法向人民法院提起诉讼（第44条）。这表明海域使用权具有排他性，而排他性是物权性质的表现。

如此断言的根据在于，假如海域使用权为债权，对妨害其行使的不法用海行为，要么因债权的相对性和无排他效力致使海域使用权人无权请求侵权人停止侵害、排除妨害；要么海域使用权人有权请求侵权人承担侵权责任，[1]不会因该不法行为有无排他性而有差异。也就是说，《海域使用管理法》第23条第2款和第44条的规定画蛇添足。只有海域使用权为物权时，区分他人的用海是否具有排他性才有其道理，《海域使用管理法》第23条第2款和第44条的规定才合乎法理。其道理如下：如果他人用海系排他的，表明该他人在同一海域拥有另一个物权，那么，这违反了物权的一物一权主义，损害了海域使用权的排他效力，应被禁止。如果他人用海系非排他的，那么，在他人用海并非行使权利的情况下，海域使用权人自然有权制止；在他人用海系行使权利的情况下，该权利若非物权，海域使用权人同样有权制止；在他人用海系行使物权的情况下，则只有该物权与海域使用权同为相容的物权时，该物权的存在才未否定海域使用权的排他效力，二权才可以并存。

第五，分析《海域使用管理法》第22条关于"本法施行前，已经由农村集体经济组织或者村民委员会经营、管理的养殖用海，符合海洋功能区划的，经当地县级人民政府核准，可以将海域使用权确定给该农村集体经济组织或者村民委员会，由本集体经济组织的成员承包，用于养殖生产"的规定，可知海域使用权有时先于渔民的养殖权产生，并与后设立的养殖权并存于同一海域。结合海域使用权具有排他性考虑，可得出海域使用权优先于养殖权的结论。[2]从物权具有优先效力的角度，宜把海域使用权定位为物权。

第六，债权因其为手段性权利，含有死亡的基因，[3]一旦物权或与物权价值相当的权利产生，它便因其目的达到而寿终正寝，故其存续期限一般较短，且大多不由法律直接规定。[4]而物权由其目的及功能决定，其存续期限一般较长。依据《海域使用管理法》的规定，海域使用权的最高期限，分别为15年、20年、25年、30年、40年不等，显然较长。如此之长的存续期限，再加上上述各种性质综合判断，应当把海域使用权定位在物权，而非债权。

2. 海域使用权为典型物权。由于海域使用权以特定的海域为客体，与养殖权、捕捞权接近，而养殖权、捕捞权属于准物权（也有人称为特许物权，或特别法上的物权），因此，容易将海域使用权定位为准物权。笔者认为，海域使用权属于典型物权，而非准物权。其理由如下：

按照准物权客体不确定的传统标准[5]衡量，海域使用权因其客体是特定的海域，所以，它不符合准物权的特点。

依据笔者把视野放宽的思考模式，客体是否具有特定性、权利构成是否具有复合性、权利是否具有排他性、权利的追及力如何、权利的优先性是否具有特色等因素，均为判断某种权利是否属于准物权的标准。当然，客体是否具有不特定性居于非常重要的位置。[6]

由于海域使用权具有排他效力（《海域使用管理法》第23条、第44条）、优先效力（《海域使用管理法》第22条及其解释）、追及效力和物上请求权，不具有复合性，完全符合典型物权的特征，因而，它不是准物权，而是典型物权。

3. 海域使用权为用益物权。海域使用权没有担保债权实现的目的及功能，却含有使用、收益的内容，所以它属于用益物权。

三、海域使用权与相关物权之间的效力冲突及其协调

土地承包经营权、国有土地使用权、渔业权在我国现行法上均为有效的权利，海域使用权为事实上的权利。由于海域使用权、渔业权、某些土地承包经营权都以特定海域为客体，且都以占有、使用、收益为内容，因而，它们若并存于同一海域，难免要发生效力冲突。如何协调冲突，笔者就此提出以下建议。

（一）海域使用权与渔业权之间的效力协调

1. 如上文所述，依据《海域使用管理法》第22条的规定，海域使用权有时先于渔民的养殖权产生，虽然该条的文义本身不含有哪个权利优先的

意思，但因二权均具有排他性，依据物权的排他效力的原理，先产生的物权优先，严格地说是后设立者不得存在。如果养殖权先设立，得出养殖权优先的结论，值得肯定。如果海域使用权先设立，便得出海域使用权优先于养殖权的结论。如果所谓海域使用权优先是指养殖权不得产生，那么，一是不符合《海域使用管理法》第22条规定的文义和精神，二是违反《渔业法》关于养殖特许的制度要求，三是未与国际惯例接轨。解决这个问题，在解释论的架构下，有如下方案可供选择：

第一，就使用特定海域从事养殖而言，《渔业法》为特别法，《海域使用管理法》系普通法，依据特别法优先于普通法的规则，应优先适用《渔业法》，确保渔民的养殖权。如此，无论是坚持养殖权的排他性，不许海域使用权产生，还是暂时忽略排他性，赋予养殖权优先效力，都能达到目的。

第二，按照民法解释学的规则，当适用某一具体规范解决个案会出现不适当的结果时，法官应当放弃该规范的适用，而改为以民法的基本原则判案。[7]对于《海域使用管理法》第22条的规定也可如此适用，为了优先保护渔民的合法权益，有利于发展渔业，当适用该条的规定处理个案会剥夺养殖权的优先效力时，就不再适用它，而基于公平正义的理念而确认养殖权优先。

第三，套用专用渔业权—入渔权的法律架构，赋予海域使用权以专用渔业权的地位和功能，使捕捞许可证产生入渔权的效力。渔民要想取得捕捞许可证（相当于获得入渔权），得向拥有海域使用权（相当于专用渔业权）的农村集体经济组织或者村民委员会（相当于渔业合作社或渔会）提出申请，经批准方能如愿以偿。

第二个方案的实施，既需要主审法官具备民法解释学的修养，熟知解释和适用法律的规则，更要求法官具有大无畏的精神，勇于承担责任，不怕受到批评、取消奖金和其他压力。在目前，我们不敢保证每个主审法官都能做到这一点。

第三个方案的实施面临着更大的困难：一是它缺乏立法目的和立法计划的支撑，无论是《海域使用管理法》还是《渔业法》，均无此类目的与计划；二是入渔权乃至整个渔业权制度尚付阙如，海域使用权制度与专用渔业权制度也相去甚远，连专用渔业权—入渔权的法律架构的雏形都不具备；三是捕捞许可证的审批机关，在我国现行法上根本不是农村集体经济组织或村民委员会，而是渔业行政主管部门。

相对而言,第一个方案容易实施,且还有以下理由的支持:渔业权的主体有资格上的限制,换言之,渔业权的主体必须具有渔民的身份。在将渔业权赋予特定的主体时,应当尊重历史习惯和满足就业需要,养殖权的授予应当考虑就近和方便的原则,捕捞权的授与应当考虑渔民世代以捕鱼为生的实际,将渔业权授与渔民。而依据《海域使用管理法》的规定及其解释,海域使用权的主体身份不限于渔民(第 25 条),海域使用权的取得方式相对较多,除申请—审批—登记—发证的方式以外,还有招标的方式和拍卖的方式(《海域使用管理法》第 19 条、第 20 条)。招标方式增加了海域管理部门的自由裁量的机会,存在历代都在特定海域从事渔业活动的渔民不会中标的可能。拍卖方式是价高者得,因渔民的经济实力一般来说较弱,更有可能失去祖祖辈辈利用的海域,丧失生活来源。如此说来,若赋予海域使用权优先于渔业权的效力,会使渔民失业,酿成严重的社会问题。[8]

或许有人说,《渔业法》未直接规定养殖权、捕捞权,《海域使用管理法》规定了海域使用权,包括用于养殖的海域使用权,既然如此,以海域使用权取代渔业权,就不存在权利冲突了,也省去了确定谁优先的麻烦。笔者认为,《渔业法》虽然未直接规定渔业权,但从实际运作来看,渔民拥有了养殖证、捕捞许可证,便有了养殖、捕捞的资格,这在实际上相当于有了养殖权、捕捞权。所以,仍然存在确定谁优先的问题。之所以坚持这样的解释,是因为《渔业法》未直接规定渔业权,是个立法的败笔,在表面上形成有关养殖、捕捞的权利空白,使海域使用权乘虚而入,占据本来应当由渔业权作用的领域。在这样的情况下,权利与要保护的利益不易匹配,内容和外形可能不尽一致,调整方法与被调整的对象不相适应,难免出现问题。为了亡羊补牢,应当将养殖证、捕捞许可证的持有人解释为享有事实上的渔业权。此其一。其二,不承认存在渔业权,本应由《渔业法》规范的领域,被《海域使用管理法》所管辖,但《海域使用管理法》却不具备调整渔业关系的方法和功能。这就形成法律调整的错位。法律本来是对实际生活关系的“翻译”,是社会关系的反映,然后又反作用于实际社会生活。也就是说,只有正确地反映了实际生活要求的法律规范调整该实际社会生活关系时,才会使实际生活正常发展,促进社会进步。在法律适用错位的情况下,就难免以不符合实际生活需要的法律规范调整该社会生活关系,这只能是扭曲正常的社会生活关系,轻者效益不佳,重者使社会关系遭到破坏,阻碍社会的发展。为了改变这种状况,应当解释为存在事实上的渔业权,由《渔业法》规范养殖业、捕捞业，排斥《海域使用管理法》对渔业的调整。其三，由《渔业法》规范渔业，规定渔业权，与国际惯例接轨，也有利于国际间的渔业交流。

2. 倘若渔民非取得海域使用权和渔业权不可，那么，为了不加重渔民的负担，应当只收取一种权利代价（权利使用金）。渔民取得了养殖证或者捕捞许可证，缴纳了渔业资源增值保护费，就不要再强制他取得海域使用权，支付海域使用金；渔民取得了海域使用权，支付了海域使用金，就不要再强制其领取养殖证和捕捞许可证。

3. 在渔民首先取得海域使用权的情况下，由于海域使用权本身不包含渔业经营的目的及功能，究竟是利用特定海域从事养殖，还是进行捕捞活动，抑或其他，海域使用权自身无法反映出来，相应的主管部门也无进行此类管理的职能，因此，客观上需要渔民再申领养殖证，取得养殖权；或者申领捕捞许可证，取得捕捞权。道理很简单，只有养殖证、捕捞许可证才会清楚地标明渔民所享有的权利性质，所从事的经营项目及活动范围。

（二）海域使用权与土地承包经营权之间的效力协调

分析《海域使用管理法》第 22 条关于“将海域使用权确定给农村集体经济组织或者村民委员会，由本集体经济组织的成员承包”的规定，似乎在说海域使用权系土地承包经营权的标的物，前者受后者的支配。但依据《农村土地承包法》的规定，土地承包经营权的标的物是土地（准确地说是地表）而非权利（第 3 条、第 5 条、第 12 条等），从土地承包经营权的运作机理来讲，也应如此。所以，这种情况下的土地承包经营权仍然是以特定的海域而非海域使用权作为客体，在暂时不考虑排他性的前提下，海域使用权与土地承包经营权并存于同一海域。

在这里，至少有两个问题需要探讨。其一，这二权是否归属于同一主体？其二，二权在法律效力上的关系如何？

先讨论“其一”。从《海域使用管理法》第 22 条关于“将海域使用权确定给农村集体经济组织或者村民委员会”规定的文义看，海域使用权由农村集体经济组织或者村民委员会取得，至少是首先由它们享有。由于该农村集体经济组织的成员（以下简称渔民）承包的是海域而非海域使用权，所以，《海域使用管理法》第 22 条关于“由本集体经济组织的成员承包”的规定，仅仅表明渔民取得土地承包经营权，并无也要取得海域使用权之意。也就是说，海域使用权归农村集体经济组织或村民委员会享有，土地承包经营权由渔民取得。

不过,将《海域使用管理法》第 22 条的规定解释为渔民既要取得土地承包经营权,亦须取得海域使用权,也说得通。究竟如何?站在立法论的立场,笔者赞同通过取消海域使用权的方案来消除这个疑问,在解释论的层面,笔者倾向于二权异其主体的解释。

再探讨"其二"。如果采取渔民一并享有海域使用权与土地承包经营权的解释,并且暂时忽略物权的排他性,那么,因二权的主体同一,故谁的效力强弱主要是一个理论问题,在实务上显得无关紧要。由于笔者采取二权异其主体的解释,哪个权利的效力强,便成为一个重要的问题。从周到保护渔民的合法权益出发,土地承包经营权的效力必须强于海域使用权,以免有关行政部门动辄剥夺渔民在特定海域养殖或捕捞的权益。

(三)海域使用权与国有土地使用权之间的效力协调

一般来说,海域使用权与国有土地使用权冲突的机会不多,不过,依据《海域使用管理法》的规定,海域使用权若以建设工程用海为目的,在填海项目竣工并形成了土地的情况下,海域使用权人应当自竣工之日起 3 个月内,凭海域使用权证书,向县级以上人民政府土地行政主管部门提出土地登记申请,由县级以上人民政府登记造册,换发国有土地使用权证书,确认土地使用权(第 32 条)。该条规定至少含有这样的意思:其一,海域使用权以特定海域为客体,而国有土地使用权则以特定的地表为客体,填海项目竣工形成了土地,海域使用权因其客体不复存在而归于消灭,国有土地使用权因拥有客体且经过法定程序而产生。其二,物权的目的居于非常关键的地位,填海形成土地后,目的是进行房地产开发建设,正是国有土地使用权的目的所在,海域使用权无此目的,自然无所事事,只好消失。

(四)海域使用权与矿业权之间的效力协调

依据《海域使用管理法》的规定,在海域从事矿业需要取得海域使用权(第 25 条第 4 项),按照《矿产资源法》的规定,还需要取得矿业权(第 16 条第 1 款第 4 项)。如此,矿业权人必须分别取得海域使用权和矿业权,才符合法律的规定。虽然这违反物权的排他性原理,但在法律修订或废除之前,还得为了适用而予以解释,只好暂时忽略排他性,承认二权归属于同一主体。在内部,因二权由同一人享有,其效力的强弱便无关紧要,但如果都要由矿业权人支付代价的话,则加重了他的负担,笔者赞同只收取一种权利金的方案;在外部,为了对抗行政主管部门的不当干预,又考虑到权利人的目的所在，应当赋予矿业权优先的效力。

四、关于海域使用权制度的反思

以上所述，系依据我国现行法的规定及其精神进行的解释论的工作，实际上，由于海域使用权制度自身存在不小的问题，在我国正在进行的物权立法、《渔业法》修订、土地管理法修订的工程中，如何对待海域使用权制度，是摆在立法者面前的不容回避的课题。有鉴于此，笔者站在立法论的立场，对海域使用权制度的存废发表以下意见，仅供立法者参考。

1. 海域使用权与物权的目的及功能。一部良法确立的用益物权，应有其特定的目的及功能。例如，国有土地使用权的目的及功能在于，使用权人在国家所有的土地上进行房地产开发建设，建筑物的所有权不被土地所有权吸收，而是归属于国有土地使用权人；土地承包经营权的目的及功能在于，承包人在集体所有或国家所有的土地上进行农林牧渔经营，其收获不归土地所有权人享有，而是属于承包人；典权的目的及功能，从典权人的角度观察，是较长期地使用典物并获得利益，以至于最后取得典物的所有权；采矿权的目的及功能在于，权利人在特定的矿区采掘矿产资源并取得矿产品；养殖权的目的及功能在于，权利人利用特定水域从事养殖业，并享有该水域里的水生动植物的所有权，阻止水域所有权人享有此权；捕捞权的目的及功能在于，权利人在特定渔场捕捞作业，取得渔获物的所有权，使海域所有权不追及至该物之上。

海域使用权的目的及功能何在？如果承认法律设置的渔业权、矿业权、水权（含排污权）、土地承包经营权、国有土地使用权正当合理，那么，海域使用权只有单纯地占有、使用海域，而无其他目的及功能。因为如果目的及功能是捕捞水生动物，那么捕捞权非常合适；如果目的及功能是养殖水生动植物，那么养殖权十分胜任，某些土地承包经营权也有此目的及功能；如果是探矿或采矿，那是矿业权的目的及功能；如果是用于航行，那是航运水权的目的及功能；如果是用于流放竹木，那是流放水权的目的及功能；如果是利用水道排放污水，那是排污权的目的及功能。如此一来，海域使用权存在的实质正当性就存在疑问：其一，设置海域使用权难道只是为了收取费用？其二，人为地造成了海域使用权与渔业权、矿业权、水权（含排污权）、土地承包经营权、国有土地使用权之间的竞合，效力冲突，徒增成本。

或许有人会说,以海域使用权取代渔业权、矿业权、土地承包经营权等物权,不就使海域使用权有用武之地了吗?! 笔者认为,就渔业权、矿业权、土地承包经营权等物权来说,一是概念本身就能反映权利的目的及功能;二是养殖证、捕捞许可证、矿业权、土地承包经营权等物权形成在先,相应的法律也早已颁行;三是与国际惯例接轨;四是海洋行政主管部门尚无相应的管理权限,也不精通相应的业务,所以,没有理由以海域使用权取代它们。尤其是其中的土地承包经营权,既是我国改革重大成果的结晶,又有法律依据,农民和管理者对它情有独钟,更没有理由被海域使用权所置换。

总之,海域使用权本身没有独立的目的与功能,既有的权利,如渔业权、矿业权、水权(含排污权)、土地承包经营权、国有土地使用权等各自拥有其目的及功能,完全能够满足权利人的需要,这在客观上排斥了海域使用权的存在价值。只要不否认渔业权、矿业权、水权(含排污权)、土地承包经营权、国有土地使用权存在的正当性,海域使用权的存在就不仅是无用的,而且是有害的。

2. 海域使用权与物权的排他性。依据物权法原理,不相容的物权不得并存于同一个客体之上。海域使用权、矿业权、渔业权、土地承包经营权、国有土地使用权都是以占有、使用、收益为内容的权利,相对于同一个客体,它们应当属于不相容的物权,是不应当并存于同一海域的。可是,在我国现行法上,它们恰恰可以并存于同一海域,违反了物权的排他性,在实务上酿成了社会问题。

反驳者或许说,并非所有的物权都具有排他性,在同一宗土地上不但可以设置内容不同的地役权,而且可以设置若干内容相同的地役权,没有显现出排他性。对海域使用权不可以比照地役权处理吗? 笔者认为,内容相同的地役权若不同时行使,它们相安无事,似乎看不出排他性,但若同时行使,则仍然存在效力冲突问题,需要确定每个地役权的优先顺序。在这一点上,也可以说地役权具有排他性。

海域使用权和渔业权、矿业权、土地承包经营权、国有土地使用权之间的关系,可否比照若干内容相同的地役权之间的关系处理? 笔者认为,在绝大多数情况下不行,因为海域使用权依其特性本应永远具有排他性,一定会同矿业权、土地承包经营权、国有土地使用权、养殖权相排斥。严格地按照物权法原理处理,如果矿业权、土地承包经营权、国有土地使用权、养殖权首先设立,海域使用权就不得存在;如果海域使用权首先设立,矿业权、土地承包经营权、国有土地使用权、养殖权本不应产生。但实际情况则不如此简单,因从事养殖必须经过渔业行政主管机关的特许,所以养殖权仍须产生;矿业权与之类似,也须产生;依据《海域使用管理法》的规定,国有土地使用权要取代海域使用权(第32条),土地承包经营权则以海域使用权为客体(第22条)。

至于海域使用权与捕捞权之间的关系,有点类似于几个内容相同的地役权之间的关系。在捕捞权不行使时,海域使用权与捕捞权并存于同一渔场问题不大,但在捕捞权实际行使时,二权依然相冲突,需要抑制海域使用权的效力,使捕捞权的效力强于海域使用权。

总而言之,只要不否认渔业权、矿业权、水权(含排污权)、土地承包经营权、国有土地使用权的正当性,海域使用权的存在便没有积极的意义,只有负面的影响。

3. 类比著作权、专利权、股权,看海域使用权并存的不必要。在法律上,存在一类特殊的权利,实际上吸收了民法所有权的权能,或者说是民法所有权在新领域的变种、转化形态,其功能全面,在外形上排斥了民法所有权、民法用益物权与其同时并存。著作权、专利权、股权为其典型。[9]

著作权模仿民法所有权而生,含有民法上所有权的功能,但青出于蓝而胜于蓝,为适合精神创作领域的特殊需要,更有所有权不具备的特质,如具有人格权的属性,换言之,它自身完全可以解决创作人对其作品的关系问题,在外在表现形式上,无须民法上的所有权和用益物权参加进来。专利权与之类似,不再赘述。

股权是民法上的所有权分解、转化而成的权利,含有权利人取得股息、红利的权利,含有选举权和被选举权,此外无须民法上的所有权和用益物权相助。

渔业权既含有权利人作用于水生动植物的关系,又含有权利人利用特定海域的内容。渔业权自身,就既能使渔业权人保持其养殖的水生动植物的所有权,或者享有其捕捞上来的渔获物的所有权,又可以利用作为养殖场或渔场的特定海域,渔业权人无须海域使用权来作为他利用该海域的根据。它们之于特定的海域及其中的水生动植物,就相当于著作权之于作品、专利权之于发明、股权之于股份。如果说,著作权、专利权、股权本身完全解决问题,无须民法上的所有权再加进来,那么,渔业权同样胜任工作,无须海域所有权、海域使用权与其叠加于同一特定的海域。

在这方面,矿业权、土地承包经营权与渔业权相同,凭自己之力完全胜任工作,同样无须海域所有权、海域使用权参加进来。

在海域使用权与国有土地使用权发生冲突的情况下,《海域使用管理法》规定国有土地使用权要取代海域使用权(第 32 条),表明海域使用权的使命只是为了迎接国有土地使用权的产生,类似于物权取得权,[10]存在的时间较短。其实,这个使命完全可以由国有土地使用权自己完成,即从一开始就赋予开发商国有土地使用权,开发商据此填海,据此对填海形成的土地享有占有、使用、收益的权利,据此对地上建筑物享有所有权。这样的制度设计较海域使用权与国有土地使用权相继产生的设计,更为合理有效。

在与海域使用权的关系上,土地承包经营权实际上类似于国有土地使用权,结论是:有了土地承包经营权,就不需要海域使用权。

4. 从利益衡量的角度看海域使用权存在的无用性。由于渔业权、矿业权、水权(含排污权)、土地承包经营权、国有土地使用权自身完全能使权利人达到目的,实现其利益,无须海域使用权来作为他利用该海域的根据,所以,设置海域使用权,让上述权利人再取得一个海域使用权,如果是无偿的,则多此一举,浪费时间和精力;如果要收费,就意味着找个借口向权利人索要钱财,不符合中央强调并实行的减轻农民(渔民)负担的政策。此其一。其二,设置他物权,就是对所有权上设置限制和负担,妨碍所有权自由,影响物的利用。[11]在已经实行养殖证、捕捞许可证的制度,设置有矿业权、水权(含排污权)、土地承包经营权、国有土地使用权的背景下,再设置海域使用权,就是加重了对海域所有权的限制和负担,且重复而无必要,显然不利于物尽其用。

5. 赞同海域使用权而否定渔业权等准物权的理由之一是,为改变用海无序的局面,由一个部门统一协调才会秩序井然。对此,笔者认为,如果从财产权的角度寻求一个部门统一协调用海的根据,单凭国家对海域享有所有权就足够了,完全没有必要降至海域使用权这种他物权的层面;如果从行政权力的层面寻觅一个统一部门统一协调用海的权限依据,那么国务院一个授权就足以解决问题,用不着通过设置财产权这种迂回曲折的路径。

6. 赞同海域使用权而否定渔业权等准物权的理由之二是,海域属于国家的自然资源,国家对海域享有所有权,渔民等用海人使用海域,无须支付权利金。不设置海域使用权,如何收取海域使用金? 笔者认为:其一,如果国家收取权利金是必要且正当的话，完全可以基于探矿人取得了探矿权、采矿权人取得了采矿权、渔民取得了养殖证、捕捞许可证的事实，来收取权利金，没有必要新创一个海域使用权来作为收取权利金的对价。其二，对渔民而言，收取权利金是否必要且适宜？笔者认为，向渔民收取这些权利金，的确增加了负担，这与中央逐年减轻最终取消农业税的改革方向是逆向的，尤其是海域使用权的取得通过拍卖的方式，海域使用权被出价高者取得，祖祖辈辈在沿海以捕鱼、养鱼为生的渔民却因财力有限而失去谋生和就业的手段，会酿成严重的社会问题。

7.赞同海域使用权而否定渔业权等准物权的理由之三是，海域是蓝色的国土，陆地上存在土地使用权，海域使用权相当于陆地上的土地使用权，所以，创设海域使用权是非常科学的。

笔者认为，如果此处所谓土地使用权是广义上的，则它是指国有土地使用权、宅基地使用权、土地承包经营权等用益物权。如此，开发商取得一种土地使用权（现行法上的国有土地使用权），就有权在基地上建造房屋，此外无须再取得其他物权，作为建造并保有房屋的依据；农民取得一种土地使用权（现行法上的宅基地使用权），便可以在基地上建造住房，此外无须再取得其他物权，作为建造并保有住房的根据；农民取得一种土地使用权（现行法上的土地承包经营权），便可以从事农林牧渔，此外无须再取得其他物权，作为从事农林牧渔并保有其收益的依据。把它类比到海上，便是只要用海人取得海域使用权便足够了，无须再取得探矿权、采矿权、养殖证、捕捞许可证等。

如果此处所谓土地使用权是狭义的，则它专指国有土地使用权，于是，开发商取得国有土地使用权就完全可以在基地上建造商品房等，此外无须再取得另外一种物权作为建造房屋等的根据。而事实相反，渔民既必须取得海域使用权，又需要取得养殖证或捕捞许可证；探矿人既必须取得海域使用权，又需要取得探矿权；采矿人既必须取得海域使用权，又需要取得采矿权。非常不经济。海域所有权—海域使用权—探矿权/采矿权/养殖证/捕捞许可证……三层结构，类比到陆地，就相当于在土地所有权与国有土地使用权/土地承包经营权/探矿权/采矿权……中间再创设一种物权。这种结构在陆地上的不合适性，似乎无人赞同，在海上为什么就赞同呢?!

注释

1 通说认为,我国侵权行为法尚未承认债权为侵权行为的标的。

2 笔者实际上并不赞同这样的解释,将在下文中论述。

3 Radbruch, Rechtsphilosophie, 1963, S. 243. 转引自王泽鉴:《民法债编总论·基本理论·债之发生》(总第1册),三民书局1993年版,第52页。

4 在个别情况下,法律也直接规定债权的存续期限,如《合同法》第214条第1款规定,租赁期限不得超过20年。超过20年的,超过部分无效。

5 [日]我妻荣、丰岛升:《矿业法》,有斐阁1958年版,第18页。

6 崔建远:《准物权研究》,法律出版社2003年版,第24页。

7 梁慧星:《民法解释学》,中国政法大学出版社1995年版,第311~312页。

8 因实际上实行海域使用权优先的做法,产生了不容忽视的社会问题。参见《中国海洋报》2002年2月26日综合版,2002年4月9日版,5月10日版;《内参选编》2002年第41期;中央电视台《焦点访谈》,2003年4月16日;《加快渔业现代化建设为全面建设小康社会作出新的贡献——农业部渔业局局长杨坚在全国农业工作会议渔业专业会上的讲话》,载《中国渔业年鉴(2003年)》,中国农业出版社2003年版,第281页;等等。

9 一种观点认为,所有权定义的扩展首先并主要表现在知识产权领域。涉及精神产品,出现了文学及艺术产权、工业产权等。参见尹田:《法国物权法》,法律出版社1998年版,第121~122页。

10 [德]卡尔·拉伦茨:《德国民法通论》,王晓晔等译,法律出版社2003年版,第292~293页。

11 王泽鉴:《民法物权·通则·所有权》(总第1册),三民书局2003年版,第46页。

土地上权利群中的准物权*

由于矿产资源、水资源、渔业资源、野生动物资源对于社会、国家、人民的极端重要性日益显现，矿业权、水权、渔业权、狩猎权等准物权在划分所有权人与使用权人之间的利益、权利、义务的边界方面的作用不可替代，准物权制度应该引起我们的重视。由于物权法典乃至民法典的制定涉及物权法典乃至民法典是否直接规定准物权，使准物权成为回避不了的问题。近年来，关于矿业权、水权的研究成果陆续出现，渔业权和狩猎权的探讨也在着手进行，客观上需要抽象和升华出准物权的一般理论。形成准物权理论，不但是对物权理论的丰富和完善，而且又可以反过来指导各类准物权及其具体问题的研究。本文尝试这方面的工作，其内容多属于方法论的范畴。

一、准物权的定位

既有理论在说明矿业权等属于准物权时，其衡量标准是客体具有不特定性。[1]的确，就绝大多数准物权而言，主要是在其客体具有特殊性方面同典型物权区别开来。不过，凡事不得绝对，如果把客体的不特定性作为构成准物权的唯一标准，那么因养殖权、航运水权、以特定池塘里的水作为客体的取水权等具有特定性的权利，就会被排除在准物权的范围之外。因渔业权以特定水域为客体，渔业资源在法律上并非独立之物，只是水域的构成部分，[2]在不考虑水质、水深、水温等因素的情况下，可以说具有特定性，所以它也不算作准物权。狩猎权的客体为一定的狩猎场所，在舍去生态环境因素的背景下，应该说具有特定性。尽管如此，通说仍然把它们作为准物权。所有这些都表明，把客体的不特定性作为构成准物权的唯一标准是不可取的。笔者赞成放宽视野的思考模式，客体是否具有特定性、权利构

* 原文标题为《准物权的理论问题》，发表于《中国法学》2003年第3期。

成是否具有复合性、权利是否仅有排他性、权利是否具有追及力、权利的优先性是否具有特色等因素，均为判断某种权利是否属于准物权的标准。当然，客体是否具有不特定性居于非常重要的位置。

循此思路，对矿业权、水权、渔业权、狩猎权的特殊性简要考察如下：(1)在客体的特定性方面，或者有的准物权不具备。例如，在探矿权、引取河流或湖泊之水的水权等场合；或者有些准物权要求不严格，如在以水面面积、取水期界定水权客体场合。在渔业权的情况下，舍去水质、水深、水温的因素，仅仅考虑水域的面积来界定渔业权的客体；在狩猎权场合，略去生态环境因素，只看到了有形的场地，都呈现出对准物权客体的特定性要求不严格。(2)在权利构成方面，矿业权、渔业权和狩猎权具有复合性。以渔业权为例，第一方面的权利为占有一定水域并养殖、捕捞水生动植物，第二方面的权利为水体的使用权，第三方面的权利为保有水体适宜水生动植物生存、成长的标准。再如矿业权，一方面的权利为在特定矿区或者工作区内勘探、开采矿产资源之权，另一方面的权利则为特定矿区或者工作区内的地下使用权。[3](3)在排他性或优先性方面，水权具有优先性，原则上无排他性；[4]养殖权具有排他性而无优先性，在同时并存于同一水域内的数个捕捞权相互之间无排他性，在对非捕捞权人的权利方面具有排他性。矿业权具有排他性，也有优先性。[5](4)在权利是否具有公权色彩方面，矿业权、水权一般都认定为具有公权性，[6]而日本的渔业法却认为渔业权为私权，[7]在中国台湾地区，新主体说主张渔业权属于私权，并成为有力说。(5)在权利取得方面，大多需要行政特许。(6)在追及效力方面，矿业权、水权、渔业权、狩猎权都仅仅在极少数情况下产生。(7)在一物一权主义方面，捕捞权有时无从体现，养殖权的一物一权主义体现在特定水域上。在取水权场合，因客体未从水资源所有权的客体中独立出来，难谓奉行一物一权主义。航运水权也往往数艘船舶航行于相同的航线，不宜解释为贯彻了一物一权主义。

正因矿业权、水权、渔业权、狩猎权等具有如此多的特性，与典型物权相比，存在差距，但在总体上又呈现相当的共性。为了比较准确地揭示出这种关系，人们用准物权的概念来概括矿业权、水权、渔业权、狩猎权等权利。

上述个性表明了准物权根本就不是物权，还是只反映出准物权为一类具有特殊性的物权？赞成第一种观点的有之，所谓渔业权原本就不是物权，[8]即其例证。笔者则持第二种观点，认为准物权的上述个性只是在符合物权基本属性前提下的特殊性，矿业权、水权、渔业权、狩猎权与典型物权的共性处于更为重要的地位，该共性更应受到法律的重视和评价。例如，它们都具有绝对性(程度不同)、支配力、对抗效力、物上请求权、实行法定主义等。所以，准物权仍然属于物权范畴。它之于物权，不同于准合同之于合同，因为准合同根本就不是合同；[9]相反，犹如准侵权行为之于侵权行为，仿佛德国法的准物权行为之于物权行为，因为准侵权行为就是侵权行为的一类，[10]准物权行为属于物权行为。[11]强调这一点，旨在显现它们的法律效果往往相同或相近，在渔业法、水法、矿产资源法、野生动物保护法等无相应的具体规定时，适用物权法乃至民法的规定；[12]在渔业权、水权、矿业权、狩猎权是否存在或者其归属发生争议、它们遭受不法侵害等场合，依然适用民事诉讼法规定的程序，存在确认之诉、给付之诉等。同时不漠视其差别点，旨在宣示物权法须为矿业权、水权、渔业权、狩猎权等准物权留足成长的空间，但不宜详细规定，包揽一切；每种准物权及围绕它生成的大树宜由单行法加以规范；对于行政许可存在异议时，可适用行政诉讼法的规定。

一些专家认为，准物权的概念不易理解，倾向于把矿业权、水权、渔业权、狩猎权等称作特许物权。[13]特许物权这一概念的优点是，由于水权、矿业权、渔业权、狩猎权等是经过行政的特别许可而生的性质，使人一目了然。但这同时为其缺点，因为有些准物权并非经过行政特许，而是基于其他事实而生。例如，在我国，家庭生活用水的水权无须行政许可，当然产生(《水法》第48条第1款)。在英美等国，基于河岸权当然取得水权，也不需要经过行政许可。[14]还有，特许物权的概念主要是摄取了矿业权、水权、渔业权和狩猎权等取得时所呈现的特色，并且凸显公权色彩。实际上，公权性只是矿业权、水权、渔业权、狩猎权等准物权的属性之一，矿业权、水权、渔业权、狩猎权等准物权的性质丰富多彩，它们在总体上应被定位在私权范畴，并可以被准物权的概念所涵盖，何况日本渔业法认为渔业权就是私权。[15]所以，本文采用准物权的概念。

有学者以特别法上的物权来概括矿业权、养殖权、水资源利用权等，[16]这符合事实。问题在于，这种概括主要是标示了矿业权等物权的出处，未充分揭示这些权利的属性。与此不同，准物权的概念则强烈地宣示着渔业权、水权、矿业权和狩猎权等与典型物权的类比关系，暗示出这些权利的性质。所以,本文更愿意采用准物权的概念。

在物权性上,尽管矿业权、水权、渔业权、狩猎权之间存在差异,如在一物一权主义方面,水权表现得较弱;在优先性方面,水权表现得丰富多彩;在权利构成上,矿业权、渔业权、狩猎权具有复合性,而水权呈现着单一性等,[17]但是仍未超出一般准物权与物权之间关系的标准。因此,上文的结论依然适应。

如何看待权利抵押权和权利质权为准物权的观点?在现代民法上,诸如所有权、地上权(在我国现行法上表现为国有土地使用权、宅基地使用权)、地役权、农用权(在我国现行法上为土地承包经营权)等典型物权以有体物作其客体为原则,以权利作客体为例外,它未将权利抵押权、权利质权作为常态,视为典型,换言之,权利抵押权和权利质权同典型物权相比尚有差距。在以所有权、地上权、农用权、地役权等典型物权作为判断标准的分析架构下,因权利抵押权和权利质权确实不够典型,所以,称它们为准物权无可非议。由于法律对权利抵押权和权利质权有规定时,适用此类规定;无规定的部分则分别准用法律关于抵押权的规定、关于动产质权的规定,[18]所以,把它们叫作准物权有其根据。但应注意,如果说矿业权、水权、渔业权、狩猎权等不同于典型物权之处既多又大,那么,权利抵押权和权利质权相同于典型物权之处则居于绝对重要的位置,以至于多数学者不把它们叫作准物权,而是径称之为物权。正因如此,权利抵押权和权利质权独有的规范相对较少,受公法规则的限制有限,而准用乃至适用抵押权的规范、动产质权的规范很多;矿业权、水权、渔业权、狩猎权则拥有许多独特的规范,特别是受大量的公法规范的规制,准用典型物权规范的情形较少。

二、观察和界定准物权客体的思维模式及方法

对准物权客体特殊性的揭示,仅仅沿用传统的分析方法尚难得到令人满意的结果,而应发展出新的思维模式及方法。笔者认为,多视角模式、时空结合观、宽严相宜的弹性标准、注重客体内部构成因素的变化的方法,应予采用。

(一)多视角模式

观察和界定物权及准物权的客体,至少有两种模式:一种模式是把物权或者准物权的客体简单地描述、评价为一个物,客体的许多物理的、经济的乃至于生态的属性被弃之一旁,不进入法律评价权利客体的视野。这种

模式可被看作单视角模式。因其在许多物权、个别准物权类型中能满足权利主体的要求,同其他制度及模式的衔接、配合得当,故在实际生活中运用普遍。法律最早认可的就是这种模式。另一种模式是把物权或者准物权的客体立体化,多视角地观察和界定,既着眼于客体的水平方向,又注意到客体的垂直方向;既对客体总体把握,又关注客体构成分子的性质变化,以满足权利主体乃至整个社会生活复杂、高效益的要求。这种模式可称为多视角模式,或者叫作立体化方法。因其照顾到了权利主体需要和负担能力的平衡,符合客体的物理性能结构和交易实际,体现了物尽其用的效益原则,故其运用越来越广泛。观察和界定矿业权、渔业权乃至狩猎权的客体应该采取第二种模式。例如,在矿业权场合,不仅从矿区或者工作区的地表、水平方向着眼,而且注重矿区或者工作区的垂直方向。在渔业权场合,不仅水面,而且水深、水质、水温乃至水体含有的营养成分,均应受到关注。由于不同种群的鱼所生活的水层不尽相同,为法律采取区分渔业权的形式提供了可能。

(二)时空结合观

以往理解物权客体的特定性,基本上是聚焦于客体自始至终保持不变的情形,简言之,将特定性等同于同一性。实际上,这来自对所有权人、一般用益物权人支配客体的现象的直观归结,仅仅反映了所有权和一般用益物权对其客体在存续上须保持同一性的要求。所有权以特定的有体物为客体,该特定物灭失,所有权便归于消灭,显然该特定性在客体的存续上即表现为同一性。一般的用益物权以有体物为客体,用益物权人通过反复地、不断地使用该有体物而实现其利益,达成物权的目的。该有体物必须存在并于其存续期间保持同一性,它一旦灭失或被消耗掉,立于其上的用益物权便不复存在。由此可见,客体有无同一性,直接决定着一般用益物权的存废。

但应看到,将特定性等同于同一性的思维模式具有若干缺陷,其表现之一就是它不适当地舍弃了物权客体特定性在空间上的要求。这对于认识水权、渔业权、狩猎权的客体来说,会出现不适当的结果。如果采取时空结合观则会使局面改观。所谓时空结合观,是指客体的特定性,在空间上表现为客体有明确的范围,不得以他物替代;在客体的存续上即表现为同一性。就水权和渔业权而言,由水无常形的特点所决定,绝大多数水权和渔业权的客体在其存续期限内水质、水温、水深诸因素往往不具有同一性,其客体的特定性仅在少数情况下表现为同一性。渔业权场合,只有在舍去水质、水深、水温诸因素时,才可以说客体具有特定性。不过,在以特定的水域面积确定水权的客体,即在空间上有明确的范围,并由该空间确定用水量的情况下,水权的客体也呈现着特定性。

同时关注时空两方面的要求,对于判断准物权是否具有特定性、准物权类型的划分、确定登记事项等,都具有积极的意义。

(三)宽严相宜的弹性标准

既有的物权理论判断所有权、地上权、农用权、地役权等物权的客体是否具有特定性,采用的标准是固定的,即客体自始至终保持不变者,为具有特定性;反之,便无特定性。在准物权场合,这种思考模式会人为地造成麻烦,应予修正。例如,在法律上可以说捕捞权的客体特定,但就可操作性而言,事情就不如此简单,以在海洋作业的捕捞权为例加以说明。由于在海洋中无法有效地设置永久性的标志物,只能利用经纬度坐标连线作为判别的依据,查证手续较为复杂,不仅成本增高,而且困难重重。事实上,一个渔场的范围是不定的,会随着海洋环境、鱼群的聚集程度、鱼类习性的变化而改变,有时会涵盖到不同的渔业权人管辖的水域。[19]这表明,如果按照严格的标准,在海洋作业的捕捞权的客体呈现出不确定性。至于对水权客体是否具有特定性的判断,当判断标准存在宽严的变化时,结论会有不同,笔者讨论过,此处不赘。[20]

(四)注重客体内部构成因素变化的方法

如果说在所有权场合,人们鲜有关注有体物的内部构成因素的变化;在国有土地使用权场合,亦不太关心土壤的构成分子,那么,在水权和渔业权的情况下,我们忽视作为其客体构成部分的特定水域的水质,可能要犯重大错误。在渔业权的情况下,如果我们紧紧扣住渔业权的本质属性考察客体,会发现,渔业权人作用一定水域不是目的,至少不是最终目的,只不过是个中间环节,系达到目的的路径;其目的是获得水生动植物的所有权。而水生动植物的生存以符合一定标准的水质、水温、水量、水深等要求的水域为条件的,当这些因素发生较大变化,以至于不适合水生动植物的生存、生长的要求时,渔业权人的目的就会落空。也就是说,一定水域不是一个空洞的概念,而是有着水质、水温、水深、水量等因素要求的水体。既然如此,当这些因素改变时,尤其是变成不适合水生动植物生存、生长的程度时,就可以说渔业权的客体变化了。在现实世界里,水域的上述因素处于不断变化中，在这个意义上，可以说渔业权的客体具有不特定性。指出这一点有利于解决如下问题：当水域的因素受自然力作用而发生重大变化，致使渔业权的目的部分或全部落空时，渔业权人应有权请求变更乃至解除合同，不负违约责任；当水域的因素因他人实施污染等不法行为的影响而发生重大变化，致使渔业权的目的部分或全部落空时，渔业权人有权请求侵权行为人停止侵害、消除污染、恢复原状，若有损失，还有权请求赔偿。

明确这个方法，对于确定准物权的价值、判断侵权行为是否成立、适用何种救济方式、请求行政主管部门予以适当管理时所基于的理由等，都具有重要的意义。

三、准物权在权利构成上的复合性及其原因

一般物权的构成，均是以占有、使用、收益等权能作为要素，相对而言，比较单纯。而在准物权的情况下，除水权只是使用水并获得收益这种单一的权利，其权利构成比较单纯以外，矿业权、渔业权和狩猎权在权利构成上都具有复合性，比较复杂。矿业权的构成，一为在特定的矿区或者工作区勘探、开采矿产资源之权，二为特定矿区或者工作区的地下使用权，但无特定矿区的土地使用权，即矿地使用权，矿业权人欲取得矿地使用权，尚需再从国有土地管理局受让。渔业权的构成，一为占有、使用特定水域之权，二为在该特定水域养殖或者捕捞水生动植物之权，三为保有该水域的水质、水深、水温之权。狩猎权的构成，一为占有、使用一定的狩猎场所之权，二为在该场所狩猎之权。

笔者认为，许多准物权在权利构成上之所以具有复合性，是因为准物权所作用的对象呈现比较复杂的构成。准物权所追求的目标具有层次性，实现这些目标需要若干权利的综合运行，作为良法应该赋予复合性的权利结构。

第一，准物权所作用的对象在构成上复杂。渔业权所作用的对象，抽象地看是一定的水域，但具体观察，它同时也在作用该水域中的水生动植物。如果仅仅作用一定的水域，那么渔业权就没有足够的理由从水权中独立出来，作为水权的一类完全可以解决问题。矿业权所作用的对象，既有一定的矿区或者工作区内的地下土壤，又有其中所赋存的矿产资源。狩猎权所作用的对象，首先是一定的狩猎场所，接着就是生活其中的野生动物。这种作用对象的复合构成，如果可以被分成若干部分乃至不同的物时，就

为数个权利竖立其上提供了可能。

第二,准物权所追求的目标具有层次性。权利所作用的对象呈现出的复合构成,与该类权利所追求的目标多重密切关联。假若权利所作用的对象由若干部分构成,但该权利所追求的目标单一,其构成也大多无必要成为复合性。在矿业权的情况下,矿业权人追求的最终目标是获得地质资料、矿石标本或者矿产品,但这些目标的实现需要首先实现作用特定的矿区或者工作区及其地下土壤这一目标。在渔业权场合,权利人最终追求的目标是获得水生动植物,为达此目的,权利人首先需实现支配特定水域的目标。在狩猎权的情况下,权利人既以在狩猎过程中获得乐趣为目的,又欲取得猎获物,所有这些,离不开特定的狩猎场所。

第三,实现这些目标需要若干权利的综合运行。即使权利人所追求的目标具有层次性,权利所作用的对象在构成上复杂,只要单一的权利结构完全胜任其责,法律也无必要赋予准物权以复合性的权利构成。在权利分类多样化、权利分工细化的法制下,目标多层次和作用对象的复合结构时常需要法律配置复合性的权利构成,其中的每一种权利作用特定的对象,实现相应的目的,同时或者随后平衡和协调,取得较好的效果。

四、准物权的母权及其寻觅方法

按照物权法原理,他物权必然产生于自物权,自物权是他物权的母权;无母权则无他物权。在整个物权体系中,准物权属于他物权的系列,也应该从其母权中派生出来。那么,准物权的母权如何寻觅?仍然离不开物权法原理。众所周知,所有权与他物权之所以两立,他物权之所以从所有权中派生,是因为所有权人、他人都要使用、收益同一个所有物,二人的利益又不相同。法律解决这个冲突的办法是,使所有权人依其意思“让出”其所有权中的若干权能,准确地说,是让他人分享所有权的若干权能,该他人对分享的这部分利益具有法律上之力。该项法律上之力名为他物权或称定限物权。这给我们以启示,他物权与其母权(所有权)要分享同一个物上的利益,法律解决问题的办法是使二权并存于该物之上,换言之,二权的客体是同一个物。从二权之间的关系角度表达这种现象,就形成这样一个命题:他物权客体上竖立的所有权就是他物权的母权。循此思路,我们寻觅准物权的母权,应该首先确定准物权的客体,然后考察该客体上竖立的所有权,至此,可以锁定该所有权就是准物权的母权。水权的客体是水资源,准确地说,是局部的水资源。按照《水法》规定,水资源所有权为一独立的所有权类型(第3条),因而,水资源所有权为水权的母权。狩猎权的客体为一定的狩猎场所,该场所的土地所有权就是狩猎权的母权。渔业权的客体为特定的水域,在内水和领海,水域所有权或曰水资源所有权为一独立的所有权类型,因而,水资源所有权(含海域所有权)是渔业权的母权。当然,在渔业权人在公海和他国海域从事捕捞作业,其渔业权的母权如何确定,需要费些笔墨。

在公海、他国海域从事捕捞的情况下,涉及两种性质不同的法律关系。在对外关系上,恰似法人的工作人员从事法人所指派的工作时同他人发生的法律关系,捕捞作业人不是以捕捞权人的法律地位出现的,而是以一个国家的内部组成成员的身份从事着构成该国行为的捕捞活动,他的捕捞行为视为该国的行为,而非个人行为。由此行为引起的同他国的纷争,适用国际法的规则加以解决(《渔业法》第8条)。于此场合,捕捞权的母权是海域所有权吗? 回答是肯定的,但不是公海所有权和他国海洋所有权,而是自己国家的海域所有权。

在这里,仍然存在疑问。在该捕捞权的作用范围既包括领海,又包括公海乃至他国海域的情况下,对于该捕捞权的母权可以作如下解释:该捕捞权基于该国的海域所有权产生,只不过其作业领域延伸到公海海域乃至他国海域。但在该捕捞权的作业领域只是公海乃至他国海域的情况下,又如何解释该捕捞权的母权呢? 笔者认为,水资源所有权(含海域所有权)系一抽象的范畴,并非特指存在于某一特定水域上的权利;在一个国家,水资源所有权只有一个,而非数个。既然如此,捕捞权系分享水资源所有权的部分权能而形成的权利,是指分享同一的、抽象的水资源所有权的部分权能,而非指分享某特定海水所有权的权能。至于捕捞权所具体作用的水域,那属于捕捞权的客体范围,不影响捕捞权的母权确定。任何捕捞权,不论其作用的领域位于何处,都是基于这个同一的、抽象的水资源所有权而生的。所以,公海捕捞权、他国海域捕捞权的母权仍然是我国的水资源所有权,只不过它们的作用领域是公海乃至他国水域罢了。

应该注意,某些准物权的客体具有复合性,两个构成部分的权属不同,而一个准物权不会从两个不同的自物权中派生,所以简单地套用上述寻觅母权的方法并不适当,需要变通。矿业权即为一例。

矿业权的客体是特定矿区或者工作区的地下土壤与赋存其中的矿产

资源的组合体。在把矿产资源作为土地组成部分的立法例上，只有土地所有权形态，此外不存在独立于土地所有权的矿产资源所有权类型。这种法制下的矿业权，其母权就是土地所有权。但在我国等众多的立法例上，矿产资源和土地是两个物，竖立在矿产资源之上的所有权是矿产资源所有权，关于矿区或者工作区归属的权利是土地所有权，两个所有权分别存在。在这种所有权架构下，面对矿业权客体的复合性结构，如何确定矿业权的母权？上文所谓“他物权与其母权（所有权）要分享同一个物上的利益，法律解决问题的办法是使二权并存于该物之上，换言之，二权的客体是同一个物”，仍然具有指导作用。矿业权和矿产资源所有权要分享矿产资源这个物上的利益，而非分享土地上的利益，所以，矿业权和矿产资源所有权都并存于矿产资源之上，矿产资源既是矿产资源所有权的客体，又是矿业权的客体。疑问在于，矿区或者工作区内的地下土壤同样是矿业权的组成部分，为什么将它舍去呢？原因有三：其一，客体的两个组成部分存在轻重之别，从矿业权的最终目的看，矿业权并不分享矿区或者工作区内地下土壤的利益，矿区或者工作区内的地下土壤只是被利用者。由此决定，其二，土地所有权人略去了该地下土壤及其使用权这个利益，或者将该利益并入矿业权的代价之中；在矿业权存在的范围内，法律未将矿区或者工作区内地下土壤作为土地的组成部分，而是把它与矿产资源联系在一起。在法律确定矿业权的母权的视野里，矿业权的客体就只剩下了单一的“物”，矿产资源，尽管其中确实存在地下土壤。这样，若再把土地所有权作为矿业权的母权，就不合逻辑了。其三，土地所有权、矿地使用权和矿业权都在分享矿区或者工作区内地下土壤的利益，如果分享利益的各类权利相互之间都要形成母权与子权的关系，即存在困难，也会产生不适当的结果。例如，矿地使用权与矿业权之间是母权与子权之间的关系吗？显然不应该是。如果土地所有权是矿业权产生的母权，就容易产生这样的结论：矿业权应该含有矿地使用权，矿业权人无须再申请取得一项矿地使用权，但事实和法律规定并非如此，矿业权人欲享有矿地使用权，必须基于另外的法律事实取得。

五、母权、行政许可对准物权的产生有何作用

准物权在绝大多数情况下，必须基于行政许可而生，这就产生一个问题：所有权和行政许可对于准物权的产生有何作用？

采用形象的说法，所有权是母权，母权起“遗传作用”与“分娩作用”，母权把它自己的占有、使用、收益等若干权能让给准物权人分享。没有母权的“遗传”与“分娩”，准物权就不会含有占有、使用、收益等权能，就不会是支配权，因为行政许可、行政权没有上述基因，不具有上述内容。所以，仅仅有行政许可、行政权产生不出准物权来，如同石头生不出小鸡来一样。在无所有权这个母权的背景下，行政许可的作用下所产生的权利，不是准物权，而是他种类型的权利。例如，工商行政管理部门给予某公司营业许可，该公司就有了经营权；给予蔬菜零售商许可，该零售商就取得了贩卖蔬菜的权利。何以如此？仍然是“遗传”的机理，这里的母权是经营管理权，而非所有权。

相反，只有所有权这个母权，而无行政许可，行为人就只在事实上占有、使用等，但不是权利及其行使，而是违法行为。其所得属于非法所得，要被没收；他还可能受到罚款等处罚。行政许可起“催生”与确认的作用，赋予行为人以法律上之力，使其占有、使用等状态名实相符，即享有准物权。

六、准物权的物权效力

一种意见认为，物权的效力有两大类，一为物权的优先效力，二为物上请求权。[21]除此之外，是否还需要承认物权的排他效力？如果我们细致地、分层次地思考，把优先效力的含义界定为既存权利之间的效力位序，而不包括同一客体上存在一个权利就不再存有另一个权利的效力，可知在与物权客体所存在的诸权利之间的关系上，首先应是排他效力，其次才是优先效力。[22]并且，在同时承认物权的排他效力和优先效力的情况下，物权的优先效力的含义会有所变化，如所谓不相容物权之间的优先效力应该属于排他效力的范畴。

另一疑问是，某些学说承认物权的追及效力，或者叫作追索权，即无论客体辗转流入何人之手，物权人都可以追随该客体之所在，主张物权的效力。但是我妻荣教授认为，物权具有这种效力是毫无疑问的，但它总是包含在优先的效力或者物上请求权二者之中，因而没有必要再增加其他效力。[23]笔者认为，如果把物权人和侵害人（即侵害物权或者妨碍物权行使的人、危险物件的所有人或者管理人）之间发生的物权效力仅仅视为一个整体，物权人锁定侵害人、对侵害人享有相应类型的物上请求权，均为物权效力的内容，这种观点就具有合理性，可资采纳。不过，如果把物权人和侵害人之间发生的物权效力看作一个由若干阶段组成的过程，物上请求权只针对物权人对侵害人享有各种类型的请求权这一层面，物权的追及效力承担着突破各种相对法律关系的障碍、锁定侵害人、对抗第三人对该物的合同债权等有关权利这个重任，其作用的发挥阶段处于物上请求权作用领域之前，立法及其学说同时承认物上请求权和物权的追及效力，也无可厚非。何况物上请求权的内容较物权的追及效力更为丰富。有些场合，使用物权的追及效力更为形象、贴切。本文赞同物上请求权和物权的追及效力并用的架构。

具体到准物权，原则上亦应具有上述物权效力，但因准物权具有特殊性，在物权效力方面也呈现出特色。

第一，物权追及效力和物的返还请求权，在准物权的情形下，如果系指准物权对其客体的追及效力或者返还请求权，那么，当诸如特定的水域、狩猎场所、矿区或者工作区被非法转让，第三人因此占据上述客体时，准物权人对该第三人主张其准物权，就可以解释为行使物权的追及效力或者物的返还请求权。但是否可以解释为准物权人行使排除妨碍请求权？笔者持肯定态度。如果准物权的追及效力是指准物权人对其矿产品、水产品、猎物请求无权占有人返还，那么，这些不是准物权追及效力的表现。具体来说，在矿业权的情形下，探矿权人通过勘探获得地质资料、矿石标本等被他人非法掠取，请求返还系基于探矿权人的地质资料所有权、矿石标本的所有权，而非探矿权的追及效力。采矿权人开采出的矿产品被盗，采矿权人是基于其矿产品所有权，而非采矿权，请求无权占有人返还。

在渔业权的情形下，由于渔业权不是对水生动植物的所有权，所以，渔业权所作用水域中的水生动植物被他人侵占，无渔业权追及效力发挥作用的余地。在养殖权场合，渔业经营者系基于其水生动植物的所有权，而非渔业权，请求侵占水生动植物者予以返还。在捕捞权场合，水生动植物不属于渔业权人所有，在它们被盗捕之后，因其脱离开捕捞权所作用的水域，所以它们不再是渔业权的客体，渔业权的效力不及于它们。渔业权的效力所及，只是当他人不法侵占渔业权所作用的水域时，渔业权人有权将不法侵占人驱逐出该特定水域。但这种权利属于停止侵害请求权、排除妨碍请求权。对此，有学者基于“准物权为水域之‘利用权’而非为水域之‘直接支配权’”的观点，加以论证：“由于渔业权不具有物的直接支配权利，所以就不必去考虑物的返还请求权，因此实质上渔业权在物上请求权上，仅有妨害排除请求权及妨害预防请求权而已。”[24]这同本文的观点殊途同归。

第二，准物权的排他效力。学说认为，渔业权具有排他效力，即在同一水域不能同时存在两个或者两个以上性质不相容的同种或者异种的渔业权。[25]矿业权当然也有排他性。[26]在取水权场合，水权无排他的效力。同一特定水域存在租赁权，当该水域成为渔业权的客体时，该租赁权终止。从严格意义上来说，这是渔业权排他性的表现。

第三，准物权的优先效力。关于准物权的优先效力，时常有学说误把准物权的排他效力归入其中。例如，一种意见认为，渔业权的优先性，是指在同一水域中存在两个或者两个以上内容或者效力相冲突的渔业权时，先成立的渔业权较后成立的渔业权优先。[27]在不单提准物权的排他效力，将它融入优先效力的前提下，这种观点无可厚非，但在明确把准物权的排他效力与优先效力并列的法制及其理论下，这种观点就值得商榷，因为在同一水域中存在两个或者两个以上内容或者效力相冲突的渔业权时，先成立的渔业权较后成立的渔业权优先，实际是先成立的渔业权继续存在，而后成立的渔业权不存在或曰消失，这正是排他效力的表现。例如，《日本渔业法》所谓定置渔业许可的优先顺序（第15～16条）、中国台湾地区“渔业法”所规定的定置及区划渔业权的核准优先顺序（第18条），大多不是渔业权相互之间的优先顺序，而是哪个渔业申请人处于优先位置，取得渔业权，其他渔业申请人得不到渔业权。换言之，它们大多是渔业权排他效力的表现。

准物权的优先效力，应该指数个准物权同时并存于同一水域，它们按照一定标准排列出位序，处于第一位序的准物权在效力上优先于后位序的准物权，第二位序的准物权在效力上优先于第三位序及其以后位序的准物权。例如，有时渔业权与水权虽然可以并存于同一水域，但渔业权优先受到保护。例如，任何单位和个人，在鱼、虾、蟹、贝幼苗的重点产区直接引水、用水的，应当采取避开幼苗的密集期、密集区，或者设置网栅等保护措施（《渔业法实施细则》第26条）。

第四，消除危险请求权适用的机会增多。在侵害对象为典型物权、人格权、知识产权场合，如果构成侵权行为，原则上要求有损害后果，加害行为与损害后果通常紧密相连，所谓“危险”，并不在其中。在所谓“危险”未达到确有可能损害他人的合法权益的威胁时，不以侵权行为论，物权人不得主张停止侵害、赔偿损失。只有具备采用消除危险这一救济方法的要件时,危险才被视为侵权行为。可见,危险大多不构成对典型物权、人格权、知识产权的侵权行为。与此不同,侵害水权、渔业权场合,侵权行为的实施与损害后果之间时常有一个时间差,有的时间隔得还比较长,在水权的客体为江河径流之水、渔业权的客体为江河中某一水域场合尤为明显。待水权、渔业权遭受损害时才主张停止侵害、消除危险、赔偿损失,效果往往不佳:可能未能将损失止于最小状态。而在危险一出现时即允许水权人、渔业权人主张停止侵害、消除危险、赔偿损失,局面就会改观。可以这样说,危险是侵害水权、渔业权的常见形态。

七、准物权与有关现行法关注层面的反思

涉及准物权的现行法,主要有《矿产资源法》《水法》《渔业法》《野生动物保护法》。除《矿产资源法》比较明确而系统地规定了探矿权和采矿权以外,第六届全国人民代表大会常务委员会第二十四次会议于 1988 年 1 月 21 日通过的《水法》未出现水权的字样,第九届全国人民代表大会常务委员会第二十九次会议于 2002 年 8 月 29 日修改通过的《水法》有所进步,首次明确了取水权(第 48 条第 1 款)的概念和水权类型,但对于其他类型的水权仍未明确定名;不但第六届全国人民代表大会常务委员会第十四次会议于 1986 年 1 月 20 日通过的《渔业法》未从渔业经营者所享权利的角度加以规定,就连第九届全国人民代表大会常务委员会第十八次会议于 2000 年 10 月 31 日修改通过的《渔业法》依然如故,而是侧重于行政管理层面的规制;与此相同,《野生动物保护法》同样忽视狩猎权,关注行政管理和处罚。

不规定准物权或者对准物权轻描淡写,重在行政的乃至刑事的强制,貌似强调国家利益,重视社会本位,更有利于实现矿业、水利、渔业经营的秩序化,有利于对野生动物的保护,但在保护效果上却时常适得其反。其原因在于:(1)不规定渔业权、狩猎权,遗漏众多类型的水权、渔业经营者、用水人、狩猎人的预期便不确定,短期行为就在所难免;渔业经营者、用水人、狩猎人的权利类型及边界不明,不易被他人了解,其合法利益容易遭受侵害,加上救济方式缺乏或者救济不及时,会促使渔业经营者、用水人、狩猎人的行为情绪化,恶化水产资源,掠夺性地捕捞,野蛮地猎杀野生动物,破坏法治。(2)不规定渔业权、狩猎权,遗漏众多的水权类型,对从事养殖

业、捕捞业的申请、有些水权申请、狩猎申请予以审查、批准就没有确定的项目，养殖证、捕捞许可证、水权许可证、狩猎证、特许猎捕证的发放就名实不符，行政监督管理就变得无的放矢，养殖证、捕捞许可证、水权许可证、狩猎证、特许猎捕证的吊销就失去真正的意义。也即，众多的行政法律规范无所附立，会失去生命力。(3)权利的对面就是义务，不规定渔业权、狩猎权，遗漏若干水权类型，就意味着义务的类型与范围不明，渔业经营者、用水人、狩猎人不清楚其负担的类型与边界，其行为反倒容易不规范。渔业经营者、用水人、狩猎人的义务种类与程度不清，有关行政管理部门就难以认定他们是否违反了义务，会出现该处罚却无具体的法律规定作为根据的怪现象。显而易见，上述法律规范绝大多数属于行政法的范畴。如果说，矿产资源法、水法、渔业法、野生动物保护法的主干是行政法律规范，那么其基础则为属于民事权利范畴的矿业权、水权、渔业权、狩猎权。没有基石，大厦难以建立；没有矿业权、水权、渔业权和狩猎权等准物权，就形不成参天的行政法大厦；即使建成，也会倾倒。日本等境外的矿业法、水法、渔业法重视矿业权、水权、渔业权，详细规定各种准物权的类型与效力，同时也就明确了采矿人、用水人、渔业经营者的义务，效果较佳，值得我们借鉴。

注释

1 [日]我妻荣、丰岛升:《矿业法》,有斐阁 1958 年版,第 18 页。

2 欧庆贤、陈美宇:《渔业权制度》,载《中国水产》1993 年第 487 期。

3 崔建远、晓坤:《矿业权基本问题探讨》,载《法学研究》1998 年第 4 期。

4 详见崔建远:《水权与民法理论及物权法典的制定》,载《法学研究》2002 年第 3 期。

5 崔建远、晓坤:《矿业权基本问题探讨》,载《法学研究》1998 年第 4 期。

6 [日]我妻荣、丰岛升:《矿业法》,有斐阁 1958 年版,第 18 页;林柏璋:《台湾水权及其法律性质之探讨》,载水利部政策法规司编:《水权与水市场》(资料选编之二),2001 年 12 月,第 220 页。

7 [日]浜本幸生:《渔业权是什么?》,载《渔业法的世界》,台北,水产出版社,第 34 页。转引自许剑英:《论渔业权》,载《法学丛刊》1991 年第 36 卷第 1 期(总第 141 期)。

8 欧庆贤、陈美宇:《渔业权制度》,载《中国水产》1993 年第 487 期。

9 [英]梅因:《古代法》,沈景一译,商务印书馆 1959 年版,第 193 页。

10 [德]克雷斯蒂安・冯・巴尔:《欧洲比较侵权行为法》(上卷),张新宝译,法律出版社 2001 年版,第 9 页。

11 王泽鉴:《民法总则》,三民书局2000年版,第284~285页。

12 王利明:《物权法研究》,中国人民大学出版社2002年版,第611页。

13 林柏璋:《台湾水权及其法律性质之探讨》,载水利部政策法规司编:《水权与水市场》(资料汇编之二),第220页。

14 David H. Getches, Water Law in a Nutshell, 77(2d. 1990).

15 许剑英:《论渔业权》,载《法学丛刊》第141期。

16 王泽鉴:《民法物权》(第1册),三民书局1992年版,第41页;王利明:《物权法研究》,中国人民大学出版社2002年版,第610页。

17 崔建远:《水权与民法理论及物权法典的制定》,载《法学研究》2002年第3期。

18 参见《德国民法典》第1273条;《日本民法》第362条。

19 陈俊佑:《我国专用渔业权管理制度之研究》,中国台湾地区海洋大学海洋法律研究所硕士学位论文。

20 参见崔建远:《水权与民法理论及物权法典的制定》,载《法学研究》2002年第3期。

21 [日]我妻荣:《日本物权法》,有泉亨修订,李宜芬校订,五南图书出版有限公司1999年版,第17页。

22 王泽鉴:《民法物权》(第1册),三民书局1992年版,第50~53页。

23 [日]我妻荣:《日本物权法》,有泉亨修订,李宜芬校订,五南图书出版有限公司1999年版,第17页。

24 欧庆贤、陈美宇:《渔业权制度》,载《中国水产》1993年第487期。

25 欧庆贤、陈美宇:《渔业权制度》,载《中国水产》1993年第487期。

26 崔建远、晓坤:《矿业权基本问题探讨》,载《法学研究》1998年第4期。

27 [日]我妻荣、丰岛升:《矿业法》,有斐阁1958年版,第18页;[日]我妻荣:《日本物权法》,有泉亨修订,李宜芬校订,五南图书出版有限公司1999年版,第17页。

土地上权利群中的水权*

本文的构思和写作，主要源于三方面问题的凸显，并萦绕于心：其一，水资源的重要性已有目共睹，对水资源进行全方位的法律调整便愈加急迫，水权制度作为法律调整的基础，必须引起我们的重视。其二，我国正在制定物权法典，水权、矿业权等准物权是否被纳入其中，既取决于立法者对物权法准确的总体把握，又离不开对准物权的透彻了解。我国物权法典追寻德国法系物权编的体例，即使不直接规定准物权，也应给准物权的存在尤其是发展预留适宜的空间，而不是成为它们生长的羁绊。只有我们熟知准物权的属性、构成和效力，才能使物权法的总则适合准物权的要求，成为填补准物权规范漏洞的依据；使各种物权制度与准物权制度衔接和配合得恰到好处。面对水权制度简陋、水权理论贫瘠的现状，我们不能胜任其责。其三，既有的民法理论系对以往的民法现象的概括和总结，可能涵盖不住其后出现的民事关系。某些民法理论已不能令人信服地说明现在活跃着的民事权利义务的状态，未能概括出全部民法现象的本质要求，亟待修正。矿业权、水权及其制度的独特属性和法律要求，既是我们修正某些民法理论的动力，研究它们的成果本身也就是达到上述目的的组成部分。笔者曾经就矿业权问题作过探讨，本文专就水权问题加以讨论。

一、水权的概念分析

水权，是权利人依法对地表水与地下水使用、受益的权利。也有人说它是权利人引取定量之水与存蓄定量之水的权利。[1]相比较而言，前者界定得全面，后者系针对汲水权、引水权、蓄水权等类型的水权所作的概括，未能涵盖排水、航运水权等类型，故不够准确。由此，将水权认定为一束权利十分必要。实际上，水权为一个集合概念，它是汲水权、引水权、蓄水权、排

---

* 原文标题为《水权与民法理论及物权法典的制定》，发表于《法学研究》2002 年第 3 期。

水权、航运水权等一系列权利的总称。不同类型的水权所具有的性质、效力、功能可能有所差别，甚至相去甚远。为准确与方便起见，除非特别指明，本文所论水权，主要以汲水权、引水权等用水权为审视与概括的对象。

按照通说，水资源所有权属于特殊主体所享有的权利，在我国归国家享有。水资源及其所有权基本上不作交易的对象。水所有权，或称水体所有权，已归普通的民事主体享有。业已引入企业的储水设施、家庭水容器中的水，不再是水资源所有权的客体，而是水所有权的客体。水权，系从水资源所有权中派生，分享了后者中的使用权与收益权而形成的物权，准确地说，是准物权。水权人行使水权，便得到水所有权。据此，如下观点宜再斟酌："水权之水，所有权仍属于国家，惟为经水权人之取水设施引入或汲出之水，为'私水'。水权之水，此处之水已非天然状态之水，为水权人之额定水权内之水，但不保证水权满额之水量。水权之水已为水权人所占有，为物，为动产，已非为公物之公用物，为公物之特别用物。占有人无民法之所有权，惟适法有使用或收益之权，其使用或收益依水利法及民法占有之规定。"[2]就汲水权、引水权、航运水权、竹木流放水权等类型的水权而言，作为水权客体的水仍然与作为水资源所有权客体的水源融为一体，并未分离、独立出来，故水权人对此处之水不享有所有权，只是间接占有(引水权等场合)或者直接占有(航运水权等场合)，此处之水仍归国家所有。这种观点可予赞同。但是，"经水权人之取水设施引入或汲出之水"，水权这个"占有人无民法之所有权"，则值得商榷。原因在于，此处之水的所有权已归水权人享有，不再是水资源所有权的客体，不再归国家享有。水权人与此处之水的关系，本质上是所有权人与水所有权客体之间的关系；准确的称谓，应是水所有权人而非水权人享有水的所有权。同理，"水权之水已为水权人所占有"之说，亦不妥当，因为此处水权人占有的水，系"经水权人之取水设施引入或汲出之水"，它已经不再是水权的客体，而是水所有权的客体，是水权人的所有物，是其财产。

水权属于何种类型的权利？一种观点认为，水权是独立于水资源所有权的一种权利，也是一项法律制度。[3]另一种观点认为，水权就是水资源所有权和各种用水权利与义务的行为准则和规则，它通常包括水资源所有权、开发使用权、经营权以及与水有关的其他权益。[4]前者思考的方向正确，后者值得商榷，理由有四：第一，这违反了财产权体系内部的位阶关系。水权属于财产权。[5]而在财产权体系中，水资源所有权的上位权利是财产所有权,再上位权利是物权,不会是水权。水权概念若有存在的必要,逻辑上只能是水资源所有权的下位概念。所以,“水权包括水资源所有权、开发使用权”说是把水权作为水资源所有权的上位概念,这不符合民法逻辑。正如有人所说,水权不是对水的占有权、所有权,水权人不享有受法律保护的水所有权上的利益(interest in the ownership of the water itself),受保护的权利只是用水权。[6]第二,如果一个人既对水资源享有所有权,又自己利用该水资源,那么,在法律上只设置水资源所有权制度便足矣,没有水权制度存在的必要。只有在非所有权人为自己的利益而需要使用水资源时,为清楚地划分他与所有人之间的利益,也为了对抗其他人,才有设置水权制度的必要。在这种背景下存在的水权,恐怕它只会从水资源所有权中派生,系分离该所有权中的使用、受益诸权能而形成的他物权。由此可见,“水权包括水资源所有权、开发使用权”的观点犯了本末倒置的错误。第三,在中国,它不符合《水法》的立法原意以及具体规定。《水法》区分了水资源所有权和开发利用权,强调水资源属于国家所有,属于集体所有的,仅限于农村集体经济组织所有的水塘、水库中的水;至于具体的单位和个人,仅享有开发利用水资源的权利(第 3 条)。后者相当于我们所说的水权。这两类权利是各自独立的。前者不得易其主体,而后者则可以转让。第四,从比较分析的角度观察,会发现至少通说都主张水权不含有水资源所有权。在美国西部,大多数水法宣称公有权存在于水资源之上,采用先占用原则规律用水权,用水人从州的水资源管理部门获得许可证时,该用水权就是水权。[7]在日本,学说认为水权是利用水的权利,而非对水享有所有权。[8]我国台湾地区“水利法”规定,水权是依法对于地面水或地下水取得使用或收益的权利(第 15 条),可归团体公司或人民取得,而水资源所有权则只归国家享有(第 2 条)。可见水权不含有水资源所有权。由此可知,“水权包括水资源所有权、开发使用权”说显然忽视了水资源所有权和水权之间的性质差别。

应予指出,对于普通的市场主体来说,其用水根据至少有两类:一是水权,二是水合同及其债权。水合同债权虽是用水人使用水的权利,但它不具有物权的性质与效力,仅仅是债权。也就是说,水权的真实含义窄于其定义的字面意义,仅指具有(准)物权性质及效力的用水资格。

水自身为“动产”,但水权却是不动产权益。[9]因水权派生于水资源所有权,故水权属于他物权;因它是权利人使用水并获得利益,而不是为担保债权的实现,故它为用益物权,即为特定的用途从特定的源流而引取、使用水的权利。[10]但同一般的用益物权相比,水权具有以下自身的特点,于是人们称其为准物权。

1. 客体具有特殊性。水权的客体是水,包括地表水和地下水,它存在于河流、湖泊、池塘、地下径流、地下土壤之中。当水由用水人从河流、湖泊等处引取来存蓄于自己的水池、水塔等容器里时,它就不再是水权的客体(更不是水资源所有权的客体),而是水所有权的客体。除极少数情形外,作为水权客体的水,在物理上并未与水资源相分离地孤立地存在,而是融汇于水资源中,是水资源的一部分。也就是说,在现实世界中,在水权设定时直至行使前,水权的客体与水资源所有权的客体融为一体,在物理上无法识别出独立性。按照传统的界定特定物的标准衡量,水权的客体是不特定的。但同时,水权确实在质与量上存在,并受到法律的承认和保护。如果彻底而绝对地否认水权客体的特定性,又如何在范围上使水权同水资源所有权区别开呢?况且人们都承认这样的原理:物权系主体直接支配客体的权利,只有客体特定才能实现支配,故客体的特定性便为物权的一大特征。[11]水权同为支配权,逻辑上亦要求其客体具有特定性。对此,应如何认识呢?笔者认为,首先,应反思客体一律自物权设定之时就必须具备特定性的僵硬模式,承认支配力及其内容的不同对客体何时具备特定性的要求并非一致;其次,应反思特定性等同于同一性的结论,承认客体特定性的含义和表现形式在不同类型的物权中不尽相同;最后,应探讨水权客体的特定性能否依赖水的量化及其方式来体现,解释客体的特定性可以有一定的弹性。以往理解物权客体的特定性,基本上是聚焦于客体自始至终保持不变这点上,简言之,将特定性等同于同一性。实际上,这仅仅反映了所有权和一般用益物权对其客体在存续上须保持同一性的要求。其错误在于:其一,它不适当地舍弃了物权客体特定性在空间上的要求;其二,它将所有权和一般用益物权对其客体特定性的要求武断地上升为全部物权的要求。这种以偏概全地界定客体特定性的思路应予改变。笔者经过反思认为,对客体的特定性在一定程度上可以弹性把握。其一,客体的特定性,在空间上表现为客体有明确的范围,不得以他物替代;在客体的存续上即表现为同一性。其二,客体的特定性表现为客体的定量化,股权客体的特定性为其著例(当然,有学说否认股权为物权)。其三,客体的特定性由特定地域加以确定,探矿权客体的特定性即如此。其四,客体的特定性由特定的期限加以固定,浮动抵押权客体的特定性系例证之一。之所以如此宽泛地解释客体的特定性,是因为物权客体的特定性并非物权的初始要求,它来自物权人支配客体的需要,更终极地说来自实现物权目的的需要。所以,界定物权客体的特定性,主要应从支配客体的要求与物权目的实现需要的方面着眼,同时要兼顾登记、公示的技术要求。如果这一观点是正确的话,那么可得以下结论:其一,如果是不以登记为成立要件或者对抗要件的物权,物权行使时其客体特定化即可,不必强求客体的特定性必须在物权设定时完成;如果是以登记为成立要件或者对抗要件的物权,基于登记的技术要求和公示的需要,物权成立时其客体应特定,但在浮动抵押权、水权等类型的物权场合,其客体的特定性在物权成立时要求不严格,待物权行使时再精确化,不会产生不适当的结果。其二,若通过特定的数量、特定的地域或者特定的期限等方式能使物权人直接支配客体,实现物权目的,就可以认定该客体具有特定性,至少在物权行使时具有特定性。笔者认为,水权客体的特定性会因个案情形而分别呈现以下四种形态:(1)以一定的水量界定水权客体;(2)以特定的水域面积界定水权客体;(3)单纯地以特定地域面积界定水权客体(以地下水作客体场合即如此);(4)以一定期限的用水作为水权的客体。也正因为对水权客体特定性的界定富有如此之弹性,所以,某些类型(如后两种类型)的所谓特定性,从严格意义上说是不特定性。如此,物权客体须具有特定性的通说就需要重新检讨。同时,仅基于探矿权客体的不确定性,而得出准物权的客体具有不特定性的结论,也不够全面。因为有的水权客体具有严格意义上的特定性,有的水权客体究竟具有特定性抑或不特定性,取决于解释的标准。按严格的标准,该客体具有不特定性;按宽泛的标准,该客体具有特定性。兹详细考察和分析如下:

客体的特定性即客体的同一性的结论,来自对所有权人、一般用益物权人支配客体的现象的直观归结。所有权以特定的有体物为客体,该特定物灭失,所有权便归于消灭,显然该特定性在客体的存续上即表现为同一性。一般的用益物权以有体物为客体,物权化的土地使用权的租赁权名义上是以权利为客体,实际上仍是以土地为客体。在土地使用权的租赁权,租赁权人显然是通过使用土地而不是土地使用权来满足其需要。此时,土地使用权的作用在于,租赁权人利用土地的使用价值具有合法性。客体为有体物场合,用益物权人通过反复地、不断地使用该有体物而实现其利益,达成物权的目的。该有体物必须存在并于其存续期间保持同一性,它一旦灭失或被消耗掉,立于其上的用益物权便不复存在。由此可见,客体在时间上和空间上有无同一性,直接决定着一般用益物权的存废。水权客体的特定性仅在少数情况下表现为客体的同一性。例如,特定地域的地下水(地下径流除外)作为客体场合,该地下水的特定性有时就是同一性。

在以特定的数量确定水权客体的情况下,该客体若取自河流,那么它仅在概念、数量上,保持同一性,在物理、化学上难谓有同一性。于此场合,与其说该客体具有特定性,莫不如说它呈现着不特定性,更为贴切。该客体若限于封闭的池塘,可能在物理上具有同一性,但这并不重要,关键的是水量、水质和用水期。在以特定期限确定水权客体的场合,同一性可完全不予考虑,水质、水量、用水期和特定的水权类型诸因素居于重要地位。于此场合,从严格的意义上说,该客体同样具有不特定性。之所以如此,是由水权的支配形式与被支配的水两者的特殊性决定的。所谓水权的支配形式特殊,在汲水权、取水权等用水权类型,是指水权通过减少其客体的量而达到目的,水权人及时地得到定量的水就是实现着支配,至于这些水是独立存在于特定的容器,同水资源所有权的客体相分离,成为“特定物”,还是与水资源融为一体,无关紧要。这显然不同于所有权与一般用益物权的支配形式。

应该看到,区分客体在存续上是否具有同一性,在侵害水权的判断方面具有意义。在无同一性要求的场合,无水权的主体从同一水资源取水仅仅侵害了水资源所有权,不构成对水权的侵害,除非盗水行为影响了水权行使。反之,在客体须具有同一性的情况下,无水权的主体从同一水资源取水,当然侵害了水权。不过,当侵权行为表现为水质污染时,结论可能会改变,即在水资源全部被污染时,水资源所有权与水权就都受到了侵害。

上述水权客体的特点决定了侵害水权的形态,也使判断侵害水权的标准呈现着特殊性。对一般用益物权的侵害,通常要求有损害后果,加害行为与损害后果通常紧密相连,要么是毁损灭失标的物,要么是妨碍用益物权的行使,所谓“危险”,并不在其中。在所谓“危险”未达到确有可能损害他人的合法权益的威胁时,不以侵权行为论,用益物权人不得主张停止侵害、赔偿损失。只有具备采用消除危险这一救济方法的要件时,危险才被视为侵权行为。可见,危险大多不构成对一般用益物权的侵权行为。与此不同,侵害水权的场合,侵权行为的实施与损害后果之间时常有一个时间差,有的时间隔得还比较长,在水权客体来自河流场合尤为明显。待水权遭受损害时才主张停止侵害、消除危险、赔偿损失,效果往往不佳:可能未能将损失止于最小状态。而在危险一出现时即允许水权人主张停止侵害、消除危险、赔偿损失,局面就会改观。可以这样说,危险是侵害水权的常见形态。

明确水权的上述特点,对民事权利的分类并进而赋予不同类型的权利以相应的法律效果具有意义。虽然就权利与利益之间的关系而言,权利系手段,利益为目的。权利的价值就在于主体保有或行使它来取得利益,满足需要。但在权利体系内部,则不仅存在手段性权利,同时也有目的性权利。后者如人格权、所有权,前者如债权、水权。主体通过债权这个手段,获得物权或与物权具有同等价值的权利;通过水权这个手段,取得水的所有权。客观事实证明,目的性权利只有存在而非消失才能使其主体取得利益,满足需要,于是,法律赋予目的性权利长期的存续期间,如人格权、所有权具有永久性;与此不同,手段性权利永久存续反倒不能使权利人取得相应的利益,不能实现设立该权利的初衷,只有它消灭才能达到权利目的。有鉴于此,法律便限定手段性权利的存续期间。还应看到,手段性权利内部,又存在差别。非继续性债权通过自身立即消灭使权利人取得目的性权利,担保权通过自身立即消失使权利人实现债权,两者一并死亡。比这复杂得多的是,水权系水的所有权从一个主体移转到另一个主体的转换器(排水权、航运水权等除外),唯其存在,水的所有权才能移转;待其消失,水的所有权移转便停止。由此决定,水权一直存续不灭方能达到目的。有趣的是,此处所谓存续不灭,不得是水权的质与量一成不变,而须是其质不变,量在减少。该减少的量正是水所有权移转的数量。水权这种通过自己的萎缩而非立即死亡使权利人获得目的性权利的属性决定了,水权的存续期限越长,用水量越大,对水权人越有利,但却使水资源所有权人陷入不利的境地。于是,在水权人支付的代价(水资源费税)固定的情况下,水资源所有权人会限定水权的存续期限;水权人欲取得存续期限长的水权,就必须多支付水费。

2. 用水状态、用水人与水权并非一一对应配置。民法对主体依法占有、使用、收益乃至处分标的物的状态,一般要确认为物权;并区分这类状态内部的细微差异分别赋予主体以所有权、用益物权或者担保物权,呈现着支配状态—物权—物权人的对应配置现象。只有在不动产租赁权与法律未来得及承认为物权等极少数情况下例外。若循此逻辑,主体依法较长时期地用水的场合,他应享有水权,方为正常。但事实上,某些主体合法用水却不享有水权,倒不在少数。例如,处在市区并依赖市政供水系统的家庭,有些是基于水权而用水,有的虽然用水却不享有水权;诸如商场、工厂或者高尔夫球场等工商业的公司亦时常不享有水权。如何解决它们用水又不构成侵权这一问题? 美国的一些州通过合同制度达到目的,即用水的家庭、商场、工厂等主体与水资源的所有者或者水管部门签订水合同,他们凭借合同权利而用水。[12]应该承认,舍去物权制度而用债权制度使主体利用物,并非水法所独有,消费借贷、土地租赁、我国的国有土地使用权的租赁等即为著例。在日本,土地所有人总是要利用其事实上强有力的地位及法律上的绝对自由,尽可能强化其支配地位,于是利用土地极少设定用益物权,大部分是设定租赁契约。[13]但毋庸置疑的是,在水法领域,用水人不是基于水权而是根据合同债权用水,更为突出,更加普遍。在水权制度不发达的我国,尤其如此。探求造成这一现象的深层原因会有积极的意义。

本来,民法将具有物权之实的权利确立为物权,赋予其物权的效力,比仅认其为债权更有利于权利人,除非法律为强化债权而为其配置了若干附加的制度。据此推论,用水人基于具有物权效力的水权而非依靠债权用水,受法律保护的力度更强。但为什么还有那么多人选择债权作为其用水的依据? 最根本的原因在于,对于用水权利的保护,国家不仅设有民法保护方法,更提供了除此之外的社会政策、社会制度、管理部门及相应的救济方法等。后者的保护效果更强于物权保护方法,例如,基于确保生存权的要求,家庭用水必须优先保障。为达此目的,国家已经建成或正在建设完善的设施,组成健全的管理组织,提供有效的行政、刑事的制裁手段和民事的救济方式。一旦供水不足,凡有效措施都及时采取,问题便迅速地得到解决,远比单纯依赖物上请求权有效率。在这种背景下,物权与债权之间的差别在解决用水的效果方面显现不出来,或者表现得微乎其微,于是,用水人选择水权抑或债权作为用水的正当根据,显然无关紧要。也就是说,在水资源所有与水的使用领域,水权制度以外的制度大量存在,它们并非先转化为水权制度而后规范水的使用关系,也不是透过水法的原则、制度和规范来发挥作用,而是直接地调整着水资源所有权人、用水人、水管部门之间的相互关系并发挥着有效的作用,使相当数量的用水人选择了用水状态—用水人—债权的配置模式。这一事例告诫我们:其一,完善水权制度,制定物权法,我们应把视野放宽一些,注意相关法律部门之间的衔接配合,甚至于扩大到所有的社会制度的协调。换言之,"综合调整"的效果不可漠视。其二,在大环境良好的前提下,应尽可能地将社会政策、立法政策具体化为水法的原则、制度和规范,尽可能地具体化为水权制度,来规范用水关系。反之,一味地倒向依赖水权制度以外的制度、政策直接解决用水问题,易使行政权力泛滥,使政策替代法律,弱化法治。在我国,这方面的教训是深刻的。其三,即使在公法色彩浓厚的水法领域,意思自治仍有发挥作用的余地,立法者不得漠视。法律应同时提供水权与债权两类用水的法律依据,供用水人选择。

3. 水权在占有权能方面具有特殊性。水权中汲水权、引水权等一类同航运水权、竹木流放权等另一类在其权能方面差别极大。前一类不含有占有的权能。这既是它们所具有的以利用为重心的性质的反映,也是由水权的客体与水资源所有权的客体融合一体的特点决定的,还是为保护其他用水人能够利用同一水资源所必需的。正如有学说认为,水权具有两个要素:一是占用的优先权,二是依有益目的而最大限度地用水。对特定量的水享有权利则不是水权的本质,而是水所有权的关注点。前者包括就同一水资源优先于其他水权人而占用。它在枯水季节或者过度取用水体场合最显重要。于此场合,优先权保障最后取得水权者(下位序水权人)逆水权取得的先后顺序而削减,直到最早取得水权者能满足依有益目的用水为止。后者,即依有益目的用水,简称为有益用水(beneficial use),是水权的衡量尺度、基础和边界。在所谓衡量尺度和基础的范围内,依有益用水的概念保障水权人能引取定量之水与存蓄定量之水,足以使用,实现目的。如果用水的有益性缺失,那么水权将被剥夺。[14]换言之,水权不包括任何继续利用无益设施的权利。[15]从另一角度认识水权以优先权与有益用水为要素,结论就是(汲水权、引水权等类型的)水权并非用水人实际占有特定之水的权利,不是占有权,只是有益用水的权利。[16]

汲水权、引水权等水权不含有占有权,不但在地表水作客体场合如此,在地下水为客体的情况下亦然。因为与矿业权具有客体的复合性(特定矿区或工作区的地下土壤与其所含的矿产资源)与权利构成的复合性(勘探、开采矿产资源的权利与地下使用权)不同,[17]水权的客体仅仅是水,不包含承载水或蓄含水的土地;水权的构成中亦无土地使用权。既然如此,水权不含有占有权就不难理解了。

汲水权、引水权等水权不含有占有权的属性把水权同渔业权区别开来,因为后者以权利人占有一定水域或水体为必要;它也把水权同一般用益物权相区别开来,因为后者必然含有占有的权能。

与汲水权、引水权等类型的水权有别,航运水权、竹木流放水权等水权则含有占有权。因为权利人不占用水则无法驾船航行或流放竹木等。

4. 所有权和用益物权均具有排他性,排他原则解决了这些物权之间的效力冲突。水权作为用益物权却不尽相同,在特定区域的水资源上可同时存在数个水权,排他原则对水权之间的效力冲突时常无能为力。对此,美国联邦最高法院曾阐述,具有排他性的财产权稀少,水权不在其中。[18]至于水权人之间的利益冲突,则通过优先权规则加以协调。先取得水权者优先以有益目的而用水,待其获得满足后,后取得水权者才可用水;若水资源不足,后取得水权者的用量即被削减,甚至其水权的目的落空。[19]这与担保物权的位序规则类似。水权的这一性质既与水权的客体与水资源所有权的客体融为一体有关,又进而与水权不含有占有权相呼应。因水权不以占用水资源为必要,就为数个水权并存提供了可能;因水权的客体与水资源所有权的客体融为一体,就为数个水权的实现奠定了物质保障。

关于排他性与优先权之间关系的认识,可有宽严之别。从宽解释,具有优先权的水权优先得到实现,后位序的水权不得越位。这同样体现出了排他性。还有,在河岸权原则为唯一的水权取得原则的法律制度下,依河岸权原则取得的水权暗含着排他性。

5. 所有权和用益物权产生后,无论物权人是否行使,物权依然存在,除非该物权被他人依取得时效取得或者因违反社会公益、禁止性规范而被取缔。[20]与此不同,按照美国西部的科罗拉多等州的立法,在先占用原则制度下,奉行“用水则有水权,反之则失水权”(use it or lose it)的原则,闲置的水权将被废止,也就是说,水权人不利用水资源(达到一定期间)便不再享有水权。[21]这符合效益原则,是合理分配有限的水资源的良策,在水资源短缺的今天,更具有合理性,我国水法应该采用。

6. 水权是具有公权性质的私权。关于水权究为私权抑或公权,存在争论。日本的美浓部博士及其他某些公法学者,基于《日本河川法》第 3 条的规定、水权的设定须经行政厅的特许、水权的客体为公用物、水权的移转须经行政厅的许可、根据公益上的理由、可变更或消灭水权等理由,主张水权为公权。[22]与此对立,鸠山、末弘等私法学者与某些判例则坚持私权说,其理由如下:其一,《日本河川法》第 3 条所谓“私权”,可解释为包括水权;

其二,水权与一般的私权在抽象的内容上没有差异,只有为自己的利益而利用公用水的具体内容的区别;其三,《日本河川法》第21条规定水权的移转以行政厅许可为条件,这是把水权作为私权的表现,因为公权移转不需要确认。[23]折中说认为水权为公权与私权混合的权利。金泽良雄教授认为,从水权产生的领域看,将水权定性为私权没有问题,但水权的取得须得到行政的许可虽然未从根本上抹杀水权的私权性,但给它烙印上了公权性,故水权为私权与公权混合的权利。[24]东京高等裁判所亦曾就公水使用权而论,认为公权说系就权利的形式着眼,私权说则是就权利的内容而言,二者均不免失之一偏,即使就公水使用权之本质采私权说,为私权之水权利同时亦受公共性之规范,亦即具有公权私权的重叠性。[25]

在美国,有判例主张,水权,即引取定量之水、存蓄定量之水、排泄定量之水等的权利,不应是绝对的,而应是服从于为有益于社会公共利益以及其他水权人的合法权益而制定的行政法规。[26]例如,美国西部的多数州在其宪法和制定法中宣称,州境内的水资源不是属于社会公共利益就是归州所有。[27]依科罗拉多州的宪法规定,州内未被占有的水资源属于本州人民的财产。[28]这些州作为统治者在水权上仍保持着警察权益(police power interest)。[29]据此警察权,州政府仍在社会公共利益的范围内规律水权的利用。[30]由此决定,对水权的取得、行使、转让等诸多方面课以种种公法上的义务,法律对水权设置不少监督、管理的规定,行政机关的干预在此领域异常活跃。为了社会公共利益用水而征用水权,置水权人是否同意于不顾,[31]即为一例证。也就是说,水权具有强烈的公法属性,水法中虽有相当的私法规范,但在总体上为公法。

在我国台湾地区,有采私法物权说者,认为水权之标的物为水资源之水,其权利内容为使用或收益之支配权,系基于水利法之特别规定,为准物权。[32]也有采水权公法物权说者,认为水权之性质为受益行政处分,经核准登记者,取得公法上之水权,其有类似专利权或著作权之私法上效果而已。[33]还有采折中说者,认为水权为公权兼私权性质,唯公权程度比私权强。其理由如下:"(1)其权利取得的形式(水权),系属公权,为公法物权,惟水利法尚未创制明定说明。使用权(特许),对应水权费。(2)其权利的内容(水权之水),系属私权,为私法物权,惟仍受公共性之规范,仅限于使用或收益,似为准物权。收益权,对应损害补偿(协议补偿或在主管机关核定下)。(3)水权公权程度比私权强些之论述点,在于损害补偿的内容,非损害补偿(公权),亦非损害赔偿(私权),而是介于两者之间。”水权对水权人有私的经济利益,具有财产价值,其权利内容具有私权之性质。其一表现在,用水顺序可从各标的权利人之协议,可说明水权权利之内容具有私权之性质。其二表现在,因优先用水造成之损害补偿,其补偿金额由双方协议定之,协议不成,方由主管机关按损害情形核定补偿,故此权利内容之水之损害补偿金额可经由双方协议定之,可说明水权利之内容具有私权之性质。[34]

我国采折中说的学者认为,一方面,水对权利人来说是一种财产,水权由此呈现出私权性;另一方面,水资源又是一种公用物,因为水资源上附着了一些不具有竞争性和独占性的生态环境功能和社会公共利益。后者的价值大于前者,即财产价值。[35]

笔者赞成折中说,但是对于是否采纳公法物权说持慎重态度,因为我国民法、行政法的理论尚未采纳公法物权论,况且,公法物权的概念有无存在价值,尚不清楚;同时,对于公权的性质大于私权的性质之说,笔者同样持审慎的态度,因为公权的一面在于说明水权受到的公法限制,这些限制并未动摇水权的准物权属性。

明确水权兼有私权性与公权性的特点,对于把握法律赋予水权效力的尺度,对水权进行民法、行政法、自然资源与环境保护法、刑法等“综合调整”的合理配置,对于调整水权人的用水行为,对于规范水管部门管理水资源、水权运行等,都具有积极意义。在这里,下述观点具有启发性:“水权究竟是公法物权或私法物权,其性质之不同将导致整个法律制度设计上的差别。申言之,若水权是私法物权,则私法物权从属于当事人间的自由交易(民法上的私法自治与契约自由原则)。反之,若水权是公法物权,则整部水利法便必须偏重于水权核发的许可条件、行政机关的裁量权限、审查主体、审查程序、使用权的附期限,水权的废止与撤销等。”[36]需要反思的是,因物权法的强行性规范远较合同法为多,公法成分亦然,所以“私法物权”的交易仍然受到许多公法规范的限制,水权尤甚,集中调整水权的水法当中公法规范具统治地位,就是明证。

二、水权的类型

总体而言,水权是一集合概念,标示着一束权利。也就是说,水权系列内部存在丰富多彩的各种具体的水权,其目的、功能、构成、效力、登记内容或许不同,并且在某些分类中表现得尤为突出。在这种背景下,类型化的工作就显得特别重要。因所依据的标准不同,水权的类型便有区别。

（一）以水权行使的形态分类

从水权行使的形态着眼,水权的类型可有汲水权、引水权、蓄水权、排水权等。

所谓汲水权,又称抽水权,是指用水人借助一定设施抽取地下水并取得水所有权的权利。所谓引水权,是指用水人利用分水渠等输水系统引水并取得水所有权的权利。所谓蓄水权,是指在地表或地下修建水库等蓄水池,以存蓄水的权利。所谓排水权,是指用人为方法排泄流动或积存于地表或地下的足以造成危害或可供循环利用之水的权利。

应予指出,本文遵循矿业权、水权与渔业权组成准物权的通说,故捕捞权与养殖权属于渔业权的范畴,不在水权的系列。如此界定,既有捕捞权、养殖权同水权的目的不同作根据,又有下述原因:捕捞权、养殖权包含占有、利用水域的权能,而汲水权、引水权等水权无占有的权能。

该角度观察的法律意义在于:其一,功能不同。汲水权、引水权系水所有权主体的转换器,此类水权的行使过程就是水所有权从水资源所有权人处移转到水权人之手的过程。与此不同,蓄水权、排水权无转换水所有权的功能。这就明确了不同类型的水权所达到的目的有所差异,不同类型的水权所具有的功能不同。其二,界定水权的思路宜有区别。汲水权、引水权这些手段性权利可被界定为用水人汲水或引水并取得水所有权的水权;而排水权、蓄水权则相反,它们并非使用水人取得水所有权,而是使用水人获得其他利益,例如使土壤湿度适宜,水量增多。其三,法律限制的侧重点不同。法律限制排水权等,基本表现在控制环境污染方面,因为"利用地表径流来稀释废水排放或运输污染物通常被认为是一种不合理使用",[37] 会被科以罚款甚至被撤销水权。与此不同,法律限制汲水权则表现为禁止超采地下水(《水法》第 36 条),或者水管部门直接限定汲水量。法律限制引水权也表现在限定水量方面。这些种类的水权在我国实务中大量存在,《水法》对引水权、蓄水权与排水权也是承认的(第 28 条)。当务之急是修改水法,进一步完善各类水权规范。

（二）以用水的目的分类

以用水目的为分类标准,水权可有家庭用水权、市政用水权、灌溉用水权、工业用水权、水力用水权、航运水权、竹木流放水权、稀释用水权、娱乐用水权等。

所谓家庭用水权,是指一般用于家庭、度假胜地、旅馆、有组织的营地和军营基地等用水的权利。家庭用水包括家庭喂养的家禽、家畜的饮用水以及家庭小面积的装饰性灌木丛、花园和水果蔬菜的灌溉用水。将处于城市和镇内的水井中的水用于家庭需要方面的,也属于家庭用水。但位于市区的家庭用自来水则不属于家庭用水。[38]所谓市政用水权,系指市政为家庭、商业、灌溉、娱乐或者工业等目的,通过市政供水系统供水的水权。市政用水包括无家庭用水权的餐馆、旅馆、汽车旅馆、教堂、营地、教养设施、教育机构和类似单位的用水。此处所谓市政供水系统,包括市政管理的供水系统、农村水域、公共批发水的供应区域、为居所或者移动住房而贮存相当水量(可由法定或水管部门确定)的人或者单位所管理的供水系统、其他类似的为各种目的向其他用水人供水的系统。[39]在美国,此处所谓人,不但指自然人,而且包括州的机关或联邦政府。[40]所谓灌溉用水权,是指利用地表水或地下水供给农田所必需水量的权利。所谓工业用水权,是指采矿、木材加工、纸浆制造、热电厂冷却、钢铁冶炼、食品生产等用水的权利。所谓水力用水权,在狭义上是指发电等用水的权利,在广义上还包括航运、鱼类与野生动物保护等方面的用水权。所谓航运水权,是指航运公司等主体享有的使其船舶在河道内等航行水域通行的权利。所谓竹木流放水权,是指利用河道流放竹木的用水权。所谓稀释用水权,是指为稀释废水等污染物而利用河道径流与其他淡水水体的权利。所谓娱乐用水权,是指公园、游乐场、自然保护区等娱乐事业,不是通过市政供水系统供水,而是取得独立的水权许可而将水流、水面等用于娱乐的权利。

该角度观察的法律意义在于:其一,当数个水权并存于同一水资源上时,时常以用水目的作为确定水权优先位序的依据。例如,家庭用水权一般处于最优先的位序。在数个水权取得的时间相同时,水权的位序排列规则是,家庭用水权、市政用水权、灌溉用水权、工业用水权等。在美国,许多州对水资源进行特别控制,以服务于鱼类与野生动物、娱乐及其他美学价值类对水资源的需求。这些价值被视为公共价值,所以,水资源可以优先分配给它们。一些州已制定法律,将部分河流指定为风景类河流,禁止开发。环境价值已取得了较高的优先权。[41]中国《水法》对此设有原则性的规定(第 14 条、第 21 条、第 47 条),但不全面,现在的工作是应加快水权制度的完善。其二,在我国现行法上,家庭用水权的取得无须申请取水许可,而工业用水权等的取得则以取水许可为程序要件(《水法》第48条)。

确定了水权的优先位序,就既明确了每一水权的对抗范围,又成为确定征用对象的依据。

(三)以生成的阶段与效力的强弱分类

以生成的阶段与效力的强弱为标准,水权可被分为不完全水权与完全水权。所谓不完全水权,是指用水人已在实际用水但尚未取得水权许可阶段所享有的权利。所谓完全水权,是指用水人已获得水权许可阶段所享有的水权。

该分类的法律意义在于:其一,生成阶段不同。不完全水权可能成长为完全水权,也可能因水管部门不予批准而夭折。完全水权则不存在这个问题。其二,法律效力的强弱不同。完全水权的法律效力齐备,法律保护的力度强,可以对抗除优先位序水权人以外的一切人。其三,产生的领域不同。奉行先占用原则的领域,可产生不完全水权。实行河岸权原则的领域,只产生完全水权。

(四)以水权取得的原则分类

基于水权取得的原则不同,水权可有基于河岸权原则取得的水权与基于先占用原则取得的水权。

该分类的法律意义在于:其一,构成要件不同。基于河岸权原则取得的水权不以实际用水为要件,而基于先占用原则取得的水权,按通说须以实际有益用水为要件。其二,消灭的原因不同。前者场合,即使水权人未继续用水,水权也不消灭;后者场合,水权人停止实际用水达一定期间,水权便归于消灭。其三,取得程序不同。基于河岸权原则取得水权无须经水管部门登记,基于先占用原则取得水权必须经水管部门登记。

(五)以是否消耗水体分类

基于是否消耗水体的标准,水权可分为消耗性用水权与非消耗性用水权。

所谓消耗性用水权,是指从一个河系、湖泊、池塘或地下水流域引取水而未将水回流或回流后不能用于其他用途的权利。家庭用水权、灌溉用水权等即属此类。所谓非消耗性用水权,是指水力用水权、蓄水权、航运水权、水质控制权及其他美学目的的河道内用水权。

该分类的意义在于:其一,用水计量的标准不同。对家庭用水、灌溉用水等消耗性用水常常利用可接受的单位水量进行计量控制。水权分配通常是以引取水的总量而不是以消耗性用水量为基础。引水总量包括消耗性用水量加上输送、调度过程损失的水量,再加上其他损失的水量。对非消耗性用水可以用径流流量来计算。当包含水库蓄水时,该数量可以用特定时期内释放的库容来计量。其二,是否存在水所有权主体的转换不同。消耗性用水权场合,存在水所有权从水资源所有权人处转移至水权人之手的现象;非消耗性用水权场合则否。

此外,水权还可分为须经登记许可而产生的水权与不经登记许可的水权等。

三、水权与土地权利之间的关系

在自然界里,水存在于地表或者地下,与土地结合在一起。镜像式地反映并确认这种物理属性的法律,便把水资源(以及石油、天然气等)和土地作为一个客体,将水权(以及油气矿业权等)附属于土地所有权,换言之,土地所有权中包含着水权(以及油气矿业权等)。我们将这种模式称为土地所有权吸收水权模式。日本法虽然把河川水资源作为公用财产,但对地下水却作另类处理。按《日本民法典》规定,土地所有权,于法令限制内,及于其土地的上下(第207条)。也就是说,土地所有权包含了相应地下水的所有权,因此,只要土地处于指定的河川区域之外,土地所有权人从其土地下抽取地下水,不需要水权。换言之,土地所有权人抽取、利用其地下水的正当根据在于其土地所有权。[42]英国普通法也认为土地所有权人的权利上至天空,下达地心。除法律另有限制外,土地所有权人可以尽其所好地修建任意高的楼房,有权挖掘任意深的矿藏。附属于土壤的任何东西都是土地的构成部分。不但生长着的树、庄稼是土地的构成部分,而且地上的湖泊与河流亦然。[43]土地所有权人对地下的水资源拥有绝对的所有权,可随意抽取、使用甚至浪费水资源,无须考虑用水的合理性以及其他权利人对同一水资源的利用。

这种模式偏颇了土地所有人的利益,对急需水(以及石油、天然气等)的非土地所有人过分苛刻,尤其是忽视了社会公共利益、国家战略利益的需要。于是,许多国家的立法改变思路与视野,认为水(以及石油、天然气等)与土地结合在一起的自然状态,并不一定导致法律机械地将它们视为一个物,甚至让它们同属于一个主体,进而形成其上仅竖立着一个土地所有权的法律架构。相反，为了达到物尽其用，实现效益最大化，合理地分配自然资源于各个主体之间，满足社会公共利益、国家战略利益的需要，在法律上把土地、水资源（以及石油、天然气等）视为不同的物，分别承认土地所有权、水资源所有权（以及石油、天然气资源所有权等），完全能够成立。多数立法还进一步将水资源所有权与水权分立，如此便形成了水权与土地所有权两立的模式，宣称水权不附属于特定的土地。[44]施行于英格兰与威尔士的水资源法、水法一反普通法的原则，改采水资源归国家所有的制度。例如，该水法开宗明义，规定河流属于国有。美国的一些州法规定水资源属于公有。制定于1892年修改于1957年的《日本河川法》规定河川水资源属于公共财产（第2条）。法国对土地实行私有制，但其1992年的《法国水法》却规定，水是国家共同资产的一部分。与此相同，俄罗斯联邦虽然实行私有制，但其1995年的《俄罗斯联邦水法》却规定，水体可以属于俄罗斯联邦所有，也可以属于俄罗斯联邦各州、区所有。在国家所有权下，一个水体不能同时分属于几个州、区所有。在联邦德国，著名的“湿采石裁定”及其引发的《联邦德国水利法》的修改，清楚地显示出水权与土地所有权两立。所谓“湿采石案”，案情大概如下：某采石业者在其所有土地上经营采石业多年，为提高采石的产量，欲扩大开采范围，采用“湿采石”作业方法，这就涉及地下水的使用。他依据《联邦德国水利法》第2条第1项的规定，向主管机关申请许可。经审查，该主管机关以该土地位于水源保护区，采石工作面的扩大将危及地下水为由，未批准该申请。该采石业者不服，依程序提起行政诉讼，但被驳回；他转而向联邦普通法院提起诉讼，请求补偿。该普通法院在审理该案件的过程中，发现《联邦德国水利法》第2条第1项关于地下水使用限制的规定未设有补偿内容，似乎违反了《联邦德国基本法》第14条第3项规定的立法意图，于是提请联邦宪法法院审查。联邦宪法法院于1981年7月15日作出裁定，认为系争规定与联邦基本法的立法意图尚无不合。联邦宪法法院特别指出，土地所有权人对于其土地地下水的利用权能，自始不属于联邦基本法保障财产权的范围，从而地下水的利用置于国家公法的管理体系之下。[45]在此裁判的指示下，联邦德国在修改《联邦德国水利法》时增订第1a条，其中第3项规定：“土地所有权人不享有以下权利：1. 依本法或依各邦水利法规定须经许可的水资源利用；2. 地面水的开发。”这明确揭示了“水资源的利用”非属土地所有权的内涵。[46]我国元代以前，水资源的分配是“按地定水”，水权仅仅是地权的附庸,即“水随地形”。但到了明清时期,关中地区水权的买卖就比较常见了,水权和地权已经分离开来。[47]民国时期于 1942 年制定的《水利法》明确规定,水为天然资源,属于国家所有,不因人民取得土地所有权而受影响(第 2 条),现在,该法仍然适用于我国台湾地区。学说认为,天然状态之水为《宪法》第 143 条第 2 项规定的经济上可供公众利用的天然力,所有权属于国家,故天然状态之水非为土地之重要成分,非主物(土地)之成分。[48]我国现行法一直采取土地所有权、水资源所有权、水权分立的模式(《水法》第 3 条)。

明确我国立法例采取土地所有权、水资源所有权、水权分立的模式,既寻找到了水权自成体系的法律及理论基础,又清晰了水权可以脱离土地所有权而单独取得、转让、抵押的前提,当然,也带来了如何协调水权与土地所有权、土地使用权之间的关系等复杂的问题,需要解决。下文关于河岸权原则、水权与相邻权或地役权的讨论,即属这方面的内容。另外,水权同土地所有权、土地使用权的分立,并不排斥水权与土地所有权或土地使用权一起处分。在实际生活中,它们被一同转让的案例并不鲜见。《美国堪萨斯州水占用法》规定,作为不动产权的水权,有的附属于土地,有的与土地分离。前者场合,它随着土地的出卖、出租、抵押、遗赠或者其他自愿处分的方式而移转(第 701 条 g);后者场合,当纯粹的土地所有权未被授予水权时,所有权人须另外申请水权,无许可证而用水会负刑事责任(第 728 条)。

四、水权的优先权

优先权是水权的两大要素之一,在水权制度中处于非常重要的地位。水权制度中的优先权有两个功能:一是决定水权是否产生,在某些情况下(如依河岸权原则)甚至是排他地确定水权的取得;二是确定数个水权之间的先后顺序,协调水权人之间的利益冲突。称前者为水权的产生依据,称后者为水权的优先位序,更为准确。为方便起见,同时照顾到用法习惯,本文在不同的场合使用相应的称谓。

因确定标准不同,水权所处的场合不同,确定优先权的原则和规则便呈现出差异。以下分别予以介绍,并尽可能地作出评论。

(一)以地表水为客体的场合,确定水权取得的优先权类型

1. 河岸权原则

准确地说,河岸权原则应该叫作依河岸地所有权或使用权确定水权归

属的原则,是指水权附属于相邻于水的土地,[49]换言之,土地所有权人对与其土地相毗邻的河流当然地享有水权。在我国古代,水使用权(水权)取得的原则中即有渠岸权利原则,[50]我国现在的用水习惯中有它一席之地。在英国,它滥觞于普通法。后来,它被美国东部各州的法律所沿袭,也被西部一些州的法律所承认。其性质有三:其一,它适用于河流与土地毗邻场合取得水权。依该原则取得水权,仅需要存在河流的天然径流、土地所有人对毗邻的河岸享有所有权两项条件,至于当时该河流中是否蓄存着水,水量大或小,则在所不问。其二,依该原则取得水权系当然的与自动的,无须经人为的程序来授予。其三,依该原则取得的水权具有永续性,同权利人利用水资源与否无关。该水权既不会因权利人不利用水资源而丧失,也不会因利用的时间先后而产生优先权。[51]应当指出,由于我国现行法规定直接自地下、江河、湖泊中取水要适用取水许可证制度,因此,对河岸享有所有权、土地承包经营权、"四荒"土地使用权、国有土地使用权的用水人,取得水权也需通过申请—审批—发证的程序。

河岸权原则同我国法上的相邻用水排水权类似,但两者具有本质的不同:其一,相邻用水排水权,是不动产权利人用水排水,牺牲毗邻不动产的权利人的利益的法律根据,反映的是这种利益彼增此消的关系,其主体是相互毗邻不动产的所有权人或者使用权人,水资源所有权人及其利益不在其中。河岸权原则解决的恰恰是不动产权利人从水资源所有权人处取得用水的权源问题,有时是不动产权利人从其他水权人处获得水权的问题,总之不是相邻不动产权利人之间的问题。其二,在无偿用水的时代,或者在土地与水相结合同为土地所有权客体的制度中,不动产权利人即使无水权也可基于相邻用水排水权而自然享有用水的权利,一些国家或地区的民法确实是如此规定的,我国民法通说也是这样主张的。但这确实是无故地牺牲了水资源所有权人的利益,是不当的利益分配,也同水法的原则相冲突,容易使人产生相邻用水权中当然含有水权的错觉。在水资源所有权独立于土地所有权并归国家享有,又实行有偿用水制度的背景下,必须修正上述规定及其学说,确立下述规则:相邻用水排水权中无水权这一成分,亦非确定水权取得的基准;而河岸权原则恰恰是取得水权的依据。其三,在建筑物排水场合,相邻用水排水权与河岸权原则不搭界。在与河流毗邻的土地需用水排水场合,若无水权存在,亦不会有相邻用水排水权,只在已取得了水权之后,才会产生上下游的土地所有权人或者使用权人之间在用水排水方面存在的问题，才会有相邻用水排水权的运用。其四，河岸权原则解决的是水权从无到有的问题；相邻用水排水权解决的是有了水权以后，水权运用过程中发生的利益冲突问题。由此可以得出结论：如果所谓“民法对基于土地及房屋的相邻而产生的水的相邻关系已经形成了较为成熟的制度”，“水权与相邻权、地役权之间就存在着调整范围上的重叠和交叉”[52]的观点，是对我国现行法尤其是针对正在制定中的我国物权法所作的描述或者展望的话，那么它显然不是妥当的利益分配方案，不符合发展方向。另外，究竟是行使毗邻房地产的权利而形成的相邻关系，还是所谓“水的相邻关系”，需要澄清，笔者认为是前者。

依据上述原理，可以认为，我国现行法尚未明定依河岸权取得水权，这与我国一直未形成完整的水权制度、水资源所有者基本上用行政手段分配用水、不注重用经济杠杆调节用水关系、无偿或者低费用水十分普遍、缺水现象未像今天如此严重有关。不过，几十年来在实务上则一直存在基于河岸权取得水权的事实，并已形成了习惯，农村用水排水的纠纷大多据此习惯获得调解。因此，该习惯应被法律认可。应该注意到，所谓河岸权，在主要以行政手段处理土地关系的年代，基本上指的是土地所有权，在农村更是如此；但在土地所有权、土地承包经营权、“四荒”土地使用权、国有土地使用权分立，并可归不同的主体享有的今天，它便呈现出多样化，既可以是主体对河岸享有的土地所有权，也可以是对河岸地拥有的承包经营权、“四荒”土地使用权，还可以是对河岸地取得的国有土地使用权。

2. 先占用原则

先占用原则，是指按占用水资源的时间先后来确定水权的取得以及水权之间的优先位序的原则。有人将它表述为，先占用水资源者，优先取得水权，或者其水权居于优先位序。其产生和存在的必要性首先表现在，非毗邻水资源的土地同样需要用水，可是按河岸权原则却达不到目的，而依据先占用原则就能如愿以偿。它包括三项基本规则：其一，水的利用仅可以是直接的、实际的和有益的；其二，首次有益用水者相对于其后的用水者取得优先权；其三，该权为继续的权利，以继续而有益地用水而非浪费为存续条件。[53]其中，第一项规则包含对水权的三项限制：首先，水权是用益权，仅在于用水；其次，由有益用水决定的水量确定着水权的范围，[54]水权人不享有超出其实际有益用水量的权利；最后，起初将有益用水的类型限制为，矿业用水、灌溉用水和畜牧用水。[55]近来，法院与立法机构将有益用水的类型扩张到娱乐用水、环境用水和回流河道用水。[56]第二项规则赋予了首先的或最早的有益用水者处于优先位序的水权。该权整体地优先于随后的用水人的水权。该水权的优先日期溯及至用水人首次引取水的时间。[57]其例外有，当居民申请家庭用水时，水管部门可以不顾时间的先后而承认他优先于其他申请者。第三项规则要求水权人继续用水以保持其水权。只要有益用水在继续，水权便存续；[58]不用水或者浪费用水便导致水权丧失。[59]

先占用原则与河岸权原则的不同十分明显：其一，它不以水资源毗邻土地为取得的条件。其二，时间因素是水权取得以及优先位序的决定性因素。其三，就毗邻土地的特定水域而言，河岸权原则暗含着排他性，土地所有人或者使用权人享有了该水域的水权，他人就不再能享有该水域的水权，于此场合，本不具有排他性的水权因以河岸权为基础反倒呈现出排他性。先占用原则无此功能，正因如此，先占用原则具有确定水权的优先位序的功能。应予指出，河岸权暗含的排他性，仅在法律承认河岸权原则而否定先占用原则的背景下存在，在这两个原则并立的情况下，便极其弱化乃至消失。其四，依河岸权原则取得水权，不以实际用水为要件；而基于先占用原则取得水权，必须具备实际有益用水这一条件。其五，除美国西部早期基于先占用即获水权的习惯不需登记以外，现行法要求，依先占用原则而取得水权均须登记，获得水权许可。基于同样道理，加上用水管理的需要，我国《水法》第 48 条第 1 款规定，除家庭生活和零星散养、圈养畜禽饮用等少量取水的以外，国家对直接从地下或者江河、湖泊取水的，实行取水许可制度。与此相反，河岸本身即为公示标志，基于河岸权而取得的水权自身既昭示着水权的存在，又确定着水权的位序。故即使基于河岸权原则取得的水权不为登记，只要土地的所有权或者使用权予以登记，水权问题便随之获得解决。如果这一观点是正确的话，那么，所谓“水权的取得必须进行登记”[60]的观点就至少是犯了绝对化的错误。

在我国古代，水使用权的取得原则中就存在有限度的先占用原则。[61]在美国，先占用原则起初在西部的矿区因矿主在采矿方面承认优先权而成为习惯。处于干旱区域的农场主因其土地与河流、湖泊等水源不相邻，对河岸权原则同样不满。[62]于是造成投资减少，人们投奔他乡的后果。由此可见，河岸权制度在西部并非良法，需要加以改变。该转变过程大致如下：矿主、农场主首次从公有地的河流中引取水，便获得事实上的水权。这种引取水的现象逐渐发展成为地方习惯与地方规则,法院随之将这些地方规则中的大部整合成法律,拒绝河岸权原则。[63]但华盛顿州的法院同时承认河岸权原则与先占用原则。如果河岸权人未实际地用水或者在合理的期限内几乎未引取水,法院就允许其他占用人引取水。进而,1917 年《地表水法典》规定,在华盛顿州,先占用原则是取得利用地表水的权利的唯一依据。1945 年《地下水法典》在地下水领域也适用这一规则。近来,华盛顿州最高法院不再遵循河岸权原则,仅承认先占用原则。[64]实际上,原来遵循河岸权原则的州大约有半数转而采纳先占用原则,废弃或者严加限制河岸权原则;那些依旧认可河岸权原则的州也另外承认了先占用原则。[65]

但这同时产生了新的问题。其一,制定法确立先占用原则势必侵害或者削弱了关于河岸所有人的普通法规则,即限制了制定法实施时已经行使的河岸权。不过,其改变定有限度,只要实际利用水资源的状态受普通法的保护,制定法就不得伤害任何人基于河岸权享有的水权。[66]其二,这种二元体系的存在使水权的取得及其位序的确定复杂化了,纠纷也额外地增多了。

先占用原则的精神在日本法上同样存在。在日本水法上,水权分为许可水权与习惯水权,前者的优先权按批准水权的时间顺序予以确定,后者则包含上游用水优先权、旧稻田优先权与平等用水原则。[67]上游用水优先权使上游用水人优先于下游用水人而用水,即使下游用水人取得水权的时间在先,也是如此。旧稻田原则,是最早引水并灌溉稻田者取得最优先位序的水权,而不是以水管部门批准的时间确定水权的位序。日本水法还承认:其一,取得堤坝用益权者不受先占用原则的束缚,他有权利用水库的一定存蓄容量。当分配到的水库蓄水容量存蓄满后,堤坝用益权人有权从堤坝甚至下游引取这部分水量。该水权优先于其他水权,即使后者取得的时间在先。其二,暂时性水权或暂时性湿润年份水权无优先性,即使它取得的时间在先,也是如此。因为它是在近期将要建设有关蓄水设施且流域水资源具有湿润年份条件时批准的,它只暂时性地存在于一定期间内。[68]

从先占用原则的功能与产生发展史可知,先占用原则较河岸权原则更妥当地兼顾了各方面的利益与需要,我国法应予采用,《水法》修改时应予明确。作为权宜之计,对《水法》关于国家对直接从江河、湖泊取水的,实行取水许可制度,除非系家庭生活和零星散养、圈养畜禽饮水等少量取水的规定(第 48 条第 1 款),可解释为承认了先占用原则。因为水管部门审核取水申请，签发取水许可，应该按申请时间的先后确定各个水权的位序。日本的习惯水权制度承认上游用水优先权、旧稻田用水优先权、堤坝用益权人的水权优先诸规则，与我国的用水习惯相符，我国法应予借鉴，并作为先占用原则的例外。日本水法关于暂时性权利或暂时性湿润年份水权无优先权的规则，作为先占用原则的另一例外，具有合理性，值得我国法借鉴。在这里，一个回避不了的问题是，我国法仅确立先占用原则还是同时承认两个原则？对此问题可有两个思路加以解决：一是避开麻烦之路，仅承认先占用原则，河岸权仅是授予水权时优先考虑的一个因素；二是承认两个原则并立，但须确立优先位序规则，以解决水权之间的效力冲突问题。前者解决问题简单，但在我国采用则属无视几十年间形成的习惯，产生新的纠纷，可能得不偿失。采纳第二个思路则必须先确立水权之间的优先位序规则。笔者赞成后一方案，优先位序规则在下文讨论。

需附带指出的是，与河岸地相邻的土地需用河水的场合，在水资源所有权归国家享有并实行有偿用水制度的今天，必须先取得水权（或者取得水合同债权），然后才有正当权源用水。于此场合，相邻关系规则仅仅使该土地的权利人享有在河岸地铺设输水管或者修筑输水渠的权利。笔者不同意所谓该土地的权利人基于其相邻权就自然享有使用水的权利的通说。因为承认该通说就意味着允许毗邻的水源地的权利人无权处分本属于国家所有的水体，意味着可以置水资源所有权人的意思和利益于不顾。

3. 取得时效原则

取得时效亦为水权取得的根据之一。适用取得时效取得水权须符合以下条件：其一，须有占用不属于自己的水资源的状态；其二，该状态须持续较长的期间；其三，该占用水资源须为和平的、公然的。具备了上述条件，占用水资源者便取得水权。这一制度在美国的一些州是通过判例而被确立的，但在另一些州却未被承认。我国正在制定《物权法》，拟承认取得时效制度。这一设计一旦变成现实，应适用于水权的取得。

（二）以地下水为客体的场合，确定水权取得的优先权规则

地下水大致分为地面入渗水和地下径流，后者是指流动于一条“确定、已知、可探查”的地下水道中的水流。当地表河流入渗并在该河床下继续流动时，以地下径流论。在美国，取得地下径流的水权一般适用取得地表水的水权的规则。当地下径流与地表河流相通时，水权的取得、分配

应考虑该地表河流这一因素。就通常情形,地下水的水权取得原则有绝对所有权原则、先占用原则等。按绝对所有权原则,土地所有权人当然拥有其地下水的所有权,可随意抽取、使用乃至浪费地下水,而无须考虑使用的合理性,也不必顾及其行为是否损害了他人对该地下水享有的水权。按先占用原则,先使用地下水者优先取得水权。如此,在土地所有权人从未使用地下水的情况下,已经取得开发、使用地下水许可的非土地所有权人取得位序在先的水权,而土地所有权人只能享有后位序的水权。[69]

绝对所有权原则即使在今天的西方国家也不合时宜,更同我国现行的水资源归国家所有、农村土地归集体所有、市场主体依法用水的法律制度相冲突,也不符合我国水权制度的发展方向,我国应弃之不用。根据我国《水法》第 48 条第 1 款规定,可推知:宅基地使用权人有权不经审批程序而径直抽取其宅基地下之水来满足其生活需要。与此不同,土地所有权人须经水管部门审批并签发取水许可方有权抽取、使用其地下之水,土地承包经营权人、“四荒”土地使用权人亦应如此,国有土地使用权人须经批准方有权抽取、使用其用地下之水。水管部门审核、批准取水许可,应按申请时间的先后确定水权的取得以及位序。就此说来,我国法实行的是先占用原则。

我国以往鲜有水权人抽取、使用异地的地下水的现象,所以基于先占用原则取得异地地下水的水权尚不多见。也就是说,在地下水的水权取得方面,先占用原则的适用范围较窄。随着市场经济的发展,若水权人抽取、使用异地的地下水的需要增强,事例增多,那么先占用原则的适用范围会拓宽。

应该承认,由于法规不配套、执法不严等多方面的原因,我国抽取、使用地下水的实务未令人满意地贯彻《水法》第 48 条第 1 款的规定,土地承包经营权人、“四荒”土地使用权人等抽取、使用地下水大多未申请并取得用水许可证。因取水许可制度未落实,先占用原则自然就难以贯彻。这种状况亟待改变。

顺便指出,水权人抽取、使用异地的地下水,时常需要通过他人所有或者使用的土地,于此场合,尚需取得相邻权或者地役权。

(三)在以地表水为客体的情况下,数个水权并存于同一水资源场合,确定水权优先位序(优先权)的规则

因用水目的不同导致水权的效力冲突场合,我国《水法》第 21 条设有

原则性的解决规则。在解释论上，可认为该条确立了如下位序表：家庭用水、灌溉用水、工业用水、生态用水、航运用水。在干旱和半干旱地区开发、利用水资源，应当充分考虑生态环境用水需要。这基本符合21世纪议程文件所定“在开发和利用水资源时，必须优先满足基本需要和保生态系统”的目标要求，与“实现粮食安全是一件高度优先的事情”的行动依据相一致，系我国国情要求的反映，其方向是正确的，但不够全面，应予补充。在这方面，一些国家和地区的立法可供参考。我国台湾地区“水利法”按下列规则确定水权的先后顺序：家用及公共给水；农业用水；水力用水；工业用水；水运；其他用途（第18条第1项）。美国的堪萨斯州则采用下列顺序规则：家庭用水；市政用水；灌溉用水；工业用水；娱乐用水；水力用水。不过，当水资源不能满足所有的水权需要时，则并非依用水目的而是按取得水权的先后时间来确定引取与使用水资源的权利的位序。[70]我国台湾地区“水利法”将家用与公共给水一并列为第一位序，未准确地反映出人们获取生活用水与卫生环境用水乃其基本权利的思想，不如将家庭用水列为第一，把市政用水列为第二更为精确、可取。水运的位序过于靠前，不尽符合我国的实际。美国是一个自然资源丰富的发达国家，人们的生活水准已达到很高的程度，水法将娱乐用水的位序排得靠前些可能是适宜的。我国则不然，故娱乐用水在近期应位于水力用水之后。还有，环境价值的位阶在价值体系中正在上升，与此相适应，环境用水的位序在我国法中宜前移。在这一点上，欧盟于1998年9月在其《水资源可持续管理的战略措施——水资源开发合作导则》中关于环境原则的观点值得重视：由于水的自身价值及它与人类生活息息相关，保护自然水环境是非常重要的。例如，由于鱼和水生态环境都离不开水，湿地和沿海地区的生态系统也都依赖于水。河流和湿地具有保护野生动植物、航运和娱乐的重要作用。它们同样有助于保护自然界的生物多样化。这决定了需要考虑这方面用水的优先性。最后，灌溉用水优先于工业用水，基本上是针对业已存在的灌溉水权而言的。在我国实务中，新增农田的灌溉用水在位序上往往处于工业用水之后。对于所谓“当水资源不能满足所有的水权需要时，则并非依用水目的而是按取得水权的先后时间来确定引取与利用水资源的权利的位序”，我国不宜盲目照搬。因为第一，水法关于首先满足居民生活用水的规定确立了家庭用水处于第一位序的规则，应该坚持。我国用水习惯中的上游用水优先权，也是依取得水权的先后顺序解决冲突的一个例外。况且连有的美国学者都认为,家庭用水是最受保护的,不得被征用。[71]这就否定了完全依取得水权的先后时间解决冲突的结论。第二,在申请水权或者在授予水权时,若申请的用水量超出水资源的供应能力,宜按先占用原则或者先申请原则决定将水权授予谁,若有数个水权时确定出并登记清楚各自的位序,调和冲突。但在已经存在数个水权且无登记的位序场合,则宜按前述依用水目的确定水权位序的规则,协调冲突。

笔者建议,在以地表水为客体的情况下,关于调和数个水权之间的效力冲突的规则,我国水法宜采纳以下方案:(1)以用水目的作标准,各个水权的位序为,家庭用水、市政用水、灌溉用水、工业用水、水力用水、娱乐用水(娱乐用水属于环境用水时除外)等。如此排序具有如下理由:第一,该位序表符合我国目前阶段的价值位阶体系,即生存权、发展权、享用权等位阶体系。第二,它与我国目前的发展水平相一致。在这里,需进一步做的工作,一是将环境价值作为上述各种用水类型(目的)的限制原则,把环境用水的位序前移,在娱乐用水属于环境用水的情况下,娱乐用水的位序亦应前移,但不得位于家庭用水之前;二是界定家庭用水等概念的含义。(2)依水权取得的时间先后确定位序,先取得的水权位序优先。(3)特殊的优先权规则,如我国实务遵循的上游用水优先权,应被水法所认可。我国台湾地区"水利法"关于"按水权状内额定用水量比例分配之或轮流使用"(第20条后段)的规定具有合理性,可以借鉴。日本习惯法上的堤坝用益权人的水权优先权,符合我国实务中运用的河岸权原则,应予借鉴。(4)征用规则在解决数个水权的效力冲突方面发挥着独特的作用,我国水法对征用水权问题应明确而详细地加以规定。目前,可把《水法》第44条、第45条的规定解释为含有征用的精神。上述四方面的规则的着眼点不同,视个案情况决定采纳何种规则,以达圆满调和冲突之目的。具体运作方式如下:当水资源不足时,首先适用用水目的位序规则确定哪个水权优先,即家庭用水权最为优先,市政用水权为第二,灌溉用水权列第三,等等。在干旱和半干旱地区开发、利用水资源,生态用水应被充分考虑(参见《水法》第21条)。两个以上的水权的目的相同时,适用依水权取得的时间先后确定位序的规则,即先取得的水权优先。[72]当两个以上的水权不但目的相同而且取得的时间相同时,可采用上游用水优先权、堤坝用益权人的水权优先等规则,或者按水权许可证规定的用水量比例分配或轮流使用等规则。

（四）在以地下水为客体的情况下，数个水权并存于同一水资源场合，确定水权优先位序（优先权）的规则

适用先占用原则取得地下水的水权，同样会产生数个水权的效力冲突问题，解决的规则基本上按地表水的水权取得的时间顺序确定位序，[73]但也有特殊之处，即土地所有权人对其土地下之水享有的水权绝对优先于从该地下抽取水并向异地输送的水权。[74]这实际上否定了依用水目的确定水权位序的规则，带有绝对所有权原则的影子。对于我国法来说，在吸收该规则时应设有例外，方案可有二：一是依用水目的确定水权的位序；二是通过征用的方式满足非土地权利人的水权需要。

（五）征用水权

美国许多州的立法赋予市政当局依法征用水权的权力。它对解决数个水权之间的效力冲突有着独特的作用。对此，John C. Peck 教授和 Kent Weatherby 联席总顾问总结道：在满足以下两个条件的情况下，水权可被征用：其一，权利人必须享有制定法赋予的征用权；其二，从制定法规定的水权的位序表看，拟取得的水权的位序高于被征用的水权的位序。[75]这两个条件同中国法的精神不矛盾，可以借鉴。

中国是农业大国，在国民经济中，农业处在极其重要的地位，故灌溉用水权一般不得因工业、高尔夫球场和公园草地的用水而被征用。灌区有权征用工业用水权、娱乐用水权或者水力用水权，但无权征用家庭用水权、市政用水权或者灌溉用水权。[76]工业系统的单位无权征用家庭用水权、市政用水权或者灌溉用水权。就特定主体而言，可征用何种水权确实为一复杂的问题，中国水法应权衡各方面的利益慎重对待，总的原则是，遵循生存权优先、有利于社会发展等原则。

五、水权取得的条件

除河岸权原则以外，基于先占用原则、取得时效制度取得水权均需有益用水这一要件。有益用水是水权的两大要素之一，所以，在明确了水权取得的原则之后，有必要讨论有益用水问题。

在美国，依先占用原则授予水权许可，是基于实际有益用水，还是以输水系统的输水能力为根据，争论激烈。在 Department of Ecology v. Theodoratus 案中，华盛顿州坚持后者，华盛顿最高法院采纳前者。案情大致如下，1973 年，George Theodoratus 向华盛顿州的生态部申请水权许可，以促进 Skagit

县的私人住宅开发。依照审核报告,生态部授予 Theodoratus 抽取地下水的许可。许可证中的用语意在创设一既有水权,一旦 Theodoratus 的供水系统有输水能力,就依华盛顿州《地表水法典》第 90 · 03 · 330 条的规定签发给他水权证书。尔后,华盛顿州以输水系统的输水能力而非 Theodoratus 的实际用水量为根据,签发了定量之水的水权证书。1992 年,用水许可期满失效。于是,Theodoratus 再次申请将许可延长至 2001 年,生态部起初拒绝,但在 Theodoratus 上诉后,生态部同意将许可延长至 2001 年 1 月 1 日。此次,生态部注重的条件改变为,水权证书的签发系以有益用水的实际水量为根据,而不再是基于输水系统的输水能力。显然,该用水许可延长的条件改变了以前签发水权证书的根据。Theodoratus 不同意以实际有益用水作为水权许可延长的条件,就此上诉到污染控制听证会。该听证会认为,输水系统的输水能力固定了水权证规定的有益用水的实际用水量,Theodoratus 有权占用与其所建输水系统的输水能力相等的水量。简言之,听证会以输水系统的输水能力为水权取得的条件。生态部反对听证会的观点,上诉到高级法院。高级法院认为,生态部已经自行确定了延长用水许可的条件,那就是由实际有益用水决定的水量。生态部必须在实际有益用水发生前签发用水许可证。该法院指出,所谓"合理的有益用水",可能包括诸如已完成的公共供水系统的输水能力等条件,其范围是在合理的期间内有益用水。生态部交互上诉至华盛顿州最高法院,认为高级法院关于有益用水的界定是错误的,因为它考虑了输水系统的输水能力与未来用水。最高法院裁决,生态部只能在申请人实际地有益用水之后签发给他用水许可证,无论是普通法还是制定法均未允许生态部以输水系统的输水能力为根据签发用水许可证。依该案的判决,合法占用水与颁发用水许可证必须基于实际有益用水,而非以用水人完成的输水系统的输水能力为根据。[77]

我国水法如何取舍呢?以输水系统的输水能力作为水权取得的条件,其缺点是,不论水是否被实际利用,输水能力都不会改变。这使水权处于推断之中,导致水权管理的不确定。它会同先占用原则及"用水则有水权,反之则失水权"的规则相抵触。在水资源短缺的背景下,申请人实际用水量小却故意修建输水量大的设施时,更显出其不足。如果以实际有益用水作为水权取得的条件,就不会存在上述问题。由此看来,在奉行先占用原则的框架下,以实际有益用水作为水权取得的条件比较合理。我国水法应采取这一观点,改变以输水系统的输水能力授予水权的思路。在此前提下,尚需界定实际有益用水的含义。笔者认为,普通法关于有益用水既指用水的类型,又指水权的衡量标准与边界[78]的观点,可资借鉴。

该有益用水是指既有的状态抑或未来的状态?亦有争论。首先应予说明的是,前者与上文所谓"实际有益用水"相一致,而后者则同所谓"输水系统的输水能力"有时重合,有时不同。所谓"不同",表现在拟于未来的用水可能小于或者大于输水系统的输水能力。华盛顿州最高法院坚持前者,即水权的取得以既有的用水状态为条件。[79]赞成者列有三点理由:其一,这同普通法上的水权要求相一致,是华盛顿州水权法典的基础;其二,这符合华盛顿州水权法典的用语和目的;其三,既有的实际用水较之输水系统的输水能力,更贴近当代的用水管理考虑。[80]所谓"这同普通法上的水权要求相一致",主要是指这符合先占用原则。所谓"这符合华盛顿水权法典的用语和目的",是若将《地表水法典》第 90 · 03 条与《地下水法典》第 90 · 44 条联系起来解释与适用,可知它们要求申请人必须估算两个时间,一是修建输水系统所需时间,二是实际有益用水的时间。生态部必须设定后者。它们要求,"合法占用水"以实际有益用水为构成要件。由于输水系统的输水能力有时与拟于未来的用水重合,所以上述第三点理由可被解释为既有的实际用水较之拟于未来的用水,更贴近当代用水管理的考虑。

有益用水系指未来的状态,在美国西部的普通法上有两项理论支持,也是 Department of E – cology v. Theodoratus 案少数意见所赞成的观点。一项理论为进步增长理论(progressive growth doctrine),承认为灌溉用水常常不需要具备立即实际用水的全部可能性,只要存在拟实际用水的诚实信用与用水人为实际用水而尽其所能地工作即可。诸如用水人正努力地修建输水渠等,即为拟实际用水的诚实信用与为实际用水而尽其所能地工作的表现。另一项理论为发展中的社区共同体理论(growing communities doctrine)。它支持基于未来用水的意思授予水权。按照该理论,一个社区共同体可以合理地预期未来所必需的水量而行使水权。持此观点的少数意见者以 City and County of Denver v. Sheriff 判例为权威依据,并认为它应适用于 Theodoratus 案,因为一个社区共同体拟于未来用水的最好指示器是它已建成的供水系统的输水能力。[81]因为在 Theodoratus 先期开发社区共同体中的私人住宅的过程中,每建成一新屋,就会相应地增加用水的需求，所以，为满足该需求，不至于新屋落成需要用水时却无水权作为用水的依据，便应以拟于未来的用水为根据将水权授予 Theodoratus。[82]赞成以拟于未来的用水而非既有的用水作为水权取得条件者大有人在，其理由之一是，以既有的实际用水而不是拟于未来的用水作为授予水权的根据，会增加其他开发者投资的不确定性，导致他们放弃开发计划。[83]

我国现行法是采取用水人先取得取水许可证，然后才有资格用水，也就是说，以未来的用水作为取得水权的条件。在修改水法时是坚持这种做法还是进行修正呢？将既有的实际用水作为水权取得的条件，存有如下缺点：一是用水人在取得水权之前的用水欠缺法律依据；二是水权在量的方面未必符合用水人对水的未来需求，在用水人拟增加用水量的场合尤其如此。"申请水权许可系为未来的用水而非以往的用水"，[84]从另一角度说明了这一道理。以未来的有益用水作为水权取得的条件，同样存在缺点：其一，它同先占用原则相矛盾；其二，在申请人届时未完成或者根本未建输水系统场合，会出现一方面先位序的水权闲置，另一方面阻碍后位序的水权人用水的局面。

笔者认为，折中的观点及其方案为适当的选择。美国有的判例[85]与华盛顿州水权法典承认不完全水权（inchoate rights）的思想给我们以启示。我国水法可以这样设计，除依河岸权原则取得水权以外：其一，在无水权许可的情况下，用水人实际有益用水，他享有不完全水权。这既使其实际有益用水有正当权源，又贯彻了先占用原则。其二，待用水人取得水权许可证时，他享有完全水权，或者说是效力齐备的水权。其三，对于拟于未来的用水，在申请人原本无任何输水系统也未修建此类系统场合，不授予他任何水权。这使其他用水人有机会取得先位序的水权，使水权人乃至整个社会都获得最佳的效益。其四，有确凿证据表明申请人正修建输水系统或将确定地修建时，自其申请被批准时授予不完全水权；待其实际有益用水时，再授予完全水权。如此，用水人、其他用水人、管理部门几方面的权益都可得到兼顾。如果这一结论是正确的话，那么，我国应放弃按未来的用水授予水权的思路。

六、水权与物权法典的制定

综上所述，可知水权乃至整个准物权与典型物权的差异很大，主要表现在：其一，在客体的特定性方面，水权或者有的不具备，或者有的要求得不严格,典型状态仅在个别场合存在。与此相关,其二,在一物一权主义方面,水权类似于抵押权,表现得很弱。其三,水权无追及效力。在水权的客体与水资源的客体融为一体时,盗用水构成侵害水资源所有权,基本不构成侵害水权;即使构成,因水一旦被盗用,就不再是水权的客体,水权人自然不能基于水权请求返还。该结论同样适用于水权的客体与水资源所有权的客体相分离的场合。其四,优先性在水权中虽然突出,但独具特色:一是因水权与其他物权、与非水合同债权不会基于同一客体而发生,故谈不上谁优先于谁的问题。优先性仅发生在水权之间或者水权与水合同债权之间,范围较窄;二是优先性在水权中既表现在水权的取得方面,又体现于水权之间的位序上,比较丰富。其五,水权与矿业权、渔业权之间,后两者与物权之间,均存在很大区别,等等。

既然差异如此之大,如果物权法典规定水权乃至整个准物权,会产生许多难以处理的棘手问题。其一,就水权属于民法物权性质的内容而言,物权法典虽然可予以规定,但操作起来,会出现许多物权制度要规定例外的情形。如此,一是不经济;二是使物权的确定性大打折扣;三是物权总则涉及的水权规范凌乱不清,莫不如将水权规范汇集一处,更利于对水权的总体把握。但如果都汇集于物权分则中的水权一章,会因本属于总则的规范夹杂其中而显得逻辑性差。只有另定单行法才比较理想。其二,水权的公权色彩强烈,水权制度大多为行政法律制度、自然资源与环境保护法,还有若干刑罚规范。这些,尤其是行政法律制度,在物权法中难以尽如人意地得到反映。而欲理想地规制水权问题,离开行政法律制度是不可想象的。十分明显,在立法技术上,我国宜采用的上策是,首先,物权法典承认水权为物权的一种,并将其定位为准物权。这样,一是满足物权法定主义的要求;二是作为水权制度展开、生长的基点。其次,物权法总则在理念上,在规范设计上,给水权乃至整个准物权留足成长空间。至于水权制度的躯干及枝叶,均应由作为单行法的水法来设计。这种模式的优越性可从公司法、票据法等单行法的成功实践推断出来。

七、水权与民法理论的反思

(一)思维方法的反思

毋庸讳言,我国民法学的思维方法深受德国法律思维方式的影响,而德国法律思维方式具备逻辑性形式理性的特征。在德国,法律思维的理性建立在超越具体问题的合理性之上，形式上达到那么一种程度，法律制度的内在因素是决定性尺度；其逻辑性也达到那么一种程度，法律具体规范和原则被有意识地建造在法学思维的特殊模式里，那种思维富于极高的逻辑系统性，因而只有从预先设定的法律规范或原则的特定逻辑演绎程序里，才能得出对具体问题的判断。[86]其优点显而易见，法律工作者能使先验的观念走向生活并且拥有广泛的演绎才能；[87]法官适用法律裁判个案远较英美法系中的裁判容易；在无充分的理由证明一项法律原则或规则、一种理论或结论不正确或不妥当或非最佳时，就承认其有存在的合理性或必要性，具有证明力，减轻了法律工作者思考的负担，使立法、法律的解释与适用更有效率。同时，其缺点也不容忽视：法律工作者常常带着危险踽踽独行；[88]当法律原则或规则、理论或结论错误、过时或不尽理想时，却仍以其作为演绎的前提、基础，一味地从抽象到抽象，我们的研究结论、方案设计至少是无用的，很可能危害巨大。既有的物权法乃至民法的理论，在抽象、概括物权现象时对水权等准物权的本质及其要求未予以足够的重视，致使有些原则、原理不适合于它们，犯有以偏概全的错误。这也提醒我们，在我们继续沿用逻辑性形式理性的思维方法的同时，也应尽可能地从具体的物权及其他具体的民法现象入手，加以归纳总结，抽象、概括出一般性的原则或学说。在这里，有必要提出，英美法系的具体的个案思维方法，对一切简单的概括抱有深刻怀疑的精神，[89]也值得我们学习。大陆法系与英美法系之间在法律思维方法方面正在接近的事实，[90]似乎在证明着这一结论的合理性。

（二）物权客体的特定性理论的反思

既有的物权客体的特定性理论误把传统的用益物权对其客体的特定性要求上升为全部物权的性质，已经不能令人信服地解释浮动抵押权等物权对其客体的要求，与探矿权对其客体的要求相反，用它来说明水权客体的特定性也显得牵强附会。笔者在本文的第一部分尝试了新的思路，得出了新的结论，旨在抛砖引玉。

（三）民事权利的分类应增加新的类别

水权的作用在于使权利人获得水的所有权，在水权与水的所有权这对范畴中，犹如债权与标的物所有权之间的关系一样，前者是手段性权利，后者是目的性权利。划分目的性权利与手段性权利，意义是多方面的。第一，目的性权利存续的期限长，手段性权利须有存续期限。水权作为手段性权利，决定了应有存续期限，但因其系水所有权主体的转换器（排水权等除外），其存续期限的长短取决于用水目的的需要、用水人支付水价的多少与双方当事人的意思，当然须被水权许可所准予。第二，据此反思我国法的制度、理论与实务，会发现我国现行房地产法关于国有土地使用权之上的建筑物所有权有存续期限的规定，在理论上是违反所有权的本质要求的，在实效上阻碍了国有土地使用权人的后期投入，还大大地增加了房地产转让的难度。此外，还会发现我国既有的用水制度存在的问题，其中之一是有些事实上的水权无存续期限。这在理论上违反了水权应有存续期限的性质，在实际上不利于合理调整有限的水资源在不同用水人之间的最佳分配，在无水价或水价较低场合还损害了国家这个水资源所有权人的利益。第三，对汲水权、引水权等类型的界定，应尽可能反映它们的本质要求。不妨把它们界定为用水人引取水并获得水所有权的权利。

不完全水权与完全水权的类别，一是可清楚地显现出水权的成长阶段不同：不完全水权属于事实上的权利，或者说是习惯权利，尚未得到法律的正式确认，甚至可能被法律所否定；而完全水权正相反。二是构成条件有异：不完全水权仅具备了实际用水这一条件，欠缺水管部门的审核批准这一必备条件（程序），而完全水权正相反。三是不完全水权的效力较弱，例如，用水人无权对抗所有的水权人；而完全水权的效力强，可对抗一切人，位序在先的水权优先于后位序的水权。四是赔偿范围有不同：不完全水权受到第三人的不法侵害致使不完全水权不能转化为完全水权时，侵权人赔偿信赖利益的损失，即用水人信赖能按预期获得水权却因该侵权行为而未取得所造成的损失；完全水权受到不法侵害，侵权人赔偿完全损失，即行使水权应该取得的利益却因侵权行为而未得到的损失。

视野延伸，在附条件的法律行为、附期限的法律行为中，存在条件未成就与期限未届至时的债权期待权，条件成就与期限届至时的债权。前者为不完全债权，后者是完全债权。在登记物权中，设定物权的当事人的行为或事实具备，但尚未经有关部门的登记，存在物权期待权，待完成登记，物权产生。前者可以不完全物权论，后者即为完全物权。将它们抽象、概括，形成不完全民事权利与完全民事权利的分类，具有积极的意义。因为它们具有许多不同，法律时常分别配置不同的规范。有学者论述到，期待权与完全权利（vollrecht）的原则区别在于，保障完全权利的法律之力并不完全保护期待权。在强制力方面，期待权人与完全权利人的法律地位不可能相同,而应弱于完全权利人。但这并不排除期待权具有符合其作为权利取得的准备阶段与过渡阶段的本质而受到限制的法律上之力。因为期待权只能具有比完全权利弱些的权能,期待权人对抗前权利人或第三人对未来完全权利的取得或享有利益之保护的保障权能与防御权能,可能要受到一定的限制。[91]

(四)相邻用水排水关系理论的反思

传统的相邻用水排水关系的规则及其理论认为,相邻用水排水权人当然地享有用水权、排水权,无须另外再取得水权。这在水资源所有权与土地所有权及土地使用权两立、水资源短缺、实行有偿用水制度的今天,显然是不当的利益分配方案与制度设计,是对水资源所有权人的合法权益的侵害,在一定程度上也是造成水资源浪费的原因,必须予以修正。我国法宜确立这样的规则:相邻用水排水权不含有水权因素,相邻权人须先取得水权才有资格用水排水;相邻用水排水权也不是取得水权的依据。地役权与水权之间的关系遵循同样的规则。笔者建议正在制定中的物权法典采纳这一观点。

注释

1 Jan G. Laitos, "Water Rights, Clean Water Act Section 404 Permitting, and the Takings Clause", *University of Colorado Law Review*, 1989.

2 林柏璋:《台湾水权及其法律性质之探讨》,载水利部政策法规司编:《水权与水市场》(材料选编之二),2001 年,第 196 页。

3 裴丽萍:《水权制度初论》,载《中国法学》2001 年第 2 期。

4 冯尚友:《水资源持续利用与管理导论》,科学出版社 2000 年版,第 189 页。

5 John C. Peck, Kent Weatherby, "Condemnation of Water and Water Rights in Kansas", *University of Kansas Law Review*, Summer, 1994.

6 Jan G. Laitos, "Water Rights, Clean Water Act Section 404 Permitting, and the Taking Clause", *University of Colorado Law Review*, 1989.

7 1 Wells A. Hutchins, *Water Rights Law in the Nineteen Western States*. 298 – 306 (1971).

8 [日]金泽良雄:《水法》,载[日]园部敏、田中二郎、金泽良雄:《交通通信法 · 土地法 · 水法》,有斐阁 1968 年版,第 81 页。

9 KAN. STAT. ANN. §82a－701(g)(1997).

10 John C. Peck,"Assessing the Quality of a Water Right",*Journal of the Kansas Bar Association*,May,2001.

11 [日]我妻荣:《日本物权法》,有泉亨修订,李宜芬校订,五南图书出版有限公司1999年版,第10页以下。

12 KAN. STAT. ANN. §82a－1305 (1989); John C. Peck &Kent Weatherby,"Condemnation of Water and Water Rights in Kansas",*University of Kansas Law Review*,Summer,1994.

13 [日]我妻荣:《债权在近代法上的优越地位》,王书江、张雷译,中国大百科全书出版社1999年版,第12页。

14 Jan G. Laitos,"Water Rights,Clean Water Act Section 404 Permitting,and the Takings Clause",*University of Colorado Law Review*,1989.

15 Alamosa－La Jara Water Users Ass'n v. Gould,674 P. 2d 914,934－35(Colo. 1984).

16 David C. Hallford,"Environmental Regulations as Water Rights Takings",*Natural Resources and Environment*,Summer,1991.

17 崔建远、晓坤:《矿业权基本问题探讨》,载《法学研究》1998年第4期。

18 United States v. Willow River Power Co. ,324 U. S. 499,510(1945).

19 Jan G. Laitos,"Water Rights,Clean Water Act Section 404 Permitting,and the Takings Clause",*University of Colorado Law Review*,1989.

20 例如,《房地产管理法》第25条规定,超过出让合同约定的动工开发日期满2年未动工开发的,可以无偿收回国有土地使用权。

21 Janet C. Neuman and Keith Hirokawa,"How Good Is An Old Water Right? The Application of Forfeiture Provisions to Pre－Code Water Rights",*University of Denver Water Review*,Fall 2000.

22 [日]美浓部达吉:《行政法判例》,第34页以下;转引自[日]金泽良雄:《水法》,载[日]园部敏、田中二郎、金泽良雄:《交通通信法·土地法·水法》,有斐阁1968年版,第83页。

23 [日]鸠山秀夫:《增订日本债权法各论》,岩波书店1926年版,第876页;[日]末弘严太郎:《债权各论》,第1025页;大民判1937年6月18日(新闻4145号16页);札幌地判1936年2月28日(新闻4153号7页);转引自[日]金泽良雄:《水法》,载[日]园部敏、田中二郎、金泽良雄:《交通通信法·土地法·水法》,有斐阁1968年版,第84页。

24 [日]金泽良雄:《水法》,载[日]园部敏、田中二郎、金泽良雄:《交通通信法·土地法·水法》,有斐阁1968年版,第84页。

25 东高判昭和35年10月14日行裁集11卷10号,第2917页。

26 Shokal v. Dunn,109 Idaho 330,707 P. 2d 441 (1985); Alamosa－La Jara Water Users

Protection Ass'n v. Gould, 674 P. 2d 914 (Colo. 1983); Stempel v. Department of Water Resources, 82 Wash. 2d 109, 508 P. 2d 166 (1973).

27 W. Hutchins, "Water Rights Laws of the Nineteen Western States", 159 – 65, *U. S. Dep' t Agric. Misc. Pub. No.* 1206, 1971.

28 COLO. CONST. ART. XVI, § 6.

29 City &County of Denver v. Sherif, 193, 96 P. 2d 836, 840 (Colo. 1939); Pratt v. Department of Natural Resources, 309 N. W. 2d 767, 771 (Minn. 1981).

30 Larimer County Reservoir Co. v. People ex. Rel. Luthe, 8 Colo. 614, 9 P. 794 (1885).

31 State ex rel. Fatzer v. Urban Renewal Agency, 179 Kan. 435, 438, 296 P. 2d 656 659 (1956).

32 陈增镭:《中日美三国水权法令之探讨》,载《法学丛刊》1967 年第 12 卷第 1 期;转引自林柏璋:《台湾水权及其法律性质之探讨》,载水利部政策法规司编:《水权与水市场》(材料选编之二),2001 年。

33 翁岳生:《法治国家之行政法与司法(论行政处分)》;黄锦堂:《我国水权核发以及事后管制区缺失之检讨》;陈敏:《行政法总论》,三民书局 2001 年版;转引自林柏璋:《台湾水权及其法律性质之探讨》,载水利部政策法规司编:《水权与水市场》(材料选编之二),2001 年。

34 林柏璋:《台湾水权及其法律性质之探讨》,载水利部政策法规司编:《水权与水市场》(材料选编之二),2001 年。

35 裴丽萍:《水权制度初论》,载《中国法学》2001 年第 2 期。

36 转引自林柏璋:《台湾水权及其法律性质之探讨》,载水利部政策法规司编:《水权与水市场》(材料选编之二),2001 年。

37 John R. Teerink and Masahiro Nakashima:《美国 日本:水权、水价、水分配》,刘斌、高建恩、王仰仁译,天津科学技术出版社 2000 年版,第 12 页。

38 John C. Peck and Kent Weatherby, "Condemnation of Water and Water Rights in Kansas ", *University of Kansas Law Review*, Summer, 1994.

39 John C. Peck and Kent Weatherby, "Condemnation of Water and Water Rights in Kansas ", *University of Kansas Law Review*, Summer, 1994.

40 KAN. STAT. ANN. § 82a – 701(a)(1989).

41 John R. Teerink and Masahiro Nakashima:《美国 日本:水权、水价、水分配》,刘斌、高建恩、王仰仁译,天津科学技术出版社 2000 年版,第 20 页。

42 John R. Teerink and Masahiro Nakashima:《美国 日本:水权、水价、水分配》,刘斌、高建恩、王仰仁译,天津科学技术出版社 2000 年版,第 99 页。

43 F. H. Lawson and B. Rudden:《财产法》,施天涛、梅慎实、孔祥俊译,中国大百科全书出版社 1998 年版,第 20 页。

44 Kinney, *Irrigation and Water Rights* ? 1787(2d ed. 1912).

45 BverfGE,58,300（338 f.）,转引自李建良:《论环境保护与人权保障之关系》,载《东吴法律学报》2000 年第 2 期。

46 BverfGE,58,300（338 f.）,转引自李建良:《论环境保护与人权保障之关系》,载《东吴法律学报》2000 年第 2 期。

47 常云昆:《黄河断流与黄河水权制度研究》,中国社会科学出版社 2001 年版,第 78 页。

48 林柏璋:《台湾水权及其法律性质之探讨》,载水利部政策法规司编:《水权与水市场》(材料选编之二),2001 年。

49 David H. Getches, *Water Law in a Nutshell* ,77(2d. 1990).

50 萧正洪:《环境与技术变迁》,中国社会科学出版社 1998 年版;转引自常云昆:《黄河断流与黄河水权制度研究》,中国社会科学出版社 2001 年版,第 60 页。

51 John R. Teerink and Masahiro Nakashima:《美国 日本:水权、水价、水分配》,刘斌、高建恩、王仰仁译,天津科学技术出版社 2000 年版,第 32 页。

52 裴丽萍:《水权制度初论》,载《中国法学》2001 年第 2 期。

53 Krista Koehl, "Partial Forfeiture of Water Rights: Oregon Compromises Traditional Principles to Achieve Flexibility ",28 *Envtl. L.* 1140 – 41,1998.

54 Wells A. Hutchins, *Water Rights Laws in the Ninetine Western States*. 440(1971).

55 Charles F. Wilkinson, *Crossing the Next Meridian :Land, Water, and the Future of the West* ,234(1992).

56 Steven J. Shupe, "Water in Western Water Law :A Blueprint for Change",61 *Or. L. Rev.* 483,488,1982.

57 *National Water Comm' n, A Summary – Digest of State Water Laws* 5 (Richard L. Dewsnup & Dallin W. Jensen eds. ,1973).

58 Janet C. Neuman, "Beneficial Use, Waste, and Forfeiture: The Inefficient Search for Efficiency in Western Water Use ",28 *Envtl. L.* 920,1998.

59 David H. Getches, *Water Law in a Nutshell* 76(2d ed. 1990).

60 裴丽萍:《水权制度初论》,载《中国法学》2001 年第 2 期。

61 Krista Koehl, "Partial Forfeiture of Water Rights :Oregon Compromises Traditional Principles to Achieve Flexibility ",28 *Envtl. L.* 1140 – 41,1998.

62 David H. Getches, *Water Law in a Nutshell* 74,78(2d ed. 1990).

63 *National Water Comm' n, A Summary – Digest of State Water Laws* 5 (Richard L. Dewsnup & Dallin W. Jensen eds. ,1973).

64 Abbott v. Department of Ecology(In re Matter of Deadman Creek Drainage Bash),103 Wash. 2d at 686,687 – 88,694 P. 2d at 1071,1072).

65 John R. Teerink and Masahiro Nakashima:《美国日本:水权、水价、水分配》,刘斌、高建恩、王仰仁译,天津科学技术出版社 2000 年版,第 32 页。

66 Janet C. Neuman &Keith Hirokama, "How Good Is an Old Water Rights? The Application of Statutory Forfeiture Provision to Pre – Code Water Rights", *University of Denver Water Law Review*, Fall 2000.

67 [日]金泽良雄:《水法》,载[日]园部敏、田中二郎、金泽良雄:《交通通信法・土地法・水法》,有斐阁 1968 年版,第 83 页。

68 John R. Teerink and Masahiro Nakashima:《美国 日本:水权、水价、水分配》,刘斌、高建恩、王仰仁译,天津科学技术出版社 2000 年版,第 112 页。

69 John R. Teerink and Masahiro Nakashima:《美国 日本:水权、水价、水分配》,刘斌、高建恩、王仰仁译,天津科学技术出版社 2000 年版,第 35 页。

70 KAN. STAT. ANN. § 82a – 707(b)(1989).

71 John C. Peck and Kent Weatherby, "Condemnation of Water and Water Rights in Kansas", *University of Kansas Law Review*, Summer, 1994.

72 参见我国台湾地区"水利法"第 20 条前段。

73 Department of Ecology v. Theodoratus, 135 Wash. 2d 582, 590, 957 P. 2d 1241, 1245, 1246(1998).

74 John R. Teerink and Masahiro Nakashima:《美国 日本:水权、水价、水分配》,刘斌、高建恩、王仰仁译,天津科学技术出版社 2000 年版,第 37 页。

75 John C. Peck and Kent Weatherby, "Condemnation of Water and Water Rights in Kansas", *Universityof Kansas Law Review*, Summer, 1994.

76 John C. Peck and Kent Weatherby, "Condemnation of Water and Water Rights in Kansas", *Universityof Kansas Law Review*, Summer, 1994.

77 Department of Ecology v. Theodoratus, 135 Wash. 2d at 586, 587, 588, 589, 957 P2d. at 1243, 1244, 1245, 1246, 1247, 1248(1998).

78 Department of Ecology v. Theodoratus, 135 Wash. 2d at 590, 957, P. 2d at 1245.

79 Department of Ecology v. Theodoratus, 135 Wash. 2d at 582, 587, 957 P. 2d at 1241, 1243(1998).

80 Darryl v. Wareham, "Washington Water Rights Based on Actual Use or on Delivery System Capacity ? Department of Ecology v. Theodoratus ", *Seattle University Law Review*, 2000.

81 Department of Ecology v. Theodoratus, 135 Wash. 2d at 614, 957 P. 2d at 1257.

82 Department of Ecology v. Theodoratus, 135 Wash. 2d at 617, 957 P. 2d at 1258.

83 See Darryl V. Wareham, "Washington Water Rights Based on Actual Use or on Delivery System Capacity ? Department of Ecology v. Theodoratus ", *Seattle University Law Review*, 2000.

84 Department of Ecology v. Theodoratus, 135 Wash. 2d at 605, 957, P. 2d at 1252 (1998). 需要说明,"拟于未来的用水"在原文中是"输水系统的输水能力"。这两

个概念在此处都在指定同样的状态,基于上下文的需要,笔者作了改译。

85 City & County of Denver v. Sheriff, 105 Colo. 193, 204, 96 P. 2d 836, 842(1939).

86 D. M. Trubek,语,转引自 Alan Watson,《民法法系的演变及形成》,李静冰、姚新华译,中国政法大学出版社 1992 年版,第 29 页。

87 [德]K. 茨威格特、H. 克茨:《比较法总论》,潘汉典、米健、高鸿钧、贺卫方译,贵州人民出版社 1992 年版,第 132 页。

88 [德]K. 茨威格特、H. 克茨:《比较法总论》,潘汉典、米健、高鸿钧、贺卫方译,贵州人民出版社 1992 年版,第 132 页。

89 [德]K. 茨威格特、H. 克茨:《比较法总论》,潘汉典、米健、高鸿钧、贺卫方译,贵州人民出版社 1992 年版,第 132 页。

90 [德]K. 茨威格特、H. 克茨:《比较法总论》,潘汉典、米健、高鸿钧、贺卫方译,贵州人民出版社 1992 年版,第 132 页。

91 Ludwig Raiser, Dingliche Anwartschaften, J. C. B. Mohr Tubingen, 1961, S. 12.;申卫星:《期待权理论研究》,中国政法大学 2001 年博士学位论文。

土地上权利群中的住房有限产权*

在住房制度改革过程中，城镇居民按标准价（优惠价）购买公房，取得有限产权。该住房有限产权为一新生事物，并将在相当长的历史时期内存在，但由于法规及规章对此规定得残缺不全，学说分歧颇大，故亟待探讨。

一、住房有限产权的法律性质

（一）住房有限产权的界定

产权有广狭二义。广义的产权，系财产权（property）的简称，泛指能用货币衡量评价的民事权利，亦即有财产价值的权利。它包括物权、债权、继承权等。狭义的产权，单指所有权（ownership）。我国民法学所使用的产权，除非另有说明，均指所有权。住房有限产权中不包含债权、继承权、担保物权等，因而属于狭义产权，指购房人对其所购住房享有占有、使用、部分收益和有限处分之权（如购房后5年内不许转售；可以转售时，售房人即原产权单位有优先购买权；转售时原产权单位有分享收益之权；自住自用时不得擅自改变住房性质）。关于这种产权的法律性质，有租赁权、共有权、他物权及永久居住权等不同观点。笔者认为，住房有限产权属于受到特殊限制的单独所有权。鉴于争论如此之大，更因该产权的法律性质直接涉及其效力范围、进入房地产市场的自由度、构成侵权与否的判断标准，故需详加分析。

（二）住房有限产权与租赁权

有学说认为，购房人与原产权单位（售房人）之间存在行政隶属关系和劳动关系，购房人对所购住房支付的价款较低，仍有福利照顾的性质，故属租金而非价款；原产权单位仍负无偿供水、供热、修缮住房的义务。如

* 原文标题为《住房有限产权论纲》，发表于《吉林大学社会科学学报》1994年第1期。

《长春市住房制度改革方案》规定:“住房的供水系统和住房暖气费用,在政府没有新的规定之前,仍由原渠道解决。”这些都是租赁权的特征,于是主张住房有限产权为租赁权。

笔者对此不敢苟同。尽管租赁权具有物权化的性质,但它毕竟为债权。而住房有限产权为物权,如国务院住房制度改革领导小组《关于全面推进城镇住房制度改革的意见》规定:“职工购买公有住房,在国家规定标准面积以内的,实行标准价。购房后拥有部分产权,即占有权和使用权、有限处分权和收益权;可以继承,可以在购房五年以后进入市场出售或出租,原产权单位有优先购买权和租用权。”此其一。其二,租赁权不含有收取租赁物孳息之权,也无处分租赁物的效力,只有占有、使用租赁物的权能,享受租赁物的自然效用之权。住房有限产权既含有占有、使用权能,又包括部分收益权和有限处分权。其三,购房人所付款项,按《关于全面推进城镇住房制度改革的意见》规定,包括“住房本身的建筑造价以及征地和拆迁补偿费”,而租金则仅仅包括维修费、管理费、折旧费、投资利息和房产税五项因素,并且是将来要达到的成本租金水平。这表明购房人所付款项远远高于租金,在性质上为住房价款。其四,购房人所持住房的法律凭证为产权证书,而非租赁合同书。这都表明住房有限产权不是租赁权。

(三)住房有限产权与共有权

几乎所有的地方规章规定,“原产权单位有优先购买权”,“售房收入在扣除双方原投资后的增值部分,按售房单位和购房人原投资所取得的产权比例分配”,“售房收入扣除有关税费后所得收益,按政府、单位、个人的产权比例进行分配”。这些都是共有权的表现。甚至于有些规章直接规定双方对所售住房享有共有权。如《哈工大向校内职工出售公有住房实施办法》第 18 条规定:“出售公有住房产权划分:个人按标准价格购买的住房产权为学校和购房人共同所有,按双方出资比例划分产权。”

笔者认为,虽然不排除采用共有权制度,所规定的具体内容也符合共有特点,但许多地方规章对住房有限产权赋予了有别于共有权的法律特征和效果:其一,在购房人自住自用所购住房场合,原产权单位无占有、使用、收益和处分诸权,共有权无从体现。其二,在共有场合,共有人有义务共同承担保管、修缮共有物的费用。但住房有限产权场合则不同,如《长春市住房制度改革方案》规定:“公房售后管理原则上实行自有、自住、自管、自修,也可委托房产管理部门代管代修。”这是单独所有权的表现。其三,在共有场合,共有物的处分须经全体共有人同意,至少须经占份额一半以上的共有人同意,否则,不发生份额转让的效力。但在住房有限产权场合,购房人在支付全部价款后,经过若干年,可不经原产权单位同意而径直向他人出售其住房。其四,在共有场合,各共有人原则上可随时请求分割共有物,至少在适当的时候有这种权利。但在住房有限产权的情况下,原产权单位只有在购房人出售住房时才有分割收益之权,包括作价分割权(优先购买权),在购房人自住自用时,原产权单位绝无请求分割所售住房之权,不然,就难以保障购房人的基本生活和工作秩序。其五,在住房有限产权场合,只要购房人自住自用住房,就不再支付租金或价款等费用。如果认为购房人与原产权单位对住房有共有权,就等于说购房人无偿地占有、使用和收益着原产权单位的房屋份额。这是违反共有关系的本质要求的。有鉴于此,还是把住房有限产权作为单独所有权为宜。

诚然,在制度设计的层面上,可以将住房有限产权规定为共有权,也可以设计为单独所有权。究竟如何,取决于下述因素:其一,价值取向。如果把住房的优惠价(标准价)理解为低收入的职工支付的部分购房款,尚未支付价款的住房份额仍由售房单位享有产权,那么,住房产权就当然是共有权。基于共有的本质要求,购房人在占有、使用、收益、处分住房时要受到售房单位的许多限制,如售房单位可请求共用住房、作价分割住房、出租住房、赠与住房的应有份额等。这样,与原享有的租赁权相比,购房人除了多付出许多价款,将省吃俭用所剩积蓄变成不能周转的不动产,并未享有什么优惠。这会导致坚守岗位、忘我工作的广大职工对住房制度改革的不满,不利于住房制度改革的顺利进行。如果把住房优惠价理解为对低收入的职工坚守工作岗位的一种报偿,对其低待遇的一种补偿,只要购房的职工在特定时期不调离或不转售住房,就让他享受这种福利待遇,以此减少其后顾之忧,稳定职工队伍,也是对社会分配不公的一种矫正措施,那么,由购房的职工享有性质为单独所有权的住房有限产权,原产权单位不享有共有权,只是在住房的最终处分方面和处分时所获利益方面握有限制之权,就是合理的制度设计。笔者赞同将住房有限产权设计为单独所有权的价值判断。其二,住房有限产权进入市场自由度。如果把住房有限产权设计成共有权,或者如某些学者主张的那样,将购房人享有的权利定性为债权,那么,原产权单位便对购房人享有许多限制之权,可有许多理由阻止购房人转售住房,住房进入市场的自由度显然较低。如果把住房有限产权设计成单独所有权，那么，经过特定的时期，购房人就可以比较自由地在房地产市场中转售其住房，笔者认为后者更符合住房商品化的改革目标。其三，购房人所付款项的多少。如果购房人所付款额过低，与住房的市场价格相差悬殊，那么，把购房人对其住房享有的权利认定为按份共有权或租赁权，就比较适宜。如果购房人所付款项数额适当，那么，赋予购房人单独所有权而非共有权，就比较适宜。

（四）住房有限产权与他物权

与典型的所有权相比，住房有限产权具有特殊性——受限制性，于是有人将其定性为他物权。应该承认，在受限制这点上，住房有限产权与他物权确实具有相似之处。即使如此，住房有限产权也不是他物权。因为他物权包含担保物权和用益物权，其担保物权系为担保债务履行和债权实现而设立及存续；住房有限产权在成为抵押权等担保物权的客体之前，并不担保什么债权，因而它不属于担保物权。他物权中的用益物权，其重要特征在于，它系于他人之物上存在的物权，由用益物权人占有、使用、收益他人之物的权利；而住房有限产权系购房人在自己的住房土享有物权，属于自物权而非他物权。

在这里，有必要评价永久居住权说。有的学者认为，住房有限产权不是单独所有权，而是永久居住权。笔者基于以下理由加以反对：其一，永久居住权意味着无处分权，而绝大多数地方规章和行政规章规定，购房人付清全部购房款5年后，可以转售其住房。这说明住房有限产权包括处分权，与永久居住权的性质不符。其二，无论从法律规定还是从学说方面看，永久居住权都属于新型的他物权。在我国现行法律体制下，确认它的合法有效性必须突破一物一权主义。而这样做需克服巨大的障碍，要么马上立法承认它，要么修正一物一权主义。其三，永久居住权表现不出购房人对所购住房享有产权，对购房人的合法权益的保护，尚不如共有权制度有力周到。这势必使广大职工对住房制度改革产生反感。

（五）住房有限产权与完全产权

一般而言，所有权的特征在于其全面性和整体性。所有权系对物进行概括的支配之权，所有权人得对标的物为占有、使用、收益、处分，并排除他人干涉。并且，所有权不是占有、使用、收益、处分各项权能在量上的总和，而是一个整体的权利，因而对所有权不能在内容或时间上加以分割。在所有物上设定用益物权或担保物权，不是让与所有权的一部分，而是创设一个新的、独立的物权。[1]住房有限产权却永远在收益和处分上受到原产权的限制,按上述关于所有权的观点和巴托鲁斯(Bartolus)关于“所有权者,除法律禁止外,得对有体物为不受限制处分之权利”的思想衡量,住房有限产权似乎算不上所有权。在我国,确有学者基于所有权只受法律限制和他物权限制的思想影响,对住房有限产权的受限制性感到困惑,以至于否认其所有权性质,或者承认它为所有权但否认限制的有效性。这就有必要对所有权的限制问题加以简要的考察和评论,以便对住房有限产权有个正确认识。

民法发展史表明,所有权经历了从不受限制到受限制,从只受法律限制到受法律、判例限制,再到受当事人约定限制的发展过程。“罗马所有权有着自己的特点,这些特点赋予所有权以特有的烙印。原始形态的所有权的确是绝对的和排他的权力,它排斥任何限制、任何外来的影响;它必然吸收一切添加进来的东西。”[2]但若绝对如此,则不利于发挥物尽其用的最佳效能,于是,“在罗马—希腊时代以及在优士丁尼法中,这些特点大大地消失了。‘划界地’早已不存在,所有权的永久性原则被优士丁尼所废除,在相邻关系中的自主制度带来了对所有权的一系列严格限制”。[3]这种思想影响到了近现代民法。西方各国立法对所有权的限制主要表现在:其一,以保护社会公益为目的的公法上的限制,多属于行政法上的限制。其二,以保护民事主体利益为目的的私法上的限制,包括依诚实信用原则行使权利,禁止权利滥用,自卫行为和自助行为限制所有权;相邻权对所有权的限制;他物权对所有权的限制;当事人约定对所有权的限制。其三,判例对所有权的限制。[4]由于我国学者对当事人约定限制所有权不熟悉,从而否定住房有限产权,因此需要重点讨论。在法国,“普遍观点认为,现代法应允许国家对所有权作严格限制。此外,有些限制还可根据私人之间的约定而来”。[5]在中国台湾地区,“当事人订约禁止所有权受让人处分所有权,或其处分须经监督之特约者,亦常有之,其效力如何,有待研究”。有判例指出:“所有权之让与人,于不违反公益之程度,所订禁止受让人处分所有权之特约,固应认为有效,但仅于当事人间发生债的关系,不能发生物权之效力。”有判例指出:“某甲将财产分给诸孙,其所立析产证书内虽载有监督之权字样。然将财产给与子孙,移转所有权,限制其处分,无对抗第三人之效力。”由此二则判例可知,此项以契约对所有权处分权能之限制,仅具有债权效力,不具有对抗第三人之物权效力。[6]

在我国，住房有限产权所受之限制，在很长时期内，就是当事人的约定使然。它是为解决政府无力负担提供低租金住房并满足城镇居民日益增长的需要，低收入的职工无力以市场价格购买商品房这一棘手问题应运而生的。为政府、单位和职工所接受。在法律上，由于购房人与原产权单位之间的权利义务划分得清楚，并比较合理，加上有登记这一适当的公示方式，因此，没有充分理由否认住房有限产权及其所受限制的有效性，而应像法国民法和我国台湾地区判例及学说那样，承认这种当事人约定限制所有权的有效性。其实，在我国实际生活中，早就存在一些以合同限制所有权的现象，法律大多承认其有效性。例如，在附条件赠与中，有的赠与人约定：受赠人必须将其受赠书籍供读者阅览，并不得转让他人。这在民法理论与审判实践中视为当然。

应该指出，虽然在承认当事人以约定限制所有权为合法有效这一点上，海峡两岸的实务与学说均持相同见解，但在这种限制的效力范围上，却差距甚大。我国台湾地区认为约定限制仅具有债权效力，但在我国大陆地区的立法上，由于住房有限产权以登记为生效要件，购房人与原产权单位对住房产权的限制情况均通过登记而起到公示的效果，第三人只要尽到适当的注意，到登记机关查阅房档，便会免遭不测之损害，因此，经过登记的对住房有限产权的限制，不应仅仅具有债权的效力，而应能够对抗第三人，即具有物权的效力。

总之，与完全产权具有全面性不同，住房有限产权是在收益和处分上受到限制的所有权，即它在特定时期内不能被转售，甚至不能被出租；即使经过一定时期可以转售，其收益的一部分要归原产权单位取得。此举目的在于鼓励购房人继续留在原产权单位工作，自住自用住房。

（六）住房有限产权与原产权

在将住房有限产权定性为单独所有权的情况下，便产生了原产权单位对所售住房享有何种权利的问题，亦即双方当事人享有的权利之间的关系问题。由于在购房人自住自用住房的情况下，原产权单位只享有消极的不允许购房人擅自转售、改变住房性质和用途之权；在购房人转售其住房时，原产权单位享有优先购买权或收益分享权，因此，原产权单位所享有的权利已不再是典型的所有权了。如果一定说它享有所有权，那么，也是分解、转化成禁止购房人擅自改变住房性质和用途、转售住房，允许在同等条件下优先购买住房、在住房转售时分享收益诸权。这就出现了双重所有权结构。

双重所有权结构早已有之，于今也有。"封建时代概念的主要特点，是它承认一个双重所有权，即封建地主所有的高级所有权以及同时存在的佃农的低级财产权或地权。"[7]在普通法的地产制度中，"两个或两个以上的人可以共同拥有地产，或在同一时间对同一地产有各自的所有权"。[8]在股份有限公司制度中，股东对其出资财产只享有价值形态的所有权，公司对全体股东出资的财产享有实物形态的所有权，存在个人所有权和法人所有权的双重结构。就实务状态来看，上述各种双重所有权结构并未给当事人带来不应有的不利，也未给第三人的合法权益造成不应有的损害。尤其是股份有限公司中的双重所有权结构，丰富了所有权制度及理论，合理地划分了股东和公司各自的权益，极大地促进了社会经济的发展。同样的道理，承认住房有限产权与原产权的双重结构，通过登记制度公示各自产权的内容和效力，协调购房人与原产权单位之间的利益冲突，保障交易安全，并无什么不妥。

有的学者认为，承认双重所有权结构是个退步，应坚持严格的一物一权主义。为了消除双重所有权结构，提出借鉴美国法上的附条件买卖模式，主张原产权单位按标准价出售住房后，仍享有住房所有权，待一定条件成就时，住房所有权才转移给购房人。笔者不赞同这种观点。因为美国法上的附条件买卖，是买卖物所有权的转移以买方支付全部价款为条件；在住房有限产权的场合，如果所称"附条件"系指购房人付清全部价款，那么仍不能消除双重所有权结构，因为按有关规章及购房合同规定，即使购房人付清全部标准价款，原产权单位仍享有部分收益权和限制购房人处分住房之权。这与美国法上的附条件买卖大相径庭。如果所称"附条件"另有所指，那是什么呢？实在想不出来。这说明"附条件"理论有严重缺陷。

至于双重所有权结构是否为退步，严格的一物一权主义是否一定合理，不能一概而论。考察民法实行一物一权主义的缘由，在于"使法律关系明确，便于公示，以保护交易安全"。[9]在住房有限产权的场合，我国规章要求登记为产权成立要件，公示作用十分明显；住房有限产权人享有占有、使用、有限收益和处分，原产权单位享有于特定时期不许购房人转售、转售时有权优先购买、转售时有权分享收益诸权，一般第三人负有不得侵害的义务。这说明法律关系明确。既然承认住房有限产权与原产权的双重结构同样便于公示，使法律关系明确，与坚持一物一权主义的效果一样，那么,就没有充足的理由指责它。其实,一物一权主义早已被逐渐修正了。如建筑物区分所有权,在一定意义上说,系以建筑物的一部分为客体,换言之,一幢建筑物上存在多个所有权。只不过为了维护一物一权主义,学说将建筑物在法律上区分为数个物,每个物上存在一个所有权罢了。

二、住房有限产权与物权法定主义

尽管我国民法未明文规定物权法定主义,但学说一致承认它。由于住房有限产权为受特殊限制的所有权,系一种新型的所有权,因此,欲判定它在我国法上是否合法有效,不能不讨论它与物权法定主义之间的关系。

《日本民法典》第175条以及中国台湾地区“民法”第757条规定,物权,除本法或其他法律有规定外,不得创设。学说称其为物权法定主义。此处所谓不得创设,含有两种意义:其一,不得创设民法或其他法律所不承认的物权,例如,在他人动产上设定地上权,学说上称为类型强制(Typenzwang);其二,不得创设与物权法定内容相异的内容,例如设定不移转占有的动产质权,学说上称为类型固定(Typenfixerung)。[10]据此衡量住房有限产权是否与物权法定主义相抵触,需做以下三点说明:

第一,每种物权,尤其是所有权,都有一个发展变化的过程。“所有权并非一个不变的概念,而是相对于争论中的特定法律秩序变化的。”[11]特定的法律所规定的所有权,其内容基本上是同期的所有权形态,时常忽略各个时期的差异,更难预料到后世出现的所有权态样。民法发展史证明:所有权的最基本和最简单的形态,系个人独体所有权,即所有人个人对其财产排他地直接支配的权利。所谓所有权具有绝对性、排他性、全面性,准确地说只是个人独体所有权孤立和静止时的状况。当所有物上存在其他物权时,所有权便发生了形变,其权能和特征已打了折扣。当所有人变成复数时,个人独体所有权便成为共有权。虽然在外部关系上,所有权的权能和特征依然如故,但在内部关系上,每个共有人的权利均受到极大的限制。如果说这些变化尚属量变,那么,所有权在法人制度中便发生了质的变化,是法人所有权与个人所有权并存。其中的个人所有权已经分解转化为选举、监督法人管理人员之权,被选举为法人管理人员之权,纯粹按资取得收益之权。这样,个人所有权已面目全非。[12]总之,个人独体所有权、共有权、法人制度中的法人所有权与个人所有权,连同下文论及的建筑物区分所有权,显然不尽一致。有的所有权类型表现出受限制性。法律没有因该限制使所有权发生变化就认为其违反物权法定主义，同理，法律也不能因为住房有限产权与典型的所有权不同便认为它违反物权法定主义。

第二，物权的种类，往往是先由当事人以法律行为设定，比较普及化以后，甚至形成习惯，才得到法律承认。所以，住房有限产权先由当事人以法律行为设定，其后被法律所确认，符合人们的认识规律，符合经济关系法律化的过程。对此，举海峡两岸的实例加以说明。我国台湾地区学者认为，我国台湾地区“民法”第757条规定了物权法定主义，其中所言之法，依其文义、立法理由及规范目的，应系指成文法而言，并不包括习惯法在内，实务上一向采取这一见解，学者也多为赞同。但为缓和物权法定主义的僵硬，宜认为新成长的物权具有一定公示方法时，宜从宽解释，使其纳入现行物权体系，承认其效力。例如最高额抵押，实务认为系就将来应发生的债权所设定的抵押权，而承认其仍系物权法上的抵押权。我国台湾地区“民法”第757条的规定，不表示其现行民法忽视习惯在形成物权关系的机能。[13]

在我国，由于经济体制改革正不断深化，而立法滞后，一些物权往往是先由当事人以法律行为设定，然后被政策认可，最后才上升为法律的规定。农村承包经营权的产生就是如此。在农村经济体制改革中，农民首先通过农业承包合同设定了承包经营权，并逐步普及化，后被中共中央文件所肯定，最后被《民法通则》所确认（第80条）。住房有限产权发生在住房制度改革过程中，一些单位通过内部规章首先与其职工签订标准价购房合同，承认购房职工享有有限产权；后来，被地方规章和部门规章予以肯定。这也符合立法规律，因为法律不是立法者主观臆断的产物，在物权尚未在实践中涌现出来时，很难由立法者想象出来。“无论政治的立法或市民的立法，都只是表明和记载经济关系的要求而已。”[14]既然如此，如果固守必须经法律明文规定，才使新出现的“物权”而成为合法有效的物权，那么，就等于不允许出现新类型的物权，尽管实际生活非常需要它，也不能如愿以偿。这显然不妥。总之，既需要由法律明文规定物权的种类，以保护交易安全；在一定条件下，又应允许以法律行为创设新的物权，以满足实际生活的需要。住房有限产权就应在此列，因它有登记这一适当的公示方式，不违反交易安全，与物权法定主义殊途同归。

第三，就目前情况看，住房有限产权不仅由当事人之间的法律行为设定，而且多由地方规章和部门规章加以规范。这些规章多属法的范畴，由其规定住房有限产权,亦应属于物权法定。传统观点认为,这些规章不属于物权法定主义所言之法的范畴。

三、住房有限产权与建筑物区分所有权

住房有限产权多属建筑物区分所有权类型,于此场合,自然应适用建筑物区分所有的法律规范。我国民法尚无明文全面规制建筑物区分所有问题,需要借鉴其他国家或地区的立法及学说,尽快制定中国的建筑物区分所有制度。

区分所有的楼房由专有部分和共有部分构成。其专有部分,系指楼房中具有构造上和使用上的独立性,属于住房有限产权的客体,它由具有一定平面的长度和一定立体的厚度构成。专有部分的范围因内部关系与外部关系而不同。在作为区分所有人的住房有限产权人对楼房的维修、管理关系上,专有部分仅指墙壁、天花板、地板等境界部分表层所粉刷的部分。在外部关系上,专有部分达到墙壁、天花板、地板等境界部分厚度的中心线。住房有限产权人得自由粉刷墙壁,悬挂物品,铺设地板,但不得危及墙壁及其他部分的安全。由于过错污损共同墙壁的表层部分时,应对该专有部分的所有权人负损害赔偿责任。关于专有部分的管理和维修,按《中国统配煤矿总公司住房制度改革指导性方案》规定:"住户未经许可不得改变住房的结构和设施。住房的室内设施,包括门窗、墙壁、照明等由住户负责维修。"

楼房及其附属物的共同部分,应归各住房有限产权人共有,其范围包括:(1)楼房的基本构成部分,如支柱、屋顶、外墙及地下室等。(2)楼房的共同部分及附属物,如楼梯、电梯、消防设备、煤气管道、自来水管道等。它们具有三个特点:(1)因物的使用目的不能分割;(2)为使专有部分与共有部分成为一体,共同使用部分的所有权,应在各相关住房有限产权转移时,一同转移归同一人;(3)楼房的公共设施专有部分的从物,属于抵押权的效力范围。[15]

住房有限产权人,可以按其应有部分使用楼房的共有部分,如乘用电梯、在屋顶晒衣服、在地下室停车等。共有部分的使用方法及范围,一般按规约确定。违反该项规约时,如某住房有限产权人擅自独占楼顶或楼梯,其他住房有限产权人有权请求排除妨碍,返还不当得利,在造成损害时,还可请求赔偿损失。

关于共有部分的管理和维修,国务院住房制度改革领导小组《关于鼓励职工购买公有旧住房的意见》规定:“公寓式(单元化)的楼房卖给职工后,可委托代管和维修,公共部位的维修,由住户每年缴纳公共维修费。”“高层住房的电梯费和高压水泵费,以及各类住房的暖气费,仍由职工所在单位负担。”《中国统配煤矿总公司住房制度改革指导性方案》规定:“共用设施由住户共同分担维修;室外公用部分,如房顶、水、电、暖等设施由产权单位负责维修。”

关于对住房的改造,我国规章要求得比较严格。如国家气象局《关于售房和建立住房基金的请示》规定:“职工购买的公有住房,不得任意改变房屋建筑结构,未经批准不得扩建、改建和翻建。”《长春市城镇异产毗连房屋共有房屋管理办法》第 11 条规定:“毗连房屋、共有房屋的一方所有人、使用人不得擅自改建房屋。确需改建的,须其他共有人或使用人同意并经辖区房地产管理部门安全鉴定后,方可进行。”

在住房有限产权为建筑物区分所有权的场合,各住房有限产权人之间面临着相邻关系问题。学说认为,民法关于相邻关系的一般规定,对于住房有限产权也应适用或类推适用。在住房有限产权人必须修缮其住房的情况下,可以使用其他住房有限产权人的应有部分,但应承担清理现场、排除妨碍、恢复原状、消除危险、赔偿损失等责任。在其他住房有限产权人专有部分溢出或挥发煤气、热气、臭气、灰屑、产生噪声、振动等损害源时,住房有限产权人有权禁止。住房有限产权人不得擅自缩小、堵塞楼道。《长春市城镇异产毗连房屋共有房屋管理办法》第 13 条规定:“毗连房屋、共有房屋所有人或使用人以外的人如需使用毗连房屋的共用部位或共有房屋时,应取得各所有人、使用人一致同意,并签订书面协议。”住房有限产权人行使权利,不得违反公共利益,不得以损害他人为目的,应依诚实信用方法。

关于住房有限产权与基地使用权之间的关系,应该采取全体住房有限产权人共享楼房基地使用权的观点,不采取基地使用权仅归一楼住房有限产权人享有的制度。但共有不排斥确定每个住房有限产权人应有的份额,其份额通常根据住房的面积按比例确定。

四、关于完善住房有限产权制度的建议

住房有限产权制度系为解决政府无力负担提供低租金住房并满足城

镇居民日益增长的需要,低收入的职工无力以市场价格购买商品房这一棘手问题,应运而生的新事物,并且会因上述矛盾及其解决方法存在的长期性而在一个相当长的历史时期内持续,这就需要有完善的法律制度加以规制和保护,住房有限产权制度仅具雏形,需要进一步完善。

1. 地方规章和部门规章所要求的住房有限产权人的范围不尽一致。如《长春市住房制度改革方案》规定:“凡持有我市城市户口的职工,每户可购买一套不超过控制标准的公有住房。”而《海口市住房制度改革实施方案》规定:“凡在海口市城镇有常住户口的省、市属党政机关和企事业单位的公职人员或固定工、合同制职工、离退休职工,均可向所在单位或现住房的产权单位申请购买公有住房。”[16]与此略有不同,昆明市住房制度改革方案则把住房有限产权人限定为:有住房分配权并具有昆明市城镇户口的职工和居民。[17]笔者认为,按标准价(优惠价)取得住房有限产权,其主体原则上应限于党政机关和企事业单位的职工,军队人员,因为优惠价含有照顾坚守岗位的职工,补偿其低收入的意义。不过,对困难户、危房户可以仅仅为城镇居民身份,不必为职工。

2. 住户有限产权多为建筑物区分所有权,所有人在行使其权利时便与其他住房有限产权人产生权利义务关系,即相邻关系。这种关系较之普通相邻关系具有特殊性,目前尚无适当的法律规范加以调整。我国立法应就其基本原则、具体规则详加规定。

3. 在住房有限产权为建筑物区分所有权的场合,为妥善处理各产权人之间的权利义务关系,仅有法律规定往往不够,尚需全体产权人制定规约,规定楼房及其基地、附属设施的管理或使用等。规约的变更和废止应遵循一定的条件和程序。规约应由保管人妥善保管,无保管人时,应由住房有限产权人及时推举。

4. 各住房有限产权人可以通过决议,选举管理人。管理人有保存共用部分、建筑物基地、建筑物的附属设施、实行集会决议、依规约实施作为或不作为的权限。管理人有不正当行为或其他不适于执行职务的情况时,各住房有限产权人可以通过适当方式将其解任。这都有赖于立法加以明确。

5. 住房有限产权与其基地使用权之间的关系,不仅需要一体转让,而且涉及是否承认区分土地使用权的问题,需要法律给予明确回答。笔者认为,应承认区分土地使用权。

6. 实践中出现了某些职工获得住房有限产权后即调往其他单位,或者迅速转售的现象,这背离了住房有限产权制度设立的目的,似应规定必须经过若干年限方可转售住房,在特定期限内脱离原单位则应取消住房的优惠价款的待遇。有些规章要求付清全部价款5年后方可转售,可供参考。

7.有些住房有限产权过于接近共有权。如上文分析,其弊大于利,应尽可能地往单独所有权方向发展变化,以达到住房有限产权制度设立的目的,衡平购房人与售房人之间的利益关系。

注释

1 王泽鉴:《民法物权》(第1册),三民书局1992年版,第127~128页;[日]原岛重义等:《民法讲义·物权》,有斐阁1979年版,第123页。

2 [意]彼德罗·彭梵得:《罗马法教科书》(中译本),黄风译,中国政法大学出版社2005年版,第195页。

3 [意]彼德罗·彭梵得:《罗马法教科书》(中译本),黄风译,中国政法大学出版社2005年版,第195页。

4 王泽鉴:《民法物权》(第1册),三民书局1992年版,第127~128页;[日]原岛重义等:《民法讲义·物权》,有斐阁1979年版,第123页。

5 《法国民法教程》,达洛兹出版社1956年版;转引自《外国民法资料选编》,法律出版社1983年版,第284页。

6 王泽鉴:《民法物权》(第1册),三民书局1992年版,第135页。

7 [英]梅因:《古代法》(中译本),商务印书馆1948年版,第167页。

8 《不列颠百科全书》(第15版第15卷),第46~56页;转引自《民法》,知识出版社1981年版,第70页。

9 王泽鉴:《民法物权》(第1册),三民书局1992年版,第43页。

10 王泽鉴:《民法物权》(第1册),三民书局1992年版,第37页。

11 [澳]瑞安:《民法导论》,PTY有限公司、法律书籍公司1962年版,第163页。

12 参见吴文翰主编:《国家所有权与企业经营权适度分离研究》,兰州大学出版社1991年版,第217~227页。

13 王泽鉴:《民法物权》(第1册),三民书局1992年版,第38页。

14 《马克思恩格斯全集》(第4卷),人民出版社1958年版,第121~122页。

15 王泽鉴:《民法物权》(第1册),三民书局1992年版,第200页。

16 《海南日报》1995年9月15日。

17 《云南日报》1993年9月22日。

土地上的权利因被征收而消灭*

一、引言

中国共产党第十八届中央委员会第三次全体会议于 2013 年 11 月 12 日通过的《中共中央关于全面深化改革若干重大问题的决定》规定:“国家保护各种所有制经济产权和合法利益,保证各种所有制经济依法平等使用生产要素、公开公平公正参与市场竞争、同等受到法律保护,依法监管各种所有制经济”(第 5 条第 2 款)。“……在符合规划和用途管制前提下,允许农村集体经营性建设用地出让、租赁、入股,实行与国有土地同等入市、同权同价。缩小征地范围,规范征地程序,完善对被征地农民合理、规范、多元保障机制”(第 11 条前段)。“建立农村产权流转交易市场,推动农村产权流转交易公开、公正、规范运行”(第 21 条后段)。“维护农民生产要素权益……保障农民公平分享土地增值收益”(第 22 条前段)。习近平总书记在《关于〈中共中央关于全面深化改革若干重大问题的决定〉的说明》中强调:“推进城乡要素平等交换和公共资源均衡配置。主要是……保障农民公平分享土地增值收益。”贯彻落实这些决定和要求,必然会使农村土地制度发生不小的变革,相应地,征收制度也须作出调整。这种调整及体系效应如何?这是我们亟待研究的问题。本文即为此而作,并就教于大家。

二、现有征收制度的特色及其问题

1. 欲最佳效果地调整征收制度,离不开明了征收制度的现状,清楚在什么环节、部位“动手术”,否则,就会无的放矢,反倒添乱。

2. 所谓征收,是指国家行政主管机关依国家权力将财产权消灭,由国家取得财产权的现象。在我国现行法上,征收有两种类型:(1)基于社会

* 原文标题为《征收制度的调整及体系效应》,发表于《法学研究》2014 年第 4 期。

公共利益的需要,国家行政主管机关依国家权力将私有财产权消灭,由国家取得财产权的现象。我国《宪法》第 10 条第 3 款关于“国家为了公共利益的需要,可以依照法律规定对土地实行征收或者征用并给予补偿”,第 13 条第 2 款关于“国家为了公共利益的需要,可以依照法律规定对公民的私有财产实行征收或者征用并给予补偿”的规定,为其直接且系最高法律效力的依据。《物权法》予以承继并具体落实,特设第 42 条和第 44 条两个条文。为此,第十届全国人民代表大会常务委员会第十一次会议于 2004 年 8 月 28 日通过《全国人民代表大会常务委员会关于修改〈中华人民共和国土地管理法〉的决定》,“对《中华人民共和国土地管理法》作如下修改:一、第二条第四款修改为:‘国家为了公共利益的需要,可以依法对土地实行征收或者征用并给予补偿。’二、将第四十三条第二款、第四十五条、第四十六条、第四十七条、第四十九条、第五十一条、第七十八条、第七十九条中的‘征用’修改为‘征收’”。第十届全国人民代表大会常务委员会第二十九次会议于 2007 年 8 月 31 日通过《全国人民代表大会常务委员会关于修改〈中华人民共和国城市房地产管理法〉的决定》,“在第一章‘总则’中增加一条,作为第六条:‘为了公共利益的需要,国家可以征收国有土地上单位和个人的房屋,并依法给予拆迁补偿,维护被征收人的合法权益;征收个人住宅的,还应当保障被征收人的居住条件。具体办法由国务院规定’”。(2)并非基于社会公共利益的需要,如为了商业利益的需要,国家行政主管机关依国家权力将私有财产权消灭,由国家取得财产权的现象。之所以出现第二种类型的征收,是因为用地者(基本上是开发商,下同)利用集体所有的建设土地从事商业开发建设的场合,我国现行法不允许用地者直接与集体土地所有权人洽商,径直取得集体建设使用权,而后开发建设;[1]而是需要先将集体所有的土地征收为国有,然后从国家土地所有权中“分离”出占有、使用、收益乃至处分权利自身的权能,由国土资源主管机关出让国有建设用地使用权给用地者,用地者才可在该国有建设用地上从事商业的开发建设。对此,2004 年《土地管理法》第 43 条第 1 款规定:“任何单位和个人进行建设,需要使用土地的,必须依法申请使用国有土地;但是,兴办乡镇企业和村民建设住宅经依法批准使用本集体经济组织农民集体所有的土地的,或者乡(镇)村公共设施和公益事业建设经依法批准使用农民集体所有的土地的除外。”2009 年《城市房地产管理法》第 9 条规定:“城市规划区内的集体所有的土地,经依法征用转为国有土地后，该幅国有土地的使用权方可有偿出让。”[2]这种模式可被简称为“先征收、再出让”模式。

至于滥觞于美国判例法上的管制性征收（regulatory takings），即管制行为对土地使用的限制，即使达不到完全排除其经济效益的程度，仍然可能构成征收，[3]在中国现行法上尚付阙如，但在立法论的层面呼吁填补法律漏洞，主要理由是，为周全地保障被征收人的财产权益，法律应例外地突破比例原则的限制，赋予被征收人扩张请求权，请求征收人征收超出必要范围的标的。[4]这从征收的标的角度着眼是征收标的的扩张；从被征收人的权利方面观察是“全部征收请求权”和“完全征收请求权”；[5]从征收的类型视角描述，由于上述两种类型的征收难以涵盖它，可以称为第三种类型的征收。不过，管制性征收毕竟与上述两种类型的征收不在同一个层次，限于本文的主旨及任务，暂且不予以讨论。

3. 第一种类型的征收和第二种类型的征收之间，存在如下差异：（1）第一种类型的征收以社会公共利益的需要为其正当性依据。该类型征收为西方发达国家所承认，[6]因其宪法规定征收的目的是公共利益、公共福利或公共福祉，[7]故有学者将其简称为公益征收[8]，也有命名为公用征收的。[9]而第二种类型的征收则无此内在基础，其诞生和存续主要是为了破解我国现行法不允许集体土地所有权依照民事程序流转，用地者又确实需要利用集体所有的建设土地进行开发建设这种矛盾，“先征收、再出让”的制度及措施应运而生。由此可见其正当性先天不足。这也是对它应予调整的内在要求。当然，调整必须适中，例如，设立集体建设用地使用权兼有社会公共利益和商业利益的，还得坚持“先征收、再出让”的制度及措施。（2）在第一种类型的征收场合，被征收人无权拒绝国家行政主管机关依国家权力将其不动产物权消灭的行为，必须服从征收的决定，但有权就征收的补偿是否足额而讨价还价。从理论上讲，此类征收决定可以在被征收人拒不同意征收的情况下作出并公告。当然，为了便于顺利拆迁，减少纷争，促进和谐，在实际操作上最好是先与被征收人就补偿款、补偿方式等有关问题协商一致，然后再颁发征收决定。在第二种类型的征收场合，被征收人享有两种权利：一是可以拒绝国家行政主管机关依国家权力将其不动产物权消灭的行为，或曰有权保有其不动产物权；二是在同意征收的前提下，有权就征收的补偿是否足额而讨价还价。如此，在实际操作层面上，最好是征收主管机关先向被征收人（准确地说是未来的被征收人或意向被征收人，下同)表达征收意向,待就征收补偿等必要事项达成一致后再颁发征收决定,效果最佳。反之,在被征收人拒不同意其财产被征收或不同意征收补偿数额或不同意补偿方式的情况下,贸然发布征收公告,一是给漫天要价者创造了可乘之机,二是陷入征收僵局时有损政府的权威性。(3)在第一种类型的征收制度中,补偿款源自财政拨款或专项基金,用地者与此没有关联。与此有所不同,在第二种类型的征收制度中,虽然专就征收法律关系而言,一方是征收人——国家行政主管机关,另一方是被征收人——不动产物权人,补偿款应由征收人支付,但是在实际操作的层面,由于征收人握有的补偿款严重不足,时常是利用建设用地使用权出让合同关系,让未来取得建设用地使用权的开发商先行支付一部分土地使用权出让金付给被征收人,如该开发商将该笔款项直接打入被征收人的账户。这也是某些人误以为未来取得建设用地使用权的开发商与被征收人直接发生征收法律关系、误将征收法律关系与建设用地使用权出让关系混为一谈的原因。这是应予纠正的,以免错误地适用法律。(4)尽管《物权法》第 42 条第 2 款规定,“征收集体所有的土地,应当依法足额支付土地补偿费、安置补助费、地上附着物和青苗的补偿费等费用,安排被征地农民的社会保障费用,保障被征地农民的生活,维护被征地农民的合法权益”。第 121 条予以重申和强调,但补偿款相较于土地使用权出让金还是要低许多,所以,第二种类型的征收在客观上是国家获取了“剪刀差”,“没收”了集体土地所有权人乃至有关的土地承包经营权人、集体建设用地使用权人的部分收益。这是因为集体土地所有权人径直与用地者签订集体建设用地使用权出让合同,直接收取用地者支付的土地使用权出让金,该出让金的数额原则上就是集体建设用地使用权的“价值”本身,而通过征收制度补偿给集体土地所有权人的款额却低于甚至明显低于用地者支付的土地使用权出让金,国家通过出让国有建设用地使用权自用地者处收取的土地使用权出让金又明显高于用地者支付的土地使用权出让金。简单地说,征收补偿款的数额低,土地使用权出让金的数额高。面对此情此景,人们不禁要问:同一宗土地的所有权怎么不如使用权的价值高?因此有学者力主征收补偿一定要实行“同地同价”,即“同样位置的土地无论做公益用途或者是商业用途,应在市场价指导下,给予相同标准的费用”。[10]至于第一种类型的征收,虽然补偿款的数额也不太高,但这是为了社会公共利益而必须承受的代价,这是不动产权利人应尽的社会责任,具有正当性。在这个意义上说,第一种类型的征收即公益征收，在补偿标准方面不宜完全相同于第二种类型的征收即商业性征收，所以，绝对的“同地同价”似乎也不可取。从上述简要的分析中不难发现，第二种类型的征收必须缩小适用范围，甚至被取消。

三、集体土地所有权人与用地者之间的合同类型

1. 按照《中共中央关于全面深化改革若干重大问题的决定》，修正我国现行法设计的农村土地权利制度，调整既有的征收制度，便会出现这样的情景：集体所有的土地用于开发利用的，绝大部分不必再走“先征收、再出让”的老路，可以由集体经济组织这个土地所有权人径直与用地者签订集体经营性建设用地使用权出让合同（或曰集体经营性建设用地使用权设立合同，下同），创设集体经营性建设用地使用权。[11]

2. 由于我国现行法禁止土地所有权依据民事程序流转，用地者自集体经济组织之处取得的不可能是集体土地所有权，而是集体经营性建设用地使用权。这不应存在疑问，需要澄清的是，此处设立集体经营性建设用地使用权的合同，究竟是集体经营性建设用地使用权出让合同，还是集体经营性建设用地使用权转让合同？答案应当是前者，因为该集体经营性建设用地使用权设立之前，作为土地所有权人的集体经济组织手里只有土地所有权，而无集体经营性建设用地使用权。换句话说，假如集体经济组织甲的责任财产只有 A 宗集体土地，那么，在用益物权创设之前，集体经济组织甲的“责任财产库”里，只有孤零零的土地所有权自身，并无未来创设继受取得的集体经营性建设用地使用权、土地承包经营权、宅基地使用权以及地役权等用益物权在下列情形下，方可取得上述用益物权：（1）在开发商乙拟就 A 宗集体土地取得集体经营性建设用地使用权而与集体经济组织甲签订集体经营性建设用地使用权出让合同，并经国土资源主管机关登记之后，开发商乙才“创设”地取得集体经营性建设用地使用权（《物权法》第 139 条）。（2）集体经济组织的成员丙依法与集体经济组织甲签订土地承包经营权合同，该合同生效之时，丙才“创设”地取得土地承包经营权（《物权法》第 127 条第 1 款）。（3）需役地人戊与集体经济组织甲签订地役权合同，该合同生效时，戊才“创设”地取得地役权（《物权法》第 158 条前段）。（4）宅基地使用权的“创设”相对复杂一些：集体经济组织甲的成员丁（户主）向集体经济组织甲就 B 宗宅基地提出使用申请，经集体经济组织审查同意，需要使用耕地的，经乡级人民政府审核、县级人民政府批准

后，宅基地使用权设立（《村庄和集镇规划建设管理条例》第1款第1项）；使用原有宅基地、村内空闲地和其他土地的，由集体经济组织甲审查、乡级人民政府批准后，宅基地使用权设立（《村庄和集镇规划建设管理条例》第1款第2项）。

我们知道，集体建设用地使用权、集体经营性建设用地使用权等用益物权“创设”或曰“创设继受取得”，就表明集体建设用地使用权、集体经营性建设用地使用权于其设立之前并不存在，其设立时才“突然”出现。这正是“创设继受取得”与“传来继受取得”的不同之处。集体建设用地使用权、集体经营性建设用地使用权等用益物权“传来继受取得”，是事先存在集体建设用地使用权、集体经营性建设用地使用权等用益物权，于此场合所依据的合同是集体建设用地使用权、集体经营性建设用地使用权等用益物权转让合同，而非出让合同。

总之，用地者径直自集体经济组织之处“创设继受取得”集体经营性建设用地使用权的场合，所依据的合同是集体经营性建设用地使用权出让合同，而非集体经营性建设用地使用权转让合同。

3. 当然，如果某宗集体土地之上既存集体建设用地使用权，如乡镇企业的厂房用地使用权，那么，开发商作为用地者取得该宗集体土地上的经营性建设用地使用权，只要前后两种集体建设用地使用权在土地用途方面相同，就可以采取直接与原集体建设用地使用权人签订建设用地使用权转让合同的方法，不必迂回曲折地“先收回、再出让”（集体土地所有权人先将既存的集体建设用地使用权收回，再分离集体土地所有权中的占有、使用、部分收益乃至处分权利自己的权能，形成集体经营性建设用地使用权，出让给用地者）。

4. 假如两种集体建设用地使用权在土地用途上不同，又当如何？这通过一个例子加以说明。用地者乙拟于宗地A上取得集体建设用地使用权C，但宗地A上已经存在集体建设用地使用权B，归甲享有。于此场合，是用地者乙与甲直接签订集体建设用地使用权B转让合同；还是集体土地所有权人先行消灭集体建设用地使用权B，而后与用地者乙签订集体建设用地使用权出让合同，乙取得集体建设用地使用权C？对此，法无明文规定，亦未查阅到文献开出的对策方案。笔者认为，这有两条路径可供选择。第一条路径是参照国有建设用地使用权出让、转让的模式处理，即如果宗地A上已经存在甲享有的国有建设用地使用权B，土地用途为教育用地，开发商乙于宗地A上取得建设用地使用权C,用于商品房的开发建设,那么,不是甲与开发商乙签订国有土地建设使用权转让合同,即不是开发商乙径直取得国有建设用地使用权B,而是国土资源管理机关从甲之手收回国有建设用地使用权B,再与开发商乙签订国有建设用地使用权C出让合同,开发商乙自国土资源管理机关之处取得国有建设用地使用权C。[12]将之套用到集体建设用地使用权取得领域,就是集体土地所有权人先行与甲协商,消灭宗地A上业已存在的集体建设用地使用权B,再与用地者乙签订集体建设用地使用权出让合同,由乙取得集体建设用地使用权C。第二条路径是直接由集体建设用地使用权B的权利人甲与乙签订集体经营性建设用地使用权B转让合同,由乙取得集体经营性建设用地使用权B,然后向集体土地所有权人、县级人民政府土地管理机关申请土地用途的变更,获批后享有集体经营性建设用地使用权C。

上述两条路径的优劣如下:(1)第一条路径遍布于较为宽阔的领域,适于土地用途差异很大的前后两种国有建设用地使用权此消彼长的情形;而第二条路径仅仅存在于狭窄的领域:一是乡镇企业建设用地;二是乡镇政府办公用地。前后两种集体建设用地使用权在土地上用途方面差异相对较小,甚至时常相同。(2)第一条路径基本上存在于城镇,而城镇的规划必要且严密,土地用途需要严格掌控。于是,国土资源主管机关的审批举足轻重。规划、掌控、审批的有效途径及方式是国土资源管理机关需介入、深入其中,国土资源主管机关先行收回宗地A上既存的国有建设用地使用权B,再出让宗地A上的国有建设使用权C给乙,这是上述介入、深入、掌控所必需的。与此不同,第二条路径通行于情形不多的集体建设用地利用的领域,规划已有,掌控、介入容易,如乡镇企业用地转化为商品房开发用地的审批较为容易,让上述两种集体建设用地使用权的权利人直接洽商,集体土地所有权人、县级人民政府土地管理机关直接把关。

四、他物权消灭途径的对比分析

在《中共中央关于全面深化改革若干重大问题的决定》贯彻落实、相应地修正我国现行农村土地权利制度之前,自集体所有土地取得建设用地使用权,必须先行将该集体所有土地征收为国有,而后再由国土资源主管机关出让国有建设用地使用权给用地者。在这种背景下,征收的对象,在我国现行法上,应为集体土地所有权、房屋所有权,而不包括国有建设用地使用权、集体建设用地使用权、土地承包经营权、宅基地使用权。

诚然,笔者注意到有关学说持有相反的意见,主张征收的标的包括他物权、知识产权、债权、非财产权益。[13]该意见有其理论背景:尽管法律归属关系存在,但与财产联系在一起的所有典型使用权和处分权利都被割除,财产权只剩下空洞的外壳,也应认为属于征收。[14]在德国,宪法法院认定的可以作为征收客体的财产,除了包括实物财产(不动产和动产)外,还包括私权利中具有财产价值的所有权利,以及公权利中的具有财产价值的权利,但不包括对财产内容和范围的限制。[15]在日本,征收的概念也出现扩大化现象,征收的对象从土地扩大到一般财产权。[16]在法国,严格区分公用征收和公用征调,其中的公用征收是指,政府强制取得不动产的所有权和他物权。[17]

即使如此,笔者仍然主张征收的标的也不包括他物权,理由在于,我国现行法上的征收概念为消灭被征收对象的所有权,国家原始取得所有权。以此区别于仅仅移转标的物使用权的征用。这与美国等国家不特意区分征收和征用的模式有别。此其一。《物权法》的有关规定未将国家行政主管机关依国家权力消灭建设用地使用权、宅基地使用权、土地承包经营权、地役权作为征收的对象。例如,《物权法》第 42 条第 1 款的表述为"为了公共利益的需要,依照法律规定的权限和程序可以征收集体所有的土地和单位、个人的房屋及其他不动产"。它强调的是"集体所有的土地",而非主体使用的房屋。所谓"单位、个人的房屋",房屋与所有权在实质具有同一性,房屋与房屋使用权不具有同一性。可见,该条款是将征收所消灭的权利限定于所有权。再如,《物权法》第 42 条第 2 款关于"征收集体所有的土地,应当依法足额支付土地补偿费、安置补助费、地上附着物和青苗的补偿费等费用,安排被征地农民的社会保障费用,保障被征地农民的生活,维护被征地农民的合法权益"的规定,第 121 条关于"因不动产或者动产被征收、征用致使用益物权消灭或者影响用益物权行使的,用益物权人有权依照本法第四十二条、第四十四条的规定获得相应补偿"的规定,都折射出农民/农户的土地承包经营权、宅基地使用权及其他用益物权都是随着被征收不动产的所有权消灭时才消灭,而非直接为征收的对象。此其二。《物权法》第 148 条规定:"建设用地使用权期间届满前,因公共利益需要提前收回该土地的,应当依照本法第四十二条的规定对该土地上的房屋及其他不动产给予补偿,并退还相应的出让金。"该条中使用"因公共利益需要提前收回该土地的”,而没有使用“因公共利益需要征收该土地使用权”,也表明建设用地使用权不是征收的对象。之所以如此设计,是因为征收是国家把集体所有的土地和单位、个人的财产变为国有的财产的一种改变所有权的法律行为。我国城镇的土地属于国家所有,建设用地使用权人取得的是对土地使用的权利,国家收回本来就属于自己的建设用地,运用所有权与其权能之间关系的原理即可,不适用有关征收的规定。[18]如果征收标的包括他物权会导致:一方面扩张征收的标的,将建设用地使用权作为征收的对象,[19]另一方面又特意区分征收与土地收回,[20]这在逻辑上似乎存有障碍,因为既然是收回,且收回不同于征收,怎么又将应予收回的建设用地使用权作为征收处理呢?此其三。在被征收的集体土地所有权消灭时,以该所有权为母权的土地承包经营权、宅基地使用权等子权消灭,完全可以按照母权消灭子权随之消灭的原理解释,无须向征收制度求援。在宅基地使用权消灭时,宅基地上的住宅所有权消灭;商品房所有权消灭时,基地的建设用地使用权消灭,完全可以按照《物权法》第142条正文关于房地权属一体的规定及相应的理论加以说明,无须由征收制度解决。此其四。

必须注意的是,《中共中央关于全面深化改革若干重大问题的决定》贯彻落实、我国现行法相应地修正之后,用地者自集体所有土地创设取得集体经营性建设用地使用权,可不再适用征收制度。于此场合,集体土地所有权并未消灭,该集体土地所有权派生出来的土地承包经营权、宅基地使用权、地役权的命运如何呢?母权消灭子权随之消灭的原理恐怕不得再用,于是疑问随之产生:这些用益物权是消灭还是继续存在?若消灭,原理是什么?

如果是这些类型的他物权不再适用征收制度,集体土地所有权人与用地者径直签订集体经营性建设用地使用权出让合同,那么,由于集体土地所有权并不因此而归于消灭,既存于该集体土地上的土地承包经营权、宅基地使用权、地役权不会自动地归于消灭,而是呈现较为复杂的局面,几种法律制度及其理论都要派上用场。

第一,集体土地所有权人与用地者径直签订集体经营性建设用地使用权出让合同,设立集体经营性建设用地使用权,应当类推适用《物权法》第139条关于“设立建设用地使用权的,应当向登记机构申请建设用地使用权登记。建设用地使用权自登记时设立。登记机构应当向建设用地使用权人发放建设用地使用权证书”的规定。也就是说,此类集体经营性建设用地使用权的设立,不但要有出让合同,而且须经土地资源管理机关的登记,未经登记便不产生集体经营性建设用地使用权。

第二,在集体经营性建设用地使用权的登记已经办理完毕的情况下,因为土地承包经营权、宅基地使用权都要占有、使用土地,所以,在同一宗集体土地之上无法并存土地承包经营权、宅基地使用权,后两种权利必须消灭。负责消灭的义务人是集体土地所有权人,而非用地者。至于消灭的途径及方法,可视情况的不同而灵活确定:如果是土地承包经营权的存续期满,则不再延长土地承包经营权的存续期;如果是土地承包经营权尚未届期,则可以是集体土地所有权人与土地承包经营权人协商,将土地承包经营权终止;如果是宅基地使用权人不复存在或因前往异地而主动放弃权利,则宅基地使用权就归于消灭;如果是宅基地使用权人仍然需要保有其权利,则可以通过替换宅基地的方式加以解决。

第三,值得注意的是,由集体土地所有权人与用地者径直签订集体土地使用权出让合同,用地者取得集体经营性建设用地使用权,消灭土地承包经营权,并非普遍现象,仅仅在极少数情况下才会发生,而且须经严格的审批程序。这是因为,多年来,我国一直强调确保耕地红线,即中国耕地保有量到 2010 年和 2020 年分别保持在 18.18 亿亩和 18.05 亿亩,确保 15.60 亿亩基本农田数量不减少,质量有提高。此次《中共中央关于全面深化改革若干重大问题的决定》再次重申:“坚持和完善最严格的耕地保护制度。”也就是说,依据我国现行法及操作程序,“先征收、再出让”时由国土资源主管机关与其他有关机关多重把关,确保耕地红线;如果未来不再采取征收措施,由集体土地所有权人径直与用地者签订集体经营性土地使用权出让合同,就更加需要由有关行政主管机关把关,绝不允许放任自流,以确保耕地红线。这样,原则上不允许在耕地上创设集体经营性建设用地使用权,而基本上是在宅基地、乡镇企业建设用地、乡镇政府办公用地以及“四荒”土地上创设集体经营性建设用地使用权。既然不在耕地上创设集体经营性建设用地使用权,就不会出现集体经营性建设用地使用权产生、土地承包经营权消灭的现象。只有在耕地上创设集体经营性建设用地使用权的场合,才会产生土地承包经营权终止的问题。

第四,在集体经营性建设用地使用权的登记已经办理完毕的情况下,其一,地役权与集体建设经营性用地使用权的功能不相抵触的,二权可以并存，地役权已经登记的，可以对抗集体经营性建设用地使用权人；地役权尚未登记的，则不能对抗善意的集体经营性建设用地使用权人。其二，地役权与集体建设用地使用权的功能相冲突的，则地役权必须终止，集体土地所有权人有义务了断此事。其具体路径及方法可以是双方协商一致；也可以集体土地所有权人单方面撕毁地役权设立合同，强行终止地役权，同时向地役权人承担违约责任。需要注意，如果地役权业已登记，则集体土地所有权人仅仅依靠撕毁地役权设立合同，恐怕还不能终止地役权。

第五，在集体经营性建设用地使用权的登记尚未办理的情况下，既存于该集体土地上的宅基地使用权或地役权，个别情况下是土地承包经营权，并无与之相冲突的集体经营性建设用地使用权存在。因而，在理论上，宅基地使用权、地役权、土地承包经营权不会因此而消灭。但在实际中，由于集体经营性建设用地使用权的登记只是时间问题，只要该项登记完毕，既存于该集体土地上的宅基地使用权、土地承包经营权就必须终止，既存于该集体土地上的地役权若与即将设立的集体经营性建设用地使用权在功能方面相同，也必须终止。有鉴于此，集体经营性建设用地使用权的登记尚未办理，先行终止既存于该集体土地上的土地承包经营权、宅基地使用权以及在功能上相冲突的地役权，也不失为未雨绸缪的明智之举。

五、住宅、厂房、办公用房的所有权消灭的模式

1. 在“先征收、再出让”的模式中，宅基地上的住宅、乡镇企业的厂房、乡镇政府的办公用房（以下简称住宅、厂房、办公用房）是作为征收的对象，适用征收规则；[21]还是不作为征收的对象，按照“宅基地上的房屋所有权因宅基地使用权的终止而失去权源，乡镇企业的厂房、乡镇政府的办公用房因集体建设用地使用权的终止而欠缺正当根据，于是消灭”的解释路径？这两种解释都说得通，笔者更愿意将住宅、厂房、办公用房作为征收的对象，理由之一在于，我国现行法将土地和房屋作为两个各自独立的物，而不是如同德国民法典那样将房屋视为土地的添附，成为一个不动产，这为采取土地征收和房屋征收的二元模式提供了前提；理由之二在于，便于将土地征收的补偿款和房屋征收的补偿款分别支付，利于房屋所有权人实际获得补偿款。因为仅仅将集体土地作为征收的对象，不把住宅、厂房、办公用房纳入征收的范围，则住宅、厂房、办公用房的所有权并非因征收而归于消灭，只是因其缺乏地权而无继续存在的基础而不复存在。这样，住宅、厂

房、办公用房的所有权的消灭及其补偿关系属于集体土地所有权人与用地者之间的关系。该关系能否算作征收法律关系的范畴,尚无定论。如此,征收法律关系中的补偿款直接付给集体土地所有权人,而不是直接付给住宅、厂房、办公用房的所有权人,也说得过去。可是,如此操作容易发生集体土地所有权人截留补偿款,有偿取得宅基地使用权的住宅所有权人、集体建设用地使用权人未获或少获补偿款的问题,从而侵害了住宅、厂房、办公用房的所有权人的合法权益。权衡利弊,还是把住宅、厂房、办公用房作为征收的对象优点更多。

将住宅、厂房、办公用房作为征收的对象,住宅、厂房、办公用房的私人所有权何时终止或者说私人房屋所有权何时转变为国家所有权或开发商的所有权?《物权法》第 28 条规定,因人民政府的征收决定导致物权设立、变更、转让或消灭的,自征收决定生效时发生效力。其文义明白确定,似无疑问。但实务中出现的下述问题,迫使我们不得不选定解决的方案。

应当注意到,在因商业利益所为住宅、厂房、办公用房的征收场合,强制性并非初始即有的,征收决定宜在被征收人同意征收及其补偿数额之后作出,此前宜为征收意向。由此决定,只要被征收人未同意补偿数额,就不应产生征收决定,也就谈不上征收决定生效,作为征收对象的物权就不终止。

实务中出现的问题之一,征收住宅、厂房、办公用房的决定虽然已经公告,但征收主管机关和被征收人之间尚未就补偿款的数额达成一致。于此场合,机械地按照《物权法》第 28 条关于征收决定生效导致物权变动的规定处理问题是在鼓励个别行政主管机关的违法行为,侵害了被征收人的合法权益。比较可取的方案是,可以将被征收住宅、厂房、办公用房的所有权终止的时间点确定在征收住宅、厂房、办公用房的补偿款付清之时。我国台湾地区“土地征收条例”采取了这种方案。其第 21 条第 1 项规定:“被征收土地或土地改良物之所有权人,对于其土地或土地改良物之权利义务,于应受之补偿费发给完竣时终止。”该方案比较有利于被征收人。但是,在集体建设用地使用权的登记已经办理完毕、补偿款尚未付清的情况下,住宅、厂房、办公用房的所有权是否仍然在补偿款付清时终止呢?笔者倾向于否定说,而赞同将办理完毕住宅、厂房、办公用房的所有权移转登记手续之时作为私人所有权终止的时刻,这样,可以保持对内关系和对外关系的一致性,简洁明快。至于对被征收人的保护,可以通过明文规定办理住宅、厂房、办公用房的所有权移转登记以付清征收补偿款为前提条件、赋予被征收人抗辩权的路径来解决。[22]

2. 在不采取“先征收、再出让”模式，而由集体土地所有权人径直出让集体经营性建设用地使用权给用地者的情况下，住宅、厂房、办公用房的所有权的消灭，无法按照征收消灭被征收财产所有权的规则解决，只能依据母权消灭子权随之消灭的原理处理。分解开来说，住宅所有权因宅基地使用权的终止而失去权源，因而归于消灭；乡镇企业的厂房的所有权、乡镇政府的办公用房的所有权因（原）集体土地使用权的终止而欠缺正当根据，因而归于消灭。

3. 有必要提示的是，无论是否采取“先征收、再出让”的模式，住宅、厂房、办公用房的所有权的消灭，都得按照《物权法》的规定及精神，办理所有权的注销登记（第 14 条、第 150 条、第 155 条）。

六、补偿款的变革及其走向

1. 补偿，是征收制度不可分割的组成部分和重要特征。[23]德国法甚至把征收规则和补偿规则联系在同一个法律里的要求，通常叫作“一揽子”条款。[24]完全补偿，公平补偿，合理补偿，是我们高唱的征收制度的愿景之一。[25]在采取“先征收、再出让”模式的背景下，在征收人（国土资源主管机关，下同）与被征收人（集体土地所有权人，住宅、厂房、办公用房的所有权人，下同）之间，发生被征收的土地归国家所有、集体土地所有权终止的法律效果，这比较清楚。疑问在于，是征收人向被征收人给予足额补偿，还是由用地者支付补偿款？我国台湾地区“土地征收条例”采取的是用地者支付补偿款的模式（第 11 条、第 19 条以下）。在我国大陆地区，有的采取用地者（大多为开发商，下同）直接与被征收人签订合同，约定补偿款及其计算标准、支付时间和数额的模式；有的则是征收人直接与被征收人签订合同，约定土地补偿款及其计算标准、支付时间和数额，被征收住宅、厂房、办公用房的补偿由用地者与住宅、厂房、办公用房的所有权人签订合同，约定住宅、厂房、办公用房的补偿款及其计算标准、支付时间和数额。如果严格按照法律关系分析，应当是征收人向被征收人及住宅、厂房、办公用房的所有权人补偿，用地者（建设用地使用权的受让人）向国土资源主管机关缴纳土地使用权出让金。但不妨碍在实际操作上建设用地使用权的受让人直接向被征收人及住宅、厂房、办公用房的所有权人支付补偿款，相当于建设用地使用权的受让人按照国土资源管理机关的指令向债权人付款。

在采取“先征收、再出让”模式的背景下，集体土地所有权因征收而不复存在，设立在该宗土地上的土地承包经营权、集体建设用地使用权随着母权的消灭而终止。在征收人与征收利害关系人（土地承包经营权人、集体建设用地使用权人，下同）之间，发生补偿关系，其内容包括承包地的青苗补偿、农用设施的补偿等。是否补偿土地承包经营权提前终止致使承包人的预期利益的损失？尽管许多法律及其学说反对征收场合补偿预期利益，例如，德国法上的征收补偿不包括可得利益的损失，甚至在具有理由的例外情况下，如为了防止洪水、保护公共财产通过法律直接征收仅仅是几乎没有价值的水坝，还可以减少补偿，[26]但是，笔者对征收场合补偿预期利益仍然持赞同态度，理由如下：其一，土地承包经营权为一种财产权，具有财产价值，承包人本有可靠的预期，兹因征收导致土地承包经营权提前终止，使其遭受了损失，应当获得补偿。当然，对于预期利益的补偿肯定要有限制，侵权损害赔偿在大多的情况下不赔偿预期利益，何况并非民事侵权的公益征收制度之中的补偿！同时，需要注意，在法国，征收补偿的对象必须是直接的、物质的和确定的损失，不包括与公用征收无直接因果关系的损失，精神上、感情上的损失和将来可能发生的不确定的损失也不包括在内。[27]在中国，也大体如此。其二，将集体土地所有权的征收补偿款和土地承包经营权的征收补偿款分开，向农村集体经济组织、承包人分别支付，更能保障承包人获得补偿，避免将补偿款一并发给农村集体经济组织却被截留，失地农民实际上没有获得补偿款，从而酿成社会问题的情形。

集体所有的土地被征收之后，国土资源主管机关将建设用地使用权出让给用地者，该用地者应当按照出让合同向国土资源主管机关支付土地使用权出让金，没有疑问。有疑问的是，用地者是否向被征收人及利害关系人支付补偿款？我国实务中普遍存在用地者补偿被征收人的现象，不论被征收的是土地还是房屋，都是如此。这符合权利义务相一致的原则，取得土地权利、房屋所有权，应当支付相应的代价。至于利害关系人的补偿，则模式不同，有的是直接支付，有的是先付给集体所有权人，再由它转交给利害关系人。为了防止集体土地所有权人截留，笔者赞同将补偿款直接付给利害关系人的做法。

2. 在不采取“先征收、再出让”模式，而由集体土地所有权人径直与用地者签订集体经营性建设用地使用权出让合同的背景下，用地者须向集体土地所有权人支付对价，至于该对价是命名为土地使用权出让金，还是补偿款，倒并不关键。一般来说，该对价在数额上要明显高于采取"先征收、再出让"模式时国土资源主管机关支付的土地使用权出让金，从而提高集体土地所有权人的获益，实现《中共中央关于全面深化改革若干重大问题的决定》的目的之一。

上述集体经营性建设用地使用权的设立，使既存的土地承包经营权、有偿取得的宅基地使用权、集体建设用地使用权归于消灭的，土地承包经营权人、有偿取得的宅基地使用权人、原集体建设用地使用权人也应获得相应的补偿。由于于此场合的土地承包经营权、有偿取得的宅基地使用权、集体建设用地使用权的消灭，是依据母权消灭子权随之消灭的原理运作的，那么符合事物本质的补偿款支付的流程应当是，由集体土地所有权人向土地承包经营权人、有偿取得的宅基地使用权人、原集体建设用地使用权人支付。从另一个角度说，是用地者向集体土地所有权人所负对价中含有土地承包经营权、有偿取得的宅基地使用权、集体建设用地使用权的消灭的代价。

诚然，实务操作时，也可以由用地者径直向土地承包经营权人、有偿取得的宅基地使用权人、原集体建设用地使用权人支付。只不过如此操作时，用地者向集体土地所有权人支付的对价中不含有土地承包经营权、有偿取得的宅基地使用权、集体建设用地使用权的消灭的代价。

考虑到实务操作中某些村干部掌握土地补偿费时，往往将土地补偿费挪用为村干部工资或其他行政费用，产生村干部贪污腐化现象，[28]补偿款由用地者径直向土地承包经营权人、有偿取得的宅基地使用权人、原集体建设用地使用权人支付，更有利于农民，笔者更赞同这种补偿款的流程。

需要补充的是，对于宅基地使用权人是否补偿？宅基地使用权若为有偿取得的，应予补偿，只是必须考虑另行择地的因素；若为无偿取得的，则不予补偿，但应另行提供一宗宅基地。

注释

1 王太高：《论农村集体土地所有权制度中的利益冲突与协调》，载房绍坤、王洪平主编：《不动产征收法律制度纵论》，中国法制出版社 2009 年版，第 25 页。

2 广东省在这方面早就突破了《土地管理法》等法律、法规的规定，《广东省集体建设用地使用权流转管理办法》规定，兴办各类工商企业，包括国有、集体、私营企业、个体工商户、外资投资企业［包括中外合资、中外合作、外商独资企业、“三来一补”（来料加工、来样加工、来件加工、补偿贸易）企业］、股份制企业、联营企业，可以使用集体建设用地（第8条第1项）。以集体建设用地使用权作价入股（出资），与他人合作、联营等形式共同兴办企业的，视同集体建设用地使用权出让（第12条第1款后段）。

3 谢哲胜：《准征收之研究——以美国法之研究为中心》，载《财产法专题研究（二）》，元照出版公司1999年版，第250页；房绍坤、王洪平：《公益征收法研究》，中国人民大学出版社2011年版，第31页、第51页。

4 房绍坤、王洪平：《公益征收法研究》，中国人民大学出版社2011年版，第257页。

5 房绍坤、王洪平：《公益征收法研究》，中国人民大学出版社2011年版，第257页。

6 全国人民代表大会常务委员会法制工作委员会民法室：《物权法及其相关规定对照手册》，法律出版社2007年版，第61页；胡康生主编：《中华人民共和国物权法释义》，法律出版社2007年版，第101页；房绍坤、王洪平：《公益征收法研究》，中国人民大学出版社2011年版，第77页以下。

7 例如，法国《人权宣言》第17条规定：“当公共需要所必需时，可以剥夺财产。”《德国基本法》第14条第3款规定：“只有为了公共利益才能允许征用。”《日本宪法》第29条第3款规定：“私有财产在正当补偿下得收为公用。”

8 张玉东：《公益征收若干法律问题研究》，载房绍坤、王洪平主编：《不动产征收法律制度纵论》，中国法制出版社2009年版，第160页以下；房绍坤、王洪平：《公益征收法研究》，中国人民大学出版社2011年版，第72页以下。

9 张鹏：《论因财产权的国度限制而引起的公用征收》，载房绍坤、王洪平主编：《不动产征收法律制度纵论》，中国法制出版社2009年版，第92页。

10 石凤友：《我国土地征收法律制度研究》，载房绍坤、王洪平主编：《不动产征收法律制度纵论》，中国法制出版社2009年版，第156页。

11 这种土地所有权人与用地人直接谈判以设立建设用地使用权、所得收益直接归属于土地所有权人及其成员（农民）的模式，江平教授早就倡导过。参见江平：《私有财产权的保护》，载《中国司法》2004年第7期。

12 诚然，实务操作中确有变形的现象。例如，宗地A上原来存在乙单位享有的土地用途为文教用地的国有建设用地使用权B，现在甲公司通过招拍挂的程序摘牌取得宗地A上的国有建设用地使用权。在这个案件中，本来应有的流程是：国土资源管理局从乙单位收回国有建设用地使用权，同时支付补偿款；国土资源管理局将位于宗地A的但性质不同的国有建设用地使用权C出让给甲公司，甲公司支付出让金。但在实务中，时常将上述流程做了一定程度的变通，呈现给人们的流程是：国土资源管理局将其后出现的国有建设用地使用权C先出让给甲公司，同时获取出让金；甲公司和乙单位依政府部门的指示而签订《国有建设用地使用权转让补偿合同》，甲公司将出让金的一部分付给乙单位，实际上是代国土资源管理局支付给乙单位补偿款;而后,乙单位将国有建设用地使用权退回国土资源管理局;国土资源管理局再将国有建设用地使用权C实际出让给甲公司。乙单位既有的国有建设用地使用权B和甲公司将要取得的国有建设用地使用权C,是两项不同的国有建设用地使用权,发生联系的,只是所处的地段(宗地)相同。由此可见,甲公司和乙单位依照政府部门的指示签订《国有建设用地使用权转让补偿合同》,只是具有中国特色的实务运作中出现的措施,重在甲公司向乙单位支付补偿款,所谓的国有建设用地使用权转让无非为甲公司向乙单位支付补偿款寻找出来的理由,并非法律意义(真正意义、典型意义)上的国有建设用地使用权转让,因为乙单位并不享有甲公司在其后应取得的宗地A上的国有建设用地使用权,乙单位将向国土资源管理局退回国有建设用地使用权B,而不是向甲公司转让国有建设用地使用权B,更不是转让国有建设用地使用权C。需要强调指出的是,法律人万万不得将实务中的变形操作认定为合法,必须透过现象看本质,按照法定的流程来认定,来处理案件。

13 房绍坤、王洪平:《公益征收法研究》,中国人民大学出版社2011年版,第239页以下。

14 参见[德]哈特穆特·毛雷尔:《行政法学总论》,高家伟译,法律出版社2000年版,第683~684页。

15 [德]哈特穆特·毛雷尔:《行政法学总论》,高家伟译,法律出版社2000年版,第680~688页。

16 参见[日]盐野宏:《行政法》,杨建顺译,法律出版社1999年版,第499页。

17 参见王名扬:《法国行政法》,中国政法大学出版社1998年版,第365~410页。

18 胡康生主编:《中华人民共和国物权法释义》,法律出版社2007年版,第331页。

19 房绍坤、王洪平:《公益征收法研究》,中国人民大学出版社2011年版,第241~244页。

20 房绍坤、王洪平:《公益征收法研究》,中国人民大学出版社2011年版,第96~99页。

21 房绍坤、王洪平:《公益征收法研究》,中国人民大学出版社2011年版,第230页以下。

22 参见崔建远:《不动产征收视野下的房屋拆迁》,载房绍坤、王洪平主编:《不动产征收法律制度纵论》,中国法制出版社2009年版,第314页。

23 翁岳生主编:《行政法》(下),中国法制出版社2002年版,第1724页;应松年:《当代中国行政法》,中国方正出版社2005年版,第1882页;申卫星:《构建公权与私权平衡下的中国物权法》,载房绍坤、王洪平主编:《不动产征收法律制度纵论》,中国法制出版社2009年版,第9~10页;石凤友:《我国土地征收法律制度研究》,载房绍坤、王洪平主编:《不动产征收法律制度纵论》,中国法制出版社2009年版,第129页、第146页;张玉东:《公益征收若干法律问题研究》,载房绍坤、王洪平主编:《不动产征收法律制度纵论》,中国法制出版社2009年版,第193页以下;陈伯礼、徐信贵:《不动产征收制度之构建逻辑与运作机理》,载房绍坤、王洪平主编:《不动产征收法律制度纵论》,中国法制出版社 2009 年版,第 224 页以下。

24 [德]哈特穆特·毛雷尔:《行政法学总论》,高家伟译,法律出版社 2000 年版,第 692 页。

25 在全国人大常委会法制工作委员会组织的《物权法草案》的系列研讨会上,江平教授一直主张征收补偿应当是完全补偿,或曰公平补偿,不得采取"补偿标准由国务院另行规定"的立法模式。《德国基本法》第 14 条第 3 项奉行"公平补偿"原则,在一般情况下也就是完全补偿原则;《日本宪法》第 29 条第 3 项规定"正当的补偿",实际上意味着完全补偿;《法国公用征收法》确定完全补偿原则,但补偿的对象必须是直接的、物质的和确定的损失,而不包括与公用征收无直接因果关系的损失,精神上、感情上的损失和将来可能发生的不确定的损失也不包括在内。

26 [德]哈特穆特·毛雷尔:《行政法学总论》,高家伟译,法律出版社 2000 年版,第 695 ~ 697 页。

27 王名扬:《法国行政法》,中国政法大学出版社 1998 年版,第 392 ~ 393 页。

28 陈小君等:《农村土地法律制度研究——田野调查解读》,中国政法大学出版社 2004 年版,第 266 页。

土地上的权利群在民法典编纂中的应然安排*

民法典编纂已经全面启动，中国法学会受全国人民代表大会常务委员会法制工作委员会（以下简称法工委）的委托，思考并着手草拟“物权编”“合同编”“侵权责任编”“婚姻家庭编”“继承编”。

“物权编”遵循的指导思想是：坚持正确的政治方向，走中国特色社会主义法治道路；适应中国社会改革、前进的现实，满足中国社会生活对于物权制度的实际需要；贯彻落实《中共中央关于全面深化改革若干重大问题的决定》《中共中央、国务院关于完善产权保护制度依法保护产权的意见》《中共中央、国务院关于完善农村土地所有权承包权经营权分置办法的意见》，将其中有关物权的政策转化为法律制度及具体规则；对于《物权法》及其他单行法有关物权的制度及规则与“物权编”之间的关系，采取“既不推倒重来，也不照单全收”的方针。

一、“物权编”还是“财产法编”

民法典保持中国现行法关于物权的理念、体系和规则，还是变为财产权的理念、体系与规则？这事关民法典的体系、结构及规则的设置，特别是牵动法律理念、法哲学思想的重大变革，不可小视。

中国民法不宜固守物权法的窠臼，而应直面知识产权、股权、网络虚拟财产、数据及其他有关个体信息等无体财产业已普遍化并亟待法律调整的社会现实，树立财产权的理念，构建财产权的体系与规则。这是专家、学者近十几年来的呼声，并在此次编纂民法典的宏大工程启动的时刻再次被提起。[1]

---

* 原文标题为《民法分则物权编立法研究》，发表于《中国法学》2017 年第 2 期。

的确,《物权法》受其自身的调整范围和功能所限,无法周到且合适地,甚至不能规制知识产权、股权、网络虚拟财产、数据及其他有关个体信息等无体财产,财产法若能自知识产权、股权、网络虚拟财产、数据及其他有关个体信息甚至债权等无体财产所形成的关系中提取"公因式"地概括、抽象出一般规则,这些规则不但具有构成要件,而且明确法律效果,能够有效地反作用于这些关系,那么,由"财产法"取代"物权法",作为《民法典》的一编,无疑是上上策。但是,在笔者迄今为止所阅读的文献中,普遍适用于知识产权、股权、债权、网络虚拟财产、数据及其他有关个体信息等无体财产所形成的关系,且包含构成要件和法律效果的财产法规则,尚付阙如。

众所周知,民法彰显人文精神、价值理念的品格,非同哲学那样宣示出来(忽略具体操作)即可,而是作为行为规范和裁判规范,径直显现其提供的从事交易、尊重人格或明确身份的路径及方法,法院可以直接据此裁判案件。如此,欠缺构成要件和法律效果的所谓"财产法规则",是不合格的民法规则,是其不可成为《民法典》一编的致命弱点。与英美法并列地、平行地存在财产法、合同法、侵权法、信托法甚至"返还法"的体系、观念与理论不同,与英美法之财产法不调整基于买卖、运输、技术转让、委托、居间、行纪等合同产生的财产关系有异,在中国现行民法及其理论体系中,所谓财产权,绝非仅仅限于所有权等物权,而是泛指物权、债权、知识产权、网络虚拟财产、数据及其他有关个体信息等形形色色的可以用货币衡量、评价的权益,而债权早有完备的自成体系的制度及理论,不同于物权制度及学说,更不同于知识产权制度及诠释。网络虚拟财产究竟是不是民法认可的财产,即使是作肯定的回答,也存在应否由物权法规则调整的疑问和争论。数据及其他有关个体信息所形成的权利,究竟属于人格权还是财产权,抑或二者兼具,到底是划归一种权利之中还是分而治之,亦无定论。法律人无视这些本质区别而制定"财产法编",如何科学地、适当地处理债权的规则及理论?更遑论如何科学地、适当地对待知识产权、网络虚拟财产、数据及其他有关个体信息的规则及学说了!

有鉴于此,我们应当务实地考虑和处理问题,还得"无奈地"编纂"物权编",而非"财产法编"。知识产权法或信息财产权即便入"典",也是形成《民法典》"知识产权编"或《民法典》"信息财产权编",而非与固有意义上的物权法混杂在一起。待法律人成功地设计出具有构成要件和法律效果的、能够普遍且有效地适用于物的归属和利用的关系、相对人之间的交易关系、智力成果的归属和利用的关系、网络虚拟财产关系、数据及其他有关个体信息等关系的“财产法”一般规则的未来，再修订《民法典》，变“物权编”为“财产法编”。

二、物权种类宜丰富多样并相对开放

《物权法》一方面奉行特别严格的物权法定主义（第 5 条），另一方面规定的物权种类又仅限于所有权、土地承包经营权、建设用地使用权、宅基地使用权、地役权、抵押权、质权和留置权。即使着眼于整个法律体系，《合同法》规定有工程款优先权（第 286 条），《海商法》规定有船舶优先权（第 21 条），《担保法》规定有土地使用权出让金优先权（第 56 条），《企业破产法》规定有破产费用清偿优先权、共益债务清偿优先权、职工工资优先权、社会保险费用优先权、破产人所欠税款优先权（第 113 条），《最高人民法院关于建设工程价款优先受偿权问题的批复》（法释[2002]16 号）规定有消费者购房履行请求优先权（第 2 条）。上述规定也还是不敷使用，不足以适应千变万化的经济交易关系的发展，无法满足现实生活对相应物权的多方面需求。

（一）关于创设物权

在上述背景下，为实际需要，当事人只好依其意思表示创设“物权”，但时常难以如愿：在该约定违背公序良俗或违反法律、行政法规的强制性规定时被认定为无效；在不存在这些原因时，由于物权法定主义不允许当事人以法律行为创设民法或其他法律所不承认的物权，这些所谓的“物权”最多发生债权的效力。例如，土地承包经营权由承包合同设置，《民法通则》实施之前，法律未将其作为物权加以规范时，按物权法定主义衡量，它虽不发生物权效力，却可以产生债的效力，即基于承包合同，承包人有权请求发包人交付承包物，有权占有、使用、收益承包物，以满足自己的需要。[2]再如，通过拍卖产生的“四荒”土地承包经营权，在《农村土地承包法》颁行之前，法律未把它规定为物权，按物权法定主义衡量，它也不发生物权的效力，只能具有债权的效力，即基于拍卖合同，土地承包经营权人有权请求拍卖人向其移转“四荒”地的占有，然后使用、收益、抵押、转让，以实现自己的利益。[3]又如，基于合同而产生的典权和居住权，迄今为止，既无法律规定，也没有地方性法规、部门规章和地方性规章的相关规定，按照严格的物权法定主义衡量，典权、居住权亦不具有物权的效力，只得呈现债权的性质。[4]

应该看到，仅仅赋予债权效力以解决问题的方式具有不圆满性，作权宜之计尚可理解，长久如此则不能尽如人意。因为债权毕竟只有相对性，而无对世的效力，在中国现行法是否承认了第三人侵害债权存疑的背景下，仅承认居住权、典权等权利为债权，难以有效地抵御第三人对标的物主张物权或第三人实施不法侵害。[5]例如，因中国现行法尚未规定居住权为物权，在作为居住权客体的房屋由第三人取得所有权并主张物权请求权的情况下，居住权这种债权确实对抗不了受让人的房屋所有权，居住权人只好放弃对该房屋的占有。债权仅具有请求力、保持力、执行力、处分权能等，而无支配力。将居住权作为债权，仅仅着眼了设立人与居住权人之间的相对关系，却忽视了房屋交由居住权人占有、使用、收益的事实，法律没有确认这种主体对标的物的支配关系，即实质上的物权关系。土地承包经营权曾较长时期地处于这种功效减损的境地，尽管它是应社会经济发展的要求而生的，尤其是其中的因"四荒"拍卖而产生的土地使用权兼顾了社会公平与效率，代表着农业方面权利的目标模式，极富生命力；[6]尽管它体现着权利人对土地地表的支配关系，具有物权之实，但严格的物权法定主义拒绝承认它们为物权，不赋予其物权效力，使权利人对土地地表的支配缺乏足够的法律上之力，难以有效地抵御第三人的不法侵害。对居住权等权利所具有的物权之实，法律视而不见或视而不管，违反事理，不能谓之为善法。只有当法律将具有物权之实，却以债权形式表现出来的居住权等权利，除去债权形式，还其物权的本来面目，使经济关系的本质要求与法律的最佳保护真正统一起来之时，才算较为圆满地解决了问题。《民法通则》赋予承包经营权物权效力(第 80 条第 2 款)后，《农村土地承包法》将"四荒"土地使用权确认为物权(第 44 ~ 50 条)以后，情况大为改观，即为明证。

这些经验和教训值得《民法典》的立法者重视，"物权编"应当尽可能多地设置物权的种类，虽然继续保持物权法定主义，但须避免其僵硬化，使具有一定的物权效果即可符合社会的需要的，可依个别具体情形，赋予若干物权效力，如共有物分管合同，对于知或可得知有该合同存在的应有部分受让人、共有人得执以对抗之；关于物权法的一定权利内容规定，需依该权利的性质和目的，于不逾越或抵触其权利的核心范围内，予以类推适用，或扩张或减缩该物权的内容，俾使新型态的权利亦得成为该物权的一种，而融入现行物权法体系；积极活用其他法律制度，俾获得与物权相同或相当的法律利益，如非典型担保的代理受领或备偿专用账户，利用委托、代理和抵销制度，达到债权担保的目的；[7]承认习惯法[8]甚至习惯[9]可以创设物权，当依习惯法生成新的公示方法时，即使认可依习惯法生成的该种物权，也无须担心物权法的公示原则会被破坏。并且，这样还会克服物权法定主义无法适应经济交易关系的发展及无法满足现实生活对新种类物权的需要的弊端。[10]

（二）关于物权的种类

前述所谓“物权编”应当尽可能多地设置物权的种类，至少包括居住权、典权和“三权分置”构想下的土地经营权三种物权类型。所谓居住权，是将建筑物或建筑物的一部分作为住宅而使用并具有排除所有人效力的权利，可分为社会性居住权和投资性居住权。所谓社会性居住权，即自罗马法以来的传统居住权，属于典型的人役权，系老年人、妇女及未成年人等特殊群体居住他人住房而享有的权利，具有保护弱者权益的功能。因其为特定人的居住需要而设定的，故不得转让，不得继承。[11]所谓投资性居住权，虽然也是非所有权人较为长期地对他人房屋享有居住的权利，但它是一项独立的用益物权，可以独立地转让和继承，居住权人有权对作为标的物的房屋进行任何合理的用益，特别是有权进行使用出租和用益出租。[12]投资性居住权能使房屋所有权与财产利用权的配置达到最优化，实现最大效益，[13]这极大地满足了人们居住和投资的双重需求，成为居住权制度重要发展空间。合资建房或购房时产生的居住权、分时度假酒店式产权类型的居住权在实务中不乏其例，就是明证。此外，基于土地资源的有限性及建筑成本的昂贵，不可能完全通过房屋的所有权来解决人们的居住问题，而居住权的设立，不仅是房屋所有权人在经济上行使、实现所有权的结果，也为非所有权人提供了通过法律行为比较稳定地使用他人财产的可能性。可以说，居住权乃是在所有权人和非所有权人之间架起一个可以过渡的中间地带。[14]因而，“物权编”应当增设居住权。

（三）关于典权

典权，是指支付典价，占有他人的不动产而为使用、收益的物权，它乃中华民族传统的权利，兼有用益物权和担保物权的双重属性，应为“物权编”所承继，其理由如下：（1）典权为最具中华文化特色的不动产物权制度，保留典权有利于维持民族文化，充分显示中华民族崇敬祖先及扶弱济贫的道德思想。(2)典权制度得以兴起的原因，是典权具有两全其美的经济功能：就出典人而言，乃获取不动产融资之手段，就典权人而言，其一为就他人的不动产取得使用权、收益权的方法，因系物权之故，其机能固强于租赁权等债权，且因其用益范围，法律未加限制，地上权(相当于中国现行法上的建设用地使用权、宅基地使用权)、农育权(相当于中国现行法上的土地承包经营权)等用益物权均不及焉；其二为典价的支付并有取得典物所有权的可能，出典人一旦不为回赎，典权将因而蜕变或升格为所有权，该项社会机能为其他用益物权所无，乃典权的最大特质。[15]这种经济功能在现今社会仍可具备和需要。尤其是待发展到一定阶段时，一批专门从事媒介出典或承典的公司，不但更加有效益，而且会解决一批人的就业问题。由此显现出在法律上设立典权制度的必要性。况且，中国地域辽阔，各地经济发展不平衡，传统观念与习惯的转变不可能整齐划一，既然民间存在设定典权的情形，“物权编”就不可没有相应的规则予以规范。(3)任何法律制度都具有其独特的价值，不可能被其他制度完全替代。尽管法律制度之间具有互补作用，这是建立法律体系所必需的。但是，不得把法律制度的互补作用认定成法律制度之间的相互替代。典权人对典物的使用、收益并无限制，为租赁、借贷及地上权等制度所不能取代；抵押权须将标的物变换价金，始能受偿，而典权中出典人放弃回赎，即由典权人取得典物所有权抵偿典价，两者之间程序的繁简立分高下；出典人回赎典物虽与买回类似，但在买回情况下，标的物所有权已转移于买受人，如果买受人将其出卖给他人，即无法买回，而典物所有权仍属出典人，回赎权行使，典权即归消灭，不致无法赎回，甚为便利，故典权制度并未丧失其价值。不动产质权和买回虽然在一些方面可以起到典权制度的作用，但是，无论如何，不动产质权和买回都不可能具有典权的所有功能，也不可能替代典权制度。典权制度曾经长期存在，已证明了其独特的价值和中国物权法制度的特色。(4)任何法律制度都难以十全十美，不宜以某一制度在某方面存有缺陷，就简单地予以否定。典权制度固然有其不足，但是，随着社会的发展，立法的完善，它可被弥补。比如，典权人对典物的使用收益方法并无限制，不致影响土地的改良与利用；且典权可设不定期限，也可缩短最长期间，这些都可以通过立法加以修改与完善，不构成废止典权的理由。又如，传统典权制度的适用范围狭窄的缺点，随着社会的发展能够逐渐扩大而淡化其原有不足。[16]

（四）关于农户承包权

鉴于《物权法》和《农村土地承包法》设计的土地承包经营权因抵押、自由转让所带来的风险过大，但同时权利人又有以土地承包经营权设立担保达到融资目的之现实，亦有金融机构扩张其金融业务的经济人渴望。习近平总书记于2013年7月明确提出，深化农村改革，完善农村基本经营制度，要好好研究农村土地所有权、承包权、经营权三者之间的关系。2016年4月25日，习近平总书记在安徽凤阳县小岗村农村改革座谈会上强调，新形势下深化农村改革，主线仍是处理好农民和土地的关系。这为我国农村土地产权制度改革指明了方向。中国共产党第十八届五中全会明确提出，完善土地所有权承包权经营权分置办法，依法推进土地经营权有序流转。在这种大背景下，中共中央办公厅、国务院办公厅于2016年10月印发了《关于完善农村土地所有权承包权经营权分置办法的意见》，明确指出："在土地经营权方面，土地经营权人对流转土地依法享有在一定期限内占有、耕作并取得相应收益的权利。在依法保护集体所有权和农户承包权的前提下，平等保护经营主体依流转合同取得的土地经营权，保障其有稳定的经营预期。在完善'三权分置'办法过程中，要依法维护经营主体从事农业生产所需的各项权利，使土地资源得到更有效合理的利用。"[17]

在这个框架下，农村土地的集体所有权归集体所有，是土地承包权的前提。农户享有的承包经营权在土地流转中又派生出经营权。集体所有权是根本，农户承包权是基础，土地经营权是关键，这三者统一于农村的基本经营制度。[18]

集体土地所有权、农户承包权已由中国现行法确立为物权，"物权编"应予承继，不应存疑。但土地经营权究竟应当被赋予物权的效力还是仅仅作为债权对待，意见不一，需要慎思。从应尽可能地优化权利人的法律地位、使土地经营权成为更为有效的融资手段等方面出发，将土地经营权设计为用益物权确有必要。这从《中共中央、国务院关于完善产权保护制度依法保护产权的意见》关于"落实承包地、宅基地、集体经营性建设用地的用益物权"的规定中似可窥见一斑。"物权编"应该落实这一规定，可供选择的方案至少有两个：一是集体土地所有权作为母权，土地经营权作为子权自集体土地所有权中派生出来；二是农户承包权作为母权，由其派生出土地经营权这个子权。第一个方案存在如下弊端：（1）农户承包权和土地经营权均为用益物权，其权能相同或相近，其客体系同一块农地，这违反了

"一物一权"主义。(2)若让土地经营权依其规范意旨充分发挥功效,则势必压抑农户承包权的固有权能的展开。这种给农户造成的根本性损害是未经农户同意的,因为土地经营权的设立并非源自农户承包权,不是基于农户与受让人之间的土地经营权合同设立的。这不符合意思自治原则。(3)这种无端地剥夺农户的权益是严重背离《关于完善农村土地所有权承包权经营权分置办法的意见》关于"农户享有土地承包权是农村基本经营制度的基础,要稳定现有土地承包关系并保持长久不变。土地承包权人对承包土地依法享有占有、使用和收益的权利。农村集体土地由作为本集体经济组织成员的农民家庭承包,无论经营权如何流转,集体土地承包权都属于农民家庭。任何组织和个人都不能取代农民家庭的土地承包地位,都不能非法剥夺和限制农户的土地承包权。在完善'三权分置'办法过程中,要充分维护承包农户使用、流转、抵押、退出承包地等各项权能"的原则的。

第二个方案则全无上述弊端,就此说来值得肯定,不过,却面临着法理上的难题:农户承包权是种权利,而非有体物,它是用益物权,而非所有权,怎么能作为派生出用益物权的母权呢?对此,笔者这样回应:(1)德国、日本的学者在研讨权利质权的性质的过程中,出现了设定性让渡主义,认为权利质权设定人以出质的标的所必需为准,在既存权利的各项权能中分离出部分权能来,允许质权人行使,从而由这些权能形成一个新的权利,即质权。这就像物权设定场合,将既存的权利视为母权,将分割出的权能所形成的权利视为子权。子权和母权虽然形式一样,但内容不同。子权只是行使母权的一部分权能。子权在开始设定时,虽然与母权有着密切的关系甚至有着共同的命运,但是自其设定行为完成的瞬间之后,就与母权完全分离,成为一种独立的、新的、不同种类的权利。拥有子权的质权人,不是作为代理人在行使他人的权能,而是在行使自己的权能。另外,母权依然留在设定人之处,本体没有受到损害,仅仅是部分权能被分割出去而作为子权内容的权能,母权人在行使母权的各项权能时,遇到构成子权内容的特定权能时,将暂时地受到限制。[19]这种理念、思路可用于农户承包权与土地经营权之间的关系上。(2)日本民法及其理论将无记名债权(如无记名支票、公司债券、商品券、入场券、车票等)视为动产。[20]尽管如此处理重在确定,民法关于动产适用消灭时效、善意取得(即时取得)、公示对抗、遗失物拾得、共有物管理、所持份额的放弃等规定,适用于无记名债权,[21]尚无承认无记名债权之上存在所有权之意,但为了社会生活发展的需要,不妨进一步扩张其“视为动产”的功用,升华到无记名债权之上竖立着另类的“所有权”这样的理念。如此,我们可把作为质物的权利视为民法上的“物”,该“物”之上存在“所有权”,该“所有权”即为权利质权的母权。相似的事物相同处理,我们可将农户承包权视为民法上的“物”,该“物”之上存在着“所有权”,该“所有权”就是土地经营权的母权。(3)此外,还有下面的思路:即使是农户以其承包地作为客体为受让人设立土地经营权,土地经营权所分享的权能,依然是集体土地所有权中的占有、使用、收益诸项权能。农户之所以能使集体土地所有权的权能由受让人分享,是因为在农户承包权设立时法律已经将处分权直接授予农户了。农户正是借由这种法律的授权,将集体土地所有权中的部分权能分离给土地经营权人;土地经营权人正是借由这种法律的授权,合乎双方当事人意思且合法地分享了集体土地所有权中的部分权能,从而形成了土地经营权。这种法律授权有其应用的场合。例如,认定银行系统各分行、支行及分理处办理存贷款等业务时享有代理权,大多不是由于银行总行出具了授权书,实际上也往往没有这种授权书,而是推定法律已经将代理权授予了各分行、支行及分理处。再如,在高度中央集权的计划经济时代,国营企业/国有企业在对外购进原材料、销售产品时之所以有权处分国有财产,不是由于国务院等部门出具了授权书,实际上也没有此类授权书,而是推定法律已经将代理权授予了各个国营企业/国有企业。

(五)关于建设用地使用权

《物权法》第136条前段规定:“建设用地使用权可以在土地的地表、地上或者地下分别设立。”这实际上承认了三种类型的建设用地使用权,其精神应由“物权编”承继,只是应当明确此处所谓地表、地上、地下的内涵和外延,并且对以地上为客体的建设用地使用权、以地下为客体的建设用地使用权最好以空间权的形态予以表现。这样,所谓以地表为客体的建设用地使用权,是指以宗地所在的水平界址以及位于界址上下的必要空间为客体的建设用地使用权。所谓以地上为客体的建设用地使用权,是指依规划确定的以距地面一定高度的空间为客体的建设用地使用权,又称区分建设用地使用权或分层建设用地使用权。某些空中走廊的权源就是这种建设用地使用权。所谓以地下为客体的建设用地使用权,是指依规划确定的以距地面一定深度的空间为客体的建设用地使用权,又称区分建设用地使用权或分层建设用地使用权。许多地下商城、地铁的权源就是此类建设用地使用权。[22]

(六)关于法定地役权

地役权区别于相邻关系表现在若干方面,其中一点是后者具有法定性,而前者时常通过当事人的意思表示设立。不过,假如完全拘泥于当事人的约定,则未必十分切合实际生活的需要。例如,“川气东送”、“南水北调”、三峡输电线路的安装等工程,若采取地役权模式解决利用沿途土地的权利,就面临着土地权利人不同意签订地役权合同的危险。欲突破沿途土地权利人拒绝签订地役权合同的障碍,保障地役权肯定设立,以满足国民经济发展和保障国家战略安全,可有两条路径:一是规定强制缔约制度,二是设置法定地役权制度。因此,“合同编”可规定强制缔约制度,“物权编”可设计法定地役权类型。

三、物权效力的廓清、交集与延伸

(一)关于物权效力

在传统物权法理论上,物权的效力依“物权的二效力说”,是指物权的排他效力和物权的优先效力[23],或物权的优先效力和物权请求权[24];按“物权的三效力说”则再加上物权请求权[25];“物权的四效力说”则主张物权的排他效力、物权的优先效力、物权的追及效力和物权请求权均为物权的效力。[26]

据此衡量,《物权法》第 20 条第 1 款后段“预告登记后,未经预告登记的权利人同意,处分该不动产的,不发生物权效力”中所谓“物权效力”、第 31 条后段“未经登记,不发生物权效力”中所谓“物权效力”,都改变了传统物权法理论所赋物权效力的含义,因为这两条款所称物权效力本为“物权变动的效力”之意。物权变动的效力有动态意义上的与静态意义上的之分,且重在物权的“变动”这个运动,聚焦物权是否“变动”(包括物权的设立、变更和消灭)了这个相对“单纯”的现象,不关心物权排他与否、优先抑或平等、能否追及。当然,静态意义上的物权变动的效力,指动态的物权变动完成后的物权效力,则可被视为物权的排他效力、物权的优先效力、物权的追及效力和物权请求权的概括称谓。但若仅限于物权变动刚结束的一刹那的物权的状态,则更重在于物权的归属,随后才呈现物权的排他效力、物权的优先效力、物权的追及效力和物权请求权,至少“物权变动”这个运动与物权的四效力在逻辑上有个相隔的时间段。动态意义上的物权变动的效力，依次有物权变动开始前的物权归属状态、变动过程中的物权状态和物权变动结束后的物权效力状态，还涉及物权变动的模式及要件。其中变动过程中的物权状态很难直接等同于物权的排他效力、物权的优先效力、物权的追及效力和物权请求权。动态意义上的物权变动涉及的法律规范，债法规范居多，物权规范反倒稀疏。

有鉴于此，“物权编”承继《物权法》第 20 条第 1 款后段、第 31 条后段的意旨及规范时，不如明确地变“物权效力”为“物权变动的效力”。

（二）关于抵押权的追及效力与抵押物的转让

物权效力需要廓清的地方不限于此，《物权法》第 191 条第 2 款关于“抵押期间，抵押人未经抵押权人同意，不得转让抵押财产，但受让人代为清偿债务消灭抵押权的除外”的规定则需要修正，“物权编”应依抵押权的追及效力的理念设计抵押物的转让关系。

《物权法》第 191 条第 2 款正文所谓“抵押期间，抵押人未经抵押权人同意，不得转让抵押财产……”的意思如何？理念不同，解释有异：(1) 该规定系法律的强制性规定，抵押人未经抵押权人同意转让抵押财产，构成抵押人违反法律的强制性规定，按照《合同法》第 52 条第 5 项的规定，转让抵押物的合同无效。(2) 该规定并非法律的强制性规定，抵押人未经抵押权人同意转让抵押财产，不构成抵押人违反法律的强制性规定，抵押财产转让合同的效力不受抵押权人同意与否的影响。笔者赞同第二种解释。[27]第一种解释不利于受让人，有碍交易安全，障碍财产流通，就实质而言也未强化抵押权人的利益。第二种解释则不存在这些弊端，且为最高人民法院《第八次全国法院民事商事审判工作会议（民事部分）纪要》所接受，其第 14 条规定：“物权法第一百九十一条第二款并非针对抵押财产转让合同的效力性强制性规定，当事人仅以转让抵押房地产未经抵押权人同意为由，请求确认转让合同无效的，不予支持。受让人在抵押登记未涂销时要求办理过户登记的，不予支持。”

有必要指出，采取这种解释要以承认抵押权的追及效力为前提。这并不难，物权就其本性应有追及效力，不动产抵押权尤其如此。只要“物权编”确立抵押权的追及效力，那么，不论抵押物辗转落入何人之手，抵押权人都可以追及至抵押物之所在之处而主张抵押权，抵押物的受让人无权抗辩，抵押权的合法权益不因抵押物转让与否而受影响。并且，抵押人不履行转让通知义务给抵押权人造成损害时，抵押权人还可以基于侵权行为请求抵押人承担损害赔偿责任。另外，转让抵押物的行为不因抵押人是否履行了转让通知义务而受影响，对于受让人给予足够的保护，达到保护交易安全的目的。同样重要的是，一个正常的经济制度下，财产的流通性或曰财产权的让与性是健康的社会范围的经济流转所必需的，也是财产权名副其实甚至增值的前提和表现。[28] 正所谓"保护抵押权人的利益不能依靠对抵押人处分权的限制，而要靠抵押权的追及性"。[29]"抵押人未经抵押权人同意而转让抵押的动产的，其转让行为并不因为欠缺'抵押权人的同意'而无效。"[30]

饶有趣味的是，合理解释《物权法》第 191 条第 2 款，必须以承认抵押权的追及效力为前提，可是，"物权编"一旦确立抵押权的追及效力，便势如破竹且恰当地解决了包括抵押物转让合同的效力在内的众多问题，这反射出《物权法》第 191 条第 2 款的规定是块赘肉，应被割除，换言之，"物权编"不应承继《物权法》第 191 条第 2 款的规定。

（三）关于物权效力的交集

物权效力的交集，也称物权的重叠或叠加，亦即物权群的视角，事关物权的排他效力、物权的优先效力和物权请求权等制度及规则。像抵押权与抵押权、抵押权与质权、动产抵押权与留置权并存于同一个标的物之上，这就是所谓物权的竞存或聚合，乃属正常现象。地役权与有些用益物权并存于同一宗不动产之上，"物权编"对此当然应予承认。但是，有些交集却是应当甚至必须避免的。例如，《物权法》第 122 条与第 123 条所定两套制度，在行政主管机关、物权设立程序、物权有无对价及对价多少、物权的存续期限等诸多方面不尽相同，冲突较为严重，且不适当，"物权编"对此应予协调乃至矫正。现实情况是，在中国海域取得探矿、采矿、捕捞、养殖的物权，需要按照《物权法》第 122 条及《海域使用管理法》的规定，经过法定程序，设立探矿海域使用权、采矿海域使用权、捕捞海域使用权和养殖海域使用权。但是，根据《物权法》第 123 条及《矿产资源法》等法律、法规的相应规定，使用人在中国陆地、内陆水域和海域从事探矿、采矿、捕捞、养殖诸项活动，依法定程序取得的物权却是探矿权、采矿权、捕捞权、养殖权。协调乃至矫正上述冲突，有三种方案：（1）动作最小的方案是：地理划界、井水不犯河水，凡处中国海域的探矿、采矿、捕捞、养殖诸项活动一律由《物权法》第 122 条及《海域使用管理法》调整，"物权编"将之转化为相应的制度及规则；其他领域的探矿、采矿、捕捞、养殖诸项活动则由《物权法》第123条及《矿产资源法》《渔业法》规制，“物权编”同样将其转化为相应的制度及规则。这种方案的缺陷是迄今为止的海洋主管机关在矿业、渔业等方面的专业队伍单薄、这方面的专业知识不足。（2）动作最大的方案是：取消海域使用权制度，设立普遍适用中国全境的探矿权、采矿权、捕捞权、养殖权的统一制度。[31]（3）介于两者中间的方案是：在第一种方案的基础上，对于在中国海域设立的探矿权、采矿权、捕捞权、养殖权，令海洋主管机关与矿业主管机关、渔业主管机关相互配合、共同管理，以弥补海洋主管机关在矿业、渔业等方面的专业队伍单薄、专业知识不足的弱点。不过，“三个和尚没水吃”、双重收费等缺点依然存在。笔者认为，第二种方案为上策。

（四）关于物权效力的体现

物权效力体现在方方面面，房地权属的确定与变动原则上“一体”（俗称“房随地走”“地随房走”）为其延伸的表现。《物权法》第142条、《担保法》第36条和《城市房地产管理法》第32条的规定，都是房地权属的确定与变动原则上一体的体现。特别是，《物权法》第142条正文关于“建设用地使用权人建造的建筑物、构筑物及其附属设施的所有权属于建设用地使用权人”的规定，对于澄清土地权利与建筑物、构筑物及其附属设施的物权之间关系的理念、形成适当的房地产权属理论、正确裁判房地产案件，都具有不可或缺的重要作用。其基本理念应被“物权编”承继，因为建筑物（含构筑物及其附属设施，下同）的所有权不可能凭空孤立存在，必须以地权作为自己的正当根据（权源），否则构成无权占有。[32]其道理在于，自罗马法以来，法律奉行土地吸收地上物的原则，尚未收割的农作物、生长于土地上的树木、竖立于土地上的建筑物都属于土地的成分，甚至于落在土地上的小鸟都要如此认定。这固然周到地保护了土地所有权人的利益，可也阻碍了人们投资于他人的土地且保有建筑物所有权的热情和行为。衡平地协调土地所有权人和投资于土地的非所有权人之间的利益，让土地所有权人仅仅取得非所有权人利用土地的对价，使非所有权人保有建造在他人土地上的建筑物的所有权，法律创设了地上权制度，只要非所有权人在他人的土地上取得地上权，建筑物便不被土地所吸收，而是与地上权相结合，成为地上权人的所有物。中国法借鉴了这种思想，但没有采用地上权的称谓，而是使用了宅基地使用权、集体土地使用权、国有土地使用权、建设用地使用权等概念。其中,建设用地使用权作为在土地上建造建筑物并保有所有权的正当根据。[33]

同时也须注意,《物权法》第 142 条正文也有提升的空间,即房地权属的确定与变动原则上一体,不限于建设用地使用权人建造建筑物的场合,非建设用地使用权人在建设用地上建造建筑物,在基于合作建房合同(约定建造一方仅仅取得使用建筑物的债权)、出于为建设用地使用权人谋利益的目的等情况下,建筑物的所有权也归属于建设用地使用权人。不动产抵押权的行使结果,建筑物的所有权同样归属于建设用地使用权人。如此看来,《物权法》第 142 条正文的涵盖范围过窄,应予扩展其适用范围。鉴于此,“物权编”设计的条文正文应是:“建筑物、构筑物及其附属设施的所有权属其所在地的建设用地使用权人。”[34]实际上,农户的住宅与宅基地使用权之间的关系也应如此,“物权编”若仍维护建设用地使用权与宅基地使用权并立的模式,则应于宅基地使用权一章设置准用上述规定的条文。

此外,《物权法》第 142 条关于“但有相反证据证明的除外”的但书,“物权编”也应予以承继,只是有必要澄清其确切的含义。有观点主张,此处但书指的是:(1)买卖、互易、赠与等法律行为已经生效且实际履行,建筑物所有权的变更登记也已完成,但因房地权属分别由不同的登记机构办理登记的体制等原因,导致建设用地使用权尚未完成变更登记;(2)在现在的城市房地产建设中,一部分市政公共设施,是通过开发商和有关部门约定,由开发商在房地产项目中配套建设,但是其所有权归国家;(3)在公房改制过程中,单位依法或政策将职工承租的公房出卖给职工,购房者不享有公改房所在地的建设用地使用权。[35]甚至有人随意将毫不沾边的情形归入该但书之中。对于这些解读,笔者坚决反对,认为该但书所指情形应为土地租赁权[36]、土地借用权。“物权编”应当这样限定此处的但书,不宜随意扩张其涵盖范围。

四、物权变动模式的简化与完善

基于非法律行为的物权变动,不以公示为生效要件。基于法律行为的物权变动是否以公示为生效要件,不同的立法例采取了不同的模式,《物权法》确立的最为复杂(第 6 条、第 9 条第 1 款、第 14 条、第 23 条、第 24 条等),相关规定依旧存在不足,“物权编”有必要改进,至少须做以下方面的工作:

1. 基于法律行为的不动产物权变动宜一律以登记为生效要件。《物权法》规定，土地承包合同生效，土地承包经营权设立，登记只起确权的作用（第 127 条）；地役权合同生效，地役权设立，登记也是对抗第三人的要件（第 158 条），《农村土地承包法》第 22 条相同于《物权法》第 127 条。有学说对此表示赞同，认为这符合中国的实际。由此设立的权利虽然未经登记，也应当具有对抗第三人的效力。其理由在于，中国农村目前仍然属于熟人社会，在承包合同签订之后，即使没有登记，第三人也知悉该土地并非自己的，从而不会对其侵害，公示的权利保护功能无从发挥。而在土地没有登记的情况下，第三人也不可能受让该权利或对之享有抵押权，因此，根本不可能存在标的物上有多个权利、从而哪项权利更为优先的问题，自然也不存在权利瑕疵而影响交易安全的情况。[37]

这种观点值得商榷。笔者认为，土地承包经营权的设立，事关农户或其他取得该权利之人的重大利益，尤其关系到农民的生存问题，为确保其利益不受侵犯，为了善意第三人免受不测的损害，对于土地承包经营权的设立应当采取登记生效要件主义，即土地承包经营权非经登记不得成立，以避免采取登记对抗主义甚至登记可有可无的模式而可能给农户带来的损害。[38]这样，也可减少基于法律行为的物权变动模式的类型。

笔者认为，土地承包经营权无须登记公示的意见带有片面性。理由在于：其一，土地承包经营权的信息应当准确和具有权威性。土地承包经营权登记公示制度最能达此目的。《农村土地承包法》对于土地承包经营权的初始产生不强行要求登记，土地承包经营权人大多不申请登记。在这些情况下，土地承包经营权的信息只有靠发包方的记载及知情人的记忆提供和证实，可靠性没有保障。因为人的记忆容易出错，发包人的记载相对而言容易毁损乃至遗失。其二，土地承包经营权至少分为两种，其中，基于拍卖、招标产生的土地承包经营权，其主体可能是来自他乡的“陌生人”，不强制实行登记公示制度或者仅仅实行登记对抗要件主义，众多的土地承包经营权未登记于土地档案里。他人欲了解土地承包经营权是否存在、存续期限多长、农地面积及其四至如何等情形，或是无从下手，或是知情者不予配合，或同意提供信息但索要较高的费用；再就是该信息的准确性如何保证，其权威性如何确认？所有这些因素都可能损害受让人的利益，进而阻碍土地承包经营权的流转。其三，不实行登记公示制度，土地承包经营权紧密地与承包合同联系在一起，发包人利用优势的地位使土地承包经营权人同意解除合同，致使土地承包经营权也随之终止。在土地承包经营权人不能举证发包人欺诈、胁迫、乘人之危而迫使自己违心同意解除合同的情况下，就会遭受损失，土地承包经营权的物权性也随之变得模糊。如果采取登记公示制度，土地承包经营权的登记不注销，土地承包经营权就不消灭，即使承包合同已被解除，也是如此。这对阻止发包方擅自撕毁承包合同，保护土地承包经营权人的合法权益，具有不可替代的积极作用。其四，对于家庭承包制，中共中央、国务院确立了农民对土地的权利原则上保持稳定的政策。依据《物权法》和《农村土地承包法》的规定，土地承包经营权的成立、转让等都不以登记为生效要件，发包方擅自撕毁承包合同，频繁调整承包地，土地管理部门都不知晓，使中央政策的贯彻没有监督，缺乏制度保障。如果将土地承包经营权登记作为土地承包经营权变动的生效要件，对于违法的随意调整不予承认，对既有的土地承包经营权不予随意变更登记，就能起到监督、保障的作用。[39]

所谓“中国农村目前仍然属于熟人社会，在承包合同签订之后，即便没有登记，第三人也知悉该土地并非自己的，从而不会对其侵害。因此，公示的权利保护功能无从发挥。而在土地没有登记的情况下，第三人也不可能受让该权利或对之享有抵押权，因此，根本不可能存在标的物上有多个权利、从而哪项权利更为优先的问题，自然也不存在权利瑕疵而影响交易安全的情况”，该观点亦有片面性。在实务中，存在善意之人受让土地承包经营权的情况。例如，甲村把良田 B 发包给乙农户，乙自土地承包合同生效时取得土地承包经营权，一直没有办理登记。实际上，丙一直以土地承包经营权人的名义在该宗承包地上耕种，甲村村委会不但默认，而且在丙把该土地承包经营权转让给丁时，同意该转让行为。事后，乙提出异议，不承认丁的土地承包经营权，丁则主张不知情，应当保有土地承包经营权。[40]

目前，中国农村正在进行土地确权登记，在这种背景下，“物权编”应当乘势而上，放弃登记仅为土地承包经营权设立的对抗要件的模式，改采登记为生效要件主义，统一不动产物权变动模式。

基于类似的考量，笔者认为地役权设立中的登记仅为对抗善意第三人的模式也需要反思：其一，地役权只是解决问题中可供选择的一种途径，不排斥当事人选择债权的方式，甚至友情等非法律的路径。对于粉刷外墙、整修栏栅等事项的处理，需役地人若嫌登记麻烦，完全可以通过与供役地的权利人订立借用或租赁等合同,从而享有债权的方式,达到目的。因此,以登记烦琐为由反对登记为地役权生效要件的模式,有因噎废食之嫌。其二,把登记作为地役权的对抗要件,使现行法上的物权变动模式过于多样化,即使是基于法律行为的物权变动模式也不统一。鉴于多样化不利于人们对法律的理解和掌握,除非不得已,应当以统一化为目标。既然《物权法》总的精神是基于法律行为的不动产物权变动以登记为生效要件,那么,《物权法》分则应当只在具备充分理由时才设置例外。其三,应当正确估计登记为地役权设立的生效要件对于减少纠纷、有利于交易安全等方面的积极作用。[41]有鉴于此,"物权编"应采取登记为地役权设立的生效要件的模式。

上述土地承包经营权、地役权的设立以不动产物权登记为生效要件,其登记发生《物权法》第16条第1款规定的效力,即发生权利正确性推定的效力,结合《物权法》第106条等条款的规定解释,也可以说它承认了不动产物权登记的公信原则、公信力。[42]不过,《物权法》第16条第1款的表述没有准确地显示出这样的意义,有必要改进,"物权编"在确立不动产物权登记具有权利正确性推定的效力、公信力时,应当这样设置条文:"如无相反证据,不动产登记簿是确定物权归属和内容的根据。"

2. 明确指示交付无须"依法占有"。《物权法》第26条将指示交付限定于"动产由第三人依法占有"的场合,实为作茧自缚,使一些本应通过指示交付来解决动产物权变动的情形却无法如愿,不如承认在转让人非间接占有人时,可让与其基于侵权行为或不当得利而生的返还请求权。其理由如下:其一,这种返还请求权的让与,与占有的移转无关。于此场合,所让与的也不是所有物返还请求权,而是受让人因取得所有权所主张的所有物返还请求权。其二,《物权法》第26条将指示交付限定于"动产由第三人依法占有"的不足之处还表现在:第三人对标的物的占有原有本权,但其后本权不复存在,导致第三人无权占有标的物。例如,第三人作为借用人占有借用物,其后借用合同终止,变为无权占有。在这种情况下,物权人将此类标的物出卖给他人,因不符合《物权法》第26条关于指示交付必须发生在"动产由第三人依法占有"的要求,故只得先由转让人从占有动产的第三人之处收回,再交给受让人,徒增周折和成本。如果删除"依法占有"的限定,允许采取指示交付的方式,就会使局面改观。其三,《物权法》第26条将指示交付限定于"动产由第三人依法占有"的不足之处还表现在:

无法使受让人于让与合同生效不久就可取得标的物的直接占有,因为此时第三人对该标的物仍处于有权占有的状态。有鉴于此,"物权编"应将"动产由第三人依法占有"中的"依法"二字删除。

3. 明确基于法律行为的特殊动产的物权变动以交付为生效要件、登记为对抗要件。《物权法》第 24 条规定,船舶、航空器和机动车等物权变动,不登记不得对抗善意第三人,未明确生效要件。该条引发了不小的争论。意思主义、登记为生效要件、交付为生效要件、登记和交付均为生效要件的学说纷纷登场,给司法和仲裁带来困扰,亟待澄清。笔者认为,从文义解释、体系解释、目的解释以及其他方面整体地审视《物权法》关于船舶、航空器和机动车的物权变动的制度设计,交付为生效要件的解释最为合理。[43]《民法典》之"物权编"应据此理念和思路明确船舶、航空器和机动车的物权变动以交付为生效要件、登记为对抗善意第三人的要件。当然,确立这种模式,在出卖他人的船舶、航空器或机动车场合,判断受让人是否为善意的标准应更加严格,即只有转让人既占有买卖物又是登记名义人的情况下,受让人方为善意。

4. 净化非基于法律行为而生的物权变动的类型。就立法体系和立法计划而言,《物权法》第 28 ~ 31 条规定的本应是非基于法律行为而生的物权变动的类型,承认物权直接基于生效的法律文书、征收决定、继承、新建建筑物的事实而移转或设立,建筑物灭失时其上的物权也随之消灭,无须公示。但是,第 29 条却规定,因受遗赠取得物权的,自受遗赠开始时发生效力。这就将本属基于法律行为而生的物权变动,本应以公示为生效要件的物权变动错接到非基于法律行为而生的物权变动类型中。这不符合体系化、逻辑化的要求,也背离物权应当尽可能地公示的基本原则。"物权编"应将其并归到基于法律行为而生的物权变动模式之中,要求以公示作为物权变动的生效要件。

5. 拓展非基于法律行为而生的物权变动的原因。对于非基于法律行为而生的物权变动的原因,有些未被《物权法》所确认。例如,添附(含附合、混合、加工)在现实生活中常见,应由法律规制,但《物权法》却未予规定,十分不妥;先占也有其表现,如"捡破烂";取得时效也有其发挥作用的空间。"物权编"应当明确这些物权变动的原因。

6. 改造某些非基于法律行为而生的物权变动的原因规则。《物权法》设计的遗失物、漂流物、地下埋藏物的原因规则,有些"超前",不太"接地气”。如果这种理念和思路是正确的，那么，《物权法》第112条第2款应被修改为：“权利人悬赏寻找遗失物的，领取遗失物时应当按照承诺履行义务。权利人没有悬赏寻找遗失物的，领取遗失物时，拾得人也有权请求报酬，但请求报酬数额不得超过遗失物财产上价值1/10；遗失物不具有财产上价值的，拾得人也有权请求适当的报酬。”

五、物权客体范围的限缩与扩展

1. 创设共用物制度。《物权法》及有关法律、法规把物权客体的范围规定得较为宽泛，例如，中国领域的水资源、滩涂、湿地、草原等自然资源，不是作为国家所有权的客体，就是成为集体所有权的标的。其实，规定绝对如此增加了国家的不少负担，加之这些自然资源大多由地方政府实际掌控，有些地方部门不恰当地剥夺了人民大众享受海滩、草原美景的天然权利。鉴于此，“物权编”可适当减缩自然资源国家所有权的范围，划分出某些海滩、草原等自然资源作为共用物，不通过所有权制度规范，而是采取行政手段管制，使人民大众较为方便地享受大自然，健康生活，天人合一。

2. 慎重对待动产作为用益物权的客体。《物权法》一方面奉行严格的物权法定主义（第5条），另一方面规定不动产、动产均可为用益物权的客体（第117条），但现行法规定的用益物权只含有土地承包经营权、建设用地使用权、宅基地使用权、地役权、海域使用权、探矿权、采矿权、取水权、养殖权、捕捞权等类型，而这些用益物权的标的物均为不动产，所以，在现行法上，用益物权的标的物只有不动产，尚无动产。[44]“物权编”不应存在这样的自相矛盾，要么采取缓和的或曰宽松的物权法定主义，同时承认有的用益物权可以动产作为客体；要么奉行严格的物权法定主义，同时限定物权的类型，如只确认上述物权种类，仅仅承认不动产为用益物权的标的物。

3. 明确矿藏、水流、海域、在建房屋、林木、水库、贮水池、养鱼池、铁轨、供热管线及有关构筑物的法律地位。关于明确矿藏、水流、海域、在建房屋、林木、水库、贮水池、养鱼池、铁轨、供热管线及有关构筑物的法律地位。换言之，需要明确它们是作为土地的组成部分还是独立的物权客体？《物权法》对此言语不详，“物权编”则应明确。笔者主张对它们应当区分情形而分别处理，[45]现在继续坚持，不再赘述，于此重点讨论“物权编”应如何对待供热管线。

在德国法上，取暖设施，即使是后来安装上去的，也是建筑物的重要组成部分，亦为土地的重要部分。热泵也是如此。[46]借鉴这种思路，供热管线若与建筑物连为一体，可作为建筑物的重要部分；若被埋于地下，可作为土地的重要部分，而不视为一个独立的物。

4. 防空洞的归属。《物权法》回避了防空洞归属问题，“物权编”应当明确规定。笔者主张，原则上贯彻“谁投资，谁受益”的原则，即防空洞若为国家投资建造，就归国家所有；若为享有建设用地使用权的开发商等权利人出资建造，就归此类建设用地使用权人所有，但出于战备、国家安全的需要，国家有关部门对防空洞享有优先使用的权利，并且此类规范为效力性的强制性规定。

六、其他制度及规则的立法建议概要

“物权编”相较于《物权法》等现行法的规定需要向前推进之处还有很多：(1)“物权编”在承继《物权法》第 6 条的规定时应当表述为“物权变动应当依照法律规定予以公示”。此外，应当增设第 2 款，即明确未经公示，不得对抗善意第三人的范围。(2)有必要将《物权法》第 21 条第 2 款的规定稍作修正，明确过错作为登记机关承担赔偿责任的要件。(3)继受《物权法》第 74 条第 2 款的规定时，务必将“建筑区划内，规划用于停放汽车的车位、车库的归属，由当事人通过出售、附赠或者出租等方式约定”中的“或者出租”删除。(4)“物权编”应该详细规定返还原物请求权的适用条件、适用方式，以与侵权责任法编相协调。(5)“物权编”对返还原物请求权的规定可以结合证明责任分配的法律要件分类说，可以考虑采取原则与例外相结合的条文表述：“权利人可以请求无权占有不动产或者动产的占有人返还原物，但占有人有占有权利的除外。”(6)在善意取得的条文表达上体现举证责任，如表述为“真实权利人有证据证明具有下列情形之一的，应当认定不动产受让人知道转让人无处分权：……”(7)留置权可以有条件地设立于第三人的动产之上，等等。笔者拟另行探讨。

注释

1 参见马俊驹、梅夏英：《财产权制度的历史评析及现实思考》，载《中国社会科学》1999 年第 1 期；梅夏英：《无形财产的理论和立法问题》，载《中国法学》2001 年第 2 期。

2 参见崔建远：《我国物权法应选取的结构原则》，载《法制与社会发展》1995 年第 3 期。

3 参见崔建远:《“四荒”拍卖与土地使用权》,载《法学研究》1995 年第 6 期。

4 当然,《最高人民法院关于贯彻执行〈中华人民共和国民法通则〉若干问题的意见(试行)》第 120 条很简陋地承认了典权。但因《物权法》未规定典权,立法计划也无该项制度的设计,所以,如何看待该司法解释的规定,值得研究。基于《物权法》制定在后且法律位阶高于司法解释的理由,不宜认为中国现行法承认了典权。不过,若站在社会实际生活的需要层面,承认典权为物权却有价值。

5 参见崔建远:《我国物权法应选取的结构原则》,载《法制与社会发展》1995 年第 3 期。

6 参见崔建远:《“四荒”拍卖与土地使用权》,载《法学研究》1995 年第 6 期。

7 参见谢在全:《民法物权论》(上),新学林出版股份有限公司 2010 年版,第 51 ~ 52 页。

8 参见[日]末弘严太郎:《物权法》(上卷),有斐阁 1922 年版,第 41 页;[日]石田文次郎:《物权法论》,有斐阁 1932 年版,第 22 页;[日]柚木馨:《判例物权法总论》,高木多喜男增订,有斐阁 1972 年版,第 43 页;[日]松坂佐一:《物权法》,有斐阁 1980 年版,第 12 页;[日]铃木禄弥:《物权法讲义》,创文社 1982 年版,第 355 页;[日]星野英一:《民法概论》(Ⅱ),良书普及会 1980 年版,第 11 页以下。转引自[日]我妻荣:《日本物权法》,有泉亨修订,李宜芬校订,五南图书出版有限公司 1999 年版,第 24 页。

9 参见郑玉波:《民法物权》,三民书局 1988 年版,第 16 页;苏永钦:《物权法定主义的再思考——从民事财产法的理论发展及经济观点分析》,载台湾政治大学法律研究所主办:《法律学研究》(第 7 辑),五南图书出版有限公司 1994 年版,第 1 页;谢在全:《民法物权论》(上),新学林出版股份有限公司 2010 年版,第 52 页;王泽鉴:《民法物权 · 通则 · 所有权》(总第 1 册),三民书局 2003 年版,第 48 ~ 49 页。

10 [日]我妻荣:《日本物权法》,有泉亨修订,李宜芬校订,五南图书出版有限公司 1999 年版,第 24 页。

11 参见申卫星:《视野扩展与功能转换:我国设立居住权必要性的多重视角》,载《中国法学》2005 年第 5 期。

12 Baur & Stürner, *Sachenrecht*, C. H. Beck, Aufl. 17, 1999, S. 342;崔建远主编:《我国物权立法难点问题研究》,申卫星执笔,清华大学出版社 2005 年版,第 209 页、第212 ~ 219 页。

13 参见陈华彬:《设立居住权可以更好地保护弱势群体利益》,载《检察日报》2004 年 2 月 9 日,第 3 版。

14 崔建远主编:《我国物权立法难点问题研究》,申卫星执笔,清华大学出版社 2005 年版,第 209 页、第 212 ~ 219 页。

15 参见谢在全:《民法物权论》(中),新学林出版股份有限公司 2010 年版,第 184 页。

16 崔建远主编:《我国物权立法难点问题研究》,清华大学出版社 2005 年版,第 145 ~ 147 页。

17 韩长赋、张红宇:《农村土地〈“三权分置”意见〉政策解读》,载国务院新闻办公室网:http://www.scio.gov.cn/34473/34515/Document/1515220/1515220.htm,最后访问时间:2016 年 11 月 23 日。

18 韩长赋、张红宇:《农村土地〈“三权分置”意见〉政策解读》,载国务院新闻办公室网:http://www.scio.gov.cn/34473/34515/Document/1515220/1515220.htm,最后访问时间:2016 年 11 月 23 日。

19 参见[日]神户寅次郎:《权利质的性质》,载《法学协会》(第 28 卷第 10 号),第 2124 页。

20 参见[日]四宫和夫:《日本民法总则》,唐晖、钱孟姗译,朱柏松校订,五南图书出版有限公司 1995 年版,第 136 页。

21 参见[日]四宫和夫:《日本民法总则》,唐晖、钱孟姗译,朱柏松校订,五南图书出版有限公司 1995 年版,第 137 页。

22 参见崔建远:《物权:规范与学说》(下册),清华大学出版社 2011 年版,第 557 页。

23 参见[日]我妻荣:《日本物权法》,有泉亨修订,李宜芬校订,五南图书出版有限公司 1999 年版,第 16 ~ 17 页。

24 参见[日]田山辉明:《物权法》(增订版),陆庆胜译,齐乃宽、李康民审校,法律出版社 2001 年版,第 14 ~ 22 页。

25 参见谢在全:《民法物权论》(上),新学林出版股份有限公司 2010 年版,第 34 ~ 40 页。

26 参见王泽鉴:《民法物权 · 通则 · 所有权》(总第 1 册),三民书局 2003 年版,第 62 ~ 65 页;陈华彬:《物权法原理》,国家行政学院出版社 1998 年版,第 91 ~ 105 页。

27 参见崔建远:《物权:规范与学说》(下册),清华大学出版社 2011 年版,第 815 页。

28 参见崔建远:《抵押权探微》,载《法学》2004 年第 4 期。

29 王利明主编:《中国物权法草案建议稿及说明》,中国法制出版社 2001 年版,第 437 页。

30 梁慧星主编:《中国物权法草案建议稿》,社会科学文献出版社 2000 年版,第 645 页。

31 参见崔建远:《海域使用权制度及其反思》,载《政法论坛》2004 年第 6 期。

32 参见王泽鉴:《民法物权 · 通则 · 所有权》(总第 1 册),三民书局 2003 年版,第 250 ~ 251 页。

33 参见崔建远:《物权:规范与学说》(下册),清华大学出版社 2011 年版,第 582 页。

34 参见崔建远:《物权:规范与学说》(下册),清华大学出版社 2011 年版,第 583 页。

35 参见全国人大常委会法制工作委员会民法室编:《中华人民共和国物权法条文说明、立法理由及相关规定》,北京大学出版社 2007 年版,第 142 页。

36 详细理由,参见崔建远:《确定建筑物所有权的依据》,载《甘肃政法学院学报》2007 年第 6 期。

37 参见王利明、尹飞、程啸:《中国物权法教程》,人民法院出版社 2007 年版,第 303 ~ 304 页。

38 参见耿林、戴孟勇、崔建远等:《关于〈中华人民共和国物权法(征求意见稿)〉第 126 条的修改意见》,载清华大学法学院:《关于〈中华人民共和国物权法(征求意见稿)〉的修改意见》(2003 年 3 月 20 日)。

39 参见崔建远:《土地上的权利群研究》,法律出版社 2004 年版,第 214 ~ 215 页;崔建远:《物权:规范与学说》(下册),清华大学出版社 2011 年版,第 528 ~ 529 页。

40 崔建远:《不动产物权的善意取得》,载《中国法律评论》(第 1 卷),法律出版社 2007 年版。

41 参见崔建远:《物权:规范与学说》(下册),清华大学出版社 2011 年版,第 649 页。

42 参见全国人大常委会法制工作委员会民法室编:《中华人民共和国物权法条文说明、立法理由及相关规定》,北京大学出版社 2007 年版,第 24 ~ 25 页;胡康生主编:《中华人民共和国物权法释义》,法律出版社 2007 年版,第 53 ~ 54 页。

43 详细分析,参见崔建远:《物权:规范与学说》(下册),清华大学出版社 2011 年版,第 226 ~ 227 页。

44 参见崔建远:《物权:规范与学说》(下册),清华大学出版社 2011 年版,第 499 ~ 500 页。

45 详细讨论,参见崔建远:《物权:规范与学说》(下册),清华大学出版社 2011 年版,第 47 页以下。

46 参见[德]鲍尔/施蒂尔纳:《德国物权法》(上册),张双根译,法律出版社 2004 年版,第 25 页。

合同间的牵连*

一、问题的提出

甲和乙签订合同A，其后陆续签有合同A补充协议Ⅰ、合同A补充协议Ⅱ以及乙的承诺书等。此类现象在实务中不乏其例。为便于叙述，笔者把合同A叫作先签合同，将合同A补充协议Ⅰ、合同A补充协议Ⅱ以及乙的承诺书等统称为后续合同。遇此案件，包括笔者在内的众多专家、学者、法官大多想当然地把后续合同作为先签合同的变更、补充，也有裁判将后续合同作为先签合同的从合同，湖北省高级人民法院（2017）鄂民初10号民事判决书就是如此，其认为案涉工程属于《招标投标法》第3条规定的必须经过招标投标程序的项目，系争《工程承包协议书》却未经招标投标的程序而签订，按照法释[2004]14号第1条第3项的规定，认定并判决系争《工程承包协议书》无效。双方当事人在系争《工程承包协议书》基础上签订的多份补充合同亦为无效合同。在笔者看来，这是以偏概全的，处理得很不妥当。就同一案件，湖北省高级人民法院所作（2014）鄂民一初字第00017号民事判决书[1]虽未依主从合同间的关系思路认定在系争《工程承包协议书》基础上签订的多份补充合同无效，但其仍未准确、清晰地确定先签合同与后续合同之间的关系。

实际上，先签合同与后续合同之间的关系，情形复杂、类型多样，需要认真观察、总结和概括。欲圆满地完成此项任务，完全依赖《民法总则》第142条及《合同法》第125条关于意思表示解释、合同解释的规定[2]是不够的。因其解释规则局限于一份合同书的约定，基本上没有扩及于该合同书以外的其他合同或单方允诺，时常无法准确界定先签合同与后续合同之间的关系。

全国人民代表大会常务委员会法制工作委员会于2018年3月15日

---

* 原文标题为《先签合同与后续合同的关系及其解释》，发表于《法学研究》2018年第4期。

形成的《民法典合同编(草案)》(征求意见稿)及此前民法室于2017年8月8日拟就《民法合同编(草案)》(室内稿),在合同解释方面均未向前推进,依然忽视此合同与彼合同或单方允诺之间关系的解释规则。有鉴于此,观察、总结和概括先签合同与后续合同间关系的类型,创设交易的整体解释路径及方法,十分必要。本文就以此而作,就教于大家,为编纂《民法典》及司法实践提供参考意见。

二、先签合同与后续合同间关系的类型

(一)先签合同与后续合同间关系的种类

后续合同,哪怕合同名称所用词语是"补充协议",也与先签合同间的关系复杂多样,不可望文生义地理解为后续合同变更了先签合同,也不可硬性地确定为更改了先签合同,亦不可一律作为主从关系对待。对此,试举几例:(1)先签合同和后续合同仅因缔约行为而单纯外观结合,相互之间不具有依存关系,互不影响各自的权利义务。此种合同联立应分别适用各自的合同规范。[3]英美法上的口头证据规则(parol evidengce)中关于"完整合同"(integrated agreement)与"附属协议"(collateral agreement)之间关系的规则,可以解决此类问题,[4]但下文提出并证立的"交易的整体解释"对此爱莫能助。湖北省高级人民法院(2017)鄂民初10号民事判决书、湖北省高级人民法院(2014)鄂民一初字第00071号民事判决书处理的系争《工程承包协议书》及《华中科技大学康因小区项目补充协议》,[5]单就系争《工程承包协议书》含有的借款合同与系争《华中科技大学康因小区项目补充协议》之间的关系而言,属于这种合同联立的类型。(2)先签合同和后续合同虽然各自独立、标的物不同,但依当事人的真实意思表示二者在实质上互为因果。没有先签合同就不会有后续合同,不签后续合同也不会订立先签合同。例如,市政府甲与开发商乙之间先后签订了两个合同,第一个合同是市政府甲与开发商乙签订的由后者无偿修建一条中心大道的合同,第二个合同是市政府甲和开发商乙签订的以很低数额的出让金为对价出让A国有土地使用权的合同。市政府甲之所以同意签订第二个合同,是因为开发商乙无偿地为市政府甲修建中心大道。开发商乙之所以签订了第一个合同,是因为市政府甲同意明显降低A国有土地使用权的出让金。如果把两个合同联系起来,整体审视,不难发现双方的权利义务在总体上基本衡平。这是"交易的整体解释"的题中应有之义。(3)后续合

同为代物清偿，其生效之日就是消灭先签合同项下的法律关系之时，于此场合仅仅存在一个合同。[6]（4）后续合同系反对合同，其内容是终止先签合同项下的法律关系，其生效之日就是解除先签合同之时，这就是协议解除。在这种情况下也是仅存一个合同。[7]（5）后续合同发生债权让与的法律效果。[8]（6）后续合同发生债务承担的法律效果。[9]（7）后续合同改变先签合同的要素，如标的（物）变更，这是传统民法所谓的合同更改，从债的角度观察是债的更新。[10]（8）后续合同补充、修改先签合同的某些条款，未改变先签合同的要素，这是狭义的合同变更。[11]传统民法理论时常在债的变更标题下论及；[12]英美法有时径直使用合同变更，[13]有时在口头证据规则的题目下讨论它，[14]有时则于约因及禁反言的制度中述及。[15]（9）先签合同与后续合同形成主从关系，如先签一个借款合同，后签一个打包还本付息的保证合同或抵押合同或质押合同。在这里，先签的借款合同系主合同，后签的保证合同或抵押合同或质押合同为从合同。（10）先签合同与后续合同既不构成更改、狭义的变更、解除、代物清偿的现象，也不引发债权让与或债务承担的法律后果，还不形成主从关系，而是各自独立，但后续合同所生担保权担保着先签合同项下的债权的实现。（11）后续合同约定的内容是先签合同被违反时如何计算赔偿损失或支付违约金，于此场合二者间的关系是后续合同关系为先签合同关系的变形，或是转化关系，或是部分补偿关系。（12）俗称的阴阳合同或曰黑白合同，依时间顺序大多表现为先签合同与后续合同的态样。

上述第（3）、（4）、（5）、（6）项均有专门的分析和说明，且不属于下文提出并证立的“交易的整体解释”范围之事，故本文不再赘言。第（10）项为独立担保，对此虽有进一步阐述的必要且为“交易的整体解释”的对象之一，尤其在编纂中国民法典的大背景下，更有从立法论的层面呼吁中国《民法典》应当增设独立担保类型，为其设计较为详细规则的需求，但这并非三言两语所能完成，本文只好忍痛割爱，笔者拟另撰它文予以探讨。第（8）、（9）项虽然在中国现行法上设有规定，学说对此也不乏议论，但在后续合同以“补充协议”等命名时，不少法律人就在第（8）项还是第（9）项之间摇摆不定，难下决断，加之第（9）项属于“交易的整体解释”研讨的类型，这显现出澄清、深化探讨的必要性和重要性。对于第（7）项，中国现行法未将其单独设计为一项独立于狭义的合同变更的制度，但学说上大多承认合同更改，不认可更改前后的法律关系具有同一性。这直接涉及先签合同约定的负担、从义务能否当然地移至后续合同所生法律关系中来。因此，尽管它们基本上不在“交易的整体解释”的射程之内，但是在中国现行法的氛围下，甄别第(7)项与第(8)项具有实际价值。至于第(1)项在本文探讨的系争案件中已为现实，明确它并如此处理，还是糊涂地将系争借款合同视为系争建设工程施工合同的组成部分，与当事人的切身利益关系明显，不得忽视，尽管其非“交易的整体解释”的管辖范围。而第(2)项系客观现实，且属“交易的整体解释”的领域，不应视而不见。

鉴于上文列举和简述，在先签合同与后续合同间的关系上，下文集中讨论它们究竟是第(1)项的类型，还是第(7)、(8)项的情形，抑或第(9)项的形态，甚至是第(11)项的类型。

(二)先签合同与后续合同呈现主从关系

先签合同与后续合同所呈现的主从关系主要包括：如果先签合同和后续合同之间构成主合同与从合同之间的关系，则后续合同必然不构成先签合同的组成部分，而是另一完整的、独立存在的合同。由此决定，后续合同与先签合同间构成主从关系，前提要件之一是先签合同与后续合同的标的不同，所生法律关系的类型差异。此其一。先签合同项下的法律关系与后续合同项下的法律关系二者之间存在后者以前者的存续为前提，后者随着前者的变化而变化，等等。借款合同与担保还本付息的保证合同之间的关系，即属此类，形成主从关系。但与此不同，甲乙先签A楼买卖合同，约定甲所有的A楼以3亿元人民币的价款出卖给乙。其后甲乙补签A楼买卖合同的补充协议，将价款变更为3.5亿元人民币。这里的A楼买卖合同与A楼买卖合同的补充协议之间的关系就不是主从关系，因为A楼买卖合同产生的法律关系与A楼买卖合同的补充协议项下的法律关系并非异质的，而是同质的，均为A楼买卖合同关系；真实的情形是，A楼买卖合同与A楼买卖合同的补充协议是整体与部分的关系，即A楼买卖合同的补充协议是A楼买卖合同的组成部分。从法律关系角度着眼，A楼买卖合同的补充协议变更了A楼买卖合同。此其二。形成主从关系，必然是后续合同并非对先签合同的狭义的变更。若是狭义的变更，则它们构成一个整体，形成一个合同，不会呈现主从关系。此其三。形成主从关系，必须是后续合同并非对先签合同的更改。若是更改，则先签合同已被后续合同取代，不存在两个合同，也就无所谓主从关系。此其四。形成主从关系的原因，大多为法律直接规定，也有当事人通过约定而形成的情形。在既无法律规定又无当事人约定的情况下，不宜甚至不应按照主从关系处理。此其五。

上述认识并非源自传统解释论中的体系解释方法，因其局限于一个合同文本之内，其本性决定了不得将视野延伸于另外的合同；上述认识是“交易的整体解释”路径及方法的自然结果。

分析武汉康恒房地产开发有限公司与湖北长安建筑股份有限公司之间《工程承包协议书》及后续合同的纠纷，湖北省高级人民法院所作(2014)鄂民一初字第00017号民事判决书未将系争《工程承包协议书》及后续补充合同认定为主合同与从合同之间的关系，没有认定后续补充合同随着系争《工程承包协议书》的无效而无效。[16]最高人民法院(2016)最高法民终518号民事裁定书[17]虽然撤销了湖北省高级人民法院所作(2014)鄂民一初字第00017号民事判决书，但理由另有所系，不在于其未按主从关系判决后续补充协议无效。

上述民事判决书和民事裁定书均未分析和回答系争《工程承包协议书》与后续几份协议之间到底呈现何种关系，需要学说予以挖掘。

值得一提的是，就类似的案件，在先签合同与后续合同间的关系上，最高人民法院(2014)民一终字第61号民事判决书[18]没有按照主合同和从合同间关系的思路裁判，同时阐发了如下理由：“《补充协议二》在形式上为《建设工程施工合同》之补充协议，但该协议具有独立性。首先，从该协议的订立背景看，截至2013年4月30日，广佳欣公司未按双方约定支付工程进度款、退还履约保证金和支付利息。其次，从该协议的订立目的和内容上看，是确认博坤公司已完工程范围及价值、明确欠款数额及广佳欣公司所应承担的逾期付款补偿责任、广佳欣公司所应承担的逾期付款违约金责任，以及管广生同意提供连带保证责任。本院认为，《补充协议二》在性质上属于广佳欣公司和博坤公司对双方之间既存债权债务关系的结算和清理，确认《补充协议二》在法律效力上的独立性和约束力，不违反法律、行政法规的效力性强制性规定。据此，本院认定《补充协议二》合法有效。”[19]单就个案处理的层面而言，笔者对此予以赞同；但在理论的层面观察，其遗漏了其他类型，仍有完善、提升的空间。

(三)后续合同变更了先签合同

后续合同变更了先签合同存有补充协议场合的常态。在这种情况下，后续合同补充或改变了先签合同的非要素性内容，即变更了先签合同，使后续合同与先签合同合二为一，共同产生同一个法律关系，先签合同和后续合同在实质上构成同一个合同。只不过，分解看待这种现象时，无论是先签合同还是后续合同都只是最终形成的合同的构成部分，与最终形成的合同构成整体与部分的关系。

构成整体与部分间的关系，而非主从关系，必须是后续合同与先签合同的标的相同，不然，要么是主合同和从合同间的关系，要么是合同更改。构成整体与部分间的关系时，先签合同无效，后续合同也无效，除非符合这样的规定：部分无效不影响其他条款，其他条款继续有效。

如果先签合同有效，后续合同无效，该如何处理呢？例如，集体经济组织甲与房地产开发有限公司乙之间签订《合作建房合同》，约定在甲所有的 A 地上建造办公大楼，乙出建设资金，办公楼建成后由乙取得 40% 的房间的使用权。其后，甲和乙签订《合作建房合同补充协议》，约定乙取得办公大楼 30% 的房间的所有权，其他条款不变。后来，甲诉争到法院，请求主审法院确认《合作建房合同》及《合作建房合同补充协议》无效。主审法院支持了甲的诉讼请求，理由有二：其一，《合作建房合同补充协议》变更了《合作建房合同》，二者合二为一；其二，《合作建房合同补充协议》约定乙取得办公大楼 30% 的房间的所有权，在实质上意味着 A 地的集体建设用地使用权部分转让给乙，而依现行法律规定集体建设用地使用权不得用于商业开发，转让给开发商。若拟转让，必须先将 A 地征收为国有，国土资源管理部门再出让 A 地的国有建设用地使用权给乙，乙才可开发、建设 A 地。《合作建房合同补充协议》约定乙取得办公大楼 30% 的房间的所有权，显然违法，根据《合同法》第 52 条第 5 项的规定，《合作建房合同补充协议》应当无效；因为《合作建房合同》及《合作建房合同补充协议》在实质上组合而成一个合同，所以，变更后的《合作建房合同》归于无效。[20]笔者不赞同判决《合作建房合同》无效，因为《合作建房合同补充协议》违反现行法关于集体建设用地使用权不得径直用于商业性的转让的规定，依据《合同法》第 52 条第 5 项的规定，该协议应当无效，且自始、绝对的无效。既然《合作建房合同补充协议》自始、绝对地无效，它也就没有变更《合作建房合同》。既然《合作建房合同》未被《合作建房合同补充协议》变更，《合作建房合同》不受《合作建房合同补充协议》无效的影响，依然有效。

当然，也有专家学者虽不赞同判决《合作建房合同》无效，但也不选取笔者的思路，而是另辟蹊径：《合作建房合同补充协议》虽然变更了《合作建房合同》,但《合作建房合同》与《合作建房合同补充协议》仍各自独立,两个合同并立,而非合成一个合同。既然《合作建房合同》与《合作建房合同补充协议》仍各自独立,《合作建房合同补充协议》无效,不会染指《合作建房合同》,不会动摇《合作建房合同》的效力。

这条思路存在瑕疵:(1)无法解释无效的《合作建房合同补充协议》何以变更《合作建房合同》?(2)倘若承认合同变更场合属于法律事实的构成,即相同的双方当事人就同一个标的形成的合同依然各自独立,那么,就会形成这样的局面,发生下面的法律效力:首先,《合作建房合同》引发合作建房合同关系,内容包含乙取得办公大厦40%的房间的使用权;其次,《合作建房合同补充协议》再引起另一个合同关系,内容包括乙取得办公大楼30%的房间的所有权;最后,协调两个合同关系,剔除矛盾之处。该局面面临着巨大障碍:其一,笔者所阅所闻的法理是包括法律行为在内的法律事实引发民事法律关系的发生、变更或终止,并非后一个民事法律关系能够改变前一个民事法律关系的法律规则及理论,而是后一个法律行为可以具有变更前一个法律行为,从而发生改变前一个法律行为项下的民事法律关系的法律效力。其二,这会人为地分裂合同变更的统一性,即实务中常有相同的双方当事人于其后续合同中明确宣示"本补充协议作为××合同的不可分割的组成部分",这就明确约定变更合同与先签合同实为一个合同,而非两个或数个合同并立。所谓合同变更场合两个合同并立之说无法解释此类约定。其三,所谓合同变更场合两个合同并立之说人为地制造合同漏洞,即先签合同的某些内容被后续合同变更了,被变更的条款/文字不再有效,可是因具有变更合同效力的后续合同却独立于先签合同存在,这不就使先签合同产生漏洞了吗?其四,所谓合同变更场合两个合同并立之说纯属少慢差费的操作,即费尽周折地合并前后两个民事法律关系,且缺乏现行法及学说的依据。(3)双方当事人相同、标的相同,因此形成的合同系一个,此乃最为合理的解释。至于先签《合作建房合同》,后有《合作建房合同补充协议》,不过是缔约过程的特殊表现。其实,两个都残缺不全的合同,难以单独地引起同一个民事法律关系,若拟引起,只能"兵合一处"即两个合同合二为一,才会达成目的。

得出以上分析及结论,依赖于传统解释论中的体系解释方法即足矣,当然,"交易的整体解释"路径及方法也不排斥上述结论。

(四)后续合同更改了先签合同

构成后续合同更改先签合同的情形,必须是它们之间未形成主合同和从合同间的关系，同时先签合同的要素被后续合同改变，从而使先签合同不是以原来的质的规定性存续，在核心部分、主干部分由后续合同统治。

得出该项结论，传统解释论中的体系解释方法完全胜任，“交易的整体解释”路径及方法也不敌视该项结论。

（五）后续合同所生法律关系是先签合同所生法律关系的变形

该情形既不属于主从关系，又不属于整体与部分间的关系，还不属于合同更改的，而是合同关系的变形关系，有的是替代关系（如合同解除场合的违约损害赔偿），有的是补充关系（如迟延履行并不解除合同场合的违约损害赔偿）。属于此类的，如后续合同系就违反先签合同的责任（含违约金、违约损害赔偿）所作约定。这些约定若属于违反先签合同所生的违约金责任、违约损害赔偿，且尚未发生，则在实质上属于对先签合同的违约责任条款的变更，与先签合同构成一个整体。如此，它们会随着先签合同的不成立、无效、被撤销而失去法律效力。这些约定若属于对已经成为客观结果的违约金责任、违约损害赔偿所作的安排，则它们不是先签合同约定的事项，而是对违反先签合同或先签合同无效产生的法律后果进行的梳理、确认、了结，是独立于先签合同的，不是先签合同的从合同，也不是对先签合同的变更或更改，故不随着先签合同的无效、被撤销、不成立而丧失法律效力。

（六）阴合同与阳合同之间关系的多样化

有时，阴阳合同均为当事人真实的意思表示时，阴合同和阳合同之间的关系可有如下类型：（1）阴合同签订在先，阳合同形成于后，尤其是阳合同依据《招标投标法》签署时，确认阳合同的法律效力，就更无问题。至于是将阳合同作为阴合同的变更还是认定阳合同自其成立的同时就废止了阴合同，这属于合同解释问题。笔者倾向于后者，因为依《招标投标法》规定的条件和程序形成阳合同，要约邀请表现为招标文件、要约以投标文件的形式出现、承诺的形式为中标通知，至于成交确认书和纸质版的合同书（如某《建设工程施工合同》），在笔者看来是对双方合意的梳理、确认和体系化，重在证据法上的意义，合同成立的时间应该确定在招标通知到达中标人之处的时刻。此处所谓招标文件、投标文件、中标通知、成交确认书所显现的意思表示已经明显不同于阴合同签订时的合意了。（2）阳合同签订在先，阴合同形成于后，如果阳合同是依据《招标投标法》规定的条件和程序成立的，则阴合同不具有变更阳合同的效力。例如，法释[2004]14 号

第21条对建设工程施工合同的规定,"当事人就同一建设工程另行订立的建设工程施工合同与经过备案的中标合同实质性内容不一致的,应当以备案的中标合同作为结算工程价款的根据"。其他法律、行政法规有此类要求的,也应如此把握和处理。如果阳合同的缔结不适用《招标投标法》规定的条件和程序的,或其他法律、行政法规及司法解释在合同成立和生效方面不像法释[2004]14号第21条那样要求的,则应按照阴合同变更了阳合同进行处理,而不应确认阴合同无效。例如,甲和乙之间的A房屋买卖合同签有两个文本,一份送交不动产登记机构备案,当事人双方并不据此履行;另一份大多被分拆为两种合同,其一仍为A房屋买卖合同,其二则为A房屋装修合同,它们才是当事人实际履行的根据。假如上述合同均为当事人真实的意思表示(实际中此类情形罕见),则把实际履行的A房屋买卖合同看作变更了备案的A房屋买卖合同。如果当事人如此操作违反了税法或行政法,则对当事人科以行政处罚,不否定A房屋买卖合同的效力。

在另外的场合,阴合同为真实的意思表示一致,阳合同实际上是虚假的意思表示。前述所举A房屋买卖合同签署两个文本之例实际上大多如此,即非两份合同均真,即备案的A房屋买卖合同是虚假的意思表示,当事人并不据此实际履行,实际履行的是未备案的A房屋买卖合同以及A房屋装修合同。对此,应当借鉴德国法院关于"在有意识地以不正确的形式实施行为的情形中,要式行为构成无效的虚伪行为"[21]的观点,适用《民法总则》第146条的规定,备案的A房屋买卖合同系虚假的意思表示,依据《民法总则》第146条第1款的规定,认定其为无效;实际履行的A房屋买卖合同及A房屋装修合同系隐藏的法律行为,适用《民法总则》第146条第2款的规定,审查其是否存在无效的原因,若存在,则无效;若不存在,则有效。就实际情形而言,隐藏的A房屋买卖合同及A房屋装修合同有效应为常态。

阴合同和阳合同究竟均为真实的意思表示;还是一个为真,另一个为假,取决于当事人的意思。这似乎在同义反复,且难以操作。有效的办法让位于证明责任及其分配。主张阳合同或阴合同为虚假的意思表示的,负有举证证明责任,对方若不同意,就负有举出反证予以推翻,若没有推翻,就认定阳合同或阴合同为虚假的意思表示。

上述先签合同与后续合同之间关系的理论之建立,在绝大多数情况下传统解释论中的体系解释方法能够完成。但在个别场合(如后续合同系对已经成为客观结果的违约金责任、违约损害赔偿所作的安排)其无能为力;若依“交易的整体解释”路径及方法,则可解决个别情形。辨析下列情形不是单纯的学术作业,而是有着实践意义,也有助于学说的完善:(1)在先签合同无效、被撤销、不被追认的情况下,后续合同若为从合同或已为先签合同的组成部分,则后续合同会随着先签合同不复存在而失去法律效力。这对确定当事人的权利义务具有直接的法律意义,如因约定产生的权利义务大多不复存在,而是基于《合同法》第58条的规定产生法定的缔约过失赔偿、返还给付物、返还不当得利等。再者,后续合同与先签合同互为因果,在先签合同无效、被撤销、不被追认时,仍然按照后续合同的约定履行,会对当事人一方极为不利,且不公正。因此,有必要调整后续合同的某些条款,以达双方权利义务的衡平。(2)先签合同载有仲裁条款,后续合同则无此条款时,后续合同若为先签合同的组成部分,那么,后续合同也属于仲裁管辖的范畴;若为先签合同的从合同,则后续合同只能作为证据,不得作为仲裁依据,因为仲裁庭对欠缺仲裁条款的从合同没有管辖权。本情形至少影响到有无另外的诉讼或仲裁程序的启动和展开。(3)狭义的合同变更不同于合同更改的一个重要表现是,在狭义的合同变更中,因债的同一性,故先签合同项下的权利义务的从义务、负担跟随至后续合同产生的法律关系中;而合同更改场合则并非如上,因债的同一性已经丧失,故先签合同项下的权利义务的从义务、负担不必然地跟随至后续合同产生的法律关系中。该项原理对于仲裁条款的效力范围及仲裁管辖是否原封不动地覆盖过来呢?答案是否定的:在属于更改性质的后续合同已经将先签合同全部废止时,因仲裁条款具有相对独立性,不因合同的无效或被撤销而失去效力,故双方当事人未变,先签合同因后续合同的生效虽被更改,但这仍属先签合同的变化引发的问题,依旧属于仲裁条款授权的仲裁机构要居中裁处的范围;如果属于更改性质的后续合同没有废止先签合同的全部,包括不取消仲裁条款,则仲裁条款依然有效,仲裁条款授权的仲裁机构当然有权裁处先签合同、后续合同产生的权利义务。(4)有助于透过现象看本质,符合真实情况地解决有关纠纷。例如,前些年涌现了许多“闭环交易”,甲将100吨钢材以每吨2330元人民币的价格出卖与乙,乙以每吨2400元人民币的价格把这些钢材出卖与丙,丙以每吨2470元人民币的价格将这些钢材出卖与丁,丁以每吨2540元人民币的价格把这些钢材出卖与甲。在履行过程中,案涉钢材根本没有流转,甚至有些案件中其实没有钢材,未办出库单、验收单等手续,只有增值税发票的开具。后来,丙向某仲裁委员会提起仲裁申请,请求裁决乙履行钢材买卖合同并支付迟延交货的违约金。仅就丙和乙之间的证据而言,只有它们双方签订的钢材买卖合同及增值税发票,没有出库单、验收单和运输案涉钢材等证据。如果把目光局限于丙和乙之间的关系及其证据,特别是仲裁庭的权限源自申请人和被申请人的仲裁授权,无权审理甲和乙之间、丙和丁之间的法律关系,就裁决乙败诉。该裁决是背离案件真实的,是极不妥当的。如果遵循交易的整体解释路径及方法,整体审视甲、乙、丙和丁之间的关系,将全部合同联系起来考量,重视"走单不走货"的客观实际,认定甲是个理性人、经济人而非专门利人者或欠缺意识能力者,就应得出结论:名为钢材买卖实为民间借贷,钢材差价是借贷利息,适用《民法总则》第 146 条的规定,钢材买卖合同为虚假的意思表示,归于无效;至于隐藏的民间借贷合同,则应视个案情形而适用法释[2015]18 号第 14 条关于民间接到合同无效的规定,或者第 26 条的规定,对年利息在 24% 以下的,予以支持;对年利息在 36% 以上的,认定为无效;对年利息在 24% 至 36% 的且借款人已经实际支付了的,予以认可,不支持借款人请求返还的主张,借款人尚未支付且拒绝支付的,予以认可,不支持出借人关于借款人支付的请求。

如果以上分析和阐释是正确的,那么,湖北省高级人民法院(2017)鄂民初 10 号民事判决书可检讨之处不少。例如,该判决书实际上将后续合同不分青红皂白地一律作为先签合同的从合同或组成部分,认定后续合同随着先签合同的无效而无效,这是错误的。正确的路径及方法应当是具体情况具体分析及处理。

行文至此,遇到了下面观点的挑战:"在进行规范解释时,原则上无须考虑那些在表示作出之后所发生的事实情形,然而,如果这些事实情形存在于参与法律行为表示当事人的行为或表示之中,则可以将其作为证据来证明当事人在作出行为是的实际理解。"[22]德国联邦法院正确地强调:"意思表示自其生效之时就具有——也许通过解释而获得的——恒定不变的表示价值,该价值不受事后发生事件的影响。意思表示不能于其生效之时具有某一含义,而生效之后又具有另外一个含义。因此,未来发生的事件本身对于解释不产生任何影响,它至多只能被当事人(当下)的意识——作为可能的或不可能的、确定的或不确定的——所容忍。"[23]

在笔者看来,注意后续合同对先签合同的影响,特别是合同变更、合同更改、代物清偿、了结协议对先签合同项下权利义务的改变，并非否定“意思表示自其生效之时就具有——也许通过解释而获得的——恒定不变的表示价值”这个断言，没有树立“意思表示于其生效之时具有某一含义，而生效之后又具有另外一个含义”之类的理论，换言之，先签合同在意思表示的层面上仍然是“意思表示于其生效之时所具有的某一含义”，没有因后续合同的出现并发挥作用而“于生效之后又具有另外一个含义”，后续合同所改变的是先签合同所生权利义务关系。此其一。正因如此，不宜笼统地说“在进行规范解释时，原则上无须考虑那些在表示作出之后所发生的事实情形”，“未来发生的事件本身对于解释不产生任何影响”。因为法律人尤其是裁判者处理纠纷时解释合同，目的在于透过廓清意思表示的含义而妥当地确定权利义务关系，在妥当地确定权利义务关系的层面，“那些在表示作出之后所发生的事实情形”“事后发生事件”确确实实地影响着先签合同项下的权利义务关系。此其二。

三、从合同的体系解释到交易的整体解释

（一）交易的整体解释路径及方法的提出与倡导

《民法总则》第 142 条及《合同法》第 125 条规定了体系解释方法，学说对此均予承认。[24]不过，必须指出，此处所谓体系解释，指的是同一个合同的全部条款应被作为一个整体看待，理解其中任何一个条款甚至用语的含义，不得脱离全部合同条款。循此理念可以理解，解释上文所述合同联立、狭义的合同变更、合同更改、反对合同、代物清偿、债权让与合同、债务承担合同之类的合同；但解释上文所述主从关系的合同就勉为其难，特别是解释上文所述“先签合同和后续合同虽然各自独立、标的物不同，但依当事人的真意二者在实质上互为因果”的情形，更是力有不逮。

客观现实是，现代交易时常由数方当事人参与，借助若干个合同或单方允诺形成系列交易安排。对此，不得孤立地抽出一个合同或单方允诺“作茧自缚”地处理，而应注意这些合同或单方允诺之间的关联性，整体审视全部合同或单方允诺即完整的交易的情形，注意每份法律文件项下的权利义务间的相互影响，以达法律人能够符合交易真实、利益衡平地解决问题。假如孤立地看待和处理单个的合同或单方允诺，就很可能得出显失公平的结论。

满足这样要求的合同解释方法已经不是《民法总则》第 142 条及《合

同法》第 125 条规定的(单个合同的)体系解释,而是超越又尊重合同或单方允诺而形成的交易的整体解释。这样的交易的整体解释的规则应是:如果某合同的约定其实源于其他法律关系的设计,解释合同时不宜甚至不得局限于该合同条款,而应将视野扩展于另外的法律关系,整体审视,全面衡量。[25]正在制定的中国《民法典》不仅应当承继(单个合同的)体系解释规则,而且应该创设交易的整体解释规则,以期在合同解释方法上领先于各国和地区的民法。

(二)交易的整体解释路径及方法与传统的解释论方法

交易的整体解释不排斥而是依赖传统解释论中的文义解释、历史解释、反对解释、目的解释、举重以明轻、举轻以明重、合宪性解释等解释方法,利用它们为自己服务。

(三)交易的整体解释路径及方法与体系解释

交易的整体解释与单个合同的体系解释之间不是相互否定态势,而是前者包容后者的关系。说明如下:在交易由系列合同构成的案型中,即使采取交易的整体解释路径及方法,也是就某特定的单个合同而言仍须遵循体系解释的方法,即通过解释使该合同内部自洽,各条款之间不矛盾、不抵触甚至填补合同漏洞;对于另一的特定合同也如此解释;以此类推,以致将交易涵盖的全部合同都解释完毕。按照传统的合同解释方法,解释作业至此结束。但依据交易的整体解释方法,不可出现解释交易中的合同甲时忽略其他合同及其对合同甲的影响,而应关注构成该交易的各个合同之间的相互影响及衔接。如此操作,有些时候整体审视交易后不改变单个合同的体系解释及其结论,单个合同的体系解释及其结论会原封不动地留存下来;但另外一些时候则不同,体系解释单个合同所得的结论在交易的整体解释时发现存在问题,只有对其矫正后才符合整个交易的实情。

(四)交易的整体解释路径及方法与"口头证据规则"(parol evidence rule)

口头证据规则系英美法上重要的实体法规则之一,其主要含义包括:如果合同 A 是完整的(integrated),那么,在合同 A 签订之前当事人之间所有的口头约定、书信、电报甚至合同草稿等书面证据,皆因确定的书面合同的成立而失去其效力,对当事人不具有约束力。[26]其实,中国法及其理论同样关注并解决这样的问题:合同 A 由哪些意思表示(载体为文件、口头表示等)构成?相同的当事人之间除了合同 A,还有文件 B、电子邮件 C、短信D、欠条E,等等。文件B、电子邮件C、短信D、欠条E是合同A的组成部分吗？借鉴英美法的口头证据规则,可有如下结论:(1)如果合同A是完整的合同文本,特别是其中载有“本书面合同已经包含当事人所有合意的事项”之类的表述时,文件B、电子邮件C、短信D、欠条E均先于合同A出现,那么,它们均非合同A的组成部分;如果上述B、C、D、E出现于合同A之后,则应按照本文第二部分关于先签合同与后续合同之间关系的类型的思路及方法确定。(2)如果合同A不是完整的合同文本,则应视具体情形、运用有关规则而检视文件B、电子邮件C、短信D、欠条E是否为合同A的组成部分。完成此项工作依然需要运用本文第二部分关于先签合同与后续合同之间关系的类型的思路及方法。

笔者倡导交易的整体解释路径及方法,不是推翻口头证据规则,不是否定、亦非改变上文中关于确定合同A的思路及方法,换言之,合同A由哪些意思表示(载体为文件、口头表示等)构成,在英美法上系口头证据规则的任务,在中国法上依据上文所述路径及方法解决,交易的整体解释路径及方法不过是为了更加无障碍地完成这样的任务,因为整体解释关注合同A与文件B、电子邮件C、短信D、欠条E之间的联系,最终确定它们是否为合同A的组成部分。

(五)交易的整体解释路径及方法与合同的相对性

交易的整体解释不是对合同相对性的否定,是在尊重、遵循合同相对性的基础上进行的解释作业。对此展开说明:(1)在交易中由数个主体参与、由数个合同构成的情况下,甲和乙之间的合同不约束作为交易其他主体的丙与丁,同理,丙和丁之间的合同也不约束甲与乙。交易的整体解释并不破坏、改变这种合同的相对性,只是寻觅出、注意到数个合同之间的牵连、制约。例如,甲和乙之间的合同之所以如此约定,是因为甲与丙之间的合同提供了特定的条件,如果甲与丙之间的合同不提供该特定条件,甲和乙之间的合同就不会约定相关的权利义务。因此,在处理甲和乙之间的合同纠纷时就必须注意到甲与丙之间的合同。同时,全面审视整个交易,也可能有助于填补某特定合同的漏洞,甚至有的合同漏洞可用另外的合同约定予以补充。(2)在交易中由数个主体参与、由数个合同构成的情况下,甲和乙之间的合同约定了丙对甲或乙承担义务,即若得到了丙的同意,则丙与甲、乙达成了这方面的协议。这仍属遵循着合同的相对性。如果甲和乙约定丙负有此类义务,未得到丙的同意,则适用《合同法》第65条的规定:“当事人约定由第三人向债权人履行债务的,第三人不履行债务或履行债务不符合约定,债务人应当向债权人承担违约责任。”对于该条规定的理解,有些学者认为它未突破合同的相对性,另外一些学者则主张它突破了合同的相对性。即使采取后者,也是《合同法》第65条的规定使然,而非交易的整体解释造成的结果。确立交易的整体解释的路径及方法,不改变上述格局。(3)在交易系由相同的当事人双方参与、由数个合同构成的情况下,合同A约定甲和乙的权利义务,合同B也约定甲和乙的其他权利义务,哪怕合同B约定的内容本应由合同A约定,也无关紧要,因为当事人双方相同,不同约定纯属技术层面的问题,没有破坏、改变合同的相对性。采取交易的整体解释的路径及方法,解释合同A、合同B甚至C合同,不改变上述状况,不破坏合同的相对性。

还要辨析,交易的整体解释路径及方法与“口头证据规则”关系,不同于交易的整体解释路径及方法与合同的相对性之间的关系,因为前者意在讨论合同A的边界,哪些文件不属于合同A的范围;而后者旨在描述合同A的法律效力,合同A项下的权利义务由谁承受。在纵向上,先有前者,再有后者。

(六)交易的整体解释路径及方法优势与漏洞补充

交易的整体解释路径及方法的优势之一是,在法无明文规定、某特定合同未明确约定的情况下,关注同一交易的系列安排,重视各个合同之间的牵连、制约甚至个别权利、义务的形变,复原、外化、明晰当事人的真实意思,从而衔接、自洽、衡平权利义务关系。对该优势从另外的视角审核,可否认为这是在规避法律?漠视了当事人的表示行为?回答是否定的。(1)《民法总则》第142条第1款确定了意思表示解释、合同解释以客观主义为原则,但这并不断然阻止探求当事人的真意。缔约者大多不是法律人,词未达意、前后矛盾、彼此未连、不乏其例。其实,这并不符合交易规则、惯例,没有反映整个交易的全貌,未能体现当事人的真实意思。尽管传统的解释论也在努力解决这些问题,弥补当事人约定的不足,衡平当事人之间的利益关系,但不堪重负、鞭长莫及,也是事实。交易的整体解释路径及方法解决上述问题则不费力,它帮助法律人由外在而入其内,从客观探知主观,复原、明晰当事人的真意。在解释、确定某特定条款之意时,交易的整体解释路径及方法践行着具体→整体→具体→整体……最终合理地、准确地确定合同条款之意。(2)中国现行法未规定随意条件,未规定合同条款附条件和附期限，看不出究竟是采纳了主观行为基础说还是客观行为基础说。情事变更原则仅仅停留于司法解释的位阶，尚未成为基本法律上的制度，且适用范围一方面过于狭窄（排除了不可抗力引发的履行实在困难），另一方面过于宽阔（侵占了不能履行制度的领地），这都无法满足实际生活的需要。例如，对赌协议存在不少条款附条件，有些合同附随意条件等问题则必须解决，但法无明文规定。交易的整体解释路径及方法能够较为"轻松"地解决上述问题以及其他法无明文的问题，即"合理合法"地、自然而然地解决相关问题以及填补其他的法律漏洞。

（七）交易的整体解释路径及方法与行为基础说

所谓行为基础理论，有从"主观"方面理解和从"客观"方面理解两种思路。前者简称主观行为基础说，为厄尔特曼教授力倡，是指双方当事人都具备的某种观念，或为一方当事人所具备，而另一方当事人至少知道其存在；并且有关的当事人将这种观念作为其考虑和决策的基础。[27]从"客观"方面理解行为基础，即客观行为基础说，系克吕克曼教授和洛赫尔教授所主张，指行为基础是处于行为之外的各种情形的总称。这些情形的存在或持续存在是一种先决条件；否则，鉴于行为典型的或在行为内容中体现出来的行为目的，法律行为不能作为一种有意义的规则存在下去。[28]达成的共识是，无论是主观行为基础说还是客观行为基础说，在特定条件下均须被重视：主观行为基础说应归属于错误学说[29]，而客观行为基础的丧失则应归属于给付障碍的范围，时常在"情事变更"或者"情事的重大变化或对情事认识的重大错误"的题目下讨论该问题。[30]

中国民法及学说如何看待上述问题？《民法通则》和《合同法》均因在重大误解制度中未规定动机错误和共同错误、在履行制度中未承认情事变更原则而未体现出（主观的、客观的）行为基础学说，学界肯定它的也只是部分学者。[31]法释[2009]5 号第 26 条虽然规定了情事变更原则，但它把不可抗力排除在情事的范围之外，至少否定了若干客观行为基础对合同效力的影响。加上将情事变更原则与客观行为基础说联系起来的阐释实在鲜见，尽管存在这样解释的空间，法释[2009]5 号第 26 条未能全部解决问题。但笔者接触实务体会到：行为基础学说确有价值，处理某些案件时遵循它才会结果妥当，呼吁编纂中国《民法典》时应当吸纳它。[32]《民法总则》设计的重大误解制度依然未规定动机错误和共同错误，依立法分工，情事变更原则不由它规定，也就是说，仍未采纳行为基础学说。

在这样的背景下，囿于传统的解释论对合同进行解释，包括运用文义解释、体系解释、历史解释、目的解释等方法，得出某特定合同因符合主观行为基础说进而构成动机错误而主张撤销之，十分困难，或曰底气不足。笔者等学者倡导借鉴行为基础说，响应者寡，就从一个侧面印证了这一点。之所以如此，一个重要原因是，法律不承认动机错误，就很难将主观行为基础囊括在重大误解制度中，也就难以适用《民法总则》第 147 条及《合同法》第 54 条第 1 款第 1 项将符合主观行为基础的合同撤销。换个角度说，对于合同 A 而言是动机的、而已经外化为合同 B 的条款的情况下，传统的解释论就合同 A 论合同，解决合同 A 的效力问题，就只好继续在动机的框内思考，很可能就不作为重大误解的案型，不适用《民法总则》第 147 条及《合同法》第 54 条第 1 款第 1 项，否认撤销权。与此有别，如果确立交易的整体解释路径及方法，就理所当然地注意合同 B 的条款，进而认定为动机已被明确地表示出来了，虽然它写在了合同 B 之中，但可认定其已成为合同 A 的内容，故可适用《民法总则》第 147 条及《合同法》第 54 条第 1 款第 1 项的规定，将合同 A 撤销。

囿于传统的解释论对合同进行解释，在客观行为基础的丧失场合，也难以达到解除合同的目的。因为客观行为基础在合同自身之外，而合同之外的因素一般不得左右合同的效力，除非法律设计了一个功能齐备的情事变更原则。在这样的背景下，因客观行为基础丧失，即实质上不可归责于债务人的原因致使合同履行困难，若履行就显失公平；甚至已经不能履行，又无法适用情事变更原则，就只得认定债务人违约。其实，这样处理并不符合客观真实，明显不公正。与此有别，如果确立了交易的整体解释路径及方法，那么，即便现行法及学说未接纳行为基础理论，局面也会得到根本改观。因为其质的规定性决定了要将审视、解释合同的视线延伸至某特定合同之外，它强调整体地审视、解释合同，注意各个合同之间的牵连、制约，这样，合同 A 缔结的基础在履行阶段丧失，构成履行障碍，可类推适用《合同法》第 94 条第 1 项或适用法释[2009]5 号第 26 条的规定，解除合同，而不认定其为违约。

（八）交易的整体解释路径及方法与交易安全

交易的整体解释路径及方法将视野延伸到某特定合同之外，是否可能甚至已经损害了第三人的权益？有无违背、破坏交易安全的危险呢？回答是否定的，因为交易的整体解释被用于相同当事人之间处分自己权益而形成的数个合同场合，虽然重视把这些合同联系起来审视、整体把握，但仍然依当事人的意思而非裁判者的意志确定权利义务，且不涉及第三人，故谈不到违背、破坏交易安全。交易的整体解释被用于相同当事人之间处分他人的权益而形成的数个合同且整体把握，因为依然依据《物权法》第 16 条第 1 款和第 106 条的规定，遵循公示性、公信力，严格贯彻《民法总则》第 61 条第 3 款和第 65 条的规定，所以，对该“他人”物权或股权的“强夺”是控制在众人都认可的范围内的，况且《物权法》第 16 条第 1 款和第 106 条的设置和作用本身就是遵循交易安全原则的。同时，交易的整体解释路径及方法将多个当事人之间的数个合同作为整体审视，虽然表面上联系了某特定合同之外的法律文件来解释该合同，但因依旧遵循合同的相对性，在涉及处分第三人的权益时严守《物权法》第 16 条第 1 款和第 106 条的规定，故结论仍同上述，即不违背、破坏交易安全。

四、结论与感慨

天才的商人们务实又机智地创造了令人眼花缭乱的法律关系及其形式，包括签署号称“完整协议”的合同之后陆续签订一个或系列合同，以求利益最大化，有时还伴随规避法律的动机和运作。法律人不应完全囿于先见、更不应凭主观好恶来认识并处理它们，避免削足适履，而应基于当事人的意思表示及法律规定将之恰如其分地定性和定位。具体到先签合同和后续合同之间的关系，法律人必须依当事人的意思表示及法律规定进行解释和认定：其中有的确实呈现着主从关系、后续合同变更或更改了先签合同，但有的是各自独立、互不取代，也是事实。认定后续合同变更、补充了先签合同，不得遗忘《合同法》第 78 条关于“当事人对合同变更的内容约定不明确的，推定为未变更”的规定，而须严格把握。一旦构成变更，合同无效、被撤销时，所谓“后续合同”不会有效。法律人认定先签合同与后续合同之间形成主从关系，必须是基于当事人之间的明确约定或法律的明文规定，不得凭裁判者、解释者的感觉和任性而擅作主张。法律人认定先签合同和后续合同之间互为因果，应取决于当事人的明确表示，这是不可动摇的原则，但寻觅并借助于缔约背景、合同的周围情事，作出判断，也是必要的和有效的。于此场合，先签合同无效、被撤销时，后续合同的效力可能要受影响，或是变更或是归于消灭，以达公平结果。对于后续合同约定违约金责任、违约损害赔偿等救济方式，务必首先分辨此类约定是对未来结果的预测并分配，还是对业已产生的违约结果的梳理、确认、了结，分清之后，可有如下的结论：属于对未来结果的预测并分配的，构成合同变更，合同无效、被撤销时，所谓“后续合同”要归于消灭；属于对业已产生的违约结果的梳理、确认、了结的，不是合同变更，亦非合同更改，更不是先签合同的从合同，而是先签合同与后续合同之间呈各自独立的关系，先签合同无效、被撤销不影响后续合同的法律效力。

认识并处理呈现主从关系、独立担保、互为因果、安排违约后果等先签合同与后续合同之间的关系，以及“闭环交易”、合同的周围情事，传统解释论中的体系解释方法或是无能为力或是顾此失彼，交易的整体解释路径及方法则游刃有余，且所得结论更加可靠。

交易的整体解释超越但不否定传统解释论中的体系解释方法，不破坏、否定合同的相对性，不损害交易安全，有利于合同漏洞的填补，可补中国现行法欠缺动机错误规则，似未吸纳行为基础理论之缺，实为更能全面、妥当地解决纠纷，衡平当事人各方的利益关系。既然复杂甚至连续的交易需要与之相适应的法律规则及方法，交易的整体解释为其中一例，那么，只有承认它最好是法律明确设置它，才符合马克思主义关于经济基础与上层建筑之间关系以及事物之间相互联系的原理。

中国民法作为后发之法，有必要学习、借鉴境外的已被证明是成功的制度、规则及学说，为我所用，事半功倍。这是客观存在，若不予正视，则有失偏颇，不符合实事求是的态度。在这方面，中国法及理论存在继续努力的较大空间。例如，确立大侵权法的理念及制度，于物权、知识产权、人格权遭受侵害的场合均由侵权救济机制解决，排斥物的返还请求权、排除妨害请求权、妨害预防请求权，其弊端种种，已为实践所证实；法释[2009]5号第26条不顾已经成熟的法律体系内部自洽的情事变更原则及理论，独出心裁地设计情事变更原则的构成和效果，有害无益；不学习并采取符合交易实际、可以妥当处理问题的行为基础说，从而形成法律漏洞，不利于案件的妥当解决；未见德国法实体法和程序法的整体设计，仅见执行查封的一隅，便确定“先下手为强”的执行规则，使民法上的债权平等原则变成一句空话；在一物多买的场合确立先签合同的买受人优先取得给付的规则，同样如此，且易形成错误判决；等等。

另外，中国丰富多彩的社会生活，加上足智多谋的商家创造，涌现出新型的交易形式及相应的法律关系，现有的法律制度、规则及学说已经不敷使用,亟待发展、创新法律理论和法律制度及规则。农地“三权分置”、宅基地“三权分置”为其表现。新型担保形式呼唤着法律的确认、规制,也是不争的事实。交易的整体解释亦为其中一例。假如无视这些,满足于传统民法的制度、规则及理论,裹足不前,就会坐失形成中国标准、中国话语权的良机。如果中国《民法典》创设知识产权请求权、人格权请求权的制度,与物权请求权制度辉映相照;如果中国《民法典》设置违约方于合同不能履行甚至履行显失公平的场合也享有解除权,作为守约方享有解除权的主干的补充等,那么,现实价值和历史意义都不言自明。中国民法及其学人不应仅有学习、赞美既有制度、规则及理论的虚怀若谷,更应有发展、创新的志气和勇气。[33]此言非虚!假如目前正在编纂的中国《民法典》不做或少做这样的工作,错失千载难逢的良机,真真令人扼腕叹息!

注释

1 信息来源:中国裁判文书网,http://wenshu.court.gov.cn/content/content?DocID=3f4a84d6-ebce-464a-9d2d-08c579154d91,最后访问时间:2018 年 4 月 25 日。

2 《民法总则》第 142 条的规定仅仅适用于意思表示解释还是同时也适用于合同解释,这涉及意思表示解释与合同解释之间的关系。《民法总则》第 142 条第 2 款的规定仅仅适用于无相对人的意思表示的解释,不适用于合同解释,这应无疑义;但《民法总则》第 142 条第 1 款的规定可同时适用于有相对人的单独行为的解释、合同解释甚至决议行为的解释,能够成立。如此断言的理论依据如下:

意思表示具有独立性和元素性。所谓意思表示的独立性,是指意思表示本身不是法律行为,意思表示与法律行为各为独立的概念、制度,尽管在许多场合它们密切关联。这种关联,在实务中较多的是一个意思表示与另外的意思表示合致,相辅相成,表现为买卖合同、租赁合同、承揽合同等,旧时称为契约。数个意思表示一致,相合而成,表现为合伙合同等共同行为。不过,现行中国合同法将它们统称为合同。针对合同而言,意思表示表现出元素性,即意思表示是构成合同的最小单位,且为核心要素甚至是唯一元素。没有意思表示就没有合同,解释合同恐怕主要是解释作为合同核心要素的意思表示。在许多案件中,解释清楚了作为合同核心要素的意思表示,解释系争合同的任务也就完成了。但在另外的案件中,解释作为合同核心要素的意思表示的作业即使已经完成,解释系争合同的任务也未终结。正因如此,由于解释者的着眼点不同,合同解释与意思表示解释之间究为相同还是不同的分歧一直存在。

观察《德国民法典》第133条和第157条，中国《民法总则》第142条与《合同法》第125条，在意思表示解释与合同解释之间似乎存在重大差异。特别是可以据此认为，在解释意思表示时，比在解释合同时更应注意表意人的真实意思。然而，这种看法是不正确的，因为合同通常是由两项意思表示组成的。既然如此，合同解释，如何又能迥异于作为合同构成要素的意思表示的解释呢（[德]迪特尔·梅迪库斯：《德国民法总论》，邵建东译，法律出版社2000年版，第236页）？换言之，在意思表示表现为要约、承诺时，对意思表示解释的同时即为合同解释。事实上，意思表示解释与合同解释并不存在这样的差异。所以，今天的学者们大多将《德国民法典》第133条和第157条放在一起加以评注（[德]迪特尔·梅迪库斯：《德国民法总论》，邵建东译，法律出版社2000年版，第236页）。无独有偶，加利福尼亚州法颇为一贯地阐明，解释合同的首要目标定是确定和实现当事人双方的意思（See City of Manhattan Beach, 13 Cal. 4th at 238, 914 P. 2d at 164, 52 Cal. Rptr. 2d at 86）。

诚然，在某些情况下，单个的意思表示解释与合同解释之间也确实存在差异，据笔者在《合同解释辨》一文中的考证、分析，计有九个方面的差异，受本文主旨所限，此处不赘述。

3 王泽鉴：《民法研究系列·债法原理》，北京大学出版社2009年版，第87页。

4 Mark K. Glasser & Keith A. Rowley, "On Parol: The Construction and Interpretation of Written Agreements and the Role of Extrinsic Evidence in Contract Litigation", 49 *Baylor L. Rev.* 657, 1997；[美]E. 艾伦·范斯沃思：《美国合同法》，葛云松、丁春艳译，中国政法大学出版社2004年版，第431~434页；杨桢：《英美契约法》，北京大学出版社2007年版，第252~253页。

5 信息来源：中国裁判文书网，http://wenshu.court.gov.cn/content/content? DocID = 3f4a84d6-ebce-464a-9d2d-08c579154d91，最后访问时间：2018年4月25日。

6 孙森焱：《民法债编总论》（下册），法律出版社2006年版，第852~855页；[日]於保不二雄：《日本民法债权总论》，庄胜荣校订，五南图书出版有限公司1998年版，第373~381页。

7 [日]星野英一：《日本民法概论Ⅳ》，姚荣涛译，刘玉中校订，五南图书出版有限公司1998年版，第88~89页；史尚宽：《债法总论》，荣泰印书馆股份有限公司1978年版，第508~509页。

8 孙森焱：《民法债编总论》（下册），法律出版社2006年版，第778~796页；[德]迪特尔·梅迪库斯：《德国债法总论》，杜景林、卢谌译，法律出版社2004年版，第545页；[德]迪尔克·罗歇尔德斯：《德国债法总论》，沈小军、张金海译，沈小军校，中国人民大学出版社2014年版，第389页。

9 孙森焱：《民法债编总论》（下册），法律出版社2006年版，第800~802页；[德]迪特尔·梅迪库斯：《德国债法总论》，杜景林、卢谌译，法律出版社2004年版，第545页；[德]迪尔克·罗歇尔德斯：《德国债法总论》，沈小军、张金海译，沈小军校，中国人民大学出版社 2014 年版,第 408 ~ 411 页。

10 [意]彼德罗·彭梵得:《罗马法教科书》,黄风译,中国政法大学出版社 1992 年版,第 322 ~ 324 页;Restatement (Second) of Contracts 〈sect〉 209 cmt. b, illus. 1; Mark K. Glasser & Keith A. Rowley, "On Parol: The Construction and Interpretation of Written Agreements and the Role of Extrinsic Evidence in Contract Litigation", 49 *Baylor L. Rev.* 657, 1997; [日]於保不二雄:《日本民法债权总论》,庄胜荣校订,五南图书出版有限公司 1998 年版,第 401 ~ 406 页。

11 崔建远:《合同法》,北京大学出版社 2016 年版,第 235 ~ 239 页。

12 史尚宽:《债法总论》,荣泰印书馆股份有限公司 1978 年版,第 668 页;孙森焱:《民法债编总论》(下册),法律出版社 2006 年版,第 775 页。

13 美国《统一商法典》第 2 编第 2 - 209 条第 1 款。

14 Mark K. Glasser & Keith A. Rowley, "On Parol: The Construction and Interpretation of Written Agreements and the Role of Extrinsic Evidence in Contract Litigation", 49 *Baylor L. Rev.* 657, 1997;杨桢:《英美契约法》,北京大学出版社 2007 年版,第 251 页。

15 Restatement (Second) of Contracts 〈sect〉 89;杨桢:《英美契约法》,北京大学出版社 2007 年版,第 94 ~ 98 页。

16 信息来源:中国裁判文书网,http://wenshu.court.gov.cn/content/content? DocID = 3f4a84d6 - ebce - 464a - 9d2d - 08c579154d91,最后访问时间:2018 年 4 月 25 日。

17 信息来源:中国裁判文书网,http://wenshu.court.gov.cn/content/content? DocID = 79f5d230 - 11ee - 4ab6 - adb6 - a729010f29e3&KeyWord = ,最后访问时间:2018 年 5 月 3 日。

18 最高人民法院(2014)民一终字第 61 号民事判决书:参见中国裁判文书网,http://wenshu.court.gov.cn/content/content? DocID = 329634d5 - 2940 - 4e63 - a9d2 - d34e58be8010,最后访问时间:2018 年 4 月 25 日。

19 最高人民法院(2014)民一终字第 61 号民事判决书:参见中国裁判文书网,http://wenshu.court.gov.cn/content/content? DocID = 329634d5 - 2940 - 4e63 - a9d2 - d34e58be8010,最后访问时间:2018 年 4 月 25 日。

20 该案案情及主审法院的判决系由北京大学法学院的尹田教授于 2018 年 8 月 18 日在"海峡法学论坛"上提供。特此致谢!

21 [德]维尔纳·弗卢梅:《法律行为论》,迟颖译,法律出版社 2013 年版,第 358 页。

22 [德]维尔纳·弗卢梅:《法律行为论》,迟颖译,法律出版社 2013 年版,第 363 页。

23 [德]《联邦最高法院判例——林登迈尔—默林编联邦最高法院参考资料》§ 133 (B) Nr. 7。转引自[德]维尔纳·弗卢梅:《法律行为论》,迟颖译,法律出版社 2013 年版,第 363 页。

24 梁慧星:《民法解释学》,中国政法大学出版社 1995 年版,第 217 ~ 219 页;王利明:

《合同法研究》(第 1 卷),中国人民大学出版社 2015 年版,第 464 ~ 468 页;崔建远主编:《合同法》,法律出版社 2004 年版,第 302 ~ 304 页;崔建远:《合同法》,北京大学出版社 2016 年版,第 426 ~ 427 页。

25 崔建远:《意思表示的解释规则论》,载《法学家》2016 年第 5 期。

26 Mark K. Glasser & Keith A. Rowley,"On Parol:The Construction and Interpretation of Written Agreements and the Role of Extrinsic Evidence in Contract Litigation",49 *Baylor L. Rev*. 657,1997;[美]E. 艾伦・范斯沃思:《美国合同法》,葛云松、丁春艳译,中国政法大学出版社 2004 年版,第 431 ~ 434 页;杨桢:《英美契约法》,北京大学出版社 2007 年版,第 250 页。

27 [德]厄尔特曼:《行为基础》,1921 年版。转引自[德]卡尔・拉伦茨:《德国民法通论》(下册),王晓晔、邵建东、程建英、徐国建、谢怀栻译,谢怀栻校,法律出版社 2003 年版,第 534 页。

28 [德]卡尔・拉伦茨:《德国民法通论》(下册),王晓晔、邵建东、程建英、徐国建、谢怀栻译,谢怀栻校,法律出版社 2003 年版,第 534 – 535 页。

29 [德]维亚克尔:《维亚克尔诞辰庆贺文集》,1965 年版,第 241 页以下;《慕尼黑注释》第 119 条之 120 以下(克拉默);[德]帕夫洛夫斯基:《德国民法总则》,1987 年版,边码第 563 以下。转引自[德]卡尔・拉伦茨:《德国民法通论》(下册),王晓晔、邵建东、程建英、徐国建、谢怀栻译,谢怀栻校,法律出版社 2003 年版,第 535 页。

30 [德]卡尔・拉伦茨:《德国民法通论》(下册),王晓晔、邵建东、程建英、徐国建、谢怀栻译,谢怀栻校,法律出版社 2003 年版,第 535 页;[德]迪特尔・梅迪库斯:《德国债法总论》,杜景林、卢谌译,法律出版社 2004 年版,第 358 页;[德]迪尔克・罗歇尔德斯:《德国债法总论》,沈小军、张金海译,沈小军校,中国人民大学出版社 2014 年版,第 279 ~ 282 页。

31 崔建远主编:《合同法》,法律出版社 2004 年版,第 79 页;崔建远:《合同法总论》(上卷),中国人民大学出版社 2008 年版,第 303 页。

32 崔建远:《关于制定民法总则的建议》,载《财经法学》2015 年第 4 期。

33 此语是中国政法大学的王卫国教授几年前讲过的话的大体意思,笔者不时忆起,督促前进。

无权处分辨*

一、引言

《合同法》第51条关于无权处分的规定一出，论者蜂起，见仁见智，不断深入，诚为民商法学界少有的盛事。同时也应看到，严重的分歧意见会影响《合同法》的统一适用。有鉴于此，需要澄清若干问题，发展某些理论，发扬光大民法解释学，也不忽视立法论。这是笔者撰写本文的目的之一。

概括我国专家学者关于《合同法》第51条规定的见解，有代表性的如下：

第一种观点认为，《合同法》第51条规定的合同是所谓债权合同而非物权合同，如买卖合同、赠与合同，该条规定的合同效力未定是指债权合同的效力未定，不存在物权合同无效问题。理由如下：中国民法与德国民法不同，不区分债权行为与物权行为，不承认物权行为独立性，法律对买卖合同一体把握，标的物所有权变动为买卖合同直接发生的效果。买卖合同的效力包括标的物所有权移转，当然要求出卖人对出卖之物有处分权。[1]

第二种观点认为，无权处分他人财产，如果未经权利人追认或无权处分人缔约后未取得处分权的，该行为无效，但权利人拒绝追认排除善意取得制度的适用时不得对抗善意第三人。在无权处分的情况下，如果经权利人追认或无处分权人订立合同后取得处分权的，那么该合同有效，如果符合善意取得制度的适用条件即相对人在缔约时出于善意且支付了合理的对价，那么即使权利人拒绝追认，该合同也仍然有效。[2]

第三种观点认为，《合同法》第51条所谓"处分"，应理解为"处分行为"所含形态，包括物权行为和准物权行为。处分行为不影响合同效力，

---

* 原文标题为《无权处分辨——合同法第51条规定的解释与适用》，发表于《法学研究》2003年第1期。收入本书时，笔者有所修改。

合同效力依然适用合同效力一般规则,即买卖等债权合同有效。若解释为买卖合同这个债权合同效力待定,会同该法第150条、第151条和第152条的规定相矛盾。[3]对于《合同法》第51条后段所谓“合同”,解释为仅指“处分行为”,或者说权利变动的效果。这样,把效力未定确定在处分行为的效力未定上,而作为处分的表现方式的负担行为或当事人的债权债务的合意并不包括在内,其债权债务的合意仍然有效。这样,使无处分权的当事人承担违约责任,对于保护相对人来说,比较有利。[4]

第四种观点的内容比较丰富,兼有解释论与立法论。其要点有:其一,《合同法》第51条行文类似《德国民法典》第185条和中国台湾地区“民法”第118条的规定,但后两者所指的处分系指“处分行为”,而前者仅能作“负担行为”的解释,二者有实质的不同;其二,意思主义的立法例亦可以将移转标的物所有权作为特定情况下出卖人的给付义务,因此,出卖他人之物可以产生债的效力;其三,确认出卖他人之物合同的效力,不影响真实所有人的利益,同时又能够保护买受人的信赖利益,维护交易安全,且与民法上其他制度相配合。

总而言之,《合同法》第51条系对《德国民法典》第185条及中国台湾地区“民法”第118条的误采,在体系上存在解释的困难。如有必要,该条款的内容应在将来《民法典》的总则部分加以规定,并且这里所谓处分应指严格技术意义上的“处分行为”,不得将所谓负担行为包含在内。至于出卖他人之物的合同,因存在保护善意买受人的需要,应承认其债的效力。[5]

第五种观点严厉批评《合同法》第51条的规定,主张应将有处分权作为各种财产权利因法律行为而发生变动的一个要件,因处分各种财产权而为的债权行为则不以处分权为要件。[6]

第六种观点认为,从解释论的角度讲,应限缩《合同法》第51条的适用范围。仅在当事人间特别约定,就动产物权变动采取债权意思主义的物权变动模式,从而将债权合同的效力判断与物权变动法律效果是否发生的判断联系在一起时,无权处分合同的效力才适用《合同法》第51条的规定,成为效力待定。从立法论的角度看,在债权形式主义的物权变动模式之下,一般认定无权处分合同为生效的法律行为,既具有形式(逻辑)上的正当性,又具有实质(价值判断)上的正当性。[7]

第七种观点认为,系司法解释的意见,持无权处分合同有效说,并走到极端,不设任何例外。其典型代表是法释[2012]8 号第 3 条第 1 款关于"当事人一方以出卖人在缔约时对标的物没有所有权或者处分权为由主张合同无效的,人民法院不予支持",第 2 款"出卖人因未取得所有权或者处分权致使标的物所有权不能转移,买受人要求出卖人承担违约责任或者要求解除合同并主张损害赔偿的,人民法院应予支持"的规定;法释[2009]5 号第 15 条关于"出卖人就同一标的物订立多重买卖合同,合同均不具有合同法第五十二条规定的无效情形,买受人因不能按照合同约定取得标的物所有权,请求追究出卖人违约责任的,人民法院应予支持"的规定。

第八种观点,即笔者的观点:赞同无权处分合同的效力待定说,[8]不同意第三种、第五种观点,拟从基本理论方面加以分析。对第一种观点的结论及相关论证,持赞同态度,但在阐释理由方面,笔者有不同的视角。对第二种观点的理由,有些表示赞同,有些则存在不同的解释。对第四种观点的方法持赞同态度,但对处分行为的理解则持不同意见。对第六种观点主张无权处分合同为有效,并限缩《合同法》第 51 条的适用范围至特定动产的买卖并约定有标的物所有权的移转场合,亦持有不同意见。对第七种观点持批评意见。[9]

应予说明,对《合同法》第 51 条的评论以及对此类评论加以议论,可有解释论与立法论两种方法。若采取立法论,论者完全可以依其价值观及其与之相一致的原理,不受或少受既有法律体系、立法政策等因素的制约,对《合同法》第 51 条批评乃至否定,提出自己的方案,"随心所欲"的余地较大。对这个层面上的意见进行评论,亦应考虑到这个背景,不可苛求于人。在这个意义上,物权行为效力待定说乃至无效说,买卖等合同的效力待定说,处分权为物权变动的要件说等,都无可厚非。

若采取解释论,则须遵循民法解释学的规则,对第 51 条的解释与适用,要受立法目的、立法政策、现行法体系等诸多因素的限制,"随心所欲"大多不适当。如果所设计的方案在功能上与《合同法》第 51 条的规定相当或相差无几,那么仍把该条批评得一无是处,其理由就不充分,其态度亦不可取。因《合同法》实施不久,故宜按解释论对其第 51 条解释,即使该条规定果真有缺陷,宜可通过司法解释加以消除,以有助于法律的妥当适用。在这方面,郑玉波教授在解释中国台湾地区"民法"第 237 条所谓"不为给付"或"不为完全之给付"时所遵循的思维原则及方法[10],值得借鉴。有鉴于此,笔者所言基本上是站在解释论的立场而发。当然,出于内容的需要,在个别情况下亦有立法论的考虑。

二、《合同法》第51条的文义解释

因为文字是法律意旨附丽之所在,也因为它是法律解释活动的最大范围,所以,着手解释法律时,首先必须确定文义涵盖的范围。[11]对《合同法》第51条的解释宜先从其文义开始,因争点在于该条所谓“处分”究竟是指物权行为抑或买卖等合同这些“债权行为”,故确定该条的含义就必须探求“处分”的含义与性质。

最广义的处分,包括事实上的处分与法律上的处分。前者指就原物体加以物质的变形、改造或毁损的行为,后者除负担行为(债权行为,如悬赏、广告、买卖、保证)外,尚包括处分行为,如所有权之移转、抵押权之设定、所有权之抛弃(物权行为)、债权让与及债务免除(准物权行为)。广义的处分,仅指法律上的处分而言。狭义的处分,系指处分行为而言。[12]所谓处分即权利的转让、权利的消灭,在权利上设定负担或变更权利的内容,[13]基本上是指狭义的处分。即使采纳物权行为的立法例,也承认处分包括负担行为。例如,中国台湾地区“民法”第819条第2项规定:“共有物之处分、变更及设定负担,应得共有人全体之同意。”此处所谓“处分”,应从广义,包括负担行为在内,故私卖共有物,未得其他共有人之同意,系属效力未定,自得因其他共有人之承认而溯及既往发生效力。[14]若该物为动产,则即使未经其他共有人同意,善意受让的第三人仍取得其权利。[15]我们不能把负担行为和处分行为的划分理解成一种行为,要么只能是负担行为,要么只能是处分行为。同一项法律行为中可能包含负担行为和处分行为的因素,如所谓的免除性债务承担、债务变更合同以及和解合同。[16]

既然债权行为亦属于处分的范畴,我国《合同法》第51条又未明文规定将处分界定为物权行为,那么把该条所谓处分仅仅解释为物权行为就显得武断。在这种情况下,按照民法解释学的规则,欲明了“处分”的含义,可以求助于体系解释、法意解释等,尤其是目的解释。

就《合同法》的体系而言,该法未采纳物权行为理论,故若把第51条规定的效力未定解释为物权行为的效力未定,则显然使整个合同法的体系出现裂痕。此其一。若把第51条的规定解释为买卖等合同有效,虽然可使该条与第150条等规定的权利瑕疵担保责任制度衔接得更为平滑,但却同第54条乃至第52条规定的因欺诈而成立的合同可以撤销乃至无效配合不妙。所以，那种从体系解释的角度得出第51条所谓效力未定应将买卖等合同排除，买卖等合同有效的结论，[17]不是真正意义上的体系解释，而是“局部解释”，舍去了不利于自己观点的法律规定，只抓有利于自己的法律制度。此其二。有些学者援引全国人大常委会法制工作委员会民法室在其编辑的《〈中华人民共和国合同法〉与国内外有关合同规定条文对照》[18]中在第51条后所附参考条文有中国台湾地区“民法”第118条，而该条意旨是无权处分行为的效力未定，债权行为有效，旨在从法意解释的角度得出第51条规定的合同效力未定系物权行为的效力未定的结论。如何认识这一现象？其一，外形相像的条文未必规范意旨相同[19]，《合同法》草拟及讨论过程中，确实参考过《德国民法典》第185条、中国台湾地区“民法”第118条，但《合同法》未采纳区分物权行为与债权行为的立法理论。[20]其二，笔者曾参与讨论、起草了《合同法》的立法方案，参与草拟了《合同法》草案的学者建议稿，数次参加了《合同法》草案的讨论会，从未见闻过法制工作委员会及其民法室主张过物权行为理论；相反，在讨论过程中倒是有表明合同法不采纳物权行为理论。其三，我们应全面审视立法过程中的有关资料。物权行为理论在我国《合同法》立法中有人主张过，但未被采纳。其原因是物权行为理论同我们已经形成的传统的一般见解实在是距离太远了。合同法所称合同为债权合同。[21]自我国改革开放以来，实践中和法律规定上没有区分过物权合同和债权合同，包括1999年制定的《合同法》。[22]

既然《合同法》在立法意图上不承认物权行为，那么该法第51条规定的无权处分的合同效力待定，指的就是买卖、互易等合同的效力取决于真正权利人对此是否追认或到履行期限届满时处分人是否取得该标的物的所有权。若追认或已取得标的物的所有权，则该买卖等合同有效；反之，该买卖等合同无效。立法理由得以确定法律规范内容，系法律解释学公认的基本原则。[23]立法理由书之所以重要，因法律实施期间及社会变迁的程度的不同而有不同。在法典制成初期，社会事实及价值体系与立法者的认识及价值判断相去不远，立法者的意思应受高度尊重，自不待言。[24]有学者认为，《合同法》第51条所谓无权处分的合同效力待定，系指标的物所有权移转合意这个物权行为的效力待定，买卖等合同不论真正的权利人追认与否，都一律有效。这不符合《合同法》第51条的立法目的，显然违反了民法解释学的基本原则，不足采纳。

按照比较法的规则，对于继受法制的解释与适用，可以直接依据或参照被继受法制的意思，来评判所继受的制度及规范的得失；对于异类的法律的解释与适用，另一类的法律规范原则上不得直接用作评判准据。我国民法并非直接继受德国民法的产物，所以对《合同法》第 51 条的规定套用德国民法的物权行为理论加以解释，其妥当性有所欠缺。

三、买卖等合同可以含有物权变动的效果意思

基于法律行为发生物权变动，必须具备两个要件：第一个是主观要件，指当事人已为要使物权发生变动的意思表示；第二个是客观要件，即标的物现存且为特定的独立物，当事人起码要具有使物权发生变动的权限等，且客观上不存在发生物权变动的障碍。[25]因为法律行为的效力一定紧扣在行为人所表示的意思上，[26]所以第一个主观要件非常重要。基于买卖等合同发生物权变动需要引起物权变动的意思表示，意思表示离不开效果意思，而在物权行为独立性与无因性理论看来，买卖等合同这些“债权行为”恰恰不含有发生物权变动的效果意思，所以，买卖等合同无论如何是不能引发物权变动的，于是便有物权变动如何能基于单纯负担移转所有权义务的法效意思而发生的诘问。[27]十分明显，若作出买卖等合同可以引发物权变动的断语，若赞成《合同法》第 51 条所谓无权处分的合同效力待定指的是买卖等合同的效力待定，而非物权行为的效力待定，就必须回答买卖合同中意思表示的内容何以有发生物权变动的成分？换言之，出卖人的效果意思何以只能是发生债权债务的效果意思，而不得包含发生物权变动的效果意思？

笔者认为，在不采纳物权行为制度及其理论的背景下，当事人欲通过买卖等合同实现物权变动，因为不存在引发该物权变动的另外的一个物权合同，所以买卖等合同就肩负起引发物权变动的重任。《合同法》第 130 条关于“买卖合同是出卖人转移标的物的所有权于买受人，买受人支付价款的合同”的定义，就表明了这一点。[28]买卖等合同完成该任务，可有两条路径：其一，在意思表示领域作如下解释：买卖等合同中的意思表示含有物权变动的效果意思；其二，一方面仍然遵循德国民法的思维模式，将构成债权合同的意思表示解释为仅仅含有发生债权债务的效果意思，另一方面则不采取德国民法的物权行为理论，而是认为物权变动系债权合同履行的结果。在特定动产的买卖合同约定该物的所有权自该合同成立时移转场合，

合同生效时标的物所有权即移转。根据《日本民法典》第 176 条的规定，即使是不动产买卖，只要买卖合同成立，在当事人之间不动产所有权就发生移转，登记不过是对抗第三人的要件。[29]所以采取第二条路径解释物权变动在法理上不通，有时虽然采取第二条路径能够完成物权变动的解释任务，但在法理上却不尽完满，于是，笔者放弃第二条路径，选择第一条路径。

诚然，笔者注意到，《物权法》未再沿袭《合同法》第 133 条后段关于"当事人另有约定的除外"的债权意思主义的思想，仅仅保留了"法律另有规定……除外"的但书，明文规定动产物权的变动以交付为生效要件(《物权法》第 23 条)，动产质权以交付质物为生效要件(《物权法》第 212 条)，只有动产抵押权、浮动抵押权除外(第 180 条第 1 款第 4 项和第 6 项、第 181 条、第 188 条、第 189 条第 1 款)。这是否意味着《合同法》第 133 条关于"当事人另有约定的除外"的但书不再有效？换个表述就是，在特定物买卖场合，当事人双方没有遵循《物权法》第 23 条等规定实施交易，而是约定该买卖物的所有权自买卖合同生效时移转。该项约定能否发生法律效力？回答这个问题，离不开确定《物权法》第 5 条、第 23 条等有关规定是否为强制性规定，以及物权法定主义是否含有物权公示的内容。

笔者认为，《物权法》第 23 条等关于"动产物权的设立和转让，自交付时发生效力"规定，并非强制性规定。其理由如下：

首先，《物权法》之所以没有复制《合同法》第 133 条后段关于"当事人另有约定的除外"的但书，重在维护《物权法》第 9 条第 1 款、第 14 条关于不动产所有权甚至不动产他物权的移转须以登记为生效要件的强制性规定，以及第 16 条第 1 款关于公信力的强制性规定，目的是防止当事人通过约定建筑物、构筑物及其附属设施的所有权自买卖、互易、赠与等合同生效时转移，来规避《物权法》的上述规定，并无坚决否认特定地产的所有权可以自买卖、互易、赠与等合同生效时移转之意。

其次，也是更为重要的是，虽然物权及其变动的公示关乎众人的利益，但因善意取得等制度的存在，当事人双方约定特定物买卖的所有权移转时间点，也不会损及善意的交易相对人的合法权益，所以，不把《物权法》第 23 条等关于动产物权变动的公示要求划入强制性规定的范围，就并非强词夺理。

最后，联系我国现行法关于基于法律行为的动产物权变动的下述规定，在整体上把握，《物权法》第 23 条等关于"动产物权的设立和转让，自交付时发生效力”规定并非强制性规定的结论，就更加显现出道理：其一，《合同法》第 134 条允许买卖物的所有权保留，变更了《物权法》第 23 条的规定。其二，《物权法》第 29 条关于因遗赠取得物权时自遗赠开始时发生效力的规定，显然没有遵循《物权法》第 23 条的规定。其三，《物权法》第 26 条承认了指示交付、第 27 条承认了占有改定，都变通了典型的交付形态。我们可以将之理解为在实质上修正了交付为动产物权变动的生效要件的模式。此外，《物权法》第 127 条第 1 款关于土地承包经营权的设立不以公示为生效要件的规定、第 158 条前段关于地役权的设立不以公示为生效要件的规定，也在一定意义上加强了前述结论的可信度。

既然动产物权变动在公示方面的要求可由当事人通过约定加以改变，那么就表明此类法律规定并非强制性规定。而法律关于物权法定主义的规定被认为是强制性规定，为了避免法律及其理论内容存在矛盾，不宜认定《物权法》第 5 条的规定包含公示强制的内容。由此可见，德国民法理论将物权法定主义限于类型强制和类型固定，确有道理。

总之，当事人双方若约定特定物的所有权自买卖合同生效时移转，则法律就不宜否定。当事人双方若无此约定，就要完全按照《物权法》第 23 条等规定确定动产物权变动的时间点。其道理在于，相对于《合同法》第 133 条关于“当事人另有约定的除外”的但书，《物权法》第 23 条及第 212 条等规定更为理想，因为按照动产的占有或交付确定动产物权的状态，更加符合物权及其变动的公示原则及其规范意旨；尽量使真实的物权关系与外观所表征的物权关系相一致，也与公信原则的创设前提之一相契合；在法律部门的分工方面，物权变动应由《物权法》而非《合同法》予以规范，在物权变动方面，《物权法》为“特别法”；再就是《物权法》相对于《合同法》为新法。

之所以把买卖等合同中的意思表示解释为，不仅含有发生债权债务的效果意思，同时包括物权变动的效果意思，亦可说买卖等合同中的效果意思含有两个组成因素：一是发生债权债务的效果意思，二是引发物权变动的效果意思。该说法是因为存在以下事实与理论：

第一，这符合普通民众订立这些合同的认识状况。普通民众订立这些合同，希望的就是要取得买卖物或互易物的所有权等物权。但因其脑海里无物权行为的概念，所以这些效果意思自然不会成为物权行为中意思表示的构成部分；相反，会被理解为属于买卖等合同中意思表示的构成部分。

第二，若仅就交易而言，物权行为在于履行债务，仅具技术性，[30]是对履行债权行为所生债务现象的一种法理解释，称它具有发生物权变动的功能，实为虚幻之说，实际是掠债权行为及其所生债务的履行之美。连物权行为理论都承认：“只有意思表示与物权公示结合在一起，才能引起物权之变动。”“在土地与土地物权上所发生的物权变动，《德国民法典》第873条第2款明确规定，仅在满足该款所规定的其中一项条件时，物权合意才有约束力。而这些条件的共同之处在于，法律行为之意思内容，已存在于某一特定的外部表现形式中。再者，这种约束效力仅仅意味着撤销权之排除。”“而有约束力（bindend）之物权合意，也不意味着对处分的限制。”[31]物权行为于物权合意后不当然生效，在合意时未同时有动产交付或不动产登记的情形，须等完成动产交付或不动产登记，才发生处分的效力。若说物权合意有拘束力，则对于已经生效、只待履行的交易，全无实益。物权合意的功能不在拘束物权人，而在落实财产权的处分必须基于财产权人的自由意志。[32]当我们把买卖等合同中的意思表示解释为含有引发物权变动的效果意思时，“财产权人的自由意志”就包含在买卖等合同中，物权合意“落实财产权的处分”的功能自然地变成了买卖等合同的作用。若把视角再前移一些，就形成更为彻底的结论：如果物权行为只是物权合意，不包括动产交付或不动产登记，那么，当我们把买卖等合同中的意思表示解释为含有引发物权变动的效果意思时，物权行为便被买卖等合同吞并了，失去了独立性，引发物权变动的确实不是物权行为，而是买卖等合同及其履行；如果物权行为包括物权合意与动产交付或不动产登记，那么，当我们把买卖等合同中的意思表示解释为含有发生物权变动的效果意思，将动产的交付或不动产的登记看作买卖等合同履行的组成部分时，发生物权变动的同样不是物权行为，而是买卖等合同及其履行。在交易领域，即使在德国民法上，物权行为本身也如同一辆无引擎的挂车，并无引发物权变动的动力，引发物权变动的源泉实际是债权行为及其所生债务的履行。

第三，在不区分物权行为、债权行为的中国法制下，买卖等合同独自承担着当事人取得物权或与物权价值相当的权利的重任，它们成为唯一的引发物权变动的法律事实（在特定动产买卖，当事人约定于合同订立时该动产所有权移转场合），或是法律事实构成中的重要组成部分（在不动产买卖场合，买卖合同、该合同履行和登记一起引起该不动产所有权的移转）。在法国、日本的民法上，买卖等合同在当事人间是唯一的引发物权变动的法律事实。在这些制度背景下,当事人发生物权变动的效果意思只能被纳入买卖等法律行为的意思表示之中,舍此无其他去处,于是就必然地出现了买卖等合同的意思表示中含有物权变动的效果意思。

第四,不采纳物权行为制度及其理论,把买卖等合同作为引发物权变动的法律事实或其构成部分,就没有理由将其中的效果意思仅仅限于发生债权债务的效果意思。换个角度说,买卖等合同的意思表示可以含有引发债权债务的效果意思,也可以同时兼有引发债权债务的效果意思与发生物权变动的效果意思。

从哲学的角度看,在这个问题上,德国民法采用的是“分析”的方法,即把一项交易分解为一个债权行为(买卖合同),两个物权行为(买卖物所有权移转行为、价款所有权移转行为),同时将效果意思也分解为发生债权债务的效果意思、发生物权变动的效果意思,并分而置之,把发生债权债务的效果意思装入债权行为中,将发生物权变动的效果意思归入物权行为里。与此不同,中国民法采纳的是“综合”的方法,即把一项交易作为一个法律行为,例如,一个买卖合同,把发生债权债务的效果意思与发生物权变动的效果意思一起纳入这一个法律行为中。只要不是用德国民法的物权行为理论作观察事物的尺度,中国民法这种方法没有任何解释不通之处。对于这样的解释路径,即使完全拥护和倡导物权行为区分原则和物权行为抽象原则的德国民法学者沃尔夫教授,在介绍比较法规定时也未持否定态度:“在法国法中,土地的所有权移转仅仅根据一项没有形式要求的合意来完成,该合意是买卖合同的组成部分(Art. 1138,1583 C. c.)。买卖合同和物权合意不分离”。“意大利法……土地所有权的移转仅仅根据买卖合同中的合意发生(不承认抽象原则)。”[33]赞成物权行为的我国台湾地区学者苏永钦教授在评论英美合同法时亦未曾反对:“如果一个法律行为即能从无到有的创设买卖关系,并直接发生物权移转的效果(translative Wirkung),唯一合理的说明就是该法律行为径以整笔交易为其内容,不存在负担行为与处分行为的二分,英美法的契约即是如此。”[34]1811 年 6 月 1 日公布的《奥地利民法典》在物权变动上采取债权形式主义(第 426 条、第 431 条),认为发生债权的意思表示即物权变动的意思表示,二者合一,并无区别。[35]与此相像,我妻荣教授在对《日本民法典》第 176 条关于“物权的设定及移转,仅因当事人的意思表示而发生效力”的规定解释时,也认为发生物权变动的意思表示和发生债权的意思表示,完全是同一种形式,在没有对其进行外形识别的日本民法之下,没有必要对两者进行区分,只要根据意思表示中效果意思的内容,来承认当事人想要的效果意思也就足够了。[36]

在物权变动不需要借助物权行为,买卖等合同或单独行为就能胜任这一点上,笔者的观点和我妻荣教授的上述观点一致,差别仅在于我妻荣教授认为一个引起物权变动的债权行为中含有两个意思表示,即物权变动的意思表示和发生债权变动的意思表示,在形式上不加区分。而笔者主张是一个意思表示,该意思表示含有由两部分因素组成的效果意思:一是发生债权债务,二是发生物权变动。应该说是殊途同归。有趣的是,我妻荣教授对已缔结特定物买卖契约场合意思表示的解释有所变化。他说,一般可以解释为,就履行若没有特别的障碍(如他人之物的买卖或根据无权代理人的契约等),其意思表示中已包含了移转所有权这种有效的效果意思。[37]笔者完全赞成该种解释。在这里,还要提到星野英一教授的下述主张:在特定物的买卖中,很多情形下人们在观念上会认为发生债权的意思和移转所有权的意思是结合在一起被包含在效果意思中,不需要有两个意思表示。[38]这和笔者的观点相像,区别仅在于笔者的观点未限定于特定物的买卖。高岛平臧教授也说,在日本,基于一个意思表示(债权契约)而同时发生债权关系与物权变动,乃是一点也无妨碍。[39]

应该说明,我妻荣教授本是承认物权行为的独立性(而否认无因性)的权威学者,尚且承认一般情况下的买卖合同含有发生债权债务、物权变动两个意思表示,在外形上采用一个形式,这表明买卖合同含有引发物权变动的效果意思的命题并非逻辑所不容忍。

还需要指出,即使区分物权行为与债权行为的法制也承认负担与处分的合意合并于一个表示的情况,也存在债权行为发生物权变动的现象。前者如现物买卖,后者如按我国台湾地区"民法"的下列规定:合伙契约中的出资成为公同共有(第668条),新建或修缮不动产的承揽契约可以发生承揽人对完工的不动产享有抵押权(第513条)。[40]我国大陆民法不区分物权行为与债权行为,后者要引发物权变动,就更无必要指责买卖等合同何以发生物权变动的效果了。

其实,条条道路通罗马,德国民法的物权行为制度及其理论只是其中一条路,并且是适用区域较窄的一条路,为什么非得要令已经选择其他道路的法制改弦易辙,徒增不可估量的成本呢?

韩世远教授承认德国民法的物权行为制度适用区域较窄，同时也断言"目前我国通说关于《合同法》第51条的解释论"是"一条死胡同"。[41]对此，需要辩驳如下：其一，目前我国通说关于《合同法》第51条的解释论，不是凭其主观好恶而曲解我国现行法的规定，只是在客观地陈述《合同法》第51条的立法本意。《合同法》将不符合有效条件的合同区分为无效、可撤销和效力待定三类。其中的效力待定包括限制行为能力人订立的合同、无权代理合同和无权处分的合同三种，分别规定在《合同法》第47条、第48条和第51条。由于第51条的文义明确为"无权处分的人处分他人财产，经权利人追认或者无处分权的人订立合同后取得处分权的，该合同有效"，所谓效力待定，肯定是合同效力待定，不会是物权变动本身效力待定。此处合同，不是德国民法及其理论所说的物权合同，而是买卖等合同。奉行物权行为理论的立法例，选择的是物权行为效力待定，债权行为的效力不因此而受影响。未采纳物权行为的立法例，包括我国《合同法》，《合同法》第51条规定的文义所昭示的，只能是买卖等合同效力待定。在这种背景下，只要法律人忠实于法律，并信奉法解释学的规则及理论，只能把效力待定解释为买卖等合同效力待定。也就是说，并非目前我国通说故意"标新立异、特立独行"，[42]而是我国《合同法》"标新立异、特立独行"。不论标新立异、特立独行的用语在韩世远教授眼里是贬义词还是褒义词，都是如此。对于不合适的法律规定，我们尽量通过法解释学的规则予以软化乃至消除，若做不到，就寄希望于修法。不会把法外续造的问题前置到法解释规则之内。其二，法国民法没有采取效力待定的模式，而是彻底到合同无效，对于相对人还要更不利，至今仍在运行。德国民法贯彻的物权行为无因性理论，在韩世远教授看来，也不宜采纳，可到现在依然特立独行于世。也就是说，民法制度及规则，绝大多数是方案上、中、下的问题，并非绝对。

主张买卖等合同的意思表示含有发生物权变动的效果意思，其优点是，在以特定的动产为买卖物等场合，当事人双方约定于合同订立时该买卖物的所有权移转，会如愿以偿。而采取合同履行引发物权变动说，即第二条路径，则解释不通，故笔者弃之不用。

当然，在我国民法上，买卖等合同使物权发生变动的情形不同：其一，在特定动产买卖场合，双方当事人约定标的物所有权自合同有效成立时移转，买卖合同就是物权变动的唯一法律事实。可见，那种认为仅仅有买卖等合同的生效并不能带来权利的变动，就所有权而言，至少还必须有登记和交付[43]的观点，是不全面的。[44]其二，于此场合，若当事人双方无此约定，买卖合同与交付共同构成物权变动的法律事实。其三，在种类物、未来物买卖场合，通过该合同的履行，出卖人交付标的物时所有权移转。在这种情况下，买卖合同及其履行共同构成物权变动的法律事实。其四，在不动产买卖场合，通过该合同的履行，办理完登记手续使所有权移转。于此场合，买卖合同加上登记共同成为物权变动的法律事实。上述交付、登记系履行的组成部分。其五，在附所有权保留的买卖场合，最后一笔价款的清结为标的物所有权移转的时刻。

四、买卖等合同何以不需要债务人有处分权

批评《合同法》第 51 条关于无权处分的规定，主要论据是：物权行为直接引发物权变动，故出卖人必须对标的物有处分权，不然就达不到物权变动的目的；无处分权而处分标的物的，属于无权处分，该物权行为的效力未定。买卖等合同仅发生债权债务，不引起物权变动，与标的物的所有权人无涉，自然不要求出卖人有处分权。即使不区分物权行为与债权行为，处分权也不应该作为买卖等合同的有效要件，作为物权变动的要件也就够了。[45]

笔者认为，买卖等合同的有效不要求债务人对标的物享有处分权之说，在区分物权行为与债权行为，并且赋予物权行为引发物权变动的效力的法制下，尚有说服力，因为在此背景下的债权行为不具有发生物权变动的效果意思，无引发物权变动的任务。但在像我国民法等不采纳物权行为的法制下，这种观点值得商榷。在中国现行法的背景下，买卖等合同作为法律事实就同时肩负着发生债权债务、使物权发生变动的双重任务，从最终目的考察，系完成发生物权变动的任务，实现典型交易目的。换言之，在德国民法上由物权行为完成的工作在中国民法上要由买卖合同等来承担，买卖等合同及其履行使物权发生变动。如此，债务人只有对标的物享有处分权才能使物权发生变动，才会达到合同目的，并且是买卖等合同的目的；否则，这些合同的目的就会落空。“既然买卖合同的效力包括了标的物所有权移转，则当然要求出卖人对出卖之物有处分权。”[46]既然债务人对标的物无处分权，买卖等合同的目的就会落空，那么还有充分的理由使买卖等合同一定有效吗？效力待定不是更为灵活吗？在这个意义上说，《合同

法》第 51 条的规定并无不当。

须知，在中德两国的民法上，买卖合同虽为同样名称，但其含义和功能却存在差异，如此，简单地以德国民法规定买卖合同有效来指出中国《合同法》第 51 条的规定不当，在方法论上存在问题。

在这里，笔者要诘问某些物权行为论者：按照德国民法，物权行为需要处分权，欠缺处分权时，其效力待定。对此，你们完全赞同。在中国民法不区分物权行为与债权行为的背景下，可以视为买卖等合同吸纳了德国法所谓物权行为，买卖等合同及其履行要完成德国法上物权行为的任务，物权行为对于处分权的要求应该转换成买卖等合同对于处分权的要求，即只有买卖等合同也需要处分权，才符合逻辑，才会取得德国民法拟取得的效果。[47]按理应该赞成中国《合同法》第 51 条的规定才顺理成章，为什么反倒批评它呢？在这里，存在采用了双重标准的嫌疑。

某些学者不同意上述观点，在两方面采取归谬法，试图证明《合同法》第 51 条关于买卖等合同需要处分权规定的错误。其一，若为实现物权变动而需要处分权，那么处分权在合同订立后丧失，合同应该无效，可事实则否。这不正说明买卖等合同不应要求处分权吗？其二，在种类物、未来物的买卖场合及连环交易中，合同成立时标的物尚未确定，出卖人对该标的物无处分权，依据《合同法》第 51 条的逻辑，该买卖合同就属于效力未定的行为。但这有悖于人们的认识，不符合民法原理。事实亦不如此。[48]以下首先分析第二方面的归谬，然后解析第一方面的归谬。

1. 笔者认为，这种归谬若成立，只能以将《合同法》第 51 条所指处分权解释为对特定物处分的具体权能为前提，若把处分权解释为处分能力[49]则不尽然。

若把《合同法》第 51 条规定的处分权理解为对于特定物处分的具体权能，那么，因此类处分须有特定对象，故该条就只能适用于特定物的买卖等情形，不适用于种类物、未来物的买卖等类型。因该条未作如此限制，违反立法目的，所以必须对该条进行目的性限缩。如果《合同法》存有上述立法意旨，这种解释就具有道理，应予赞同。问题在于，《合同法》并无这样的立法目的，其原意是拟使《合同法》第 51 条对于处分权的要求普遍适用于特定物、种类物、未来物的买卖场合，也适用于连环交易、二重买卖的情形。也就是说，我们不宜把该条所谓处分权一律解释为物权的一种具体权能，而应另辟蹊径——把《合同法》第 51 条所谓处分权解释为处分能力乃至履行能力，以表明种类物、未来物买卖、连环交易、二重买卖等情形不属于该条所说的无权处分，而是有权处分，这些合同的法律效力不因上述情形而受影响。

处分能力，作为权利人对其财产处置的能力或者说资格，在特定物买卖场合表现为处分该物的具体权能，同时表现为处分能力；在种类物、未来物的买卖场合于履行合同时体现为处分它们的具体权能，在合同订立时表现为出卖人对其一般财产具有处分能力。如果这一结论是正确的，那么，我们就不得以订立合同时债务人对种类物、未来物尚无处分权为由，导出合同无效的结论。因为此时的处分能力是以债务人的一般财产为基础的，所以债务人只要具有一般财产，就具有处分能力，或者说，自作为标的物的种类物、未来物成为特定物时，即在合同履行时具有具体权能的处分权。

依据上述观点分析二重买卖，就不再困难。在二重买卖场合，出卖人以一特定动产为买卖物，先后与买受人甲、买受人乙签订合同，只要他在缔约时占有该动产，就可以认定为他具有处分能力，两个买卖合同均为有效。在不动产买卖场合，也大体如此，差别在于登记。假若出卖人与买受人甲订立买卖合同后，即将标的物交付或办理完毕过户登记手续，那么买受人甲即取得买卖物的所有权。当出卖人再与买受人乙订立买卖合同时，出卖人已非买卖物的所有权人。该买卖合同属于无权处分合同。

把处分权理解为处分能力，并非笔者为维护《合同法》第 51 条的规定而强词夺理，而是有着以下事实与理由的支撑：

（1）早有学者如此主张。[50]例如，史尚宽先生认为，处分能力，谓处分财产权的法律的权限，亦称处分权限，简称为处分权。[51]洪逊欣教授持有此种观点。[52]王泽鉴教授认为处分权与处分能力系同一概念，是指具有处分该标的物的权能。[53]拉伦茨教授更进一步，将处分权扩展为包括处分某项具体权利的权利和处分整个债务关系的权利。在后者场合，处分权并不是各个具体债权的组成部分，而是产生于作为整个债务关系的当事人的地位或者产生于某项特别的形成权。变更合同、通过合同取消债务关系、解除合同、为终止长期债务关系而提出的预告通知以及合同承担等行为，由于都是以直接变更或者取消某项债务关系为目的的，可视为对整个债务关系的处分。[54]当然，笔者所说的处分能力较上述诸位先生所说的在外延上还要宽泛。如此解释的道理在于，在我国，买卖等合同不但要解决特定物的流转问题，而且担负着使种类物、未来物的流转的任务，有时还形成连环交易;《合同法》第 51 条已经将处分权作为影响买卖等合同效力的因素,所以,如果仍然囿于处分权为“权利的转让、权利的消灭,在权利上设定负担或变更权利的内容”之权的窠臼,那么显然会使大量的种类物、未来物的买卖、连环交易都成为效力待定的状态,使问题更加恶化。这不是作茧自缚吗? 法律人不可束手待毙,应当寻求解决问题的路径及方法。

众所周知,当一项法律制度或规范存在缺陷时,需要通过解释予以克服。《合同法》第 51 条规定的无权处分就面临着这样的问题。如何解决?方案之一是运用物权行为和债权行为二分的架构。它虽然能够解决孤立状态下的《合同法》第 51 条的规定,如上文所述,但不符合《合同法》的立法计划和立法目的,以及体系解释的规则,又牵涉物权法的结构原则。其不足取如同上文所述。方案之二是限缩《合同法》第 51 条的规定,将该条的规定仅仅解释为适用于特定物的买卖。它虽然不涉及物权法的结构原则,存在采取的可能性,但仍然存在不符合立法计划和立法目的的障碍。方案之三是买卖等合同的效力待定,但需要将影响买卖等合同效力的处分权解释为处分能力,而且该处分能力不限于权利人处分特定物的权限,而是作为权利人对其财产处置的能力或者说资格:在特定物买卖场合表现为处分该物的具体权能,同时表现为处分能力;在种类物、未来物的买卖场合,于履行合同时体现为处分它们的具体权能,在合同订立时表现为出卖人对其一般财产具有处分能力。

(2)由罗马法、后世的《法国民法典》等立法例关于债的标的须可能的规则,可以看出含有这方面的要求即把处分权理解为处分能力。

(3)在合同订立时,除了要求当事人具有权利能力与行为能力外,还要求具有其他相应的能力,近来又有例证。2011 年 1 月 26 日,国务院办公厅《关于进一步做好房地产市场调控工作有关问题的通知》(国办发[2011]1 号)于第 6 条第 1 款规定:“各直辖市、计划单列市、省会城市和房价过高、上涨过快的城市,在一定时期内,要从严制定和执行住房限购措施。原则上……拥有 1 套及以上住房的非当地户籍居民家庭、无法提供一定年限当地纳税证明或社会保险缴纳证明的非当地户籍居民家庭,要暂停在本行政区域内向其售房。”为贯彻落实《国务院办公厅关于进一步做好房地产市场调控工作有关问题的通知》的精神,北京市人民政府办公厅于 2011 年 2 月 15 日发出《北京市人民政府办公厅关于贯彻落实国务院办公厅文件精神进一步加强本市房地产市场调控工作的通知》(京政办发

[2011]8号),其第10条规定:"自本通知发布次日起……持有本市有效暂住证在本市没拥有住房且连续5年(含)以上在本市缴纳社会保险或个人所得税的非本市户籍居民家庭,限购1套住房(含新建商品住房和二手住房);对已拥有2套及以上住房的本市户籍居民家庭、拥有1套及以上住房的非本市户籍居民家庭、无法提供本市有效暂住证和连续5年(含)以上在本市缴纳社会保险或个人所得税缴纳证明的非本市户籍居民家庭,暂停在本市向其售房。"次日,为贯彻落实上述通知的精神,《北京市住建委关于落实本市住房限购政策有关问题的通知》(京建发[2011]65号)第1条规定:"自2011年2月17日起……持有本市有效暂住证在本市没有住房且连续5年(含)以上在本市缴纳社会保险或个人所得税的非本市户籍居民家庭,限购1套住房(含新建商品住房和二手住房);对已拥有2套及以上住房的本市户籍居民家庭、拥有1套及以上住房的非本市户籍居民家庭、无法提供本市有效暂住证和连续5年(含)以上在本市缴纳社会保险或个人所得税缴纳证明的非本市户籍居民家庭,暂停在本市向其售房。"第4条后段规定:"对不符合条件的,不予办理购房手续。"所有这些,显然是对购房人资格的限制,确非权利能力的限制。至于是否属于对行为能力的限制,意见不一,有否定的一派。

(4)在合同订立时,除了要求当事人具有权利能力与行为能力外,还要求具有其他相应的能力(如买卖合同场合要求出卖人具有处分权)。这非买卖、互易等合同场合所独有,建设工程合同场合法律要求承包方具有从事勘查、设计、建筑、安装的资格;技术开发合同中要求开发方具有技术开发能力,保证合同中要求保证人具有代为清偿的能力,均为例证:第一,按照2011年《建筑法》的规定,从事建筑活动的建筑施工企业、勘察单位、设计单位和工程监理单位,经资质审查合格,取得相应等级的资质证书后,方可在其资质等级许可的范围内从事建筑活动,承揽工程。禁止建筑施工企业超越其资质等级许可的业务范围承揽工程(第12条、第13条和第26条)。原《建筑安装工程承包合同条例》甚至规定,当事人双方具有履行合同的能力是订立承包合同应具备的条件(第5条第4项)。按照当时的理论与实践,此条件为必备条件,否则合同无效。第二,2009年《安全生产法》第41条第1款规定:"生产经营单位不得将生产经营项目、场所、设备发包或者出租给不具备安全生产条件或相应资质的单位或者个人。"甲企业违反该条款的规定,将其设备发包或者出租给不具备安全生产条件或相应资质的单位或者个人,该承包合同或租赁合同因违反该强制性规定而无效。第三,《报废汽车回收管理办法》第6条规定,“国家对报废汽车回收业实行特种行业管理,对报废汽车回收企业实行资格认定制度”(第1款),“除取得报废汽车回收企业资格认定的外,任何单位和个人不得从事报废汽车回收活动”(第2款)。未获资格认定者回收报废汽车,该买卖合同应当无效。第四,按照《担保法》的规定,保证人要具有代为清偿能力(第7条)。[55]第五,技术合同是根据特定当事人的特定能力而建立的合同关系。技术开发是一种强度较高的脑力劳动,属于知识密集劳务活动,它要求劳动者,必须具有较高的科学理论水平和某种专业技术特长并富有创造精神。订立技术开发合同的当事方,应当有必要的研究开发经费、基础设施、技术情报资料和相应的科技人员。[56]第六,依据《农村土地承包法》的规定,土地承包经营权流转,受让方须有农业经营能力(第33条第4项)。第七,根据法释[2000]44号的规定,以法律、法规禁止流通的财产或者不可转让的财产设定担保的,担保合同无效(第5条第1款)。共同共有人以其共有财产设定抵押,未经其他共有人的同意,抵押无效(第54条第2款)。第八,合同有效需要当事人具有特殊资质,欠缺此类资质时则合同无效,我国已有判决。例如,李某在未办理经销烟花爆竹相关证照的情况下,与吉林某公司订立了烟花买卖合同。江西省萍乡市湘东区人民法院判决,李某不具有经销烟花爆竹的主体资格,基于合同产生的权利义务失去法律依据。[57]应当承认,有学者认为,代为清偿能力、技术开发能力等具备与否应属于商业判断问题,债务人无此能力时只承担违约责任,不宜作为影响合同效力的因素。笔者认为,把是否具有勘查设计等资格、安全生产条件或相应资质、报废汽车回收的资质、代为清偿能力、技术开发能力、农业经营能力等作为影响合同效力的因素,系体现防患于未然的思想,从概率上考虑,合同得到履行的概率要大;商业判断说类似秋后算账,反映了赔偿至上的观念。果真要贯彻鼓励交易,显然不宜采纳商业判断说。

(5)在我国现行法上,买卖等合同及其履行肩负着标的物完成权利变动的重任。当事人对其财产具有处分能力时,未必每次能完成这一任务;当他对其财产无处分能力时,则必然达不到这一目的,除非权利人追认。

(6)即使德国民法理论,也认为处分含有负担行为,但在负担行为场合,债务人的处分能力大多是指对一般财产处分的能力,仅在少数情况下指向处分特定财产的能力。将此转译为我国民法理论便是:处分包括买卖等合同,而在买卖等合同场合,债务人的处分能力大多是指对其一般财产处分的能力,只在少数情况下是指对其特定物处分的能力。

(7)不具有处分能力,除权利人追认与无权处分人在履行期限届满前取得处分权以外,合同构成不能,归于无效。该情形当事人可以从交易目的必定落空的合同束缚中尽早解脱出来,抓住商机,达成新的交易,实现合同目的,取得最佳效益。若不分情况,合同都一律有效,善意受让人就需要等待,尤其在他无多余的资金场合,即使遇到理想的标的物及其价款,也往往不敢成立新交易,因为一旦"无权处分人"能够履行且主张履行无权处分合同时,善意受让人因已经把价款用于新交易而不能按时向"无权处分人"支付价款,从而承担违约责任。

2.有的学者认为,按照《合同法》第51条的逻辑,该条所谓"处分权为有效订立合同并且依据合同使权利发生变动的权限",并进一步限定为"依据合同使权利发生变动的权限"。[58]"处分人有处分权在任何时候都是合同生效的前提条件,即,处分人应当始终有处分权。"[59]合同订立时为无权处分,后来标的物灭失,根据《合同法》第51条推理,此时已经不可能发生该条规定的两个事由,合同应该归为确定无效。[60]该说法存在不妥之处,理由如下:实际上,《合同法》第51条并未遵循上述逻辑,也不要求"处分人始终有处分权",笔者也未曾听说过草拟和研讨该条文的专家学者有此意图。当然,为了鼓励实现第一性目的的真正交易,倒是承认处分人于履行期限届满前取得处分权为补正权源欠缺的事实。但这不是处分人始终有处分权的证据。此其一。归谬者的解释混淆了合同订立、有效、履行诸阶段的不同任务,有越俎代庖之嫌。虽然在正常情况下当事人于合同订立时具有处分权,合同履行的结果就有物权变动,但在有些场合会存在下述现象:合同订立时存在处分权,但届期成为事实上的履行不能,物权变动未果。解决这个问题,立法例均不配置合同无效制度或效力待定制度,而是交由另外的制度。一项制度"包打天下"十分罕见,多种制度各司其职,同时衔接、配合,方为常态。要求"处分权为依据合同使权利发生变动的权限",于合同订立后消失,合同便归于无效,似有以合同有效制度"包打天下"之嫌。此其二。合同订立时具备有效要件,尔后某些有效要件丧失,如何处理,并不整齐划一:在当事人于缔约后丧失行为能力场合,合同不由无效制度解决;在缔约后履行前,按新法规定,合同构成法律上的不能履行时,便归于无效,或适用《合同法》第94条第1项和第110条的规定,由当事人解除合同。因后种无效情形不宜溯及既往,可以视为确认无效之日以前的合同关系有效。这实际上不同于一般意义上的无效制度。在特定物买卖场合,缔约后该物毁损灭失,处分权消失,不宜归入后一类型,而应按嗣后不能处理。这是通说。归谬者不要求行为能力这个有效要件贯彻于合同始终,非得要求"处分人有处分权在任何时候都是合同生效的前提条件,即处分人应当始终有处分权",以达到证明《合同法》第 51 条的规定是谬误的结果,其思维方式与逻辑令人不敢苟同。此其三。综上所述,"处分权为依据合同使权利发生变动的权限"说,"处分人应当始终有处分权"的观点,难谓妥当,也不符合论者的一贯逻辑。

毋庸回避,法释[2009]5 号第 15 条关于"出卖人就同一标的物订立多重买卖合同,合同均不具有合同法第五十二条规定的无效情形,买受人因不能按照合同约定取得标的物所有权,请求追究出卖人违约责任的,人民法院应予支持"的规定,实际上承认了出卖他人之物的合同有效性,因为违约责任以存在有效合同为前提。特别是法释[2012]8 号第 3 条关于"当事人一方以出卖人在缔约时对标的物没有所有权或者处分权为由主张合同无效的,人民法院不予支持"(第 1 款),"出卖人因未取得所有权或者处分权致使标的物所有权不能转移,买受人要求出卖人承担违约责任或者要求解除合同并主张损害赔偿的,人民法院应予支持"(第 2 款)的规定,更是直接承认了买卖等合同的效力不受有无处分权的影响。它们显然已经修正了《合同法》第 51 条的规定。对此,笔者简要评论如下:

第一,必须看到,法释[2009]5 号第 15 条的规定过于绝对,且不说它直接与《合同法》第 51 条的立法计划、规范意旨相抵触,就是撇开《合同法》第 51 条的规定不管,它也忽视了《合同法》第 52 条以外的若干无效的情形。例如,无行为能力人出卖他人之物或转让他人权利时,不但标的物的权属不发生移转的效力,而且买卖合同或转让合同本身也归于无效。

第二,法释[2009]5 号第 15 条的规定忽视了出卖他人之物或转让他人权利同时构成撤销事由、撤销权人行使撤销权的情形。例如,在出卖他人之物或转让他人权利的情况下,若买卖合同或转让合同存在错误、当事人存在诈欺或胁迫等情形,则这些合同可被撤销。一旦撤销权人行使撤销权,买卖合同或转让合同便自始失去法律约束力。在这种情况下,显然不会成立违约责任,买受人无法向无权处分人追究违约责任。

第三,法释[2009]5 号第 15 条的规定忽视了出卖他人之物或转让他人权利同时符合《合同法》第47条、第48条规定的效力待定原因、有关权利人不予追认的情形。例如,在出卖他人之物同时符合无权代理,被代理人不予追认该无权代理行为的场合,同样不会成立违约责任,买受人只得主张缔约过失责任。

第四,法释[2009]5号第15条和法释[2012]8号第3条的规定不合逻辑。其道理在于,在区分负担行为和处分行为的德国民法上,两种行为各负其责,负担行为无须处分权。在不区分这两种行为的中国现行法上,买卖等合同同时肩负着发生债权债务和引起物权变动的双重任务,自然也需要处分权。可是,该司法解释却将处分权置之度外,即便欠缺处分权,买卖等合同也有效。在逻辑上不尽完善。

第五,应当承认,在实务上,众多法院都依据法释[2009]5号第15条和法释[2012]8号第3条的规定裁判案件,使买受人、受让人可追究出卖人、让与人的违约责任。其利表现在,它较为周到地保护了善意的买受人、受让人;其弊显现出,一是它对恶意的买受人、受让人同样优惠,有失权衡,没那么正当;二是在出卖人、转让人没有过错的情况下,仍然允许买受人、受让人追究其违约责任,也难谓体现正义。

第六,出卖人或转让人对标的物无处分权,在根本不存在标的物、虚拟标的物等许多情况下意味着虚假的交易。这会误导交易的下手,受让了难以实现的债权,或者接受了债权人以此债权所设立的债权质。所有这些,都会害及债权人、质权人的合法权益,有违交易安全。

第七,出卖人或转让人对标的物无处分权,形成虚假交易时,会造成虚假繁荣,容易使国民经济的管理者作出不当的判断和决策,积重到一定程度,会酿成恶果,重蹈美国的次贷危机一样的后果。

第八,在根本不存在标的物、虚拟标的物的情况下,相当一些合同并无实质的意思表示一致。未成合意,何谈不支持关于合同无效的请求?在罗马法上,对于不能给付的物品不产生任何债。[61]尽管已就买卖标的达成了协议,但是如果在出售前标的灭失了,那么,买卖不成立。[62]在英国,如果当事人双方均误认为合同标的存在,但事实上在合同订立时该标的并不存在,就视为合同不存在。根据1979年《货物买卖法》第6条的规定,在以特定物为标的买卖合同中,如果货物在缔约前已经毁损,而卖方在不知情时缔约,则不产生有效的合同。[63]已有若干判例认定此类合同因共同错误而无效。[64]即使在中国,最高人民法院也是承认合同不可缺乏标的的。例如,法释[2009]5 号第 1 条第 1 款前段规定:“当事人对合同是否成立存在争议,人民法院能够确定当事人名称或者姓名、标的和数量的,一般应当认定合同成立。”此处所谓标的,按照我国既有的学说,在买卖合同等场合就是标的物,在服务合同场合是指给付。依据目前我国民法多数说,虽然一概指给付,但在买卖合同、转让权利合同中只有存在标的物才有本来意义上的给付(没有标的物时,只有民事责任关系中的另外形态的给付,如支付违约金或承担损害赔偿责任等)。由此可知,在根本不存在标的物、虚拟标的物的情况下,依据法释[2009]5 号第 1 条第 1 款前段的规定,合同不会成立,更谈不上有效以及违约责任。法释[2010]8 号第 3 条的规定及其(最高人民法院某些法官的)解读,显然与法释[2009]5 号第 1 条第 1 款前段的规定相冲突,且很不应该。

第九,法释[2012]8 号第 3 条的规定适用于某些案件时是荒唐的,结果十分有害。例如,甲作为转包方与作为次承包方的乙签订了《建设工程内部承包协议》,主要约定了在甲和乙协议终止双方的内部承包关系、甲在辽宁省沈阳市中级人民法院及辽宁省高级人民法院诉求乙承担《建设工程内部承包协议》项下的债务并赔偿损失的背景下,乙与其关联公司丙签订了《债权转让协议书》,将乙对于甲的工程款债权转让给丙,并将此事通知了甲。

辽宁省沈阳市中级人民法院(2012)沈中民二初字第 56 号民事判决书、辽宁省高级人民法院(2013)辽民一终字第 00250 号民事判决书、浙江省长兴县人民法院(2013)湖长商初字第 928 号民事判决书,均以涉案《建设工程内部承包协议》构成整体转包,违反了《合同法》第 272 条第 2 款、第 3 款的规定为由,适用《合同法》第 52 条第 5 项的规定,判决涉案《建设工程内部承包协议》无效。

涉案《建设工程内部承包协议》无效,乙的工程款债权便不复存在,乙对甲若享有债权,则最多是依据《合同法》第 58 条的规定产生的缔约过失的损害赔偿请求权。这就意味着系争《债权转让协议书》自始没有乙对甲的工程款债权这个标的物。如同上文所述,自始欠缺标的物,实质上乙和丙未就工程款债权的转让达成合意,即系争《债权转让协议书》实质上并未成立,谈不上发生法律效力。

可是,按照法释[2012]8 号第 3 条的规定,系争《债权转让协议书》却有效,浙江省长兴县人民法院(2013)湖长商初字第 928 号民事判决书也是如此认定的,并支持了丙关于甲付清工程款的诉讼请求。待执行完毕,甲向乙求偿时,若乙的责任财产不足以清偿数个并存的债权,那么,甲便会遭受严重损失。而认定系争《债权转让协议书》因自始欠缺标的物而不成立,从而不发生法律效力,甲对丙就不负工程款债务,从而避免上述风险。

丙作为原告,就系争《债权转让协议书》的效力及其内容发生争执,被告应当是乙,甲最多作为第三人。而《民事诉讼法》尚未赋予第三人反诉的权利。可是,在甲和乙之间的关系方面,确实存在乙应否向甲承担缔约过失的损害赔偿责任的问题,如果存在,甲有权援用《合同法》第 83 条的规定主张抵销,来对抗债权受让人丙关于诉求甲付清工程款的主张。需要注意,按照通说,甲主张抵销需要提出反诉,仅仅采取抗辩的形式得不到支持。这就出现了难题:《民事诉讼法》尚未赋予第三人反诉的权利。

再如,甲是 A 房的所有权人和 A 房所在地的宅基地使用权人,他与拆迁人(现在称作征收人)丙于 2005 年签订《A 房拆迁补偿协议》,将失去 A 房所有权和相应的宅基地使用权,取得货币补偿。2008 年,乙作为原告将丙作为被告起诉至某人民法院,举证他与丙于 2003 年签订的《A 房拆迁补偿协议》,据此诉求取得 7 套房屋补偿;以及乙和甲于 2003 年签订的《A 房买卖协议》。在诉讼中,丙举证:丙与甲之间的《A 房拆迁补偿协议》已经履行完毕,甲出具了关于《A 房买卖协议》未被实际履行的证言,A 房所在地的征地拆迁(现在称作征收)政府批文下发于 2004 年,A 房所在地的征地用途规划为绿地,征收拆迁补偿为货币补偿。由于除 A 房所有权和相应的宅基地使用权的消灭以外的约定均为债权债务的条款,按照法释[2012]8 号第 3 条的规定,这些条款的法律效力不受乙非 A 房所有权和相应的宅基地使用权的权利人、对它们欠缺处分权的影响。主审法院也确实认定乙与丙于 2003 年签订的《A 房拆迁补偿协议》合法有效,甚至认定甲和乙签订的《A 房买卖协议》有效。这非常值得商榷,理由如下:(1)甲是征收对象的产权人,理应是被拆迁人(现在叫作被征收人),也应是拆迁/征收补偿的取得权利人,乙至多是甲的债权人,不应是 A 房所有权和相应的宅基地使用权的征收补偿的取得权利人。(2)根据我国现行法和政策,甲和乙之间的《A 房买卖协议》应为无效。许多判决是如此裁判的。如此,乙不具有被拆迁人/被征收人的资格,也就无权与丙签订《A 房拆迁补偿协议》。(3)即使在现有证据不足以证明乙和丙之间的《A 房拆迁补偿协议》虚假的背景下,由于甲和丙之间的《A 房拆迁补偿协议》已履行完毕,甲已经取得了A房以及相应的宅基地使用权的征收补偿款,那么,再认定乙和丙之间的《A房拆迁补偿协议》合法有效,责令丙向乙支付A房以及相应的宅基地使用权的征收补偿款,或者承担债务不履行的违约责任,这是荒谬的,显失公平的。而贯彻和落实《合同法》第51条的立法本意,将乙和丙之间的《A房拆迁补偿协议》作为效力待定的合同,甲不将A房和相应的宅基地使用权过户给乙,乙和丙之间的《A房拆迁补偿协议》归于消灭,才是最为妥当的处理方法及结果。就此看来,法释[2012]8号第3条的规定确为不妥。

在这里,有必要重温下述观点:法律行为之标的,如无实现之可能,则纵令以"国家法"对当事人之私法自治予以助之,亦无从促其达成目的。[65]标的不能,债务人之给付即自始不能,不论其原因系出自债务人之个人事由与否,均无实现之可能。债权人原无从而获得履行利益。契约系自始失其目的、失其意义、失其客体,以之为无效,对于债权人亦不发生积极损害。[66]

从立法法及其理论上讲,法释[2009]5号和法释[2012]8号相对于《合同法》而言为下位阶的规范,不应与《合同法》的规定相抵触,若有抵触,不应有效。应当承认,此类情形在我国较为普遍,司法解释的若干规定又确实具有优越性,一律机械地按照立法法及其理论处理,其效果不见得最佳。

有鉴于此,对法释[2009]5号第15条和法释[2012]8号第3条这把"双刃剑",可有若干处理方案:第一种方案,继续按照《合同法》的立法计划、立法目的、体系及制度安排,解释其第51条的规定,结论是买卖等合同因欠缺处分权而效力待定,而法释[2009]5号第15条和法释[2012]8号第3条的规定仅仅是《合同法》第132条关于"出卖的标的物,应当适用出卖人所有或者出卖人有权处分"规定的反面解释规则,其适用范围包括五种案型:(1)国家机关或国家举办的事业单位处分"直接支配的不动产和动产",不符合"法律和国务院的有关规定"(《物权法》第53~54条);(2)抵押人出卖抵押物未经抵押权人同意(《物权法》第191条第2款);(3)融资租赁承租人付清全部租金之前出卖租赁设备(《合同法》第242条);(4)保留所有权买卖合同的买受人在付清全款之前转卖标的物(《合同法》第134条);(5)将来财产的买卖。[67]第二种方案,继续按照《合同法》的立法计划、立法目的、体系及制度安排,解释其第51条的规定,结论是买卖等合同因欠缺处分权而效力待定,而法释[2009]5号第15条和法释[2010]8号第3条的规定作为下位阶的法律文件,与《合同法》第51条的规定相抵触时,不具有法律效力。所谓不具有法律效力,可软化处理,在具体操作上,可以是限缩法释[2009]5号第15条规定的含义,将出卖他人之物或转让他人权利的合同排除在外。第三种方案,限缩法释[2009]5号第15条和法释[2012]8号第3条的适用范围,将受让人恶意受让他人之物或他人权利、出卖人或转让人没有过错地无权处分、标的物根本不存在的情形排除于法释[2009]5号第15条和法释[2012]8号第3条的适用范围。第四种方案,法释[2009]5号第15条的规定承认了物权行为理论。[68]第五种方案,认为法释[2009]5号第15条和法释[2010]8号第3条适用于出卖他人之物或转让他人权利的合同场合。[69]

究竟该选取哪种方案?笔者认为,从立法计划、立法目的、法律体系及制度安排看,中国现行法没有承认物权行为,最高人民法院出台的司法解释中也有相当数量的规定与物权行为的理论不符,加上按照物权行为理论无法解释《合同法》第52条第4项、第54条第1款第1项、第58条、第97条等条款的规定,所以,第四种方案不可取,第五种方案缺点很多,如仅为了利益衡量,不太顾及形式逻辑;同时,该方案的提出并不是建立在承认物权行为理论的基础之上的。至于第一种方案和第二种方案,二者在实质上是一致的,选取何者,可以继续思考。第三种方案同时承认《合同法》第51条及法释[2009]5号第15条和法释[2012]8号第3条的有效性,照顾了到我国目前司法体制的现状,既未彻底否定法释[2009]5号第15条和法释[2012]8号第3条的,又合适地限缩《合同法》第51条的适用范围,是非分明,较好地处理了各方当事人之间的利益关系,值得重视。

韩世远教授为了论证其物权行为效力待定的观点,批评梁慧星教授和笔者对《合同法》第51条规定的解释,列举绝大多数立法例,如《日本民法典》第560条、PICC第3.3条和PECL第4:102条,均规定合同效力不因无权处分的事实本身而受影响,合同并不无效。[70]其实,这种论据同样产生两种方向的作用:一是对追随世界潮流派来说,能够增加其接受力;二是承认无权处分不影响买卖等合同的效力,完全可以不依赖物权行为理论。后一方向的作用,正是对韩世远教授核心观点和价值观的否定。

需要声明,韩世远教授断言“合同法应当回应上述物权法上的效果,问题在于应当如何回应。其一,如按目前通说的立场,回应的方式便是否定该买卖合同的效力。这种做法所隐含的逻辑是:如承认该合同有效,就等于承认发生物权变动,也就等于承认无权处分行为可以有效。其实有所误解,实际上是将原因行为(pflichtenbegreundende Geschaeft)与物权变动(dingliche Rechtsaenderung)混为一谈了"。[71]不知此论据何而来,如果是针对梁慧星教授的观点,那么也是苛求于人、强加于人的,因为梁慧星教授坚持效力待定说,效力待定不同于无效。其二,梁慧星教授只是主张对负担行为与处分行为一体把握,视标的物所有权变动为买卖合同直接发生的效果,而未将物权变动与其原因行为混为一谈,他使用负担行为和处分行为的概念、明确使用"标的物所有权变动"和"买卖合同"的概念就是明证。客观公正地说,各派在这个问题上的分歧在于买卖等合同引起物权变动的模式和路径不同。买卖合同产生物权变动的效果,重在说明两者间的关系,如果将这样的表述都看成二者混为一谈,实难理解。如果韩世远教授所论指向的是笔者,则离客观事实相距甚远。通观本文以及笔者的其他作品,可知笔者从未"否定该买卖合同的效力",都是在说该买卖合同的效力待定,既然待定,就有确定有效的机会。倒是韩世远教授自己有时将效力待定与无效混为一谈,或者置换了二者。还有,所谓"如承认该合同有效,就等于承认发生物权变动,也就等于承认无权处分行为可以有效",同样是强加于人的违背事实之语,笔者有关的论述,都十分清楚地把买卖等合同作为物权变动的原因行为,合同的履行,买卖物为动产场合需要交付,买卖物为不动产场合须过户登记,才能导致物权变动。

在《合同法》的立法指导思想和第51条的立法目的方面,韩世远教授批评梁慧星教授关于"法律不允许出卖他人之物,是为了维护财产的静的安全"之说,其基本立场是"就维护财产的静的安全而言,基本是要依靠物权法规范"。"无论《合同法》是否承认该买卖合同有效,都不会妨碍财产的静态安全。"[72]这有些绝对了,对物权法关涉动态关系、合同法影响静的安全注意不够。"'物权法'调整的是在物上所成立的法律关系,且不仅包括静态的关系(如所有权人的权利、用益权人的权限),还包括其变化的动态关系(如物上所有权之让与、抵押权之让与)。"[73]合同法固然重在动的安全及其保护,但对静的安全也有影响,至少中国的合同法如此。不要说买卖合同成立即消灭的即时买卖(现物买卖),就是对于时间和空间均已分离的买卖合同,合同法规则也表现出对静的安全的影响。因为在不承认物权行为理论的法制下,物权变动即使已经完成,也会因其原因行为无效、被撤销等而失去依据,从而逆向复归。这样,所谓"静的安全"仅仅存在于物权取得的短暂时刻,并非终局的。转瞬即逝,还是真正的静的安全吗?原因行为有效,才会使物权变动不再逆向复归,才是终局的,才是一个正常秩序所需要的理想的静的安全。就此说来,梁慧星教授的断语具有可取之处。

就此产生一个需要辨析的问题:物权变动与其原因行为的区分,在概念上更加清晰,在构成要件和法律效果方面愈加精致、层次分明,值得赞同。但这不意味着立法者设计物权变动模式、致力于财产的静的安全时,不牵涉合同法的制度安排。如果压根就没有标的物,即便买卖合同有效,也发生不了该标的物所有权的移转。只有存在标的物,买卖合同有效且实际履行时才能发生标的物所有权的移转,从而达到静的安全。在出卖他人之物且已经交付完毕的情况下,该他人不予追认、无权处分者也未取得处分权的,若构成善意取得,对真正物权人来说,静的安全已经化为泡影;若不构成善意取得,对交易相对人而言,静的安全则无从谈起。

五、无权处分与自始不能

自始主观不能,是指债务人欠缺必要的劳力、能力、处分权及支付能力,致不能提出他人所提出的给付,[74]如出卖他人之物即出卖人欠缺处分权,所以构成主观不能。讨论无权处分合同的效力,不得不讨论自始主观不能与合同效力问题。

以不能之给付为契约标的者,其契约无效。这肇源于罗马法学家Celsus所提出的法谚"impossibilium nulla obligatonest",[75]本来仅仅适用于少数特定客观不能的案例,《德国民法典》采此原则加以概括化(第306条)。多数学者将此处之不能给付解释为自始客观不能。对此,拉伦茨(Larenz)教授认为,这项规定并非基于逻辑的必然性,盖于此情形,法律仍可承认契约有效,而令债务人负不能履行的赔偿责任。[76]

在此,首先须明确两点:第一,在《德国民法典》的架构下,此处所谓自始不能与合同的效力,涉及两个合同,一个是物权合同,一个为债权合同。其中,物权合同一定是不会确定有效的,而是效力待定或无效的,无论该自始不能属于客观不能抑或属于主观不能,概莫能外。单就债权合同而言,按照《德国民法典》在2002年1月1日之前的思想,自始客观不能时,合同无效;自始主观不能时,合同有效。这从前者被规定于债务关系法编以及学说阐释中可以得知,于自始主观不能,《德国民法典》未设明文,构成法律漏洞,解释上认为债权合同有效。[77]中国《合同法》未采纳物权行为制度及其理论,故此处所谓合同效力仅指买卖等"债权合同"的效力。第二,对于自始客观不能时合同无效,拉伦茨教授认为,这是基于事实需要而作之价值判断,盖在给付客观不能之情形,契约自始即失其目的、失其意义、失其客体,故使之不发生任何效力。不是基于逻辑的必然。[78]

既然不是逻辑的必然,为什么非得排除自始主观不能?归纳其理由,大概有以下几点:(1)鼓励交易原则要求合同有效;(2)意思自治原则要求应尽可能地承认合同有效;(3)从利益衡量的角度着眼,合同有效,债务人届时不能履行,可追究其违约责任,债权人可以获得履行利益的赔偿;(4)债务人于履行期限届满前可能变为具有履行能力,如取得了标的物的处分权等,合同继续履行对于相对人特别重要时,令合同无效显然不能取得这一结果,而使合同有效则会如愿以偿。对此,笔者作出以下分析:

1. 分析鼓励交易原则与自始主观不能。合同有效,形成交易,符合鼓励交易原则。其实,这只看到了表面现象,对鼓励交易有所误解。原来当事人订立合同的目的,分为第一性目的和第二性目的。所谓第一性目的,就是典型交易目的,在财产移转类合同中,表现为财产权的移转、价款所有权的移转。具体到买卖合同,买受人的第一性目的就是获得标的物的所有权,出卖人的第一性目的则为取得价款的所有权。对此,连物权行为论者都予以承认:"对现实生活中的交易而言,当事人从事法律行为的目的就是为了取得一定的财产(价金或者货物)。这是生活事实。"[79]所谓第二性目的,就是该合同关系的转化形态,即损害赔偿或支付违约金等。在绝大多数情况下,当事人的缔约目的是第一性目的,《合同法》承认它为合同目的(第94条第1项、第4项)。只有取得标的物的物权才能达到缔约目的,亦即合同目的;否则,目的落空。只有在第一性目的落空或效益违约情况下,才"不得已地"选择第二性目的,可称之为救济目的。在许多场合,选择第二性目的会遭受较大损失,因为法律对损害赔偿及其范围的限制较多,守约方获得的赔偿数额时常低于合同正常履行带给他的利益。所谓鼓励交易,其真意自然是指鼓励实现第一性目的的交易,而非鼓励违约赔偿这种交易。若第二性目的普遍化,则是病态的经济乃至社会。在出卖人等无处分权,自始不能履行的情况下,一定令买卖等合同有效,为的是等待着债务人届时不能履行,便于追究其违约责任,已经背离了,甚至是舍去了第一性目的,时常不符合至少是一方当事人的本意,曲解了鼓励交易原则的真意,其正义性大打折扣。

物权行为理论关于出卖他人之物或转让他人权利的合同有效的意见,大多不符合正义,表现在它与违法性时常抵触。也就是说,未经授权而出卖他人之物或转让他人权利,显然具有违法性,应当予以谴责乃至彻底否定,在德国法系的侵权行为法上历来如此,为什么在合同法上就"精神分裂"了呢?

韩世远教授不同意笔者的上述观点及论证,断言让无权处分的合同有效,总比因为第一目的落空而将第二目的一股脑儿地抛弃(因噎废食)为好。[80]这很容易让读者产生误解:笔者抛弃了无权处分者对交易相对人的损害赔偿责任。这真是冤枉,因为笔者一直主张出卖他人之物的合同因未被追认而归于无效时,可适用《合同法》第58条的规定,成立缔约过失的损害赔偿责任。在这里,韩世远教授所论的错误表现在:他机械地理解第二性目的并歪曲其价值的表现,仅将其目光囿于违约责任中的第二性目的,而对缔约过失制度中的第二性目的视而不见。违约制度中的第二性目的,指的是法定的损害赔偿,所谓当事人预期,或曰第二性目的,也是对法律规定的预期。而出卖他人之物或转让他人权利的合同不被标的物的权利人追认而归于无效场合成立缔约过失责任,也是法定损害赔偿。笔者从未抛弃这种第二性目的,所谓一股脑儿地抛弃第二性目的(因噎废食)之说,完全不符合事实。其实,正如下文较为详细地分析的那样,违约责任中的损害赔偿与缔约过失责任中的损害赔偿,在概念上确有区别,在范围上也不尽相同,但在违约损害赔偿限于信赖利益的范围或采取抽象计算方法时,二者在范围上是相同的或相近的。

需要辨明的还有,在出卖他人之物、转让他人权利的场合,即便按照区分债权行为与物权行为,或曰区分负担行为与处分行为的思路解释我国《合同法》第51条的规定,也无法使出卖他人之物或转让他人权利的合同有效。韩世远教授不区分情况,认为无权处分场合买卖等合同不会因无权处分而效力待定或无效,显然犯了以偏概全的错误。对此,较为详细地分析如下:

在德国的判例及学说上,物权行为无因性原则已经相对化,其方法有条件关联、共同瑕疵和法律行为一体。其中的共同瑕疵,按照鲍尔/施蒂尔纳教授的界定,是指"原因行为上所存在的瑕疵,也会损及物权行为之效力。这可体现为:行为能力之欠缺、依《德国民法典》第 134 条之无效、依《德国民法典》第 119、123 条之可撤销、违反《一般交易条件法》第 2、3、9 条”。[81]王泽鉴教授表述为“附着于债权行为之能力欠缺,无效或因诈欺、错误之撤销,亦存在于物权行为之上,而影响其效力”。[82]据此可知,出卖他人之物或转让他人的权利,即便在德国,其买卖合同、转让合同在下述情况下也难以有效,更不要说在中国了。例如,(1)出卖他人之物或转让他人权利的处分人,为无行为能力人时,他与相对人签订的买卖合同、转让合同无效(《德国民法典》第 105 条,中国《民法通则》第 58 条第 1 款第 1 项)。[83](2)买卖合同或转让合同违反了法律、行政法规的禁止性规定时,在该规定为效力性的强制性规定时,买卖合同或转让合同肯定无效,在该规定为管理性的强制性规定时,买卖合同或转让合同也时常无效(《合同法》第 52 条第 5 项,法释[2009]5 号第 14 条,《最高人民法院关于当前形势下审理民商事合同纠纷案件若干问题的指导意见》)。例如,自然人甲将天安门出卖给乙,不但天安门的所有权不会移转给乙,买卖合同也会因标的物为禁止流通物而归于无效。依此类推,凡是出卖他人之物或转让他人权利,而作为标的物的他人之物、他人权利为禁止流通的,买卖合同或转让合同都会因违反了法律、行政法规的禁止性规定而归于无效。在这方面,梅迪库斯教授举例阐释道:“《麻醉品法》禁止人们从事麻醉品交易行为。根据此项禁令,有关麻醉品买卖的债法上的合同以及有关麻醉品所有权移转的物权法上的合同,无疑都是无效的。”[84]据此可知,甲擅自将乙的麻醉品出卖给了丙,甲和丙之间的买卖合同无效。(3)出卖他人之物或转让他人权利,酿成了损害社会公共利益的结果的,如甲企业擅自将乙独资国有企业采掘铀矿的权利转让给一家美国的公司,就损害了中国的国家安全,该采矿权转让合同因损害了社会公共利益而无效(《合同法》第 52 条第 4 项)。(4)出卖他人之物或转让他人权利,无权处分人与交易相对人恶意串通,损害国家、集体或第三人利益的,买卖合同或转让合同无效(《合同法》第 52 条第 2 项)。(5)在出卖他人之物或转让他人权利的情况下,若买卖合同或转让合同存在错误、诈欺或胁迫,则这些合同可被撤销。一旦撤销权人行使撤销权,买卖合同或转让合同便自始失去法律约束力。也就是说,在出卖他人之物,或转让他人权利的场合,即使按照区分债权行为与物权行为的思路,或按韩世远教授所说的区分负担行为与处分行为的路径,买卖合同或转让合同也并非总是有效的。

总结上述，可知物权行为论者试图利用债权行为与物权行为的区分来认定出卖他人之物或转让他人权利的合同有效，或按韩世远教授的表述，利用负担行为与处分行为的区分来认定无权处分的合同有效，仅仅在一部分领域能够奏效，而在另外的领域则仍不能避免出卖他人之物或转让他人权利的合同无效。也就是说，在上述各种情况下，即便按照区分负担行为与处分行为的思路解释我国《合同法》第51条的规定，也无法使出卖他人之物或转让他人权利的合同有效。

2. 解析意思自治原则与自始主观不能。的确，意思自治原则在逻辑上含有我们应尽可能地承认合同有效之义；同时，也当然地具有尊重所有权人依其意思行使其权利的内涵。[85]如此，笼统地依是否符合意思自治原则来证明自始主观不能时合同应该有效，有厚此薄彼之嫌，欠缺说服力。

3. 自始主观不能与赔偿范围之间的关系宜类型化。通说坚持自始主观不能的合同有效，其在利益衡量上的理由，无非令债务人负不能履行的违约责任，加重其负担；由债权人取得履行利益的赔偿，较之于合同无效时取得信赖利益的赔偿境况稍好些。对此，笔者的回答是，该观点未区分情况，犯了绝对化的错误，缺乏前瞻性，其某些出发点的正义性令人怀疑，兹详述如下：

（1）在目前，包括中国法在内的许多立法例及其理论坚持违约损害赔偿以履行利益的赔偿为原则，相当数量的违约损害赔偿案件确实是如此处理的。[86]

（2）合同未生效或无效的场合，可有期待利益的赔偿。例如，法释［2010］9号第6条规定，“外商投资企业股权转让合同成立后，转让方和外商投资企业不履行报批义务，受让方以转让方为被告、以外商投资企业为第三人提起诉讼，请求转让方与外商投资企业在一定期限内共同履行报批义务的，人民法院应予支持。受让方同时请求在转让方和外商投资企业于生效判决确定的期限内不履行报批义务时自行报批的，人民法院应予支持”（第1款），“转让方和外商投资企业拒不根据人民法院生效判决确定的期限履行报批义务，受让方另行起诉，请求解除合同并赔偿损失的，人民法院应予支持。赔偿损失的范围可以包括股权的差价损失、股权收益及其他合理损失”（第2款）。第10条规定：“外商投资企业股权转让合同成立后，受让方已实际参与外商投资企业的经营管理并获取收益，但合同未获外商投资企业审批机关批准，转让方请求受让方退出外商投资企业的经营管理并将受让方因实际参与经营管理而获得的收益在扣除相关成本费用后支付给转让方的,人民法院应予支持。"第 18 条规定,"实际投资者与外商投资企业名义股东之间的合同被认定无效,名义股东持有的股权价值高于实际投资额,实际投资者请求名义股东向其返还投资款并根据其实际投资情况以及名义股东参与外商投资企业经营管理的情况对股权收益在双方之间进行合理分配的,人民法院应予支持"(第 1 款),"外商投资企业名义股东明确表示放弃股权或者拒绝继续持有股权的,人民法院可以判令以拍卖、变卖名义股东持有的外商投资企业股权所得向实际投资者返还投资款,其余款项根据实际投资者的实际投资情况、名义股东参与外商投资企业经营管理的情况在双方之间进行合理分配"(第 2 款)。时任最高人民法院民四庭庭长刘贵祥博士对此解释道:这种"赔偿损失的范围不局限于信赖利益,而是包括股权差价损失、股权收益及其他合理损失。之所以扩大赔偿范围,意在使转让方因不履行报批义务所获得及可能获得的利益归属于受让方,进而达到促成转让方自觉履行报批义务之效果"。[87]

(3)相当的违约损害赔偿案件判予了信赖利益的损害赔偿,也是事实。在中国,其数量虽无统计,但在英美两国则有具体的例证。在英格兰 1776 年判决的福鲁瑞诉索恩黑尔案(Flureau v. Thornhill)中,英格兰法院的选择是,将受害人可以获得的赔偿范围限制在信赖利益。该判例确定,如果出卖人约定转让土地,却因为善意的原因而不能移转权利,那么买受人可以获得的赔偿仅限于其因为信赖该允诺而发生的费用,包括预付款。买受人没有权利就其想象中可以从交易中获得的利益获得赔偿。[88]该规则在英格兰一直适用于土地买卖合同,并且被引入美国的许多州。[89]英国法存在基于允诺的责任在衰落,基于利益的责任与基于信赖的责任却在增长的现象。[90]在英格兰,在多种情形下,存在基于信赖的责任复活的其他征象。在合同法领域,以未经为之讨价还价的信赖为基础而生的责任有了长足的发展。[91]在美国,一些判例认为,由一项因行为禁反言施加的只是对信赖利益的责任。[92]在代理人对代理权的默示担保方面,Tedder v. Higgin 案的判例公开地将第三人的赔偿限定于信赖利益。[93]在 Sullivan v. O' Connor 案中,马萨诸塞州最高法院认为,根据期待利益进行赔偿很可能是过高的,患者付给医生的费用与根据通常适用的方法计算的期待利益损害赔偿之间,大多是不成比例的,有很多理由认为,赔偿范围应当被限制在患者的信赖利益范围内,包括她的实际支出,如因状况恶化以及后续的手术所导致的疼痛、痛苦及精神苦恼而发生的损害。[94]

（4）在市场上所有的价值都是可得的，且所有的市场在经济意义上均为“完美无缺的”情境里，信赖利益和期待利益之间将不会存在任何差异，原告错过缔结其他合同的损失将等于他所实际缔结合同的期待价值。[95]在无偿的关于将要投保的允诺（promise to procure insurance）场合，不论使用期待利益还是信赖利益来计算，允诺人的责任都等于损失额，至少在被保险人丧失获得其他保险的机会被考虑在内的时候。[96]

（5）履行利益和信赖利益至少在下述案件中提供等同的或者近乎等同的计算标准：其一，原告的信赖表现为采取了足以使他有权执行合同的行为方式，如部分地履行了合同或为履行做了必要的准备工作，而被告在履行完毕之前违约，原告的诉讼既可以单纯地基于期待利益，又可以基于期待利益与信赖利益的结合。其二，当信赖利益是由失去与他人缔结类似合同的机会所构成时，信赖利益与期待利益就会有一种彼此接近的倾向。医生作出一个约定安排就会使自己失去一次与另一位病人作极为相似的约定安排的机会，在此类案件中，信赖利益与期待利益之间便具有完全的一致性。[97]对此，有些日本学者在讨论物的瑕疵担保责任时也道出了相同的观点：“‘信赖利益’同‘履行利益’的区别并不那么明了……通常把所谓信赖利益定义为‘由于把无效的合同错认为有效所遭受的损害。’……是为了相信合同有效才予以缔结，因而所遭受的损害正是由于缔结了该合同而没有签订其他有效的合同才遭受的损害……这岂不成为如果同第三人签订合同而能得到的利益却因此而未得到所造成的损害吗？”[98]……“‘由于相信合同有效而遭受的损害’在多数情况下与履行利益将没有什么不同。”[99]“在卖主恶意的情况下，仍然是信赖利益的赔偿，但它有购买代用品的特殊情势的预见性和由买主予以证明的可能性，赔偿范围就和履行利益的赔偿范围相一致，虽然偶有超过这一范围的情况，但极为罕见，而且也不为不当。”[100]其三，在违约不单造成被允诺的价值的损失而且造成某些直接伤害的案件中，信赖利益与期待利益会相一致。[101]其四，一项允诺因未经为之讨价还价的信赖而具有执行力时，应准许与其他任何合同一样广泛的救济。在许多这样的判例中，信赖利益和期待利益会得出相同的救济计算标准。[102]

（6）法理学及合同法的大家富勒（Fuller）与其学生帕杜（Perdue）通过梳理美国的众多判例，分析评论各种学说，得出结论：合同法有必要普遍承认信赖利益。赔偿信赖利益的必要性必须作为一种独具特征的允诺利益，而它自身便值得承认。[103]著名合同法专家吉尔摩(Gilmore)通过考察、确认并展望到，随着合同责任与侵权责任两个领域合二为一，合同的损害与侵权的损害已无可分辨。以信任为责任和补救的主要因素并非为合同法所特有。[104]许多新类型的侵权责任在实质上都基于信赖观念。[105]届时，侵权行为法同时承认期待利益的赔偿，信赖利益的赔偿[106]不会在少数。例如，于1964年在Hedley v. Byrne[107]案中，判例承认了疏忽的不正确陈述为独立的侵权类型，这是广泛承认基于信赖的责任的一个明显路标。[108]在实务中，所判损害赔偿被限于保护信赖利益，在普通合同与商事合同区别甚微的情况下，尤其如此。举例来说，在家庭合同场合，法院更倾向于判决信赖利益的赔偿，而不是期待利益的赔偿。[109]也就是说，令自始主观不能的合同有效抑或无效，其赔偿范围没有区别或时常相近。这说明自始主观不能与自始客观不能异其效力的理由是不充分的。

让我们再看德国债务法修改前的情况。按照德国后来的有力说，在自始主观不能适用权利瑕疵担保场合，债务人负债务不履行责任；在自始主观不能属于出卖物于缔约前被盗场合，债务人要么不负责任，要么负信赖利益的损害赔偿。在德国民法上，通说(尤其是判例)亦认为债务人应负担保责任，[110]唯学者认为担保责任过于苛严，应加限制，因而主张债务人应仅就其事务范畴负责。申言之，主观不能系因债务人事务范畴以外之事由而发生者，如纵尽交易上必要注意，仍无法防止第三人的干涉，或给付不能系由不可抗力者，债务人免负责任。[111]依Larenz教授的说明，买卖契约订立前，标的物被盗者，系属自始主观不能，窃盗的发生非因出卖人的过失者，使其负履行利益的赔偿责任，未尽公平。唯出卖人因过失而不知标的物被盗，不能为给付者，构成缔约上过失，应对买受人所受的信赖损害，负赔偿责任。[112]应注意的是，最近德国不少学者主张，关于自始主观不能，应类推适用嗣后不能的规定，以定债务人责任。申言之，即因不可归责于债务人的事由，致给付自始主观不能者，债务人免负责任；唯债务人于缔约时，明知或可得知其给付不能者，应负缔约上过失责任。[113]

这同样表明，对两种自始不能异其效力，说服力不强。用另外的句子表述上述意思就是，出卖他人之物的合同无效，在法律效果上同承认合同有效大多相同。

有人或许说，2002年1月1日起施行的《德国债法现代化法》不再区分两种不能并异其效力，于第311a条第1项后段规定，在合同订立时给付障碍已经存在的，不影响合同的有效性。其实，该条项的前段已经明示，该条项的适用必须结合第275条第1～3项的规定。而第275条第1项明定，对于债务人或任何人都不可能履行的给付，排除要求给付的请求权。按照区分自始客观不能与自始主观不能的理论衡量，这实际上仍然属于自始客观不能的情形。再联系第280条等规定，债务人有过失时承担损害赔偿责任，无过失时无责任。至此，笔者可得出两点结论：其一，它同中国《合同法》第51条的差别，从结果上观察依旧是赔偿范围的大小。对此，上文已述，不再赘言。其二，它一律承认此类合同有效，有违鼓励交易原则的真意。

4. 自始主观不能时合同有效，最为有力的理由大概是，债务人于履行期限届满前可能具有履行能力，如取得了标的物的处分权等，合同继续履行对于相对人特别重要时，令合同无效显然不能取得这一结果，而使合同有效则会如愿以偿。中国《合同法》第51条规定的效力待定，完全能够满足这些要求，两种制度殊途同归。此外，中国《合同法》第51条的规定更具有弹性。因为依其规定，无论是出卖人于合同订立后获得了处分权，抑或是权利人对无权处分的合同予以追认，合同都有效。该条规定衡平了各方利益，没有什么充足的理由改变它。

即使在《德国债法现代化法》已经生效的今天，我们仍不该忘记下述观点：法律行为之标的，既无实现之可能，则纵令以“国家法”对当事人之私法自治予以助之，亦无从促其达成目的。[114]标的不能，债务人之给付即自始不能，不论其原因系出自债务人之个人事由与否，均无实现之可能。债权人亦原无获得履行利益。契约系自始失其目的、失其意义、失其客体，以之为无效，对于债权人亦不发生积极损害。倘因善意无过失而信契约为有效，致生损害，则得依《德国债法现代化法》第247条的规定，请求信赖利益之损害赔偿，以资弥补。[115]按照该见解，无权处分构成自始主观不能时，同样不宜认为买卖等债权合同一律有效。据此观点，中国《合同法》第51条的规定无可厚非。

六、无权处分与法律行为的标的须可能、确定

《民法总则》关于法律行为的标的须是确定、可能、合法、适格的理论、原则，并未排除债权行为的适用，未仅限于物权行为。《合同法》第51条

关于处分权的要求,与债的标的须可能甚至确定的要求相一致,符合这一原则。

罗马人把标的分为三类:给、做、履行。"给"是指转移所有权或其他物权的义务。"做"是一种单纯的行为,未暗含着权利的转移。"履行"一般既包括"给"的意思,又包括"做"的意思,或更多涉及的是保证、责任,而不是直接的目标或债务。为了成为债的标的,给付必须具备以下在契约问题上具有实质意义的要件:应当是可能的、合法的、确定的或至少是可确定的,并且给债权人带来利益。[116]对于不能给付的物品不产生任何债。[117]尽管已就买卖标的达成了协议,但是如果在出售前标的灭失了,那么,买卖不成立。[118]从上文可知,其一,罗马法明确地承认债的标的须可能,明显不同于这样的观点:法律行为的标的可能不包括债权行为的标的可能,仅限于物权行为的标的可能。其二,在罗马法上,能"给",就能移转标的物的物权,就属于债的标的可能;不能"给",就不能移转标的物的物权,属于债的标的不能,不产生任何债。这种思想在区分物权行为与债权行为的学说上也有体现:"法律行为之标的须可能,即可能实现。以不能实现之事项为标的者,该法律行为无效。例如,订立一小时步行一百公里给赏金一万元之契约,这种契约之内容,本来就是不可能实现,也不能藉国家的力量来强制其实现,故并无承认其法律效果之意义,自亦无从生效。"[119]这明白无误地阐述了债权行为的标的亦须可能,不能者不生效力。德国民法学者沃尔夫教授在介绍法国法、意大利法和英国法时承认,动产所有权移转都仅仅根据买卖合同完成(所谓统一原则)。物权合意是买卖合同的一个组成部分……在种类物的买卖中,只有在种类之债具体化以后才发生所有权移转。由此可见,这些法也没有放弃确定性原则。[120]尽管沃尔夫教授明显地戴着物权行为理论的眼镜在观察,也承认法国法、意大利法和英国法"没有放弃确定性原则",而这些法制恰恰未承认物权行为制度,于是可以得出结论:它们对买卖合同、互易合同等德国法所称的"债权行为"的标的"没有放弃确定性原则"。在完全没有给付特定标准的情况下,债权不能成立。[121]

我国《合同法》第51条规定的无权处分情形,除非权利人追认或于履行期限届满前出卖人取得处分权,是不能移转标的物所有权的,在不区分物权行为与债权行为的我国民法上,构成不能履行,合同不发生效力,不正类似于罗马法及刘得宽教授的上述思想吗?

应该承认,上文所引罗马法的所谓不可能,究竟属于客观不能抑或主观不能，需要探讨。从“给付的不可能性可以是物质上的，但它必须是真实的和绝对的，换句话说，是一种客观的和普遍的不可能性，而不是相对的和个别的”[122]的角度分析，似为客观不能。解决这个问题需回到本文第四部分的分析之中。

为了说明处分权、法律行为标的可能、法律行为标的确定之间的关系，有必要考察法律行为的标的须确定的含义。在罗马法上，标的须为确定的，不必是一种绝对的和现实的确定性，只要相对确定即可。例如，留给某第三人的意思决定，取决于债权人或债务人的挑选，或者根据其他情形确定。[123]《法国民法典》同样要求债的标的确定，其对确定性的把握富有弹性，债的标的物在种类上可以确定的话，就具有了确定性（第 1129 条）。在合同的标的为某种服务时，对标的确定性的衡量不存在具体的尺度。在法国的司法实务中，对于缔约时标的是否完全确定，法官的要求并不是特别严格，只要标的在合同履行时能够得以确定，或者履行本身便可以使标的物得以确定，合同仍可以成立。[124]中国台湾地区学者刘得宽教授也认为，标的不必限于完全确定（如以特定物为给付），日后有确定可能的（可得确定）亦无不可，如种类之债与选择之债，其标的虽未完全确定，但可得确定，亦属有效。[125]

假定其他要件具备，我们分别从债务人有处分权、法律行为标的可能、法律行为标的确定观察某一特定的买卖合同，会得出以下结论：其一，在特定物买卖场合，出卖人对该物拥有处分权，合同标的是可能的，也是确定的，合同应该有效。其二，在种类物、未来物买卖场合，按上述关于标的可能、确定的观点衡量，合同标的是可能的（在种类物场合若构成不能，应是所有的种类物毁损灭失），也是确定的（因为于此场合不要求完全确定）；按本文对处分权的界定，于此场合，出卖人拥有处分权，所以，合同应该有效。其三，同理，在连环交易、二重买卖场合，出卖人具有处分权，合同标的可能，亦确定，合同应该有效。一言以蔽之，上述三个角度的考察印证了笔者关于处分权界定的合理性。

七、无权处分与合同的无效、得撤销

如果无权处分的合同有效，那么，在构成欺诈的情况下，如何同《合同法》第 52 条第 1 项关于合同无效和第 54 条第 2 款关于合同得撤销的规定协调？

因我国现行法要求出卖人对买卖物须有处分权(《合同法》第132条、《最高人民法院关于贯彻执行〈民法通则〉若干问题的意见(试行)》第89条),出卖人无处分权而不告知买受人的,构成欺诈,在损害国家利益的情况下,合同无效(《合同法》第52条第1项);在不损害国家利益的情况下,合同可以撤销(《合同法》第54条第2款)。互易场合,亦同。无权处分合同有效的观点显然不符合这些规定,效力待定的观点则与之接近。

当然,这里存在哪种规范优先适用,抑或当事人自由选择的问题。在无处分权构成欺诈,同时因此损害国家利益的情况下,按《合同法》第52条第1项的规定,合同无效。因我国合同法上的无效,是对严重违背立法目的的合同坚决予以否定的表现,属于绝对无效,任何人都不得主张该合同有效,所以,为防止因适用第51条而使合同有效的现象出现,于此场合,第52条第1项的规定应优先适用,当事人无权自由选择。

在无权处分构成欺诈,但不因此损害国家利益的情况下,如果债权人对于债务人无处分权不知情,那么此类无权处分合同完全为因欺诈而成立的合同所涵盖,第51条关于无权处分的规定属于第54条关于欺诈的规定的特别法,应该优先适用。如果债权人对于债务人无处分权知情,那么此类无权处分不构成欺诈,第51条与第54条之间不存在特别法、普通法的关系,当事人可以自由选择法律的适用。

对此,韩世远教授反驳道:"《合同法》规定通常欺诈为合同得撤销的事由,仅特别情形(损害国家利益场合)为合同无效事由。而可撤销的合同在被撤销前与有效合同相近(未决的生效),甚至很多人认为就是有效合同;而效力待定的合同在效力确定之前实质上与无效相近(未决的不生效),从这一角度看,正好是无权处分合同有效的观点与上述规定接近,而效力未定的观点与上述规定相去较远。总之,无权处分场合的合同有效,仅处分行为因不被追认或嗣后未取得处分权而归于无效,这种限缩解释的结论从体系解释(而非'局部解释')的角度,也可获得印证。"[126]这种泛泛而谈的论证方式,极易掩盖事物的本质。我们对比两种事物、两个概念的异同,得出类似性或本质不同等结论,一定得看法律评价的关注点,同样的两种事物、两个概念,在法律评价的不同领域,类似或不同的结论是有所变化的。例如,在土地使用权的领域里进行比较分析宅基地使用权和建设用地使用权,应当得出差异远远大于共性的结论,可在它们作为地上建筑物所有权的正当权源这点上,两者的差异几乎可以忽略不计。此其一。

效力未定的合同和可撤销的合同都是不符合法律规定的有效要件的合同，只不过不符合之点有差异。既然不符合法定的有效条件，法律就可以也应当规定合同的效力受影响。其处理模式是，能否按照当事人的意思表示的内容赋予法律效果，要取决于有关权利人的表态。《合同法》第 51 条若规定无权处分合同有效，就意味着承认此类合同符合法律的要求，就是确定有效，排除了真正权利人表态的机会，除非解除合同，其效力不会受到影响，即，其“最终效果是确定的”。在买卖等合同同时肩负着发生债权债务和导致物权变动重任的我国法制体系下，其不合理性十分明显。而《合同法》第 54 条规定合同是可以因撤销而归于无效的，二者不同。相反，《合同法》第 51 条规定无权处分合同效力待定，有可能有效，也有可能无效，这才与可撤销相仿，相仿在效力均处在“最终结果的不确定上”。梁慧星教授称撤销的法律行为属于效力待定的法律行为，其根据就在于此。此其二。

可变更、可撤销的合同尽管在权利人行使变更权或撤销权之前是有效的，但却面临着因变更权或撤销权的行使而不复存在或权利义务改变的风险，最终结局不一定是有效的。若规定无权处分合同有效，则显然排除了合同消失或变更的可能，走向也不相同。此其三。

从概率方面看，在无权处分场合和意思表示不自由等瑕疵场合，有权人将合同消灭的存在可能性，难说无权处分合同不被追认的比例一定高，而意思表示有瑕疵的合同被变更或撤销的比例就一定低。如果概率相差无几，抽象地以所谓走向指责《合同法》第 51 条的设计，说服力不够。此其四。

因欺诈、胁迫、乘人之危、重大误解等原因签订的合同，主要关系着当事人双方之间的利益分配，不涉及交易安全，在这个意义上，其社会危害性较小或可忽略不计。与此不同，无权处分合同涉及真正权利人即第三人的利益，在我国现行法不承认物权行为理论、买卖等合同肩负着产生债权债务和导致物权变动重任的背景下，它事关交易安全，如处理不当则产生的社会危害性较大。法律在评价业已成立的合同时，对事关交易安全、社会危害性可能更大的合同严格限制其生效，符合逻辑。如此，否定无权处分合同的效力比否定可变更、可撤销合同的效力在力度上应当更强些才对。若把无权处分合同设计为有效，则不合逻辑了。此其五。

韩世远教授一直在“局部解释”，而非真正的体系解释，因为他坚持负担行为和处分行为在概念与功能上区分,实质上就是债权行为和物权行为的区分,而按照物权行为设计的民法制度、体系,在诸多方面不同于不承认物权行为的民法制度、体系。对此,韩世远教授置之不顾,例如,依物权行为理论无法解释下述现象:《合同法》第52条第4项关于损害社会公共利益的合同无效的规定,未限定为债权合同;第54条关于因重大误解而订立的合同可以撤销的规定,未作进一步的区别和限缩;第58条关于"因该合同取得的财产,应当予以返还,不能返还或者没有必要返还的,应当折价补偿"的规定,等等。对于上述有关规定,在承认物权行为的前提下,难以作出合乎逻辑的解释,韩世远教授也不作说明,这难道不是"局部解释"吗?此其六。

《合同法》第97条关于"已经履行的,根据履行情况和合同性质,当事人可以要求恢复原状、采取其他补救措施"的规定,虽然已经解释了,但韩世远教授置该条将恢复原状与其他补救措施并列的事实于不顾,把此处所谓恢复原状理解为广义上的包括有体物的返还和采取其他补救措施。[127]问题出现了,既然恢复原状包含采取其他补救措施,《合同法》第97条还将恢复原状与采取其他补救措施并列,不是谬误吗?其实,立法者没有犯逻辑错误。从《中华人民共和国合同法(建议草案)》[128]到现行合同法条文的演变观察,所谓"恢复原状",其含义较《中华人民共和国合同法(建议草案)》第103条规定的恢复原状为窄,给付物为动产时仅仅指"有体物的返还",给付物为不动产且已经办理了移转登记时,则为先将受领人的登记注销,使登记恢复到给付人名下(以下简称复原登记),不再包括"所提供劳务的恢复原状""受领的标的物为金钱时的恢复原状""受领的有体物消失时的恢复原状"等。"所提供劳务的恢复原状""受领的标的物为金钱时的恢复原状""受领的有体物消失时的恢复原状"等类型均被概括为"采取其他补救措施"。由此演变而成的《合同法》第97条中的"恢复原状""采取其他补救措施""赔偿损失",便各自有其法律基础:在不采纳物权行为制度却采取直接效果说的背景下,"恢复原状"适用于原物的占有移转或复原登记的场合,从权利的角度讲,属于物的返还请求权;"其他补救措施"适用于给付劳务、物品利用、交付金钱、受领的原物毁损灭失等场合,从权利的角度看,属于不当得利返还请求权;"赔偿损失"适用于上述救济方式运用之后,当事人还有损失的情形,为民事责任的范畴。[129]此其七。

韩世远教授在此处刻意强调可撤销的合同在被撤销前与有效合同相

近（未决的生效），可是，在合同解除的法律效果部分又凸显可撤销的合同和无效合同之间的共性，增强可撤销的合同与解除的合同之间的本质不同："在这些场合，合同自始没有法律约束力，意味着从一开始就不会按照当事人的意思发生债权债务、发生物权变动。"真乃此一时彼一时也。可撤销的合同未被撤销时，债权人受领给付具有合法根据/法律上的原因，合同被撤销，债权人受领给付的根据丧失，有义务返还给付；合同未被解除时，债权人受领给付具有合法根据/法律上的原因，合同被解除，债权人受领给付的根据丧失，有义务返还给付。两种情况有何本质的不同？笔者实在看不出来。再者，在合同被否定后的结果方面，韩世远教授聚焦可撤销合同与无效合同的共性，夸大可撤销合同被撤销和合同被解除之间的差异，其不适当性，还可以从下面的案件及分析中看出：甲企业自称有坐落于A地的大厦，价值1亿元人民币，卖与乙公司，但实际上该大厦归属于丙公司，只是错误登记为甲企业。该房屋买卖合同约定，乙公司于2000年6月21日支付第一笔房款3000万元，于2000年12月7日支付第二笔房款5000万元，于2001年4月9日支付第三笔房款2000万元。甲公司于2000年6月22日交付买卖物的钥匙。乙公司依约支付了第一笔房款，甲公司也交付了钥匙。但乙公司逾期未支付第二笔房款。甲公司经过催告，未果，便援用《合同法》第107条等规定，请求乙公司承担违约责任。乙公司经过调查，发现了甲公司未将买卖物的真实的权属情况告知自己，于是援用《合同法》第54条第2款的规定，主张撤销该合同。请问：甲公司于2000年6月21日取得3000万元人民币、公司于2000年6月22日取得买卖物的钥匙，都没有合法根据吗？不按照当事人的意思发生债权债务、发生物权变动吗？在乙公司不再主张撤销该买卖合同，或该项主张不被裁判机关支持的情况下，韩世远教授的断语肯定是错误的；退一步说，即使乙公司的主张得到支持，在该买卖合同未被撤销期间，乙公司取得买卖物的钥匙、甲公司取得3000万元人民币，也是有合法根据的。此其八。

八、无权处分与权利瑕疵担保

出卖他人之物还涉及《合同法》第51条规定的无权处分与第150条规定的权利瑕疵担保的协调。

出卖他人之物而不能移转标的物的所有权，构成不能履行，按《合同法》第150条的规定，权利瑕疵担保责任成立。该责任的成立，须权利瑕疵于买卖契约成立时，即已存在。故权利瑕疵担保，系自始主观不能问题，契约仍为有效，出卖人需依关于债务不履行的规定，行使其权利。[130]

适用权利瑕疵担保规范以合同有效为前提，而适用无权处分规范则是合同效力待定。对此，存在冲突说与不冲突说的对立。梁慧星教授认为，出卖他人之物属于《合同法》第51条规定的无权处分合同，不适用《合同法》第150条规定的权利瑕疵担保，为该条但书“法律另有规定的除外”。未征得其他共有人同意而出卖共有物、抵押物、租赁物均不适用《合同法》第51条规定，可适用《合同法》第150条的规定。两条规定之间不存在冲突。[131]

王轶博士认为，即使在遵循效力待定说的背景下，出卖他人之物，合同效力待定，也仅仅是限制了《合同法》第150～152条规定的瑕疵担保义务的适用范围，出卖人不是依据违反权利的瑕疵担保义务，向善意的买受人承担违约责任，而是依据《合同法》第42条的规定负缔约过失责任。但在出卖人交付给买受人的标的物上，存在有第三人的租赁权等具有一定物权效力的债权时，可适用《合同法》第150条的规定。两种制度之间不存在根本性矛盾。[132]

葛云松博士按照构成要件交集理论，主张《合同法》第51条为第150条的特别法，优先适用第51条。笔者认为此说有误。因无权处分属于权利无缺担保类型，[133]在要件构成上，似乎应得出权利瑕疵担保覆盖无权处分的结论。但因无权处分的构成无买受人善意与否的要求，而权利瑕疵担保的构成则有买受人善意的要求，在这点上无权处分又覆盖权利瑕疵担保。可见，它们总是有交集之点，同时又有不重合之处。也就是说，依据构成要件交集理论，无法判断出《合同法》第51条与第150条谁为特别规范。

笔者认为，如果立法目的明确，那么不存在冲突说、不存在根本矛盾说可资赞同。如果立法目的及相关法律规定不明确，可以将问题简单化，直接认定《合同法》第150条为特别法，第51条为普通法，依据特别法优先于普通法的规则适用。如此，《合同法》第51条适用的范围会大大缩小，在买受人等受让人不知道出卖人等转让人无权处分，且无重大过失的情况下，应当适用《合同法》第150条的规定，而不适用《合同法》第51条的规定；只有在买受人等受让人知道或应当知道出卖人等转让人无权处分的场合，才适用第51条的规定。

九、无权处分与善意取得

在无权处分的情况下,处分人于履行期限届满前未取得标的物的处分权,权利人又不追认的,合同无效。但该无效不得对抗善意第三人,即在第三人为善意时,可以适用善意取得制度,该第三人取得标的物的所有权,[134]权利人不得以买卖等合同无效为由阻止善意第三人取得该所有权。这可以防止权利人以善意取得属于继受取得为由而向善意第三人主张所有物返还请求权。其道理、实益都确实、无误,绝不是什么"似是而非"。[135]

于此场合,买卖等合同是否有效?存在相互对立的观点。[136]笔者对于善意取得赞成原始取得说,依此说,无论买卖等合同是否有效,善意受让人均能善意取得标的物的所有权,若采取差额说,还能终局地保有它。因此,笔者赞成这样的观点:善意取得不以买卖等合同有效为前提,买卖等合同有效与否顺其自然。在个案中,若符合有效要件,它就有效;若具备无效的原因,它就无效;若存在可撤销的原因,在撤销权人行使撤销权时,它也归于消灭。

在无权处分合同为赠与情况下,是否适用善意取得?《德国民法典》予以肯定,中国民法的通说持否定态度,王轶博士则提出新说,主张赋予受让人相对于所有权人的先诉抗辩权,在所有权人就无权处分人的财产依法强制执行仍不能补偿其损失前,得拒绝财产的返还。一旦无权处分人能够补偿所有权人的损失,无偿受让人即可取得财产的所有权。[137]笔者仍赞同中国民法的通说,理由如下:(1)在权利人、处分人、受赠人三方关系上,无权处分人不是故意就是过失,无过失的情形(如继承人不知情地继承了混在遗产中的他人的动产,然后将其出卖于第三人)极为罕见,如果受赠人不负任何对价,那么权利人的所有权遭受侵害。显然,从公平正义、维护社会秩序的角度着眼,最应受到保护的是权利人,而非受赠人。不适用善意取得制度,对权利人是最好的保护措施原因如下:一是可以收回其物品及其所有权,尤其是该物品对于权利人非常重要时,更显出其优越性;二是在无权处分人、受赠人的财产不足以清偿数个并存的债权时,权利人亦能优先于债权人而追回其物。至于处分人与受赠人之间的实际交往关系,应在他们两者之间调整,不宜殃及未从中受益的权利人。(2)受赠人无偿受赠,应有承担风险的意识。尤其在法律明文规定无偿行为场合不适用善意取得的背景下,受赠人更应有此风险意识。(3)在无偿受益人与其他权利人的重大利益发生冲突时，无偿受益人应予适当让步，为民法学说所承认。[138]（4）如果受赠人因此受到损害，那么尚有适用《合同法》第 191 条第 2 款规定的机会，向赠与人主张赔偿责任。

十、无权处分与不当得利

（一）无权处分合同有效场合，不成立不当得利

无权处分合同被权利人追认，合同有效，买受人基于买卖合同取得标的物及其所有权，具有合法根据/法律上原因，无权处分人不得主张不当得利，根据合同原则，只能请求价款的支付或违约损害赔偿。

真正的权利人可否主张非给付不当得利？如果向买受人主张，当然不成，因为不具有不当得利的构成要件；如果向无权处分人主张，因符合不当得利的构成要件，自然可以。

从另外的角度分析，也可以得出相同的结论。按照反对不当得利请求权辅助理论的看法，强调给付关系的优先性，认为受利益系基于给付关系的，无成立非给付不当得利的余地。另有学者主张，对于权利人而言，买受人不得以他和无权处分人之间的买卖合同，为其保有标的物所有权的法律依据（债的相对性）；权利人之所以不得向买受人主张非给付的不当得利请求权，其理由系善意取得制度旨在使善意买受人终局、实质地保有其取得的权利。[139]

（二）无权处分合同不被权利人追认与不当得利

无权处分合同不被权利人追认，合同无效。涉及不当得利的，有以下几个问题，需要讨论：

1. 在标的物已经交付或已经办理了不动产的过户登记手续，买受人已经支付价款且为善意场合，权利人只能向无权处分人主张不当得利的返还。仍然受有损失的，再基于侵权行为法向无权处分人主张损害赔偿。当然，权利人也可以径直向无权处分人主张侵权的损害赔偿。于此场合，贯彻差额说，不当得利返还不再是原物的返还，既符合双务合同场合不当得利返还的通说，又符合善意取得系使善意受让人终局地取得标的物所有权的特质。

2. 在标的物已经交付或办理了不动产的过户登记手续，买受人支付了部分价款且为善意场合，买受人取得标的物的所有权。于此场合，贯彻差额说，不当得利返还不是原物的返还，而是差价的返还，既符合双务合同场

合不当得利返还规则的通说，又符合善意取得系使善意受让人终局地取得标的物所有权的特质。

3. 在标的物已经交付或办理了不动产的过户登记手续，买受人未支付价款且为善意场合，买受人取得标的物的所有权，在买受人和出卖人之间是否构成不当得利返还，取决于对“没有合法根据”“无法律上原因”的认定态度。如果善意取得本身就是买受人取得标的物的所有权的法律上原因/合法根据，那么，即使买卖合同因不被真正权利人追认而无效，买受人取得标的物的所有权也仍然具有合法根据/法律上原因，不构成不当得利。正所谓“动产善意取得，法律旨在保护交易安全，使受让人终局保有其权利，故不构成‘不当’得利”。[140]不构成不当得利，便谈不上返还原物的问题。与此不同，如果坚持买受人的债权才是他取得标的物所有权的合法根据/法律上原因，那么，因买卖合同不被真正权利人追认而无效，买受人的债权得而复失，他取得标的物所有权没有合法根据/无法律上原因，构成不当得利。即便如此，也有是彻底贯彻善意取得，使善意受让人终局地取得标的物所有权的原则；还是认为善意取得并非使善意受让人终局地取得标的物所有权，仍须依不当得利返还标的物给真正权利人的问题。如果是前者，不当得利返还就不必是原物返还，而是价值额的返还；如果是后者，则须为原物的返还。

4. 在标的物已经交付或办理了不动产的过户登记手续，买受人未支付价款且为善意场合，买受人取得标的物的所有权，究竟谁可以向买受人主张不当得利返还请求权，存在直接请求权说与双重请求权说的争论。[141]依直接请求权说，原权利人丧失其标的物的所有权，受有损害，得直接向买受人请求返还其所受利益。[142]依双重请求权说，买受人的受益系基于无权处分人的给付，当给付的法律上原因不存在时，为维护当事人间的利益（如同时履行抗辩权），应由无权处分人向买受人主张不当得利，换言之，即无权处分人得向买受人主张将标的物的占有移转于自己，并将标的物的所有权移转于权利人。对权利人而言，无权处分人享有对买受人的不当得利请求权，系受有利益，并无法律上原因，构成不当得利，从而权利人得依不当得利的规定向无权处分人主张返还其对买受人的不当得利请求权（双重不当得利返还请求权）。[143]这两说各有所据，均具有相当说服力。王泽鉴先生认为，双重请求权说强调给付关系，符合不当得利的基本原则，兼顾当事人利益，似较可采。[144]

笔者在赞同上述观点的同时，指出两点：(1)在无权处分人已经实现了不当得利请求权的情形下，不当得利就只存在于权利人与无权处分人之间。(2)在无权处分人已经向受让人明确表示了放弃不当得利请求权场合，权利人不向无权处分人主张侵权损害赔偿请求权，而向买受人主张不当得利请求权，是否允许？笔者持肯定态度，理由如下：其一，买受人只要未支付价款，他与权利人之间构成不当得利关系就是直接请求权说的当然体现，在我国，符合法律的规定(《民法通则》第92条)。其二，这种不当得利关系与无权处分人和买受人之间的不当得利关系不存在相互依存的牵连，其联系仅在于买受人所受利益这一点上。既然如此，一个不当得利关系的消灭不会使另一个不当得利关系灭失。其三，从根本利益角度考虑，真正受有损害的，是权利人；无权处分人只要不向权利人承担侵权责任，就无损害可言。所以，从实质而非形式的层面看问题，不当得利应存在于权利人与买受人之间。这个不当得利更应受到重视，不可因无权处分人的放弃权利的行为而受影响。

(三)善意取得是否为“合法根据”或“法律上的原因”

善意取得是否为“合法根据”或“法律上的原因”？传统理论在这个问题上是前后矛盾的。否定说认为，在买卖等合同无效时，买受人取得标的物所有权系无法律上的原因。[145]肯定说则主张，法律上之原因非专指债之关系而言，法律规定本身亦可作为保有所受利益的法律原因，民法关于善意取得之规定，即其著例。[146]笔者赞成后者，理由如下：(1)我国民法在不当得利的构成上，未使用“无法律上的原因”，而是采用了“没有合法根据”的概念。在寻找取得利益的合法根据时，没有必要像《德国民法典》那样首先去寻找物权变动的原因行为，善意取得是地地道道的取得利益的合法根据。(2)把善意取得作为获得利益的合法根据，有利于重新检讨利益形态及其返还方法，不宜一律固守“首先是原物的返还”。

(四)利益的形态

在原物存在的情况下，得利的表现形态必须为原物，或者说该物的所有权，于是，不当得利的返还须为该原物的返还。依权利的移转方法，将权利移转于受害人(债权人)。这只是德国等民法的立法政策使然，并非不当得利制度所固有的、必备的属性。在这个方面，我国民法关于“利益”及其形态尚未明确界定，没有必要拘泥于《德国民法典》的窠臼。其理由如下：

1. 从利益的定义看，利益不一定为原物。与不当得利的成立要求利益乃个别地、具体地认定不同。在不当得利的返还上，所谓受有利益，是就财产总额计算，以其差额作为一方所受利益，早在罗马法上，就有此类观点。在取得的近因偶然地同一个在法律上不存在或无效的远因相结合而使财产增加的情况下，虽然对物权或债权的取得受到承认，但是，人们允许受损害者为从另一方获得对财产增加部分的返还而提起诉讼。[147]有学者主张，因有一定事实，致使财产总额较诸无此事实当时的财产总额增多，即是受有利益。故法律明认的权利固属利益，其因享有使用、收益、处分的权能获得的财产上利益和权利以外的利益，均属之。[148]据此意见，即通过总额增加来体现得利，就不必然具体到某物的所有权，可以用一定的价值额来表示。

2. 返还不当得利，原物的返还的界定，在一定意义上混淆了债权请求权与物上请求权的区分与功能，抹杀了债权法和物权法的界限与分工。因为原物在法律上主要以所有权来体现，在这个意义上可以说标的物与其所有权具有同一性。由于只有在有体物上才能设定所有权，因而没有必要区分所有权与它的客体。实际上，所有物与所有权常常是可以替代的。[149]也就是说，原物的返还，就是所有权的复归。从受害人角度观察，这是借债权制度收物权制度之效；从受益人方面着眼，是使所有权取得及保有制度形同虚设。这从下文的分析可以看得更清楚。

3. 从善意取得制度的目的及功能实现方面看"首先是原物返还"具有不合理性。通说认为，所有权的取得、他物权的设定等，均为取得的利益。具体到出卖他人之物，买受人善意取得标的物所有权，尚未支付价款场合，不当得利自然是买受人取得的该所有权，故应返还该所有权。[150]如此，不当得利制度一经发挥作用，善意买受人基于善意取得制度获得的所有权转瞬即逝，使善意取得制度的功能丧失殆尽。这意味着对善意取得是表面上肯定，实际上否定。对此，有学者提出如下理由加以辩护：(1)买受人返还不当得利前，他已经取得了标的物的所有权，表明善意取得制度的目的已达到。他基于不当得利而返还标的物与善意取得制度无关。善意取得制度无终局、永久地使买受人取得标的物所有权的目标。[151](2)买受人既然未付代价，法律无必要对其优惠保护，何况其所有权得而复失并未使其受到损害。

对于第一点理由，笔者认为，称善意取得制度无此目标，根据不足。早有学说主张，善意取得制度旨在使善意买受人终局、实质地保有其取得的权利。[152]如果我们灵活地界定不当得利制度中的利益，承认它可以是原物，也可以为其变形物，那么问题便迎刃而解。既然善意取得制度就是让买受人取得标的物的所有权，如果该买受人愿意取得该物的所有权，那么，其不当得利的返还不是原物的返还，而是变形物这种利益的返还，既可达成善意取得制度的目标，又保护了权利人的利益，何乐而不为呢！在买卖等合同因真正权利人的追认而有效的情况下，在善意受让人已经支付了部分价款的场合，不当得利的返还不是原物的返还，而是价值额的返还，理由就更加充分。

对于第二点理由，笔者认为，买受人签订合同必有预期，时常定有利用标的物，进而取得期待利益的计划。于此场合，标的物及其所有权对于买受人显得特别重要。在合同有效场合，法律设置违约责任制度，特别是其中的继续履行(强制实际履行)救济方式，正是对这种合理期待有力保护的体现。在合同不成立、无效、被撤销或不被追认场合，善意取得制度旨在保障买受人取得标的物及其所有权，也是保护买受人合理预期的反映。但是，这些立法目的及其努力因固守“首先是原物返还”而化为泡影。因此，买受人遭受了损失系客观存在，且往往得不到救济。

4. 从利益衡量的角度看，在合同解除无溯及力场合，按原物返还说，不存在不当得利，因为合同仅向将来消灭，故该物及其所有权的取得系基于仍然存续的合同关系，具有法律上的原因。但这显然不合理，若采取原物变形的利益说，则形成不同的结论：取得标的物所有权虽然具有根据，但于未支付相应的对价时，该利益也无合法根据，应构成不当得利。如此处理，才符合公平正义。

5. 对于不当得利的利益，无论是在原物抑或其变形物上把握，都不违反不当得利制度的本质。因为不当得利制度的重心在于调整无法律依据的损益变动，即令受益人返还不当得利，至于该得利的表现形态如何，显然不是关键之点。

6. 实际上，在不当得利制度中，其利益已经在若干领域表现为原物的变形物：(1)在添附场合，不当得利表现为变形物，而非原物及其所有权。这说明利益可以为所有权的变形物。(2)在给付、对待给付同时存在场合，不当得利的返还可以是两个给付之差的返还。(3)在原物转让、消耗的场合，利益的表现形式不是原物，而是原物的代价或其他变形物。(4)在原物有孳息场合，按德国的规定，该原物及其孳息一并返还。显然，孳息不是原物,这再次表明利益的表现形态不限于原物。(5)在所受利益为金钱时,亦可径直认为应予返还的,系金钱价值,而非特定货币本身。[153]

有人说,如此界定利益的形态,是对德国民法上不当得利制度的改变。对此,笔者的回答是,不当得利制度并非起源于德国民法,在它存有弱点时,我们没有必要拘泥于它;我们应当有意识地偏离已知的规则,审慎地采用新的规则,以服从于一种社会需求的力量,新的规则是如此明显而固执,势必推翻古老的惯例,为自己辟出一条新路。[154]已宣布的规则必须被当作尝试性的东西,因为它将要适用的众多不断变化的事实是无法预见的。修正意味着成长,它是法律的生命之所在。[155]

十一、无权处分场合,真正权利人的追认权、催告权、撤销权

无权处分场合,真正权利人对于无权处分合同享有追认权,可以追认该合同,也可以否认该合同。此处的追认权同样属于形成权,应在一定期间内行使;逾此期间,追认权消灭。

《合同法》第 51 条未规定权利人行使追认权的方式和期限,亦未明确受让人是否享有催告权和撤销权。这是由于在无权处分制度中是否配置、如何配置它们,立法时尚无把握,有意留下法律漏洞,有待将来总结经验,继续研究,时机成熟时再予以填补。有观点认为:"从《合同法》第 51 条的内容出发,似乎应当类推第 47 条、第 48 条的规定,赋予相对人催告权和撤销权。"[156]对此,分析如下:

1. 按照《合同法》第 47 条和第 48 条的规定,催告的作用在于确定追认权所适用的除斥期间的起算点,并不否定"追认权经过一定期限后自动消灭"这个事实。换句话说,"追认权经过一定期限后自动消灭"为一层意思,确定该期限的开始时间和终止时间为另一层意思,催告确定该除斥期间的开始时间属于后一层意思。因而,笔者于《合同法》(修订版)[157]中所述"追认权同样应在一定期间内行使,逾此期间,追认权消灭"没有错误,但存在不足,即未提出在一定情况下以催告来确定该除斥期间的起算点。如果葛云松博士批评《合同法》(修订版)未提追认权所适用的除斥期间的起始时间,没有指出在一定情况下采用催告的方式确定此处的除斥期间的起算点,那么,可以心悦诚服地接受。但葛云松博士仅凭《合同法》(修订版)中的这个表述,就指笔者持有"无须相对人的催告,追认权经过一定期限后自动消灭"的观点,值得商榷。葛云松博士这种只要未提"催告",仅

仅表述"追认权经过一定期限后自动消灭",就意味着"无须相对人的催告"的逻辑,笔者确实不知,恐怕不少人也都不遵循。

另外,这里的除斥期间并非在任何情况下都由催告确定起算点,而葛云松博士却有统统以催告来确定该除斥期间的开始时间的意思,值得商榷。这表明《合同法》(修订版)采取慎重态度,没有贸然提出类推《合同法》第47条第2款和第48条第2款的规定,以催告确定无权处分场合追认权的行使期间,反倒比葛云松博士的见解更为可取。

2. 葛云松博士认为,《合同法》(修订版)所述"追认权同样应在一定期间内行使,逾此期间,追认权消灭",就意味着"这里和无权代理之下的追认权的待遇不同"。从他主张类推《合同法》第47条和第48条的规定看,他似乎认为两种制度下的追认权相同。这存在两点可商榷之处:其一,无论是无权代理中的追认权,还是无权处分中的追认权,都"应在一定期间内行使,逾此期间,追认权消灭"。单就这个表述而言,从形式方面着眼,它们不存在差别。葛云松博士仅凭该表述就得出《合同法》(修订版)作了"这里和无权代理之下的追认权的待遇不同"的结论,其逻辑令人费解。其二,就实质来说,如果联系催告权、撤销权、善意取得等来考虑,《合同法》第51条所涉及的追认权在存在条件、期间等方面确实有别于无权代理中的追认权。葛云松博士忽视了这种差别,值得注意。

3. 出卖物所有权人并非在任何情况下都享有追认权,受让人亦非总是享有催告权和撤销权。

在受让人为善意的情况下,适用善意取得制度,按照"受让人的善意可以补正无权处分人处分权的欠缺,从而使无权处分行为例外地成为有效行为"[158]的观点,法律即使赋予出卖物所有权人追认权,也无实际价值;同时,该权利人自始无拒绝追认权。这种情况也可以说成出卖物所有权人无追认权。如果采取"受让人的善意仅可补足权利取得的缺陷,而不能补正无权处分行为效力的欠缺"[159]的见解,那么出卖物所有权人的追认权的行使,使无权处分的合同有效,与受让人的善意取得出卖物所有权相一致,最为理想。反之,出卖物所有权人不予追认,使无权处分的合同无效,但左右不了受让人取得出卖物的所有权,在不当得利返还不以返还原物为必要的制度下,对于出卖物所有权人和受让人而言,除了使法律关系复杂化以外,没有积极意义。

在无权处分人和受让人均为恶意,且构成恶意串通的情况下,损害了出卖物所有权人的合法权益,是否适用《民法通则》第58条第1款第4项、《合同法》第52条第2项关于恶意串通,损害第三人利益的,合同无效的规定?关键在于如何理解第三人的含义。

如果此处所谓第三人是指不特定多数人,那么,在无权处分场合,真正的权利人是特定第三人,于是,无权处分人和受让人恶意串通时所签订的合同不适用《民法通则》第58条第1款第4项、《合同法》第52条第2项的规定。也就是说,无权处分的合同并非绝对无效,而是适用《合同法》第51条的规定,其效力未定,由法律配置追认权、催告权乃至撤销权,该合同的效力主要取决于出卖物所有权人的意思,效果更佳。在无权处分人和受让人虽然均为恶意,但不构成恶意串通的情况下,无权处分的合同就更不适用《民法通则》第58条第1款第4项、《合同法》第52条第2项的规定,而适用《合同法》第51条的规定,处于效力未定的状态。在上述情况下,出卖物的所有权人享有追认权具有积极意义。若追认,则无权处分的合同有效,受让人取得出卖物的所有权,同时有义务支付价款;若拒绝追认,则无权处分的合同无效,因受让人为恶意,不适用善意取得制度,故出卖物所有权仍属于出卖物的所有权人,在受让人已经占有该物时,受让人负返还该物的义务。于此场合,法律赋予受让人催告权,对于尽快结束无权处分合同的效力不确定状态显然必要。至于撤销权是否赋予受让人,宜区别情况而定,在受让人明知无权处分的情况下,还赋予他撤销权,与法律不保护恶意之人的法谚相左,不宜采纳;在受让人不知无权处分的情况下,可以赋予他撤销权。

如果《民法通则》第58条第1款第4项、《合同法》第52条第2项所谓第三人,是指特定的第三人,在无权处分场合即为出卖物的所有权人,那么,在无权处分人和受让人均为恶意,且构成恶意串通的情况下,所签订的无权处分的合同则适用于《民法通则》第58条第1款第4项、《合同法》第52条第2项的规定,该合同绝对无效,出卖物所有权人便无追认权,受让人也无催告权和撤销权。

4. 催告权及其行使的条件。在受让人为善意,适用善意取得制度的情况下,受让人往往不知存在无权处分,故谈不上催告或撤销。即使后来知道了存在无权处分的事实,因无论出卖物所有权人追认与否均不影响取得出卖物的所有权,故受让人也无催告的动力,受让人愿意取得出卖物所有权时,作为一个理性人也不会行使撤销权。假若受让人进行催告,那么在无权处分行为历时过久的情况下，出卖物所有权人果真否认无权处分的合同效力，那么会引起社会秩序紊乱；受让人行使撤销权会导致同样的后果。只有在无权处分的合同签订不太久的情况下，赋予受让人催告权和撤销权才是适当的。

由此可见，所谓在无权处分场合，类推适用《合同法》第47、48条的规定，赋予受让人催告权和撤销权的观点，[160]至少犯了以偏概全的错误。

追认的表示可以直接向受让人作出，也可向无权处分人作出。《合同法》未明文规定该追认权的除斥期间及其起算点的确定标准，也未规定受让人是否享有催告权和撤销权，构成法律漏洞，需要填补。

十二、无权处分情况下各方利益的衡量

（一）权利人的利益状态

在无权处分情况下，合同效力的类型对当事人的利益状态有何影响呢？《合同法》第51条规定合同效力待定，是否有利于权利人？这取决于诸多因素。比较无权处分合同有效说的，效力未定说显然有利于权利人。无权处分合同有效说认为，在买受人为恶意场合，只要权利人不予追认，即可基于所有物返还请求权主张标的物的返还，权利人处于有利位置。效力未定说认为，在买受人为善意场合，善意取得如果采取继受取得说，那么只有在买卖等合同有效时，善意买受人才能保持住买卖物，阻断出卖人基于其所有权而追及至该物的效力。在这种理论背景下，无权处分的合同按效力待定处理，如果权利人不追认该合同，其还以向买受人主张该物的返还，此做法对权利人有利。

在立法论的层面上，效力待定说可以同物权变动不生效力说比较。就对权利人的保护而言，两说的效果基本相同。[161]既然如此，我们应该遵循民法解释学的规则，通过解释以有助于《合同法》第51条的适用，而不宜因合同效力未定说在所有权的保护上未给权利人带来哪怕一点点好处，[162]就设法改变现行法关于效力待定的规定。

（二）买受人的利益状态

就买受人取得标的物所有权而言，只要承认善意取得制度并采纳原始取得说，适度扩张差额说的应用范围，那么，无论买卖等合同有效与否，也不管采纳效力待定说抑或物权变动不生效力说，善意买受人就均能取得标的物的所有权。两说的效果不分伯仲。

就买受人对于无权处分人的损害赔偿请求权而言,在物权行为效力待定说、物权变动不生效力说的架构下,均可成立违约损害赔偿,并且可以是履行利益的赔偿。在效力待定说的背景下,买受人可以基于缔约过失责任主张信赖利益的赔偿。如同本文第五部分"无权处分与自始不能"中所述,一般来说,前者对于买受人比较有利,但有时两者没有区别,从发展的角度看问题,更是如此。

一种观点认为,在保护相对人方面,效力待定说不如物权变动不生效力说。[163]这明显绝对化了,不符合事实。无权处分,除权利人追认和债务人于缔约后取得处分权以外,合同构成不能,归于无效,可以使当事人从交易目的必定落空的合同束缚中尽早解脱出来,抓住商机,达成新的交易,实现合同目的,取得最佳效益。若不分情况,合同都一律有效,善意受让人就需要等待,尤其在他无多余的资金场合,即使遇到理想的标的物及价款,也往往不敢成立这一新交易,因为一旦"无权处分人"能够履行也主张履行无权处分合同时,善意受让人因已经把价款用于新交易而不能按时向"无权处分人"支付价款,从而承担违约责任。这表明,效力待定说对于受让人亦有有利的一面。

总结上文,所讨论问题的要害和核心是,将《合同法》第 51 条的规定解释为买卖等合同的效力待定,在标的物的物权人不予追认或无权处分人在订立后未取得处分权的情况下,会使交易的相对人无法依据合同约定追究违约金责任,或不能请求履行利益的损害赔偿;而将其解释为买卖等合同不因欠缺处分权而无效,则会使交易相对人可以请求无权处分人支付违约金或赔偿履行利益的损失。两相比较,后者可使交易相对人请求无权处分人支付违约金或赔偿履行利益的损失,前者只能使交易相对人请求无权处分人赔偿信赖利益的损失。从功能方面观察,两者的差别仅此而已。如果站在优惠保护交易相对人的立场,且遵循逻辑,则必须承认物权行为理论。这是韩世远教授等物权行为论者的观点。如果站在优惠保护交易相对人的立场,不顾逻辑,则可在不承认物权行为理论的背景下,硬性地令买卖等合同不受处分权欠缺的影响。这是法释[2009]5 号第 15 条的方案。如果遵循逻辑,寻求立法计划和立法目的,则在中国现行法没有承认物权行为理论的背景下,只能说买卖等合同的效力因处分权的欠缺而受影响。这是梁慧星教授和笔者等学者的立场。

梁慧星教授和笔者等学者的立场,不利于交易相对人,当然,在无权处分损害社会公共利益或者双方恶意串通损害国家利益、集体利益或第三人的合法权益，或者所处分的他人之物为禁止流通物致使无权处分合同成为违反法律、行政法规的强制性规定时，买卖等合同应归无效；在违约损害赔偿采取抽象的计算方法和请求信赖利益的赔偿时，不存在这个缺点。也就是说，所谓不利于交易相对人，在实际上远远轻于表面上的印象。这种观点的优势在于，遵循了《合同法》的立法计划和立法目的，坚守了法律逻辑，照顾了法律体系的和谐，做到了制度安排的衔接，符合法解释学的规则及理论。

韩世远教授等学者的观点，有利于交易相对人，但其代价极为昂贵：无视《合同法》等中国现行法的立法计划和立法目的，硬性地宣布中国现行法确立了物权行为制度，使若干制度及规定（如《合同法》第 52 条第 4 项规定的损害社会公共利益的合同无效、第 54 条第 1 款第 1 项规定的重大误解、第 58 条规定的无效或被撤销的后果、第 97 条规定的解除后果等）无法自圆其说。这种观点的所谓符合逻辑，也仅仅是符合无权处分场合的小逻辑，却抛弃了体系和谐、制度及规则相互衔接的大逻辑。

韩世远教授所著的《合同法总论》（第 2 版）中以下评论耐人寻味：他言明“在讨论无权处分问题过程中，由于涉及处分、处分行为、负担行为、物权行为、债权行为之类的概念，加之我国通说理论上并不接受物权行为独立性及无因性理论，使这一话题变得高度敏感，大有使这一问题简单化为不采通说见解即采‘物权行为理论’的态势”。[164]随后若定地告诫“其实大可不必如此紧张，如果平和地看待这一问题……”最后列举《国际商事合同通则》（PICC）、《欧洲合同法原则》（PECL）、《日本民法典》规定无权处分的合同有效，但并未采纳物权行为理论。[165]这似乎在证明他关于“无权处分的讨论与物权行为无因性理论没有必然联系”的断语。

在这里，至少存在以下问题：其一，关于我国《合同法》第 51 条规定的争论，不是梁慧星教授、王利明教授、笔者等学者而是韩世远教授等学者引发的。韩世远教授先是发表论文，称《合同法》第 51 条所言合同为处分行为以及所谓效力待定是处分行为的效力待定，负担行为的效力不受处分权欠缺的影响。[166]其后的著作承继这个观点。[167]同时，他承认《合同法》第 2 条所用合同概念包含物权合同。[168]在同时承认物权合同、债权合同、负担行为、处分行为的理论体系下，能否认物权行为即为一种处分行为吗？刘家安博士等相当多的学者更是直接按照物权行为理论批评我国《合同法》第

51 条的规定。梁慧星教授等学者是在回应这些意见,而非在比较《国际商事合同通则》《欧洲合同法原则》《日本民法典》第 560 条与中国《合同法》第 51 条的规定。如此,当然在处分行为、负担行为、物权行为、债权行为的效力与处分权之间的关系方面发表意见,澄清中国《合同法》第 51 条的规定非指处分行为、物权行为的效力待定。也就是说,造成"不采通说见解即采'物权行为理论'的态势"的始作俑者,是韩世远教授等物权行为论者,而非梁慧星教授等人。这是不争的事实,不容误导。其二,在本文第三部分"买卖等合同可以含有物权变动的效果意思"中,已述及梁慧星教授等学者对《合同法》第 51 条规定的解释,不是凭其主观好恶而曲解我国现行法的规定,只是在客观地陈述《合同法》第 51 条的立法本意。这并非梁慧星教授、王利明教授以及笔者等学者故意"标新立异、特立独行",而是中国《合同法》"标新立异、特立独行"。其实,韩世远教授不乏标新立异、特立独行的观点,其合同解除场合发生基于解除权行使的行为(法律行为)的物权变动,[169]即为一例。其三,韩世远教授时常用国际潮流、多数立法例的选择等理由来论证其观点,批评中国法的特色,反驳他人的观点,但其选择性也十分明显。他自己在"标新立异、特立独行"或借鉴境外学者的极少数说时,却忘记了国际潮流、多数立法例的选择。这样,其国际潮流、多数立法例的选择的论证思路及逻辑力量就大打折扣了。其四,韩世远教授对"把问题逻辑化并通过语言表现出来"情有独钟,但未贯彻始终。对《国际商事合同通则》《欧洲合同法原则》《日本民法典》第 560 条视出卖他人之物的合同为有效持赞同态度,即为一例。韩世远教授盛赞处分行为与负担行为的区分为利器,坚持处分行为需要处分权,并坚信处分行为引发物权变动。循此逻辑,在不区分处分行为与负担行为的架构下,买卖合同集处分行为和负担行为的任务于一身,不但产生债权债务,而且肩负着引发物权变动的重任。这样,买卖合同就得吸纳处分行为需要处分权的要素,于是,欠缺处分权,买卖合同的效力应受影响。可是,这样的逻辑在《国际商事合同通则》《欧洲合同法原则》《日本民法典》第 560 条上消失殆尽,与韩世远教授所钟情的逻辑化不符,可他却持赞同态度。其五,韩世远教授所谓"平和",不知何意,若指语句的表达,笔者在论争方面的文字没有出格、刺激的话语,韩世远教授批评他人及其学术观点时却用"阉割""死胡同""打太极拳""掩耳盗铃"等激烈措辞,不知是否平和;若指态度,笔者运用法解释学的规则及理论,解释中国现行法,并承认条条道路通罗马，对于出卖他人之物的解决方案乃基于《合同法》第51条的规定、《合同法》的立法计划、立法目的、法律体系，反观韩世远教授等学者对其观点则有优越感，平和不足。韩世远教授所谓“紧张”，不知从何谈起。且其挑起论争，我们澄清客观真实，切磋争鸣，从法律人平等地讨论学术问题的角度衡量，不是正常的吗？难道面对曲解中国现行法本意的解释而默不作声才算不紧张吗？

说明了上述五点，也就明白了法释[2009]5号第15条和法释[2012]8号第3条的症结，即该规定有利于交易相对人，但不符合逻辑。对此，可持反对态度，因该规定违反《合同法》第51条的规定，违背了下位阶规范不得抵触上位阶规范的规则；也可持赞同态度，因它已经颁行，且有利于交易相对人。在此类问题上，笔者与韩世远教授的分歧在于，笔者尽量满足形式逻辑的要求，但在利益衡量与形式逻辑无法兼顾的情况下，明确承认牺牲形式逻辑，而非遮遮掩掩。

另外，韩世远教授对“把问题逻辑化并通过语言表现出来”情有独钟，但未贯彻始终，还有若干表现。例如，其“解释论不采物权行为无因性理论，仅接受处分行为、负担行为之类概念为分析范畴，通常对买卖等合同无须具体区分债权行为与物权行为，仅在个别场合（如此处确需作限缩解释场合）作进一步的区分，不会使整个合同法的体系出现裂痕”。[170]此言差矣，因为物权行为与债权行为的区分，并非限于解决局部问题的思维路径和分析方法，只要采纳它，本质上就要遍及于全部法律行为领域，而非应用于个别场合。它关乎整个法律的结构以及一系列的制度及规则的安排。正所谓物权行为原则系物权法的基本原则，且为其中的结构原则，而一部法律的基本原则乃对该法材料的构造起准则性作用，构成全部——除去个别例外——法律规范的基础。[171]这表明韩世远教授仅仅为了解决《合同法》第51条的规定以及尚未点明的“个别场合”的问题，不是采取法释[2009]5号第15条的方式，而是对立法本意视而不见地引入本质上“构成全部——除去个别例外——法律规范的基础”的处分行为与负担行为，实质上也是物权行为与债权行为，目的与手段不太适应。不仅如此，他也担心完全采取处分行为与负担行为区分的分析方法会导致“整个合同法的体系出现裂痕”，同时明确而坚决地“仅在个别场合”作处分行为与负担行为的区分。在笔者看来，将本质上应用于全部法律行为的处分行为与负担行为的区分人为地限于“个别场合”，本身就欠缺一定的逻辑化。

注释

1 梁慧星:《如何理解合同法第五十一条》,载《人民法院报》2000 年 1 月 8 日。

2 王利明:《物权法研究》,中国人民大学出版社 2002 年版,第 182 页。

3 丁文联:《无权处分与合同效力》,载《南京大学法律评论》1999 年总第 12 期。

4 韩世远:《无权处分与合同效力》,载《人民法院报》1999 年 11 月 23 日。

5 刘家安:《买卖的法律结构》,中国政法大学 2001 年博士学位论文。

6 葛云松:《论无权处分》,载梁慧星主编:《民商法论丛》(第 21 卷),金桥文化出版(香港)有限公司 2001 年版,第 185 ~ 292 页。

7 王轶:《物权变动论》,中国人民大学出版社 2001 年版,第 209 ~ 217 页。

8 崔建远:《新合同法若干制度及规则的解释与适用》,载《法律科学》2001 年第 3 期。

9 崔建远:《无权处分合同的效力、不安抗辩、解除及债务承担》,载《法学研究》2013 年第 6 期。

10 郑玉波:《论不为给付与不为完全之给付》,载郑玉波主编:《民法债编论文选辑》(中),五南图书出版有限公司 1984 年版,第 711 ~ 721 页。

11 参见黄茂荣:《法学方法与现代民法》,中国政法大学出版社 2001 年版,第 276 页。

12 王泽鉴:《民法学说与判例研究》(第 4 册),中国政法大学出版社 1998 年版,第 136 ~ 137 页。

13 [德]迪特尔・梅迪库斯:《德国民法总论》,邵建东译,法律出版社 2000 年版,第 168 页。

14 王泽鉴:《民法学说与判例研究》(第 5 册),中国政法大学出版社 1998 年版,第 59 页。

15 史尚宽:《物权法论》,荣泰印书馆股份有限公司 1979 年版,第 143 页。

16 [德]卡尔・拉伦茨:《德国民法通论》(下册),王晓晔、邵建东、程建英、徐国建、谢怀栻译,谢怀栻校,法律出版社 2003 年版,第 440 页。

17 丁文联:《无权处分与合同效力》,载《南京大学法律评论》1999 年秋季号(总第 12 期);韩世远:《无权处分与合同效力》,载《人民法院报》1999 年 11 月 23 日。

18 全国人大法制工作委员会民法室:《〈中华人民共和国合同法〉与国内外有关合同规定条文对照》,法律出版社 1999 年版,第 37 页。

19 例如,我国《合同法》第 117 条、第 118 条和《日本民法典》第 419 条第 3 项都规定了不可抗力这个免责条件或曰抗辩事由,但我国《合同法》规定的不可抗力不包括第三人的行为等通常事变,而《日本民法典》第 419 条第 3 项所谓“不可抗力”,并不能从严格意义上来看待,应当理解为“不能归责于债务人之事由”的同义语([日]於保不二雄:《日本民法债权总论》,庄胜荣校订,五南图书出版有限公司 1998 年版,第 89 页)。

20 梁慧星:《如何理解合同法第五十一条》,载《人民法院报》2000 年 1 月 8 日;王胜明:《物权法制定过程中的几个重要问题》,载《法学杂志》2006 年第 1 期。

21 谢怀栻等:《合同法原理》,法律出版社 2000 年版,第 102 ~ 105 页;梁慧星:《民法学说、判例与立法研究》(二),国家行政学院出版社 1999 年版,第 122 页;王利明:《物权法研究》,中国人民大学出版社 2002 年版,第 160 页。

22 王胜明:《物权法制定过程中的几个重要问题》,载《法学杂志》2006 年第 1 期;王胜明:《关于物权法若干问题的思考》,2005 年 10 月 25 日,中国人民大学逸夫会议中心二层报告厅。载中国法学会民法学研究会、中国人民大学法学院、广东省律师协会编:《中国物权法疑难问题研讨会论文集》,2005 年 12 月 7 日,第 21 页。

23 Larenz, *Methodenlehre der Rechtswissenschaft*, 4, Aufl. 1979, S. 315f. 转引自王泽鉴:《民法学说与判例研究》(第 3 册),中国政法大学出版社 1998 年版,第 56 页。

24 王泽鉴:《民法学说与判例研究》(第 3 册),中国政法大学出版社 1998 年版,第 56 ~ 57 页。

25 [日]我妻荣:《日本物权法》,有泉亨修订,李宜芬校订,五南图书出版有限公司 1999 年版,第 54 页。

26 苏永钦:《跨越自治与管制》,五南图书出版有限公司 1999 年版,第 223 页。

27 苏永钦:《跨越自治与管制》,五南图书出版有限公司 1999 年版,第 224 页。

28 对这一思想的阐述,参见梁慧星:《如何理解合同法第五十一条》,载《人民法院报》2000 年 1 月 8 日;王轶:《物权变动论》,中国人民大学出版社 2001 年版,第 209 页。

29 [日]我妻荣:《日本物权法》,有泉亨修订,李宜芬校订,五南图书出版有限公司 1999 年版,第 51 ~ 52 页。

30 王泽鉴:《债法原理 · 不当得利》(总第 2 册),三民书局 1999 年版,第 105 页。

31 [德]鲍尔/施蒂尔纳:《德国物权法》(上册),张双根译,法律出版社 2004 年版,第 86 页、第 88 页。

32 苏永钦:《跨越自治与管制》,五南图书出版有限公司 1999 年版,第 274 ~ 277 页。

33 [德]曼弗雷德 · 沃尔夫:《物权法》,吴越、李大雪译,法律出版社 2002 年版,第 230 页。

34 苏永钦:《跨越自治与管制》,五南图书出版有限公司 1999 年版,第 223 ~ 224 页。

35 参见谢在全:《民法物权论》(上册),中国政法大学出版社 1999 年版,第 64 页。

36 [日]我妻荣:《日本物权法》,有泉亨修订,李宜芬校订,五南图书出版有限公司 1999 年版,第 52 ~ 53 页。

37 [日]我妻荣:《日本物权法》,有泉亨修订,李宜芬校订,五南图书出版有限公司 1999 年版,第 53 页。

38 [日]星野英一:《民法概论》(Ⅱ)(1980 年)。转引自我妻荣:《日本物权法》,有泉亨修订,李宜芬校订,五南图书出版有限公司 1999 年版,第 53 页。

39 [日]高岛平臧:《物权法制的基础理论》,敬文堂 1986 年版,第 69 页以下。转引自陈华彬:《论基于法律行为的物权变动》,载梁慧星主编:《民商法论丛》(第 6 卷),

法律出版社 1997 年版，第 97 页。

40　苏永钦：《跨越自治与管制》，五南图书出版有限公司 1999 年版，第 228 页、第 225 页。

41　韩世远：《合同法总论》，法律出版社 2008 年版，第 195 页。

42　韩世远：《合同法总论》，法律出版社 2008 年版，第 196 页。

43　葛云松：《论无权处分》，载梁慧星主编：《民商法论丛》（第 21 卷），金桥文化出版（香港）有限公司 2001 年版，第 191 页。

44　必须说明，《物权法》实施之前，适用《合同法》第 133 条关于动产物权的变动可由当事人约定的规定，此处“其一”，是完全成立的。《物权法》第 23 条关于动产物权的变动以交付为生效要件的规定发生法律效力之后，若认为《物权法》第 23 条的规定非强制性规定，那么，《合同法》第 133 条关于动产物权的变动可由当事人约定的规定就依然有效，特定物买卖场合仍可由当事人双方约定买卖无所有权移转的时间点。如果认为《物权法》第 23 条的规定系强制性规定，那么，《合同法》第 133 条关于动产物权的变动可由当事人约定的规定即不再有效，因此，特定物买卖场合发生物权变动也需要交付，而不得仅仅依赖双方当事人之间的合意。笔者坚持《物权法》第 23 条的规定为非强制性规定的观点。

45　葛云松：《论无权处分》，载梁慧星主编：《民商法论丛》（第 21 卷），金桥文化出版（香港）有限公司 2001 年版，第 199～202 页。

46　梁慧星：《如何理解合同法第五十一条》，载《人民法院报》2000 年 1 月 8 日。

47　葛云松：《论无权处分》，载梁慧星主编：《民商法论丛》（第 21 卷），金桥文化出版（香港）有限公司 2001 年版，第 224～231 页；谢鸿飞：《法律行为的民法构造：民法科学和立法技术的阐释》，中国社会科学院研究生院 2002 年博士学位论文。

48　葛云松：《论无权处分》，载梁慧星主编：《民商法论丛》（第 21 卷），金桥文化出版（香港）有限公司 2001 年版，第 226～230 页。

49　史尚宽：《民法总论》，正大印书馆 1980 年版，第 334 页。洪逊欣：《中国民法总则》（第 11 版），三民书局 1981 年版，第 288 页。转引自葛云松：《论无权处分》，载梁慧星主编：《民商法论丛》（第 21 卷），金桥文化出版（香港）有限公司 2001 年版，第 239 页。

50　史尚宽：《民法总论》，正大印书馆 1980 年版，第 334 页。洪逊欣：《中国民法总则》，三民书局 1981 年版，第 288 页。转引自葛云松：《论无权处分》，注 21，载梁慧星主编：《民商法论丛》（第 21 卷），金桥文化出版（香港）有限公司 2001 年版，第 239 页。

51　史尚宽：《民法总论》，正大印书馆 1980 年版，第 334 页。

52　洪逊欣：《中国民法总则》，三民书局 1981 年版，第 288 页。转引自葛云松：《论无权处分》，注 21，载梁慧星主编：《民商法论丛》（第 21 卷），金桥文化出版（香港）有限公司 2001 年版，第 239 页。

53　王泽鉴：《民法总则》，三民书局 2000 年版，第 284 页。

54 [德]卡尔·拉伦茨:《德国民法通论》(下册),王晓晔、邵建东、程建英、徐国建、谢怀栻译,谢怀栻校,法律出版社2003年版,第439页。

55 当然,有学者认为,具有代为清偿的能力不是作为保证人的要件。参见李国光等:《〈最高人民法院关于适用《中华人民共和国担保法》若干问题的解释〉理解与适用》,吉林人民出版社2000年版,第95~99页。

56 周大伟:《技术合同法导论》,中国人民大学出版社1988年版,第160页、第224~226页。

57 资料来源:《人民法院报》2002年8月13日,第5版。

58 葛云松:《论无权处分》,载梁慧星主编:《民商法论丛》(第21卷),金桥文化出版(香港)有限公司2001年版,第191~192页。

59 葛云松:《论无权处分》,载梁慧星主编:《民商法论丛》(第21卷),金桥文化出版(香港)有限公司2001年版,第210页。

60 葛云松:《论无权处分》,载梁慧星主编:《民商法论丛》(第21卷),金桥文化出版(香港)有限公司2001年版,第208页。

61 [罗马]杰尔苏:《学说汇纂》(第8编),转引自桑德罗·斯契巴尼选编:《契约之债与准契约之债》,丁玫译,中国政法大学出版社1998年版,第393页。

62 [罗马]保罗:《论萨宾》(第5编),转引自桑德罗·斯契巴尼选编:《契约之债与准契约之债》,丁玫译,中国政法大学出版社1998年版,第393页。

63 董安生等编译:《英国商法》,法律出版社1991年版,第99~100页。

64 (1856),5 H. L. C. 673. 转引自杨桢:《英美契约法论》(第4版),北京大学出版社2007年版,第204~205页。

65 洪逊欣:《中国民法总则》,三民书局1981年版,第331页。转引自王泽鉴:《民法学说与判例研究》(第1册),中国政法大学出版社1998年版,第396~397页。

66 孙森焱:《论给付不能》,载《固有法制与现代法学》(戴炎辉先生七秩华诞祝贺论文集),1978年,第469页以下;德国学者持此说者有Stammler, Dernburg与Carolsfeld等著名学者。转引自王泽鉴:《民法学说与判例研究》(第3册),中国政法大学出版社1998年版,第53~55页。

67 梁慧星:《买卖合同特别效力解释规则之创设——买卖合同解释(法释[2012]8号)第3条解读》,载http://article.chinalawinfo.com/Article_Detail.asp?ArticleID=71811,最后访问时间:2013年4月23日。

68 最高人民法院民事审判第二庭编著:《最高人民法院关于买卖合同司法解释理解与适用(条文·释义·理由·案例)》,人民法院出版社2012年版,第77~81页。

69 这是最高人民法院的若干法官在宣讲法释[2012]8号第3条时所持的观点。

70 韩世远:《合同法总论》,法律出版社2008年版,第193页。

71 韩世远:《合同法总论》,法律出版社2008年版,第194页。

72 韩世远:《合同法总论》,法律出版社2008年版,第194页。

73 [德]鲍尔/施蒂尔纳:《德国物权法》(上册),张双根译,法律出版社2004年版,第11页。

74 参见王泽鉴:《民法学说与判例研究》(第3册),中国政法大学出版社1998年版,第53页。

75 D50,17,85; Emmerich,S.5.转引自王泽鉴:《民法学说与判例研究》(第3册),中国政法大学出版社1998年版,第57~58页。

76 Larenz,*Schuldrecht*,Bd. I. Allgemeiner Teil 1976,11 S.88.转引自王泽鉴:《民法学说与判例研究》(第3册),中国政法大学出版社1998年版,第59页。

77 Larenz,*Schuldrecht*,Bd. I. Allgemeiner Teil 1976,11 S.88.转引自王泽鉴:《民法学说与判例研究》(第3册),中国政法大学出版社1998年版,第53页。

78 Larenz,*Schuldrecht*, Bd. I,S.88,转引自王泽鉴:《民法学说与判例研究》(第3册),中国政法大学出版社1998年版,第58~59页。

79 谢鸿飞:《法律行为的民法构造:民法科学和立法技术的阐释》,中国社会科学院研究生院2002年博士学位论文。

80 韩世远:《合同法总论》,法律出版社2008年版,第195页。

81 [德]鲍尔/施蒂尔纳:《德国物权法》(上册),张双根译,法律出版社2004年版,第96页。

82 王泽鉴:《民法学说与判例研究》(第1册),中国政法大学出版社1998年版,第268页。

83 对于无行为能力人签订的合同,笔者倾向于类推《合同法》第47条关于限制行为能力人签订的合同效力待定的规定,作为效力待定的合同处理。

84 [德]迪特尔·梅迪库斯:《德国民法总论》,邵建东译,法律出版社2000年版,第182~183页。

85 [德]迪特尔·梅迪库斯:《德国民法总论》,邵建东译,法律出版社2000年版,第142~145页。

86 Guenter H. Treitel,*Remedies for Breach of Contract*(*Courses of Action Open to a Party Aggrieved*), International Encyclopedia of Comparative Law(Chapter 16),Mouton, The Hague,and J. C. B. Mohr(Paul Siebeck),Tübingen,53,54(1976);[美]E.艾伦·范斯沃思:《美国合同法》,葛云松、丁春艳译,中国政法大学出版社2004年版,第778页;韩世远:《违约损害赔偿研究》,法律出版社1999年版,第165~168页。

87 刘贵祥:《关于审理外商投资企业纠纷案件若干问题的规定简介》,第10页。资料来源:中国国际经济贸易仲裁委员会秘书局。

88 96 Eng. Rep. 635(C. P. 1776);[美]E.艾伦·范斯沃思:《美国合同法》,葛云松、丁春艳译,中国政法大学出版社2004年版,第779页。

89 [美]E.艾伦·范斯沃思:《美国合同法》,葛云松、丁春艳译,中国政法大学出版社2004年版,第779页。

90 Patrick. S. Atiyah, *The Rise and Fall of Freedom of Contract*, Oxford, Clarendon Press, 1979, p. 716.

91 Patrick. S. Atiyah, *The Rise and Fall of Freedom of Contract*, Oxford, Clarendon Press, 1979, pp. 778, 771.

92 [美]L. L. 富勒、小威廉 R. 帕杜:《合同损害赔偿中的信赖利益》,韩世远译,中国法制出版社 2004 年版,第 134 页。

93 [美]L. L. 富勒、小威廉 R. 帕杜:《合同损害赔偿中的信赖利益》,韩世远译,中国法制出版社 2004 年版,第 141 页。

94 [美]E. 艾伦・范斯沃思:《美国合同法》,葛云松、丁春艳译,中国政法大学出版社 2004 年版,第 833 页。

95 [美]L. L. 富勒、小威廉・R. 帕杜:《合同损害赔偿中的信赖利益》,韩世远译,中国法制出版社 2004 年版,第 21 页。

96 [美]E. 艾伦・范斯沃思:《美国合同法》,葛云松、丁春艳译,中国政法大学出版社 2004 年版,第 99 页。

97 [美]L. L. 富勒、小威廉・R. 帕杜:《合同损害赔偿中的信赖利益》,韩世远译,中国法制出版社 2004 年版,第 43 页。

98 [日]高森八四郎:《瑕疵担保责任与制造物责任》,载[日]远藤浩、林良平、水本浩监修:《现代契约法大系・现代契约的法理》(总第 2 卷),有斐阁 1984 年版,第 150~151 页。

99 [日]远藤浩、林良平、水本浩监修:《现代契约法大系・现代契约的法理》(总第 2 卷),有斐阁 1984 年版,第 151 页。

100 [日]远藤浩、林良平、水本浩监修:《现代契约法大系・现代契约的法理》(总第 2 卷),有斐阁 1984 年版,第 151 页。

101 [美]L. L. 富勒、小威廉・R. 帕杜:《合同损害赔偿中的信赖利益》,韩世远译,中国法制出版社 2004 年版,第 44 页。

102 [美]L. L. 富勒、小威廉・R. 帕杜:《合同损害赔偿中的信赖利益》,韩世远译,中国法制出版社 2004 年版,第 135 页。

103 [美]L. L. 富勒、小威廉・R. 帕杜:《合同损害赔偿中的信赖利益》,韩世远译,中国法制出版社 2004 年版,第 162~163 页。

104 See Grant Gilmore, *The Death of Contract*, 1974. 转引自曹士兵、姚建宗、吴巍译文,载梁慧星主编:《民商法论丛》(第 3 卷),法律出版社 1995 年版,第 280~281 页。

105 Patrick. S. Atiyah, *The Binding Nature of Contractual Obligations*, *Contract Law Today* (Anglo – French Comparisons), Edited by Donald Harris & Denis Tallon, Oxford, Clarendon Press, 1989, p. 30.

106 Patrick. S. Atiyah, *The Rise and Fall of Freedom of Contract*, Oxford, Clarendon Press, 1979, pp. 761, 764, 771.

107 [1964]A. G. 465.

108 Patrick. S. Atiyah, *The Rise and Fall of Freedom of Contract*, Oxford, Clarendon Press, 1979, p. 773.

109 Patrick S. Atiyah, *The Binding Nature of Contractual Obligations*, *Contract Law Today* (Anglo – French Comparisons), Edited by Donald Harris & Denis Tallon, Oxford, Clarendon Press, 1989, p. 25.

110 德国民法立法理由书亦采此见解。转引自王泽鉴:《民法学说与判例研究》(第 3 册),中国政法大学出版社 1998 年版,第 63 页。

111 Oertmann, AcP 140, 148f. 转引自王泽鉴:《民法学说与判例研究》(第 3 册),中国政法大学出版社 1998 年版,第 62 ~ 63 页。

112 Larenz, *Schuldrecht*, *Bd.* S. 91. 转引自王泽鉴:《民法学说与判例研究》(第 3 册),中国政法大学出版社 1998 年版,第 63 页。

113 Gaudian, NJW1971, 1279; Evans v. Krehek, AcP 177, 35; Esser – Schmidt, S. 244; Emmerich, S. 39; Kornblum, *Falle zum Allgemeinen Schuldrecht*, 1978, S. 54f. 转引自王泽鉴:《民法学说与判例研究》(第 3 册),中国政法大学出版社 1998 年版,第 63 页。

114 洪逊欣:《中国民法总则》,三民书局 1981 年版,第 331 页。转引自王泽鉴:《民法学说与判例研究》(第 1 册),中国政法大学出版社 1998 年版,第 396 ~ 397 页。

115 孙森焱:《论给付不能》,载《固有法制与现代法学》(戴炎辉先生七秩华诞祝贺论文集) 1978 年,第 469 页以下;德国学者持此说者有 Stammler, Dernburg 与 Carolsfeld 等著名学者。转引自王泽鉴:《民法学说与判例研究》(第 3 册),中国政法大学出版社 1998 年版,第 53 ~ 55 页。

116 [意]彼德罗·彭梵得:《罗马法教科书》,黄风译,中国政法大学出版社 1992 年版,第 287 ~ 288 页。

117 [罗马]杰尔苏:《学说汇纂》(第 8 编),转引自桑德罗·斯契巴尼选编:《契约之债与准契约之债》,丁玫译,中国政法大学出版社 1998 年版,第 393 页。

118 [罗马]保罗:《论萨宾》(第 5 编),转引自桑德罗·斯契巴尼选编:《契约之债与准契约之债》,丁玫译,中国政法大学出版社 1998 年版,第 393 页。

119 刘得宽:《民法总则》(修订新版),五南图书出版有限公司 1982 年版,第 213 页。

120 [德]曼弗雷德·沃尔夫:《物权法》,吴越、李大雪译,法律出版社 2002 年版,第 280 页。

121 [日]於保不二雄:《日本民法债权总论》,庄胜荣校订,五南图书出版有限公司 1998 年版,第 20 页。

122 [意]彼德罗·彭梵得:《罗马法教科书》,黄风译,中国政法大学出版社 1992 年版,第 288 页。

123 [意]彼德罗·彭梵得:《罗马法教科书》,黄风译,中国政法大学出版社 1992 年版,第 288 页。

124 COIRET, L' indetermination du prix dans les contracts, th Bordeau 1. 1989, cite par Flour et Aubert,转引自尹田:《法国现代契约法》,五南图书出版有限公司 1999 年版,第 167 页。

125 刘得宽:《民法总则》(修订新版),五南图书出版有限公司 1982 年版,第 212 页。

126 韩世远:《合同法总论》,法律出版社 2011 年版,第 227 页。

127 韩世远:《合同法总论》,法律出版社 2011 年版,第 529 页。

128 具体内容参见梁慧星主编:《民商法论丛》(第 4 卷),法律出版社 1996 年版,第 439 ~ 539页。

129 参见崔建远:《土地上的权利群研究》,法律出版社 2004 年版,第 79 ~ 82 页。

130 王泽鉴:《民法学说与判例研究》(第 4 册),中国政法大学出版社 1998 年版,第 61 页。

131 梁慧星:《如何理解合同法第五十一条》,载《人民法院报》2000 年 1 月 8 日。

132 王轶:《物权变动论》,中国人民大学出版社 2001 年版,第 210 ~ 211 页。

133 郑玉波:《民法债编各论》(上册),三民书局 1981 年版,第 29 ~ 38 页。

134 详见崔建远:《新合同法若干制度及规则的解释与适用》,载《法律科学》2001 年第 3 期。

135 "似是而非"说,参见葛云松:《论无权处分》,载梁慧星主编:《民商法论丛》(第 21 卷),金桥文化出版(香港)有限公司 2001 年版,第 218 页。

136 持肯定说者,参见史尚宽:《物权法论》,荣泰印书馆股份有限公司 1979 年版,第 506 ~ 507 页;刘家安:《买卖的法律结构》,中国政法大学研究生院 2001 年博士学位论文。王轶博士对于在物权形式主义下的善意取得,不要求法律行为有效;对于在债权形式主义下的善意取得,则相反。参见王轶:《物权变动论》,中国人民大学出版社 2001 年版,第 256 ~ 257 页。持否定说者,参见王泽鉴:《民法学说与判例研究》(第 2 册),中国政法大学出版社 1998 年版,第 115 ~ 116 页;王利明、崔建远:《合同法新论 · 总则》,中国政法大学出版社 1996 年版,第 304 页;梁慧星:《如何理解合同法第五十一条》,载《人民法院报》2000 年 1 月 8 日;葛云松:《论无权处分》,载梁慧星主编:《民商法论丛》(第 21 卷),金桥文化出版(香港)有限公司 2001 年版,第 189 页。

137 王轶:《物权变动论》,中国人民大学出版社 2001 年版,第 264 页。

138 王泽鉴:《民法学说与判例研究》(第 2 册),中国政法大学出版社 1998 年版,第 112 页。

139 参见王泽鉴:《债法原理 · 不当得利》(总第 2 册),三民书局 1999 年版,第 183 页。

140 王泽鉴:《债法原理 · 不当得利》(总第 2 册),三民书局 1999 年版,第 16 页。

141 Boehmer, Grundlagen der Burgerlichen Rechtsordnung, Ⅱ 2. 1951, S. 6f. 转引自王泽鉴:《民法学说与判例研究》(第 2 册),中国政法大学出版社 1998 年版,第 116 页。

142 Fikentscher, Schuldrecht, 5 Aufl. 1975, S. 595. Grunsky, JZ 1962, 207f. 转引自王泽鉴:《民法学说与判例研究》(第 2 册),中国政法大学出版社 1998 年版,第 116 页。

143 von Cammerer, Leistungsrückgewähr bei gutgläubigen Erwerb, in Festchrift für Boehmer, 1954, S. 145f. 转引自王泽鉴:《民法学说与判例研究》(第2册),中国政法大学出版社1998年版,第117页。

144 王泽鉴:《民法学说与判例研究》(第2册),中国政法大学出版社1998年版,第117页。

145 王泽鉴:《民法学说与判例研究》(第2册),中国政法大学出版社1998年版,第116页。

146 王泽鉴:《债法原理·不当得利》(总第2册),三民书局1999年版,第59页。

147 [意]彼德罗·彭梵得:《罗马法教科书》,黄风译,中国政法大学出版社1992年版,第398页。

148 孙森焱:《新版民法债编总论》(上册),三民书局1999年版,第139页。

149 B. Nicholas, *An Introduction to Roman Law*, Oxford University Press, 1962, p. 107.

150 葛云松:《论无权处分》,载梁慧星主编:《民商法论丛》(第21卷),金桥文化出版(香港)有限公司2001年版,第251页。

151 王轶:《物权变动论》,中国人民大学出版社2001年版,第257页。

152 参见王泽鉴:《债法原理·不当得利》(总第2册),三民书局1999年版,第183页。

153 Musielak, Grundkers, BGB, 1986, S. 325. 转引自王泽鉴:《债法原理·不当得利》(总第2册),三民书局1999年版,第189页。

154 [美]本杰明·内森·卡多佐:《法律的生长》,刘培峰、刘骁军译,贵州人民出版社2003年版,第65页。

155 [美]本杰明·内森·卡多佐:《法律的生长》,刘培峰、刘骁军译,贵州人民出版社2003年版,第74页。

156 葛云松:《论无权处分》,载梁慧星主编:《民商法论丛》(第21卷),金桥文化出版(香港)有限公司2001年版,第204页。

157 崔建远主编:《合同法》(修订版),法律出版社2000年版,第93页。

158 王轶:《物权变动论》,中国人民大学出版社2001年版,第259页。

159 王轶:《物权变动论》,中国人民大学出版社2001年版,第258页。

160 葛云松:《论无权处分》,载梁慧星主编:《民商法论丛》(第21卷),金桥文化出版(香港)有限公司2001年版,第204页。

161 葛云松:《论无权处分》,载梁慧星主编:《民商法论丛》(第21卷),金桥文化出版(香港)有限公司2001年版,第202~203页。

162 葛云松:《论无权处分》,载梁慧星主编:《民商法论丛》(第21卷),金桥文化出版(香港)有限公司2001年版,第202~203页。

163 葛云松:《论无权处分》,载梁慧星主编:《民商法论丛》(第21卷),金桥文化出版(香港)有限公司2001年版,第217~219页。

164 韩世远:《合同法总论》(第2版),法律出版社2008年版,第195页。

165 韩世远:《合同法总论》(第 2 版),法律出版社 2008 年版,第 195 页。

166 韩世远:《无权处分与合同效力》,载《人民法院报》1999 年 11 月 23 日。

167 韩世远:《合同法总论》(第 2 版),法律出版社 2008 年版,第 197 页。

168 韩世远:《合同法总论》(第 2 版),法律出版社 2008 年版,第 4 页。

169 韩世远:《合同法总论》,法律出版社 2011 年版,第 532 页。

170 韩世远:《合同法》,法律出版社 2008 年版,第 197 页。

171 [德]鲍尔/施蒂尔纳:《德国物权法》(上册),张双根译,法律出版社 2004 年版,第 57 页。

无产权证交易的法律后果*

一、案件事实概要

2001 年 3 月 25 日,甲与乙签订了《卖房协议》,约定了如下内容:甲将其住房 B 号卖与乙,协议签订当天支付 8 万元,尾款 2 万元在该房屋产权证下来并办理完过户登记手续后再予支付。协议签订后,该房屋所有权即归属乙……该协议一经签订,即具法律效力。

在乙成为 A 公司的法定代表人时,他对 B 号房屋所享有的权利让与给 A 公司,B 号房屋成为 A 公司财产的一部分。

2001 年 6 月 10 日,A 公司与丙签订了《售房合同书》,约定了如下主要内容:(1)A 公司将上述 B 号房屋卖给丙。(2)丙于本合同签订之日向 A 公司支付购房首款 125000 元整,丙自该笔首款支付之日起即有权装修,入住该房。(3)A 公司保证该房屋为合法性销售的房屋,无任何债务及遗留问题。(4)A 公司如不能在 2001 年 12 月 31 日前将 B 号房屋的户名过到丙名下,除应如数退还丙所付全部款外,还应对丙作适当经济赔偿,包括房屋装修费,因追索房产证而导致的误工损失费、交通费、诉讼费、聘请律师等费用。(5)本协议自签订之日起生效,如有未尽事宜,双方可按补充规定。补充规定与本协议同等有效……

B 号房屋所有权的移转方向,在正常情况下为甲所在单位→甲→乙/A 公司→丙。

实际情况是,A 公司直至 2003 年 3 月都未能按《售房合同书》的规定给丙办理 B 号房屋所有权的过户登记,表面原因是 A 公司一直未取得 B 号房屋的所有权,深层原因是甲违反了她与 A 公司之间的《卖房协议》,私自将 B 号房屋的《房屋所有权证》领走,并不配合 A 公司将 B 号房屋所有权过户,致使 A 公司难以将 B 号房屋所有权移转登记于丙的名下。原告

---

* 原文标题为《无产权证房屋买卖合同的法律后果》,发表于《法学研究》2004 年第 3 期。

丙认为,两被告A公司和甲的行为违反了合同,严重侵犯了其合法权益,故此诉至法院,要求两被告立即给其办理房产过户手续;被告之一A公司承担本案律师费10000元以及本案诉讼费。

二、民事判决

一审民事判决认为:依法成立的合同,自成立时生效。违反法律、行政法规等强制性规定签订的合同无效。未依法登记领取权属证书的房地产,不得转让。原告丙与被告A公司在签订售房合同书时,被告A公司未依法登记、领取所售房屋权属证书,且至今被告A公司仍未取得该房屋权属证书,丙明知A公司非产权人,所购房屋未取得权属证书,仍然与A公司签订《售房合同书》,故双方签订的售房合同书无效。对此,A公司与丙均有过错。无效的合同自始没有法律约束力,原告要求按《售房合同书》,被告赔偿其律师费之请求,本院不予支持。合同无效后,因该合同取得的财产应当予以返还;双方都有过错的,应当各自承担相应的责任。丙应将所购房屋返还A公司,A公司亦应将所得房款返还丙。对丙因此遭受的经济损失,本案不宜一并处理,丙可另行起诉。综上所述,依据《合同法》第52条、第56条、第58条,《房地产管理法》第37条第6项之规定,判决原告丙与被告A公司签订的《售房合同书》无效,原告丙将系争住房腾空交与被告A公司,被告A公司返还原告丙售房款125000元(均于本判决书生效后60日内执行完毕)。驳回原告丙其他诉讼请求。

一审民事判决所持的基本立场是,未依法登记领取权属证书的房地产,不得转让;否则,合同无效。

原、被告均未提起上诉,该一审民事判决现已发生法律效力。

三、评释

(一)关于系争合同的定性

1. 关于《卖房协议》的定性

《卖房协议》签订之时,作为买卖物的B号房屋系甲的回购房,其所有权仍然登记在甲所在单位的名下,基于法律行为的不动产物权变动以登记为生效要件的观点,甲尚无B号房屋的所有权。因而,《卖房协议》构成出卖他人之物的合同,属于无权处分的合同。但这样认定,会出现若干问题,不免使人踯躅旬月,难有决断。如果站在周到保护买受人的立场上,可有两种解决方案：第一种方案是绕开系争合同的定性，看重法律适用及其后果，对于此类合同允许买受人基于《合同法》第 150 条或其他有关条款的规定，追究出卖人的违约责任；第二种方案是既关注系争案件的法律适用，又从基础上解决系争合同的定性问题。笔者尝试后者，并分析如下：理由一，公房制度改革至今，对于回购房，人们以为属于购房的职工所有，不再是购房人所在单位的财产。在系争案件中，人们通常认为 B 号房屋属于甲所有。如果没有充分的反对理由，我们宜尊重人们今日的通常观念。理由二，系争合同没有规定 B 号房屋的所有权在合同签订当时或随即办理移转登记手续，而是约定由出卖人甲在未来办理过户登记手续。这非常类似于期房的买卖、未来物的买卖，而期房的买卖不要求出卖人在签订房屋预售合同时享有所有权，未来物的买卖都不被定性为出卖他人之物，因此，《卖房协议》不宜被定性为出卖他人之物的合同，或者说不宜被认定为无权处分的合同，而应比照期房买卖合同、未来物买卖合同，认定为出卖自己之物且合法有效的合同。否则，就是没有做到相似的事务相同处理。理由三，理由二之所以成立，是因为我国现行法未规定买卖物的所有权自合同成立时移转，而是奉行买卖物所有权自交付或登记时移转的原则(《民法通则》第 72 条第 2 款及其司法解释、《合同法》第 133 条及其司法解释)。只要在履行期限届满时出卖人能够移转买卖物的所有权，就达到了买卖合同的目的，无须出卖人于订立买卖合同时即拥有买卖物的所有权。理由四，从外表观察而显现的所谓“出卖他人之物”，其实至少可分为两种类型：一类是出卖人与物的所有权人本无相应的债权债务关系，未得到授权，便擅自出卖他人之物，多构成侵权行为；另一类是出卖人与物的所有权人之间已经存在买卖、赠与、互易等合同，物的所有权人负有向出卖人移转物的所有权的合同义务。在此类合同已经适当履行的情况下，出卖人再与买受人签订买卖合同不存在无权处分问题，没有争论。在此类合同尚未履行的情况下，出卖人将尚未受领的此类合同的标的物再出卖与他人，形成所谓连环合同。连环合同若以种类物为标的物，通说认为出卖人拥有处分权，合同有效，除非欠缺其他有效要件。这也没有疑问。但在以特定物为标的物的情况下，出卖人是否享有处分权，合同是否属于无权处分，则见解不同。仅就系争的《卖房协议》而言，只要 B 号房屋的登记名义人甲所在单位一直保持此种状态，就不会出现任何不适当的后果；B 号房屋所有权尚未办理移转登记并非甲所在单位的过失所致，只是现行登记制度运作的问题;如果把此类合同也作为无权处分,就容易与物权转让(物权变动)本身相混淆,因此,笔者倾向于把它作为有权处分的合同看待。

2. 关于《售房合同书》的定性

把第二份买卖房屋的合同——《售房合同书》定性为出卖他人之物的合同,有以下根据:第一,该合同第1条明确约定A公司将原房主甲的B号房屋卖给丙;第二,合同签订当时,B号房屋的所有权确实登记在他人的名下,并且,登记名义人甲与A公司、丙均无债权债务关系,B号房屋的所有权与A公司、丙的权利之间的关系过分远隔,按照债的相对性原则,A公司、丙对登记名义人甲没有直接的请求权。这是第二份房屋买卖合同不同于第一份房屋买卖合同的重要之点,所以,笔者把它定性为出卖他人之物的合同。

但一定要注意,《售房合同书》不同于一般的出卖他人之物的合同,或曰不同于一般的无权处分的合同。在一般的出卖他人之物合同中,登记名义人是真正的权利人,对于买受人不负担债务,由他决定是否追认无权处分合同,是对所有权的尊重,符合公平正义。而在系争案件中,《卖房协议》中的出卖人甲本应履行《卖房协议》,将B号房屋所有权移转给A公司,却恶意地、不法地将B号房屋所有权登记在了甲个人的名下,并取得了B号房屋的《房屋所有权证》。若把《售房合同书》按照一般的无权处分合同处理,该合同的效力取决于B号房屋所有权的登记名义人甲是否追认:如果甲追认,或在2001年12月31日前A公司将B号房屋所有权移转登记在自己的名下,则合同有效;反之,则合同无效。

赋予《卖房协议》中的出卖人甲否认《售房合同书》的权利,扩而广之,赋予连环合同中的前手否认后手所订另一买卖合同效力的权利,其弊端是多方面的。其一,会使被告之一的甲这个恶意之人,扩而广之,会使恶意不履行移转买卖物所有权义务的前手,非但未受到惩罚,反而获得了较大利益,诚为是非颠倒。其二,意味着连环合同没有法律保障,随时可能出现多米诺骨牌效应,即第一个出卖人毁约,拒不将其买卖物的所有权移转给第二个出卖人,同时不追认第二份买卖合同,第三份、第四份……买卖合同都因此失去效力。这就破坏了正常的交易,何谈交易安全?其三,这不但使原告丙处于受制于恶意之人的极为不利的境地,而且也违反了买卖合同关于移转买卖物所有权的本质(《合同法》第130条),纵容了拒不履行移转买卖物所有权义务的恶意出卖人,还误将出卖人(移转买卖物所有权的)

义务转换成了抗辩权、形成权,违反了民事权利义务的配置规则。其实,在有体物场合,所有物与其所有权常常是可以替代的[1],因而,甲对B号房屋的所有权可以说是她与A公司之间《卖房协议》的标的物,处于A公司的债权效力的射程内,该所有权对抗不了A公司的债权。换言之,甲只有依约移转B号房屋所有权的义务,没有据此影响合同效力的权利。一言以蔽之,系争合同的效力不得取决于甲这个登记名义人是否追认。

(二)关于系争合同的效力

1.法律的适用:特别法优先于普通法?新法优先于旧法?

系争合同适用《城市房地产管理法》(2007年修正),还是适用《合同法》,抑或适用或类推适用法释[1999]19号、法释[2003]7号?

2009年《城市房地产管理法》专门规定了房地产转让(第37~46条),包括房屋买卖。《合同法》规定了买卖合同(第130~175条),适用于各种买卖合同,包括房屋买卖合同。专就房屋买卖来讲,《城市房地产管理法》第37~46条的规范为特别法,《合同法》属于普通法。依据特别法优先于普通法的规则,系争案件应当适用《城市房地产管理法》,并且是其第38条第6项的规定。

但须看到,《城市房地产管理法》第38条第6项只是规定"未依法登记领取权属证书的"房地产"不得转让",而未正面规定转让了无产权证的合同无效。违反该项规定至少有两种可能的结果:合同未生效或者合同无效。究竟如何解释,颇费思量:一是《城市房地产管理法》第38条第6项规定的立法目的如何,不易查考;二是许多人都认为,《城市房地产管理法》第38条第6项规定的所谓"不得转让",属于禁止性规范,不得违反。从该法制定当时的背景推断,转让"未依法登记领取权属证书的"房地产,可能就是无效。时至今日,仍有相当的人如此理解。可是,将系争合同适用《城市房地产管理法》第38条第6项的规定,判决无效,这如何与《合同法》、法释[1999]19号、法释[2003]7号的规定相协调?

众所周知,与《城市房地产管理法》相比,《合同法》的立法指导思想已经发生了重大转变,不再是像《经济合同法》那样,动辄令合同无效,而是奉行鼓励交易原则,尽量承认合同的效力,即使是出卖他人之物,也不再是硬性地规定合同无效,而是由出卖人承担权利瑕疵担保责任(《合同法》第150条),或是合同效力待定(《合同法》第51条),甚至是合同有效下的一般违约责任(《合同法》第107条等)。法释[1999]19号第4条的规定,法释[2003]7号第18条、第19条的规定都表明了这一点。尤其是法释[2003]7号第19条规定:“商品房买卖合同约定或者《城市房地产开发经营管理条例》第三十三条规定的办理房屋所有权登记的期限届满后超过一年,由于出卖人的原因,导致买受人无法办理房屋所有权登记,买受人请求解除合同和赔偿损失的,应予支持。”以及第18条第1款规定:“由于出卖人的原因,买受人在下列期限届满未能取得房屋权属证书的,除当事人有特殊约定外,出卖人应当承担违约责任:(一)商品房买卖合同约定的办理房屋所有权登记的期限;(二)商品房买卖合同的标的物为尚未建成房屋的,自房屋交付使用之日起90日;(三)商品房买卖合同的标的物为已竣工房屋的,自合同订立之日起90日。”这两条都明确地告诉我们:房屋买卖合同签订时,尽管该房屋尚未办理所有权登记,合同也有效。当然,这些规定的适用领域限于房地产开发企业作为出卖人、标的物为尚未建成的或已竣工的新建商品房的买卖合同(法释[2003]7号第1条),对于诸如系争合同等类型的合同,最多是类推适用。

上述立场及观点的转变,无论是在理论上还是实务中,都是符合发展趋势的。如果这个结论正确,《城市房地产管理法》第38条第6项的规定便已经不合时宜。

在这种背景下,贯彻特别法优先于普通法,对系争案件适用《城市房地产管理法》,而非《合同法》及有关司法解释,显然是不适当的。按照注释民法学关于适用法律解决纠纷宜妥当的要求,对于系争案件,应当适用《合同法》及法释[1999]19号的有关规定,而非《城市房地产管理法》,应当类推适用法释[2003]7号第18条和第19条的规定,而非固守《城市房地产管理法》第38条第6项的规定。如何达到这一目的?比较理想的路径是,按照诚实信用原则,放弃《城市房地产管理法》第38条第6项的规定,适用《合同法》及法释[1999]19号的有关规定,类推适用法释[2003]7号第18条和第19条的规定。依据这些规定认定系争合同有效,从而出卖人因其在约定的期限届满时未能移转B号房屋的所有权而承担违约责任,买受人有权请求出卖人承担此类责任,同时享有合同解除权。

2. 系争合同效力的认定:违反强制性规定?

确定适用《合同法》解决系争案件,只是澄清了问题的一部分,仍然存在这样的疑问:对于系争合同,是适用《合同法》第52条关于无效的规定,还是《合同法》第51条关于无权处分的规定,抑或《合同法》关于合同有效的规定？

一审民事判决书没有适用《合同法》第51条和关于合同有效的规定，而是适用了《合同法》第52条的规定，确认系争合同无效。该第52条共计有5项规定，究竟适用的是哪一项？一审民事判决书并未言明，不符合请求权基础理论的要求，需要探究清楚。

基于系争案件的案情，按照一审民事判决书关于"违反法律、行政法规等强制性规定签订的合同无效"的"本院"认为，检索《合同法》第52条关于无效的规定，只有其中的第5项"违反法律、行政法规的强制性规定"才符合一审民事判决书的真意。也就是说，一审民事判决书适用的是《合同法》第52条第5项规定的"法律、行政法规的强制性规定"。

接下来的问题是，结合系争合同，《合同法》第52条第5项所谓"法律、行政法规的强制性规定"，所指应为何者？是指《城市房地产管理法》第38条第6项的规定，还是指《合同法》中的相应规定？在笔者看来，回答都应是否定的。其理由在于：第一，如同上文分析的那样，系争案件不应适用《城市房地产管理法》，这就排除了该法第38条第6项作为一审判决所指"强制性规定"的妥当性，换言之，一审判决把《城市房地产管理法》第38条第6项这个"强制性规定"作为认定系争合同无效的根据，是不适当的。第二，《合同法》总则中，作为认定系争合同无效根据的"强制性规定"，除其第52条以外，别无其他规范。在《合同法》分则的"买卖合同"一章中，也找不出认定系争合同无效的"强制性规定"。也就是说，在不适用《城市房地产管理法》的前提下，一审民事判决书认定系争合同无效的法律依据只有《合同法》第52条第5项关于"违反法律、行政法规的强制性规定"的合同无效的规定，别无其他。可是，将该条项适用于个案，必须结合另外的具体的"强制性规定"才可判断出系争合同是否违反了"强制性规定"，进而认定系争合同无效与否。在找不出系争合同违反了"另外的具体的强制性规定"的情况下，不得单纯地援引《合同法》第52条第5项"违反法律、行政法规的强制性规定"，来认定系争合同无效。梅迪库斯教授如下的阐述，更增添了笔者坚持这个观点的信心：《德国民法典》第134条关于法律行为违反法律的禁止的规定者无效的规定，几乎没有什么作用。因为违反法律禁止的规定的法律行为的无效性，并不能真正产生于第134条，而只有通过对有关法律的禁止规定作出解释才能得出。[2]

一言以蔽之,一审判决将《合同法》第 52 条适用于系争案件,的确不当。

3. 系争合同效力的认定:效力待定? 合同有效?

以上讨论虽然得出了系争案件不应适用《合同法》第 52 条的规定的结论,但是仍未解决这样的问题:系争案件是适用《合同法》第 51 条关于无权处分的规定,还是《合同法》有关合同有效的规定,甚至类推适用法释[2003]7 号第 19 条或第 18 条的规定? 解决这个问题,可有以下方案:其一,适用《合同法》第 51 条的规定。其二,《合同法》第 150 条处于分则当事且系关于买卖合同场合权利瑕疵担保的规定;《合同法》第 51 条的规定不仅适用于买卖合同中的无权处分,而且适用租赁等合同中的无权处分,且处于《合同法》总则部分,故前者为特别法,后者为普通法,前者应当优先适用。当然,系争案件不符合《合同法》第 150 条和第 151 条规定的构成要件时,则不得适用第 150 条的规定。其三,适用《合同法》第 107 条等规定,类推适用法释[2003]7 号第 19 条或第 18 条的规定?

采用方案一带来的弊端,在上文关于系争合同的定性部分中已经谈到,主要表现为是非颠倒,在连环合同场合会导致多米诺骨牌效应,破坏正常的交易,误将义务转换成抗辩权、形成权。既然如此,解决系争案件不应采取该方案。

方案二运用在某些案件中可能适当,如在买受人在签订合同时不知作为买卖物的房屋无产权证的案件中,买受人援引《合同法》第 150 条,追究出卖人的权利瑕疵担保责任,比较合适。但在系争案中不能采用这个方案,因为系争案中的原告在订立系争合同时知晓 B 号房屋尚未办理所有权登记手续,至少是重大过失的不知。按照《合同法》第 151 条关于“买受人订立合同时知道或者应当知道第三人对买卖的标的物享有权利的,出卖人不承担本法第一百五十条规定的义务”的规定,出卖人 A 公司不承担权利瑕疵担保责任。

运用排除法,只剩下方案三了。笔者也未找到比方案三更好的方案,至少暂时对其持肯定态度。据此,认定系争合同有效,出卖人 A 公司若不能办理完毕 B 号房屋所有权的过户登记手续,便构成违约,应承担违约责任,买受人丙享有此类请求权。从系争案件中原告丙的诉讼请求为两被告立即办理房屋所有权的过户手续观察,可知她未采取方案一、方案二,而是选择了系争合同有效的方案,即方案三。

（三）关于《售房合同书》第4条约定的定位：附解除条件？约定解除？

1. 问题的提起

《售房合同书》第4条约定：A公司如不能在2001年12月31日前将B号房屋的户名过到丙名下，除应如数退还丙所付全部款外，还应对丙作适当经济赔偿，包括房屋装修费，因追索房产证而导致的误工损失费、交通费、诉讼费、聘请律师等费用。

该约定是属于附解除条件，还是构成约定解除？如果属于附解除条件，售房合同便为附解除条件的法律行为，按照《合同法》第45条第1款后段的规定，当解除条件成就时，售房合同失效，并且是自动地、当然地归于消灭。被告A公司在2001年12月31日未能将B号房屋的所有权过户到丙名下，条件已经成就，那么，无须当事人通知解除合同，售房合同便自此自动地、当然地终止，被告A公司移转B号房屋所有权的义务随之消灭。因而，原告丙诉请被告A公司立即给其办理房屋所有权的过户手续，没有依据，应予驳回。

如果《售房合同书》第4条的约定构成了约定解除，则售房合同不是附解除条件的法律行为，不会因所谓解除条件成就而当然地、自动地终止，而是约定的解除合同的条件出现时，解除权产生。至于合同是否解除，要看解除权人是否行使解除权。解除权人若通知对方解除合同，该通知到达对方时发生解除合同的效果；解除权人不作此类意思表示，则合同继续有效。[3]如果把《售房合同书》第4条的约定视为构成了约定解除的话，那么，因被告A公司在2001年12月31日未能将B号房屋的所有权过户到丙名下，原告丙自此取得解除权。丙若行使该解除权，通知被告A公司《售房合同书》作废，那么，该合同归于消灭；丙若不行使解除权，仍然请求被告A公司向其移转B号房屋的所有权，那么，应当得到支持。

总之，《售房合同书》第4条的约定，假如构成约定解除，那么原告丙能否请求被告A公司继续履行售房合同，进而取得B号房屋的所有权，换言之，她能胜诉；倘若属于附解除条件，因系争合同已经终止，被告A公司不再负有移转B号房屋所有权的义务，原告丙便败诉。可见，准确定位《售房合同书》第4条的约定，对解决B号房屋所有权移转与否的问题至关重要。

2. 约定解除和附解除条件之间的区别

为了准确定位《售房合同书》第4条的约定，我们先考察约定解除与附解除条件之间的区别。

所谓约定解除，是当事人以合同形式，约定为一方或双方保留解除权的解除。《合同法》第93条第2款规定了这种解除类型。所谓附解除条件法律行为中的解除条件，是限制合同等法律行为效力消灭的条件，即已经发生法律效力的合同等法律行为在解除条件成就时失去效力，在解除条件不成就时保持其效力。《合同法》第45条第1款后段对此予以了规定。它们之间存在如下区别：(1)约定解除是一种与法定解除并列的合同解除类型，系一项独立的法律制度，关于解除权保留的意思表示只是其中的组成部分。保留解除权的意思表示，称为解约条款。而附解除条件只是一种约款，属于意思表示的范畴，必须被置于合同等法律行为之中，成为其意思表示的部分，而不是游离于合同等法律行为之外，才会发挥作用。(2)约定解除只适用于合同领域；而附解除条件不仅可以是合同的有机构成部分，也可以存在于单方法律行为之中。(3)解除权可以保留给当事人一方，也可以保留给双方。附解除条件场合，不存在解除权及其行使的问题。(4)在约定解除的情况下，约定的产生解除权的条件成就时，解除权产生，解除权人若行使解除权，合同归于消灭；解除权人若不行使解除权，合同继续有效。与此不同，在附解除条件的法律行为中，解除条件成就时，法律行为当然失去效力(《合同法》第45条第1款后段)，即使有一方当事人欲使法律行为继续有效，也是枉然。(5)在约定解除的情况下，基于当事人双方的约定，合同解除可以溯及既往地发生效力，也可以只向将来消灭合同关系。合同消灭引起的“清算”问题，适用《合同法》第97条的规定。但所附解除条件的成就，原则上并无溯及的效力。法律行为因所附解除条件成就而消灭时，当事人之间的偿还义务，依据不当得利的规定。[4]当然，在中国现行法上，法律行为因所附解除条件成就而溯及既往地消灭时，可能存在物的返还请求权。

3. 系争合同属于附解除条件的合同

就解决系争合同的需要而言，上述第一、第二两点区别，派不上用场，第三、第四两点区别则处于关键地位。

就《售房合同书》第4条的文义分析，它没有表达下述意思：A公司在2001年12月31日未能将B号房屋的所有权过户到丙名下时，丙“可以”

或“有权”将售房合同解除。也就是说，该条的约定未给当事人任何一方保留解除权，按照上述第三点区别标准，该第4条的约定不符合约定解除的要件。

根据《售房合同书》第4条的规定，A公司在2001年12月31日未能将B号房屋的所有权过户到丙名下时，A公司应如数退还丙所付的全部房款，并作适当经济赔偿。换一种表达方式，即售房合同消灭，双方之间恢复原状。按照上述第四点区别标准，该第4条的约定正符合附解除条件的要求，而不符合约定解除的特征。

把《售房合同书》第4条的约定作为附解除条件，便得出如下结论：由于该条件系由双方约定的，在它已经发生法律效力的情况下，原则上只有双方同意，才可以将其排除。在系争案件中，原告丙请求被告办理B号房屋所有权的移转登记手续，是单方面改变原来的双方的约定，即不让系争合同自动地当然地消灭，而是继续有效。对此，被告不予认可。于是，原告丙单方面地改变双方关于附解除条件的原有约定，不能发生预期的效力，该意思表示不具有排除附解除条件的效力。换言之，原来约定的附解除条件依然有效，它不会转换为约定解除，最终的结果是系争合同照样自动消灭。

正因原告丙与被告之一的A公司之间的售房合同已于2001年12月31日自动消灭，所以，原告丙诉求被告将B号房屋的所有权过户到其名下，便没有法律根据，不应得到主审法院的支持。

（四）关于B号房屋价款返还的请求权基础：不当得利返还请求权？物的返还请求权？损害赔偿请求权？

系争合同终止，原告返还其占有的B号房屋，被告A公司返还其所取得的价款125000元。这已经得到了一审民事判决的确认。单就合同终止时出卖人应当返还价款而言，笔者没有异议，但认为应当弄清此笔价款返还的请求权基础。

因为货币的所有权原则上与对该笔货币的占有相一致，所以，当原告丙将125000元价款支付给被告A公司后，丙就丧失了对该笔价款的所有权。现在，因系争合同自2001年12月31日届满时B号房屋的所有权不能移转至丙名下而自动终止，被告A公司有义务返还该笔价款。因为原告丙对该笔125000元价款无所有权，所以，她请求A公司返还的请求权基础就不可能是所有物返还请求权。那么，它是什么请求权呢？从当事人双方的损益变动并予以调整的角度着眼,为不当得利返还请求权。如此判断乃因为这种损益变动符合不当得利的构成要件:(1)被告 A 公司不再移转 B 号房屋的所有权,连占有也要恢复,却拥有该房屋的部分对价,显然获得了利益。(2)原告丙不能取得 B 号房屋的所有权,连占有也要丧失,却支付了 125000 元的价款,存在损失。(3)这种利益和损失之间存在因果关系。(4)被告 A 公司拥有 125000 元价款没有合法根据。在德国,是从合同终止债权不复存在的角度说,125000 元价款无原因,在中国,可以直接从 A 公司不移转 B 号房屋所有权却获得 125000 元价款没有法律规定或约定的角度予以认定。

当然,假如原告丙不主张不当得利返还请求权,而把该笔购房款作为因被告 A 公司不将 B 号房屋所有权过户给她而造成的损失,主张违约损害赔偿,换言之,返还 125000 元价款的请求权基础也可以是违约损害赔偿请求权。笔者认为,如此寻找请求权基础,符合违约损害赔偿的构成要件,可予支持。不过,从原告丙的诉讼请求和一审民事判决书表述的文义看,都未寻求违约损害赔偿的请求权基础。

主张不当得利返还请求权或违约损害赔偿请求权,各有利弊。主张前者,不必举证被告 A 公司具有过失,不受与有过失、应当预见等规则的制约。主张后者,在原告丙的损失大于 125000 元价款时,可以多获得些赔偿。

(五)对系争 B 号房屋装修问题处理的请求权基础:不当得利返还请求权? 损害赔偿请求权?

售房合同消灭,原告丙占有 B 号房屋的根据不复存在,有义务返还。于此场合,原告丙对 B 号房屋的装修如何处理? 从《售房合同书》第 4 条的约定看,双方当事人都把丙支出的装修费看待为其经济损失,原告丙欠缺该项诉讼请求,一审民事判决则谓,对原告丙的该项经济损失,本案不宜一并处理,丙可另行起诉。对此,应当如何评论? 因原告丙诉求被告办理系争房屋所有权的过户登记手续,主张取得系争房屋的所有权,是以系争合同有效为前提的。而主张装修 B 号房屋形成添附价值的返还,是在系争合同消灭情况下的"清算"表现。可见,原告丙若同时主张上述二权,显然不合逻辑。问题是,一审法院的主审法官欲认定系争合同无效,依据法律和法理便会发生装修形成价值的返还问题,可是原告丙却无此诉求,如何处理方为妥当? 有意见认为,于此场合主审法官负有释明的义务,应当提示原告丙:在合同无效的情况下,原告丙取得不了系争房屋的所有权,宜诉求其他项目,包括装修B号房屋形成的添附利益的返还。如果主审法官未作此类释明,便未尽到职责。[5]这种意见值得重视。

在笔者看来,可持如下见解:

如果被告A公司将B号房屋的所有权移转给了原告丙,那么,丙对该房屋的装修属于对其所有物的改良,与他人无关。现实的情形是,系争合同因所附解除条件成就而自动失效,B号房屋的所有权不会移转给丙,丙对B号房屋的占有没有根据,她应当返还该房屋。这就产生了丙装修B号房屋如何处理的问题。

从B号房屋本身的角度观察,装修材料与B号房屋结合在一起,不能分离,或虽然能够分离,但所需巨额费用,构成动产与不动产的附合,丙丧失对装修材料的动产所有权,B号房屋的所有权的效力扩张到装修材料上,或者说B号房屋所有权的客体扩及于装修材料。但B号房屋的所有权人甲对此未支付相应的代价,她享有这部分利益没有合法根据,构成不当得利,甲有义务予以返还。也就是说,原告丙对其丧失的这部分利益享有不当得利返还请求权。

从原告丙和被告A公司之间的售房合同的角度看,B号房屋所有权不能于2001年12月31日前移转至原告丙的名下,构成被告A公司违约。该违约行为给丙造成了购买此类房屋的机会丧失、支出装修费等一系列损失。如此,装修费可以作为被告A公司违约所造成的损失。当事人双方也是如此认识的,体现在《售房合同书》第4条中。

可见,B号房屋装修问题的处理,可有两个请求权基础,一是不当得利返还请求权,二是损害赔偿请求权。如果原告丙主张并实现了不当得利返还请求权,她的这部分损失得到了填补,损害赔偿请求权因缺少"损失"这个构成要件便不会产生。如果原告丙主张并实现了损害赔偿请求权,B号房屋所有权人的利益便得而复失,不当得利返还请求权因欠缺"获得利益"这个要件而不成立。也就是说,原告丙只能选择其中之一而主张,不得同时实现二权。

就一审诉讼的实际情况看,原告丙选择了损害赔偿请求权,有其法律及法理依据,但不是最佳的选择。因为赔偿损失在范围上要受与有过失规则(《合同法》第120条及其解释)的制约,即责任者因受害人也有过失而减轻责任甚至免除责任。一审民事判决果真如此裁量了,以原告丙也有过错为由未裁判被告A公司承担赔偿损失责任。

假如原告丙选择了不当得利返还请求权，那么，因以另一被告甲获得的附合利益为准予以返还，与原告丙有无过失无关，加之这不属于赔偿责任，所以就不再适用有过失规则，即使系争案件中的原告丙有过失，她也有权请求返还接近于添附在B号房屋的价值。在这样的情况下，一审判决就不会以原告丙也有过错为由不支持其返还不当得利的诉求，除非其不守逻辑。

由此可见，请求权基础理论及其在个案中的正确运用，直接关系到权利人的利益能否得到法律保护，不单纯是个学术问题，即使是从事实务工作的法律人也应当予以重视。

（六）余论

按照传统的判例评释的写法，本评释到此甚至可以收笔。但考虑到当下二手房的买卖非常普遍，买受人的诉求是什么和如何援引法律，才能最大限度地保护自己的合法权益，是众多消费者不太清楚，需要对其普法和引导的问题。有鉴于此，本评释再讨论如下两个问题。

1. 关于原告丙的损害赔偿请求权

因被告A公司违约，原告丙遭受了一些损失，如丧失了与他人签订买卖房屋合同的良机，若再买到与B号房屋相当的房屋需要花费超过125000元的价款。该超出部分的价款即为原告丙的损失。再如，原告丙因购买B号房屋而支出的交通费、诉讼费、误工费等。

这些损失，属于真正的违约所造成的损失，原告丙均可请求被告A公司赔偿。其请求权基础只有违约损害赔偿请求权，不会是不当得利返还请求权，更不会是物的返还请求权。因为违约损害赔偿的范围受到合理预见和与有过失、减轻损害等规则的限制，所以原告丙若对造成该项损失或损失扩大也有过失，则依据与有过失规则，她要承担相应的责任，即被告A公司要少赔甚至不赔。

从法律人的要求讲，原告丙本应援引《合同法》第107条、第135条等条款，请求被告A公司赔偿上述损失，但原告丙未提起此项诉讼请求，丧失了良机。我们应当引以为鉴。

2. 关于原告丙的债权人的代位权

债权人代位权，是指当债务人怠于行使其对第三人享有的权利而害及债权人的债权时，债权人为保全其债权，可以自己的名义代位行使债务人对第三人之权的权利。其成立要件包括:债务人享有对于第三人的权利,债务人怠于行使其权利,债务人已陷于迟延,对债权人造成损害(《合同法》第 73 条)。其中,对债权人造成损害,也可称作"有保全债权的必要"。所谓必要,是指债权人的债权有不能依债的内容获得满足的危险,因而有代位行使债务人的权利以便实现债权的必要。该必要的判断,在不特定债权及金钱债权场合,应以债务人是否陷入无资力为判断标准,这是"无资力说";而在特定债权及其他与债务人资力无关的债权情况下,则以有必要保全债权为全部条件,这是"特定债权说"。

原告丙难以举证被告 A 公司的一般财产不足以清偿其债权,故若适用"无资力说",则丙不易胜诉。系争案件中的债权属于特定债权,因而,在系争案件中探讨债权人代位权的成立及行使的可能,恐怕应当采用"特定债权说"。

根据《售房合同书》第 2 条关于丙于本合同签订之日向 A 公司交纳购房首款人民币 125000 元整,丙从首款交付之日起即有权装修、入住 B 号房屋的规定分析,被告 A 公司自该合同签订之日起即有义务移转 B 号房屋的所有权。如果丙能够举证被告 A 公司怠于请求甲办理 B 号房屋所有权的移转登记手续,那么,原告丙便享有了债权人的代位权,在 2001 年 12 月 31 日届满之前,即《售房合同书》未自动终止之前,可以以甲为被告向人民法院提起代位权诉讼,请求甲办理 B 号房屋所有权的移转登记手续。

在系争案件的实际诉讼过程中,原告丙将甲和 A 公司作为共同被告起诉,请求他们履行将 B 号房屋的所有权移转至原告丙的义务。这是否可认为原告丙在行使债权人的代位权?笔者持否定的观点,理由在于:其一,原告丙诉请甲履行 B 号争房屋的所有权过户义务,未表示是在行使被告 A 公司对于甲的到期债权。这不符合债权人代位权的构成要件。其二,原告丙提起的是普通诉讼,没有援引《合同法》第 73 条及法释[1999]19 号第 11 条至第 22 条的规定,提起代位权诉讼,向甲主张债权人的代位权。当事人不主张,我们难以认定原告丙在行使债权人的代位权。其三,原告丙向一审法院提起诉讼的时间在 2003 年 3 月,而系争合同因其所附的解除条件成就已于 2001 年 12 月 31 日自动终止,致使丙向被告 A 公司主张移转 B 号房屋所有权的债权消灭。这样,又欠缺债权人代位权的另一个构成要件,即使主张了债权人的代位权,也得不到主审法院的支持。

总之,原告丙因其未及时提起债权人代位权之诉,丧失了取得 B 号房屋所有权的一个机会。

注释

1 See B. Nicholas, *An introduction to Roman Law*, Oxford University Press, 1962, p. 107.

2 [德]迪特尔·梅迪库斯:《德国民法总论》,邵建东译,法律出版社 2000 年版,第 510 页。

3 参见崔建远主编:《合同法》,法律出版社 2003 年版,第 193 页。

4 参见王泽鉴:《民法总则》,三民书局 2000 年版,第 462 页。

5 法官负有释明义务的意见,系笔者就系争案件请教清华大学法学院教授王亚新博士时,王教授所提。

论合同漏洞及其补充*

一、合同漏洞及其补充的基本概念

所谓合同漏洞(gaps),是指合同关于某事项应有约定而未约定的不圆满现象。[1]依据一定规则,甄别、确定并填补合同漏洞,使合同完整化,即为合同漏洞补充,或曰合同漏洞填补。全面、周延的合同漏洞补充应该包含所有这些环节。在特定情况下,也可仅把最后的填补环节称为合同漏洞补充。

(一)合同漏洞补充的定位

合同漏洞补充的第一个问题是,它是独立于还是归属于合同解释? 如果承认合同解释"是确定当事人双方的共同意思",[2]是指"对合同及其相关资料的含义所作的分析和说明……当合同条款不清楚时,法院可以远离最初的协议来确定当事人双方的真意",[3]那么,确认合同漏洞的存在以及随后的补充就属于合同解释的范畴。其道理在于:甄别系争合同有无漏洞,需要通过解释系争合同方可确定。寻觅待补漏洞的合同条款/文字并将之填补于系争合同之中,仍须探求并确定当事人的意思,即使后者是推定的当事人的意思(the presumed intentions of the parties),也是如此。既然两个方面的作业都属于合同解释,那么补充合同漏洞当属于合同解释。

从比较法的视角也能得出上述结论。在美国普通法上,合同解释在相当长的历史时期被区分为推定解释(construction)与除此之外的合同解释(interpretation)。时至今日,仍有不少法院及专家学者如此思维:科宾教授于其《科宾论合同》、范斯沃思教授于其《美国合同法》中均将"interpretation"与"construction"作为并列的两个概念来使用,介绍其内涵、外延、功能和演

---

* 原文发表于《中外法学》2018 年第 6 期。合同本有多种类型,为避免因表述周延致使阐释"虚化"以及不断地提示"例外",本文所谓合同限于交易的法律形式这种类型。

变，同时也注意到二者的混同趋势。[4]按照《布莱克法律词典》的解释，"interpretation"是发现和确定制定法、遗嘱、合同和其他书面文件的意思的行为和过程。它有时在严格意义上使用，有时在宽泛意义上使用。"construction"不但用于澄清、确定制定法、合同的意思，还用于澄清、确定其他文件含义，以及漏洞补充。也就是说，"interpretation"和"construction"都符合合同解释的界定和规格。如果在严格意义上使用"construction"，那么，"construction"是较"interpretation"适用范围更为宽泛的概念。当然，"interpretation"和"construction"经常互换使用。[5]推定解释与除此之外的合同解释有分工的一个重要表现是，合同漏洞的补充依赖推定解释，而推定解释以对合同语义的解释为开始，但并不以此为终结。推定解释是在事实上已经发现意思并完成解释之后，确定交易的法律效果。[6]具体实施补充合同漏洞的作业为"推断"（implication），而"推断"本身亦为解释过程，据以发现可以仅仅从合同文句中产生的意思并予以执行。[7]既然推定解释开始于对合同语义的解释，那么，把合同漏洞的发现与补充阻挡在合同解释的大门之外，就不太符合逻辑和事理。

在德国，萨维尼认为，漏洞补充属于法律解释的合法任务，"因为对完整性的要求与对一致性的要求一样，本身都属于不受任何限制的权利"。[8]布洛克斯、瓦尔克两位教授总结道："解释不只是查明真意。在法律不完整，存在漏洞的情况下，解释同样可以实现对法律的补充。此类漏洞的原因可能是立法者故意未对某一特定问题作出规定或者在创设法律时没有考虑到某种情况（非故意）。填补法律中的既存漏洞被称为补充性解释。"[9]当然，须除去援用法律规定、交易习惯补充合同漏洞的情形。相似的事物宜相同对待，合同漏洞的补充之于合同解释也应如此定位。"无论法律还是法律行为均可能存在漏洞，它们可以通过补充解释而得到填补。"[10]补充的合同解释，是对合同的客观规范内容加以解释，以填补合同的漏洞。其所解释的，是当事人所创设的合同规范整体。其所补充的，为个别的合同条款。所以，学说上认为其性质仍属于合同的解释。易言之，德国法上的合同解释可分为单纯的合同解释与补充的合同解释。[11]此处所谓单纯的合同解释，不同学者称谓不一，如阐释性合同解释[12]、简单解释[13]、狭义的合同解释[14]、解释等。[15]

在我国民法语境中，情形如何呢？《合同法》第61条和第62条旨在补充合同漏洞；《合同法》第125条依其字面意思适用于明示的合同条款、语句的解释;《民法总则》第142条第1款规定的意思表示的解释规则是否涵盖合同漏洞的补充,依其文义似难下结论。不过,合同漏洞的发现与确定需要解释既有的明示条款或语句,此时需要适用《民法总则》第142条第1款以及《合同法》第125条当无疑义。对已经确定的合同漏洞进行补充作业,无论是依据《合同法》第61条、第62条、分则有关规定或者其他有关法律予以填补,还是裁判者运用补充的合同解释,至少不得无视合同的明示条款,这一过程须审视合同的全部条款乃至合同周围情事甚至关联交易,来寻觅自洽的、周延的、符合公平正义的合同条款或语句,最终将之填补进合同之中。这其实也是在解释,即单纯的合同解释,亦即阐释性的合同解释。特别是其中"确定合同所用之词与符号的含义的过程",显然为阐释性的合同解释。如此说来,将合同漏洞的补充作业纳入合同解释的范畴,符合客观实际和逻辑。梁上上教授把法律漏洞补充方法直接注释为法律解释方法,[16]与此不谋而合。

当然,合同漏洞补充显然具有特殊性。比较周全的说法可能是:合同解释是最上位的概念,阐释性的合同解释与合同漏洞补充皆为其下位概念,后者是一种特殊的合同解释。此处所谓特殊,首先,表现在合同漏洞补充带有合同解释和法律解释的双重特征:合同漏洞的补充需要适用《合同法》第61条、第62条以及其他法律规范,这离不开法律解释;[17]此前或同时还需解释合同的明示条款/文字,这又是阐释性的合同解释。其次,合同漏洞补充的已补条款/文字,尽管有与当事人各方的真实意思重合的情形,但偏离当事人各方的真意者可能更为常见。这不同于阐释性的合同解释更多地寻觅并确定当事人的真实意思。最后,通过补充的合同解释填补合同漏洞,虽然以缔约时所为行为作为出发点,但应着眼于现存的行为,将那些在行为进行之后所产生的交易习惯纳入考虑范围,并且应以进行补充解释之时的法律观念为基础进行解释。[18]如此寻觅并确定待补条款/文字,以便填补合同漏洞之后整个合同契合无间。阐释性的合同解释则不得如此,因为"意思表示自其生效之时就具有——也许通过解释而获得的——恒定不变的表示价值。该价值不受事后发生事件的影响。意思表示不能于其生效之时具有某一含义,而生效之后又具有另外一个含义"。[19]

(二)合同漏洞的类型

明确合同漏洞补充的基本定位后,需要对本文观察、探讨的合同漏洞进行限缩。

合同漏洞可分为典型合同的漏洞与非典型合同的漏洞。前者可称狭义的合同漏洞,后者可称广义的合同漏洞。审视合同圆满与否时,对象限于某特定的典型合同相对容易,因为典型合同有可视边际,有成形面貌,有固有特征——对于典型合同,如果当事人约定的合同条款/文字超出了法律设计的某特定典型合同的规格、边际,且超出部分不构成另外一个合同,则应当认定具备圆满性,除非相对人举证推翻。如果当事人约定的合同条款/文字少于法律设计的某特定典型合同的规格、边际,则主张该合同具备圆满性的一方负责举证证明该合同已达圆满性,不存在漏洞。

相反地,非典型合同在边际、面貌方面难有章法,所谓特征也可能形形色色,这使判断和确定非典型合同圆满与否很难。进一步区分可发现,特别"单一的"非典型合同,不同于非类型结合或混合类型的非典型合同,也能较为轻松地检验和确定其圆满与否,因为此类非典型合同也有有限边际,有可视面貌,有固有属性。解释合同之人有可能把握此类非典型合同圆满与否的客观化的规格和边际。如果是复合而成的非典型合同,则没有一成不变的客观化的规格和边际,必须一事一议,具体分析。

当然,审理案件的裁判者哪能总是处理单一的典型合同纠纷?在处理复杂交易的案件时,其需要"解剖"或曰分解之,审视其构成元素。如果该复杂交易是由若干典型合同组合而成,则判断其圆满与否,可以就一个一个的典型合同加以检验,从而得出结论。如果它的组成部分中存在非典型合同,则判断其圆满与否,同样也要就一个一个的单纯的合同加以审视,从而得出结论。后一种场合中,法官的作业更为困难,因为非典型合同圆满与否欠缺客观化的规格和边际。

总结而言,广义的合同漏洞填补依赖的方法多样,补充此类漏洞时常须视个案情形而定方案及方法,不易形成清晰而确定的合同漏洞补充规则及方法,考量的因素具有明显的不确定性。与此有别,补充狭义的合同漏洞已有相对确定的规则及方法,便于操作。再者,由于非典型合同在很多情况下含有典型合同,典型合同漏洞的补充规则及方法也可径直或变通地用于非典型合同漏洞的补充之中,只不过最终要整体审视非典型合同的解释结果是否妥当。有鉴于此,本文所论,除非另有说明,限于狭义的合同漏洞,即典型合同的漏洞及其补充。

(三)合同漏洞发生的原因

欲分析合同漏洞的判断乃至合同漏洞补充的方法,首先需要简单了解合同漏洞因何而发生。概略观之，合同漏洞常于以下五种情形发生：

1. 当事人对合同非必要之点，未予表示。例如，买卖钢琴而未约定运费由谁负担。在现代社会中，由于难以准确预知复杂世界中各类事件的发生，当事人通常不能草拟出规定有一切未来事项的合同。这就使无论当事人多么周到地设计合同，漏洞也在所难免。[20]在交易中，商人们总将更多的注意力放在给付的内容方面，而不对偶发事件或瑕疵给付如何处理作出安排，对合同能否得到强制执行也容易忽视。[21]

2. 当事人对合同非必要之点虽经表示，然未获协议，同意保留于合同成立后再行商议。[22]换言之，一个潜在的争议可以被预见到，但当事人有意地决定不作约定。[23]例如，某股权转让协议第 7 条第 2 项约定："Y 公司拥有的 A 地块的土地用途能变更为建设用地时，受让方同意转让方有权参与 A 地块的合作开发，合作开发项目公司的股权比例按转让方的实际投入及适当溢价和受让方已经发生的实际投入及势必发生的投入来确定，转让方溢价部分双方另行协商。"这样，转让方溢价的计算和折合成股权数量就构成该股权转让协议的漏洞。

3. 一方当事人相对他方知道得更多，但作为缔约策略，为了不泄露相关信息，他不针对法律上的默认规则（哪怕其并不妥当）作出不同约定。[24]他或许还会担心，对某一问题作出约定可能导致缔约拖延，或者导致一项于己不利的条款被约定，甚至导致整个交易失败，[25]因而对此保持缄默。

4. 当事人双方都有意遗漏若干合同条款，并明示补充漏洞的依据。例如，某信托贷款合同于其"前言"中明示："本合同文本主体内容由通用条款和专用条款两部分组成，通用条款部分根据法律、法规及市场惯例制定，无须另行约定；专用条款部分为合同双方根据具体情况予以专门约定的内容。两部分内容共同组成一份完整的合同。"

5. 合同的部分条款因违背公序良俗或违反强制性规定而无效。[26]就该无效的部分出现合同漏洞。

需要注意的是，对合同进行不当的限缩解释看似会产生合同漏洞，实际却不然。例如，某商品房买卖合同之补充协议第 2 条第 2 款第 1 项约定："如遇下列特殊原因，除双方协商同意解除合同或变更合同外，出卖人可据实予以顺延交付时间，且出卖人无须承担违约责任：不可抗力，包括但不限于地震、台风、战争、政府行为……"买受人张某解释该条款中"不可抗力"的含义时，认为其中的政府行为不属于不可抗力，因为《合同法》第

117条第2款第1项规定“不可抗力,是指不能预见、不能避免并不能克服的客观情况”,而系争案件中政府出于环境需要而禁止承包方施工的行为是发包方可以预见的,这不符合不可抗力所要求的“不能预见”。如此解释系争补充协议第2条第2款第1项关于不可抗力免责的约定,使政府行为妨碍系争合同履行时发生何种法律后果欠缺法律依据,因为《合同法》并未明文规定政府行为与合同履行及其责任之间的关系。可见,系争补充协议本有约定,却因买受人张某的上述解释形成漏洞。然而,笔者不赞同买受人张某对系争补充协议第2条第2款第1项的解释,反对曲解合同约定从而产生合同漏洞的思路,理由如下:其一,系争补充协议第2条第2款第1项明确约定了不可抗力包括政府行为,该约定不违背公序良俗,不违反强制性规定,依据意思自治原则,理应承认其法律效力。其二,《合同法》欠缺政府行为与合同履行及其责任之间的关系的明文规定,当事人双方于系争合同中明确约定,必要且允当,扭曲解释导致合同漏洞,人为地抹杀处理依据,显非上策。其三,系争补充协议第2条第2款第3项约定“非基于出卖人的原因,因水、电、热力、燃气等地方公用设施建设单位等原因造成工程延误,或此类部门对出卖人的相关报批手续审批不及时、进行能源供用限制或规划调整等行为……”的,“除双方协商同意解除合同或变更合同外,出卖人可据实予以顺延交付时间,且出卖人无须承担违约责任”。举轻以明重,政府行为系不可抗力之一种表现形式,完全符合系争补充协议全部约定之间的逻辑。因此这里并不存在合同漏洞。

二、合同漏洞的判断

合同漏洞的判断首先是一个概念问题,但同时也是进行合同漏洞补充这一操作的基本前提。因此本部分续接合同漏洞及其补充的若干概念介绍,首先探讨合同漏洞的判断标准,然后运用这些标准,结合具体例子确定合同漏洞是否存在。

(一)判断标准

合同漏洞有其客观判断标准。对此标准的确立,首先考虑的是能否借鉴法律漏洞的判断标准。法律漏洞的基本特征,一是违反立法计划性,二是不圆满性。[27]关于违反立法计划的判断,见解不一,有观点主张以法秩序的全体精神、法律的内涵目的为标准,也就是说,应以内在于法律的法理念为标准。[28]这种观点兼顾了法秩序与法外空间的区别,比较妥当。[29]所谓不圆满性，是指未能被法律规范涵盖的事实类型出现，不能以现行法直接加以调整的现象。关于欠缺法律规范调整事实类型是否即为法律体系存在不圆满性，其确定以解释为前提。在依“可能文义范围”仍不能推出立法目的、意图所承认的效果时，可以称这种法律规范的欠缺具有不圆满性，构成法律漏洞。[30]合同漏洞与法律漏洞虽有相近的一面，也有不同之点，判断合同漏洞的标准，既要重视法律漏洞的判断标准，也应注意自己的特色。构成合同漏洞，需要具备违反合同计划和不圆满性两项标准。

第一，违反合同计划的判断。合同计划，即当事人关于合同事项的安排，包括当事人各方、标的和内容，甚至于合同术语的定义、“鉴于条款”、担保条款、履行步骤、附条件、附期限、抗辩及抗辩权、争议解决机制等。值得注意的是，合同计划远较于立法计划复杂多样。立法计划，出自一个立法者，故只有一个。但合同计划客观上被分为若干层次的计划，第一个层面的合同计划，属于整个交易的计划，也可以说是交易的整体安排。这个层次的计划主要体现当事人之间的共同点。无论是双方法律行为的合同（或者称“契约”）还是多方法律行为的合伙合同等，都是如此。对“契约”来说，尽管双方当事人目的尤其是动机相互对立，但为达自己的目的及动机，也得在交易上“让步”，“让步”到一定程度、界限，双方当事人都接受了，对立而统一，也就形成了整个交易的计划，且为双方当事人共同的意思。第二个层面的合同计划，是合同目的意义上的计划。该层面的合同计划因合同系“共同行为”抑或“契约”而有不同。合伙等“共同行为”，当事人的计划在典型的交易目的层面是共同的，在当事人的动机层面很可能仍然不同。由此决定，补充合伙合同等“共同行为”的漏洞，重心放在典型交易目的、共同计划的内在要求上，同时也不忽视当事人的动机企求，目光往返巡视，并依赖任意性法律规范、交易惯例等因素，最终完成发现、确定、填补“共同行为”的漏洞的任务。与此有别，在买卖合同等旧时称作“契约”的场合，无论是就典型的交易目的而言，还是就当事人的动机而言，都难有当事人各方共同的合同计划，大多是一方当事人一个计划，相对人则是另外一个计划。由此决定，发现、确定、补充“契约”的漏洞，应尽可能地寻觅当事人双方认可的合同计划即第一个层面的合同计划，以便兼顾双方的权益。假如囿于当事人一方的目的，包括典型交易目的和动机，就会忽视另一方当事人的典型交易目的和动机，也就难以兼顾另一方当事人的权益。这决定了发现、确定、补充“契约”漏洞虽然不得无视一方当事人的目的及动机,但必须超越此类一方当事人的目的及动机,注意和依赖第一个层面的合同计划,直至强制性规定、任意性规定、倡导性规定以及交易习惯,方能完成任务。

合同计划依其字面意思似乎完全是当事人的主观决定,其实不然,它还受制于某些客观因素,如法律设计的典型合同规格,尤其在作为合同是否存在漏洞的判断上,更是如此。在合同计划的确立中,若当事人的合同计划被明确记载下来,补充合同漏洞有一定依据可循,自然容易完成作业(当然这要由主张合同具有何种计划的一方当事人举证证明)。但实务中常常是有合同的成立却难留清晰可见的合同计划,使补充合同漏洞缺乏依据,至少依据短缺。于此场合,需要借助法律规范、交易习惯、备忘录、初步协议、预约等工具(依据、手段),推断合同计划的内容和面貌,寻觅并确定合同漏洞之所在。

第二,不圆满性的判断。合同漏洞与法律漏洞所要求的元素存在较多的相同点或近似点,只不过构成合同漏洞所要求的不圆满性是指合同条款残缺不全,属于非"完整的合同"。

何为合同"完整"抑或"不完整"?英美普通法上存有这样的观点:如果当事人双方欲使书面合同作为其协议的最后的、完整的表达,则该合同是完整的。[31]"一份完整的协议是形成一个最后表达一份协议的一条或多条的一个书面文件或一组书面文件。"[32]一份完整的合同,是一份当事人各方都同意的所有条款的最后的与完全的表达。一份不完整的合同,虽是包含在这份协议中的所有条款的最后的与完全的表达,但不是那份当事人各方都同意的所有条款的最后的与完全的表达。[33]这些观点值得重视,但它们只是在描述合同完整的态样,而非确立合同完整抑或不完整的判断标准。关于合同不圆满性的判断还得另觅他途。

从源头而论,不圆满性可能产生于一个根本性的矛盾:人的理性有限,而事物却是全面和完美无尽。就此说来,任何合同均有不圆满性,这意味着所有的合同都存有漏洞。但此结论显然与常识不符,也脱离了合同运行、解释和裁判的客观实际。那么,究竟是不圆满性作为判断合同漏洞的这一标准出了错,还是人的有限理性与事物的完美无尽这一矛盾属于伪命题?都不是。问题出在偏颇地将这一命题用于判断不圆满性,忘记了不同的事物应该不同对待,忽视了交易分阶段、有步骤的事实;这是忽视了交易的目标、合同的构成要素的结果。换言之,不圆满性是之于合同的不圆满性,而非针对事物的全部面貌,亦非针对哲学的使命及思考和美学的取向及追求。特定的当事人之间从事一项交易,不是哲学家在以思想遨游宇宙、敲开夸克,也不是美学家在用审美孜孜以求、至善至美,而是要办妥具体事项,满足特定的需求。也就是说,不圆满性是个相对的概念,在不同的学科有不同的要求和规格。

首先,在民法世界中,当事人往往受限于合同目的、交易成本乃至缔约时合同文本的草拟方式、草拟人的力量对比等诸多因素。对不圆满性的探究就应当从这些因素出发而进行考量。所谓某特定合同受限于当事人的目的,顾不得美学要求的至善至美,亦无哲学探究无穷无尽的本性——一个经济人、理性人要解决的是“油盐酱醋柴”的“俗事”“琐事”。例如,甲饥饿难耐,需要尽快将一碗牛肉面吞进肚里,以便继续赶路;乙餐馆需要食客盈门,不断地将牛肉面换成人民币。如果遵从哲学、美学的使命,使牛肉面色香味绝佳、确定清楚其于茫茫宇宙中的真正角色,那么甲非饿死不可,乙餐馆可能亏损直至破产。就该餐饮合同而言,包含牛肉面的品种和数量以及供应的时间和价款,就算具有圆满性,符合合同计划,至于距离色香味俱佳尚远、餐具已经褪色、餐桌陈旧等,均非该餐饮合同不圆满性的体现,亦非该合同计划关心所在。所谓受制于交易成本,就是既完成交易,又控制交易成本。特定的商家之间从事一项交易,大多不是追求该项交易尽善尽美,时常伴有交易成本方面的考量。由此决定,即使某特定合同舍去一些要求,也不以合同具有不圆满性论。例如,甲便利店自乙酿酒厂购进1吨白酒,各方约定散装送至甲便利店。虽然瓶装白酒美观,便于保管,也利于顾客购买携带,但不宜认定该购酒合同因未约定对白酒使用瓶装而具有不圆满性,个中原委在于甲便利店要降低经营成本。其他受制于谈判力量的对比、缔约和履约的时间、合同文本的草拟及草拟人等诸多因素,其证立的思路和遵循的道理同于上文之法,不再一一分析。

其次,应从合同元素的角度观察和剖析某特定合同圆满与否。合同由要素和常素组成,有时也需要偶素。[34]只要缔约人将要素和常素体现于合同条款/文字,就算作完整的合同,偶素的欠缺,都往往忽略不计,不因此而认定合同不圆满。在此还要考虑,如果各方当事人故意未就某个问题予以约定,是否构成不圆满。如果此类故意遗漏的事项非属合同的要素、常素和偶素,则该遗漏不构成合同漏洞。如果该遗漏恰好是合同的要素和常素,则肯定构成合同漏洞,因其使该合同残缺不全。如果该遗漏是合同的偶素,则先看该偶素是否为合同计划所要求的事项,亦即是否为该具体合同所必需,若是必需,则构成合同漏洞无疑;若非必需,则不构成合同漏洞。

再次,就某特定的合同洽商、形成条款/文字以及签署而言,当事人的理性大多足够,甚至绰绰有余,而非力有不逮。换言之,在许多情况下,特定的各方当事人订立某特定的合同,可有切合实际的、完备的合同计划,草拟完成完整的合同条款/文字。这在 FIDIC 条款、银行系统的按揭贷款合同、网签的商品房销售合同等场合十分明显。

最后,合同圆满与否,或曰是否完整,往往受制于合同计划。举例言之,甲公司兴建 A 楼,但因资金短缺无力装修已经封顶的 A 楼,于是拟借他人之力完成 A 楼的装修。乙公司资金充盈,但缺乏经营场所,自己建造经营场所"远水不解近渴",租赁他人大楼效益最佳。尽职调查之后,发现 A 楼的地理位置非常理想,只是 A 楼非可"拎包入住",必须装修完毕后,方可正常营业。甲和乙各取所需,订立 A 楼租赁合同,约定内容之一是乙出资装修 A 楼,甲降低租金数额。这表明甲和乙形成的 A 楼租赁合同的计划涵盖租赁物、租期、租金、装修、违约救济诸事项,假如 A 楼租赁合同的条款中欠缺装修的内容,就构成合同漏洞。与此不同,若 B 楼已经装修完好,承租人可"拎包入住",则丙和丁的 B 楼租赁合同的计划只涵盖租赁物、租期、租金、违约救济诸事项,不包括装修内容。于此场合,装修 B 楼既非 B 楼租赁合同的要素亦非常素,B 楼租赁合同的条款中纵无装修的内容,也不构成合同漏洞。

需要补充的是,判断、认定某特定合同圆满与否,务必重视举证证明责任及其分配,即由主张圆满性为何种要素构成、何种面貌的当事人举证证明。否则应以法律设计的相应的典型合同的构成为准,从而体现出判断中的规范性。

(二)具体操作

确定合同漏洞是否存在,首先需要进行合同解释,因为只有认定了系争合同的文字没有对特定事项作出约定之后,才能补充此类约定。[35]只是该解释不应停留于对效果意思的查明,还应对引起效果意思的动机以及合同周围情事进行分析。[36]先行合同解释的目的之一是,当事人的约定(无论是明示的还是必然的推论)可以排除裁判者原本会补充的条款。[37]

解释过程中应该把握的第一点是,合同约定得越详细、越全面,裁判者就越不可能判定存在合同漏洞;应该把握的第二点是,如果裁判者确信当事人不可能预见有关情形，从而不可能在其合同中对此作出约定，则即使合同文字表面上看来可以适用可预见性规则，裁判者也可能拒绝适用之，并可能认定所审理的事项属于合同漏洞。相反地，裁判者若确信当事人可以预见某种情形，则可能认定当事人的意思：表面上看来可以适用的合同文字，应当适用于这种情形。[38]

在此不妨以留待商议条款为例，剖析其存否合同漏洞。所谓留待商议条款，顾名思义，依当事人各方的合同计划，是当事人各方于未来补充的合同条款，只要其后未予补充，就构成合同漏洞。例如，A 股权抵债协议中约定，关于 A 股权的评估机构留待以后商议确定，直至双方诉讼也未就股权评估机构的选定协商一致。这构成 A 股权抵债协议的漏洞。针对留待以后商议条款，当事人双方日后有商议、确定待补合同条款，最为理想。但因权益彼增此消，当事人双方协商一致的情形有限，需要法官等解释合同之人选择、确定待补合同条款。采取这种路径及方法确定的待补合同条款，仅在个别情况下反映当事人双方的意思表示，时常反映一方当事人的意思表示，少数情况下为客观意思。需要指出的是，上述结论及其思路可以运用于典型合同的漏洞的场合，但运用于非典型合同的场合，则未必适当。例如，如果在 A 楼租赁合同约定有留待商议条款，内容属于 A 楼买卖合同，当事人双方后来未再商议 A 楼买卖合同或虽经商议但未获一致意见，则这不构成 A 楼租赁合同的漏洞，但构成 A 楼买卖合同欠缺的漏洞及广义的合同漏洞。由此可见，将合同漏洞补充区分狭义的与广义的两类，有其便利的一面。再如，判断“了结协议”中是否存在合同漏洞。就何为“了结协议”，笔者认为重要的不是文件名称叫“了结协议”“对账单”“结算单”“还款协议”“清算协议”“结清协议”等，关键是合同内容的确属于了结当事人各方既有的债权债务。那么，在此类约定、协议没有提及原合同约定的违约责任、违约方本应承担的违约责任时，应当认定该“了结协议”不存在合同漏洞，换言之，不再执行原合同的约定，完全按照新的协议处理，包括不再追究违约方的违约责任。

就此，有必要研讨法释［2012］8 号第 24 条第 3 款关于“买卖合同约定逾期付款违约金，但对账单、还款协议等未涉及逾期付款责任，出卖人根据对账单、还款协议等主张欠款时请求买受人依约支付逾期付款违约金的，人民法院应予支持，但对账单、还款协议等明确载有本金及逾期付款利息数额或者已经变更买卖合同中关于本金、利息等约定内容的除外”的规定。对此规定,应把握如下几点:(1)所谓“对账单、还款协议等明确载有本金及逾期付款利息数额或者已经变更买卖合同中关于本金、利息等约定内容的除外”,意味着承认了当事人依其约定变更了原来关于逾期付款违约金的约定,完全按照对账单、还款协议的约定确定逾期付款的法律后果。因为逾期付款利息与逾期付款违约金在本质上为同一个类型的责任,不宜并罚,所以,法释[2012]8 号第 24 条第 3 款后段的规定值得赞同。(2)所谓“买卖合同约定逾期付款违约金,但对账单、还款协议等未涉及逾期付款责任,出卖人根据对账单、还款协议等主张欠款时请求买受人依约支付逾期付款违约金的,人民法院应予支持”,贯彻了权利的放弃、责任的免除需要明确的意思表示这个原则,若无此类明示,则不得认定放弃权利、免除责任,这有其道理。(3)应当看到,法释[2012]8 号第 24 条第 3 款后段的规定与“了结协议”说正相反。按照所谓“了结协议”说,在一方违约之后,各方当事人就善后事宜达成新的协议,包括形成对账单、还款协议,该新的协议没有提及原合同约定的违约责任、违约方本应承担的违约责任,那么,不再执行原合同的约定,完全按照新的协议处理,包括不再追究违约方的违约责任。

笔者认为,法释[2012]8 号第 24 条第 3 款后段与“了结协议”说相比,后者更佳。第一,“了结协议”说符合合同变更的理论,即对账单、还款协议等新协议变更了原合同,应以对账单、还款协议等新协议的约定为准。第二,“了结协议”说符合狭义债的关系理论,即原合同项下的一个狭义债的关系因适当履行消灭了,另一狭义债的关系出现了债务不履行(违约),对账单、还款协议等新协议对此作了了断,或曰“一揽子”解决了。如此,原合同关系已经不复存在,没有再基于原合同约定追究逾期付款违约金等违约责任的合同依据;对账单、还款协议等新协议没有约定逾期付款违约金等违约责任,也没有基于新协议追究逾期付款违约金等违约责任的合同。第三,“了结协议”说避免了合同漏洞及其填补的麻烦。允许出卖人基于对账单、还款协议等新协议追究买受人逾期付款违约金等违约责任,意味着认定对账单、还款协议等新协议存在合同漏洞,即应当约定逾期付款违约金等违约责任,却未作约定。对此合同漏洞,裁判者有权予以补充,认定逾期付款违约金等违约责任应当成为对账单、还款协议等新协议中的条款。如此,出卖人基于对账单、还款协议等新协议追究买受人逾期付款违约金等违约责任,便有了合同依据。

三、合同漏洞补充的具体方法

(一)当事人以协议补充合同漏洞

有漏洞就得补充(gap of filling),使合同由不完整的变成完整的,以便安排妥当当事人交易的方方面面。补充合同漏洞,在中国首先适用的规则是《合同法》第61条规定的前段,即当事人就合同漏洞的补充协商一致。如果当事人达成了此种协议,填补了合同漏洞,解释合同的作业便暂告结束。在欧美国家,奉行意思自治原则,承认当事人各方以协议补充合同漏洞乃当然之理。

当事人各方未经诉讼或仲裁的程序,便发现其合同存在漏洞,通过协商把该漏洞补充完毕,最为理想;已经进入诉讼或仲裁的程序,甚至在裁判者主持下,当事人各方和解,填补上合同漏洞,为时未晚。无论何者,并且排在补充合同漏洞的最优先顺序,均为意思自治的贯彻、落实,只要其不违反法律的强制性规定,不违背公序良俗,就应承认其正当。

当事人各方签订协议,补充合同漏洞,有些是保持系争合同约定的原样,只是填补遗漏的合同条款/文字,从而使合同完整化;有些则变更了系争合同的有关条款/文字,经过此种补充合同漏洞的合同已非原合同了。无论何者,并且将之排在补充合同漏洞的最优先顺序,均为意思自治原则的贯彻、落实,只要其不违反法律的强制性规定,不违背公序良俗,就应承认其正当。

有观点认为,无论如何,当事人补充的表示不存在撤销的问题。[39]不知如此断言有无限制条件,若无,则在当事人各方以协议补充合同漏洞的场合不可接受。因为当事人各方补充合同漏洞的协议之于法律效力,没有不同于普通协议之于法律效力之处,所以当事人各方补充合同漏洞的协议存在无效或可变更、可撤销或解除的原因时,没有理由阻止当事人一方请求裁判者确认补充条款/文字无效,应当受理当事人一方关于变更或撤销或解除的诉讼请求。

(二)裁判者补充合同漏洞

由于当事人双方均为经济人,在合同中的权益大多是此消彼长,就合同漏洞补充能够协商一致的情形不多。在当事人协商未果的情况下,处理纠纷的裁判者便担负起补充系争合同漏洞的职责。

1. 依赖法律规定填补合同漏洞

在德国，法官在填补漏洞时要考虑案件中的所有情况，[40]寻觅适合填补系争合同漏洞的强制性规范和任意性规范，对法律行为规则予以补充。[41]

在美国，补充合同漏洞有先后两个步骤。第一个步骤是对合同进行解释(interpretation)，因为只有当法院判定了合同文本没有对特定事项作出约定之后，才能补充一个条款；第二个步骤是“推断”(implication)。[42]“推断”本身亦为解释过程，旨在发现可以从合同文句中产生的意思并予以执行，包括发现当事人没有明确表达的允诺，以及发现合同中已有的允诺应该附有的未予表达的条件和限制。[43]其中，依赖法律填补漏洞属于合同推定解释的职责，由“推断”来实施，[44]法院一旦已经通过第一个步骤即合同解释的过程而判定有关事项属于合同漏洞，就应当通过推断来补充一个条款填补漏洞，由此补充的条款被称为“默示条款”。[45]

在英国，补充合同漏洞是默示条款，特别是法律上的默示条款的任务，[46]很多判例、学说主张只有在“必须”时才可用默示条款填补合同漏洞，但也有判例、学说认为在法律上的默示条款方面“必须”的要求过于严格，在很多情况下做不到，故应有更多的其他考虑，包括“合理的必须”(reasonably necessary)或政策方面的合理等。[47]默示条款是指缔约时当事人各方从来没有写明或提及，而由法官/仲裁员根据有关事实或法律或习惯而引入合同的条款，在很大程度上就把它当作缔约各方假设/假定的缔约意图。默示条款通常需要满足五个条件：(1)必须合理和公平；(2)必须是合同的商业效力所必需的，即使缺少默示条款合同仍能运作就不会采用默示条款填补合同漏洞；(3)必须在缔约时可以假设各方会理所当然或异口同声地同意这个说法；(4)必须可以被清楚地表达；(5)不能与合同明示条款起冲突，因为明示条款代表了各方真正的缔约的意图，而默示条款是假设各方的缔约意图，这假设是站不住脚的。[48]默示条款有三类，第一类为法律上的默示条款(implied-in-law terms)，包括制定法(statue)和判例(judicial decision)被当事人各方默认为相应的合同条款/文字；第二类为事实上的默示条款(implied-in-fact-terms)；第三类为基于交易习惯和惯例而形成的默示条款(implied on the basis of custom or trade usage)。[49]用其中的法律上的默示条款填补系争合同的漏洞相当于德国法上的依赖法律规定补充系争合同的漏洞。

在我国法中,裁判者应首先寻觅合适的或曰相应的强制性规定[50]、任意性规定、倡导性规定[51]以及交易习惯[52],作为补充合同漏洞的依据,最后用诚信、公平两项原则作整体审视、权衡。此处所谓合适的强制性规定、任意性规定及倡导性规定,主要指《合同法》第61条、第62条的规定以及其他有关规定。

在此项作业中,要将《合同法》分则中有关填补漏洞的规则与《合同法》第61条后段关于"不能达成补充协议的,按照合同有关条款或者交易习惯确定"的规定以及第62条的规定联系起来。所谓《合同法》分则中有关填补漏洞的规则,例如,《合同法》第139条确立了填补交付期限条款漏洞的规则:适用《合同法》第61条、第62条第4项的规定,填补欠缺交付期限的条款。再如,《合同法》第154条确立了填补标的物质量标准条款漏洞的规则:依照《合同法》第61条的规定确定标的物质量标准仍不能奏效时,适用第62条第1项的规定予以解决。又如,《合同法》第141条第2款、第156条、第160条、第161条均为分则中有关填补漏洞的规定。某些合同漏洞的补充,要依赖《合同法》以外的法律规定。例如,某特定保证合同欠缺保证期间,而保证期间关系到保证人、债权人的核心利益,该保证合同欠缺保证期间应当构成合同漏洞。补充该漏洞须依赖《担保法》第25条第1款关于"一般保证的保证人与债权人未约定保证期间的,保证期间为主债务履行期届满之日起六个月"的规定,以及法释[2000]44号第32条第2款关于"保证合同约定保证人承担保证责任直至主债务本息还清时为止等类似内容的,视为约定不明,保证期间为主债务履行期届满之日起二年"的规定。也就是说,该保证合同无"保证人承担保证责任直至主债务本息还清时为止等类似"条款的,保证期间为自主债务履行期届满之日起6个月;有此类条款的,保证期间为自主债务履行期届满之日起2年。

有关依赖强制性规定、任意性规定、倡导性规定填补合同漏洞的做法,以下各举一例说明。依赖强制性规定填补合同漏洞,如A涉外股权转让合同约定:"本合同自双方签字或盖章时生效。"根据《中外合资经营企业法实施条例》第14条、第20条第1款和第4款的规定,行政主管机关不批准A涉外股权转让合同的,无效。如此,A涉外股权转让合同形成欠缺生效条件的漏洞。对此合同漏洞,可援用《合同法》第44条第2款的规定予以补充。依赖任意性规定填补合同漏洞,如B设备买卖合同欠缺B设备因不可归责于双方当事人的原因灭失时由谁承受该损失的条款,补充该漏洞,可援用《合同法》第142条关于"标的物毁损、灭失的风险,在标的物交付之前由出卖人承担,交付之后由买受人承担,但法律另有规定或者当事人另有约定的除外"的规定以及《合同法》第143~149条的规定。依赖倡导性规定填补合同漏洞,如C设备买卖合同欠缺C设备质量的条款,先援用《合同法》第12条第1款第4项的规定,确定C设备买卖合同存在合同漏洞,再援用《合同法》第62条第1项的规定,将该漏洞补充。对此,也可以说《合同法》第12条第1款第4项和第62条的规定共同填补C设备买卖合同欠缺C设备质量条款的漏洞。

此外,需要明确,中国参加国际条约的,该国际条约优先于中国国内法适用于个案。例如,在合同解释中,1980年《联合国国际货物销售合同公约》须优先于《合同法》等中国国内法而适用。

与当事人各方补充合同漏洞的协议可被变更、撤销、解除或被确认为无效不同,依据强制性规定、任意性规定、倡导性规定填补合同漏洞,至少在理论上认为,这些法律规定系立法者斟酌某类型合同的典型利益状态而设,一般多符合当事人的利益,[53]因此不会基于《合同法》第52条、第53条、第54条、第94条等规定予以变更或撤销或解除或被确认为无效。

2. 通过补充的合同解释方法填补合同漏洞

(1)概念

根据法律规定补充合同漏洞,在某些案件中不合适,此时裁判者有必要采用补充的合同解释来填补合同漏洞。[54]相同的作业,在美国普通法上是用推定解释尤其是其中的推断补充合同漏洞,[55]在英国系用法律上的默示条款完成任务。[56]

所谓补充的合同解释,是对合同的客观规范内容加以解释,以填补合同的漏洞现象。其所解释的,是当事人所创设的合同规范整体。其所补充的,是个别的合同条款。所以,补充的合同解释仍具合同解释的性质。[57]

(2)域外经验

在德国,法官在这个阶段必须查明:假如当事人双方考虑到未想到的情况并且注意到诚实信用原则以及交易习惯,那么,他们希望的是什么?因此,起决定性作用的并非当事人双方的真实想法,而是假设的意思(hypothetischer Parteiwillen)。对假设意思的查明必须从当事人在合同中的评价(im Vertrag getroffene Wertung)出发并提出以下问题:在知道该漏洞的情况下,当事人会如何合理地进行约定?[58]这个过程本身即为阐释性合同解释本身。

在美国，如上所述，填补合同的第二个重要步骤是“推断”，其基础首先是当事人的真实预期：如果法院相信，当事人对存在漏洞的事项有共同的预期，那么法院将赋予该预期以法律效力，即使当事人并未以书面形式来表达该预期。如果各方当事人的预期有重大差异，或者一方当事人并无任何预期，那么，法院将不适用以各方共同预期为标准的主观判断法，而是采用客观判断标准法：看一方当事人是否应当合理地知道对方的预期。[59]如果法院不能确定当事人实际发生的预期，那么法院应当考察的是：在法院看来，假如当事人考虑了该事项，那么他们原本会发生的预期，从而“代替他们完成假如他们曾经预见到的事情的进展，他们可能为自己做的事情，以弥补他们的短视”。[60]也有不同的意见认为，这种情况下，需要考察的并不是假定的预期或拟制的意思，而是正义的基本原则，它指导着法院从当事人所约定的事项中推断他们未作约定的事项。[61]

尽管德国和美国的上述学说表述不尽相同，但仍有共性：其一，美国法学说明确地把寻觅、确定当事人的真实预期作为首要基础，德国法理论同样重视考证当事人各方“希望的是什么？”二者在实质上没有分歧。这体现了美国判例和德国民法非常看重意思自治原则。其二，在当事人各方无共同意思或无法查明此类共同意思的前提下，德国法学说直截了当地言明“起决定性作用的并非当事人双方的真实想法，而是假设的意思”。美国法理论叙述得更为细致、周详，“看看一方当事人是否应当合理地知道对方的预期”。其三，德国民法理论的用语是：法官须查明当事人各方“注意到了诚实信用原则以及交易习惯”。美国合同法学说的表述是：“需要考察的并不是假定的预期或拟制的意思，而是正义的基本原则。”二者殊途同归。看来，诚信、公平的原则能补当事人的意思所不逮，甚至能合理矫正当事人的意思。所有这些，均有其合理成分，值得中国法及其理论借鉴。

（3）填补标准

如同德国和美国的判例、学说一再揭示的那样，补充的合同解释所探求的不是当事人的真意，即事实上的意思（actual intention），而是所谓“推定的当事人意思”（the presumed intentions of the parties），即双方当事人在通常交易上所合理意欲或接受的合同条款。[62]推定的当事人意思，属于一种规范的判断标准，以当事人在合同上所作的价值判断及利益衡量为出发点，依诚实信用原则并斟酌交易惯例加以认定，以实现公平、效率为依归。

应予强调的是，补充的合同解释旨在补充合同之不备，而非在为当事人创造合同，自不能变更合同内容，致侵害意思自治原则。[63]当然，也有观点主张裁判者可以变更合同内容。[64]

应予指出，由于公平的判断因人而异，裁判者在个案中的公平判断未必与各方当事人的公平判断相一致。按照裁判者的公平观补充的条款很可能没有基于各方当事人的公平观补充的条款更有效益。一般说来，当事人是经济人（economic man），趋利避害，精于计算，追求效益最大化，为其天生本性。如果他们各方又按照公平理念进行交易，就是兼顾了公平与效率两项价值。裁判者是法律人（lawyer），未必是经济人，于是便可能出现依其公平观补充的合同条款不能带来最佳经济效益。这是在以补充的合同解释填补漏洞的具体运作中应认真对待的。

（4）填补结果

既然补充的合同解释所探求的是“推定的当事人意思”，即各方当事人在通常交易上所合理意欲或接受的合同条款，那么，裁判者实际上是以其心目中的理性人处于此情此景中应作何种意思表示来确定待补合同条款/文字。

此种推定的当事人意思，这样的待补合同条款/文字，与各方当事人的真实意思之间的关系如何？认为二者存在相当的差异，这固然可以，且为通说；但实际上也存在各方当事人若为意思表示就与推定的当事人意思完全一致的情形，如当事人系合格的理性人，按照一个理性人的思维和准则表示意思，即属此类，且为支持意思自治原则的一个微例。在此应予提醒，如果主张于此场合的填补合同漏洞系以当事人的真意为准，[65]就必须由举证证明完成。如当事人各方签署过备忘录、意向书、初步协议等文件，确凿无疑地显示已补合同条款/文字正是载于这些文件上的当事人各方意思。如果完不成这样的举证证明，就以理性人于此场合会表示的意思为准，推定出当事人的意思。必须强调的是，真实的缔约个体大多没有假设中的理性，其表示的意思时常欠缺逻辑，遑论考虑到对方的利益，经妥协后形成共同的合同条款/文字。对此，纯粹的意思主义无法自圆其说，那种“无论如何，意思表示的效力看起来并不是绝对的，而且最终也并不取决于立法者的肯定或者否定”[66]的法理，难被中国民法及理论所接受。马克思主义中“合同是当事人意思与上升为法律的国家意志的统一体”“从根源上讲，合同的法律效力源自法律，是合同法等法律赋予合同的，由国家的强制力保障”的原理,能更好地解释这种现象。

运用补充的合同解释填补合同漏洞,在结果上可能有两种情形:一是保持当事人明确约定的内容不变,填补的是当事人遗漏的合同内容;二是填补合同漏洞的过程部分地修改了当事人于合同中明确表示的意思,以达合同体系自洽、合同内容更加合理的结果。无论何者,或是规范解释的结果,或是补充的合同解释的结果。借用、仿照弗卢梅教授之见,规范解释也有理解合同条款/文字与变更性解释合同之分,甚至有许多人理所当然地认为,变更性解释似乎属于解释者的“根本”甚或“首要”任务。[67]显而易见,所谓变更性解释合同,就是在修正合同约定的意思。正是在这些意义上,单独提出修正的合同解释类型与规范解释、补充的合同解释的类型并列,是不合逻辑的。

(5)撤销问题

通过补充的合同解释填补合同漏洞,不同于各方当事人补充合同漏洞的协议一般可被变更、撤销、解除或被确认为无效,其类似于依法律规定补充漏洞的情形,不可基于《合同法》第52、53、54、94条予以变更或撤销或解除或被确认为无效,道理在于从事补充合同漏洞作业的裁判者同样应为斟酌某类型合同的典型利益状态而设,一般多符合当事人的利益。

3. 两种方法之间的关系

以推定的当事人意思补充合同与依赖法律规定补充合同二者之间的关系如何?这可分两方面阐释:其一,如果说立法者设计法律规范系斟酌某类型合同的典型利益状态而设,一般多符合当事人的利益,那么,运用补充的合同解释填补合同漏洞,裁判者以其心目中的理性人处于此情此景中应作何种意思表示来确定待补合同条款/文字,实质上也就是斟酌系争合同的典型利益状态予以衡平,并最终确定符合当事人各方利益平衡的待补合同条款/文字。因为衡平即为在合同当事人之间的关系上取得一种对各方均属恰当的平衡状态,[68]这在实质上就是以一个理性人的思维和准则进行系争合同的典型利益分配,立法者也是以其心目中的理性人的思维和准则来制定规则。如同治大国如烹小鲜的道理,立法者设计法律规范的考量与裁判者打着理性人的旗号安排合同条款/文字的考量,机理相同。就特定的典型合同而言,理性人的理念及思维逻辑发展,结合法律关于该典型合同的规定,自然会形成一个合同的全部条款/文字。该合同的全部条款/文字减去当事人双方实际签订的合同条款/文字之差,就既是系争合同漏洞之所在和轮廓,也是待补的合同条款/文字。其二,立法者设计法律规范系斟酌某类型合同的典型利益状态而设,一般多符合当事人的利益,这相对统一、稳定,但裁判者在个案中以理性人于此场合所思所想补充系争合同漏洞,则难免杂糅自己的价值及其衡量,在标准和结果方面波动较大。由此显示出依赖法律规定填补合同漏洞与运用补充的合同解释补充漏洞二者的差异。

四、合同漏洞补充的其他问题

(一)补充合同漏洞方法之间的顺序及其反思

补充合同漏洞,首先采取当事人协议补充的方法,若无此类协议,则确定当事人共同的真实默示意图。其次,强制性规定、任意性规定原则上优先于其他方法适用。最后,无法律规定的,依推定的当事人意图补充合同漏洞。

之所以认为法律规定优先于补充的合同解释适用,是由于法律规范系立法者斟酌某类型合同的典型利益状态而设,一般多符合当事人的利益。当事人对合同未详订其内容,多期待法律设有合理规定;法律设任意性规范、倡导性规范的目的,实际上也着眼于漏洞的补充;所以,只要合同类型符合任意性规范、倡导性规范的类型,这些规范原则上应优先加以适用,排除补充解释的机会。只在下述情况下,补充的合同解释优先于任意性规范、倡导性规范加以适用:其一,当事人所订合同虽具备典型合同(有名合同)的要素,但具有特殊性,适用任意性规范、倡导性规范未尽符合当事人利益的场合。例如,出卖人对物之瑕疵不负修缮义务,其主要理由系出卖人多非商品制造人,不具备修缮能力或设备,一般来说固甚合理,唯设在家具店购买高级沙发,出卖人特别表示系自制自销时,则应依补充的合同解释,肯定买受人有瑕疵修补请求权。其二,在无名合同,如旅游合同,适用或类推适用任意性规范、倡导性规范违反合同目的时,应针对该合同的特殊利益状态,依补充的解释,补充合同的欠缺。[69]其三,合同显示当事人不愿意接受任意性规范、倡导性规范的适用。其四,法定规范由于当事人的错误想法,致其效果与当事人所寻求的大相径庭。其五,任意性规范、倡导性规范不符合改变的经济关系,以至于合同实务上均不采纳。[70]

再进一步,推定的当事人意图涉及目的、习惯、任意法规、诚实信用等标准;依各标准所得结论有不同时,以当事人所欲予达到的目的为第一顺序,习惯可推定当事人有依从的意思或就其事项无任意法规时为第二顺序,任意法规为第三顺序,但习惯为当事人所不知的场合任意法规则上升为第二顺序。诚实信用原则不平列于这些顺序之中,而是修正或补足运用上述方法补充合同漏洞时确定的已补合同条款/文字。[71]另有观点较为硬性:交易习惯优先于任意性规定而用于填补合同漏洞。[72]

以上这些意见具有合理因素,但也有再斟酌的余地,包括以下几处:(1)在交易习惯与法律规定之间的关系方面,在交易习惯违反强制性规定或违背公序良俗时,不得用于填补合同漏洞,不得优先于任意性规定、倡导性规定而运用。(2)即使交易习惯不违反强制性规定,也不一定优先于任意性规定、倡导性规定而运用。如果交易习惯不公正,例如,餐饮合同领域的高额开瓶费、高额沏茶费,典当行、小额贷款公司放款时预先扣除未来的利息等,那么,不得把此类交易习惯优先于任意性规定、倡导性规定来填补合同漏洞,而应依诚信原则、公平原则衡量,是否对其调整。(3)诚然,观察《合同法》第61条和第62条的字面意思,似乎交易习惯优先于任意性规定,但因这两条规定均非强制性规定,故这种优先顺序的结论便无法律依据的支撑。之所以说《合同法》第61条和第62条不是强制性规定,原因有四:其一,它们属于合同漏洞补充方面的技术性规则,不影响社会公共利益。假如硬说它们事关社会公共利益,就意味着《合同法》第61条规定的当事人以协议补充合同漏洞必须实施,永远排在第一顺序,即使当事人各方明确表示不新签合同补充系争合同的漏洞,请求裁判者依补充的合同解释填补系争合同的漏洞,也不得如愿以偿。这显然背离意思自治原则,也不符合实务中的操作实际。其二,强制性规定的性质无法解释裁判者最后用诚信和公平两项原则修正甚至补足已补合同条款/文字的做法,因为这两条并未明示诚信和公平两项原则在补充合同漏洞中扮演角色。其三,《合同法》第62条中有规定各方当事人事先设有相应约定时便不适用此条,如果第62条为强制性规定,就否定了当事人的此类约定。其四,某些场合下,第62条规定的补充漏洞规则及标准未必合理、公正。此时裁判者可依公平正义的理念填补合同漏洞,而不适用第62条的规定。例如,时过境迁但某些法定标准(如农用车的车厢长和宽的标准长时期不予修正,某些设备在环境保护方面的标准远远低于当下"蓝天保卫战"的要求)仍未修正,远远落后于社会生活的要求。(4)审视交易习惯补充合同漏洞是独立于、并列于补充的合同解释的方法,还是运用补充的合同解释时应予考虑的因素？考察其"合同漏洞补充所依据之间的关系"的总结，交代得不甚明确，但自其"依法官推定的当事人意图补充"部分的体系排列观察，属于补充的合同解释的一种表现形式。(5)因为法律规定包括强制性规定，所以不得笼统地说补充的合同解释优先于依赖法律规定而运用，而应是依赖强制性规定补充合同漏洞肯定优先于运用补充的合同解释方法填补合同漏洞。依赖任意性规定填补合同漏洞原则上优先于运用补充的合同漏洞填补合同漏洞，并承认例外情形。(6)如同上文所述，在中国现行法上，不宜如欧美法那样界定诚实信用原则，而应将诚信和公平两项原则共同发挥作用，在运用有关补充漏洞的方法填补系争合同的漏洞之后，修正甚至补足已补合同条款/文字。(7)所谓"以当事人所欲予达到的目的为第一顺序"，若指以当事人协议补充合同漏洞，则无疑问；但若指依补充的合同解释方法填补合同漏洞，则有问题，因为补充的合同解释方法必定位于强制性规定之后，在很多情况下也后于任意性规定的，而非处于第一顺序。

(二)交易习惯在补充合同漏洞作业中的地位及作用

《德国民法典》第 157 条规定，合同解释必须斟酌交易习惯。交易习惯可以"自动"适用于表示的规范解释，包括作为补充的合同解释的要素。[73]法官在填补漏洞时要考虑案件中的所有情况，包括动机、交易习惯、利益状况。[74]

《美国统一商法典》赋予交易习惯(custom)和惯例(usage of trade)在交易中以重要地位(第 1－205 条、第 1－102 条第 2 款第 a 项)，并承认以惯例补充合同条款。[75]《美国统一商法典》的评注否定了"那些认为有关'习惯'的证据可能会排除或否定'已经确立的法律规则'的判例"，并且认为，惯例"构成了双方的默契，它们优于任何一般性法律规则，因为后者仅适用于不存在这种默契的情形"。[76]范斯沃思教授在合同解释的大框架内考察和讨论交易习惯，在合同漏洞补充的题目下却未涉及交易习惯，这表明交易习惯在包括补充合同漏洞在内的合同解释中覆盖面更为宽泛。如此，把交易习惯仅限于推定解释之内显然不合实际及逻辑，换个表述是将交易习惯仅限于补充的合同解释范畴不合实际及逻辑。

在英国，第三类默示条款即为基于交易习惯和惯例而形成的默示条款。[77]Wilberforce 勋爵把默示条款分为四类(但其实只同意有三类)，第一类是商业惯例的默示条款，第二类是事实的默示条款，第三类是丹宁勋爵倡导的但被 Wilberforce 勋爵否定的合理性的默示条款，第四类是法律上的默示条款。[78]既然默示条款是用来补充合同漏洞的,商业惯例的默示条款便可用于补充合同漏洞。与美国法的情形类似,英国法同样承认可用交易习惯来解释合同的明示条款。[79]

在中国,《合同法》第61条在字面上把交易习惯列为补充合同漏洞的考虑因素,学说也赞同交易习惯为补充合同漏洞时的依据。[80]但应当注意的是:其一,补充合同漏洞时考虑交易习惯不同于依赖法律规定填补合同漏洞,“交易习惯不属于法律规范”。[81]因为后者无须审视其合法与否,甚至无须考量补充合同漏洞的结果是公平的还是失衡的,只要裁判者确定系争合同的漏洞所在及轮廓,又寻觅到适当的法律规定,即可径直填补系争合同的漏洞;但在前者,裁判者首先要审视交易习惯合法、公平与否,只有合法、合理的交易习惯才可被作为确定待补条款/文字的依据,最终填补完毕系争合同的漏洞。再退一步,即使某特定的交易习惯合法、合理,处理个案的裁判者因其立场及价值取向,也可能不考量交易习惯填补系争合同的漏洞。其二,补充合同漏洞时考虑交易习惯也不同于补充的合同解释的常态,因为后者系裁判者以其心目中的理性人的思维和标准来推定出待补合同条款/文字,这样的标准是一以贯之的,有时与交易习惯形成的规则一致,有时却有差异,有时因交易习惯不合理性人的思维和标准而推演出来的待补条款/文字而被裁判者弃之一旁。换个角度表述,在补充的合同解释的架构下,交易习惯即使被裁判者考虑用作填补系争合同的漏洞,也只是理性人的思维和标准的表现形式之一,并非全部。

总结而言,补充合同漏洞时考量交易习惯可被纳入补充的合同解释的方法之中,但交易习惯乃所有的解释合同的方法甚至原则,并不限于补充合同漏洞这一隅。再加上补充的合同解释不适用于合同漏洞补充以外的合同解释这一原因,将考量交易习惯以补充合同漏洞作为独立于依赖法律规定补充合同漏洞、补充的合同解释等方法的一种并列方法,更为可取。

(三)诚信原则和公平原则的地位及作用

有学者主张,诚实信用原则不与当事人协议、法律规定、交易习惯、补充的合同解释诸方法竞争顺序,而是在运用其中某种方法填补合同漏洞后,以诚实信用审视其结果,发挥修正、补足已补合同条款/文字的作用。[82]这有其合理性,值得重视。只不过需要注意,《民法总则》第7条规定的诚信原则以“秉持诚实,恪守承诺”收尾,使得诚信原则落脚在民事主体的主观态度;如此,依文义解释,诚信原则主要管辖欺诈、胁迫、乘人之危等问题，难见其含有以公平理念衡平当事人之间的权益关系之义，似无"帝王条项，君临法域"的神威，这相较于罗马法及后世的法国民法、德国民法、日本民法和我国台湾地区"民法"而言，降低了诚信原则的地位，缩减了诚信原则的功能。

在中国民法体系中，将公平原则和诚信原则联系起来观察，不难发现《民法通则》、《合同法》和《民法总则》一直将公平原则与诚信原则平列，且有分工，特别是《合同法》和《民法总则》把"合理确定各方的权利和义务"的重任交给了公平原则，而非诚信原则。甚至可说是公平原则而非诚信原则才是一种"帝王条款"。这与德国等国家和地区民法中的做法不同，这些法域中诚实信用原则含有公平原则的内容，除在不当得利制度建立的基础等极个别场合单提公平原则或衡平理念之外，均使用诚实信用原则的表达。可见，法律人不宜甚至不得沿袭传统民法关于诚实信用原则的定性和定位，而应展开具有中国特色的解释论。如果如此解释是正确的，则在合同漏洞补充的问题上应该是让诚信原则和公平原则共同起作用，在运用有关补充漏洞的方法填补系争合同的漏洞之后，修正甚至补足已补合同条款/文字。[83]

还需指出，诚实信用原则、公平原则在英美法上所起作用明显低于在德国法系、中国法上所起的作用。在美国，法院经常补充的一个条款是，合同的当事人各方应当履行"诚实信用"义务，或者有时表述为"诚实信用和公平交易"义务。该默示义务根据基本的公平观念而发生。按照《美国统一商法典》的规定，当事人不得以约定排除诚实信用义务，尽管当事人可以约定履行该义务的标准，只要该约定的标准并非明显不合理（第 1－102 条第 3 款）。[84]但法院反复强调的原则却是，诚实信用的默示义务不能被用来排除或变更合同的明示条款。[85]由于法院是针对当事人之间的协议中遗漏的事项而补充条款，因此，除非有关的协议已经成立，否则，无论是《美国统一商法典》还是普通法，都不要求诚实信用的默示义务。所以，在当事人达成协议之前，他们不负诚实信用义务，诚实信用义务并不约束他们的缔约过程。[86]然而，如果一份已经存在的合同的当事人协商变更合同，那么，他们受到合同上的诚实信用义务的约束。[87]在英国法上，对默示条款的运用是相当严格的，因为动辄强调合理并据以变动合同约定这一做法与缔约自由和合同相对性（privity of contract）严重冲突。裁判者并不是合同的一方，只是解释该合同中产生的争议，所以无权自说自话，增加或删除该合同明示了的条款。而增加默示条款,这正是作这种有严重冲突的行为,除非是完全符合法律的要求,而其中就是能够肯定去假设默示的部分正是当事人各方的缔约意图。[88]既然如此,从事比较法研究和处理与英美的公司交易纠纷,必须注意英美法对于诚实信用的立场及态度,不可以我法度他法。

注释

1 参见王泽鉴:《债法原理》,北京大学出版社 2009 年版,第 170 页。

2 《法国民法典》第 1156 条;La. Civ. Code Ann art. 2045。

3 Rabenhorst Funeral Home, Inc. v. Tessier, 674 So. 2d 1164 (La. App. 1st Cir. 1996).

4 [美]A. L. 科宾:《科宾论合同》(一卷版)(上册),王卫国、徐国栋、夏登峻译,中国大百科全书出版社 1997 年版,第 619 ~ 671 页;[美]E. 艾伦 · 范斯沃思:《美国合同法》(原书第 3 版),葛云松、丁春艳译,中国政法大学出版社 2004 年版,第 427 ~ 515 页。

5 Henry Campbell Black, M. A., *Black's Law Dictionary*, West Publishing Co., 1979, pp. 283, 734.

6 [美]A. L. 科宾:《科宾论合同》(一卷版)(上册),王卫国、徐国栋、夏登峻译,中国大百科全书出版社 1997 年版,第 625 页、第 659 页。

7 [美]A. L. 科宾:《科宾论合同》(一卷版)(上册),王卫国、徐国栋、夏登峻译,中国大百科全书出版社 1997 年版,第 669 页。

8 [德]萨维尼:《当代罗马法体系》(Ⅰ),第 290 页。转引自[德]维尔纳 · 弗卢梅:《法律行为论》,迟颖译,法律出版社 2013 年版,第 345 页。

9 [德]汉斯 · 布洛克斯、沃尔夫 · 迪特里希 · 瓦尔克:《德国民法总论》(第 33 版),张艳译,杨大可校,中国人民大学出版社 2014 年版,第 37 页。

10 [德]汉斯 · 布洛克斯、沃尔夫 · 迪特里希 · 瓦尔克:《德国民法总论》(第 33 版),张艳译,杨大可校,中国人民大学出版社 2014 年版,第 63 页。

11 王泽鉴:《债法原理》,北京大学出版社 2009 年版,第 171 ~ 172 页。

12 王泽鉴:《民法总则》,北京大学出版社 2009 年版,第 390 页。

13 [德]汉斯 · 布洛克斯、沃尔夫 · 迪特里希 · 瓦尔克:《德国民法总论》(第 33 版),张艳译,杨大可校,中国人民大学出版社 2014 年版,第 63 ~ 68 页。

14 [日]山本敬三:《民法讲义Ⅰ · 总则》(第 3 版),解亘译,北京大学出版社 2004 年版,第 107 ~ 109 页。

15 弗卢梅教授则用解释概念统辖规范解释、合同漏洞补充等各种具体的解释方法。[德]维尔纳 · 弗卢梅:《法律行为论》,迟颖译,法律出版社 2013 年版,第 342 ~ 399 页。

16 梁上上:《利益衡量论》(第2版),法律出版社2016年版,第70页。

17 参见[德]维尔纳·弗卢梅:《法律行为论》,迟颖译,法律出版社2013年版,第380页。

18 《联邦最高法院判例集》12,第337页以下;《联邦最高法院判例集》23,第282页以下。转引自[德]维尔纳·弗卢梅:《法律行为论》,迟颖译,法律出版社2013年版,第383页。

19 《联邦最高法院判例——林登迈尔—默林编联邦最高法院参考资料》,§133(B) Nr.7。转引自[德]维尔纳·弗卢梅:《法律行为论》,迟颖译,法律出版社2013年版,第363页。

20 Hillman,"An Analysis of the Cessation of Contractual Relations", *Cornell L. Rev.* 68, 1983, pp. 627 – 628.

21 Stewart Macaulay,"Non – Contractual Relations in Business, A Preliminary Study", *Ann. Soc. Rev.* 28, 1963, pp. 55, 60.

22 王泽鉴:《民法债编总论·基本理论·债之发生》(总第1册),三民书局1993年版,第181页。

23 [美]E.艾伦·范斯沃思:《美国合同法》(原书第3版),葛云松、丁春艳译,中国政法大学出版社2004年版,第496页。

24 Ayres & Gertner,"Filling Gaps in Incomplete Contracts: An Economic Theory of Default Rules", *The Yale Law Journal* 87, 1989, p. 127.

25 [美]E.艾伦·范斯沃思:《美国合同法》(原书第3版),葛云松、丁春艳译,中国政法大学出版社2004年版,第496页。

26 王泽鉴:《债法原理》,北京大学出版社2009年版,第171页。

27 参见王泽鉴:《民法思维》,北京大学出版社2009年版,第198页;黄建辉:《法律漏洞·类推适用》,蔚理法律出版社1988年版,第21页、第22页。

28 K. Larenz, Methodenlehre der Rechtswissenschaft. S. Aufl. 1983, S. 282f.

29 黄建辉:《法律漏洞·类推适用》,蔚理法律出版社1988年版,第37页。

30 W. Knittel, Die Verfassungsgerichtliche Normenkontrolle alsursache Von Gesetzeslücke, Juristische Zeitung, 1967, S. 79ff.

31 Restatement (Second) of Contracts ch. 9, pt. 3 intro. note (1981). See Mark K. Glasser & Keith A. Rowley, "On Parol: The Construction and Interpretation of Written Agreements and the Role of Extrinsic Evidence in Contract Litigation", *Baylor L. Rev.* 49, 1997, p. 657.

32 Restatement (Second) of Contracts 〈sect〉 209 (1), at 125 (emphasis added); see also Restatement of Contracts 〈sect〉228, at 307 (1932)(一份协议是到此为止当事人双方采用的书面形式的完整体,或者是作为最后的与完全的表达该协议的完整书面体). See Mark K. Glasser & Keith A. Rowley, "On Parol: The Construction and

Interpretation of Written Agreements and the Role of Extrinsic Evidence in Contract Litigation", *Baylor L. Rev.* 49,1997,p.657.

33 David R. Dow,"The Confused State of the Parol Evidence Rule in Texas",*Tex. L. Rev.* 35,1994,pp.459-460; see also Restatement (Second) of Contracts 〈sect〉210(1)-(2).

34 陈朝璧:《罗马法原理》,法律出版社2006年版,第94~95页。

35 City of Yonkers v. Otis Elevater Co. ,844 F.24 42(2d Cir. 1988);[美]E. 艾伦·范斯沃思:《美国合同法》(原书第3版),葛云松、丁春艳译,中国政法大学出版社2004年版,第498页。

36 [德]汉斯·布洛克斯、沃尔夫·迪特里希·瓦尔克:《德国民法总论》(原书第33版),中国人民大学出版社2014年版,第69页。

37 [美]E. 艾伦·范斯沃思:《美国合同法》(原书第3版),葛云松、丁春艳译,中国政法大学出版社2004年版,第498页。

38 [美]E. 艾伦·范斯沃思:《美国合同法》(原书第3版),葛云松、丁春艳译,中国政法大学出版社2004年版,第499页。

39 So jetzet auch Larenz, Schuldrecht Ⅰ,8. Aufl. , S. 89 Anm. 1; Anders noch Auslegung und Rechtsgeschäft, S. 94 Anm. 2. 转引自[德]弗朗茨·维亚克尔:《法律行为解释之方法》,范雪飞译,载王洪亮、张谷、田士永、朱庆育、张双根主编:《中德私法研究》(第14卷),北京大学出版社2016年版,第305页。

40 [德]汉斯·布洛克斯、沃尔夫·迪特里希·瓦尔克:《德国民法总论》(原书第33版),中国人民大学出版社2014年版,第70页。

41 [德]维尔纳·弗卢梅:《法律行为论》,迟颖译,法律出版社2013年版,第377页。

42 [美]E. 艾伦·范斯沃思:《美国合同法》(原书第3版),葛云松、丁春艳译,中国政法大学出版社2004年版,第498、500页。

43 [美]A. L. 科宾:《科宾论合同》(一卷版)(上册),王卫国、徐国栋、夏登峻译,中国大百科全书出版社1997年版,第669页。

44 [美]A. L. 科宾:《科宾论合同》(一卷版)(上册),王卫国、徐国栋、夏登峻译,中国大百科全书出版社1997年版,第627页;[美]E. 艾伦·范斯沃思:《美国合同法》(原书第3版),葛云松、丁春艳译,中国政法大学出版社2004年版,第500~515页;Mark K. Glasser & Keith A. Rowley,"On Parol: The Construction and Interpretation of Written Agreements and the Role of Extrinsic Evidence in Contract Litigation",*Baylor L. Rev.* 49, 1997,p.657。

45 [美]E. 艾伦·范斯沃思:《美国合同法》(原书第3版),葛云松、丁春艳译,中国政法大学出版社2004年版,第498页、第500页。

46 H. G. Beale, W. D. Bishop & M. P. Furmston, *Contract: Cases & Materials*, Butterworths & Co. ,1990,pp.303-304; Neil Andrews, *Contract Law*, Cambridge University Press, 2015,p.333; 杨良宜:《合约的解释》,法律出版社2007年版,第309~378页。

47 转引自杨良宜:《合约的解释》,法律出版社 2007 年版,第 325 页。

48 杨良宜:《合约的解释》,法律出版社 2007 年版,第 309 页、第 332 页。

49 Neil Andrews, *Contract Law*, Cambridge University Press, 2015, p. 333.

50 王越宏、李媛:《论合同漏洞的补充》,载《中国法学》2001 年第 5 期。

51 关于将法律规范区分为任意性规范、倡导性规范和强制性规范的提出及分析,参见王轶:《民法典的规范配置——以对我国〈合同法〉规范配置的反思为中心》,载《烟台大学学报》(哲学社会科学版)2005 年第 3 期;王轶:《论倡导性规范——以合同法为背景的分析》,载《清华法学》2007 年第 1 期。

52 王越宏、李媛:《论合同漏洞的补充》,载《中国法学》2001 年第 5 期。

53 参见王泽鉴:《债法原理》,北京大学出版社 2009 年版,第 171 ~ 172 页。

54 [德]汉斯·布洛克斯、沃尔夫·迪特里希·瓦尔克:《德国民法总论》(原书第 33 版),中国人民大学出版社 2014 年版,第 69 页。

55 [美]A. L. 科宾:《科宾论合同》(一卷版)(上册),王卫国、徐国栋、夏登峻译,中国大百科全书出版社 1997 年版,第 627 页、第 669 ~ 671 页;[美]E. 艾伦·范斯沃思:《美国合同法》(原书第 3 版),葛云松、丁春艳译,中国政法大学出版社 2004 年版,第 498 ~ 503 页。

56 Neil Andrews, *Contract Law*, Cambridge University Press, 2015, p. 333;杨良宜:《合约的解释》,法律出版社 2007 年版,第 311 ~ 316 页。

57 王泽鉴:《债法原理》,北京大学出版社 2009 年版,第 171 ~ 172 页。

58 [德]汉斯·布洛克斯、沃尔夫·迪特里希·瓦尔克:《德国民法总论》(原书第 33 版),中国人民大学出版社 2014 年版,第 70 页。

59 [美]E. 艾伦·范斯沃思:《美国合同法》(原书第 3 版),葛云松、丁春艳译,中国政法大学出版社 2004 年版,第 500 页。

60 [美]J. Bentham, "A General View of a Complete Code of Laws", in J. Bowering ed., 3 *Words of Jeremy Bentham*, 1843, p. 191. 转引自[美]E. 艾伦·范斯沃思:《美国合同法》(原书第 3 版),葛云松、丁春艳译,中国政法大学出版社 2004 年版,第 501 页。

61 [美]E. 艾伦·范斯沃思:《美国合同法》(原书第 3 版),葛云松、丁春艳译,中国政法大学出版社 2004 年版,第 501 页。

62 [德]维尔纳·弗卢梅:《法律行为论》,迟颖译,法律出版社 2013 年版,第 378 页。

63 王泽鉴:《债法原理》,北京大学出版社 2009 年版,第 172 页。

64 参见[德]维尔纳·弗卢梅:《法律行为论》,迟颖译,法律出版社 2013 年版,第348 ~ 349 页。

65 王越宏、李媛:《论合同漏洞的补充》,载《中国法学》2001 年第 5 期;魏玮:《补充解释方法在合同漏洞填补时的运用》,载《人民司法》2013 年 6 月 20 日。

66 [德]弗朗茨·维亚克尔:《法律行为解释之方法》,范雪飞译,载王洪亮、张谷、田士永、朱庆育、张双根主编:《中德私法研究》(第 14 卷),北京大学出版社 2016 年版,第 299 页。

67 参见[德]维尔纳·弗卢梅:《法律行为论》,迟颖译,法律出版社 2013 年版,第348 ~349 页。弗卢梅教授原本是在阐释法律解释的三种类型:理解法律、漏洞补充和变更性解释法律。当然,弗卢梅教授认为变更性解释法律属于例外,应予严格限制。笔者认为对合同的规范解释也大抵如此。

68 [德]卡尔·拉伦茨:《法学方法论》(学生版),陈爱娥译,五南图书出版有限公司 1996 年版,第 195 页。

69 参见王泽鉴:《债法》,北京大学出版社 2009 年版,第 172 ~ 173 页。

70 黄立:《民法债编总论》,中国政法大学出版社 2002 年版,第 81 页。

71 王越宏、李媛:《论合同漏洞的补充》,载《中国法学》2001 年第 5 期。

72 魏玮:《补充解释方法在合同漏洞填补时的运用》,载《人民司法》2013 年 6 月 20 日。

73 [德]维尔纳·弗卢梅:《法律行为论》,法律出版社 2013 年版,第 366 页、第 380 页。

74 [德]汉斯·布洛克斯、沃尔夫·迪特里希·瓦尔克:《德国民法总论》(原书第 33 版),中国人民大学出版社 2014 年版,第 70 页。

75 [美]E. 艾伦·范斯沃思:《美国合同法》(原书第 3 版),葛云松、丁春艳译,中国政法大学出版社 2004 年版,第 485 页。

76 《美国统一商法典》第 1 – 205 条的评注第 4 条。转引自[美]E. 艾伦·范斯沃思:《美国合同法》(原书第 3 版),葛云松、丁春艳译,中国政法大学出版社 2004 年版,第 486 页。

77 Neil Andrews, *Contract Law*, Cambridge University Press, 2015, p. 333.

78 Liverpool City Couneil v. Irwin(1977) A. C. 239, 253. 转引自杨良宜:《合约的解释》,法律出版社 2007 年版,第 319 页。

79 Shore v. Wilson(1989) 9 C1. & F. 355; Brown v. Shand(1877) 2 App Cas 455. 转引自杨良宜:《合约的解释》,法律出版社 2007 年版,第 261 页。

80 王越宏、李媛:《论合同漏洞的补充》,载《中国法学》2001 年第 5 期;魏玮:《补充解释方法在合同漏洞填补时的运用》,载《人民司法》2013 年 6 月 20 日。

81 [德]维尔纳·弗卢梅:《法律行为论》,迟颖译,法律出版社 2013 年版,第 365 页。

82 王越宏、李媛:《论合同漏洞的补充》,载《中国法学》2001 年第 5 期。另见[德]弗朗茨·维亚克尔:《法律行为解释之方法》,范雪飞译,载王洪亮、张谷、田士永、朱庆育、张双根主编:《中德私法研究》(第 14 卷),北京大学出版社 2016 年版,第 305 页。

83 崔建远:《中国大陆民法总则的新发展》,载《月旦民商法杂志》2017 年第 56 期。

84 [美]E. 艾伦·范斯沃思:《美国合同法》(原书第 3 版),葛云松、丁春艳译,中国政法大学出版社 2004 年版,第 504 页。

85 Riggs Natl. Bank of Washington v. Linch, 36 F. 3d. 370(4th Cir. 1994). 转引自[美]E.

艾伦·范斯沃思:《美国合同法》(原书第 3 版),葛云松、丁春艳译,中国政法大学出版社 2004 年版,第 505 页。

86 Husaman, Inc. v. Triton Coal Co. ,809 P. 2d 796(Wyo. 1991). [美]E. 艾伦·范斯沃思:《美国合同法》(原书第 3 版),葛云松、丁春艳译,中国政法大学出版社 2004 年版,第 505 ~ 506 页。

87 [美]E. 艾伦·范斯沃思:《美国合同法》(原书第 3 版),葛云松、丁春艳译,中国政法大学出版社 2004 年版,第 279 ~ 280 页、第 506 页。

88 杨良宜:《合约的解释》,法律出版社 2007 年版,第 324 页。

履行抗辩权探微*

履行抗辩权，在本文限于同时履行抗辩权、先履行抗辩权和不安抗辩权。它们被我国《合同法》第66条至第69条确立后，适用过程中逐渐暴露出一些问题，引发了争论，促使我们思考。笔者将自己的一些思考结果呈现出来，供大家批评指正。

一、对法律漏洞说的质疑

在两项债务存在先后履行顺序的情况下，当事人享有的履行抗辩权，是统归于同时履行抗辩权，还是作为一项独立的先履行抗辩权，只是在两项债务均已届期时先履行一方可以行使同时履行抗辩权？不同的国家和地区对此采取的模式有别。日本固守前者，我国则选择了后者，而我国台湾地区亦为前者。

对我国合同法将同时履行抗辩权和先履行抗辩权分立的模式，韩世远教授持有不同的看法："若依据合同法第67条（先履行抗辩权），所给出的答案是'先履行一方未履行的，后履行一方有权拒绝其履行要求'。从中看不出后履行一方请求先履行一方履行时，先履行一方能否以后履行一方未履行其到期债务为由拒绝履行。而依据合同法第68条（不安抗辩权），只是在出现所列不安事由时，先履行一方可以中止履行。"[1]有鉴于此，"合同法第66条字面上虽然规定了'没有先后履行顺序'这一限定，尚不应就此做反面解释而排斥其他情形下亦可得发生同时履行抗辩权问题。就前述设问，可以认定合同法存有法律漏洞。换言之，合同法只规定了履行期自始相同（没有履行先后顺序）的情形，而忽略了还可能存在债务履行期

* 原文发表于《法学研究》2007年第3期。该文对于债务履行期限（履行期、清偿期）的界定采取的是中国民法通说，即履行期（清偿期）既有一个时间点的，也有一个时间段的。这与笔者目前关于履行期（清偿期）的观点有所不同。

自始不同的情形。其实,作为同时履行抗辩权的要件之一,正如我妻荣先生所言,只是要求该权利行使之际对方的债务已在履行期而已,非谓须履行期自始相同”。[2]

学者的思绪并未到此为止,其实质是对合同法设置的先履行抗辩权制度保有疑问,“这种理论构成是否有其正当性,还有待进一步观察,这涉及是否能够和是否有必要创立一套独立于同时履行抗辩权的理论”。[3]有的学者则明确否定了《合同法》第67条的规定:“从法规则自身的逻辑性、简练性要求考虑,先履行抗辩规则无单独规定的必要性。”[4]

对于韩世远教授的上述看法,笔者持有不同意见,分七点阐释如下:

1. 首先需要明确的是,作为履行抗辩权构成要件的两项牵连债务,在履行期限方面存在如下情形:(1)两项牵连债务的履行期相同,具体又包括三种情形:一是法律和当事人均未规定两项债务的履行期,或者规定了相同的履行期;二是两项债务的履行期限届至的时间不同,但存在重合的期间,先履行一方尚未违约;三是双方均已违约,由债务转化而成的继续履行或者替代损害赔偿或者填补损害赔偿的履行期限。(2)甲方所负债务的履行期届满之后间隔一段时间,乙方所负债务的履行期才届至。例如,甲方所负债务的履行期限为2006年2月2日至2007年2月2日,乙方所负债务的履行期限是2007年3月2日至10月2日。(3)甲方所负债务的履行期届满之日,为乙方所负债务的履行期届至之时。例如,甲方所负债务的履行期限为2006年2月2日至2007年2月2日,乙方所负债务的履行期限是2007年2月2日至10月2日。(4)甲方所负债务的履行期尚未届满时,乙方所负债务已经届至,两项债务的履行期限有一段重合期。例如,甲方所负债务的履行期限为2006年2月2日至2007年2月2日,乙方所负债务的履行期限是2006年10月2日至2007年5月2日,甲方直到2006年12月2日仍未履行,乙方也未履行。

上述(1)的情形,应当适用同时履行抗辩权制度,没有争议。

上述(2)的情形,甲方于2007年3月1日及其以前请求乙方履行债务,乙方有权以其债务尚未届期为由抗辩,且无论甲方履行了自己的债务与否均应如此。甲方于其未履行债务的情况下,自2007年3月2日起请求乙方履行债务,适用先履行抗辩权制度,不应有争论,除非坚决否定《合同法》第67条的规定。不仅如此,在笔者看来,甲方于其未履行债务的情况下,于2007年3月1日及其以前,请求乙方履行债务,乙方也可以主张先履行抗辩权。

上述(3)的情形,适用先履行抗辩权制度应无疑问,除非坚决否认《合同法》第67条的规定。若主张适用同时履行抗辩权制度,在我国现行法上,对于乙方来说没有必要,对于甲方来说自然是件好事,但会有若干弊端,详见下文。

上述(4)的情形,在甲方和乙方均未构成违约的情况下,甲方所负债务和乙方所负债务相重合的履行期间,即举例中的2006年10月2日至2007年2月1日,甲方和乙方均可主张适用《合同法》第66条,即有同时履行抗辩权制度适用的空间。不过,为了避免《合同法》第66条的规定存在法律漏洞,可以不借助同时履行抗辩权达到目的,而是甲方和乙方均可以履行期尚未届满而暂时拒绝履行其债务。还要说明,乙方也可以基于《合同法》第67条的规定,主张先履行抗辩权。但是,如果甲方已经违约了,即直到2007年2月2日甲方仍未履行债务,那么,自2007年2月3日起,法律不应承认甲方享有同时履行抗辩权,其理由同样见下文。

概言之,构成先履行抗辩权所需要的两项牵连债务,所要求的存在先后履行顺序,应指先履行一方所负债务的履行期限届满之后,后履行一方所负债务的履行期限才届至的情形,以及先履行一方所负债务的履行期限和后履行一方所负债务的履行期限相重合、后履行一方没有违约的场合,而先履行一方违约与否,在所不问。

2. 我妻荣教授之语,[5]符合日本民法将同时履行抗辩权制度适用于履行期相同或者不同的两项牵连债务场合的实际,若把履行期自始不同的两项牵连债务的履行抗辩排除于同时履行抗辩权制度的适用范围,在日本民法上则会出现法律漏洞。但在同时履行抗辩权和先履行抗辩权分立、各有其适用范围的中国现行法上,若照搬我妻荣教授的观点,且作为《合同法》第66条的适用范围标准,或者说作为同时履行抗辩权运用领域的标准,则不仅在宣判《合同法》第67条为具文,直接或者间接地否定《合同法》第66~67条设置的模式,而且会带来更为严重的问题,下文的分析会显现这一点。

3. 韩世远教授称《合同法》第66条的规定存在法律漏洞,由于《合同法》第67条赋予了后履行一方先履行抗辩权,后履行一方无须求助于《合同法》第66条的规定,即享有对先履行一方的抗辩权。但实际上,即使《合同法》第66条的规定存在法律漏洞,但由于韩世远教授坚持同时履行抗辩权以两项债务均已届期为要件之一，在后履行一方所负债务未届履行期时，先履行一方不应享有同时履行抗辩权，第66条的漏洞也不表现在后履行一方的抗辩权方面。同样，由于后履行一方所负债务尚未届期、但有难为对待给付之虞时，先履行一方可以基于《合同法》第68～69条的规定，主张不安抗辩权，拒绝履行自己的债务，第66条的漏洞也不应表现在这个场合。那么，按照排除法，只剩下以下两种情形：(1)后履行一方拥有足够的责任财产，先履行一方所负债务和后履行一方所负债务的履行顺序不同，先履行一方所负债务的履行期尚未届满，后履行一方所负债务的履行期已经届至，两项债务的履行期限有重合之处。(2)后履行一方拥有足够的责任财产，先履行一方所负债务和后履行一方所负债务的履行顺序不同，先履行一方所负债务已经届满，后履行一方所负债务的履行期已经届至，届满与否，在所不问。第二种期限属于韩世远教授所举的例证，认为这种情况符合同时履行抗辩权的构成要件，先履行一方应当享有同时履行抗辩权，但因《合同法》第66条和第67条的文义和它们的分工，先履行一方倒不会享有同时履行抗辩权，于是，形成了法律漏洞。有漏洞即应填补，在韩世远教授看来，《合同法》第66条适用的范围过于狭窄，应当扩张至两项债务存在先后履行、先履行一方的债务和后履行一方的债务均已届期的领域。于此场合，承认先履行一方享有同时履行抗辩权，即在后履行一方请求先履行一方清偿时，先履行一方可以拒绝履行自己的债务。对此，笔者发表如下看法：

首先，第一种情形，在先履行一方未构成违约的情况下，可以成立同时履行抗辩权。该方案并非绝对不可，但考虑到这样处理必须承认《合同法》第66条的规定在这方面存在法律漏洞，于是，笔者更倾向于采取另外的路径，即于此场合，虽然先履行一方和后履行一方都有权请求对方清偿，但被请求清偿的一方于其债务履行期尚未届满时享有一个选择权：可以履行其债务，也可以不理睬给付请求，一直等到债务履行期届满前才予以清偿。换句话说，后履行一方请求先履行一方清偿时，先履行一方得以其债务履行尚未届满（尚未违约）为由暂时拒绝履行其债务；先履行一方请求后履行一方清偿时，后履行一方得以其债务尚未届满（尚未违约）为由暂时拒绝履行其债务。这种抗辩权——履行期尚未届满的抗辩权——同样能够达到同时履行抗辩权所欲达到的目的。

其次，对于第二种情形，即韩世远教授所认为的《合同法》第66条存在的漏洞，笔者则持相反的意见。后履行一方的债务已届清偿期之时，先履行一方仍未履行其债务，至少在绝大多数情况下已经构成了违约。于此场合，按照韩世远教授力倡的存在效果说，[6]后履行一方即使没有明示行使履行抗辩权，也排除了自己债务的届期，排除了履行迟延的构成，能够对抗先履行一方向后履行一方的给付请求，哪有先履行一方行使同时履行抗辩权的余地？即使不采取存在效果说，依据行使效果说，后履行一方有权基于《合同法》第 67 条规定的先履行抗辩权对抗先履行一方的给付请求，也没有给先履行一方行使同时履行抗辩权的机会。特别是，由于合同法奉行无过错责任原则，先履行一方违约在先时，往往成立违约责任，后履行一方请求先履行一方承担继续履行或者替代赔偿或者填补赔偿的违约责任，依法有据，理应得到支持。假如按照韩世远教授的观点，赋予先履行一方以同时履行抗辩权，就意味着承认了：按照存在效果说，因先履行一方已经享有了同时履行抗辩权，后履行一方无权请求先履行一方继续履行或者承担损害赔偿责任；按照行使效果说，在后履行一方请求已经违约的先履行一方继续履行或者承担替代赔偿或者填补赔偿时，先履行一方有权行使同时履行抗辩权，即拒绝继续履行其债务或者负责替代赔偿或者填补赔偿，或者说先履行一方有权拒绝承担违约责任。这显然颠倒了是非，不符合违约责任制度和履行抗辩权制度的本质。此其一。就逻辑而言，先履行一方的不履行已经构成了违约，先履行一方却坚称自己的不履行是在行使同时履行抗辩权，颠倒了行使履行抗辩权阻却违约的理论，令人难以接受。此其二。

如果说两项债务存在先后履行顺序、先履行一方所负债务的履行期已经届满的领域，承认先履行一方享有同时履行抗辩权，这就是日本民法以及我国台湾地区“民法”上的同时履行抗辩权制度的应有之义，那么，笔者敢说这种同时履行抗辩权制度确实应予修正。而中国现行法分设同时履行抗辩权和先履行抗辩权，就不会出现这种是非颠倒的情形。允许违约方利用同时履行抗辩权来实现拒绝承担违约责任的企图，肯定不是法律设置同时履行抗辩权制度的目的。

至于在先履行一方的债务和后履行一方的债务均已届期的情况下，赋予后履行一方抗辩权，在日本民法以及我国台湾地区“民法”上称为同时履行抗辩权，倒不存在是非颠倒的问题，无可非议。但在中国现行法上，后履行一方的这种抗辩权不称同时履行抗辩权，而是先履行抗辩权，亦无不可。

由此可见，中国法分设同时履行抗辩权和先履行抗辩权，不但能够满足当事人履行抗辩的需要，而且不至于是非颠倒，使违约责任制度和履行抗辩权制度都能发挥正面的作用，应予肯定。至于有关《合同法》第 66 条“没有先后履行顺序”的表述，倒可以再斟酌，如不是着眼于债务履行期限的届至，而是重在它们的届满。总之，否定《合同法》第 67 条规定的先履行抗辩权，理由并不充分。

4. 从类比的角度观察，认定《合同法》第 66 条的规定在同时履行抗辩权的构成要件方面存在法律漏洞，也不尽妥当。在日本，受领迟延期间，债权人不能实施质权、抵押权，亦不能请求违约金、迟延利息及其他由不履行产生的损害赔偿，并且不允许因不履行而解除合同。[7]《德国民法典》规定，债权人迟延期间，债务人仅承担故意及重过失的责任（第 300 条第 1 项），停止约定利息（第 301 条），免除收取孳息义务（第 302 条），请求赔偿增加的费用（第 304 条）。时常表现为不真正义务的受领义务（合作义务），被违反时尚且免除或者减轻债务人的责任或者其他负担，债权人要失掉一些利益甚至是损害赔偿请求权之类的利益，举轻以明重，先履行一方违反了真正义务，更应当免除后履行一方的负担，先履行一方应当失掉若干利益。于此场合，最轻的利益恐怕是同时履行抗辩权。所以，先履行一方的不履行构成违约时，应当丧失同时履行抗辩权。

5. 需要明确的是，先履行一方的履行利益并非在任何情况下都应当由履行抗辩权制度加以保护。在下述情况下，先履行一方必须首先履行自己的义务，不得借助履行抗辩权来逃避。如此，同时履行抗辩权制度没有适用的余地：(1)先履行一方的履行（给付）做出后，后履行一方的履行（给付）始属可能的场合（如一方先准备好设施，对方再利用之提供劳务）；(2)后履行一方先获得先履行一方的利益后，再作出对待给付，此种意旨反映于合同场合（出租人、受托人的先履行义务一般属于此类）；(3)依合同意旨，先由一方履行，对其提供的给付，经对方确认后再为对待给付（如出卖人将标的物送交指定场所，并经买受人检查后，再支付价款的场合）。还有，后履行一方的履行期限属于第二次的期限，于此期限尚未届至时，先履行一方也无权行使履行抗辩权。[8]

6. 当事人之所以约定一方先履行，其目的可能有所不同，但有一点肯定是共同的，即在民法上至少后履行一方享有期限利益。按照意思自治原则和公序良俗原则的相互关系,当事人的这种约定不违反强制性规范,后履行一方的这种期限利益具有正当性,法律应当保护,除非另有更为正当的理由,不得剥夺。构成不安抗辩权的场合,可以说保护先履行一方具有正当理由,剥夺后履行一方的期限利益,无可非议。除此之外,正当理由何在?

赞同已经违约的先履行一方享有同时履行抗辩权的论者可能会说,后履行一方的期限利益通过责令先履行一方承担损害赔偿(包括支付违约金,下同)的途径解决,不可以吗?

笔者认为,这种想法本身就是厚此薄彼,没有把先履行一方和后履行一方放在同等的地位上,偏袒了先履行一方。的确,先履行一方履行完毕之后,追究后履行一方的违约责任,可能因后履行一方的责任财产不足以清偿数个并存的到期债权而实际上得不到损害赔偿。若赋予先履行一方同时履行抗辩权,会使其除去风险。同理,在不成立不安抗辩权的情况下,如果先履行一方自己未履行其债务就请求后履行一方清偿,后履行一方本来可以行使先履行抗辩权或者履行期尚未届至的抗辩权,对抗先履行一方的履行请求,除去自己清偿完毕却无法得到先履行一方的给付或者损害赔偿的风险。按照现代伦理,在后履行一方拥有足够的责任财产、先履行一方不履行债务的情况下,赋予后履行一方先履行抗辩权,而不是赋予先履行一方同时履行抗辩权,是符合公平正义的。换言之,合同法分设同时履行抗辩权和先履行抗辩权是合理的,没有理由改变它。

需要强调的还有,期限利益不仅仅表现为该利益自身的金钱价值,还表现为享有期限利益者避免自己负担更大风险,表现为容许自己有较为充裕的时间筹集资金、安装设备或者购买原材料等。不赋予先履行一方对后履行一方享有同时履行抗辩权,可以使后履行一方免去更大的风险,可以使之有较为充裕的时间筹集资金、安装设备或者购买原材料等。而违约损害赔偿往往局限于期限利益自身的价值额,不足以填补后履行义务一方的"真实面貌"的损失。此其一。在后履行一方拥有足够的责任财产、债务履行期已经届至的情况下,赋予先履行一方同时履行抗辩权,意味着取消或者抑制后履行一方的先履行抗辩权,使后履行一方彻底地丧失了期限利益。这是违反公平正义的。此其二。先履行一方不履行其债务构成违约时,若认定该不履行是在行使同时履行抗辩权,那么,就形成了该不履行既是同时履行抗辩权的行使又是违约责任的局面。于此场合,如何计算该不履行给后履行一方造成的损失实在颇费思量。此其三。

应当看到，当事人双方关于一方先履行的约定，实质上是理性人有目的地分配利益、分担风险的表现。法律直接规定一方先行履行，是立法者权衡利弊后所做出的最佳或者较好的选择，至少在理论上可这样假定。《合同法》第66条和第67条的规定意味着承认了这种约定和法律规定，保障着这种分配。而赋予先履行一方以同时履行抗辩权，则否定了这种约定或者法律规定及其分配，使之失去意义。在实际操作上，至少在相当多的场合，即后履行一方拟请求先履行一方为给付的场合，是后履行一方反倒要先为给付。其原因在于，同时履行抗辩权的效力之一是，后履行一方欲获得先履行一方的给付，必须自己先为给付。所以，赋予已经违约的先履行一方同时履行抗辩权，在客观上否定了意思自治原则，颠倒了事理。这个结论，既适合于先履行一方的不履行产生违约责任的场合，也适合于先履行一方的不履行不导致违约责任的情形。

7. 同时履行抗辩权制度建立的基础，如果仅仅在于给付和对待给付间的牵连关系，该制度在价值上是中立的，那么，似可认定《合同法》第66条的规定存在韩世远教授所认为的法律漏洞。但实际上，同时履行抗辩权制度得以建立，诚实信用原则也在起作用。[9]公平对待双务合同的双方当事人，[10]是同时履行抗辩权制度的重要精神。所谓公平对待，就不是置当事人不违反强制性规范的真实的意思表示于不顾，就不是无端地剥夺后履行一方当事人的期限利益，就不是迁就已经违约且多有过错的一方。而承认先履行一方在自己违约的情况下享有同时履行抗辩权，恰恰是迁就了违约且多有过错的一方，忽视了意思自治，无端地剥夺了后履行一方的期限利益。

在这里，还需要辨明，如果当事人约定履行顺序不同的两项债务之间可以成立同时履行抗辩权，应当如何对待？笔者认为，首先，应考察此类约定是否违反强制性规范，若不违反，则约定有效；若违反，则约定无效。其次，约定有效并不一定意味着此类抗辩权肯定就是同时履行抗辩权。因为合同法已经区分了同时履行抗辩权和先履行抗辩权。在个案中，履行顺序不同的两项债务之间成立的抗辩权，恐怕多数情况下是先履行抗辩权或者不安抗辩权，不宜因当事人的命名而打乱固有的法律格局。最后，当事人约定的情形符合同时履行抗辩权的构成，又不违反强制性规范，才可以认定此类同时履行抗辩权。例如，当事人约定，履行顺序不同的两项债务均已届期后产生同时履行抗辩权,实质上是两项违约责任的债务之间构成同时履行抗辩权。对此,法律没有必要予以反对。

二、非对价关系与履行抗辩权

同时履行抗辩权、先履行抗辩权存在于“对价关系”,亦即主给付义务关系之中,已无疑问。但近年来,学说已开始主张,如果从给付义务乃至附随义务的履行与合同目的的实现具有密切关系时,从给付义务、附随义务与主给付义务关系间也可产生同时履行抗辩权,或者成立先履行抗辩权。[11]笔者对此表示赞同,并借鉴日本的判例及学说,结合我国的实际情况予以分析,请见“自序”“十三”所节录的《同时履行抗辩权:重构抑或自毁》一文的“四、非对价关系、特殊对价关系与履行抗辩权”之“(三)类型分析”部分,此处不赘。

三、履行抗辩权因约定而扩张或者收缩

(一)理论分析

在实务中,当事人有时会约定,非对价关系的两项义务之间可以成立同时履行抗辩权或者先履行抗辩权,包括不真正双务合同关系场合可成立同时履行抗辩权或者先履行抗辩权,其效力如何?

此类约定是否发生法律效力,取决于《合同法》第66~68条的规定是否为强制性规定。若为强制性规定,则当事人关于非对价关系的两项义务之间可以成立同时履行抗辩权、先履行抗辩权或者不安抗辩权的约定,不会发生法律效力;若为任意性规定,其约定则为有效,同时履行抗辩权、先履行抗辩权或者不安抗辩权因此而扩张或者收缩。笔者认为,其一,同时履行抗辩权、先履行抗辩权和不安抗辩权的规范平衡的是当事人之间的利益关系,不涉及公序良俗原则。也就是说,《合同法》第66~68条的规定不属于强制性规定。既然如此,当事人得以意思表示予以变更。当事人关于非对价关系的两项义务之间可以成立同时履行抗辩权的约定,是对《合同法》第66条的部分修改;关于非对价关系的两项义务之间可以成立先履行抗辩权的约定,是对《合同法》第67条的部分修改;关于对不安抗辩权成立要件的约定,是对《合同法》第68条的部分修改。对此,法律应当认可。其二,《合同法》第66条的规定使用的措词是“一方在对方履行之前有权拒绝其履行要求”“一方在对方履行债务不符合约定时,有权拒绝

其相应的履行要求”,赋予的是权利而非强加的义务。《合同法》第 67 条的规定使用的术语是“后履行一方有权拒绝”,赋予的是权利而非强加的义务。《合同法》第 68 条规定的表述为“应当先履行债务的当事人,有确切证据证明对方有下列情形之一的,可以中止履行”,同样是赋予的权利而非强加的义务。

既然是权利,权利人就可以放弃,除非违反了公序良俗或者诚实信用,而放弃履行抗辩权不涉及违反公序良俗、诚实信用的问题:(1)当事人关于非对价关系的两项义务之间可以成立同时履行抗辩权的约定,可以看作非抗辩权人在给付和对待给付的关系上,甘愿承受更多的负担来同意强化对方的权利。这符合意思自治原则,法律没有必要强加干涉。(2)当事人关于先履行抗辩权成立条件的约定,若表现为抗辩权的收缩,可以看作抗辩权人全部或者部分放弃先履行抗辩权的表现;若表现为扩张,可以理解为先履行一方在给付和对待给付的关系上,甘愿承受更多的负担来同意强化后履行一方的权利。对此,法律没有必要强加干涉。(3)如果当事人关于不安抗辩权成立要件的约定,在实质上已经使抗辩权成为先履行抗辩权或者同时履行抗辩权,那么,应当适用《合同法》关于先履行抗辩权或者同时履行抗辩权的规定,适用《合同法》总则和《民法通则》的有关规定,而不再适用法律关于不安抗辩权的规定。

但是必须注意,此类约定若具有《合同法》第 52 条规定的原因,或者存在《合同法》第 54 条规定的原因而致撤销权人撤销此类约定,或者存有《合同法》第 47 条第 1 款前段、第 48 条规定的情形而致有关权利人不予追认此类约定时,同时履行抗辩权的成立仍须依据《合同法》第 66 条,先履行抗辩权的成立继续依据《合同法》第 67 条,不安抗辩权的成立照样依据《合同法》第 68 条,而非当事人的约定。

(二)案例一及其分析

当事人关于先履行抗辩权成立条件的约定,扩张了先履行抗辩权,实务中确有其例。例如,甲公司和乙公司均为房地产开发公司,双方于 2004 年 6 月 5 日签订了“A 宗土地使用权转让合同”,其中第 5 条约定,合同签订后 5 个工作日内,乙公司向甲公司支付土地使用权转让的定金 1500 万元人民币。第 6 条约定,乙公司在取得有关行政主管部门的批复后 7 个工作日内,向甲公司支付土地使用权转让款 1200 万元;在工商行政管理部门办理完毕变更登记手续后 7 个工作日内,乙公司向甲公司付清余款 2000

万元人民币。第 7 条约定,乙公司向甲公司支付定金 1500 万元人民币后,甲公司应当移交“A 宗土地使用权出让合同”原件、已经缴纳的土地使用权出让金凭证、A 宗土地使用权证原件;否则,乙公司有权延期支付未支付的土地使用权转让款,直至甲公司履行完毕前述义务。在履行合同的过程中,乙公司向甲公司及时且全额地支付了 1500 万元人民币的定金,但甲公司没有向乙公司移交土地使用权出让合同原件、土地使用权证原件和已经缴纳土地使用权出让金的凭证。于是,乙公司拒绝向甲公司支付土地使用权转让款。双方因此诉讼到法院,甲公司请求乙公司承担逾期付款的违约责任,并请求解除“A 宗土地使用权转让合同”。乙公司则主张,其拒绝支付土地使用权转让款,是在依据“A 宗土地使用权转让合同”第 7 条的规定行使先履行抗辩权,不构成违约。因而,甲公司无权请求它承担违约责任,也无权解除“A 宗土地使用权转让合同”。

首先说明,该项约定赋予乙公司的抗辩权,与通说要求的两项义务原则上立于对价关系相比,有所不同。该项约定的两项义务并非立于对价关系,乙公司的义务是主给付义务,而甲公司的义务为从给付义务。既然如此,该项约定是否有效?若有效,基于该约定成立的抗辩权是否为先履行抗辩权?

前文理论阐释告诉我们,当事人关于先履行抗辩权构成要件的约定一般情况下都是有效的。结合涉案案情,该项约定的有效性还有深层次的根据,兹分析如下:

1. 土地使用权的性质和种类,决定着房地产开发建设的性质,决定着地上建筑物进入市场的自由度,因而决定着商品房开发企业的经营利润。按照土地使用权的取得方式,土地使用权分为划拨土地使用权和出让土地使用权两种,用地也相应地分为划拨用地和出让用地两种。划拨用地不能用于商品房开发,对商品房开发企业无价值。以出让方式取得的住宅用地又分为商品住宅用地、会员村住宅用地和职工公寓用地等。职工公寓用地上建造的房屋,不能作为商品房出售;会员村住宅用地上建造的房屋在销售对象甚至价格等方面都会受到限制;只有以出让方式取得的商品住宅用地,才能用于真正意义上的住宅商品房开发,才会比较自由地销售,给开发商带来更大的利润。乙公司恰恰是商品房开发企业,受让 A 宗土地使用权的目的正是进行住宅商品房开发。这样,A 宗土地用途是职工公寓用地,还是会员村住宅用地,抑或商品住宅用地,对乙公司来说至关重要。鉴于A宗土地使用权转让合同约定的土地用途为商品住宅用地，事实上是否如此，需要通过甲公司移交的土地使用证才会清晰地看出来。

2.“土地使用证”上载明的土地使用权取得方式，是房地产开发企业判断土地使用权开发价值的重要依据。申请人向被申请人提供已签署的完整的土地使用权合同及已缴纳的土地出让金凭证，对被申请人完成商品房的开发目的具有决定性的意义。由于《城市房地产管理法》第44条规定：“商品房预售，应当符合下列条件：（一）已交付全部土地使用权出让金，取得土地使用权证书……”，不提供已经缴纳的土地出让金凭证，就不会顺利地预售商品房。这是甲公司应当移交“土地使用证”的原因。而土地使用权的取得方式对土地使用权的价格存在重大影响。之所以如此，是因为，首先，“土地使用证”上载明的土地使用权取得方式，是房地产开发企业判断土地使用权开发价值的重要依据。但仅仅靠“土地使用证”不能明确土地使用权的权利状况与价格。为取得土地使用权而签署的全部合同文本与已经缴纳的土地出让金凭证，对判断、确定土地使用权人对该宗地拥有的权利状况、价格及仍应承担的义务至关重要。其次，“土地使用证”的内容虽然反映了该宗地位置、面积、取得方式及用途，但未反映该宗地的具体用途及建筑容积率、建筑密度、建筑限高、绿地比例及其他土地利用要求。土地使用证载明土地的用途为“住宅用地”，也不能据此判断该土地使用权是用于开发“商品住宅”，还是“经济适用房”、“职工住宅”或“别墅”。要确认该宗地的具体用途、建筑容积率、建筑密度、建筑限高、绿地比例及其他土地利用要求，需依据取得土地使用权的所有合同。最后，“土地使用证”只是一份临时的权利确认凭证。目前全国各地对发放“土地使用证”的条件不同，故不同地方发放的内容相同的“土地使用证”代表着不同的含义，要确认土地使用权人对一宗地拥有的权利状态，必须核查其取得该宗土地使用权所签署的全部合同文本及已经缴纳的土地出让金凭证。

3.土地使用权的用途对土地使用权的价格存在重大影响。这是因为，首先，根据国务院于1990年颁布的《城镇国有土地使用权出让和转让暂行条例》第12条的规定，出让土地使用权的用途可分为：居住用地；工业用地；教育、科技、文化、卫生、体育用地；商业、旅游、娱乐用地；综合或者其他用地。其次，不同用途的土地使用权，其价格有天壤之别。再次，同为居住用地，其具体用途也有严格的区分，其价格也存在重大差别。以解困性质的经济适用房用地、单位联建房用地与商品住宅开发用地相比较为例，经济适用房用地、单位联建房用地的价格相对而言就非常低，商品住宅开发用地的市场价格就很高。最后，同为商品住宅开发用地，由于政府规定的建筑容积率、建筑密度、建筑限高、绿地比例及其他土地利用要求的不同，价格差别也会达到惊人的地步。以一亩宗地为例，如建筑容积率为2，则在该亩宗地上可建造商品房1332平方米；如建筑容积率为4，则在该亩宗地上可建造商品房2664平方米；建筑容积率越高，则每平方米商品房面积所分摊的土地使用权成本就越低，开发商的利润空间就越大。建筑容积率的大小，又受到建筑密度、建筑限高、绿地比例的牵制。故《城市房地产管理法》第17条规定："土地使用者需要改变土地使用权出让合同约定的土地用途的，必须取得出让方和市、县人民政府城市规划行政主管部门的同意，签订土地使用权出让合同变更协议或者重新签订土地使用权出让合同，相应调整土地使用权出让金。"2001年《国务院关于加强国有土地资产管理的通知》第2条第2款规定："土地使用者需要改变原批准的土地用途、容积率等，必须依法报经市、县人民政府批准。对原划拨用地，因发生土地转让、出租或改变用途后不再符合划拨用地范围的，应依法实行出让等有偿使用方式；对出让土地，凡改变土地用途、容积率的，应按规定补交不同用途和容积率的土地差价。"

4. 甲公司仅仅移交土地使用权证仍不足够，还应当移交支付土地使用权出让金的凭证，否则，就会较为严重地影响乙公司的经营利益。这是因为，首先，土地使用证目前尚不能完整表述证下土地使用权的权利状态。比如，取得土地使用证并不表明土地出让金已足额支付。其次，尚未付清土地使用权出让金时，即使有"土地使用证"，该宗土地使用权的流转自由度也会受到影响。例如，国土资源管理局可能对土地使用权的转让不予批准，或者设置其他障碍。

至于基于该约定成立的抗辩权是否为先履行抗辩权，笔者认为，《合同法》第67条的用语是"当事人互负债务"，并没有明确互负的债务应立于对价关系。在理论上，虽然专家学者大多认为，构成先履行抗辩权的两项债务原则上应立于对价关系，对《合同法》第67条的规定当如此解释，但如同上文所述，越来越多的人对此承认有例外，即在某些情况下，非对价关系的两项债务之间也可以成立先履行抗辩权。既然如此，我们没有必要严苛对待当事人约定的先履行抗辩权，应当承认涉案合同约定了先履行抗辩权。

如此,笔者赞同乙公司的观点。其理由如下:依据“A 宗国有土地使用权转让合同”的规定,乙公司的付款期限不是绝对的,而是有条件的,要受制于“A 宗国有土地使用权转让合同”第 7 条的制约,即甲公司如不及时提供该条所要求的文件,则上述第 6 条规定的期限可以不必遵守,乙公司支付土地使用权转让款的期限没有届至,当然有权暂时拒绝付款。按照合同解释规则,我们解释合同条款时,体系解释是应当采用的方法之一,所以,对“A 宗国有土地使用权转让合同”第 6 条规定的理解,应当结合第 7 条的约定。

由于“A 宗国有土地使用权转让合同”一方面约定了付款的具体日期,另一方面约定了付款的条件,即如果甲公司不提供文件,乙公司可以暂时拒绝付款。因此,除非甲公司在合同约定的期限前提供文件,第 6 条约定的付款期限并不是乙公司的实际付款期限。在甲公司不提供其应当提供的文件的情况下,第 6 条约定的付款期限对乙公司不产生合同效力,除非乙公司放弃抗辩权。

因此,如果要求乙公司必须遵守第 6 条所规定的付款期限,则必须在取得有关行政主管部门的批复后 7 个工作日内全面履行第 6 条规定的义务,这样乙公司才有义务全面遵守第 6 条规定的付款期限。换句话说,如果甲公司没有在取得有关行政主管部门的批复后 7 个工作日内全面履行第 7 条规定的义务,乙公司就有权暂时拒绝付款。一旦前述情形发生,第 6 条规定的付款期限就失去了意义。此处所谓“乙公司有权延期支付未支付的土地使用权转让款”,是指乙公司有权行使抗辩权,而抗辩权的行使,即暂时拒付相应的款项,并不构成违约。

(三)案例二及其分析

当事人关于先履行抗辩权成立条件的约定,收缩了先履行抗辩权,也有例证。例如,甲公司和乙公司于 2004 年 11 月 11 日签订了 A 项目转让合同,约定甲公司将 A 项目的国有土地使用权、建筑物所有权、经营管理权及其他相关权益转让给乙公司,甲公司请求工商行政管理部门将 A 项目变更在乙公司名下。甲公司保证 A 项目的房地产没有抵押给他人,他人不享有就 A 项目的变价请求清偿的权利。乙公司向甲公司支付转让款 3000 万元人民币,于工商变更登记完成后 10 日内,乙公司支付首笔转让款 800 万元人民币。其中的 300 万元人民币付给 C 市国土资源局,100 万元人民币付给宗地的村委会,400 万元人民币首先用于办理乙公司报建 A

项目手续至开工条件必须发生的支出，再由甲公司向乙公司出具收款及支付凭证，并经由见证人丙公司见证签署后，乙公司向丙公司支付。2005年1月至5月30日支付第二笔转让款800万元人民币。2006年年底前，乙公司付清余款。双方当事人还约定，在乙公司取得A项目的经营资格进行开发报建的过程中，若没有土地使用权手续和报建批办两个方面的问题，乙公司必须向甲公司付款，并提前到2005年6月3日进行，其他问题不足以影响乙公司的付款；若存有土地使用权手续或者报建批办的问题，导致乙公司无法正常开发报建，乙公司有权拒付相应的转入款。

在履行过程中，乙公司发现甲公司有所隐瞒，A项目已经被抵押给了B银行，且B银行拟行使该项抵押权。乙公司将300万元人民币付给C市国土资源局、100万元人民币付给宗地的村委会，支付报建A项目所需费用后，甲公司拒不出具收款凭证，丙公司拒不签署。于是，乙公司拒付第二笔和第三笔转让款。甲公司催告乙公司继续付款，遭到乙公司的拒绝后，向乙公司发出解除转让A项目合同的通知。在乙公司拒绝承认的情况下，甲公司起诉到法院，请求确认转让A项目合同已被解除。在诉讼过程中，乙公司辩称，它拒付第二笔转让款等，不是违约，而是在行使先履行抗辩权，因而甲公司没有解除转让A项目合同的权利。

笔者认为，乙公司的观点不成立，理由如下：假如没有甲公司和乙公司关于拒付转让款条件的约定，甲公司隐瞒A项目已被抵押的事实，且抵押权人拟行使该项抵押权，会使乙公司遭受重大损失，的确已经构成严重违约；且甲公司拒不出具收到乙公司付款的凭证，也属于违约行为，乙公司拒付相应的转让款，应当符合《合同法》第67条规定的条件。但是，由于转让A项目合同已经约定了乙公司拒付第二笔转让款的条件是，“在乙公司取得A项目的经营资格进行开发报建的过程中，若没有土地使用权手续和报建批办两个方面的问题，乙公司必须向甲公司付款，并提前到2005年6月3日进行，其他问题不足以影响乙公司的付款”，这就将甲公司隐瞒A项目已被抵押、拒不出具收到乙公司付款的凭证等事实排除在先履行抗辩权成立条件之外，乙公司再以此作为拒付第二笔转让款的事由，则违反了当事人双方的约定，法院不可支持。

应当指出，当事人关于先履行抗辩权成立条件的约定，并非毫无限制，至少以下两点不得忽视：其一，此类约定若具有《合同法》第52条规定的原因，或者存在《合同法》第54条规定的原因，权利人撤销了此类约定，或者存有《合同法》第47条第1款前段、第48条规定的原因,有权人不予追认,那么此类约定仍不会按照当事人的意思发生法律效果。其二,此类约定导致抗辩权在实质上成为同时履行抗辩权或者不安抗辩权时,应当适用《合同法》关于同时履行抗辩权或者不安抗辩权的规定,适用《合同法》总则和《民法通则》的有关规定,而不宜适用法律关于先履行抗辩权的规定。这样,可以保持各项法律规范乃至制度之间的衔接和配合。

四、对"存在的效果说"的限制

履行抗辩权发生效力,需要权利人主张抗辩权,这是所谓"行使的效力"。坚持这种观点的学说为"行使效果说",在我国为通说。[12]韩世远教授区分同时履行抗辩权"本体的效力"和"其他效力"。其中,本体的效力体现为拒绝履行权,其他的效力体现在对抵销的影响,对履行迟延构成及合同解除的影响等方面。他进而认为,拒绝履行需要积极主张,为同时履行抗辩权"行使的效力",他采取行使效果说;而附同时履行抗辩权的债权不得以之为自动债权主张抵销,有同时履行抗辩权的债务人不限于履行迟延,为同时履行抗辩权"存在的效力",他采纳"存在效果说"。[13]按照存在效果说,同时履行抗辩权人即使没有按照约定的日期履行,也不因此而向相对人承担损害赔偿责任,[14]也不负担约定的迟延损害金。[15]

笔者原则上赞同同时履行抗辩权的存在排除迟延履行的成立这种"存在效果说",但承认若干例外。对此,分析如下:

1. 在债权人未主张债务人构成迟延履行的情况下,存在效果说可资采纳,同时履行抗辩权的存在即排除了迟延履行的构成。在债权人已经请求债务人承担迟延履行的违约责任的情况下,债务人不行使同时履行抗辩权,主审法官没有义务审查他有无同时履行抗辩权,仍依据存在效果说确定他不构成迟延履行,便形成了这样的局面:债务人未主张同时履行抗辩权,法官也未审查债务人有无该权,事实是模糊不清的。在这种情况下认定债务人未构成迟延,一是可能违反客观真实;二是对于债务人过于宽容,不尽妥当;反之,视为债务人已经默认了迟延履行的事实,更为允当。

2. 在抗辩权人已经明示放弃了履行抗辩权的情况下,存在效果说失去了基础,不再发生抗辩权的效力。当然,如果该放弃会使债务人陷入极为不利的境地,违反债的本旨,法律应当承认债务人继续拥有履行抗辩权。例如,乙学校租赁甲公司的A楼作为教室,约定甲公司负有不干扰乙学校的教学活动的义务。在第一个半年的租赁期间,甲公司在A楼外施工,较为严重地影响了乙学校的正常教学,但乙学校明示地放弃了履行抗辩权,及时地将全额租金付给了甲公司。到了第二个半年的租赁期间,甲公司在A楼外围开设露天贸易市场,更是严重扰乱了乙学校的教学秩序。于此场合,乙学校应当享有履行抗辩权甚至解除权,不受前述所谓放弃履行抗辩权的影响,否则,就严重违反了公平正义。

3. 在债务人已经违约的情况下,债权人未履行其债务。对此,债权人向债务人说明的理由,不是因其享有同时履行抗辩权,而是自己暂时无力履行债务,请求债务人宽限数日。于此场合,债权人不得主张存在效果说,其行为构成违约。

4. 在债务人已经违约的情况下,债权人未履行其债务。对此,债权人没有向债务人明示这是其享有同时履行抗辩权的缘故,而是单方做出分次履行自己债务的计划,并通知债务人;或者双方达成此类计划。于此场合,债权人不得主张存在效果说,其未履行债务的行为构成违约。

5. 在债务人违约的情况下,债权人没有向债务人明示同时履行抗辩权,而是部分履行其债务,在时效法上等于他承认自己负有债务,导致时效期间重新起算,[16]在抗辩权方面亦应认定他承认负有债务,不宜认定他有抗辩的意思,更不应认定他在行使抗辩权。例如,出租人提供的租赁物不合约定,承租人除支付部分租金以外未做其他意思表示,或者向出租人说明自己资金困难,请求出租人宽限数日等,都不宜认定承租人有抗辩的意思,更不应认定他在行使抗辩权。

6. 在债务人交付的标的物有瑕疵,或者存在其他违约的情况下,债权人未提异议,更未明示自己享有同时履行抗辩权,而是故意向债务人开出无法兑付的空头支票,以达到使债务人无法获得价款或者酬金的目的。对于此类情况,即使债权人在其后的诉讼过程中主张交给债务人空头支票就是在行使抗辩权,也不宜支持,因为他内心欠缺抗辩的意思。

7. 存在效果说得以成立的基础之一在于,抗辩权以请求权的行使为前提,债权人未行使请求权,债务人无从积极地主张抗辩权,于是,在债权人尚未请求债务人履行其债务的情况下,债务人拥有履行抗辩权之本身即可阻却违约的构成。既然如此,在债权人积极请求债务人履行债务的情况下,债务人不积极对抗而依然沉默,法律就没有必要再给他优惠,此时不宜再采取存在效果说,而应改采行使效果说。

注释

1 韩世远:《合同法总论》,法律出版社 2004 年版,第 328 页。

2 韩世远:《合同法总论》,法律出版社 2004 年版,第 329 页;朱广新:《先履行抗辩权之探究》,载《河南省政法管理干部学院学报》2006 年第 4 期。

3 韩世远:《合同法总论》,法律出版社 2004 年版,第 351 页。

4 朱广新:《先履行抗辩权之探究》,载《河南省政法管理干部学院学报》2006 年第 4 期。

5 参见[日]我妻荣:《债权各论》(上卷),岩波书店 1954 年版,第 91 页以下;[日]铃木禄弥:《债权法讲义》,东京创文社 1997 年版,第 291 页。转引自韩世远:《合同法总论》,法律出版社 2004 年版,第 329 页。

6 参见韩世远:《合同法总论》,法律出版社 2004 年版,第 334 页以下。

7 1921、4、12 大民判(民录 26 辑 487 页)。转引自[日]於保不二雄:《日本民法债权总论》,庄胜荣校订,五南图书出版有限公司 1998 年版,第 114 页。

8 参见韩世远:《合同法总论》,法律出版社 2004 年版,第 329 页。

9 参见苏俊雄:《契约原理及其适用》,中华书局 1978 年版,第 111 页;王利明:《合同法研究》(第 2 卷),中国人民大学出版社 2003 年版,第 75 页。

10 参见[日]星野英一:《日本民法概论 · Ⅳ · 契约》,姚荣涛译,五南图书出版有限公司 1998 年版,第 36 页。

11 参见王利明:《合同法研究》(第 2 卷),中国人民大学出版社 2003 年版,第 88 页;崔建远主编:《合同法》,法律出版社 2003 年版,第 99 页;韩世远:《合同法总论》,法律出版社 2004 年版,第 347 页;魏振瀛主编:《民法》,北京大学出版社、高等教育出版社 2006 年版,第 417 页。

12 王利明:《论双务合同中的同时履行抗辩权》,载梁慧星主编:《民商法论丛》(第 3 卷),法律出版社 1995 年版,第 21 页;崔建远主编:《新合同法原理与案例评释》(上册),王闯执笔,吉林大学出版社 1999 年版,第 306 页。

13 参见韩世远:《合同法总论》,法律出版社 2004 年版,第 334 页以下。

14 《大判》1925 年 10 月 29 日《评论》14 卷民 812 页。转引自[日]星野英一:《日本民法概论 · Ⅳ · 契约》,姚荣涛译,五南图书出版有限公司 1998 年版,第 38 页。

15 《大判》1917 年 10 月 27 日《民录》1941 页;《大判》1941 年 9 月 26 日《新闻》4757 号 17 页。转引自[日]星野英一:《日本民法概论 · Ⅳ · 契约》,姚荣涛译,五南图书出版有限公司 1998 年版,第 38 页。

16 David W. Oughton, et al. , *Limitation of Actions*, London: LLP, 150(1998). 转引自李永峰:《诉讼时效期间研究》,清华大学法学院 2007 年博士学位论文。

解除效果折衷说之评论*

我国《合同法》规定的违约解除，其法律后果原则上是按照直接效果说设计的？还是符合折衷说的界定？韩世远教授力主后者，[1]笔者认为是前者。[2]这种分歧不是单纯的名分之争，而是事关一系列民法制度及理论（如物权请求权、不当得利返还请求权或恢复原状义务、债的同一性、债的担保等）的构成和衔接，涉及当事人之间的利益分配，甚至反映着学者对法律及其发展演变的理念；加之韩世远教授对笔者所作《解除权问题的疑问与释答》[3]有颇多商榷意见，有必要对折衷说予以剖析，从而知晓可否依据折衷说解释我国现行法。

一、折衷说不符合《合同法》第97条规定的文义和规范意旨

为了使论争有交锋之点，免得各说各话，首先明确直接效果说和折衷说各自的含义。直接效果说的要义为，合同因解除而溯及地归于消灭，尚未履行的债务免于履行，已经履行的部分发生返还请求权。[4]折衷说的要义为，对于尚未履行的债务自解除时归于消灭（与直接效果说相同），对于已经履行的债务并不消灭，而是发生新的返还债务（与间接效果说相同）。[5]或曰“解除面向将来消灭债权关系（非溯及）。因此，未履行的债务当然消灭，至于已经履行的债务则产生新的返还请求权”。[6]

到底是折衷说还是直接效果说符合《合同法》第97条关于“合同解除后，尚未履行的，终止履行；已经履行的，根据履行情况和合同性质，当事人可以要求恢复原状、采取其他补救措施，并有权要求赔偿损失”的规定呢？不得不辨。

（一）折衷说与《合同法》第97条前段的规定不尽一致

折衷说一方面赞同《合同法》第97条前段关于“合同解除后，尚未履

---

* 原文发表于《法学研究》2012年第2期。收入本书的版本略有不同。

行的，终止履行”的规定；另一方面主张合同解除产生恢复原状的债权关系，包括风险负担的内容。风险负担的内容，含有原物返还不可能的场合，原则上应负价格返还义务。（不过，造成原物返还不能的原因可能是多种多样的，是否应当统一地按照价格返还义务来处理，值得探讨。）[7]此处所谓价格返还义务，笔者认为不太确切，因为受领人未获价款，他本来就不享有取得价款的债权，恰恰相反，而是承担支付价款的义务。更为重要的是，该价格确定的依据是什么？是按照返还时的市场中间价格确定，还是由裁判者确定，抑或依据原合同约定的货物价格确定？恐怕绝大多数情况下是后者。如此，依风险负担规则，由受领人承担风险时，受领人不是赔偿给付人因给付物毁损灭失所受到的损失，而是承担给付物的价款支付义务。该种价款支付义务，在依据原合同约定的货物价格确定的情况下，是原合同价款支付义务的复活，也即原合同约定的价款支付义务。这就表明合同解除场合并未终止尚未履行的债务，其显然不符合《合同法》第 97 条前段的规定。

与此不同，按照直接效果说，合同若溯及既往地解除，可能产生物的返还请求权、不当得利返还请求权。这两种请求权均非原合同债务的复活。这就与《合同法》第 97 条前段的规定不矛盾。

（二）折衷说不符合《合同法》第 97 条后段的规定

《合同法》第 97 条后段关于“已经履行的，根据履行情况和合同性质，当事人可以要求恢复原状、采取其他补救措施，并有权要求赔偿损失”的规定，不符合折衷说的规格要求，却与直接效果说相一致。

之所以如此断言，是因为该条后段并列规定了“恢复原状”“采取其他补救措施”“赔偿损失”三种解除的效果。依据折衷说，已经履行的债务转变为返还债务，发生返还请求权。遵循折衷说的逻辑，该债务是同一项返还债务，韩世远教授将其称为恢复原状义务，逻辑上不会并存“恢复原状”的债务和“其他补救措施”的债务。该请求权性质和类型是同一的，而非两种以上的权利，甚至在量的（请求返还的数额）计算上也遵循统一的规则，体系上不应当是并列的恢复原状请求权和采取其他补救措施请求权。假如不使用“返还债务”“返还请求权”的术语，一定要采用其他表述，那么，一个“恢复原状”或“返还财产”或“不当得利返还”就足够了，添加“采取其他补救措施”完全是画蛇添足，人为地制造混乱。如此，问题便成为，只要我们不认为立法者犯有逻辑错误，就应当另辟解释的蹊径。从《合同法(建议草案)》[8]到现行合同法条文的演变观察,所谓“恢复原状”,其含义较《合同法(建议草案)》第 103 条规定的恢复原状为窄,给付物为动产时仅仅指“有体物的返还”,给付物为不动产且已经办理了移转登记时,则为先将受领人的登记注销,使登记恢复到给付人名下(以下简称复原登记),不再包括“所提供劳务的恢复原状”“受领的标的物为金钱时的恢复原状”“受领的有体物消失时的恢复原状”等。“所提供劳务的恢复原状”“受领的标的物为金钱时的恢复原状”“受领的有体物消失时的恢复原状”等类型均被概括为“采取其他补救措施”。由此演变而成的《合同法》第 97 条中的“恢复原状”“采取其他补救措施”“赔偿损失”,便各自有其内涵和外延,互不包容,各有其法律基础,三者呈并列地位。在不采纳物权行为制度却采取直接效果说的背景下,“恢复原状”适用于原物的占有移转或复原登记的场合,从权利的角度讲,属于物的返还请求权或排除妨害请求权;[9]“其他补救措施”适用于给付劳务、物品利用、交付金钱、受领的原物毁损灭失等场合,从权利的角度看,属于不当得利返还请求权;“赔偿损失”适用于上述救济方式运用之后当事人还有损失的情形,为民事责任的范畴。[10]

由此可见,对于已经履行的债务在合同解除场合的处理,依间接效果说和折衷说应当是恢复原状,仅为一项义务;不过,《合同法》第 97 条同时规定了“恢复原状”和“采取其他补救措施”,表现出二者的不同。

既然“恢复原状”与“其他补救措施”的内涵和外延不同,二者呈并列地位,韩世远教授却将“其他补救措施”纳入“恢复原状”之内,不符合《合同法》第 97 条规定的文义和规范意旨,也违反法意解释规则。文义解释的规则要求法律人:“字义具有双重任务:它是法官探寻意义的出发点,同时也划定其解释活动的界限。”[11]正因为法条字义给解释法律之人划定了解释的界限,所以“字义可能范围外的说明,已经不再是阐明,而是改变其意义”。[12]韩世远教授明知《合同法》第 97 条将“恢复原状”和“其他补救措施”并列地作为合同解除的效果,却置之不顾地认为合同解除场合“已履行的债务转化为恢复原状”中的恢复原状,系广义上的恢复原状,包括采取补救措施的情形。[13]这“已经不再是阐明,而是改变其意义”。韩世远教授要求他人的主张应有现行法上的根据,给出明确的法条根据,[14]可他自己却置《合同法》第 97 条的规定于不顾,双重标准十分明显。

二、折衷说关于解除不消灭合同及其关系之说不成立

折衷说针对直接效果说溯及既往地消灭合同关系的要害，针锋相对地提出，合同解除不消灭合同关系，也不终止合同这个法律行为。[15]但笔者认为，所谓解除不消灭合同关系，不符合事实与法理；所谓解除不消灭作为法律行为的合同，也存在严重的问题。

（一）折衷说关于解除不消灭合同关系之说不符合事实与法理

1. 从权利义务关系的性质与形态看

折衷说主张，对于尚未履行的债务自解除时归于消灭（与直接效果说相同），对于已经履行的债务并不消灭，而是发生新的返还债务（与间接效果说相同）。

其矛盾点在于，何以一方面承认发生了新的返还债务，另一方面又说原有债务关系并不消灭呢？实际上，一旦合同解除，基于双方当事人意思表示而产生的债权债务，消灭的消灭，转化的转化，已经面目全非了。

为了便于读者了解双方论争所在，就有关术语的使用先作交代。笔者所谓基于当事人意思表示而产生的债务，在韩世远教授那里称为本来的债务。笔者所谓转化的债务，至少包括韩世远教授理论中的返还债务。笔者所谓面目全非，既包括尚未履行的本来债务已经消灭，也包括返还债务异于本来债务。

以下具体阐述合同解除前后法律关系的巨大差异：

所谓返还债务异于本来债务，表现在以下几点：(1)债权人和债务人调换了位置。(2)债务的性质可能发生了改变。本来债务为“债务”，在道德和法律评价上均为中性；而返还债务，系由违约方完成时则为责任，违约方有过错时，印有道德和法律否定性的评价。(3)债务的内容可能发生了改变。例如，受领时为完好无损之物，返还时已受损坏；受领时为有体物，返还原物不能，改为变价返还。况且，合同债务一经履行完毕，就应当归于消灭，转化为他种义务（权利）。对此，以某 A 车买卖合同为例加以说明：出卖人已经依约将 A 车交付给买受人，买受人受领了，但未付款。显然，出卖人移转 A 车占有和所有权的义务已经完成了，消失了。此时，该合同解除，出卖人的义务又复活了吗？此时只是买受人而非出卖人新负了返还 A 车的义务，A 车毁损场合，承担价值返还的义务。(4)韩世远教授将合同解除后形成的债务（恢复原状债务）在范围上扩张得更宽，包括返还标

的物、利息、果实及使用利益、投入费用、担保人的债务等。几乎每种恢复原状义务都有特色，有其独特的适用规则。韩世远教授将返还标的物看成民事责任，而民事责任不属于合同关系本身，而是合同债务被违反时产生的第二性义务。风险负担则属于恢复原状之债[16]不能履行的法律后果，若由给付人承担风险，则无恢复原状义务可言，不属于合同关系。担保人的债务属于担保法律关系的内容，而非合同关系的组成部分。受领物产生的果实，应为已同受领物相分离了。在受领人一侧，无论是该果实与受领物之间的关系，还是果实的归属规则，均为物权法上的规则；从受领人和给付人之间的关系观察，果实的返还，至少大多非依当事人的意思表示的内容进行，而是按照不当得利返还中的孳息返还规则或其他法定债的规则。故称返还果实属于合同关系，难以成立。再者，占有包括间接占有，故返还之前占有使用受领物所获得的利益，应当包括受领人将受领物出租给第三人而收取的租金。该项利益乃基于租赁合同产生，与被解除的合同不是一个合同。投入的费用，包括受领人保管给付物所支出的必要费用。该笔费用在不同的法律关系中意义有别。受领人若明确表示拒绝受领有瑕疵的给付物，但接受给付人的意思而为保管，形成保管合同关系，该笔费用的返还属于保管合同关系的内容，不是被解除合同的组成部分。受领人若明确表示拒绝受领有瑕疵的给付物，但为履行《合同法》第 119 条规定的减轻损失义务而保管，构成无因管理。于此场合，该笔费用的返还为无因管理之债的债务，亦非被解除合同的债务。利息，应为恢复原状之债的从债内容，不属于解除形成的“合同关系”，更远离被解除合同项下的债之关系。此其一。

合同关系多为广义债之关系，包括多个狭义债之关系以及形成权、抗辩权等权利和附随义务等义务。以买卖合同关系为例，出卖人交付买卖物并移转所有权的债务与买受人相应的请求权为一狭义债之关系，买受人支付价款的债务和出卖人相应的请求权为另一狭义债之关系，还有形成权、抗辩权等权利和附随义务等。设出卖人已经交付了买卖物，买受人拒付价款，导致合同解除，那么，按照折衷说，自解除始，买受人支付价款的债务归于消灭，即一个狭义债之关系不复存在了；出卖人的债务转换为返还债务，这是否算作原来的狭义债之关系，值得怀疑。笔者不禁要问：这样的债之关系还是原来的合同关系吗？此其二。

债权具有给付受领权、保持力，债务人履行其债务时，债权人得保有此项给付,债权乃成为保持此项给付的法律上原因。[17]依折衷说,合同解除不消灭合同关系,该债权及其保持力继续存在。依此逻辑,给付人无权要求返还所为的给付。但同样依折衷说,债权人(受领人)却承担了返还债务。这显然不合法理。韩世远教授批评不当得利返还请求权说的重要理由,正是合同不因解除而消灭,受领人受领的给付具有法律上的原因;具有法律上的原因就没有返还不当得利的依据。对于这种相似的事物不同对待、不同处理多么违反公平原则,暂且不论,现在要追问的是:既然受领人受领的给付具有法律上的原因,折衷说凭什么责令受领人承担返还债务呢? 只有一种可能,那就是法律基于强于债权保持力的理由,如公平正义,破坏债权的保持力,硬性规定受领人承担返还债务。如此,结论自然是此种关系乃法定权利义务关系,而非意定的合同关系。此其三。

既然解除后形成的关系中,债权不是合同项下的债权,债务亦非合同项下的债务,全都换了模样,从实质上说,这已非合同关系了,应当定性和定位在法定的权利义务关系上。

2. 从合意的效果意思看

上述结论之所以可信,还有意思表示理论及其运用的支持。因为合同作为各方当事人的合意,其意思表示中没有返还标的物、利息、果实及使用利益、投入费用、担保人的债务的效果意思。如果硬说有此类效果意思,无异于在说当事人不是合同的"建设者",而是"破坏者",缔约伊始就想着毁约,盘算着处理毁约的后果。这就意味着把交易主体都看成了法律人,而非经济人,实在是高估了当事人的能力。与其说当事人有此类效果意思,不如说折衷说在"置入"效果意思,以将解释者的效果意思代替当事人的效果意思。此其一。

上文关于债权具有给付受领权、保持力与返还债务产生根源的分析,暗含着另一层意思,返还债务绝非源自当事人的效果意思,而是来自法律的规定。此其二。

依折衷说,合同项下的(尚未履行的)债务,没有自合同生效时消灭,没有因适当履行而消灭,亦未因免除而消灭,恰因解除而消灭。对折衷说的这种看法如何解释? 如何寻觅其正当原因? 笔者猜到了两种可能的原因:一是当事人有附款(意思表示的一部分),合同解除作为尚未履行债务消灭的解除条件;二是法律的直接规定。其他的难谓正当原因。可是,合同中并无此类附款(意思表示的一部分)。本应求助于法律规定,但折衷说却自我封闭,堵死了这条路。于是有此结论:拒不承认法定,又无附款(意思表示的一部分),却说解除后的关系仍为合同关系,明显不符合按照意思表示的内容赋予法律效果的理论。此其三。

这些意思换成另外的表述就是,合同解除形成的法律关系不是法律按照当事人意思表示的内容赋予的,而是法律直接规定的,如《合同法》第97条,因而属于法定关系。

3. 从解除权行使的意思表示看

解除权行使的意思表示,因解除权本身的目的及功能的局限,受解除权系债权作用的拘束,受当事人意思能力的左右,被合同变更制度牵制,难谓含有发生物权变动的效果意思。再说,赋权一方以意思表示引发物权变动,一方的意思表示改变双方的合意,颠覆了当事人双方平等的法律地位,显非妥当。对此,下文将予以详论,此处不赘。

4. 从附随义务的来源和归宿看

据德文文献阐释,德国民法的清算了结说认为,解除之所以不消灭合同关系,重要的原因在于解除仅消灭主给付义务,而不消灭附随义务。[18]这有其道理,但需要继续思考的是:(1)既然附随义务系法定义务,依诚实信用原则令其出现于合同关系之中,作为义务群中的一分子,则在合同溯及既往地消灭场合,同样依诚实信用原则令其作为违约责任关系的组成部分,也顺理成章。另外一条路径是,在日本等国家的民法中,侵犯先合同义务、附随义务等,构成侵权责任,而非合同责任。也就是说,即使合同溯及既往地消灭,也不影响这些责任的成立。(2)按照清算了结说、折衷说,合同解除使约定债务债权或消灭,或转化,即基于意思表示产生的债权债务不复存在了。依据直接效果说,也就是基于意思表示产生的债权债务不复存在了。在这方面看不出多大差别。剩下的问题就是安排法定的附随义务以及结算条款和清理条款。对此,折衷说、清算了结说能够做到的,直接效果说也能完成任务。如果认为直接效果说因此而有不足的话,那么该不足也同样存在于折衷说、清算了结说之中。

(二)对折衷说关于解除不消灭合同(法律行为)之说的剖析

1. 从意思表示的存留性看

意思表示,无论是口头表达的,还是书面显示的,抑或行为推定的,一经完成便成为客观存在,存留于世。在这个意义上,不要说直接效果说的合同解除,就是合同无效场合,称合同(法律行为意义上的)溯及既往地消灭,也不确切。准确地说,在合同无效的场合,是法律自始不按照意思表示的内容赋予法律效果,合同效力自始未被法律所承认;法律所承认和保障的是法定权利义务。在直接效果说的合同解除场合,应当是合同的效力,合同项下的债权债务,不再被法律所承认,溯及地消灭;法律所承认和保障的是法定权利义务。在这一点上,折衷说称解除不消灭作为法律行为的合同,有其道理。

2. 从法律事实的目的及功能看

从法律事实与法律关系之间的辩证关系角度观察,结论就没有这么简单。合同解除后,作为法律关系的合同已经不见了,取而代之的是法定权利义务关系。此时还认为作为法律行为的合同继续存在,则违反法律事实—法律关系之间的辩证关系。因为合同乃法律事实的一种,而法律事实无非引起法律关系发生、变更、消灭的法律要件。它引起法律关系,权利义务诞生并存续,合同等法律事实有的便完成了使命,退出舞台;有的还要存续一段期间,作为债权债务存在的法律上的原因。在合同解除的场合,解除权行使导致了合同解除,形成至少在形态上不同于此前的合同关系。即使折衷说也难以否认这一点。尽管折衷说称解除前后的关系具有同一性,但同一性时常不是一成不变性,解除后的法律关系也大多变化了形态。引起这种变形的法律关系的法律事实,不再是合同,而是解除权的行使。此时,解除形成的法律关系继续存在的根据,至少主要是解除权行使及其法律规定。如果说为了使合同关系拥有赖以存续的根源,令作为法律行为的合同继续存在尚有其道理的话,则在合同项下的债权债务已被法定的权利义务所取代的情况下,仍继续将合同作为该法定的权利义务的唯一根据、主要根据,就违反了法律事实与法律关系之间的辩证关系。

此外,笔者还赞同结算条款、清理条款、仲裁条款等归属于另外一个合同的学说。

综上所述,解除场合,合同继续存在几乎没有积极价值,此时仍称合同没有消灭,除了拟制,就是视为,纯粹是教条主义作祟。

3. 从债权债务的相对独立性看

只要我们承认合同项下的债权债务一经成立,就具有相对的独立性,除非债务被适当履行、债权顺利实现,或者未被抛弃、抵销等,债权债务就继续存在,即使发生违约行为等事实,它们也只是变形,并不消失无踪。此时硬说"所以如此,乃因合同(法律行为意义上的)的存在",也是一种臆想。虽然这种臆想可以作为一种学说存在,也无必要反对,但据此不允许他种解释路径,也未免霸道。

4. 从与有关现象的类比看

法律事实与法律关系之间的相互关系,大体可分两类,甚至更多。

(1)有些法律事实不但引发了法律关系,而且是法律关系存续的根据,法律事实消失了,权利、义务也变成了无所依附的“毛”。例如,不当得利作为不当得利之债的法律事实,它不但是不当得利之债产生的原因,而且是不当得利返还请求权存续的根据,不当得利消失了,不当得利返还请求权也就不复存在了。再如,买卖等合同,作为引起债之关系的法律事实,既承担着引起债之关系的任务,又是债权(债务)存续的根据,作为法律上的原因,要存续一段期间。

(2)另外一些情况是法律事实仅仅起使法律关系成立、变更或终止的作用,使命一经完成,法律事实便消失殆尽,可法律关系依然存续。例如,形成权的行使,应为引起法律关系变动的法律事实,如因欺诈而生的撤销权,一经行使,便使有效的合同关系变为缔约过失责任关系。此时此刻,该法律事实便从法律世界里消失了,可是,缔约过失责任关系一直存续至过错之人承担了损害赔偿责任。再如,在德国民法上,蕴含于动产交付、不动产登记之中的物权行为,作为引发物权变动的法律事实,一经引起了物权变动,自己就悄然离世,可是变动的物权关系却长期地存在,其中的所有权关系还具有永久性。其实,侵权行为与侵权损害赔偿之债的关系,也是在侵权损害赔偿之债成立之时,侵权行为消失(不但非持续性的侵权如此,就是持续性的侵权,也是唯有到侵权行为实施完毕,损害赔偿债权才最终形成)。

既然有些法律事实不但引起法律关系的发生、变更或终止,而且是权利义务存续的根据,或曰法律上的原因;而另一些法律事实引起法律关系的发生、变更或终止之后,便功成身退,那么,我们就不得把法律事实一律作为债权债务存续的依据,而应区分情况而作决定。如果这是正确的,则可有如下进一步的分析。

合同关系因无效、被撤销、解除而转化为法定权利义务关系的场合,引起此类法律关系变化的法律事实不再是原合同,而是撤销权行使的行为、解除权行使的行为,或直接是法律的规定。因而,违约损害赔偿的成立及存续,以及担保的存续,完全可以不依赖合同作为根据,而是求助于撤销权行使的行为、解除权行使的行为乃至法律的直接规定。如此,再坚持违约损害赔偿的成立和存续、原债所附担保继续存留的根据依然是原合同,就违反了法律事实与法律关系之间辩证关系的原理。

三、折衷说关于恢复原状关系之说存在难以克服的缺点

折衷说认为,合同债权关系非因解除而消灭,而是变形为恢复原状的债权关系;已经履行的债务变形为恢复原状义务。[19]在笔者看来,这存在若干难以克服的缺点,试析如下:

1. 不合《合同法》的文义和规范意旨,存在逻辑矛盾。对此,上文"折衷说不符合《合同法》第 97 条规定的文义和规范意旨"中已做分析,此处不赘。

2. 不合民事责任的规格。韩世远教授视野中的恢复原状,包括返还财产,依《民法通则》第 134 条的规定,属于一种民事责任方式。[20]对此,笔者不敢苟同。如果韩世远教授赞同民事责任系违反民事义务而产生的第二性义务的观点,则合同解除场合的返还财产并非系违反义务而产生的第二性义务,只是合同解除时受领人失去保有给付物所有权的依据(直接效果说),或予以清算(清算了结说、折衷说),而发生的损益变动。即使是合同因违约而解除,也是如此。合同因违约而解除场合的因果链条为:违约行为→合同解除→返还财产。合同因不可抗力等不可归责于双方当事人的原因而解除场合的因果链条为:不可归责于双方当事人的原因→合同解除→返还财产。无论哪种场合,都不存在返还财产以义务违反为成立要件的情形。此其一。合同解除场合的返还财产,也不是道德和法律对当事人的主观状态及相关行为予以否定性评价的表现。若站在过错责任的立场,合同解除场合的返还财产也难谓民事责任,因为于此场合,受领人一般都不具有过错。所以,韩世远教授关于合同解除场合的返还财产属于民事责任的观点不成立。[21]此其二。笔者注意到,韩世远教授对违约责任的界定和把握,以同笔者论争为"分水岭",前后有变化。论争之前称:"违约责任,是合同当事人不履行合同义务或者履行合同义务不符合约定时,依法产生的法律责任。在现代合同法上,违约责任仅指违约方向对方承担的财产责任,与行政责任和刑事责任完全分离,属于民事责任的一种。"[22]"违约责任,又称'违反合同的民事责任(《民法通则》第六章第二节标题),是合同当事人不履行合同义务或者履行合同义务不符合约定时,依法产生的法

律责任。在现代合同法上,违约责任仅指违约方向对方承担的财产责任,与行政责任和刑事责任完全分离,属于民事责任的一种。”[23]论争之后称:“责任是公民、法人违反合同或者不履行其他义务时国家强制债务人继续履行或承担其他负担的表现……责任方式是对原债权关系中之债务的‘替代’,责任是债务的转化形态,这是两者具有同一性的表现。”[24]据此衡量,合同解除场合的返还财产符合韩世远教授最新界定的民事责任的规格。但是,后续问题非常复杂、麻烦:首先,将责任界定为“公民、法人违反合同或者不履行其他义务时国家强制债务人……承担其他负担的表现”,则无法把解除权及其行使、不当得利返还义务、物权请求权对应的义务、利息的支付义务等负担表现排除于违约责任的范围,使概念没有准确地反映事物的本质属性,难以将违约责任区别于不当得利返还义务、物权请求权对应的义务等概念。其次,由此决定,这种界定混淆了债务与责任,与其后来区分债务和责任的观点相矛盾。最后,将返还财产纳入民事责任的范畴,会带来返还财产责任是否适用与有过失规则、损益相抵规则、诉讼时效制度、除斥期间制度等疑问,并且不易解决。此其三。

3. 性质不一,效力有异,处理的结果不当。韩世远教授视野中的恢复原状,包括标的物的返还,利息、果实及使用利益,原物返还不能场合的风险负担,投入费用以及担保人的债务。从义务的层面界定,它们均属恢复原状义务,从权利角度观察,存在恢复原状的请求权。韩世远教授认为,恢复原状的内容多种多样。[25]于是问题产生了,每种内容的恢复原状性质不同,法律效力有别,甚至所处的法律关系都不同一,所适用的法律规则也各种各样,硬将它们作为一项债务对待,是弊大于利还是利大于弊?

按照韩世远教授的观点,其一,返还财产属于一种民事责任方式。依其逻辑,返还财产应当适用民事责任的规则。其二,利息、果实及使用利益,是适用《物权法》规定的孳息规则,还是适用不当得利返还规则,抑或适用他种规则?由于韩世远教授主张恢复原状义务非为不当得利返还义务,也反对恢复原状请求权为物权的请求权,[26]恐怕只能是适用他种规则了。问题是,该种规则是什么规则?韩世远教授既然钟情于实证法上的根据、明确的法条,就应当寻觅出来。其三,原物返还不能的场合,原则上应负价格返还义务,还有风险负担问题。对于前者,韩世远教授没有给出所依据的法律条文。关于后者,韩世远教授给出的法律依据是《合同法》第148条关于“因标的物质量不符合质量要求,致使不能实现合同目的的,买受人可以拒绝接受标的物或者解除合同。买受人拒绝接受标的物或者解除合同的，标的物毁损、灭失的风险由出卖人承担”的规定。[27]其四，投入费用，韩世远教授举例为受领人保管给付物所支出的必要费用，至于应当适用何种规则，没有言明。其五，担保人的债务，应当适用法释[2000]44 号第 10 条的规定。

归结上述，不难发现，几乎每种恢复原状义务都有特色，有其独特的适用规则。有些存在法律规定可以援用，有些则寻觅不到。形式上统一了，名曰恢复原状义务，实质上各自独立，甄别不清，就会产生不当的后果。此其一。从时间过程看，相当一些恢复原状义务处于合同过程中的不同阶段：(1)投入费用发生于合同履行阶段。(2)返还标的物产生于合同解除后的清算阶段。(3)风险负担则属于恢复原状之债不能履行的法律后果。(4)从法律关系看，担保人的债务不属于恢复原状之债，而为担保法律关系的内容，并且担保人若为抵押人、出质人，其债务并非债之关系中的债务，而是“物上责任”。(5)风险负担也不属于恢复原状之债本身，而是恢复原状之债因不可归责于双方当事人的原因而不能履行时的损失分配，亦为另外的债的关系。如此不同的东西，韩世远教授却拼装起来，除了令人眼花缭乱，费力甄别，似无多少积极意义。此其二。本来，韩世远教授坚持恢复原状义务与本来的债务具有同一性，[28]以彰显折衷说优越于直接效果说。但实际上他笼而统之地称恢复原状义务与本来的债务具有同一性，难以成立。其原因在于：(1)担保人债务显然不属于原合同债务(债权)的转化或变形，与本来的债务没有同一性。(2)风险负担规则运用的结果，由受领人承担风险时，受领人不是赔偿给付人因给付物毁损灭失所受到的损失，而是承担给付物的价款支付义务。该种价款支付义务，至少在依原合同约定的价格标准计算价款时，是原合同价款支付义务的复活，而非与原合同价款义务之间具有同一性的问题；若由给付人承受风险时，则受领人不负责任，连恢复原状义务都算不上，更遑论什么同一性了。(3)所谓受领物产生的果实，应为已同受领物相分离，无论是该果实与受领物之间的关系，还是果实的归属规则，均为物权法上的规则。按照直接效果说及其逻辑，给付人依据物权法上的规则主张果实的返还，故称返还果实与本来的债务具有同一性，难以成立。依据折衷说，受领人基于物权法规则取得果实，给付人则依债法规则请求返还果实。若将果实的返还作为不当得利返还，通说也认为该债务与本来的债务之间没有同一性。若另觅果实返还的其他法律依据，要看该法律依据是什么，才能看清果实返还与本来的债务之间有无同一性。对此，韩世远教授没有给出答案。(4)因为占有包括间接占有，所以，返还之前占有使用受领物所获得的利益，应当包括受领人将受领物出租给第三人而收取的租金。该项利益乃基于租赁合同产生，与本来的债务(债权)不具有同一性。(5)利息，作为恢复原状债务的衍生债务，应为恢复原状之债的从债内容。投入的费用，包括受领人保管给付物所支出的必要费用。该笔费用在不同的法律关系中意义有别。受领人若明确表示拒绝受领有瑕疵的给付物，但接受给付人的意思而为保管，形成保管合同关系，该笔费用的返还属于保管合同关系的内容，与本来的债务没有同一性。受领人若明确表示拒绝受领有瑕疵的给付物，但为履行《合同法》第 119 条规定的减轻损失义务而保管，构成无因管理。于此场合该笔费用的返还为无因管理之债的债务，与本来的债务不具有同一性。此其三。韩世远教授关于"如果双方互负恢复原状的义务，则两项义务立于同时履行的关系，适用同时履行抗辩权的相关规定"的见解，有些绝对，应予限定。此其四。这些不同的恢复原状义务一律适用诉讼时效制度吗？若是，诉讼时效期间的起算点、中断、中止没有差别吗？若有，在适用抗辩、抗辩权制度时如何把握？非三言两语所能说清。此其五。

按照笔者对《合同法》第 97 条规定的解读，从权利角度观察，恢复原状为物的返还请求权或排除妨害请求权，其他补救措施系不当得利返还请求权。若这些方式用尽仍有损失，可以求助于赔偿损失这个民事责任。这些救济方式，各有其质的规定性、构成要件、适用领域，简单、明了、实用。法律人探讨学术，解决案件，只需将它们分别适用，最后整体审视，效果最佳。韩世远教授之说带来的问题，在这里统统不见了。可能是敝帚自珍，笔者的此种解释应当优于韩世远教授开出的方子。

至于合同解除无溯及力时不具备不当得利的构成要件问题，取决于如何看待不当得利的构成，以及怎么对待它。若将不当得利成立所需要的没有法律上的原因理解为合同或债权，合同解除无溯及力，受领的给付仍有法律上的原因，的确不成立不当得利。但是，这在不成立违约责任的情况下显失公平，不如改采以下的观点：受益人因未为对待给付或未为完全的对待给付而获得的利益，没有合法根据，构成不当得利。该项观点有其法律依据，因为我国《民法通则》第 92 条关于不当得利构成的规定，没有重复大陆法系以没有法律上的原因为要件的模式，而是要求受益人获得利益没有合法根据。该合法根据,可以是合同、债权,也可以是其他,包括取得利益的法律依据。没有合法根据,包括合同、债权等不复存在,也包括受领人取得给付物的所有权却未支付对价或未支付全部对价。受领人取得给付物的所有权,付清全部价款,应为有合法根据,不成立不当得利。受领人取得了给付物的所有权但未支付对价或未支付全部对价,"没有合法根据",构成不当得利。[29]所以,将我国《合同法》第97条规定的其他补救措施解释为不当得利,不违背中国现行法上的不当得利制度。韩世远教授重视现行法上的依据,对此应当持赞同态度才合逻辑,为什么于此处更换理念和标准,沿袭德国、日本某些学派关于不当得利的界定,来解释我国《民法通则》第92条、《合同法》第97条的规定呢?

四、折衷说解读《合同法》第98条的规定时存在误区

折衷说以《合同法》第98条的规定作为《合同法》采取了折衷说的证据,其思路有误,结论不妥。

(一)折衷说的解读和思路之一及其逻辑缺陷

韩世远教授认为,以《合同法》第97条的规定"没有言及合同自始归于消灭"为据,同时联系该法第98条关于合同解除不影响合同中结算和清理条款的效力的规定,证明《合同法》在合同解除的效力方面采纳了折衷说。[30]

对此应当如何认识?法律明确规定"合同自始归于消灭",固然极易得出合同解除的效果采取了直接效果说的结论,法律"没有言及合同自始归于消灭",未必就否认了直接效果说;同理,未必就当然承认了折衷说。这里不存在非此即彼的逻辑,原因之一是关于解除效力的学说不限于这两种,原因之二是在中国现行法上模糊、弹性的规定并不罕见,若一律遵循没有言及这样就是承认了另外的效果及学说的思路,有时会出现不适当的后果。其实,至少在若干场合法律人没有遵循这样的路径解释法律。例如,《合同法》第84条关于债务承担的规定没有言及并存的债务承担,包括韩世远教授在内的学者从事解释工作时就没有按照"未言及它就是否认了它"的思路,而是将该条关于"债务人将合同的义务……部分转移给第三人的,应当经债权人同意"的规定,解释为包括并存的债务承担。[31]韩世远教授应当一以贯之地对待各项法律制度及理论,不宜此一时彼一时。

（二）折衷说也在拟制

韩世远教授一直诟病直接效果说靠拟制来解释结算和清理的条款不因合同解除而消失，声称如此则说服力不足，[32]其实这也在显现折衷说同样的“不足”。他以为按照折衷说，合同关系不消灭，按照逻辑，作为合同条款的结算和清理的条款自有其依附之“皮”，无须拟制便理所当然地存在。这似乎蛮合逻辑，理由强劲。其实，即使按照折衷说，合同一经解除，依当事人意思表示产生的合同关系已不复存在，折衷说称其存在，那是幻觉，是误将法定关系硬说成是原来的合同关系。对此，本文“折衷说关于解除不消灭合同及其关系之说不成立”中已经详述，此处不赘述。如此说来，不靠拟制，折衷说也无法完满地解释结算和清理的条款何以于合同解除场合仍继续存在。

（三）折衷说的解读和思路之二及其缺陷

韩世远教授辨析道：“《合同法》最初起草时所采纳的是‘直接效果说’，但《合同法》第 97 条实系立法者从实际出发，‘借鉴国外经验，遵循经济活动高效的原则，对合同解除的效力作了比较灵活的规定’。[33]”[34]其言外之意是《合同法》采取了折衷说，而抛弃了直接效果说。

韩世远教授的上述解读，是一种误读。实际上，所谓“借鉴外国经验……对合同解除的效力作了比较灵活的规定”，有几层含义：其一，合同解除有无溯及力，或曰采取直接效果说还是采取折衷说等学说，不宜一概而论（例如，既不宜如同《德国民法典》旧债法那样对合同解除一律采取直接效果说，也不宜如同《德国债法现代化法》那样对合同解除一律采取清算了结说），而应区别情况而作决定。例如，协议解除场合由当事人的约定确定合同解除有无溯及力，继续性合同解除不宜溯及既往地消灭合同关系，非继续性合同解除有时宜溯及既往。其二，《合同法（建议草案）》区分合同解除与合同终止，采取合同解除原则上具有溯及力、合同终止原则上没有溯及力的模式，有些专家学者认为过于琐碎，尤其是《经济合同法》（已被废止）、《涉外经济合同法》（已被废止）和《技术合同法》（已被废止）均未如此设计，于是，全国人民代表大会常务委员会法制工作委员会将其合并，形成《合同法》第 93 条、第 94 条。其间，根本没有涉及排斥直接效果说的问题。其三，《合同法》第 98 条可以溯源至 1980 年《联合国国际货物销售合同公约》，并不表示《合同法》第 97 条也必然溯源至 1980 年《联合国国际货物销售合同公约》，不意味着《合同法》一定采取了折衷说。《合同法》第98条、第97条系各自独立的条文，二者完全可以各自完成使命。从逻辑上讲，如果《合同法》第97条的规定采取的是折衷说，合同不因解除而溯及既往地消灭，合同约定的结算条款、清理条款自然继续有效，还用得着专设第98条赘言“合同的权利义务终止，不影响合同中结算和清理条款的效力”吗？《合同法》于第97条之外再设第98条，表明立法者担心人们依第97条含有解除有溯及力的逻辑认定结算条款、清理条款因解除而归于消灭。所以，《合同法》第98条的存在，只要法律人不把它当作赘条，只要解释者承认原则与例外并存，只要论争者不轻视拟制，就正好得出《合同法》第97条的规定含有解除有溯及力、解除无溯及力各种情形的结论。

所谓“遵循经济活动高效的原则，对合同解除的效力作了比较灵活的规定”，下文的分析会显现，直接效果说符合效益原则，而折衷说则有时不利于经济活动高效的原则。

(四)笔者对《合同法》第98条规定的解读

其实，对《合同法》第98条关于合同解除不影响合同中结算和清理条款的效力的规定，直接效果说并非一筹莫展。在笔者看来，一个合同文本载有的合同条款未必总是一种合同的条款，有时是分属于若干个合同的条款。实务中运用的合同文本大多如此，时常是一个合同文本中约定了几个类型的合同，有典型合同，也有非典型合同。按照这种思路衡量结算和清理的条款，可以认为它们不属于由当事人缔约目的（或曰系争合同）所决定的合同条款。例如，当事人缔约目的所决定的合同为买卖A楼的合同，该合同文本中载有的结算和清理的条款其实属于另一合同，而不是买卖A楼合同的组成部分。

笔者作上述这样理解的可取性，可以从仲裁条款、报批义务条款等条款独立于系争合同的理论和实践得到佐证。理论界和实务界的共识是，仲裁条款独立于系争的合同，系争合同无效或被撤销都不影响仲裁条款的效力。在法释[2010]9号的草案讨论过程中，最高人民法院一些法官主张，涉外股权转让等合同载有报批义务的约定，涉外股权转让等合同的生效又以行政主管机关的批准为要件。负有报批义务的当事人不向行政主管机关申请，自然不会有批准的结果。没有行政主管机关的批准，涉外股权转让等合同便未生效。合同未生效，何谈当事人履行报批义务？陷入悖论。为了打破僵局，将报批义务的条款不作为涉外股权转让等合同的条款，而是另外合同的条款。该另外的合同不以行政主管机关的批准为生效要件,自双方签字盖章时起已经生效。当事人有义务履行报批义务;如不履行,就赋权另一方当事人申请报批,从而解决问题。如果这是正确的,则解除权人解除的只是买卖A楼合同,并未解除结算和清理的条款所在的另一合同。这样,无论是依折衷说还是依直接效果说,合同解除都不影响结算条款和清理条款的存在。

按照这种思路,韩世远教授以结算条款和清理条款未因合同解除而消灭为由,认定《合同法》上的解除采取了折衷说,就不成立。

五、折衷说机械地理解了合同与违约损害赔偿之间的依存关系

(一)德国早期直接效果说的机械性

德国首先提出"直接效果说"时,机械地认为:合同解除溯及既往地消灭合同关系,也就消灭了债务不履行责任存在的根基,因而合同解除与债务不履行责任不得并存。《德国民法典》原第325条和第326条就是依据这样的学说规定的。

这是间接效果说、折衷说、债务关系转换说、清算了结说纷纷登场,攻击并欲以取而代之的初始且核心的原因。有鉴于此,欲坚持直接效果说,驳倒折衷说等学说,不得不辨析合同被溯及既往地解除与违约损害赔偿之间的依存关系。

(二)韩世远教授的归谬

韩世远教授承继德国早期直接效果说的逻辑:"所谓既存的'赔偿损失'之违约责任,是以合同义务违反为前提的,进而是以合同关系的存在为前提的,更进而是以合同不被解除为前提的。"若不履行的损害赔偿与解除合同并存,则不符合上述逻辑。直接效果说认为解除溯及既往地消灭合同,在逻辑上,不履行的损害赔偿与解除合同不能并存。韩世远教授认为笔者一方面支持直接效果说,同时又认为仍然存在不履行的损害赔偿,显然已非德国20世纪初期的"直接效果说",而是一种"修正的直接效果说"了。可是,不履行的损害赔偿仍然是原合同关系的直接转化形态,因而不履行的损害赔偿与原合同关系保持了"同一性"。这也就等于说违约人的债务并没有因为解除而归于消灭,而是"直接转化"为不履行的损害赔偿。显而易见,这与直接效果说主张的"合同自始归于消灭"是自相矛盾的。诘问也会跟着出来:这还算是"直接效果说"吗?[35]

(三)对韩世远教授归谬的反驳

1. 韩世远教授关于“所谓既存的‘赔偿损失’之违约责任,是以合同义务违反为前提的,进而是以合同关系的存在为前提的,更进而是以合同不被解除为前提的”逻辑,从合同→合同关系:债权/债务→违约行为→违约损害赔偿的因果链条看,并不符合客观事实,违反了这样的原理:合同债务(债权)与违约损害赔偿债务(债权)之间具有同一性,是由它们二者之间内在的、实质的转换、变形或承继所决定的,并非由于合同的存在方才如此。换句话说,有合同存续,合同债务(债权)与违约损害赔偿债务(债权)之间具有同一性;没有合同存续,合同债务(债权)与违约损害赔偿债务(债权)之间照样具有同一性。也就是说,两项债务(债权)之间有无同一性,重心在它们之间的联系,而不在法律事实必须是同一个。假如非得强求法律事实是同一个,则韩世远教授关于返还债务与本来债务之间具有同一性之说,也不成立。因为引起返还债务关系的法律事实并非原合同,而是解除权行使这个单独行为。所以,可以肯定地说,韩世远教授的这个逻辑难以成立,至少可以说存在重大缺陷。

2. 德国起初的“直接效果说”,《德国民法典》原第 325 条和第 326 条的规定,存在若干缺陷:从利益衡量上看,不利于守约方;透露着唯有合同存在才有同一性之意,不足取;从合同→合同关系:债权/债务→违约行为→违约损害赔偿的因果链条看,同样不符合客观事实,违反了笔者在上文所阐释的原理。它被抛弃理所当然,笔者从未采纳过这种学说,而是持有异议。[36]

3. 何谓直接效果说,判断的标准是什么,可能见仁见智。为了便于与韩世远教授论争,笔者暂且以韩世远教授赞同的界定——合同因解除而溯及地归于消灭,尚未履行的债务免于履行,已经履行的部分发生返还请求权——作为标准衡量。经过简单的对比就不难看出:笔者关于直接效果说的用法,完全符合韩世远教授的界定。如此,则不可说“修正”。其实,韩世远教授自己也承认直接效果说内部也不统一。[37]既然允许不统一,可以在不改变质的规定性的前提下存在特色,既然笔者对直接效果说的把握符合韩世远教授赞同的界定,为什么对笔者的把握仍设诘问:“这还算是‘直接效果说’吗?”不知韩世远教授意识到没有,这样的诘问也是冲向他自己来的。

其实,争论是否为真正的直接效果说抑或“修正的直接效果说”,没有实质意义。实际上,什么是真正的直接效果说,什么是修正的直接效果说,难以定义。直接效果说自身在与各种学说的论争中不断发展和完善。如今日本的直接效果说也好,间接效果说也罢,折衷说也好,在法律效果上可谓殊途同归。其区别仅在于逻辑的路径不同。在笔者的意识里,只要内涵和外延确定,叫什么名无关紧要。

(四)合同被溯及既往地解除时违约损害赔偿存在的根据

现在正面回答,合同被溯及既往地解除时,违约损害赔偿存在的根据。

违约解除的场合,客观存在的因果链条、事物的本来进程是:合同存续期间发生了违约行为,成立了债务不履行的损害赔偿(中国现行法及其理论称为违约损害赔偿)。至此,合同一直存在。从合同债务与不履行的损害赔偿之间的关联角度讲,是合同债务"直接转化"为不履行的损害赔偿,不履行的损害赔偿关系与原合同关系保持了"同一性"。须知,此时合同仍然存在,不履行的损害赔偿在存续。至于合同债务,于填补赔偿场合已不复存在,已经"直接转化"为不履行的损害赔偿;于迟延赔偿场合,转换为继续履行债务。该继续履行债务在范围上小于原合同债务。

这些客观存在,不因合同解除而化为乌有(继续履行除外),即使解除溯及既往,也是如此。在违约方已经实际承担了违约责任之后,守约方才解除合同的情况下,这一点尤为明显。《涉外经济合同法》(已被废止)第34条关于"合同的变更、解除或者终止,不影响当事人要求赔偿损失的权利"的表述,以及《技术合同法》(已被废止)第25条的类似规定,有助于按照先产生违约责任而后解除合同进行解释。

接下来,再从另一角度进一步证明上述结论的合理性。

违约损害赔偿与合同、合同关系之间的因果链条是:合同→合同关系:债权/债务→违约行为→违约损害赔偿。如此,违约损害赔偿并非合同引起,而是合同债务被违反的法定结果。也就是说,违约损害赔偿关系的法律事实,不是合同,而是违约行为。在这里,合同所起的作用并非合同作为违约损害赔偿的构成要件,也不是合同作为违约损害赔偿成立的直接前提,而是合同提供了合同债务这个违约行为所赖以成立的前提。没有合同,就没有合同债务(可能有先合同义务或其他义务),没有合同债务,就不可能产生违约行为(可能有侵权行为或其他违法行为),也就没有违约损害赔偿。在合同生效产生了合同债务,合同债务被违反成立了违约损害赔偿之后,针对既成的违约损害赔偿而言,合同实际上已经完成了使命,存续与否对既成的违约损害赔偿已经无关紧要,其价值在于作为尚未履行债务的存在依据,从而可能发生继续履行或(未来的)违约损害赔偿。也就是说,合同因解除而消灭,不影响既成的违约损害赔偿的存续。这样,违约损害赔偿关系的成立和存续,完全可以不从远距离的合同而是直接从违约行为这个法律事实寻觅其根据。

甚至于可更进一步,承认合同债权债务具有相对的独立性。尽管合同债务确实源自合同,但合同债务自其被违反时起,尤其是转化为损害赔偿时起,就与违约损害赔偿更加密切地联系起来,并且密切的程度胜过它与合同之间联系的程度。在这样的关系网中,合同已可有可无。

在上述理念下和因果链条中可以发现:合同债务(债权)与违约损害赔偿债务(债权)之间具有同一性,是由它们二者之间内在的、实质的转换、变形或承继所决定的,并非由于合同的存在方才如此。换句话说,有合同存续,合同债务(债权)与违约损害赔偿债务(债权)之间具有同一性;没有合同存续,合同债务(债权)与违约损害赔偿债务(债权)之间照样具有同一性。在同一性的证成上,离不开合同的,主要是合同项下的债权债务自合同生效至适当履行完毕期间一直未曾改变。有鉴于此,韩世远教授在证成解除前后的法律关系具有同一性时,总是强调必有合同存在才有依据,有些只见树木不见森林的意味。

该项结论的可取性,还可通过其他债之关系的例证加以证明。例如,受益人拒不履行不当得利返还债务,成立债务不履行责任,该债务不履行责任与不当得利返还债务具有同一性,尽管于此场合并不存在合同。

需要指出的还有,合同解除,溯及既往消灭的是原来的合同债务,合同债务已经转化为不履行的损害赔偿的,不会还原成原来的合同债务。

所以,直接效果说关于"合同自始归于消灭"之说,自解除时起溯及既往地消灭原合同债权债务并没有错:它被用于描述合同全然未曾履行的情形,最为简洁明了;它被用于合同债务已经有所履行的场合,仍然要溯及既往地消灭原合同债权债务,至于已经转化、变形的,原合同债务已经不复存在,自然用不着由解除消灭;被转化为、变形为的违约损害赔偿,基于同一性、公平正义的考虑,不应因解除而消灭;形成的不当得利返还,同样基于公平正义的衡量,也不应因解除而消灭。

可见,韩世远教授关于"这也就等于说违约人的债务并没有因为解除而归于消灭,而是'直接转化'为不履行的损害赔偿。显而易见,这与直接效果说主张的‘合同自始归于消灭’是自相矛盾的”的归谬，确系没有看清因果链条、事物本来进程的表现，过于机械和形式主义，时空也有些错位。

六、折衷说误判了法律评价的重心

笔者曾经指出：“在合同解除的情况下，虽然通过采取某些学说可以避免拟制的现象，达到形式逻辑的要求，但在合同无效场合如何避免呢？《合同法》第57条规定，合同无效、被撤销或者终止的，不影响合同中独立存在的有关解决争议方法的条款的效力。而无效的合同等民事行为，从行为开始起就没有法律约束力（《民法通则》第58条第2款）；被撤销的合同等民事行为，从行为开始起无效（《民法通则》第59条第2款）。这些行为一方面溯及既往地消灭，另一方面行为中载有的解决争议方法的条款却继续存在，显然与折衷说所追求的逻辑不符。在合同无效的情况下，对有关解决争议方法的条款依然有效，不拟制恐怕难以说明。于是诘问不禁脱口而出：既然合同无效场合可以容忍拟制，为什么在合同解除场合就不能容忍呢?！如果不能容忍，则必须另有坚强有力的理由。其实，不但此类坚强有力的理由不存在，还存在如同上述的和下文所述的不利于折衷说的现象。”[38]

对此，韩世远教授对有些视而不见，对有些则予以反驳。反驳的逻辑是，《合同法》第56条前段规定：“无效的合同或者被撤销的合同自始没有法律约束力。”“在这些场合，合同自始没有法律约束力，意味着从一开始就不会按照当事人的意思发生债权债务、发生物权变动。”而“合同解除场合，问题的性质截然相反，合同从一开始就是有效的……既然按照有效的法律行为发生了物权变动，这种物权变动符合《物权法》的规定并受其保护，为什么因为合同解除便一下子复归给了给付人了呢?”[39]对此，笔者评论如下：

韩世远教授在与笔者论辩可撤销的合同和效力待定的合同之间的异同时，反对笔者关于“可撤销的合同与效力待定的合同接近，而同完全有效的合同有别，从而在解释论上不宜将《合同法》第51条规定的无权处分合同解释为有效合同”[40]的看法，特意强调“《合同法》规定通常欺诈为合同得撤销的事由，仅特别情形（损害国家利益场合）为合同无效事由。而可撤销的合同在被撤销前与有效合同相近（未决的生效），甚至很多人认为就是有效合同；而效力待定的合同在效力确定之前实质上与无效相近（未决的不生效），从这一角度看，正好是无权处分合同有效的观点与上述规定接近，而效力未定的观点与上述规定相去较远。总之，无权处分场合的合同有效，仅处分行为因不被追认或嗣后未取得处分权而归于无效，这种限缩解释的结论从体系解释（而非‘局部解释’）的角度，也可获得印证”。[41]时至今日，他却又凸显可撤销的合同和无效合同之间的共性：“在这些场合，合同自始没有法律约束力，意味着从一开始就不会按照当事人的意思发生债权债务、发生物权变动。”真乃彼一时此一时也。但就是“此一时”的观点也是不成立的：

1. 可撤销的合同未被撤销时为有效，债权人受领给付具有合法根据/法律上的原因，可撤销的合同一直不被撤销场合，更是如此。绝非“意味着从一开始就不会按照当事人的意思发生债权债务、发生物权变动”。

2. 合同被撤销时，债权人受领给付的根据丧失，返还给付的义务产生；合同未被解除时，同样为有效，债权人受领给付具有合法根据/法律上的原因，合同被解除且有溯及力时，债权人受领给付的根据丧失，返还给付的义务产生。债务人履行了未生效合同项下的债务，意味着抛弃了期限利益，应予允许。如此，债权人受领给付同样具有合法根据/法律上的原因。一俟合同被解除（法释［2010］9 号第 5 条、第 6 条第 2 款、第 8 条）并有溯及力，债权人受领给付的根据即告丧失，返还给付的义务产生。也就是说，合同被撤销与合同溯及既往地解除，所产生的法律后果没有本质的不同，不知韩世远教授关于合同被撤销与合同被解除所涉“问题的性质截然相反”的断语何以得出？

3. 即使按照折衷说对比合同解除与合同撤销，韩世远教授关于“既然按照有效的法律行为发生了物权变动，这种物权变动符合《物权法》的规定并受其保护，为什么因为解除合同便复归于给付人了呢？是基于什么特别的法律规定而否定了《物权法》关于物权变动一般规则的效力了呢？”的诘问，也存在致命弱点：如果将其诘问中的“解除合同”置换成“撤销合同”，韩世远教授如何作答呢？实际上，韩世远教授既然承认合同被撤销时物权立即复归原权利人，则在解除的场合，这也就不再是什么难以逾越的障碍了。因此，只要承认合同解除有溯及力，无须什么“特别的法律规定”，物权就可以复归原权利人。可见韩世远教授与笔者的分歧仍然是合同解除是否有溯及力，至于非得有“特别的法律规定”不可云云，纯属额外要求。

4. 有必要指出，合同无效、被撤销、被溯及既往地解除的法律后果，究竟是相互差异巨大，还是共性更多，着眼点和思考路径不宜聚焦于意思表示的角度，而应侧重于给付的保有还是归还的层面。借用类推的理念就是，处理合同不复存续场合给付物的逆向运动，法律评价的重心不是意思表示合法或严重违法，而是合同若自始即无法律约束力、溯及既往地消灭的，受领人保有给付物的正当根据（法律上的原因）有无。在这一点上，合同无效、被撤销、被溯及既往地解除存在共性，亦为法律评价的关注点。于是，就应当对它们做相同或相似的处理，而不是人为地将合同无效和被撤销的法律后果同等对待，而拉大与合同解除（溯及力的场合）的法律后果之间的距离。

既然合同被撤销与合同溯及既往地解除，所产生的法律后果没有本质的不同，那么，对于韩世远教授关于"既然按照有效的法律行为发生了物权变动，这种物权变动符合《物权法》的规定并受其保护，为什么因为解除合同便一下子复归给了给付人了呢？是基于什么特别的法律规定而否定了《物权法》关于物权变动一般规则的效力了呢？"[42]的诘问，应将其中的"解除合同"置换为"撤销合同"，由他自己回答。回答完毕，他也就明白了。

韩世远教授的这段诘问，暴露了他人为地限缩物权变动规则的范围，对物权变动及其原因间的相互关系的把握尚未到位。须知，不但物权变动须有原因，物权变动的保持同样须有原因。此类原因消失了，物权变动往往就难以保持。这些都是物权变动的规则。对此，以甲出卖 A 车给乙为例加以说明。乙之所以取得了 A 车的所有权，是因为有效的 A 车买卖合同及交付 A 车。韩世远教授看到了这一点。乙能够保有 A 车的所有权，需要 A 车买卖合同不因被撤销、不被追认、被解除等原因而归于消灭。一旦 A 车买卖合同被撤销、不被追认或被解除，在德国民法上，即便物权行为的效力不因此而受影响，A 车也会依不当得利制度返还给给付人，除非给付人放弃该权。在中国，因不采取物权行为理论，处理起来更为简明，即变动后的物权于其原因消失时，就保不住了。这不是"基于什么特别的法律规定而否定了《物权法》关于物权变动一般规则的效力"，恰恰是肯定。称"否定了《物权法》关于物权变动一般规则的效力"，可能是他将《物权法》关于物权变动一般规则理解狭窄了，没有把"物权变动的保持同样须有原因。此类原因消失了，物权变动往往就难以保持"纳入物权变动规则之中。

不知韩世远教授是否意识到，问题的性质有所不同的，反倒发生在可撤销合同与无效合同的场合：（1）可撤销的合同在撤销前是有效的，受领人基于可撤销的合同受领给付，具有合法根据/法律上的原因；无效的合同自始无效，债权人受领的给付自始没有合法根据/法律上的原因。（2）可撤销的合同被撤销，不产生罚款、没收的行政责任；无效合同场合则可能发生此类行政责任。

在合同被否定后的结果方面，韩世远教授聚焦于可撤销合同与无效合同的共性，夸大可撤销合同被撤销和合同被解除之间的差异，其不适当性，还可以从下面的案件及分析中看出来：甲企业自称有坐落于A地的大厦，价值1亿元人民币，卖与乙公司，但实际上该大厦归属于丙公司，只是错误登记为甲企业。该房屋买卖合同约定，乙公司于2000年6月21日支付第一笔房款3000万元人民币，于2000年12月7日支付第二笔房款5000万元人民币，于2001年4月9日支付第三笔房款2000万元人民币。甲公司于2000年6月22日交付买卖物的钥匙。乙公司依约支付了第一笔房款，甲公司也交付了钥匙。但乙公司逾期支付第二笔房款。甲公司经过催告，未果，便援用《合同法》第107条等规定，请求乙公司承担违约责任。乙公司经过调查，发现甲公司未将买卖物的真实权属情况告知自己，于是援用《合同法》第54条第2款的规定，主张撤销该合同。请问：甲公司于2000年6月21日取得3000万元人民币，乙公司于2000年6月22日取得买卖物的钥匙，都没有合法根据吗？不按照当事人的意思发生债权债务和物权变动吗？在乙公司不再主张撤销该买卖合同，或该项主张不被裁判机关支持的情况下，韩世远教授的断语肯定是错误的；退一步说，即使乙公司的主张得到支持，在该买卖合同未被撤销期间，乙公司取得买卖物的钥匙以及甲公司取得3000万元人民币，也是有合法根据的。

不难看出，韩世远教授将合同被撤销与合同无效相提并论，而夸大合同被撤销和合同解除的不同，恰恰有所颠倒。

七、从利益衡量方面看折衷说的劣势

在给付物为有体物且于合同解除时仍然存在的情况下，从利益衡量的角度分析，折衷说有利于受领人，直接效果说有利于给付人，虽然违约方既可能是给付人也可能是受领人，但在违约解除场合采取直接效果说大多有

利于守约方。[43]对此,分析如下:

1.守约方已经履行其债务时,依直接效果说,合同解除具有溯及力,在返还给付的效果强弱上有利于守约方。因为我国法律未承认物权行为独立性和无因性的理论,合同标的物所有权转移的效力取决于债权合同的效力和债务的履行,而不由物权合同的生效所决定。这样,违约解除有溯及力,在给付物为动产的情况下,就使给付物的所有权重归于给付人,给付人可基于所有权请求返还。在给付物为不动产并且已经办理了过户登记手续场合,因受领人对受领标的物的所有权又得而复失,故应当负有注销所有权登记的义务,给付人享有请求所有权登记的权利。由于所有权的效力优先于普通债权的效力,在受领人的财产不足以清偿数个并存的债权时,给付人最容易得到给付物的返还。此处,给付人正是守约方,如果采取折衷说,就不能周到地保护守约方。其原因在于,按照折衷说,只发生债权性质的恢复原状义务,在违约方(受领人)的财产不足以清偿数个并存的债权时,守约方(给付人)可能在实际上得不到给付的全部返还。

至于守约方行使同时履行抗辩权的需要,可以通过下述方法而得以实现:守约方放弃物的返还请求权或排除妨害请求权,而主张不当得利返还请求权,从而使两项不当得利返还债务形成同时履行关系。

2.违约方已经部分或全部履行其债务时,对守约方的利益保护,直接效果说也不输于折衷说。因为违约方已经履行其债务反而违约并且解除合同的情况,基本上属于质的不完全履行,如标的物有瑕疵。在这种情况下,有瑕疵的标的物返还给违约方,对守约方才有利。从经济的角度讲,作为守约方的受领方不需要的给付,不返还给付人,照样不会产生经济效益。折衷说能够做到这一点,直接效果说也能如此。假如给付物虽有瑕疵但对受领人具有积极的意义,受领人作为理性人应当不行使解除权,而应继续合同的效力。

至于违约方(给付人)行使物的返还请求权或排除妨害请求权,而守约方(受领人)无法援用同时履行抗辩权予以对抗,可能造成返还了给付物却无法得到违约方返还的弊端,可以借助程序法等途径来解决。(1)违约方主张物的返还请求权或排除妨害请求权时,守约方申请保全措施,以免返还了给付物却无法得到违约方的返还或损害赔偿。(2)违约方主张物的返还请求权或排除妨害请求权时,守约方提起诉讼或仲裁,争取由判决书或裁决书一并解决双方各自的返还及赔偿问题。(3)值得探讨的是,于此场合,可否扩张不安抗辩权制度的适用范围,允许守约方援用法律关于不安抗辩权的规定?

3. 在当事人已经部分或全部履行,合同双方当事人都不愿意返还给付的情况下,直接效果说并不妨碍当事人的要求得到满足。依直接效果说,解除有溯及力,发生恢复原状的义务,而恢复原状意味着当事人的给付都要各自分别返还,尽管双方当事人都不愿意如此解决。为了协调这一问题,不妨允许当事人放弃所有物返还请求权或排除妨害请求权,而主张不当得利返还请求权,不是各自分别返还给付,只是返还两种给付的数量差额。从经济的角度讲,这为有效地利用标的物并创造使用价值提供了前提。

4. 依直接效果说,违约解除有溯及力,增加的返还费用应由违约方负担,对守约方没有损害。《民法通则》第 115 条规定,合同的解除不影响当事人要求赔偿损失的权利。《合同法》第 97 条的规定在实质上贯彻了这种精神。也就是说,守约方主张解除合同时,仍然有权要求违约方负赔偿责任,在合同解除有溯及力时,守约方由于返还给付而支出的费用是违约行为造成损失的一部分,应由违约方负责赔偿。

依据法解释学,当形式逻辑与利益衡量不能兼顾时,宁可牺牲形式逻辑,而侧重于利益的衡平。从这个方面说,折衷说也不足取。

八、折衷说关于解除权行使的行为引起物权变动之说不成立

韩世远教授认为,合同解除场合,给付物的返还属于物权变动,并且属于基于法律行为的物权变动。此处所谓基于法律行为的物权变动,系指基于解除权行使的行为发生物权变动。[44]笔者对上述观点反驳如下。

(一)从意思表示的理论看

基于法律行为的物权变动,该法律行为中必有物权变动的效果意思。按照韩世远教授赞同的物权行为理论,该法律行为须为物权行为,得有物权的意思表示。在笔者掌握的文献里,没有看到德国民法及其学说认为物权行为以外的法律行为含有物权的意思表示,能够引发物权变动。韩世远教授关于解除权行使的行为能够引发物权变动之说,无异于承认物权行为以外的法律行为引发物权变动,纯粹是他自己的学说;并且这也与他赞同物权行为独立的观点不一致。因为物权行为的目的及功能就在于引起物权变动,关于物权变动的效果意思应在物权行为里。

韩世远教授至少要回答、解决两个问题:其一,他赞同债权行为与物权行为的区分,如此,基于法律行为的物权变动只能由物权行为引起,不会由其他法律行为引发。而解除权行使的行为显然不是物权行为,依逻辑,不会引发物权变动。他驳不倒这一点,其观点就立不住。其二,退一步说,即使他驳倒了“其一”,也必须证明解除权行使的行为中含有引发物权变动的效果意思,解除通知须为物权的意思表示。若证明不了解除权行使的行为含有物权变动的效果意思,其观点依然不成立。

笔者思考至今,感到韩世远教授难以驳倒“其一”。“其二”恐怕亦然。其道理在于,解除权行使的行为,即解除通知,就是解除的意思表示,不含有物权变动的效果意思,没有物权的意思表示。

如果硬说解除权行使的行为含有物权变动的效果意思,就难以合理解释如下现象:(1)在解除理发、咨询等不涉及给付物的物权变动的合同场合,合同解除所产生的恢复原状不存在给付物的物权变动,称解除权行使的行为含有物权变动的效果意思显然不成立。(2)在解除买卖等合同的场合,解除时给付物已经不复存在,或给付物的物权已被第三人终局地取得,无法复归于给付人。在这种情况下,怎么能说解除权行使的行为含有物权变动的效果意思?(3)在解除买卖等合同的场合,解除时给付物能够返还,但给付人仅有解除合同的请求,而不主张恢复原状。于此场合,称解除权行使的行为含有物权标的的效果意思,显然不合事实。

退一步说,假如个案中的“解除通知”果真含有引发物权变动的效果意思,也是解除意思表示之外的效果意思,属于多种意思表示的结合,只不过出现在同一个载体上而已。这类似于一个合同文本上载有数个非典型合同,或是合同联立,或是混合合同,应当分别适用法律。我们不得因多种意思表示的结合而改变“解除的意思表示”的质的规定性,而扩张“解除的意思表示”的范围。

在笔者看来,基于法律行为的物权变动场合,该法律行为表现为买卖合同等行为。买卖合同等行为含有物权变动的效果意思,而不是该合同项下的债权含有引发物权变动的效果意思,更不是作为债权之一种效力、作用的解除权及其行使含有引发物权变动的效果意思;更遑论债权、解除权及其行使含有使物权得而复失(从给付人角度讲,则为失而复得)的效果意思了。真实的情形是,所谓法律按照买卖合同等行为的意思表示内容赋予法律后果,包括认可或强制债权以其给付受领权的实现达到物权变动。

其中,不含物权得而复失的效果意思,即不含有合同解除场合返还给付的效果意思。

（二）从解除权与债权之间的关联看

上述结论的正确性,可以从解除权与债权之间的关联层面得到印证。解除权为债权的效力、作用,管辖着债权的死亡。解除权及其行使所蕴含的意思,应为债权及其行使所蕴含的意思的一部分。如果把债权以其给付受领权的实现达到物权变动、以自己死亡来换取物权变动作为正方向的运动,则合同解除导致的物权变动(如果奉行此类物权变动理论)实为反方向的变化。称解除权行使的行为引发物权变动,意味着承认解除权及其行使所蕴含的意思完全超出了债权及其行使所蕴含的意思,背离了债权所处的法律行为(如买卖合同)中的效果意思;无异于说买卖合同等行为含有物权得而复失的效果意思。这等于表示,买受人等交易人在成立买卖等合同时就准备退还买卖物,显然违背交易人的真意,违反交易的常规。

（三）从因果链条看

1. 按照直接效果说,这里的因果链条是:解除通知(意思表示·法律行为)→合同解除→溯及既往:物的返还请求权·不当得利返还请求权·损害赔偿请求权/无溯及力:不当得利返还请求权·损害赔偿请求权。用文字描述就是,解除权行使的行为引发的是合同解除,合同解除的效果是合同溯及既往地消灭或仅向将来消灭。溯及既往消灭的结果是,在给付表现为有体物的交付或移转登记的场合,所有权立即复归,产生物的返还请求权或排除妨害请求权,有时还有不当得利返还请求权以及损害赔偿请求权;在给付非为有体物的交付或移转登记的场合,没有所有权的复归,仅产生不当得利返还请求权,有时成立损害赔偿请求权。物的返还请求权行使的表现形式为动产、不动产占有的回复,排除妨害请求权行使的表现形式为不动产登记的注销。

2. 按照折衷说,这里的因果链条是:解除通知(意思表示·法律行为)→合同解除→无溯及力:恢复原状义务→物权变动。用文字描述就是,解除权行使的行为引发的是合同解除,合同解除的效果是尚未履行的债务归于消灭,已经履行的债务转化为新的返还债务。其中,新返还债务的履行结果于有体物交付或移转登记场合发生物权变动。

不难发现,解除权行使的行为,即解除通知,解除的意思表示,属于形成权行使的行为,离动产、不动产占有的回复或不动产登记的注销及再登记相当遥远，距离韩世远教授所说的物权变动隔着几个环节，超出了解除通知效力的射程，其中难有发生物权变动的效果意思。

这里还必须提及，韩世远教授推崇负担行为与处分行为的区分，赞美其为利器，并积极地将之运用于中国现行法。依其逻辑，负担行为与处分行为的区分也应当能运用于此处所论问题。于是，问题产生了：解除权行使的行为是处分行为吗？若是，则它直接——而非再有媒介——引起物权变动。事实显非如此，因为韩世远教授认为解除权行使的行为产生恢复原状义务，该义务的履行导致物权变动，并非解除权行使的行为直接引起物权变动。若非，则应为负担行为，可是，在负担行为和处分行为的架构下，负担行为却不能引起物权变动。由此可见，韩世远教授关于解除权行使的行为引起物权变动的观点不成立。

（四）从法定与约定的角度看

形成权的行使，通过单方面的形成行为，来实现他与相对人之间的法律关系，或者对法律关系的内容进行确定，或者改变这种法律关系，以致撤销这种法律关系。[45]正因形成权人单方面的形成行为具有如此强劲的法律效力，相对人必须允许这种形成，以及通过这个形成权来中断原来的法律关系，并且还要允许这种做法有效。[46]所以，必须保护相对人免受不公平结果的损害。为了达到这个目的，法律在规定各种具体的形成权的同时，制定了许多不同种类的规定；[47]法律必须限定其法律效力的具体内容，解释法律之人不得随意扩张此类法律效力的范围。解除权作为形成权的一种，其行使，将合同转换成一个返还的债权债务关系。[48]须注意，“将合同转换成一个返还的债权债务关系”，仅此而已，并非发生物权变动。物权变动的发生和结果，假如有，也是有待于其中债务的履行和债权的实现。

这种结论的可靠性，还可以从下面的事实看出来：在受领人经催告仍然拒不付款的情况下，给付人主张解除合同，但鉴于给付物已因受领人的过错致有瑕疵，明确表示解除合同不请求返还原物，但裁判机构却裁判返还原物。这也证明，作为合同解除的效果，即便承认有物权变动，也不是基于法律行为发生的物权变动。

实际上，即使按照德国民法目前的通说，合同解除形成清算关系，该关系也是法定债的关系，而非意定债的关系。换言之，它不是基于当事人的意思表示而发生的。履行法定债的关系，发生给付物的物权的变动。此处的物权变动，并非基于法律行为引发的物权变动。

由此可见,韩世远教授关于解除权行使的行为导致物权变动的观点,违反了形成权制度及其理论。

(五)从合同变更看

折衷说认为,解除不消灭作为法律行为的合同与作为法律关系的合同。如此,解除权的行使至多是未改变要素的变更合同,解除权行使所起的作用只是债权债务的非实质性改变。物权变动与其原因行为间的关系在格局上不应变化,仍然是合意作为原因行为,该原因行为项下的债务履行导致物权变动。韩世远教授关于解除权行使的行为系物权变动的原因行为的观点,违反了该原理。

(六)从物权变动的模式看

按照日本民法及其理论,物权变动为意思主义模式,只要法律行为生效,物权变动即告完成,无须公示。韩世远教授在此主张,给付物为动产时,须经交付才能发生物权变动;为不动产时,须办登记才会发生物权变动。显然,他讨论的不是日本民法上的合同解除及其效果。根据德国民法及其学说,物权变动采取物权形式主义,但引起物权变动的法律事实必须是物权行为。韩世远教授本来赞同物权行为理论,但于此处却主张引起物权变动的法律事实不是物权行为,而是解除权行使的行为。可见,他讨论的也不是德国民法上的合同解除及其效果。他在此讨论的应是中国现行法上的合同解除及其效果。中国现行法上的物权变动,原则上奉行债权形式主义,个别的采取债权意思主义,未见形成权形式主义的规定及学说。韩世远教授自称其主张有法条依据,不知法条何在?

不仅如此,更重要的在于,假如肯认韩世远教授的这一观点,则物权变动模式理论就必须作较大的调整:基于法律行为而发生的物权变动进一步区分为基于形成权行使而发生的物权变动与基于他种法律行为而发生的物权变动。疑问接连不断:基于形成权行使而发生的物权变动能否成立?基于形成权行使而发生的物权变动能成为普适性的模式吗?中国现行法的规则是如此设计的吗?中国物权法的理论跟得上吗?

(七)从物权变动与民事责任的相互关系看

解除导致标的物返还,而标的物返还为民事责任,这是韩世远教授的观点。假如他把该标的物返还这个民事责任作为物权变动,则混淆了物权变动与民事责任两个概念和两种制度。如果他认为标的物返还这个民事责任并非物权变动,则它系法定责任,形成法定债之关系,民事责任承担完结便发生物权变动,即法定债务履行引发物权变动。试问,此处的物权变动是基于法律行为而发生的吗?

(八)从当事人的能力看

合同解除的善后工作往往复杂,有的存在韩世远教授所说的物权变动,有的不存在;有的客观上存在,但当事人主观上不愿意。当事人的效果意思果真这么全面而准确吗?这恐怕是韩世远教授在代替当事人凑齐效果意思。

(九)从利益衡量看

合同场合发生物权变动,事关双方当事人的切身利益,为了公平合理地处理这个问题,由作为理性人的双方合意,十分必要。连赠与财产尚且如此,更何况双务关系呢。仅凭一方当事人的意思表示就发生物权变动,按照该方当事人的意思表示的内容赋予法律效果,恐怕会严重损害另一方当事人的合法权益,在发出意思表示的一方为背信之人时,这种可能性最大。合同解除,本来就是利益此消彼长之事,因违约而解除,特别是《合同法》第410条等规定的任意解除,尤为如此。在这种背景下,赋予解除权行使的行为具有引发物权变动的效力,弊端极大。就此看来,韩世远教授关于解除权行使的行为引发物权变动之说,也不足取。

以上九点理由,再联系《物权法》的立法计划和立法目的,作为物权变动原因行为的法律行为,在《物权法》上须作限缩解释,即不包括解除权行使的行为。

注释

1 韩世远:《合同法总论》,法律出版社2004年版,第617~618页。

2 崔建远主编:《合同法》,崔建远执笔,法律出版社2003年版,第198页。

3 崔建远:《解除权问题的疑问与释答》,载《政治与法律》2005年第4、5期。

4 Enneccerus – Lehmann, *Recht der Schuldverhaeltnisse*, 15. aufl., 1958, s38/Ⅱ; Oertmann, 2a vor s346. 转引自黄立:《民法债编总论》,中国政法大学出版社2002年版,第529页;[日]我妻荣:《债权各论》(上卷),岩波书店1954年版,第190页;[日]星野英一:《民法概论Ⅳ(契约)》,良书普及会1986年版,第94页;[日]柚木馨:《债权

各论(契约总论)》,青林书院 1956 年版,第 320 页以下。

5 [日]我妻荣:《债权各论》(上卷),岩波书店,1954 年版,第 190 页;[日]星野英一:《民法概论·Ⅳ·契约》,良书普及会 1986 年版,第 94 页。转引自韩世远:《合同法》,法律出版社 2004 年版,第 616~617 页。

6 [日]谷口知平、五十岚清编集:《新版注释民法 13》,有斐阁 1996 年版,第 847 页。

7 韩世远:《合同法总论》,法律出版社 2011 年版,第 536~537 页。

8 具体内容参见梁慧星主编:《民商法论丛》(第 4 卷),法律出版社 1996 年版,第 439~539 页。

9 在德国物权法上,土地登记不正确的场合发生土地登记簿更正请求权,该权与排除妨害请求权并列存在,甚至有学说认为该权排斥《德国民法典》第 1004 条关于排除妨害请求权的规定的适用,参见[德]曼弗雷德·沃尔夫:《物权法》,吴越、李大雪译,法律出版社 2002 年版,第 358 页以下;[德]鲍尔/施蒂尔纳:《德国物权法》(上册),张双根译,法律出版社 2004 年版,第 372 页以下。

10 参见崔建远:《土地上的权利群研究》,法律出版社 2004 年版,第 79~82 页。

11 Meier-Hayoz 语。转引自[德]卡尔·拉伦茨:《法学方法论》,陈爱娥译,五南图书出版有限公司 1996 年版,第 227 页。

12 [德]卡尔·拉伦茨:《法学方法论》,陈爱娥译,五南图书出版有限公司 1996 年版,第 227 页。

13 韩世远:《合同法总论》,法律出版社 2011 年版,第 523 页、第 528~529 页。

14 韩世远:《合同法总论》,法律出版社 2011 年版,第 532 页。

15 韩世远:《合同法总论》,法律出版社 2011 年版,第 533 页。

16 韩世远教授将恢复原状义务作为债务,把恢复原状请求权作为债权,依其逻辑,应有恢复原状之债。故笔者如此使用该种概念,但并不意味着笔者赞同这种观点。

17 王泽鉴:《民法研究系列·债法原理》,北京大学出版社 2009 年版,第 17 页。

18 Karl Larenz, Lehrbuch des Schuldrechts, Erster Band, AT, C. H. Beck 1987, § 26a. S404. Dirk Looschelders, Schuldrecht AT, 4 Aufl., Carl Heymanns Verlag2006, S336. Rn830. 耿林博士提供了有关的德文文献和观点,特此致谢!

19 韩世远:《合同法总论》,法律出版社 2011 年版,第 525 页、第 529 页。

20 韩世远:《合同法总论》,法律出版社 2011 年版,第 533 页。

21 关于返还财产的定性和定位,详见崔建远:《土地上的权利群研究》,法律出版社 2004 年版,第 394~400 页;崔建远:《论归责原则与侵权责任方式的关系》,载《中国法学》2010 年第 2 期。

22 崔建远主编:《新合同法原理与案例评释》(上),韩世远执笔,吉林大学出版社 1999 年版,第 482 页;张广兴、韩世远:《合同法总则》(下),韩世远执笔,法律出版社 2000 年版,第 81 页。

23 韩世远:《合同法总论》,法律出版社 2004 年版,第 680 页。

24 韩世远:《合同法总论》,法律出版社 2011 年版,第 582 页。

25 韩世远:《合同法总论》,法律出版社 2011 年版,第 529 页、第 531 页、第 533 页、第 536 页。

26 韩世远:《合同法总论》,法律出版社 2011 年版,第 533 页。

27 韩世远:《合同法总论》,法律出版社 2011 年版,第 536 ~ 537 页。

28 韩世远:《合同法总论》,法律出版社 2011 年版,第 534 页。

29 崔建远、韩世远、于敏:《债法》,崔建远执笔,清华大学出版社 2010 年版,第 186 页、第 190 页。

30 韩世远:《合同法总论》,法律出版社 2004 年版,第 620 页。

31 韩世远:《债务承担的解释论问题》,载崔建远主编:《民法 9 人行》(第 2 卷),金桥文化出版(香港)有限公司 2004 年版,第 106 页;崔建远:《概念 · 特征 · 构成要件 · 价值判断》,载崔建远主编:《民法 9 人行》(第 2 卷),金桥文化出版(香港)有限公司 2004 年版,第 64 页。

32 韩世远:《合同法总论》,法律出版社 2011 年版,第 528 页。

33 胡康生主编:《中华人民共和国合同法释义》,法律出版社 1999 年版,第 162 页。

34 韩世远:《合同法总论》,法律出版社 2011 年版,第 527 页。

35 韩世远:《合同法总论》,法律出版社 2011 年版,第 539 ~ 540 页。

36 崔建远:《论我国的合同解除》,吉林大学法律系/研究生院 1984 年硕士学位论文;崔建远:《合同责任研究》,吉林大学出版社 1992 年版,第 41 页;王家福主编:《中国民法学 · 民法债权》,崔建远执笔,法律出版社 1991 年版,第 379 页。

37 韩世远:《合同法总论》,法律出版社 2011 年版,第 524 页。

38 崔建远:《解除权问题的疑问与释答》,载《政治与法律》2005 年第 4、5 期。

39 韩世远:《合同法总论》,法律出版社 2011 年版,第 532 页。

40 崔建远:《无权处分辨》,载《法学研究》2003 年第 1 期。

41 韩世远:《合同法总论》,法律出版社 2011 年版,第 227 页。

42 韩世远:《合同法总论》(第 3 版),法律出版社 2011 年版,第 532 页。

43 崔建远主编:《合同法》,崔建远执笔,法律出版社 2003 年版,第 199 ~ 200 页。

44 韩世远:《合同法总论》,法律出版社 2008 年版,第 474 页;韩世远:《合同法总论》,法律出版社 2011 年版,第 532 ~ 533 页。

45 [德]卡尔 · 拉伦茨:《德国民法通论》(上册),王晓晔、邵建东、程建英、徐国建、谢怀栻译,谢怀栻校,法律出版社 2003 年版,第 289 页。

46 [德]卡尔 · 拉伦茨:《德国民法通论》(上册),王晓晔、邵建东、程建英、徐国建、谢怀栻译,谢怀栻校,法律出版社 2003 年版,第 290 页。

47 [德]迪特尔 · 梅迪库斯:《德国民法总论》,邵建东译,法律出版社 2000 年版,第 79 页。

48 [德]卡尔 · 拉伦茨:《德国民法通论》(上册),王晓晔、邵建东、程建英、徐国建、谢怀栻译,谢怀栻校,法律出版社 2003 年版,第 290 ~ 291 页。

物的瑕疵担保责任的定性与定位*

为便于表达和理解，在笔者展开论述之前，特作以下几点说明：首先，德国、日本和中国台湾地区的民法及其理论，常用债务不履行的概念，使用违约责任术语的情形不多。准确地说，违约责任只是债务不履行责任的一种类型，不履行无因管理债务的责任、不返还不当得利的责任和缔约过失责任都属于债务不履行责任。但在本文中，考虑到我国的专家、学者常用违约责任而鲜有使用债务不履行责任的称谓，限缩债务不履行责任的外延，在同一含义上使用违约责任和债务不履行责任。其次，本文将违约责任与合同责任视为同一范畴。再次，将以继续履行、损害赔偿和支付违约金为责任方式的违约责任，称为一般意义的违约责任；将以修理、更换、重作、退货、减少价金或报酬、继续履行、损害赔偿和支付违约金为责任方式的违约责任，称为统合后的违约责任，或称为变异的违约责任。复次，本文将依据法定责任说界定的瑕疵担保责任的理论称为瑕疵担保责任独立说，将按照债务不履行说界定的瑕疵担保责任的学说称为瑕疵担保责任相对独立说。最后，如无特别说明，下文称瑕疵担保责任皆指物的瑕疵担保责任。

一、瑕疵担保责任的法理依据与含义

瑕疵担保责任产生的依据何在？在法定责任说（担保说）看来，在特定物买卖场合，出卖人依法仅负有使买受人取得标的物所有权及其占有的义务，因此即使标的物有瑕疵，出卖人就标的物于交付时的现状予以交付，亦属于债务的履行，并非给付义务的一部不履行。[1]出卖人之所以就物的瑕疵负担保责任，乃因价金与标的物间存在所谓主观的均衡关系，标的物有瑕疵，即不符合买受人依买卖合同就标的物的正当期待，故依合同正义的

* 原文发表于《中国法学》2006 年第 6 期。

理念，买受人得请求减少价金或解除合同。[2]瑕疵担保责任是出卖人依法当然应该承担的责任，不需要出卖人的可归责事由作为构成要件。在这个意义上，可以说在传统的民法典体系中，瑕疵担保责任制度是作为一种法定无过失责任制度建立起来的，它和债务不履行责任（合同责任）有着不同的性质，后者是以可归责事由为构成要件，并且是和嗣后给付障碍有关的一种责任。而且它跟风险承担制度一样，不问有无可归责事由。它以缔约时为分界线，和与嗣后给付障碍有关的风险承担制度衔接在一起。[3]

但是，按照债务不履行说，在买卖合同中，不问买卖标的物属于特定物或不特定物，代替物或不代替物，出卖人均负有给付与价金相当的标的物的义务；所给付的标的物有瑕疵，不分标的物种类，出卖人均负有债务不履行上的责任和瑕疵担保责任。瑕疵担保责任是债务不履行责任的一种，是关于买卖的特则。因此，两者发生抵触的场合，应适用瑕疵担保责任。[4]即使依据此说，瑕疵担保责任与一般债务不履行责任仍有差异：其一，一般的债务不履行责任属于过失责任，而瑕疵担保责任为无过失责任。其二，瑕疵担保责任以买受人履行通知义务为要件，如果买受人未依法向出卖人发出瑕疵通知，则不能依瑕疵担保责任提出请求。其三，大陆法系民法均规定瑕疵担保责任应适用短期时效，而一般债务不履行责任适用普通时效。[5]

二、统合说：瑕疵担保责任已被统合入违约责任之中

在瑕疵担保责任的问题上，韩世远教授实际上倾向于法定责任说，并据此观察《合同法》关于一般违约责任及瑕疵担保责任的规定，进而得出结论：《合同法》已经将物的瑕疵担保责任统合到违约责任制度当中，主要理由是：瑕疵担保责任是特别法定责任，属于无过错责任，债务不履行责任是过错责任。由于中国《合同法》实行严格责任，普通的违约责任已不是过错责任，瑕疵担保责任因《合同法》第155条和第111条的规定而违约责任化。[6]瑕疵担保责任之特别制度，作为一条由罗马法走出来的道路，在后世继受者循此前行的进程中，困扰重重，越发艰难。种种迹象促使人们思考，既然"条条道路通罗马"，那么自己现在所行走的这条道路是否还有必要继续走下去，抑或到了改弦易辙的时候？而1980年《联合国国际货物销售合同公约》（CISG）第50条等以"违约"概念统合了传统民法中的"瑕疵担保"，这一做法显然给大陆法系带来了相当重大而持久的冲击，无论是20世纪80年代以来德国债务法修改的种种提案，还是德国、日本等的民

法学说,改革传统民法中的"瑕疵担保"制度的呼声越发响亮。今天,我们看到了这种改革的想法已经转变成为现实,《德国债法现代化法》的一个重要改革是将瑕疵担保规则整合到一般的给付障碍法之中。[7]《德国民法典》买卖法和承揽合同法中关于物的瑕疵特别担保权的规定不复存在。[8]对于中国《合同法》第 111 条和第 155 条的规定也应当按照这种发展变化及其趋势进行解释,何况第 111 条直接将修理、更换、重作、退货、减少价款或报酬称为违约责任！这就是"统合说"。

应当承认,统合说在今天很有势力。在相当的学者看来,中国《合同法》第 111 条关于"质量不符合约定的,应当按照当事人的约定承担违约责任。对违约责任没有约定或者约定不明确,依照本法第六十一条的规定仍不能确定的,受损害方根据标的的性质以及损失的大小,可以合理选择要求对方承担修理、更换、重作、退货、减少价款或者报酬等违约责任"的规定,明确将瑕疵担保的救济方式称为违约责任,是瑕疵担保责任已被统合到违约责任制度之中的明白无误的根据。于是,面对瑕疵担保责任相对独立说,有人颇感不可思议,理直气壮地质疑道:"《合同法》第 111 条明确表述了'修理、更换、重作、退货、减少价款或者报酬等违约责任',怎么还说瑕疵担保责任独立于违约责任?"

既然相当的专家学者坚持统合说,并将《合同法》第 111 条关于"修理、更换、重作、退货、减少价款或者报酬等违约责任"的表述作为重要的理由之一,那么,欲反对统合说,或者说坚持瑕疵担保责任相对独立说,就不得不界定统合说的确切含义,并且必须分析《合同法》第 111 条表述的意义。

三、瑕疵担保责任已被统合到违约责任制度之中的含义和把握标准

(一)问题的提出

统合说尚未明确界定此处"统合"的含义。不确定"统合"的内涵和外延,在论辩时就难有明确的评论对象,论辩的双方可能没有真正交锋,各说各话;也可能双方本无实质的分歧,只是用语的不同,却导致了论战。为了避免出现这些现象,需要明确"瑕疵担保责任已被统合到违约责任制度之中"的含义。

(二)瑕疵担保责任已被统合到违约责任制度之中的含义

笔者猜测,统合说可能具有以下含义:(1)我国现行法上已经不存在

构成要件、救济方式乃至理念等方面都特殊的瑕疵担保责任了，只存在统一的违约责任制度。(2)我国现行法上仍然存在构成要件、救济方式乃至理念等方面都特殊的瑕疵担保责任，同时存在一般意义的违约责任，但它们都叫违约责任。(3)我国现行法上的所谓瑕疵担保责任在若干方面已被修正，与一般意义的违约责任相差无几，完全可以而且事实上也被纳入违约责任制度之中。这样的违约责任制度已经不同于一般意义上的违约责任了，它在构成要件上有所变化，其救济方式有所增加，所受限制的时间制度多样化。在笔者看来，第二种含义的统合说与瑕疵担保责任相对独立说没有实质的差别。如果统合说系采第二种含义，则无须再争论。第一种含义的统合说不符合我国现行法的规定和实务适用法律的情况，不足取。第三种含义的统合说比较符合《德国债法现代化法》的情形，但在笔者看来，不完全符合我国现行法的规定。如果采取的是第三种含义的统合说，确实需要论争。

（三）瑕疵担保责任已被统合到违约责任制度之中的把握标准

1. 鉴于统合说看重1980年《联合国国际货物销售合同公约》和《德国债法现代化法》，认为这些法律文件已经将瑕疵担保责任统合到违约责任制度之中了，堪称范本，中国《合同法》第111条等规定也应仿照其解释。对此，我们不妨观察它们“统合”的情形，从中把握“统合”的标准和态样。

2. 1980年《联合国国际货物销售合同公约》不承认独立的瑕疵担保请求权，从一个一般的概念“合同不履行”(Nichterfüllung/breach of contract)或曰“违约”出发，将交付瑕疵物、权利瑕疵、错误交付及出卖人违反合同的其他义务统称为不履行或曰违约，也不区分每种违约类型所产生的法律后果(第35条、第45条以下)。依据该公约第46条第3款的规定，当考虑到所有的情况，修理(repair)请求权对出卖人而言是合理的，则赋予买受人一个要求修理的请求权。依据该公约，从履行优先的原则中可以导出出卖人所享有的修理或者重新履行的权利。买受人已经规定了一个履行期间时，有义务给出卖人补救其履行、修理瑕疵物或替代履行无瑕疵物的机会(第47条第1款、第49条第1款b)。[9]该公约还规定了减低价格的救济方式(第50条)。

概括地说，1980年《联合国国际货物销售合同公约》对出卖人交付的瑕疵之物，统一在了违约及其救济的制度之中，在原因方面，承认出卖人交付瑕疵物为违约，而非完全履行了义务；在后果方面，按照违约救济而非违约责任(债务不履行责任)的思想及模式设计,不是以违约责任统合了瑕疵担保责任,而是以违约救济一统天下,在形式和实质上都消化了瑕疵担保责任;着眼于"救济"而非"责任"。这样,避免了减价权、代物清偿、合同更改[10]等放置于违约责任之中出现的不合逻辑、内部矛盾的困扰。也就是说,虽然都是"统合",但"统合"的内容不同,难谓《联合国国际货物销售合同公约》统合了违约责任。

应当指出,《联合国国际货物销售合同公约》规范的是买卖合同,其中的违约救济就是违反买卖合同的救济,违约责任就是违反买卖合同的民事责任,不存在违反买卖合同责任与合同法乃至民法典中一般违约责任的比较。在这种背景下,《联合国国际货物销售合同公约》究竟是否将瑕疵担保责任统合到了违约责任制度之中,以及统合的程度如何,缺乏相应的参照。因此可以说,以《联合国国际货物销售合同公约》的模式为例论证瑕疵担保责任已被统合到了违约责任制度之中,虽然可以,但其说服力不够强劲。

3.《德国民法典》的旧买卖法和承揽法延续了从罗马法而来的传统,在第459条以下、第633条以下作出了一个独立的规定,把瑕疵担保请求权作为一个独立调整内容的对象,独立于一般的违约法而存在。[11]其构成要件有:买卖合同有效;在风险转移时刻存在物的瑕疵(第459条第1项);买受人缔约时不知物上有瑕疵(第460条),或虽然知道,但对瑕疵担保请求权进行了保留(第464条)。出卖人的过错不是构成要件(保证责任为例外,见旧买卖法第463条但书),买受人的瑕疵异议也不是必需的(《德国商法典》第377条例外)。在救济方式上,重新履行基本上被排除在外,除非是种类物的买卖。瑕疵担保请求权一般经过6个月即罹于消灭时效(第477条),而基于积极侵害债权或缔约过失的请求权原则上适用30年的消灭时效期间。[12]经过实践的检验,这种模式的缺点不少,《德国民法典》的新债法进行了根本性的改革。[13]

在救济产生的原因方面,德国新的违约法将"违反义务"作为一般违约法的核心概念。债权人因债务人违反合同所享有的权利的统一基础事实构成为债务人违反义务(新法第280条第1项前段)。履行不能、履行迟延和积极侵害合同都属于违反义务。违反义务的特征就是客观违反了一个义务;而这并不取决于债务人对该义务违反是否具有过错……这符合《联合国国际货物销售合同公约》的相关规定内容。虽然该公约在第45

条第 1 款、第 61 条第 1 款使用了合同义务的“不履行”[fail to perform any of his（seller）obligations]的概念，但其中只存在一个语言上的、非事实的区别。[14]

《德国民法典》的旧买卖法中，出卖人没有义务使交付的出卖物无瑕疵。[15]与此不同，《德国民法典》的新买卖法第 433 条第 1 项后段规定，出卖人必须交付无物的瑕疵和权利瑕疵的出卖物。交付瑕疵之物就意味着违反合同义务。此处原则上适用一般违约法所规定的法律后果，即依据新法第 323 条解除合同，或当交付瑕疵物可归责于出卖人时，则依据新法第 280 条、第 281 条规定损害赔偿。这样，便取消了瑕疵损害与瑕疵后果损害的区分，而区分这两种损害是有问题的。将瑕疵担保请求权纳入一般违约法中将导致以“Rücktritt”（解除合同）的表述方式取代“Wandelung”（瑕疵解除）的表述方式，即使单就语言方面而言，这也应当受到欢迎。[16]何况新买卖法上的买受人的解除权为形成权（Gestaltungsrecht），而不再像瑕疵解除（Wandelung）那样被设计成系针对出卖人的请求权。[17]此外，减少价金作为一种特殊的法律救济手段，将在买卖合同法及承揽合同法中获得保留；如同合同解除权一样，减少价金的权利也被转化为一种形成权（Gestaltungscrecht）。[18]而不再像《德国民法典》的旧买卖法那样，减少价金的权利是针对出卖人的请求权。[19]

解除权和减价权作为形成权，不适用于消灭时效制度，因为按照《德国民法典》的新买卖法第 194 条第 1 项的规定，消灭时效只涉及请求权（Ansprüche）。但是根据第 218 条第 1 项前段，当履行以及重新履行请求权罹于消灭时效，而且债务人对此主张时，基于没有给予履行或未按照合同履行而产生的解除权，也是无效的。因此，在效果上，经过 2 年后，买受人丧失了一切请求权。[20]新买卖法的上述规定导致了区分特定物买卖和种类物买卖不再具有意义。

按照《德国民法典》新买卖法的规定，出卖人所交付的出卖物，无论是具有物的瑕疵还是具有权利瑕疵，对买受人的请求权在本质上已经没有影响了。[21]这是因为按照新买卖法的规定，出卖人有义务使所交付的买卖物不存在物的瑕疵，也不存在权利瑕疵；在瑕疵情形买受人所享有的权利，新买卖法的特别规定对权利瑕疵和物的瑕疵进行了同等化的处理，亦即对二者不再区分。[22]

在企业买卖中，买受人的请求权是基于出卖人关于销售额或赢利的错误陈述、缔约过失，还是基于出卖人交付了瑕疵物，同样无足轻重。因为在上述两种情况下都将依据新法第 280 条、第 281 条所规定的损害赔偿请求权的前提作出决定。[23]

新买卖法通过将买受人的权利纳入一般违约法中，进一步造成无须就出卖物因缺乏所确保的品质或恶意隐瞒瑕疵而造成的买受人所享有的瑕疵担保请求权作出另行的规定。这两种请求权被纳入因可归责于出卖人的违反合同义务所造成的一般损害赔偿请求权之中。[24]

新买卖法规定了买受人所享有的要求重新履行的请求权。当买受人所受领的买卖物具有瑕疵时，则无论是种类物还是特定物，也无论是物的瑕疵还是权利瑕疵，买受人都享有要求出卖人重新履行的权利。买受人有权选择排除瑕疵或重新交付无瑕疵之物。只有当重新履行将给出卖人造成与履行不成比例的费用时，出卖人才有权拒绝。[25]

根据新买卖法第 438 条第 1 项第 3 款的规定，一般瑕疵担保责任的消灭时效为 2 年，在标的物为土地的情况下，消灭时效从交付时起算；在其他物的情况下，从交出（Ablieferung）时起算。所谓交出，是指该物已经不在出卖人的处分范围内，而被带走用于履行，从而达到买受人的控制范围内，使得买受人享有对其处分的可能性，并对物进行检查。[26]

综上所述，《德国民法典》的新买卖法不是将瑕疵担保责任统合到债务不履行责任制度当中，而是将瑕疵给付统合到给付障碍（给付障害）之中，将给付瑕疵救济统合到给付障碍救济当中。[27]须知，违约救济在范围上大于违约责任，如合同解除、代物清偿、合同更改意义上的退货，是救济方式，而非责任形式。如果将这种现象命名为“统合”，则这种“统合”不会导致违约责任内部的严重冲突，没有酿成法律内部的不和谐。此其一。其二，《德国民法典》的新法中，虽然瑕疵担保的救济方式要适用一般履行障碍法的规定，但瑕疵担保责任的特殊制度价值并没有被消灭。在价值取向上，瑕疵担保责任还是建立在有利于出卖人的基础之上的，如重新履行优先，买受人于其知道或重要过失而不知的情况下，不可主张瑕疵担保责任，除非出卖人是恶意的或提供了担保（新法第 442 条第 1 项）。瑕疵担保责任由原来的无过错责任转变为过错推定责任，对于买受人的利益均衡保护在一定程度上被削弱了。[28]

四、瑕疵担保责任的不同定性

所谓瑕疵担保责任不是一般意义的违约责任，在按照法定责任说界定瑕疵担保责任的情况下，容易理解。其理由如下：(1)瑕疵担保责任不是基于违约行为而成立的，而是立法政策根据给付与对待给付之间的均衡而特别设置的；而一般意义的违约责任必定以违约作为构成要件。(2)瑕疵担保责任更关注修理、重作、更换、退货、减少价款或报酬、解除合同的救济功能，而不强调它们是法律责任。按照民事责任为债的一般担保说，解除合同、代物清偿、合同更改意义上的退货都不具有一般担保的功能，称其为民事责任，名实不符。但由于瑕疵担保责任制度注重的是救济，解除合同、代物清偿意义上的退货是否属于民事责任便不成为问题。而一般意义的违约责任虽然不排斥救济的视角，但其天性决定了不具有一般担保功能的方式不得入内，解除合同、代物清偿、合同更改意义的退货难说是违约责任的方式。(3)瑕疵担保责任的成立不以出卖人的过错为要件，而一般意义的违约责任的成立大多以过错为必要。(4)星野英一教授认为，在瑕疵担保责任场合，因买受人的善意或恶意（有时是出卖人的善意或恶意）而改变效果；[29]而一般意义的违约责任场合，出卖人的善意或恶意不是影响赔偿范围、支付违约金、继续履行的因素，买受人的过错能够影响赔偿范围。(5)瑕疵担保责任场合，解除合同无须催告；[30]而在一般意义的违约责任情况下，违反非定期行为场合，解除合同需要催告。(6)还有学说认为，瑕疵担保责任场合，损害赔偿的范围是信赖利益，而违约责任场合，损害赔偿的范围为履行利益。[31]所有这些都清楚地显示，瑕疵担保责任独立于一般意义的违约责任。如果据此标准衡量《合同法》第111条将修理、重作、更换、退货、减少价款或者报酬等称作“违约责任”的用语，不再视瑕疵担保责任为独立于违约责任的另类，并断言《合同法》已经将瑕疵担保责任统合入违约责任制度之中，无可厚非，甚至无可非议。

但是，法定责任说只是定性瑕疵担保责任的一种学说，此外尚有债务不履行说等观点。按照债务不履行说界定瑕疵担保责任，尤其在《合同法》奉行无过错责任原则的背景下（第107条），瑕疵担保责任就是违约责任，系违约责任的一种类型，[32]只不过它在某些方面不同于一般意义的违约责任，在法律适用时需要特别注意。就此看来，只要按照债务不履行说理解瑕疵担保责任，《合同法》第111条采用“修理、更换、重作、退货、减少价款或者报酬等违约责任”的表述，可以说得过去。单就该条的文义，存在两种可能的结论：瑕疵担保责任已被统合到违约责任制度之中了，或瑕疵担保责任仍然相对地独立于一般意义的违约责任，只不过它以债务不履行说作为法理根据。究竟选取何种结论，需要联系其他规定、因素才能作出合理的判断。从下文的分析中会看出，我国《合同法》上的瑕疵担保责任仍然在诸多方面与一般意义的违约责任存在实质的不同，只不过它以债务不履行说作为法理根据。既然如此，《合同法》第 111 条的表述并未否定"瑕疵担保责任仍然相对地独立于一般意义的违约责任"的定性。

这样解释，是不是再纠缠统合抑或相对独立已经没有意义了？笔者认为，仍然有意义。第一种观点及其意义在于，坚持瑕疵担保责任相对独立，且采取债务不履行说，瑕疵担保责任就是一种特殊的违约责任，其法律规范就是一般违约责任规范的特则。换句话说，瑕疵担保责任规范为特别法，一般的违约责任规范属于普通法，瑕疵担保责任制度优先适用。[33]第二种观点及其意义在于，对该说予以修正，进一步承认瑕疵担保责任这种特殊的违约责任与一般的违约责任竞合，买受人可以根据个案情况择一而主张。[34]

五、瑕疵担保责任与一般意义的违约责任之间的区别

（一）形式上的归并不同于实质上的统合

如果《合同法》规定的瑕疵履行及其救济方式（瑕疵担保责任）与一般意义的违约责任没有差异，自然不许再主张瑕疵担保责任的独立性。可事实是，尽管《合同法》第 111 条、第 155 条将瑕疵履行及其救济方式（瑕疵担保责任）称为"等违约责任"，但由于《合同法》第 157 条、第 158 条的规定，由于瑕疵履行救济方式与一般意义的违约责任方式在理念、功能等方面存在实质性的差异，《合同法》并没有将瑕疵履行及其救济方式（瑕疵担保责任）契合无间地统合入违约责任制度之中，如果一定说统合了，那也只是形式上的归并，而非实质上的统合。

（二）瑕疵担保责任与一般意义的违约责任之间的差异

1. 是否履行瑕疵通知义务不同。物的瑕疵担保责任以买受人履行通知义务为要件，如果买受人未依法向出卖人发出瑕疵通知，则不能依瑕疵担保责任提出请求。传统意义的违约责任则一般无此要求。

2. 所受期限的限制不同。瑕疵担保责任的产生受到质量异议期间的限制。《合同法》规定，当事人约定检验期间的，买受人应当在该期间内将经检验而发现的标的物的瑕疵通知出卖人。未约定检验期间的，应当在发现或应当发现标的物瑕疵的合理期限内，或自标的物收到之日起 2 年内，

通知出卖人。但若有质量保证期的，适用质量保证期，不适用2年期间。买受人超过上述期间未通知出卖人，视为标的物的数量或质量符合约定，出卖人不承担民事责任（第158条第1款、第2款）。笔者认为，在我国《合同法》上，质量异议期间不同于诉讼时效期间，理由如下：其一，质量异议期系买受人检验出卖人交付的买卖物、发现瑕疵时适时提出质量瑕疵所需要的时间，而检验、提出质量异议均为买受人的义务，故质量异议期的客体（对象）为买受人的义务，且为不真正义务，因为买受人不予检验、不提出质量异议发生的法律效果是其得不到本可获得的利益，即消极的不利益（财产库里不增加财产），并不就此承担支付违约金、赔偿损失的积极负担（财产库里既有的财产被剥离出一部分）。与此不同，诉讼时效的客体是请求权，主要为债权请求权，从义务的角度讲，系真正义务，多为债务。其二，质量异议期间首先表现为约定期间，而诉讼时效期间为法定期间。其三，质量异议期间的法律效果是，买受人于期间内发现标的物存在瑕疵并适时提出质量异议，则成立物的瑕疵担保责任，含请求权和形成权；若未于此期向出卖人提出买卖物的质量异议，则不成立物的瑕疵担保责任。而诉讼时效期间的适用对象为请求权。其四，诉讼时效期间届满不消灭权利本身，买受人于质量异议期间届满时一直未向出卖人提出买卖物的质量异议，则权利本身不产生。其五，质量异议期是连接履行期间与诉讼时效期间、除斥期间的期间。如果采取履行期间只是一个时间点，而非一个时间段的学说，则履行期间、质量异议期和诉讼时效期间及除斥期间之间的关系为：一是如果约定的质量异议期自出卖人交付买卖物之时起算，而且履行期间此时尚未届至（亦为届满），则在出卖人于履行期间届至前交付买卖物的，只要买受人于质量异议期内向出卖人提出买卖物的质量意义，就使出卖人一侧的履行期间不再发挥作用，即使该履行期间尚未届至，也是如此；同时，质量异议期也功成身退，诉讼时效期间甚至除斥期间登场。在这种情况下，最能显现质量异议期是连接履行期间与诉讼时效期间及除斥期间的期间。二是如果出卖人恰好在履行期间届至（亦为届满）时交付买卖物，买受人于质量异议期内向出卖人提出买卖物的质量意义时，履行期间已经届满，则质量异议期只是“接力”履行期间与诉讼时效期间及除斥期间的期间，于此场合的质量异议期没有发挥“逼迫”履行期间“退场”的功能，仅具有保障开启诉讼时效期间、除斥期间起算的作用，因为直到质量异议期届满时买受人均未提买卖物的质量异议，不成立出卖人的物的瑕疵担保责任,诸如主张违约金责任、违约损害赔偿的诉讼时效不会“登场”,因买卖物的瑕疵所生解除权的除斥期间也不起作用。其六,质量异议期间不发生中止、中断、延长,与诉讼时效期间不同。其七,质量异议期间的起算点,在该期间为当事人约定的期间场合,自约定的第一天开始起算;在无约定场合,自能够检验货物时起算(第 157 条),或者说自发现或应当发现标的物存在瑕疵时起算(第 158 条第 2 款前段);若有质量保证期,自规定的质量保证期的第一天起算(第 158 条第 2 款后段)。诉讼时效期间一般自当事人知道或应当知道权利被侵害时起计算。

当然,质量异议期也不同于除斥期间,理由如下:(1)质量异议期的客体(对象)为不真正义务,而除斥期间的客体依中国民法通说为形成权,尽管《民法总则》第 199 条在字面上未如此限定,使用的措词是“撤销权、解除权等权利”,但其本意是此处“等权利”限于形成权。(2)按照《合同法》第 158 条的规定,质量异议期的确定,首先尊重当事人的约定(第 1 款);“当事人没有约定检验期间的,买受人应当在发现或者应当发现标的物的数量或者质量不符合约定的合理期间内通知出卖人。买受人在合理期间内未通知或者自标的物收到之日起两年内未通知出卖人的,视为标的物的数量或者质量符合约定,但对标的物有质量保证期的,适用质量保证期,不适用该两年的规定”(第 2 款)。“约定的检验期间或者质量保证期间短于法律、行政法规规定的检验期间或者质量保证期间的”,法释[2012]8 号第 18 条第 2 款规定:“人民法院应当以法律、行政法规规定的检验期间或者质量保证期间为准”(第 18 条第 2 款)。与此有别,除斥期间基本上为法定期间,按照《合同法》第 95 条第 1 款的规定,解除权可以约定除斥期间,《民法总则》第 199 条把可以约定除斥期间的权利放宽到撤销权等权利。(3)买受人直至质量异议期届满也未就买卖物向出卖人提出质量异议的,丧失了追究出卖人物的瑕疵担保责任的机会,不好说是消灭了什么权利,因为于质量异议期内未向出卖人提出质量异议,根本不成立追究出卖人的物的瑕疵担保责任的权利。修理或更换请求权、减价权、解除权、违约金支付请求权、违约损害赔偿请求权等权利,不是消灭,而是未产生。而除斥期间届满,消灭权利,消灭的是形成权。(4)在质量异议期内,买受人就买卖物的瑕疵向出卖人提出质量异议,请求其承担物的瑕疵担保责任,自此质量异议期完成使命,在违约金支付请求权、违约损害赔偿请求权的领域,诉讼时效制度登场,在减价权、解除权的领域,除斥期间发挥作用。除斥期间不存在这种两种期间起承、转换的现象。(5)质量异议期的起算点首先看当事人的约定,若无约定则为合理期间的开始时间点,或为2年的开始时间点(《合同法》第158条第2款)。而除斥期间的起算点则因立法者对于不同类型的除斥期间持有不尽相同的价值取向和利益衡量而形形色色。例如,第一,除斥期间的起算点为权利人知道或应当知道撤销事由之时的,计有以下几种:其一,在可撤销的合同场合,撤销权的除斥期间自撤销权人知道或应当知道撤销事由时起算(《合同法》第55条第1款)。其二,在债权人撤销权的情况下,撤销权的除斥期间自债权人知道或应当知道撤销事由之日起算(《合同法》第75条前段)。其三,在赠与人的法定撤销权的场合,撤销权的除斥期间自赠与人知道或应当知道撤销原因之日起算(《合同法》第192条第2款)。其四,在赠与人的继承人或法定代理人的撤销权的场合,撤销权的除斥期间自该继承人或法定代理人知道或应当知道撤销原因之日起算(《合同法》第193条第1款)。其五,在协议实现抵押权损害其他债权人利益的情况下,其他债权人撤销该协议的权利的除斥期间的起算点为知道或应当知道撤销事由之日(《物权法》第195条第1款)。第二,共有人的优先购买权,其除斥期间的起算点为份额转让之时(《物权法》第101条)。第三,除斥期间的起算点由相对人行使催告权予以确定的,计有以下情形:其一,在限制行为能力人订立合同场合,相对人通过催告,确定1个月除斥期间的起算点(《合同法》第47条第1款);其二,在无权代理场合,相对人通过催告,确定1个月除斥期间的起算点(《合同法》第48条第2款);其三,法律没有规定、当事人也没有约定解除权行使期间的,相对人通过催告,确定解除权除斥期间的起算点(《合同法》第95条第2款)。第四,起算点为行为发生时的,计有以下情形:其一,在效力未定的合同场合,相对人的撤销权的除斥期间,其起算点应为合同成立之时(《合同法》第47条第2款及其解释、第48条第2款及其解释)。其二,债权人撤销权的5年除斥期间,其起算点为债务人的行为发生之日(《合同法》第75条后段)。其三,委托合同中的任意解除权,其除斥期间的起算点为合同成立之日(《合同法》第410条)。其四,建筑物区分所有场合业主的撤销权,其除斥期间的起算点应为业主大会或业主委员会的决定公布之时(《物权法》第78条第2款)。第五,起算点为通知到达或披露义务履行完毕之时:其一,承租人的优先购买权,其除斥期间的起算点应为出租人通知承租人出卖租赁物之时(《合同法》第230条)。其二,在间接代理的情况下,第三人的选择权的除斥期间的起算点为代理人披露委托人之时(《合同法》第403条)。第六,在商品房买卖合同解除的场合,对解除权的除斥期间法律没有规定或者当事人没有约定……对方当事人没有催告的,其起算点为解除权发生之日(法释[2003]7号第15条第2款)。

3. 救济方式不同。违约责任的方式,在我国法上为继续履行、赔偿损失、支付违约金等(《合同法》第107条、第112条、第114条等),在通说上,不包括解除合同、代物清偿或合同更改。物的瑕疵担保责任的救济方法,按照《合同法》第111条的规定,有修理、重作、更换、退货、减少价款或报酬等违约责任。所谓"等违约责任",包含赔偿损失。其中,退货一般不是终局的状态,需要视发展、演变才可最终定性和定位。它有时为解除合同,有时转为更换,有时转为重作,个别情况下可以转换为代物清偿或合同更改;为了把退货同修理、更换、重作相区别,不宜将它解释为含有更换、重作的类型。退货为解除合同场合以存在解除的意思表示甚至是"反对合同"的成立并生效为必要,或者说把《合同法》第111条和当事人的约定、《合同法》第94条等有关解除、终止的规定结合起来适用;如果退货时没有解除的意思表示、"反对合同",或者说把《合同法》第111条和第110条的规定结合起来适用,那么,退货就不是解除合同,请求支付价款的权利和支付价款的义务继续存续。

还需说明,在既不属于解除合同,也不属于修理、更换、重作的背景下,退货为代物清偿或合同更改。其实施不在于填补守约方因违约行为所致损害,而在于减少乃至避免守约方的损失,可见不同于损害赔偿和支付违约金。它与合同解除在取消既有交易这一点上相同,但合同解除是不但取消既有交易,而且不建立新的交易关系,而代物清偿或合同更改是以另一种形式的交易取代既有交易。有时在满足守约方的合同动机上甚至与既有交易相一致。例如,守约方的合同目的仅是买一盘包子以填饱肚子,并不在意是狗不理包子还是开封灌汤包,只是在缔约时点了狗不理包子。现在出卖人以开封灌汤包代替狗不理包子,买受人同意,可以说买受人因代物清偿而实现了合同动机。

减少价款,既是一个事实,也是一项法律制度。这两者既有联系,又有区别。作为法律制度意义上的减少价款,不同于损害赔偿。作为事实的减少价款,有时属于赔偿损失的一种表现形式,有时则否。减少价款,就法律将其作为瑕疵救济方式的初衷观察,乃着眼于物有所值、按质论价、给付与对待给付间的均衡的产物，而非填补违约行为给买受人造成的损害的制度。在这种意义上，减少价款不属于违约损害赔偿的方式。

但从另外的角度讲，即减少价款系填补买受人因买卖物有瑕疵却多支付了价款而遭受的损失，尤其是在买受人有这样的法律意识的情况下，减少价款属于损害赔偿的一种表现形式。持这种观点的，如1980年《联合国国际货物销售合同公约》赋予买受人的减价权，作为基于部分违约请求赔偿的替代方式。[35]在个案中，有时是损害赔偿的全部，有时是损害赔偿的部分。在这种情况下，减价数额的计算和确定实际上成为损害赔偿额的一种计算方法。把减少价款视为违约损害赔偿的一种表现形式，更符合“统合说”的逻辑。因为在“统合说”而言，违约责任制度的功能之一是填补守约方因违约行为所遭受的损害，减少价款作为违约责任的方式之一，不应例外。如此，将减少价款作为损害赔偿的表现形式之一就符合逻辑。星野英一教授认为，减少价金与损害赔偿没有实质上的不同。[36]

应当指出，从填补买受人的损失角度观察，将减少价款视为损害赔偿，在大多数情况下不会出现问题。但也应当注意到，减少价款毕竟是按照物有所值的规则行事，不受与有过失、损益同销等规则的限制，可以与违约金并罚，即使该违约金系赔偿性违约金，也不存在障碍。

4. 构成要件不同。物的瑕疵担保责任的成立，必须是买受人在质量异议期间主张买卖物存在瑕疵，逾此期间，买受人主张与否，物的瑕疵担保责任都不成立；而违约责任则无此类要件。

（三）造成上述差异的历史原因

在我国《合同法》草拟之前，梁慧星教授主张独立的瑕疵担保责任，而王利明教授则力倡由违约责任制度一统合同救济的天下。在我国《合同法》草拟和研讨过程中，这种分歧依然存在。

瑕疵担保责任是否为独立于违约责任的制度？如果独立，究竟是采取法定责任说还是债务不履行说？在《合同法》草案的研讨过程中议论不多，从各稿草案的规定看，违约责任的章名下都概括规定有瑕疵履行及其救济，买卖合同章再细化具体规则，应当是采取了债务不履行说，而未采纳法定责任说；对于瑕疵履行的救济方式一直都是列举“修理、更换、重作、退货、减少价款或者报酬”，有时增加“赔偿损失”的救济方式，没有使用“修理、更换、重作、退货、减少价款或者报酬等违约责任”的表述。这增加了瑕疵担保责任是否已被统合到了一般意义的违约责任制度之中的疑问。

（四）统合说带来的负面影响

不难发现，按照瑕疵担保责任已被统合到违约责任制度之中的观点，违约责任内部将极不和谐，各行其是。只有大幅度地修正违约责任的概念，将违约责任类型化，才符合逻辑，才会避免错误，才能在适用法律时避免失当。例如，第一，必须把违约责任重新分类，即指出存在一种瑕疵担保责任的类型。第二，在违约责任的成立要件上，必须申明：有的违约责任的成立，需要债权人在质量异议期间主张标的物存在瑕疵，其他类型的违约责任则否。第三，扩张违约责任的方式，把解除合同、代物清偿或合同更改等作为违约责任的方式。其缺点是显而易见的，一是通说没有将代物清偿或合同更改界定成违约责任，也只有部分学者把合同解除作为违约责任的方式；二是在揭示违约责任的性质、描述违约责任的构成要件时必须多费笔墨；三是难以说代物清偿或合同更改是责任方式，合同解除也并非在任何情况下都是违约责任的方式。第四，在概括违约责任时颇感棘手，增加许多就消极特征立论的成分。第五，从守约方或者说从权利角度观察，请求承担违约责任的权利都是债权。可是，按照瑕疵担保责任已被统合到违约责任制度中的模式，代物清偿或合同更改既不属于既有交易关系中的内容，也不属于由既有交易关系转化而来的价值补偿关系的组成部分，而是属于另外一个交易关系中的成分，从权利的角度看，属于第一性的债权债务，而非违反第一性义务所产生的第二性义务。减价，从权利的角度看是减价权，按照有力说，它在性质上属于形成权。合同解除，在违约行为作为事由场合，守约方享有解除权，解除权也是形成权。我们知道，一个事物的解决可以有几种方案，包括简单的方案和复杂的方案，如果两种方案所达成的效果一样，则不宜采取复杂的方案。据此可知，违约责任所对应的权利如此多样化和复杂化，至少不能说是上策。第六，一般意义上的违约责任统一适用诉讼时效制度。可是，在瑕疵担保责任已被统合到违约责任制度中的模式下，代物清偿或合同更改由合同期限及履行期限管辖，不适用诉讼时效制度；并且由于代物清偿为实践合同，合同生效之日也是债务履行完毕之时，诉讼时效制度无适用余地。减价权、解除权都属于形成权，按照我国民法理论，应当适用除斥期间而非诉讼时效。

因为两者之间存在的上述差异，不允许在法律保护的后果论上做出完全相同的处理，所以，不得不作出例外规定。例外地肯定即时无催告解除，允许有偿合同中存在不以可归责事由为构成要件的减价请求权（其实质上属于合同的部分解除)等,就是其中一例。即使通过重新构建给付障碍法,从法典中消除独立的瑕疵担保责任制度,在后果论上也不得不留下其实质性的东西。实际上,《德国民法典》的新买卖法就保留了它。另外,即使消除自始不能和嗣后不能之间的区别,使两者一体化,从而消灭被摆在嗣后给付障碍地位上的"履行不能"类型,并把风险承担制度也纳入债务不履行制度之中,使之在体系上一体化,但只要履行不能的现象在事实上、社会上实际存在,在以履行请求权为第一位保护手段的法律救济体系之下,完全的一体化是困难的,也是不合理的。事实上,《德国民法典》的新买卖法没有接受当初胡佛提倡的一体化构想,而是在法律后果论上,针对不能、迟延、不完全履行(不符合约定的履行)、相当于自始给付障碍的瑕疵担保责任以及相当于嗣后给付障碍的风险承担的情况,分别制定了相应的特殊规定。对这一事实,我们不应当忽视。据说从那以后,胡佛本人也承认自己的构想来自英美法上的想法,是欠妥的。胡佛的提案发表之后,下森定教授阅读了提案,就公开发表了批评性意见,认为在以履行请求权为第一位保护手段的法律体系之下,要想完全一体化是困难的,而且是不合理的。这次修改没能涉及的无偿合同给付障碍的救济体系究竟如何,也是一个留给我们的课题。对这一系列问题进行系统性的重新整理,将是今后的德国民法学的重要课题。[37]诚哉斯言!

六、方案的选择

至此,问题便显现出来了:一个方案是,只求形式上的统一,任凭内部矛盾、冲突,增加就消极特征立论的概括;另一个方案是,允许各自的相对独立性,消弭内部的冲突,基本上为积极特征立论,当然,可以在更为广阔的视野里将其归入一项制度。哪个方案更为可取?笔者赞同后者。

诚然,赞同第一个方案者也有其理由,其中之一可能是,一般意义的违约责任在方式上也是多样化的,如继续履行、损害赔偿、支付违约金,在构成方面也得类型化。将瑕疵履行及其救济方式统合到违约责任制度之中,使违约责任的方式增多,不也可以吗?对此,笔者认为,将一般意义的违约责任的方式予以类型化,表现为继续履行、损害赔偿、支付违约金。这些责任方式的构成要件虽然有别,但毕竟是在责任的范围内的区别,它们都适用违约责任的法律规范,其共性处于法律评价的重要地位。将瑕疵履行及其救济方式统合到违约责任制度之中,其责任方式只是形式上的称谓,实际上不都是责任方式，所适用的法律规范不都是责任规范，代物清偿、合同更改适用合同规范，解除合同适用解除规范，减价权既适用救济规范又适用形成权规范。这些差异占据着突出位置。

赞同第一个方案者的第二个理由可能是，在一般意义的违约责任的方式中，继续履行与损害赔偿、支付违约金存在差异。损害赔偿、支付违约金不是既有交易的完成，而是既有交易的变形，是既有交易遭受破坏后的替代交易，不会达到既有的交易目的。而继续履行则可视为既有交易的完成，大多情况下能够实现既有的交易目的。对这个理由可以回答，在承认它们存在差异的前提下，也要注意到相同点，继续履行同样具有填补因违约行为而给守约方造成损害的作用。损害赔偿、支付违约金和继续履行在填补违约所致损害方面具有一致性，而这个一致性正是违约责任制度所关注的，处在重要的法律评价的地位。

七、解释法律不宜拘泥于文字

统合说过分看重了《合同法》第 111 条关于“修理、更换、重作、退货、减少价款或者报酬等违约责任”的表述。其实，法律的用语有时并未显露全部的含义，法律条文表述的实质内容不一定与其文义一致，存在例证。第一，韩世远教授认为，《合同法》第 111 条的“要求减少价款”应当是“主张减少价款”。[38]第二，《民法通则》第 43 条规定：“企业法人对它的法定代表人和其他工作人员的经营活动，承担民事责任。”众所周知，此类经营活动一定产生义务、权利以及违反义务的第二性义务——民事责任。该条没有分列企业法人对它的法定代表人和其他工作人员的经营活动承受民事权利、民事义务，承担民事责任，而是统一称为承担民事责任，于是，民事责任包含民事权利、民事义务以及违反民事义务的第二性义务——民事责任，换句话说，民事权利、民事义务也是民事责任。这种解释符合《民法通则》第 43 条规定的字面含义，但不符合民事责任的通说，混淆了民事权利、民事义务和民事责任的区别，打乱了其分工，摧毁了各自的构成，破坏了它们之间的衔接和配合，代价十分昂贵。权衡利弊，不如采取另外的解释路径，即把《民法通则》第 43 条的规定看成举重明轻，对企业法人的法定代表人和其他工作人员的经营活动，连民事责任都由企业法人承担，何况民事权利、民事义务？这样，既保持了民事责任的传统含义，区分了民事权利、民事义务和民事责任，又厘清了该条的含义，使民事责任限缩到固有的内涵和外延,也符合《民法通则》的立法本意,何乐而不为！如此一来,法律条文的字面含义与条文的实质内容不尽相符。第三,《民法通则》第63条第2款规定:“代理人在代理权限内,以被代理人的名义实施民事法律行为。被代理人对代理人的代理行为,承担民事责任。”此处所谓民事责任,就其字面观察,应当包括代理行为所产生的民事权利、民事义务和一般意义的民事责任,但不如采取举重明轻的解释方法,作与《民法通则》第43条同样的解释,从而使法律条文的字面含义与条文的实质内容不完全相符。第四,《民法通则》第137条表述的20年期间,就其文义看,为诉讼时效的一种。但它的起算点的确定标准不同于诉讼时效,不适用中止和中断的规定,都表明它不同于诉讼时效,不如被划归另类,可被命名为权利保护期间或者失权期间等。这样,法律条文的文义和实质内容大相径庭。

解释法律不拘泥于条文的字面含义,早有先例。如《德国民法典》第242条关于诚实信用的规定,从其字面上看,限于现存的债务关系,但在后来的发展中,该条规定亦被用来设定债务关系(如在相邻权的情形)。[39]再如,《日本民法典》第419条所谓“不可抗力”,并不能从严格意义上来看待,应当理解为“不能归责于债务人之事由”的同义语。[40]《日本民法典》第709条规定:“因故意或过失侵害他人权利或受法律保护的利益的人,对于因此所生的损害,负赔偿责任。”从其文义看,侵权责任的方式显然不包括停止侵害,但其判例、学说基于利益衡量而承认停止侵害为侵权责任的方式,其中的生活利益说认为,请求排除妨害、寻求特殊救济措施的请求权是《日本民法典》第709条所规定的侵权行为的当然法律效果。[41]还有,《法国民法典》对侵权行为原则上以过失为成立要件。关于由物本身事实所产生的损害,唯有动物及建筑物为例外,可无须证明占有人或所有人的过失而请求赔偿,其余则统须依一般原则,非有过失不负责任。到了19世纪末叶,机械的使用日益频繁,建筑物以外的其他无生命物,如车辆、机器等可致人的损害,倘若证明占有人或所有人的过失,绝大多数无法获得赔偿。这在正义道德上是说不过去的,在法律上是无法补救的。到了1896年,忽然发现了第1384条第1项。以往对这项规定的解释,仅是同条第2、3、4项及第1358、1386条的一段开场白,向来的判例学说从未重视它。但法国最高法院民庭于1898年6月16日的一项判决里,挑出了“对于所占有之物所致之损害亦应负责”这一句,断章取义,认为这是关于无生命物所致的损害,无须证明占有人之过失即得请求赔偿的一般规定。这是奇妙的新发现,亦是理性的新创造。这是逻辑的矛盾,亦是艺术的和美。[42]

所有这些都表明:虽然绝大多数情况下,法律条文的文义与立法者所意欲界定的概念以及所意欲规定的制度和规则是一致的,但也有不相同的情形。完全依赖法律条文的文义解释和适用法律,有时会造成不适当的后果。

行文至此,笔者不禁想起来下面一段话:法律的解释适用,一方面须以实体法的规定为其依据;另一方面又须兼顾社会需要及实际目的(Praktische Zielzesetzung),判例学说处此情况,颇有左右为难之势。拘泥于法律文义,于法虽有所据,但未能实践法律的实际目的;反之,若偏重实际目的,则脱离实体法越远,自由造法的性质越浓,难免影响法律适用的安定性。[43]

八、应当如何看待境外立法例及其学说的发展

如今的有力说强调"取法乎上"的精神,主张在存在两种解释可能的前提下,宜采符合最新立法潮流者为宜(比较法解释)。[44]对物的瑕疵担保责任与一般意义上的违约责任之间的关系,也应当采取这样的解释理念。既然《德国债法现代化法》已经将物的瑕疵担保责任并入债务不履行责任当中,我国亦应如此。

该有力说显然是将最新立法潮流作为上乘的制度和理念了。这忽视了真理有时掌握在少数人手里的客观事实,完全否定了反潮流的精神。此其一。其二,该有力说漠视了最新立法潮流并非均为合理的这个客观现实。例如,在法律发展史上,"情事不变条款"于 18 世纪广泛适用,以至于后期界定不严,适用过滥。对此,立法潮流恐怕不宜步步追随。19 世纪初,《法国民法典》、《德国民法典》和《瑞士民法典》均未规定"情事不变条款",形成潮流。但该潮流显然矫枉过正了,也表明亦步亦趋地追随这个潮流也不妥当,需要适当地承认情事变更原则。其三,该有力说忽视了法律自身的品格和发展规律,不符合下述原理和事实:法律是社会经济发展、文化传统、道德伦理等综合因素作用的反映,其解释乃至变革还受自身体系的制约。境外立法例及其学说的变化,即使是先进的,直接照搬到我国现行法及其理论上未必总能收到良好的效果。在这里,至少有四点需要注意:

1. 法律制度、规则及其理论受其上个层次的基本理念、哲学思想的制约,换句话说,在相当的法律领域,奉行什么样的哲学思想、基本理念,就会

有相应的法律制度、规则及其学说,所有权制度、法律行为制度及其理论均为其例证。如果境外的法律制度、规则及其理论的修正发展乃基于新的哲学思想、基本理念的结果,而此类哲学思想、基本理念尚未被甚至不能被我国法所承认,则此类法律制度、规则及其理论领域的发展潮流就不宜作为解释我国现行法的根据。

2. 相当数量的重要的法律原则、基本制度是基于立法计划、立法目的而设置的。境外的立法例设立有重要的法律原则、基本制度,而我国现行法没有,且这种没有系欠缺相应的立法计划、立法目的所致。于此场合,除非我国法增加了相应的立法计划、立法目的,不得认为我国现行法上也有此类重要的法律原则、基本制度。物权行为制度为其典型。该制度系物权法的结构原则,物权行为制度的有无直接决定着物权法的结构、态样,还波及法律行为制度、债法等领域,可谓牵一发而动全身。有鉴于此,除非我国现行法立法时有采纳物权行为的计划、立法目的,我们不得贸然按照物权行为的分析框架来解释我国现行法。

3. 法律制度、规则有无相对可分性。如果相对可分,将这部分法律制度、规则按照境外的改造或重新解释,可能收到理想的效果。如果不可分,它们与其他法律制度、规则联系密切,牵一发而动全身,那么,改造这部分制度、规则或重新解释,可能会坏事。这个道理,从法律行为一部无效和全部无效的关系、整台计算机与其配件品质间的关系等来看,不难知晓。

4. 由于被继受的每项制度及规则都属于整个民法的构成部分,均有其所处的背景,每一有机体的自为自得,均有赖于其整体与部分间的均衡之维持——有赖于每一部分的各有其分,各尽其责,[45]只要它们是理性的产物而非立法者的恣意妄为,它们的存在就构成了民法的内部和谐性,我们在借鉴时就必须注意到它们所处的背景,它们所受制的原则,它们的制度功能。否则,当它们被植入中国民法体系之中时,就会出现内部的抵触、冲突。拉伦茨、王泽鉴等著名法学家认为,良好创造法律进步的活动,必须具备三项条件:(1)所提出的规则适用于一定的案件类型(Falltypus)。(2)法律要件与法律效果的结合,系基于法律上的考虑,旨在实践一项实体的法律原则(Ein materialles Rechtsprinzip)。(3)所创造的规则必须能与既存的法律秩序融为一体,契合无间,以维护法律秩序内在的一致性。[46]按照境外立法例及其学说的发展解释我国现行法,类似于新创造规则,必须能与我国现行法的秩序融为一体,契合无间,以维护我国现行法秩序的内在一致性。

在这方面,存在教训。例如,《合同法》同时规定了减轻损失规则(第119条)和与有过失规则(第120条的解释),而这两者所作用的领域虽有些许差异,但大体相同;可以说,其功能是一致的。这给解释和适用带来了不小的困难。原来,普通法以减轻损失规则来限制损害赔偿的范围,除此之外不再有与有过失规则,其内部是和谐的。大陆法系采用与有过失规则来限制损害赔偿的范围,除此而外不再有减轻损失规则,其内部没有矛盾。我国《合同法》一起"拿来",人为地制造了麻烦,需要法律人花费很大气力来研究它们之间的关系,界定各自的适用领域,考察其竞合的情形,[47]实在不划算。所以,法律发展潮流的部分只有在"拿来"时与我国民法的既有制度、规则及其理论契合无间时,才可以用来解释我国现行法。

总之,笔者认为,在我国《合同法》上,物的瑕疵担保责任是相对独立于违约责任的制度,尽管《合同法》第111条、第155条直接将瑕疵履行及其救济方式称为违约责任。退一步说,假如《合同法》关于瑕疵担保责任制度的设置果真不理想,那也属于立法政策的缺失问题,只能通过修改法律和立新法解决,法解释学无能为力。

注释

1 Larenz, SBT Ⅱ/1, 67 mit Fn. 106; siehe Esser/Weyers, 14; 1999年台上字第757号判决。转引自黄立主编:《民法债编各论》(上),中国政法大学出版社2003年版,第34~35页;[日]高森八四郎:《瑕疵担保责任与制造物责任》,载[日]远藤浩、林良平、水本浩监修:《现代契约法大系·现代契约的法理》(总第2卷),有斐阁1984年版,第147页。

2 Larenz, SBT Ⅱ/1, 68.;[日]高森八四郎:《瑕疵担保责任与制造物责任》,载[日]远藤浩、林良平、水本浩监修:《现代契约法大系·现代契约的法理》(总第2卷),有斐阁1984年版,第148页;黄茂荣:《买卖法》,中国政法大学出版社2002年版,第211~212页。

3 [日]下森定:《瑕疵担保责任制度在履行障碍法体系中的地位及其立法论》,载韩世远编:《中日韩合同法国际研讨会论文集·履行障碍与合同救济》,清华大学法学院,2004年12月21~22日,第76页。

4 [日]五十岚清:《瑕疵担保与比较法》,载《比较民法学诸问题》,一粒社1976年版,第 122 ~ 123 页;[日]奥田昌道等:《民法学·契约的重要问题》,有斐阁 1983 年版,第 97 页。转引自梁慧星:《民法学说判例与立法研究》,中国政法大学出版社 1993 年版,第 163 页。

5 [日]五十岚清:《瑕疵担保与比较法》,载《比较民法学诸问题》,第 19 页、第 116 页。转引自梁慧星:《民法学说判例与立法研究》,中国政法大学出版社 1993 年版,第 164 页。

6 韩世远:《合同法总论》,法律出版社 2004 年版,第 694 页。

7 韩世远:《构造与出路:中国法上的同时履行抗辩权》,载《中国社会科学》2005 年第 3 期。

8 杜景林、卢谌:《德国债法改革:〈德国民法典〉最新进展》,法律出版社 2003 年版,第 24 ~ 25 页。

9 朱岩:《德国新债法条文及官方解释》,法律出版社 2003 年版,第 74 页。

10 退货有时属于合同更改,如买卖物原为 A 楼,出卖人交付该楼后,买受人发现存在质量隐患,拒绝受领。后经当事人双方协商,以 B 楼代替 A 楼,履行合同。本文原文没有该种后果的议论,后在实务中遇到此类问题,认识到应将我国《合同法》规定的退货理解为包括代物清偿、合同更改、合同解除等方式。

11 朱岩:《德国新债法条文及官方解释》,法律出版社 2003 年版,第 67 页。

12 王洪亮:《物上瑕疵担保责任、履行障碍法与缔约上过失责任》,载《法律科学》2005 年第 4 期。

13 杜景林、卢谌:《德国新债法研究》,中国政法大学出版社 2004 年版,第 144 页。

14 朱岩:《德国新债法条文及官方解释》,法律出版社 2003 年版,第 74 ~ 75 页。

15 杜景林、卢谌:《德国新债法研究》,中国政法大学出版社 2004 年版,第 164 页。

16 朱岩:《德国新债法条文及官方解释》,法律出版社 2003 年版,第 79 页。

17 杜景林、卢谌:《德国新债法研究》,中国政法大学出版社 2004 年版,第 181 页。

18 朱岩:《德国新债法条文及官方解释》,法律出版社 2003 年版,第 79 页。

19 杜景林、卢谌:《德国新债法研究》,中国政法大学出版社 2004 年版,第 187 页。

20 Schwab, JuS 2002, S. 6. 转引自王洪亮:《物上瑕疵担保责任、履行障碍法与缔约上过失责任》,载《法律科学》2005 年第 4 期。

21 Schwab, JuS 2002, S. 6. 转引自王洪亮:《物上瑕疵担保责任、履行障碍法与缔约上过失责任》,载《法律科学》2005 年第 4 期。

22 杜景林、卢谌:《德国新债法研究》,中国政法大学出版社 2004 年版,第 165 页。

23 朱岩:《德国新债法条文及官方解释》,法律出版社 2003 年版,第 79 页。

24 朱岩:《德国新债法条文及官方解释》,法律出版社 2003 年版,第 79 页。

25 朱岩:《德国新债法条文及官方解释》,法律出版社 2003 年版,第 79 ~ 80 页。

26 王洪亮:《物上瑕疵担保责任、履行障碍法与缔约上过失责任》,载《法律科学》2005 年第 4 期。

27 参见杜景林、卢谌:《德国新债法研究》,中国政法大学出版社 2004 年版,第 17 ~ 18 页、第 147 页、第 170 ~ 195 页。

28 王洪亮:《物上瑕疵担保责任、履行障碍法与缔约上过失责任》,载《法律科学》2005 年第 4 期。

29 [日]星野英一:《日本民法概论 · Ⅳ · 契约》,姚荣涛译,刘玉中校订,五南图书出版有限公司 1998 年版,第 116 页。

30 [日]星野英一:《日本民法概论 · Ⅳ · 契约》,姚荣涛译,刘玉中校订,五南图书出版有限公司 1998 年版,第 116 页。

31 [日]星野英一:《日本民法概论 · Ⅳ · 契约》,姚荣涛译,刘玉中校订,五南图书出版有限公司 1998 年版,第 125 页;[日]高森八四郎:《瑕疵担保责任与制造物责任》,载[日]远藤浩、林良平、水本浩监修:《现代契约法大系 · 现代契约的法理》(总第 2 卷),有斐阁 1984 年版,第 149 页。

32 参见[日]星野英一:《日本民法概论 · Ⅳ · 契约》,姚荣涛译,刘玉中校订,五南图书出版有限公司 1998 年版,第 124 页。

33 [日]五十岚清:《瑕疵担保与比较法》,载《比较民法学诸问题》,一粒社 1976 年版,第 122 ~ 123 页;[日]奥田昌道等:《民法学 · 契约的重要问题》,有斐阁 1983 年版,第 97 页。转引自梁慧星:《民法学说判例与立法研究》,中国政法大学出版社 1993 年版,第 163 页。

34 黄茂荣:《买卖法》,中国政法大学出版社 2002 年版,第 268 页。

35 [美]E. 艾伦 · 范斯沃思:《美国合同法》,葛云松、丁春艳译,中国政法大学出版社 2004 年版,第 786 页。

36 [日]星野英一:《日本民法概论 · Ⅳ · 契约》,姚荣涛译,刘玉中校订,五南图书出版有限公司 1998 年版,第 122 页。

37 [日]下森定:《瑕疵担保责任制度在履行障碍法体系中的地位及其立法论》,载韩世远编:《中日韩合同法国际研讨会论文集 · 履行障碍与合同救济》,清华大学法学院,2004 年 12 月 21 ~ 22 日。

38 韩世远:《履行障碍法的体系》,法律出版社 2006 年版,第 352 页。

39 [德]迪特尔 · 梅迪库斯:《德国债法总论》,杜景林、卢谌译,法律出版社 2004 年版,第 121 ~ 122 页。

40 [日]於保不二雄:《日本民法债权总论》,庄胜荣校订,五南图书出版有限公司 1998 年版,第 89 页。

41 大阪地方法院 1955 年 4 月 5 日下级民事判例集第 6 卷,第 2379 页;甲府地方法院 1955 年 11 月 11 日判决,民事判例集第 6 卷,第 2379 页;名古屋地方法院 1967 年 9 月 30 日判决,平判例时报第 213 号,第 237 页。[日]泽井裕:《公害停止行为的法理》,日本文社 1976 年版,第 23 ~ 43 页;[日]泽井裕:《公害的私法研究》,一粒社 1969 年版,第 3 页;[日]竹内保雄:《停止行为命令》,载[日]加藤一郎编:《公害法的生成与展开》,岩波书店 1970 年版,第 436 页;[日]伊藤高义:《停止请求权》,载《现代损害赔偿法讲座(5)》,1973 年版,第 396 页。转引自罗丽:《中日环境侵权民事责任之比较研究》,清华大学法学院 2004 年博士学位论文。

42 王伯琦:《法学,科学乎? 艺术乎?》,载《王伯琦法学论著集》,三民书局 1999 年版,第 20 ~ 21 页。

43 王泽鉴:《民法学说与判例研究》(第 3 册),中国政法大学出版社 1998 年版,第 274 页。

44 韩世远:《合同法总论》,法律出版社 2004 年版,第 355 页;韩世远:《合同法总论》,法律出版社 2011 年版,第 311 页。

45 [德]弗里德里希·卡尔·冯·萨维尼:《论立法与法学的当代使命》,许章润译,中国法制出版社 2001 年版,第 32 页。

46 Larenz, Kennzeichen geglÜckter richterlicher Rechtsfortbildung, 1965, S. 13f. 转引自王泽鉴:《民法学说与判例研究》(第 1 册),三民书局 1980 年版,第 86 页。

47 崔建远主编:《合同法》,法律出版社 2003 年版,第 274 ~ 275 页。

侵权责任法应与物权法相衔接*

一、引言

我国正在制定《侵权责任法》，必须注意与《物权法》等现行法的相关制度及规范相衔接，以免造成既有法律体系内部的矛盾，为将来适当地适用法律创造必要的前提，以便顺利地解决纠纷。

制定《侵权责任法》应与《物权法》相衔接，理所当然地需要合理设计侵权责任的方式，科学地确定停止侵害、排除妨碍、消除危险、返还原物应否作为侵权责任的方式，与《物权法》第 34 条、第 35 条的规定相衔接。笔者就此问题曾经发表过数篇论文，[1]本文不再赘言。

制定《侵权责任法》应注意区别侵权损害赔偿与《物权法》第 42 条、第 121 条、第 132 条规定的征收补偿以及第 44 条、第 121 条规定的征用补偿，因为后者并非侵权损害赔偿，不适用侵权责任的规定。

制定《侵权责任法》还需要与《物权法》第 19 条关于异议登记申请不当所生损害赔偿的规定，第 21 条关于当事人提供虚假材料致人损害的赔偿责任的规定，第 83 条第 2 款关于业主大会、业主委员会、业主所享有的侵权损害赔偿请求权的规定，第 92 条关于相邻关系中损害赔偿请求权的规定，第 99 条关于共有物分割所致损害的赔偿请求权的规定，第 214 条关于质权人侵害质物所生损害赔偿的规定，第 234 条关于留置权人侵害留置物所生损害赔偿的规定等相衔接。这些规定虽然也需要研究，特别是第 99 条规定共有物分割产生的损害赔偿是否妥当以及应否类型化，更有探讨的必要，但相对于下文将要探讨的问题而言毕竟相对容易些，本文不拟对此展开讨论。

特别需要专门研讨的是，《侵权责任法》如何与《物权法》第 37 条、第 242 条、第 244 条的规定相衔接。其原因在于，我国《侵权责任法（草案）》

---

* 原文发表于《中国法学》2009 年第 1 期。

至今没有注意到这样的事实:物权遭受侵害时所产生的损害赔偿,因该物权的标的物处于无权占有、有权占有、不涉及占有的不同而在构成要件、赔偿范围等方面呈现出差异,需要区别对待,否则,就与《物权法》第 37 条、第 242 条、第 244 条的规定不符;法律人对《物权法》第 37 条、第 242 条、第 244 条的规定存在不同的认识,且直接影响着《侵权责任法》在损害赔偿制度上的设计;由此形成的观点如何,直接关系是使我国民法理论完善还是人为地酿成混乱。鉴于问题如此重大,本文专就此题而作,就教于大家。

二、侵害物权所生损害赔偿的设计

侵害物权所产生的损害赔偿,其构成要件和赔偿范围因无权占有场合物权遭受侵害和其他场合物权遭受侵害而呈现出差异,并非千篇一律。

首先,有权占有场合,物权遭受占有人的侵害,其损害赔偿责任的确定,经常要适用《物权法》第 241 条的规定,即有约定的依其约定,无约定或约定不明的,依照有关法律规定。其道理浅显明白,无须多言。

其次,无权占有场合,物权遭受无权占有人的侵害,时常要适用《物权法》第 242 条关于"占有人因使用占有的不动产或者动产,致使该不动产或者动产受到损害的,恶意占有人应当承担赔偿责任"的规定。

分析该损害赔偿的构成,可知其客观要件包括无权占有人实施了侵权行为、物权人遭受了损失、两者之间有因果关系,其主观要件为无权占有人必须具有恶意,善意的占有人即使侵害了所占有的不动产、动产,也不承担损害赔偿责任。无权占有人的恶意,从另一层面观察就是故意和重大过失。所以,《物权法》第 242 条规定的损害赔偿,只有在无权占有人具有故意或重大过失的情况下,遭受损害的物权人才有权向无权占有人请求损害赔偿;在无权占有人就其侵害物权仅负有一般过失或没有过失的情况下,不成立损害赔偿责任。

这与有权占有、占有以外场合物权遭受侵害所产生的损害赔偿在构成要件方面不同。有权占有、占有以外场合,行为人侵害物权大多属于一般侵权行为,构成损害赔偿的客观要件包括侵权行为、损害事实和因果关系,与无权占有场合的客观要件没有差异;但主观要件却不同,即除了故意、重大过失,还有一般过失。有权占有、占有以外场合,物权遭受侵害,若因国家机关或其工作人员履行职责的行为所致,或因高度危险作业所致,或因饲养的动物所致等,构成损害赔偿的客观要件相同,但不需要过错这个主观要件。

最后，无权占有场合，物权遭受无权占有人的侵害，有时要适用《物权法》第244条关于“占有的不动产或者动产毁损、灭失，该不动产或者动产的权利人请求赔偿的，占有人应当将因毁损、灭失取得的保险金、赔偿金或者补偿金等返还给权利人；权利人的损害未得到足够弥补的，恶意占有人还应当赔偿损失”的规定。

分析该项规定，可发现在赔偿责任的客观要件方面，它增加了善意占有人就受害物权而取得保险金、赔偿金或补偿金这个消极要件；由此决定了《物权法》第244条的适用范围较第242条的广泛，即善意占有人仍须于其受益的范围内承担损害赔偿责任；在主观要件是否包括占有人的过错这个方面，不易决断，需要作如下分析：

与《物权法》第244条相当的《日本民法典》第191条以及我国台湾地区“民法”第953条都明确规定，占有人就占有物灭失或毁损承担赔偿责任，需要可归责于占有人的事由。其学说也如此解释。[2]与此不同的是，我国有学说认为，善意占有人的责任既然限定在其所受利益，则造成毁损、灭失的原因可以不必追究，无论是否可归责于占有人，只要其对占有物的毁损、灭失受有利益，就应在所受利益的范围内对权利人（回复请求人）承担责任。[3]这有其合理性。笔者认为，在我国《物权法》尚未完全沿袭德国法“所有权人—占有人关系”规则的背景下，尽管《物权法》第244条的规定优先于《物权法》第37条、《民法通则》第106条第2款和第117条的规定而适用，但总体而言，它规定的损害赔偿责任仍属于侵权损害赔偿责任，并非物权请求权，不宜一律无须占有人的过错，也不宜一律必须占有人的过错。该损害赔偿责任大多属于一般侵权损害赔偿，需要过错这个主观要件；在国家机关或其工作人员履行职责致无权占有的物及其物权遭受损害、高度危险作业致无权占有的物及其物权遭受损害、饲养的动物致无权占有的物及其物权遭受损害等场合，产生特殊侵权的损害赔偿，无须过错这个主观要件。

总之，《物权法》第242条和第244条的规定使无权占有人侵害物权所产生的损害赔偿，在构成要件、赔偿范围方面，不同于有权占有、占有以外场合产生的损害赔偿，进而不同于人格权、（实际上还有某些身份权）、知识产权遭受侵害所产生的赔偿责任。对此，制定《侵权责任法》时必须与此相呼应，避免相互矛盾。

三、《物权法》第 37 条规定的不是物权请求权

以上所论，重在呼吁立法者勿忘无权占有场合侵害物权所生损害赔偿的特色，以免出现法律间的冲突。退一步说，即便该特点被抹杀了，也不会否定侵权损害赔偿的性质，尚可通过法解释学予以补救。与此不同，若将《物权法》第 37 条、第 242 条、第 244 条规定的损害赔偿请求权作为物权请求权，就直接剥夺了侵权责任法对其的管辖权，后果更为严重。对此，不得不辨。

从权利的角度观察，《物权法》第 37 条规定的侵害物权所产生的损害赔偿为损害赔偿请求权。它与物权请求权、债权请求权之间的关系如何，存在不同的理解。一种意见认为它属于侵权的损害赔偿请求权，适用侵权行为法的规则。与此见解不同，中国《物权法草案学者建议稿》设计物权保护制度时，于第 60 条“损害赔偿请求权”规定：“在第五十八、五十九条的情形，物权人受有损害时可以继续向侵害人请求损害赔偿。”该建议稿对该条的说明为：侵害物权所产生的损害赔偿在物权保护中的应用，目的还是达到恢复物权的完满状态，是在物权人的物权利益受到侵害而依据上述的物权保护方式无法完全达成保护的目的时，而以金钱补偿为手段，使其整体的利益能够得到公平的补偿。因此，本条规定的损害赔偿请求权，是物权保护的一种法律手段，性质上属于物权请求权。物权人依据本条向侵害人请求损害赔偿，只须符合第 58 条或者第 59 条的要件及本条规定的“受有损害”要件，即应成立损害赔偿责任。此与侵权行为责任的构成要件是有区别的。[4]据此理解，可得出《物权法》第 37 条规定的损害赔偿请求权是物权请求权而非侵权的损害赔偿请求权的结论。对此，笔者分析如下：

上述《物权法草案学者建议稿》第 60 条是借鉴《德国民法典》设计的“所有权人—占有人关系”规则（第 990 条、第 989 条、第 992 条等）及其学说，加以改造而形成的。需要注意的事实是，德国民法上的“所有权人—占有人关系”规则仅仅适用于无权占有领域，因为在《德国民法典》第 990 条以下的规定中，区分了善意占有人与非善意占有人；而占有之分为善意或非善意，永远只能就无权占有而言；就有权占有人，既不能称其为善意，也不能称其为非善意。[5]与此不同，中国《物权法》第 37 条关于侵害物权所生损害赔偿的规定，至少从文义上看，包括无权占有人和有权占有人侵害

物权所产生的损害赔偿责任。[6]这从该条处于《物权法》总则的地位，适用于各种物权在各种情况下的保护，即可看出。

假如不同意上述解释，就只能得出这样的结论：有权占有人侵害物权的损害赔偿，在《物权法》中就欠缺相应的规定，只能到《民法通则》和《侵权责任法》中寻觅请求权基础，《民法通则》第106条第2款、第117条的规定可作追究侵权行为人的损害赔偿责任。而这样解释会酿成割裂适用法律的局面：对无权占有场合的侵害物权适用《物权法》分则中第242条、第244条的规定，对有权占有场合的侵害物权适用《民法通则》第106条第2款、第117条的规定，《侵权责任法》生效后适用总则中的相应规定。这种解释无疑在宣告《物权法》关于侵害物权所生损害赔偿的设计存在立法技术上的缺陷。可这在事实上冤枉了《物权法》。这种解释也有违文义解释和目的解释的规则，因为《物权法》第37条的规定并无仅仅适用于无权占有场合侵害物权的文义和立法目的。

所以，还得坚持《物权法》第37条的规定一体适用于无权占有人和有权占有人侵害物权所产生的损害赔偿责任的场合。如此，由于物的返还请求权只能成立于无权占有的场合，把《物权法》第37条规定的损害赔偿请求权作为物权请求权，就难以说得通。此其一。

尽管《物权法》第37条的规定没有出现过错的字样，与《民法通则》第106条第2款和《侵权责任法》第6条第1款明确要求过错有所不同，乃因《物权法》第37条的规定既适用于侵害物权的行为系一般侵权行为领域，也适用于侵害物权的行为系特殊侵权行为的场合。例如，甲饲养的动物撕破乙的西装的场合，甲对乙的损害赔偿不要求甲有过错。与此不同，甲亲自将乙的西装撕成碎片的场合，赔偿乙的损失则必须具有过错。《民法通则》第117条未使用“过错”的字样也有这种用意。也就是说，以《物权法》第37条没有使用“过错”的字样为由，将其规定的损害赔偿请求权排除在侵权损害赔偿请求权之外，理由不足。由于物权请求权不以过错为成立要件，而该损害赔偿请求权的成立有时需要过错这个主观要件，将之作为物权请求权，显然不适当。此其二。

《物权法》第37条规定的侵害物权所生损害赔偿的请求权，被物权人行使，无法使被侵害的物权回复如初，只能使物权人因其物权被侵害所遭受的损失得到填补。这与物权请求权可使被侵害的物权回复到圆满状态在目的及功能方面是不同的，仅与侵权损害赔偿的目的及功能一致。也就是说,《物权法》第 37 条规定的侵害物权所产生的损害赔偿请求权不是物权请求权,而是侵权损害赔偿请求权。此其三。

既然《物权法》第 37 条规定的损害赔偿请求权,有时发生在有权占有场合,有时需要过错的构成要件,无法使受侵害的物权本体回复到圆满状态,就可以肯定地说,它不会是物权请求权。由于它符合侵权损害赔偿请求权的全部要求,我们只能承认这个事实,赞同这个结论。

四、《物权法》第 37 条及第 242 条、第 244 条规定的是否为物权请求权的从请求权

有学者采取德国民法关于"所有权人—占有人关系"规则的模式解释中国《物权法》第 37 条及第 242 条、第 244 条的规定,认为在无权的自主占有人、无权的他主占有人不法损坏物权客体的情况下,这种类型的损害赔偿请求权为附属于物权请求权的从请求权,不再单独地适用侵权责任的规定。对此,笔者回应如下:

必须注意,德国民法及其学说承认存在例外,如善意的无权他主占有人,在超越其——假想的——占有权界限时,也可适用《德国民法典》第 823 条关于侵权损害赔偿的规定。[7]在创设"所有权人—占有人关系"规则的德国尚且承认有些侵害无权占有所生损害赔偿属于一般的侵权损害赔偿,则将中国《物权法》第 37 条及第 242 条、第 244 条规定的损害赔偿请求权一律作为物权请求权的从请求权,显然缺乏充分的理由。

更为关键的是,将《物权法》第 37 条及第 242 条、第 244 条规定的损害赔偿请求权一律作为物权请求权的从请求权,且一律不要求过错这个构成要件,(从请求权说),是不适当的,其表现在以下几个方面:其一,它不符合《物权法》第 242 条、第 244 条关于因无权占有人善意、恶意的不同而承受不同后果的设计思路,此处所谓恶意,从另一个层面观察就是故意、重大过失,表明这两条的规定考虑了侵权人(无权占有人)的主观状态。其二,从请求权且不要求过错的观点,不符合这样的事实:无权占有人侵害其占有的物权常常属于一般侵权行为,而一般侵权行为以过错为构成要件。其三,从请求权说增大了《物权法》第 37 条及第 242 条、第 244 条规定的损害赔偿请求权是否适用诉讼时效制度的困惑度,因为物权请求权大多不适用诉讼时效制度,按照主权利和从权利相互关系的规则及理论,很容易得出《物权法》第 37 条及第 242 条、第 244 条规定的损害赔偿请求权也随之不

适用诉讼时效制度的结论。可是,该结论是不适当的,因为该损害赔偿请求权宜适用诉讼时效制度。其四,基于主权利和从权利相互关系的规则及理论,采用从请求权说,容易得出物权及其请求权转让,《物权法》第 37 条及第 242 条、第 244 条规定的损害赔偿请求权也随之转让的结论。可是,这种模式僵硬,不利于物权人(受侵害人)审时度势地决定哪种财产权流转,哪种财产权不转让,人为地限制了物权人(受侵害人)单独地将该损害赔偿请求权转让或单独地转让物权及其请求权的自由度,在一定程度上降低了物权人(受侵害人)保有的财产权的价值。其五,从请求权说不利于物权人之点还表现在:物权人将受侵害的物权质押(动产场合)或抵押(动产、不动产场合)给他人的场合,物权请求权作为物权的从权利,应为质权或抵押权的效力所及,除非另有规定或约定;同理,《物权法》第 37 条及第 242 条、第 244 条规定的损害赔偿请求权作为物权请求权的从权利,亦为质权或抵押权的效力所及,除非另有规定或约定。显然,这限制了物权人处分该损害赔偿请求权的权利,不利于物权人依实际情况而将该损害赔偿请求权自己实现或转让与他人,以获取最佳的经济效益。

还有,无权占有场合适用"所有权人—占有人关系"规则,有权占有场合适用侵权行为法规则,这种分裂地适用法律的思路,在中国现行法的规定下,难以发现有何积极价值;德国民法的"所有权人—占有人关系"规则,是仅仅适用于无权的自主占有人,还是也适用于无权的他主占有人,存在疑问,在中国现行法上就更加疑惑不解;中国现行法亦未像《德国民法典》那样设计"所有权人—占有人关系"规则,民法人对该规则及其理论是陌生的;侵害物权所生损害赔偿请求权何时作为附属于物权请求权的从请求权,适用"所有权人—占有人关系"的规则,何时作为独立的侵权损害赔偿请求权,适用侵权行为法的规定,较为复杂,不宜把握,很少有立法例及其理论沿袭;按照侵权行为法处理个案,尚未发现或想象到有何不妥。有鉴于此,笔者坚持通说,把《物权法》第 37 条及第 242 条、第 244 条规定的损害赔偿请求权解释为侵权的损害赔偿请求权,属于侵权行为法的范畴。

五、《物权法》第 37 条规定的地位和作用

《物权法》第 37 条规定的侵害物权所生损害赔偿的请求权,毕竟包括无权占有产生的损害赔偿请求权。而对无权占有产生的损害赔偿请求权,《物权法》于第 242 条、第 244 条作了特别规定。所以,欲全面而准确地把

握《物权法》第37条的规定，必须联系该法第242条、第244条的规定。

《物权法》第242条规定的责任构成，如同本文第二部分所述，在客观要件方面需要具有损害事实和因果关系，在主观要件方面需要无权占有人有恶意。《物权法》第37条规定的责任构成，在客观要件方面与《物权法》第242条相同，在主观要件方面不同，有时需要行为人具有过错，有时无须该过错，究竟如何，需要结合个案和《民法通则》第106条第2款或第3款等规定（《侵权责任法》生效后，则为过错责任原则或无过错责任的规定）、《物权法》的其他规定才能最后确定。所谓《物权法》的其他规定，包括第242条。至于责任的方式，《物权法》第242条与《物权法》第37条相同，即均为侵权损害赔偿。在损害赔偿的范围方面，符合《物权法》第242条规定的，该规定优先于《物权法》第37条而适用；符合《民法通则》第106条第2款规定的（《侵权责任法》生效后为过错责任原则的规定），贯彻完全赔偿原则；符合《民法通则》第106条第3款及有关特殊侵权的具体规定的（《侵权责任法》生效后为无过错责任原则及具体的特殊侵权的规定），为限制赔偿。

第244条不是对第242条的否定，只是对它的补充，即第242条未涉及的善意占有人、恶意占有人是否应将因其占有的不动产或动产被毁损、灭失而取得的保险金、赔偿金或补偿金返还给不动产、动产的权利人，第244条作了肯定的回答。换言之，第244条规定的恶意占有人的赔偿责任与第242条的规定相同；规定的善意占有人的赔偿责任与第242条的规定不同，即第242条未规定善意占有人的赔偿责任，而第244条规定了善意占有人应在其获得的（由占有物被毁损、灭失转化而来的）保险金、赔偿金或补偿金的范围内承担赔偿责任，以免发生不当得利，并且无论善意占有人有无过错均应如此。《物权法》第37条规定的损害赔偿，在构成要件方面，若个案符合《物权法》第244条的规定，首先适用于该规定；若符合《民法通则》第106条第2款的规定（《侵权责任法》生效后为过错责任原则的规定），则适用该规定；若符合《民法通则》第106条第3款及有关特殊侵权的规定（《侵权责任法》生效后为无过错责任原则及具体的特殊侵权的规定），则适用它们。在赔偿范围方面，需要根据个案和《民法通则》第106条第2款或第3款等规定（《侵权责任法》生效后为过错责任原则或无过错责任的规定）、《物权法》的其他规定才能最后确定。所谓《物权法》的其他规定，包括第244条。

既然如此,把《物权法》第242条、第244条规定的损害赔偿责任,作为该法第37条的特别规定,其实也是《民法通则》第106条第2款、第117条的特别规定(《侵权责任法》生效后为相关条文的特别规定),就能妥当地解决问题。

断言《物权法》第244条规定的侵权损害赔偿责任有时完全相同于《民法通则》第106条第2款、第117条等规定的一般的侵权损害赔偿责任,《侵权责任法》生效后为过错责任原则下的损害赔偿,还可从比较法的角度加以说明。德国民法及其通说认为,在他主占有人臆想其享有占有权,但实际上超越了臆想的占有权的界限,有过错地使占有物毁损的情况下,应适用侵权行为法的规则。故意以违背善良风俗的方法侵害他人的规则(《德国民法典》第826条),适用于所有人类型的无权占有人的情况,即适用侵权损害赔偿规则处理无权占有人毁损占有物的赔偿案件。[8]借鉴此说,解释我国《物权法》第244条的规定,可知该条规定的损害赔偿责任至少在若干情况下属于一般的侵权损害赔偿责任。

至于《物权法》第37条可否作为请求权基础,有观点认为,该条主要起宣示和指引的作用,表明物权遭受侵害的需产生损害赔偿请求权,沟通《民法通则》第106条第2款或第3款和侵害物权所生损害赔偿请求权的具体规定。[9]因而它不是完全法条,不能单独作为请求权基础,而需要与其他条文一起作为请求权基础。[10]这有其道理,值得重视。其道理在于,在《国家赔偿法》第3~4条等条款具体列举了行政赔偿的类型与构成,制定后的《侵权责任法》第69~76条类型化地规定了高度危险责任,第78~83条清晰地规定了饲养动物损害责任的背景下,在国家机关及其工作人员履行职务时损害了物权、高度危险作业损害了物权、饲养的动物损害了物权等场合确定侵权责任时,完全可以依照《国家赔偿法》或《侵权责任法》的具体规定。

就该损害赔偿请求权与诉讼时效之间的关系而言,它适用诉讼时效制度。

注释

1 崔建远:《绝对权请求权抑或侵权责任方式》,载《法学》2002年第11期;崔建远:《债法总则与中国民法典的制定》,载《清华大学学报》(哲学社会科学版)2003年第4期;崔建远:《物权救济模式的选择及其依据》,载《吉林大学社会科学学报》2005年第 1 期;崔建远:《论物权救济模式的选择及其依据》,载《清华大学学报》(哲学社会科学版)2007 年第 3 期。

2 [日]我妻荣:《日本物权法》,有泉亨修订,李宜芬校订,五南图书出版有限公司 1999 年版,第 454 页;[日]田山辉明:《物权法》(增订本),陆庆胜译,法律出版社 2001 年版,第 136 页;史尚宽:《物权法论》,荣泰印书馆股份有限公司 1979 年版,第 526 页;郑玉波:《民法物权》,三民书局 1988 年版,第 402 页;谢在全:《民法物权论》(下册),三民书局 2003 年版,第 623 ~ 624 页;王泽鉴:《民法物权 · 用益物权 · 占有》(总第 2 册),中国政法大学出版社 2001 年版,第 326 页。

3 胡康生主编:《中华人民共和国物权法释义》,法律出版社 2007 年版,第 518 页。

4 梁慧星主编:《中国物权法草案建议稿:条文、说明、理由与参考立法例》,社会科学文献出版社 2000 年版,第 210 页。

5 [德]鲍尔/施蒂尔纳:《德国物权法》(上册),张双根译,法律出版社 2004 年版,第 196 ~ 197 页。

6 胡康生主编:《中华人民共和国物权法释义》,法律出版社 2007 年版,第 519 页。

7 [德]鲍尔/施蒂尔纳:《德国物权法》(上册),张双根译,法律出版社 2004 年版,第 204 页。

8 [德]鲍尔/施蒂尔纳:《德国物权法》(上册),张双根译,法律出版社 2004 年版,第 204 页;王洪亮:《论所有权人与占有人关系——论所有物返还请求权及其从请求权》,载王洪亮、张双根、田士永主编:《中德私法研究》(第 1 卷),北京大学出版社 2006 年版,第 79 ~ 80 页。

9 在"2008 年第六届东吴大学法学院主持的海峡两岸民法典暨吕光院长百岁冥诞纪念研讨会"上,东吴大学法学院的黄阳寿教授评论笔者所作报告时,阐发了这种观点,谨表谢意!

10 黄阳寿教授在评论笔者的报告时一并发表了这种观点。在 2008 年 11 月中国人民大学民商事法律研究中心举办的侵权行为法前沿系列讲座上,中国人民大学法学院的王轶教授在评论笔者关于"制定侵权责任法应当注意与物权法的衔接"的报告时,阐发了这种观点。谨表谢意!

论归责原则与侵权责任方式的关系*

一、引言

《侵权责任法》第15条第1款规定，停止侵害、排除妨碍、消除危险、返还财产、恢复原状、赔偿损失、赔礼道歉、消除影响、恢复名誉为侵权责任的方式。[1]众所周知，任何责任方式都须有构成要件与应用领域，这些侵权责任的方式亦不例外。不过，《侵权责任法》的全部条文均未直接且清晰地规定停止侵害、排除妨碍、消除危险、返还财产、恢复原状、赔礼道歉、消除影响、恢复名誉的构成要件，亦未特别明确各自的应用领域，亟待解释，以妥当地适用法律。

确定侵权责任的构成要件与应用领域，首先要确定该侵权责任处于何种归责原则之下，因为归责原则不同，侵权责任的构成要件会有差异。[2]在这个意义上说，确定侵权责任的构成要件与应用领域也属于明确侵权责任法上归责原则适用范围的范畴。

既然如此，探明《侵权责任法》配置了何种归责原则，是解决侵权责任的构成要件与应用范围的前提性问题。至少多数说认为，《侵权责任法》配置了过错责任原则（第6条）和无过错责任原则（第7条）。至于第6条第2款规定的过错推定，仍属过错责任原则的范畴，并非独立于过错责任原则的另一项归责原则，因为其归责事由依然是过错，在这方面与第6条第1款规定的普通的过错责任并无不同，两者仅仅在于举证责任的分配方面存在差异。《侵权责任法》第24条规定的公平责任，或曰公平分担损失，仅仅是一种衡平责任，是一类侵权责任，亦非一项独立的归责原则。如此认定的重要意义之一，在于原则是适用范围较广的基本规则，[3]若将第24条规定的公平责任作为归责原则，难免会不适当地扩大其适用领域，导致第24条规定的滥用。我们不把它作为一项独立的归责原则，意味着法

---

* 原文发表于《中国法学》2010年第2期。

律禁止在本应免责的情况下裁判双方当事人分担损失,也不允许在本应成立过错责任或无过错责任的场合裁判双方当事人分担损失,以免破坏《侵权责任法》建立的法律秩序,颠倒其所追求的价值目标。

二、适用于《侵权责任法》第6条规定的侵权责任的方式

《侵权责任法》第6条规定了过错责任原则,适用于侵权损害赔偿(或曰赔偿损失),[4]不成问题。侵害人格权和身份权的场合,适用于赔礼道歉、消除影响、恢复名誉。恢复原状在《侵权责任法》(第15条等)上为特殊形态的损害赔偿,[5]应适用于《侵权责任法》第6条的规定,亦不应抱怀疑的态度。有疑问的是,全国人大常委会法制工作委员会民法室所著《〈中华人民共和国侵权责任法〉条文说明、立法理由及相关规定》(以下简称"民法室解释")认为,《侵权责任法》第6条关于过错责任原则的规定,所使用的"损害","是指行为人的行为对受害人的民事权益造成的不利后果。根据本法第2条第2款的规定,这里的民事权益包括生命权、健康权、姓名权、名誉权、荣誉权、肖像权、隐私权、婚姻自主权、监护权、所有权、用益物权、担保物权、著作权、专利权、商标专有权、发现权、股权、继承权等人身、财产权益。不利后果通常表现为:财产减少、生命丧失、身体残疾、名誉受损、精神痛苦等。需要强调一点,这里的'损害'是一个比较广的概念,不但包括现实的已经存在的'不利后果',也叫现实损害,如前面所列举的身体残疾、财产减少等,还包括构成现实威胁的'不利后果',如某人的房屋倾斜,但其不采取防范措施,导致房屋随时有可能倒塌伤害他人的人身、财产安全。实践中,受害人大多数情况下受到的是现实损害,这种损害相对容易认定和证明。在一些情况下,行为人的行为也可能对受害人的民事权益造成现实威胁,为防止其转化成现实损害,行为人也应当承担侵权责任,这有利于保护受害人,体现了本法预防侵权行为的立法目的,也是现代侵权责任法的发展趋势。本法第21条规定的内容就包含了这层意思。根据该规定,侵权行为危及他人人身、财产安全的,被侵权人可以请求侵权人承担停止侵害、排除妨碍、消除危险等侵权责任"。[6]由于全国人大常委会法制工作委员会民法室是具体负责《侵权责任法》研究和草拟的部门,其专家都全程参与了该法草案的讨论、修改工作,"民法室解释"在一定意义上,也可以说反映了全国人民代表大会常务委员会的观点。

"民法室解释"如此扩张《侵权责任法》第6条中"损害"的外延,将

"构成现实威胁的'不利后果',如某人的房屋倾斜,但其不采取防范措施,导致房屋随时有可能倒塌伤害他人的人身、财产安全"都界定为"损害",于此场合,"被侵权人可以请求侵权人承担停止侵害、排除妨碍、消除危险等侵权责任",就明确地告诉我们:《侵权责任法》第 6 条规定的过错责任原则适用于停止侵害、排除妨碍、消除危险诸种侵权责任的方式。换言之,停止侵害、排除妨碍、消除危险的构成要件包括行为人具有过错。

但是,这种解释难以令人苟同。其原因在于,在若干情况下,行为人或损害源控制人确实没有过错,却必须停止侵害、排除妨碍或消除危险,按照《侵权责任法》的立法目的及具体规定,就是行为人或损害源控制人必须承担停止侵害、排除妨碍或消除危险的侵权责任。属于行为人或损害源控制人没有过错却须停止侵害、排除妨碍或消除危险的情况,至少有以下几种:(1)甲及其全家在境外旅游期间,特大地震将其住房大部震塌,碎砖破瓦堵塞了邻居乙的门窗,尚未倒塌的一面房山墙也摇摇欲坠,一旦坍塌,会伤及邻居乙的牛羊、蔬菜秧苗。于此场合,甲及其全家负有消除危险、排除妨碍的侵权责任,但上述状况乃地震所致,甲及其全家也无法在瓦砾清除、房山墙倒塌之前返还住地,实无过错可言。(2)歹徒将甲捆绑,抢走装有严重污染源的铁桶,后发现该桶没有价值而弃之于乙承包的土地上。于此场合,乙有权请求甲排除妨碍、消除危险。但是,甲并无过错可言。(3)甲及其全家在夜晚熟睡之时,其住房阳台上的棉垫被他人所放鞭炮点燃,火势向邻居乙家蔓延。按照法律,甲及其全家有义务消除危险,但因该火灾系他人所致、火势蔓延时全家都在酣睡之中,同样无过错可言。(4)甲旅游期间,其行李中于不知间被他人放入了炭疽菌,对甲及其周围之人均构成巨大威胁。于此场合,甲应当承担消除危险的责任,但不可说他具有过错。

这些例证说明,"民法室解释"关于《侵权责任法》第 6 条规定适用于停止侵害、排除妨碍、消除危险诸种侵权责任方式的观点,不符合客观实际,使某些场合本应停止侵害、排除妨碍或消除危险,却因行为人或损害源控制人没有过错而有权抗辩,不承担这些责任,使权利人得不到救济,使《侵权责任法》的立法目的及功能落空。这显然是不妥当的。

实际上,上述"民法室解释"的缺点不止于此,它还违反法理,忽视了不同法律制度所具有的目的及功能以及相互衔接的必要,肢解了物权、人格权、知识产权的整体。本来,某行为或损害源危及他人的人身、财产的安全,需要行为人或损害源控制人采取停止侵害、排除妨碍或消除危险等救济措施的场合,没有像责令行为人或损害源控制人负责损害赔偿那样增加行为人或损害源控制人的财产负担,在伦理层面是中性的,也就是说,使行为人或损害源控制人停止侵害、排除妨碍或消除危险等救济措施,并非因其主观状态及其行为而应当受到道德谴责和法律否定。既然不因此增加行为人或损害源控制人的财产负担,在道德评价上是中性的,就无须其主观上有过错。此其一。之所以在这些情况下行为人或损害源控制人应当停止侵害、排除妨碍或消除危险等,而无论其有无过错,是因为物权、人格权、知识产权于受到侵害的危险,或是权利的行使受到妨碍时,其自身固有的消极权能便自然地要求行为人或损害源控制人停止侵害、排除妨碍或消除危险等(准确地说,人格权请求权还包括赔礼道歉请求权、消除影响请求权、恢复名誉请求权,知识产权请求权表现为停止侵害请求权、妨害预防请求权、废弃请求权、获取信息请求权、赔礼道歉请求权、消除影响请求权,[7]下文的相应内容也是如此,但为了行文的方便,本文仍使用停止侵害、排除妨碍、消除危险的表述)。正所谓物权既含有积极权能,也包括消极权能,温德沙伊德甚至将对物权的内容仅仅理解为对他人的禁止,仅仅理解为某种消极的东西。[8]这种思想至今都在影响不少学者,如克尼佩尔教授指出:"完全的所有权自由的社会意义不在于所有权人的积极能力,而在于其'消极'一面,即禁令,排除所有其他'法律主体'对于所有权客体的侵犯是该权利的本质时刻。"[9]既然物权天然地具有排除他人对物权客体侵犯或危及其安全的消极权能,那么,物权只要受到侵犯或威胁,便具有停止侵害、排除妨碍或消除危险的效力,至于是因行为人或损害源控制人过错导致的,还是纯粹客观外界的原因酿成的,在所不问。这好比甲的胳膊被砸成骨折,必须治疗以恢复机能,乙故意所为时如此,横梁自然落体造成该结果时亦然。《物权法》参透了其中的道理,于第35条等作了专门规定。人格权、知识产权也应天然地具有排除他人对权利客体的侵害或威胁的消极权能,与物权相类似,只是我国现行法尚未明确规定。《专利法》等知识产权法错过了修法的良机,未从知识产权请求权的角度作规定,在世界上率先创新,仍然囿于美国法的思路,完全求助于《侵权责任法》,不无遗憾。此其二。

接下来阐释返还财产不得适用于《侵权责任法》第6条规定的原因。

"民法室解释"的本意是,通过修正"损害"的内涵、扩张"损害"的外延（以下称为大损害说）来将返还财产等方式纳入《侵权责任法》第6条的适用范围。殊不知，作为返还财产构成要件之一的无权占有，在若干情况下并无损害，即不存在“民法室解释”所界定的“行为人的行为对受害人的民事权益造成的不利后果”。例如，甲乙各自驾车将砖瓦送往A地，途中，丙擅自将甲承运的10块砖瓦放在了乙所驾驶的车上，乙听之任之，并运送到A地。于此场合，乙对该10块砖瓦的无权占有[10]并未对甲的民事权益造成不利后果，也就是说，不存在损害。再如，在大雨倾盆袭来之时，乙将丙晾晒在室外的棉被紧急放在了甲的房间内，甲未反对。于此场合，甲虽然无权占有丙的棉被，但对丙却无损害可言。没有损害，就不得适用《侵权责任法》第6条的规定，因为该条要求成立侵权责任必须存在损害。

称返还财产适用《侵权责任法》第6条有其错误，还表现在：无权占有在有些情况下同样不存在过错。例如，在三九严寒，乙发现了蹒跚而行的甲衣着单薄，便擅自将丙的大衣盖在了甲身上。于此场合，即使丙反对乙的行为，甲也没有过错可言。此其一。如同上文分析停止侵害、排除妨碍、消除危险系物权所固有的本质属性和效力一样，只要存在无权占有的事实，物权就有回复到圆满状态的内在要求，物权人就享有物的返还请求权，这不依无权占有人有无过错为转移。此其二。《物权法》领悟到了这一点，于第34条作了规定。

总结上述，停止侵害、排除妨碍、消除危险、返还财产诸种方式不宜适用《侵权责任法》第6条的规定，或者说，它们的成立不应以过错为要件（实际上也不宜以损害为要件）。

在这种背景下，下一步的工作是，检索停止侵害、排除妨碍、消除危险、返还财产诸种方式是否适用《侵权责任法》第7条规定的无过错责任原则。

三、适用于《侵权责任法》第7条规定的侵权责任的方式

按照《侵权责任法》第7条的规定，诸如产品责任、环境污染责任、高度危险责任等特殊侵权责任在成立上无须过错。从上文的分析可知，停止侵害、排除妨碍、消除危险、返还财产诸种责任方式的成立不宜要求过错。就此看来，停止侵害、排除妨碍、消除危险、返还财产适用《侵权责任法》第7条规定的无过错责任原则，符合这一逻辑。实际上，在《侵权责任法（草案）》的草拟和研讨过程中，全国人大常委会法制工作委员会的一些专家也是如

此构思的,并且为了自圆其说,将《侵权责任法》上的“损害”扩张至侵害、妨碍、危险、物的毁损、无权占有财产等形态,换句话说,甲没有权源地占有乙的物、甲的物品或行为阻碍了乙行使其权利、甲所有的建筑物已经较为严重地倾斜、甲将乙的桌椅弄掉了一条腿等,都是“损害”。

可是,这样又与“民法室解释”关于无过错责任原则的下述解读相抵触:《侵权责任法》“第 7 条的规定本身只是为了表明无过错责任原则在我国是与过错责任原则并列的归责原则,其并不直接具有作为裁判根据的意义……适用无过错责任原则的案件,所适用的是本法或者其他法律关于无过错责任的具体规定。本法或者其他法律未明确规定适用无过错责任原则的案件,均属于过错责任原则的适用范围。法官不能在法律没有明确规定适用无过错责任原则的情况下,擅自适用该原则”。[11]

过错责任原则场合,过错本身足以作为承担责任的依据,或者说,法律关于过错责任原则的规定,如《侵权责任法》第 6 条的规定,直接是请求权基础。与此不同,无过错责任原则场合,无过错本身则不足以作为责任之依据。[12]不是因为行为人或损害源控制人“无过错”(准确地说,是不问有无过错)而承担责任,而是由于“如果一项法律规定允许一个人——或者是为了经济上需要,或者是为了他自己的利益——使用物件、雇用职员或者开办企业等具有潜在危险的情形,他不仅应当享受由此带来的利益,而且应当承担由此危险对他人造成的任何损害的赔偿责任;获得利益者负担损失”。[13]原来,无过错责任原则是对若干种无过错责任的概括和升华,而每种无过错责任,都是法律根据具体情况基于合理分配不幸损害的立法政策而特别承认的,各种无过错责任的性质不同,难以提出一项共同积极原则加以说明,只就其消极特征——责任的成立不问行为人有无过错——立论,统称为无过错责任原则。[14]这说明每种无过错责任各有其规范意旨及构成要件,所以,判断具体情形下无过错责任是否成立,需要依据该责任的规范意旨及法律、法规就其构成要件所作的规定,才能得出结论,仅仅依赖《侵权责任法》第 7 条的规定是无法完成的。在这个意义上,“民法室解释”关于无过错责任原则不得直接作为裁判依据的意见值得赞同。但是,对其所谓“本法或者其他法律未明确规定适用无过错责任原则的案件,均属于过错责任原则的适用范围”的解释,则不敢苟同,因为《侵权责任法》或其他法律未明确规定适用无过错责任原则的案件,绝大多数情况下适用《侵权责任法》第 6 条等规定,但也可能适用《侵权责任法》第 24 条关于公平责任的规定。例如,在双方当事人均无过错场合,损失(损害)不由一方当事人独自承受,而由双方当事人合理分担,就是在适用《侵权责任法》第24条的规定,而不属于过错责任原则的适用范围。

正因如此,确定停止侵害、排除妨碍、消除危险、返还财产是否成立,必须寻觅《侵权责任法》第7条以外的具体规定。循此思路,查阅《侵权责任法》的全部条文,没有发现《侵权责任法》第五章"产品责任"以下关于无过错责任类型的规定中有停止侵害、排除妨碍、消除危险、返还财产诸种类型。换句话说,停止侵害、排除妨碍、消除危险、返还财产不属于《侵权责任法》规定的无过错责任类型。这也不奇怪,停止侵害、排除妨碍、消除危险、返还财产是侵权责任的方式,不是侵权行为或损害源及其损害后果。而侵权责任法上的归责原则,至少在近现代侵权行为法上,是基于特殊理由,针对侵权行为或损害源及其损害后果的合理分配而配置的,所以,《侵权责任法》未将它们列入无过错责任的类型之中,是自洽的。

另外,停止侵害、排除妨碍、消除危险、恢复原状、返还财产诸种侵权责任方式,在具体确定责任成立与否上,不适用《侵权责任法》第7条的规定,还因为它们时常产生于没有损害发生的场合,即使以大损害说为标准加以衡量也是如此。例如,其一,作为排除妨碍责任的构成所需要的妨碍,在某些情况下没有损害。如清华大学明理楼本有东门、南门、北门和连接着阶梯教室的西门,某系将其A设备放置于该西门,虽未经法学院同意,但却暗合不希望学生出入该西门的意思。于此场合,A设备放置于该西门没有给法学院造成损害。但不妨碍法学院主张该系将A设备移走。其二,作为消除危险责任的构成所需要的"危险",对所谓受害人来说,难以在处理案件当时说是损害,有些在案件处理结束时也没有形成损害。其三,作为返还财产责任的构成所需要的"无权占有",在某些情况下不是损害,可能是获益。这方面的例证,除了上文已经指出的外,还可以如甲的手机遗失在车站,乙误以为是丙的,将之放进了丙的行李之中,丙也存在同样的误解。此时,丙对该手机虽然无权占有,却防止了不法之徒据为己有,于甲有利。其四,作为恢复原状责任的构成所需要的"物的毁损",在某些情况下也并非损害,如甲的南瓜部分腐烂,割除该腐烂部分,保留其他部分,是必要的救济措施,防止损害的扩大。在这个意义上说,此类"物的毁损"不是损害,而是"获益"。

需要说明的是,《侵权责任法》第45条关于"因产品缺陷危及他人人身、财产安全的,被侵权人有权请求生产者、销售者承担排除妨碍、消除危险等侵权责任”的规定,不是对上述结论的否定,反而是印证了该结论,即停止侵害、排除妨碍、消除危险等责任方式不得适用《侵权责任法》第7条的规定,而可以适用《侵权责任法》其他具体的规定。

最后,应予指出,人格权和身份权遭受侵害场合,实行过错责任原则,可成立赔礼道歉、消除影响、恢复名誉的侵权责任。于是,贯彻无过错责任原则的领域不包括人格权和身份权遭受侵害的情形,也就不会有赔礼道歉、消除影响、恢复名誉的应用。

四、适用于《侵权责任法》第24条规定的责任方式

《侵权责任法》第24条关于公平责任的规定,同样仅仅适用于损害赔偿(含恢复原状)的责任方式,不宜适用于停止侵害、排除妨碍、消除危险、返还财产、赔礼道歉、消除影响、恢复名誉诸种责任方式。其原因之一是,《侵权责任法》第24条规定的公平责任是着眼于侵权行为或损害源及其损害后果,基于特殊的立法政策而设置的,并非单向度地针对停止侵害、排除妨碍、消除危险、返还财产、赔礼道歉、消除影响、恢复名誉等责任方式所作的规定。其原因之二是,《侵权责任法》第24条规定的公平责任,并非由任何一方当事人独自承受全部损失,而是在不可归责于双方当事人原因所造成的损失场合,按照公平原则将该损失合理地分配于双方当事人之间,所分担的损失并非大损害说视野下的“危险”“无权占有”“妨碍”等所谓损害,而是作为多数说的“差额说”所界定的损失,包括直接损失和间接损失,在我国现行法上,是金钱数额的分担。而停止侵害、排除妨碍、消除危险、返还财产、赔礼道歉、消除影响、恢复名誉被应用的场合,不考虑金钱赔偿的话,并非在使当事人双方分担直接损失和间接损失,仅仅是令一方当事人独自承担停止侵害、排除妨碍、消除危险、返还财产或赔礼道歉、消除影响、恢复名誉的后果。

五、《侵权责任法》第21条的适用与侵权责任的方式

《侵权责任法》第21条关于“侵权行为危及他人人身、财产安全的,被侵权人可以请求侵权人承担停止侵害、排除妨碍、消除危险等侵权责任”的规定,没有出现“过错”二字,也没有提及“损害”一词。停止侵害、排除妨碍、消除危险等侵权责任方式在构成上正好不需要过错和损害两项要

件，让它们适用该条，不就解决问题了吗？

回答这个问题，需要逐个分析侵权责任方式的构成，更需要探究《侵权责任法》的立法计划、立法目的及立法技术。

首先，《侵权责任法》第 21 条虽然没有出现过错、损害，但它要求“侵权行为危及他人人身、财产安全”，而所谓危及，“应当是：(1)侵权行为正在实施和持续而非已经结束；(2)侵权行为已经危及被侵权人的人身、财产安全而非不可能危及；(3)是侵权人所为的侵权行为而非自然原因”。[15]据此解释可以发现，返还财产的成立与《侵权责任法》第 21 条的要求尚有些距离：(1)该条提及的侵权责任方式以及“民法室解释”，均未包括返还财产。当然，仅凭该项理由还不足以服人，尚需以下理由。(2)返还财产构成的要件之一是无权占有，而无权占有未必都是侵权行为。(3)无权占有未必都是危及被侵权人的人身、财产安全的，在相当的场合是有益于权利人的。对于(2)和(3)，上文已经分析过了，不再赘言。(4)有些无权占有的场合，被侵权人不是该项财产的物权人。于此场合，他(它)请求无权占有人返还财产时，无权占有人有权抗辩，阻却了返还财产的责任承担。看来，即使让《侵权责任法》第 21 条扮演重要角色，也不好解决返还财产的法律适用问题。

其次，应当说，《侵权责任法》设置第 21 条的本意及立法技术，并非规定侵权责任的构成要件，而是宣示侵权行为危及他人人身、财产安全时的侵权责任方式。如此断言的根据有三：其一，在《侵权责任法(草案)》的研讨过程中，许多专家学者都主张，停止侵害、排除妨碍、消除危险、返还财产诸种责任方式的构成不要求过错和损害两项要件，应当专设一条予以明确。但立法部门的专家不接受该项建议，并回应说，扩张《侵权责任法》关于归责原则的规定中“损害”的外延，即可将停止侵害、排除妨碍、消除危险、返还财产诸种责任方式纳入其中，从而解决了这些责任方式的构成问题。“民法室解释”也印证了这个思路。[16]其二，“民法室解释”明确断言，《侵权责任法》第 21 条“是关于危及他人人身、财产安全责任承担方式的规定”。[17]其三，从《侵权责任法》第二章的设计安排看，该章的标题为“责任构成和责任方式”，其前半章规定侵权责任的构成，第 6 条、第 7 条规定的归责原则本身就昭示了侵权责任的构成，对此无须多言。第 8 条关于共同侵权的规定、第 9 条关于教唆侵权和帮助侵权的规定、第 10 条关于共同危险行为的规定、第 11 条关于虽然分别实施侵权行为但都能造成全部损害时承担连带责任的规定、第12条关于分别实施侵权行为承担按份责任的规定、第13条关于连带责任的规定、第14条关于连带责任人内部责任分担的规定，也属于广义上的责任构成的范畴。其后半章规定的内容较杂，包括侵权责任的方式、赔偿范围、赔偿数额的计算基准及方法、责任承担、精神损害赔偿、公平责任等。其中，第15条规定侵权责任方式，一目了然，不再赘言。第16条规定人身损害赔偿的范围、第17条规定以相同数额确定死亡赔偿金、第18条规定被侵权人死亡后谁可以成为请求权主体、第19条规定损害赔偿的计算、第20条规定侵害他人人身权益造成财产损失时确定赔偿数额的基准、第21条规定危及他人人身、财产安全时责任承担方式、第22条规定精神损害赔偿、第23条规定因防止、制止他人民事权益被侵害而使自己受到损害时的责任承担、第24条规定公平责任、第25条规定赔偿费用的支付方式。这说明第21条所处的位置、所规定的内容，都表明它没有规定停止侵害、排除妨碍、消除危险的构成，而是在宣示侵权行为危及他人的人身、财产安全时可成立的责任方式。

综上所述，从立法计划和立法目的看，甚至从法条的文义观察，停止侵害、排除妨碍、消除危险、返还财产的成立要件及其法律适用，并非《侵权责任法》第21条力所能及。

六、窘境与出路

（一）窘境

总结上述，可知停止侵害、排除妨碍、消除危险、返还财产等责任方式，在具体确定责任成立与否上，不适用《侵权责任法》第6条、第7条和第24条的规定。如此，适用什么条文规范？似乎无处寻觅，有些尴尬。造成这种窘境的原因可能多种多样，至少有如下几种：

1. 作为停止侵害、排除妨碍、消除危险、返还财产成立前提的情形，有些并非侵权行为。侵权行为“torts”，在词源学上，源于拉丁文“tortus”，表示一种错误行为，含有“扭曲”（twisted）或“绞拧”（wrung）的意义。在英国，“torts”完全变成了一种法律术语，表示一种不法行为。[18]扭曲或绞拧，生动地描绘了侵害行为的不当。[19]可是，作为停止侵害、排除妨碍、消除危险、返还财产成立前提的情形，有些根本不存在“扭曲”或“绞拧”，没有“不当”，亦非不法行为，即不是侵权行为，但《侵权责任法》却越俎代庖，非要按侵权行为处理。例如，（1）甲租住乙的房屋，于租期届满时不再支付租金，而想退房，但苦于找不到出租人乙，甲只好以他主占有的意思而占有该房屋。这种情形显然不构成“侵权”。(2)甲的自行车被乙的父亲借用，乙通过继承而取得该车。乙的行为亦非侵权。(3)甲乙各自驾车将砖瓦送往A地，途中，丙擅自将甲承运的10块砖瓦放在了乙所驾驶的车上，乙听之任之，并运送到A地。于此场合，称乙实施了侵权行为，于理不通。(4)在大雨倾盆袭来之时，乙将丙晾晒在室外的棉被紧急放在了甲的房间内。甲对此毫不知情。于此场合，认定甲侵权不合事理。(5)大厦倾斜，侵权行为尚未形成。(6)甲的土豆部分长芽，乙未征求甲的意见而径直剔除这些芽，保留其他部分。乙的行为是必要的救济措施，防止损害的扩大。在这个意义上说，此类“物的毁损”不是损害，而是“获益”，不构成侵权行为。

2. 价值趋向多样，追求目标多元，顾此失彼。归责原则，是指基于一定的归责事由而确定责任成立的法律原则，或者说，是基于一定的归责事由而确定行为人或损害源控制人是否承担责任的法律原则，还可以说是基于一定的归责事由而确定责任归属于谁的法律原则。[20]据此可知，它主要含有两项要素，一是归责事由，二是由谁承担责任。此处所谓“由谁承担责任”，在近现代民法上，不是“由谁承担”形形色色的“责任”，而是“由谁承担”损害赔偿（含恢复原状）“责任”；在人格权遭受侵害的场合，承担赔礼道歉、消除影响、恢复名誉“责任”。限制人身自由、罚金等“责任”，尽收于刑法；罚款、撤职、开除等“责任”，归属于行政法；物的返还、排除妨害、消除危险等“责任”，分割给物权法；支付违约金、强制的实际履行（继续履行）等“责任”，受制于合同法。纵观归责原则在近现代民法上的演进历史，果真如此，归责原则的确是专就损害赔偿（含恢复原状）的分配而配置的基本规则，[21]而未及于停止侵害、排除妨碍、消除危险、返还财产。侵权行为法（Deliktsrecht/Law of delict）是私法的一个部分，它决定某人受到侵害后是否有权得到赔偿；[22]“所谓负责，就是负担行为之结果，对受害人而言，即填补其所受之损害”，[23]都是对这个事实的准确描述。至于近世侵权行为法将停止侵害、排除妨碍等用于侵权救济，也是准用或类推适用物权请求权的规定。

在损害赔偿（含恢复原状）为侵权责任的唯一方式的背景下，价值趋向单纯，法律追求的目标单一，归责事由相对容易确定，或者说归责事由与损害赔偿（含恢复原状）的目标容易匹配。详言之，所谓损害赔偿，首先是指损害移转(loss shifting)而言,即将被害人所受的损害转由加害人承担,负赔偿责任。此为传统侵权行为法所强调的功能,着眼于加害人与被害人的关系,以加害人行为的可非难性(故意或过失)为归责原则,标榜个人责任。即使如今损害分散(loss spreading)的思想已经逐渐成为侵权行为法的思考方式,认为损害可先加以内部化(internalization),由创造危险活动的企业负担,再经由商品、服务的价格机能或保险(尤其是责任保险)加以分散,由多数人承担,[24]但在行为人或损害源控制人和被害人之间仍未改变"将被害人所受的损害转由加害人承担"的流向。

与此有别,在将侵权责任方式扩张至停止侵害、排除妨碍、消除危险、返还财产、损害赔偿(含恢复原状)的背景下,价值趋向明显多样化,法律追求的目标多元化。有些价值趋向、追求的目标是相互矛盾、冲突的,导致归责事由与责任方式难以匹配,方向不同的目标顾此失彼。例如,作为侵权责任的方式,其中的损害赔偿(含恢复原状)是以侵权人(加害人)为轴心考虑问题和设计制度的,在过错责任原则下,之所以责令侵权人(加害人)负责赔偿,是因为其行为具有可非难性(故意或过失),侵权人(加害人)应对其可非难的行为负责;在无过错责任原则下,则是针对产品的制造销售、环境污染、高度危险等特殊情况,基于获得利益者承担损害的公平理念,将被害人所受的损害转由行为人或损害源控制人承担(然后再通过价格机制、保险制度等广为分散)。所有这些仍然是以行为人或损害源控制人为考虑问题的出发点的。与此不同,停止侵害、排除妨碍、消除危险、返还财产,虽然动作要由行为人或损害源控制人实施,但必要性和发动力却来自物权等绝对权回复圆满状态的内在要求及外化的效力。换言之,之所以使行为人或损害源控制人停止侵害、排除妨碍、消除危险、返还财产,考虑的重心不在于行为人或损害源控制人的主观过错,或是他(它)获得了什么利益,而在于物权固有属性和效力的要求。这明显不同于损害赔偿(含恢复原状)。

正因如此,在一般侵权行为的场合,本应贯彻过错责任原则,各种侵权责任方式的成立均需过错,没有过错,则不承担责任。可如此会马上产生这样的问题:在侵权人(加害人)的过错仅仅在侵权行为造成损害的阶段,而不在无权占有或形成危险的场合,反倒得出侵权人可以不予返还财产或消除危险的结论。可这是错误的,没有人赞同这样的结论。为了解决这个问题,只好修正观点:在同一个一般侵权行为已经给权利人造成损害的情况下,对损害赔偿的构成要求过错,对停止侵害、排除妨碍、消除危险、返还财产的构成不要求过错。对此,连主张停止侵害、排除妨碍、消除危险、返还财产作为侵权责任的方式的论者,也被迫赞同这样的方案。如此处理,问题又来了:同一个侵权行为要同时实行两个归责原则,一个是过错责任原则,适用损害赔偿(含恢复原状)等责任方式;另一个是无过失责任原则,适用停止侵害、排除妨碍、消除危险、返还财产等责任方式。这实际上造成了侵权行为法内部的不和谐,显然失当。[25]

3. 强行收编,内部紊乱。民法演进的结果,逐渐形成了物权救济、违约救济、侵权救济各自独立又衔接配合的格局。停止侵害、排除妨碍、消除危险、返还财产,从权利的角度讲,表现为排除妨害请求权、消除危险请求权和物的返还请求权。侵权责任的方式,原则上限于损害赔偿(含恢复原状)。在同一侵权行为发生后,既需要损害赔偿(含恢复原状)又需要返还财产或排除妨碍或消除危险时,侵权责任法和物权法共同解决问题,承认物权请求权和侵权损害赔偿(含恢复原状)并存,从而妥当地处理案件。

人格权救济、知识产权救济与侵权救济之间的关系,从应然的角度讲,也应当如此,只是各国和地区的立法例及其理论前进的步伐不一。可是,《侵权责任法》硬性地将物权请求权、人格权请求权、知识产权请求权都收编到自己麾下,本意是去除其原有的品格,变成侵权责任的面孔,但实际上,物权请求权等绝对权所固有的属性不时地显露,造成了《侵权责任法》内部的不和谐。

4. 大损害说捉襟见肘,横生矛盾。立法者及“民法室解释”为了解决停止侵害、排除妨碍、消除危险、返还财产能够适用《侵权责任法》第 6 条规定的过错责任原则或者第 7 条及具体条文规定的无过错责任,特意创造出大损害说。但它显现出若干不足:(1)大损害说界定的损害与《民法通则》《合同法》《物权法》等法律、法规所使用的“损害”概念不符,会造成中国法学理论及民法理论内部紊乱,致使中国法律体系内部的不和谐。(2)大损害说界定的损害不符合目前国内外通行的损害概念(差额说及其修正理论),[26]为中国侵权责任法及其理论走向世界,为国内外的学术交流增添了不少的困难,得不偿失。(3)大损害说误将本不属于损害的现象作为损害对待,带来了意想不到的困难。对此,上文已述,不再赘言。(4)大损害说模糊了侵权责任法、不当得利法、无因管理法适用方面的界限,人为且无益地扩大了竞合的机会。“损害”(damage)这一定义依赖于对它加以规定的法律制度这一事实,作为系统化的标准有一个最大的方便:它能够将侵权行为法与无因管理法和不当得利法区别开来。[27]此处所谓系统化的标准,在德国、日本和我国台湾地区基本上是"差额说"或其修正理论视野下的损害。而作为构成不当得利要件之一的受损害,则与此不同。不当得利制度的目的及功能,不在于填补损害,而在于使受领人返还无法律上原因(中国《民法通则》第92条称为没有合法根据)而获得的利益,所以,构成不当得利的受损害,不具有损害赔偿制度上的损害的意义,而是另有所指。它不以积极损失(损害)和消极损失(损害)为要件。在给付不当得利类型中,一方当事人因他方当事人为给付而获得利益,就是他方当事人的损失。例如,甲出售A车给乙,并依约交付了,乙所获得的利益,是甲的给付,即A车的所有权。[28]《侵权责任法》的颁行,大损害说的存在,导致不再有这样清晰的区分及法律适用。(5)大损害说导致了《侵权责任法》内部的紊乱,因为除了《侵权责任法》第6条、第7条等极少数条文所使用的损害为"大损害"外,其他绝大多数条文尤其是损害赔偿(含恢复原状)的条文,仍然是在传统意义上使用"损害"一词的。在同一部法律中,一词多义,会给实务界造成混乱,导致适用法律可能出现不适当的结果。

不可否认的事实是,《侵权责任法》尽管膨胀了侵权责任法的适用范围,扩充了侵权责任方式,但仍未动摇侵权损害赔偿(含恢复原状)的重心地位。《侵权责任法》关于侵权损害赔偿(含恢复原状)的条文占有很大的比重。例如,《侵权责任法》第16条规定的人身损害赔偿(范围),第22条规定的精神损害赔偿,第23条所谓因防止、制止他人民事权益被侵害而使自己受到损害时的责任承担,第24条使用的损害,第25条使用的损害,第26条至第36条使用的损害,第37条至第44条规定的损害赔偿,第47条至第52条规定的损害赔偿,第54条和第55条规定的损害赔偿,第57条至第60条规定的损害赔偿,第62条规定的损害赔偿,第65条和第66条规定的损害赔偿,第68条至第76条规定的损害赔偿,第78条至第83条规定的损害赔偿,第85条至第91条规定的损害赔偿。这些众多的关于损害赔偿的规定,绝大多数情况下是金钱赔偿的方式,少数情况下是恢复原状(将毁坏之物修复如初)的方式,并不包括停止侵害、排除妨碍、消除危险、返还财产的方式。但是,按照"民法室解释"所持大损害说,却可得出包括停止侵害、排除妨碍、消除危险、返还财产的方式的结论。但这是不妥当的,可能也为"民法室解释"所始料不及。此其一。从理论上讲,我国现行法,包括《民法通则》《合同法》《物权法》在内,将停止侵害、排除妨碍、消除危险、返还财产、恢复原状、赔偿损失(或曰损害赔偿)并列地作为责任方式,所涉"损害赔偿"或曰"赔偿损失"的规定,均以金钱赔偿为原则,没有如同德国以及我国台湾地区的相关规定,损害赔偿以回复原状[29]为原则,可是,按照大损害说解释并适用《侵权责任法》第48条等规定的损害赔偿,则恰恰会产生德国、我国台湾地区的回复原状(与金钱赔偿相对,作为损害赔偿方法的回复原状),完全混淆了《侵权责任法》第15条规定的前六种责任方式,模糊了它们之间的界限。此其二。在实务中,处理侵权损害赔偿(含恢复原状)的案件,在被侵权人按照大损害说界定的损害请求侵权人承担损害赔偿责任时,会导致无法裁判或裁判后无法执行的尴尬局面。例如,甲自乙商场购买的A电视机存在缺陷,成立产品责任。甲援用《侵权责任法》第42条的规定,请求乙承担产品责任,同时硬性地按照"大损害"概念,将损害界定为侵害、妨碍、危险、物的毁损、无权占有诸"损害"的情形,主张停止侵害、排除妨碍、消除危险、恢复原状、返还财产。这显然不符合《侵权责任法》第42条规定的本意。主审法院无法裁判停止侵害、排除妨碍、消除危险、恢复原状、返还财产,即使裁判了,也无法执行,局面尴尬。此其三。

(二)出路

笔者认为,只要把《侵权责任法》第6条、第7条作为侵权损害赔偿(含恢复原状)而非全部侵权责任方式的归责原则,遵循差额说及其修正的损害观,对停止侵害、排除妨碍、消除危险的构成要件及其适用领域另设一条,不要求行为人有过错,也不要求被侵权人遭受了损害(差额说及其修正理论),就可容易且顺畅地解决问题。在《侵权责任法(草案)》的研讨过程中,许多专家学者都如此主张,但遗憾的是未被采纳。

在《侵权责任法》没有采纳上述模式且已经颁行的背景下,解决停止侵害、排除妨碍、消除危险、返还财产的法律适用问题,可有两个路径:一是承认《侵权责任法》在这方面存在法律漏洞,采取漏洞补充的方法,以适用这些责任方式;二是不承认存在法律漏洞,使停止侵害、排除妨碍、消除危险适用《侵权责任法》第21条的规定,使返还财产适用《民法通则》第117条的规定或《物权法》第34条的规定。何者为佳,颇费思量。

法律漏洞的补充过程,裁判者的价值必然加入其中,难免出现因裁判者价值趋向有异而导致相似的案件不同处理的结果,甚至出现徇情枉法的个案。再者,我国现有的裁判人员队伍能否胜任漏洞填补的工作,亦未可知。所以,我们不可轻易断言现行法的规定存在法律漏洞。何况法律漏洞的有无,是就整个法律体系而言的,并非某项制度或某部法律欠缺规定就一定构成法律漏洞。我们的目光不得仅仅限于《侵权责任法》的规定。

如此,只好忽略《侵权责任法》第 21 条的立法本意及立法技术,按照客观目的论解释它,即认为《侵权责任法》第 21 条的规定,不仅是在宣示危及他人人身、财产安全时可有停止侵害、排除妨碍、消除危险的救济措施,而且明示了这些责任方式的构成要件,即不要求过错和损害。同理,在缺陷产品危及他人的人身、财产安全的场合,应适用《侵权责任法》第 45 条关于"因产品缺陷危及他人人身、财产安全的,被侵权人有权请求生产者、销售者承担排除妨碍、消除危险等侵权责任"的规定。

至于返还财产,《侵权责任法》第 21 条的规定确实难以容纳它,不如寻觅《民法通则》第 117 条的规定,最好是还其本来面貌,适用《物权法》第 34 条关于物的返还请求权的规定或第 245 条关于占有物返还请求权的规定。

总结而言,会发现这样的事实:在《侵权责任法》扩张侵权责任方式达八种之多的情况下,归责原则与侵权责任方式之间的匹配关系,恐怕只能限于损害赔偿(或曰赔偿损失)、恢复原状、赔礼道歉、消除影响、恢复名誉诸种责任方式,停止侵害、排除妨碍、消除危险、返还财产难以与归责原则恰当地对应。例如,在一般侵权行为的场合,所谓实行过错责任原则,仅仅指的是损害赔偿(或曰赔偿损失)、恢复原状、赔礼道歉、消除影响、恢复名誉以过错为成立要件,不宜强求停止侵害、排除妨碍、消除危险、返还财产也以过错为成立要件。

注释

1 在我国《物权法》和《侵权责任法》的立法过程中,笔者一直主张将停止侵害、排除妨碍、消除影响、返还财产划入物权请求权的范畴,将恢复原状作为损害赔偿的特殊形式,不赞同将返还财产、消除影响作为侵权责任的方式,后来同意把停止侵害、排除妨碍作为环境侵权等场合的侵权救济方式(参见崔建远:《绝对权请求权抑或侵权责任方式》,载《法学》2002 年第 11 期;崔建远:《债法总则与中国民法典的制定》,载《清华大学学报》(哲学社会科学版)2003 年第 4 期;崔建远:《物权救济模式的选择及其依据》,载《吉林大学社会科学学报》2005 年第 1 期;崔建远:《论物权救济模式的选择及其依据》,载《清华大学学报》(哲学社会科学版)2007 年第 3 期;崔建远:《物权法》,中国人民大学出版社 2009 年版,第 118 ~ 125 页)。全国人大没有采纳这种意见,而是应用了竞合模式:一方面,《物权法》将返还财产、排除妨害(含停止侵害)、消除危险规定为物权请求权(第 34 条、第 35 条);另一方面,《侵权责任法》又把它们作为侵权责任的方式加以规定(第 15 条第 1 款)。既然现行法已经如此设计,笔者不能否认它们为侵权责任的方式。有鉴于此,本文只能站在解释论的立场,讨论这些侵权责任方式的法律适用。

2 关于归责原则决定着责任的构成、举证责任的内容、赔偿范围、责任方式的详细论述,参见崔建远:《合同责任研究》,吉林大学出版社 1992 年版,第 53 ~ 54 页。

3 刘甲一:《私法上交易自由的发展及其限制》,载郑玉波主编:《民法债编论文选辑》(上),五南图书出版有限公司 1984 年版,第 114 页。

4 从《民法通则》第 109 条、第 111 条、第 112 条、第 114 条、第 115 条、第 117 条至第 134 条的规定,《合同法》第 58 条、第 107 条以下的规定,《物权法》第 37 条、第 57 条、第 92 条、第 242 条、第 244 条的规定,以及《侵权责任法》第 15 条以下的规定观察,损害赔偿与赔偿损失为同义语。本文从之。

5 详细的分析,参见崔建远:《土地上的权利群研究》,法律出版社 2004 年版,第 376 ~ 394 页。

6 全国人大常委会法制工作委员会民法室:《〈中华人民共和国侵权责任法〉条文说明、立法理由及相关规定》,北京大学出版社 2010 年版,第 22 ~ 23 页。

7 详细阐释,参见杨明:《知识产权请求权研究》,北京大学出版社 2005 年版,第 1 ~ 216 页。

8 Bernhard Windscheid, Lehrbuch des Pandektenrechts, Erster Band, Literarische Anstalt, Frankfurt a. M. ,1900. achte Auflage, S. 140,141 Anm. 3. 转引自金可可:《温德沙伊德论债权与物权的区分》,载王洪亮、张双根、田士永主编:《中德私法研究》(第 1 卷),北京大学出版社 2006 年版,第 165 页。

9 [德]罗尔夫・克尼佩尔:《法律与历史——论〈德国民法典〉的形成与变迁》,朱岩译,杜景林、卢谌校,法律出版社 2003 年版,第 251 页。

10 在这里,存在不同的观点。多数说认为,此时认定乙是否占有该 10 块砖,需要看乙有无占有意思,若有,则构成占有;若无,则不构成占有。参见王泽鉴:《民法研究系列・民法物权》,北京大学出版社 2009 年版,第 405 页以下。

11 全国人大常委会法制工作委员会民法室:《〈中华人民共和国侵权责任法〉条文说明、立法理由及相关规定》,北京大学出版社 2010 年版,第 28 页。

12 参见王泽鉴:《民法学说与判例研究》(第 6 册),北京大学出版社 2009 年版,第 3 ~ 4 页。

13 [德]克雷斯蒂安・冯・巴尔:《欧洲比较侵权行为法》(上卷),张新宝译,法律出版社 2001 年版,第 10 页。

14 参见[德]卡尔・拉伦茨:《德国法上损害赔偿之归责原则》,载王泽鉴:《民法学说与判例研究》(第 5 册),北京大学出版社 2009 年版,第 185 页。

15 全国人大常委会法制工作委员会民法室:《〈中华人民共和国侵权责任法〉条文说明、立法理由及相关规定》,北京大学出版社 2010 年版,第 79 页。

16 全国人大常委会法制工作委员会民法室:《〈中华人民共和国侵权责任法〉条文说明、立法理由及相关规定》,北京大学出版社 2010 年版,第 22 ~ 23 页。

17 全国人大常委会法制工作委员会民法室:《〈中华人民共和国侵权责任法〉条文说明、立法理由及相关规定》,北京大学出版社 2010 年版,第 78 ~ 79 页。

18 [英]G. 威廉斯、A. 霍博勒:《侵权行为法基础》,伦敦 1980 年版,吴汉东译,闵峰校,载《外国民法论文选》(第 2 册),中国人民大学法律系 1985 年,第 486 页。

19 《侵权行为法》,林孟乔、武彪译,载上海社会科学院法学研究所编译:《国外法学知识译丛・民法》,知识出版社 1981 年版,第 224 页。

20 崔建远:《合同责任研究》,吉林大学出版社 1992 年版,第 50 页。

21 参见刘甲一:《私法上交易自由的发展及其限制》,载郑玉波主编:《民法债编论文选辑》(上),五南图书出版有限公司 1984 年版,第 113 ~ 131 页。

22 [德]克雷斯蒂安・冯・巴尔:《欧洲比较侵权行为法》(上卷),张新宝译,法律出版社 2001 年版,第 1 页。

23 [德]卡尔・拉伦茨:《德国法上损害赔偿之归责原则》,载王泽鉴:《民法学说与判例研究》(第 5 册),北京大学出版社 2009 年版,第 185 页。

24 王泽鉴:《侵权行为法・基本理论・一般侵权行为》(总第 1 册),三民书局 1998 年版,第 9 页。

25 崔建远:《绝对权请求权抑或侵权责任方式》,载《法学》2002 年第 11 期。

26 毋庸讳言,也有一些立法例没有遵循"差额说"。例如,在意大利,只要一个受到法律保护的利益被侵犯即认为是损害。参见[德]克雷斯蒂安・冯・巴尔:《欧洲比较侵权行为法》(上卷),张新宝译,法律出版社 2001 年版,第 28 页。

27 [德]克雷斯蒂安・冯・巴尔:《欧洲比较侵权行为法》(上卷),张新宝译,法律出版社 2001 年版,第 2 页。

28 王泽鉴:《债法原理・不当得利》(总第 2 册),三民书局 1999 年版,第 33 ~ 34 页;王泽鉴:《不当得利法在实务上的发展(上)——二〇〇一年至二〇〇七年度最高法院若干重要判决综合评释》,载《月旦法学杂志》2008 年第 157 期。

29 德国以及我国台湾地区所谓回复原状,是损害赔偿的方法,指通过损害赔偿使当事人之间的关系回复损害发生前的原状。这不同于我国《民法通则》第 134 条第 1 款第 5 项、《物权法》第 36 条后段、《侵权责任法》第 15 条第 1 款第 5 项所规定的恢复原状仅指将损坏的物品修复如初。

图书在版编目(CIP)数据

静动辉映的物权与债权 / 崔建远著. -- 北京 : 法律出版社, 2021
ISBN 978 -7 -5197 -4898 -2

Ⅰ. ①静… Ⅱ. ①崔… Ⅲ. ①物权法－研究－中国②债权法－研究－中国 Ⅳ. ①D923.24②D923.34

中国版本图书馆 CIP 数据核字(2020)第 165580 号

静动辉映的物权与债权
JINGDONG HUIYING DE WUQUAN YU ZHAIQUAN

崔建远 著

责任编辑 丁小宣 吴 昉
装帧设计 乔智炜

编辑统筹 法律教育出版分社

出版 法律出版社
总发行 中国法律图书有限公司
经销 新华书店
印刷 固安华明印业有限公司
责任印制 胡晓雅

开本 710 毫米×1000 毫米 1/16
印张 30.75
字数 482 千
版本 2021 年 1 月第 1 版
印次 2021 年 1 月第 1 次印刷

法律出版社/北京市丰台区莲花池西里 7 号(100073)
网址/www.lawpress.com.cn
投稿邮箱/info@lawpress.com.cn
举报维权邮箱/jbwq@lawpress.com.cn
销售热线/400 -660 -8393
咨询电话/010 -63939796

中国法律图书有限公司/北京市丰台区莲花池西里 7 号(100073)
全国各地中法图分、子公司销售电话:
统一销售客服/400 -660 -8393/6393
第一法律书店/010 -83938432/8433
西安分公司/029 -85330678
重庆分公司/023 -67453036
上海分公司/021 -62071639/1636
深圳分公司/0755 -83072995

书号:ISBN 978 -7 -5197 -4898 -2
定价:68.00 元